原书第4版

运动生物力学

Biomechanics of Sport and Exercise

〔美〕P. M. 麦金尼斯（Peter M. McGinnis） 著

傅维杰 主译

科学出版社

北　京

图字：01-2023-1143号

内 容 简 介

运动生物力学是研究人体运动中力学规律的学科，它具有很强的应用性，其目标是提高运动成绩、预防运动损伤，并最终为增强人类运动能力与健康服务。本书按外部生物力学、内部生物力学、生物力学原理应用三大板块进行介绍，无论是在编排还是在力学内容的介绍顺序上都有其独到之处。同时，新版在前作的基础上增加了概念应用，为每一章中的原理提供了实际应用案例。此外，还更新了生物力学测量和分析方法的内容，方便读者了解最新的技术前沿手段。

本书作为学习人体运动生物力学的经典之作，以通俗易懂、实践至上的方式介绍体育运动中生物力学的基础理论和实际应用，主要面向运动人体科学、运动训练和体育教育专业的学生、教师、科研人员，同时也适合从事体育训练和比赛的运动员、教练员、运动防护师阅读。

Copyright © 2020, 2013, 2005, 1999 by Peter M. McGinnis

Human Kinetics supports copyright. Copyright fuels scientific and artistic endeavor, encourages authors to create new works, and promotes free speech. Thank you for buying an authorized edition of this work and for complying with copyright laws by not reproducing, scanning, or distributing any part of it in any form without written permission from the publisher. You are supporting authors and allowing Human Kinetics to continue to publish works that increase the knowledge, enhance the performance, and improve the lives of people all over the world.

图书在版编目(CIP)数据

运动生物力学：原书第4版／（美）P. M. 麦金尼斯
(Peter M. McGinnis) 著；傅维杰主译. -- 北京：科学
出版社，2024. 6. -- ISBN 978-7-03-078715-6

I . G804.6

中国国家版本馆CIP数据核字第2024Z1A435号

责任编辑：张佳仪／责任校对：谭宏宇
责任印制：黄晓鸣／封面设计：殷 靓

科 学 出 版 社 出版
北京东黄城根北街16号
邮政编码：100717
http://www.sciencep.com

南京展望文化发展有限公司排版
广东虎彩云印刷有限公司印刷
科学出版社发行　各地新华书店经销

*

2024年6月第 一 版　开本：大16(889×1194)
2025年9月第三次印刷　印张：19
字数：641 000

定价：200.00元

（如有印装质量问题，我社负责调换）

《运动生物力学》
（原书第4版）
译者名单

主 译

傅维杰　上海体育大学

译 者

（按姓氏笔画排序）

王　丹　上海体育大学
王　琳　上海体育大学
王少白　上海体育大学
王乐军　同济大学
牛文鑫　同济大学
伍　勰　上海体育大学
孙晓乐　南京体育学院
李　路　上海体育大学
李旭鸿　杭州师范大学
杨至刚　复旦大学
来章琦　浙江中医药大学
张　燊　沈阳体育学院
张希妮　宁波大学
胡　齐　国家体育总局
莫仕围　深圳大学
夏　俊　上海体育大学
顾耀东　宁波大学
钱振宇　上海体育大学
黄灵燕　上海体育大学

校对人员

（按姓氏笔画排序）

王纪超　邓力勤　占江龙　李静静　陆泽宇
武楷承　罗佳欣　梦博凯　徐　振　梁　鑫

单　位

上海体育大学运动技能研究中心

原著前言

本书是为介绍运动生物力学而编写的。本书主要面向运动人体科学、运动训练和体育教育专业的本科生,但也适合其他人体运动领域学科的学生。书中出现的大多数例子和应用来自竞技体育或运动锻炼,但也包括临床和人体日常活动中的案例。无论读者对哪个人体运动领域感兴趣,掌握力学知识都将对他们的工作有所帮助。对于许多人体运动专业人士来说,他们在人体运动力学方面接受的唯一正规教学就是运动人体科学或生物力学这门本科课程。本书正是考虑到这一限制因素而编写的。本书的编写旨在以通俗易懂、实践至上的方式介绍人体运动生物力学。

与之前的版本相比,第4版在多个方面进行了改进。最重要的变化是增加了概念应用。几乎每一章都包含了一个或多个概念应用。这些概念应用为文中的原理提供实际应用案例。本书仍然保留自主实验(self-experiments),并且有了标题。重点内容和数学公式也以醒目的设计元素突出显示。关于介绍研究人员在生物力学定量分析中使用技术的章节已经更新,特别是对新型技术的介绍,更加方便教练员、运动员和大众对其运动动作进行测量与分析。本书对之前已有的习题做了进一步的优化,并添加了一些新习题。

该版本的基本结构与之前版本相同。引言部分介绍了运动生物力学,包括研究运动生物力学的缘由及运动生物力学的发展简史。该部分还概述了力学的框架,并介绍了测量系统。本书的其余部分分为三个部分。

第一部分涉及外部生物力学,即外力的介绍及其对人体和运动的影响。主要内容是人体运动的刚体力学应用。对于运动人体科学专业的本科生来说,力学是较难理解的知识之一,因此这部分内容也是本书最重要、篇幅最长的部分。内容呈现的逻辑顺序与其他大多数的生物力学教材有所不同。第一章介绍力和静力平衡的概念,并且以力学为例,阐述矢量加法运算及解析,此外还解释用于计算合力和分解力的三角运算法。第二章讨论线性运动及其描述方法。本章包括描述物体恒定加速度运动的方程,以及这些方程在描述抛体运动中的应用。第三章介绍直线运动的原因,并介绍了牛顿三大运动定律及动量守恒原理。第四章讨论骨骼肌的机械功和能量代谢。第五章介绍力矩和重心。第六章讨论角运动学。第七章介绍角运动的原因及牛顿三大定律在角运动中的阐释。第八章介绍流体力学。

第二部分涉及内部生物力学,即内力的介绍及其对人体和运动的影响。这一部分从第九章对生物材料力学的探讨开始,介绍应力和应变及材料强度的各种概念。并在第十、十一和十二章中概述骨系统、肌肉系统、神经系统对人体运动的控制。

第三部分涉及生物力学原理应用。本部分前三章介绍应用生物力学对运动或人体运动技能分析的常规方法。第十三章介绍生物力学定性分析以改进技术的过程。第十四章介绍改进训练的生物力学定性分析方法。本章聚焦于在动作各阶段的划分中识别活跃肌群的定性过程。第十五章是关于如何使用生物力学定性分析来帮助理解运动损伤原因的研究。第十六章概述生物力学研究所用的定量分析技术。本章的新增内容概述了大众可使用的用于测量人体运动或特定运动技能相关的各种生物力学参数及各种分析设备。

在整本书的编写中,特别是第一部分,目的是引导读者自己探索力学原理。通过观察日常运动,然后对这些运动进行解读,这有利于揭示后续章节的基本力学概念。这一探索过程需要读者积极联想日常生活中的案例,从而更好地理解相关主题内容。

相较于大多数本科生的生物力学教材,本书的最独特之处在于它的编排顺序。大多数的本科生物力学教材是先介绍功能解剖学再介绍力学,而本书首先介绍了力学。骨骼和韧带是支撑人体的结构元素。肌肉的收缩是使这些结构产生运动的动力。要理解骨骼和韧带的应力在支撑身体时所发挥的作用,以及肌肉产生的力和力矩如何使身体的四肢运动的,就需要先理解力的属性及其本质作用。力学就是对力及其效应作用的研究。因此,在学习肌肉骨骼系统之前应先学习力学。

本书在介绍力学的顺序上也很独特。大多数生物力学教材的力学部分是从线性运动学开始,然后是线性动力学、角运动学,最后是角动力学。本书在介绍线性运动学之前先介绍力。因为力是运动变化的原因,如果运动没有变化，力就处于平衡状态，所以在讨论运动之前先定义和理解"力"是很有必要的。如果在线性运动学中讨论抛体运动和抛体运动的方程，情况就更是如此。因为抛体运动受万有引力影响，因此在讨论万有引力的影响时，应先了解力。同样，在讨论角运动学之前也要先介绍力矩。

力学使用方程来描述关系或定义量，因此一定的数学知识（主要是代数）是必要的。我试图以这样一种方式编写本书，即使数学能力较弱的学生也能掌握运动生物力学。不过，对于那些数学基础较为扎实的学生来说，学习本书会更加容易。

附录中列出了国际单位制中用于力学量（mechanical quantities）的主要单位，以及前缀和美国使用的习惯单位换算。

本书的一些段落提取了中心句（以 ⊃ 符号展示）以方便读者学习。每章开头都有阅读目标清单及情景引入，引导读者在阅读和理解本章内容后回答问题。应用示例贯穿于每章的全文，并提出了应用中的实际问题，同时详细说明了问题解决的步骤。以往版本中每章的复习题均已在网络中呈现。

在本书中，我尽可能简洁明了地解释和阐述概念，方便读者理解和使用。不过，你可能会发现有些内容还是具有挑战性的。如果在阅读时感到困难和迷惑，请不要打退堂鼓！你的努力终会得到回报！

目录

引　言　为什么要学习生物力学? ……………………………………………………… 1
　　生物力学是什么?　/　2
　　运动生物力学的目标是什么?　/　3
　　运动生物力学的历史　/　8
　　力学的框架　/　9
　　力学中使用的基本维度和计量单位　/　10
　　总结　/　11

第一部分　外部生物力学

第一章　力 …………………………………………………………………………………… 15
　　什么是力?　/　16
　　力的分类　/　17
　　摩擦力　/　18
　　力的加法：力的构成　/　21
　　求分力　/　26
　　静力平衡　/　30
　　总结　/　37

第二章　线性运动学 ………………………………………………………………………… 39
　　运动　/　40
　　线性运动学　/　41
　　匀加速度和抛体运动　/　52
　　总结　/　61

第三章　线性动力学 ………………………………………………………………………… 63
　　牛顿第一定律：惯性定律　/　64
　　动量守恒　/　66
　　牛顿第二定律：加速度定律　/　73
　　冲量与动量　/　76
　　牛顿第三定律：作用力和反作用力定律　/　82
　　牛顿万有引力定律　/　83

总结 / 83

第四章 功、功率和能量 85

功 / 86

能量 / 88

功能原理 / 90

功率 / 96

总结 / 98

第五章 转矩和力矩 99

何为力矩？ / 100

平衡状态下的力和力矩 / 104

何为重心？ / 108

总结 / 118

第六章 角运动学 119

角位置与角位移 / 120

角位移和线性位移 / 122

角速度 / 124

角速度和线速度 / 124

角加速度 / 125

角加速度和线性加速度 / 127

从解剖系统描述肢体运动 / 129

总结 / 136

第七章 角动力学 139

角惯性 / 140

角动量 / 144

牛顿第一定律的角度解释 / 145

牛顿第二定律的角度解释 / 147

角冲量和角动量 / 148

牛顿第三定律的角度解释 / 149

总结 / 151

第八章 流体力学 153

浮力：应力 / 154

动态流体力：相对运动产生的力 / 156

总结 / 164

第二部分　内部生物力学

第九章　生物材料力学 ··· 169
应力　/ 170
应变　/ 176
材料的力学性能：应力-应变关系　/ 178
肌肉骨骼系统的力学性能　/ 181
总结　/ 184

第十章　骨系统 ··· 187
骨　/ 188
关节　/ 190
总结　/ 195

第十一章　肌肉系统 ··· 197
骨骼肌的结构　/ 198
肌肉动作　/ 200
肌肉收缩力　/ 203
总结　/ 211

第十二章　神经系统 ··· 213
神经系统和神经元　/ 214
运动单位　/ 215
感受器和反射　/ 216
总结　/ 219

第三部分　生物力学原理应用

第十三章　生物力学定性分析以改进技术 ·· 223
生物力学分析的类型　/ 224
生物力学定性分析的步骤　/ 224
案例分析　/ 231
总结　/ 240

第十四章　生物力学定性分析用以提升训练 ··· 241
生物力学与训练　/ 242
定性解剖分析方法　/ 243

　　　　案例分析 / 245
　　　　总结 / 255

第十五章　通过生物力学定性分析理解损伤发展 ··········257
　　　　应力与损伤 / 258
　　　　组织对应力的反应 / 259
　　　　过度使用损伤的机制 / 261
　　　　组织阈值的个体差异 / 261
　　　　影响损伤的内在因素与外在因素 / 262
　　　　案例分析：跑步中的过度使用损伤 / 264
　　　　总结 / 270

第十六章　生物力学技术 ··········271
　　　　生物力学定量分析 / 272
　　　　测量问题 / 272
　　　　测量生物力学变量的工具 / 274
　　　　总结 / 279

附　录　计量单位和转换单位 ··········280

术语表 ··········284

参考文献 ··········291

引 言
为什么要学习生物力学?

学习目标

当你读完引言后,你应该能做到以下内容:
- 掌握生物力学的定义
- 掌握运动生物力学(在体育运动及一般运动锻炼中)的定义
- 明确运动生物力学的目标
- 描述用于实现运动生物力学目标的方法
- 对运动生物力学的历史和发展有所了解
- 掌握力学的定义
- 概述力学的架构
- 掌握长度的定义和长度的计量单位
- 掌握时间的定义和时间的计量单位
- 掌握质量的定义和质量的计量单位

当你在电视上观看奥运会时,一名跳高运动员成功地越过高于他头顶 1 ft(1 ft = 0.304 8 m)的横杆,他使用的技术看起来很笨拙,从侧面靠近横杆,起跳时背朝杆,头和胳膊先过杆,然后呈杆上背弓姿势,最后向上甩腿越过横杆。他以一个较难看的姿势落垫:肩、背落垫,双腿朝上。你心想,他怎么能用这种看起来很奇怪的技术动作跳得如此高?当然,一定还会有另一种更有效、更优雅的技术动作。生物力学可能会为你提供一些深刻的见解来回答这个问题和其他关于人体运动的问题。

你学习生物力学的动机是什么?你学习生物力学能收获什么?生物力学的实用知识对你未来的工作有何帮助?你花时间学习生物力学是否值得?在你投入大量时间学习生物力学之前,你应该考虑这些问题。

如果你像本书的大多数读者一样,你可能是一名主修运动人体科学、体育教育或运动科学的本科生。如果是如此,你对"为什么学习生物力学?"这个问题的回答可能是因为你选择了一门生物力学的必修课程,为获得毕业所需的学分。如果这是你的答案,并且对于大多数读者来说可能也是如此,由于你们没有事先对生物力学有充分的了解,不知道生物力学可以如何使你们受益,你们可能无法给出其他的回答。因此,让我给你一些学习生物力学的理由以提供一些学习生物力学内在动力。

你可能正准备从事体育教师、教练或其他体力活动专家的工作;可能正在或曾经积极参与一项或多项体育或健身活动。假设一个学生或运动员问你"为什么我必须以这种方式完成这个技术动作"或"为什么不是这个技术更好"(图 0.1)。也许你也问过自己这样的问题。那么教练或老师是否能回答你的问题呢?你被问过这样的问题吗?你能回答这个问题吗?传统的教学和训练方法告诉你应该传授哪种技术,而生物力学可以告诉你为什么这些技术最适合教学或训练。对生物力学充分的了解可以使你能够评价不熟悉的运动项目中的技术,并能更好地评估你熟悉的运动项目中的新技术。

> 学习和使用生物力学的最佳结果是提高运动员的成绩,或加速学生新技能的学习。

运动训练和物理治疗专业,以及运动医学专业的学生,也将受益于生物力学知识。对生物力学充分的了解有助于诊断损伤的原因。它可以为贴扎、支架和矫形装置提供力学基础。对生物力学充分的理解也可以指导治疗师制订康复处方,并可能提示运动专家对于特定人群来说哪些活动可能会是危险的。

生物力学是什么?

这门充满希望的科学是什么呢?在进一步讨论之前,我们应该就生物力学这个词的定义达成共识。生物力学是什么?你是怎么听到别人使用这个词的?你是怎样使用这个词的?你的第一反应可能是,生物力学可以确定运动员在各种运动技能中的最佳技术。的确,部分生物力学家涉及这类工作。我们现在仅仅强调了技术分析是学习和研究生物力学的主要原因之一,但是生物力学包含的远不止这些。

让我们在图书馆里寻找定义的答案,一些期刊的标题中有"生物力学"一词或其衍生词,这些期刊包括《生物力学杂志》《生物力学工程杂志》《应用生物力学杂志》《运动生物力学》《临床生物力学》《应用仿生学与生物力学》《生物力学与生物医学工程计算机法》。通过查阅这些期刊的目录,我们发现,《运动生物力学》杂志上的文章都与运动生物力学有关,包括《不同水平棒球运动员的快速球、曲线球和变速球的投球动作的生物力学差异》《瞬发上臂试举成功与不成功的生物力学比较》《网球发球运动分析和三种发球类型的生物力学以及对损伤影响的综述》《曲棍球中拖击动作的运动学分析》《冰球守门员面罩对缓冲冰球冲击力能力的比较》,这些文章支持我们对运动生物力学进行相关定义。关于应用生物力学的杂志包含了一些与运动生物力学相关的文章,但大多数文章不是完全针对体育运动的,如《增加的身体前部分重量后步态的变化:一个模拟怀孕的研究》《跑步时极简鞋和极缓冲鞋对髋股关节的动力学影响》《上肢功能任务的肩部力量需求:年龄和肩袖撕裂损伤史是否是影响因素?》。通过查阅其

图 0.1 学习生物力学会帮助你理解为什么某些技术有效,某些无效

他生物力学相关期刊,我们发现了更广的一些主题,这些主题起初看起来可能并不相关,如《人和猪胸腰椎的耦合运动》《活动后对健康足踝中在体软骨厚度变化的分析》《持续性轴向扭转下大鼠动脉壁的重塑研究》《左心室三维舒张血流》,甚至有一篇文章标题为《果蔬的生物力学》。从这些标题中,我们可以推断出生物力学并不局限于运动,甚至不局限于人类活动;事实上,它甚至不局限于动物活动。生物力学的标题范围表明,生物力学不仅可以对人或动物运动进行研究,还可以对作用于人、动物和植物的力,以及人、动物和植物组织内部的力进行研究。

让我们回到这个词本身,来直接对它进行定义。生物力学这个词可以分为两个部分:前缀 bio-和词根 mechanics。前缀 bio-表示生物力学与生命或生物系统有关。词根 mechanics 表示生物力学与分析力及其产生的效果有关。由此看来,**生物力学**(biomechanics)是研究力及其对生物系统影响的学科。这与1974年赫伯特·哈泽对生物力学的定义非常接近:"生物力学是用力学的方法来研究生物系统的结构和功能。"(Hatze 1978)这是一个比你最初想象得更为广泛的研究领域,其定义包括植物和动物的结构与功能的研究。

> 生物力学是研究力及其对生物系统影响的学科。

运动生物力学的目标是什么?

现在让我们来关注生物力学领域中我们感兴趣的特定主题。生物力学包括对所有生物的研究,包括植物和动物。动物生物力学只包括以动物作为研究对象的研究;人体生物力学只包括以人作为研究对象的研究;而运动生物力学则只包括参与的运动和运动的人体的研究。我们可以把**运动生物力学**(sport and exercise biomechanics)定义为研究运动和运动中的力及其对人体影响的学科。

提高运动表现

运动生物力学的最终目标是提高运动表现,次要目标则是预防损伤。这个次要目标与首要目标密切相关并几乎可被视为首要目标的一部分,因为没有损伤的人会比有损伤的人表现得更好。那么,生物力学家是如何努力实现这些目标的呢?

> 运动生物力学的最终目标是提高运动表现。

改进技术

在许多体育运动中,提高成绩或预防损伤最常见的方法就是改进技术。此处重点提及了一个学习生物力学的动机,同时你可能会想,生物力学家是如何为提高运动成绩而努力的。

生物力学改进运动技术的应用可以通过两种方式来实现:教练、教师和防护师利用他们的力学知识来纠正运动员、学生或客户的动作,以改进技术或运动的完成度或安全性;或生物力学研究者研究出一种更有效、更安全的新技术来执行一项技能或运动。在第一个例子中,教师、教练和防护师在他们的日常教学和训练中使用定性生物力学的分析方法来影响技术的改变。在第二个例子中,生物力学研究者使用定量生物力学的分析方法来发掘和研究新的技术,然后这些教师、教练或防护师将采纳技术及其相关研究结果传达给学生、运动员。

让我们看一下第一种情况的简单示例。作为一名教练,假设你观察到体操运动员在自由体操中完成两个空翻很困难,你可以建议体操运动员做三件事以帮助他成功地完成这个技术:① 跳得更高;② 收紧身体;③ 在起跳前更有力地摆动手臂。这些建议都可能使运动表现提高,且均基于生物力学原理。跳得更高可以使体操运动员有更多在空中完成空翻的时间。收紧身体会使体操运动员由于角动量守恒而转得更快。在起跳前更有力地摆动手臂会产生更多的角动量,因此也会使体操运动员转得更快。一般来说,生物力学会对技术的结果产生影响是十分常见的一种情况。教练、教师和防护师可以利用生物力学来确定哪些动作可以提高运动表现。

> 教练、教师和防护师可以利用生物力学来确定哪些动作可以提高运动表现。

第二种情况,当生物力学研究者研究出一个新的且更有效的技术时,生物力学可以通过改进技术以实现运动表现的提高。尽管生物力学家被广泛认为可以经常研究出具有创新性的新技术,但实际上这种技能的发展并不常见。这可能是因为生物力学这门学科是相对较新的学科。其研究发现的主要结果体现在技术上的细小改进。生物力学研究对运动的技术和成绩产生重大影响的一个例子是在20世纪60年代末和20世纪70年代初的游泳项目。Ronald Brown 和 James "Doc" Counsilman(1971)的研究表明,当手在水中移动时,作用于手的升力在将游泳运动员向前推进中发挥的作用比之前认为的要重要得多。这项研究表明,与其在水中以直线向后推水以产生推进阻力,游泳运动员应该在向后推水的同时,以一个"S"形的动作来回划水,以产生推进升力和推进阻力(图0.2)。这项技术改变了全世界范围内教师和教练教授游泳的方式。由于这些力测量的复杂性及难度,对于推进升力的重要

图 0.2 生物力学影响游泳技术
© Human Kinetics/J. Wiseman, reefpix.org

性仍然存在争议,最新的研究表明,推进阻力比推进升力对总推进力的贡献更大。

通过技术上巨大改变以显著提高成绩的体育项目还包括标枪、跳高、跳台滑雪和越野滑雪。1956 年,在墨尔本夏季奥运会之前,来自西班牙巴斯克地区的 48 岁退役铁饼运动员 Felix Erasquin 尝试了一种非传统的标枪投掷方式。Erasquin 有进行一种传统的巴斯克运动——barra vasca 的经验,投掷一种叫作帕兰卡(palanka)的铁棒。在投掷 palanka 时需要旋转技术,Erasquin 将这个旋转技术融入了他投掷标枪的新技术中。相比于用传统的方法,即整个助跑过程在肩上持标枪,Erasquin 用右手紧握标枪后部,标枪在其右侧,尖段指向下,标枪的末端在他的背后,并指向上方。在助跑阶段,Erasquin 像掷铁饼的运动员一样旋转,用右手将标枪甩了出去。为了减少标枪从他手中滑过时作用在标枪上的摩擦力,他把标枪浸在肥皂水里,使其变得光滑。Erasquin 等利用该技术取得傲人成绩并引起了国际关注。一些使用这种"革命性"技术的投掷者创造了比现有的标枪世界纪录高出 10 m 多距离的纪录。国际业余田径联合会(International Amateur Athletic Federation,IAAF)的官员对此感到非常震惊,他们修改了这项赛事的规则,这种非常规的技术就此变成不合规了(图 0.3),用这种西班牙技术创造的所有纪录都不被承认为官方世界纪录。

图 0.3 IAAF 现行规则要求运动员单手超过肩膀投掷标枪

在 20 世纪早期,包括第一位奥运会女子跳高冠军 Ethel Catherwood 在内的许多跳高运动员开始使用剪刀式技术(图 0.4a)。到了 20 世纪 60 年代,跳高技术得到了发展,1968 年奥运会上的大多数跳高运动员都采用了跨越式跳跃技术。但是 1968 年的男子跳高金牌得主却使用了一种少为人知的技术,来自俄勒冈州立大学的美国大学生 Dick Fosbury 采用了背越式技术跳出了 $7 \text{ ft } 4\frac{1}{4} \text{ in}(2.24 \text{ m})$ 的成绩,并创造了奥运会纪录和全美纪录,这种技术被称为背越式跳高(图 0.4b)。与跨越式技术相比,它的优势在于助跑速度更快且更易于掌握。然而,没有生物力学研究者研究过这种技术。尽管它与传统的跨越式技术有非常大的差异,Fosbury 在高中时期就采用这种技术获胜,并一直使用该技术使自己跳得更高,他的成功使其他人也开始采用这种跳高技术。目前,所有世界级的跳高运动员都采用背越式跳高技术。

20 世纪 70 年代末,美国越野滑雪运动员 Bill Koch 开始尝试采用一种他在欧洲马拉松滑雪运动员那观察到的滑雪技术作为他的新的滑雪技术。他使用的这种技术与传统的越野滑雪技术截然不同,传统的越野滑雪技术采用二步交替式(diagonal stride skiing technique)滑雪技术,即滑雪者在预先设置的雪槽内平行地移动他们的滑板。在 1976 年奥地利因斯布鲁克举行的奥运会上,Koch 在 30 km 越野滑雪项目中获得银牌,震惊了世界。更令人震惊的是他在 1982~1983 年赛季的表现,他成为第一位赢得世界杯的美国人,Koch 利用新的滑雪技术赢得了这个冠军。到 20 世纪 80 年代中期,这种滑雪技术已经被几乎所有北欧精英滑雪选手所使用。从 1992 年冬季奥运会开始,就有了传统(二步交替式)和自由式(滑行)越野滑雪的独立比赛。

20 世纪 80 年代末,瑞典跳台滑雪运动员 Jan Boklöv 改变了跳台滑雪,他发现如果在飞行过程中把滑雪板的前端分开,而不是保持两块滑雪板平行,就能跳得更远。从力学角度上看,这种技术更胜一筹,因为它产生了更大的空气动力学升力,但跳台滑雪比赛是由姿势得分和距离得分共同决定的。尽管 Boklöv 因为跳得更远而获得了更多的距离得分,但评委们却因为他不标准的"V"字式而给了更少的姿势得分。然而,Boklöv 继续使用"V"字式。他成为 1988~1989 年赛季国际雪联跳台滑雪世界杯总冠军的得主。随着越来越多的跳高运动员采用这种新方式,评委们最终接受了它。到了世纪之交,它已成为主要的跳台滑雪方式。

除了游泳的案例,这些因全新且大有改变的技术以提高成绩的案例看似没有明显的生物力学帮助。也许这是教师、教练和运动员能力的证明,他们通过反复观察、试验和试错,以及可能的一些力学原理的应用,

图0.4 早期跳高运动员,如1928年奥运会冠军Ethel Catherwood,使用剪式跳高(a)。到20世纪60年代,大多数跳高运动员采用跨越式跳高技术,但1968年之后,许多人改为了背越式跳高技术(b),如今几乎所有的精英跳高运动员都在使用这种技术

图0.4a: Library of Congress, Prints & Photographs Division LC-USZ62-50884

在没有生物力学研究者的帮助下,成功发展出大部分项目的优秀技术。但是,如果有更多的教师和教练掌握生物力学的实用知识,这些技术提升可能会被更快地发展出来。

改进装备设计

生物力学还能如何促进运动表现的提高?是否可以改进在各种运动项目中使用的装备?鞋和服装几乎是在所有运动中都会被用到的装备。所穿戴的装备可能会直接或通过预防损伤的方式对成绩产生影响,你能想到哪项运动中,服装或鞋的改进提高了运动表现吗?

让我们来看看泳衣设计是如何提高游泳项目中的运动表现。100年前,游泳运动员穿着羊毛制的泳衣比赛,而女士的泳衣有裙摆。而后羊毛被丝绸取代,又被合成纤维取代,随着泳衣制造商把泳衣制作得更光滑、更符合流体动力学,泳衣的裙摆也消失了。泳衣设计领域最巨大的进步或许发生在2008年2月,当时

Speedo公司推出了LZR Racer鲨鱼皮泳衣。由Speedo的科学家和工程师设计并使用压缩面料(compression panels)的Speedo LZR Racer鲨鱼皮泳衣可以使游泳运动员身体呈流线型以最小化肌肉振动并减少阻力。这种泳衣采用聚氨酯面料且没有缝合缝。在其推出后的6周内,穿着Speedo LZR Racer鲨鱼皮泳衣的游泳运动员创造了13项世界纪录。在2008年北京奥运会上,穿着该种泳衣的游泳运动员创造了23项世界纪录,赢得了游泳项目中90%以上的金牌,国际游泳联合会(Fédération Internationale de Natation,FINA),即国际游泳的管理机构,对这些纪录感到震惊,且担心决定获胜因素的是科技而不是运动技能。因此,FINA于2009年开始禁止运动员使用Speedo LZR Racer鲨鱼皮泳衣。2010年1月1日,FINA实施了对于运动员在FINA赛事中可以使用的泳衣的规定。FINA现在仍保留着一份其批准的泳衣清单,像Speedo LZR Racer全身泳衣已被禁止使用。

除了鞋子和衣服,许多运动也需要使用某种器械。想想在体育运动中使用的器械,它们的变化是如何改变这些运动项目表现的?棒球、自行车、滑雪、网球、高尔夫、撑杆跳高和标枪呢?更轻、设计更好的器械不仅有助于提高这些运动项目中精英运动员的成绩,而且有助于提高体育业余爱好者的运动表现。

让我们以标枪为例,在这项运动中,力学在器械设计上的基础应用极大地改变了比赛项目。1952年,Frank Bud Held入选美国奥运会标枪队。在1952年赫尔辛基奥运会上,他排名第9,落后于他获得了金牌和银牌美国队友们。回到美国后,Bud与他的哥哥Dick Held会面,Held有工程学方面的专业知识,他们一起设计并制造了一种更符合空气动力学的标枪,新标枪表面积的增加使它升力更大,"飞"得更远。1953年,Bud Held用他的标枪打破了现有的标枪投掷世界纪录。Held兄弟不是生物力学家,但他们的力学知识使他们能够改进标枪的设计。随着其他人开始使用Held标枪,纪录被不断地打破。1955年,IAAF实施了限制标枪尺寸的规定,以限制其表面积和升力的进一步增加。在1953年以前,标枪的世界纪录是$258 \text{ ft } 2\frac{3}{8} \text{ in}$(78.70 m),该纪录创造于1938年。随着基于Held设计的符合空气动力学的标枪的使用,该项目的世界纪录最终发展到343 ft 10 in(104.80 m),该纪录创造于1984年。1986年,IAAF通过再次修改标枪的制造规则,使男子标枪的投掷距离大幅度缩短。到目前为止,新规则仍禁止标枪"航行"。尽管他们尝试限制标枪的性能,到1990年,新标枪规则下的世界纪录仍超过了300 ft(91.44 m),到世纪之交,世界纪录达到了

323 ft 1 in(98.48 m)。1999年,IAAF对女子标枪的制造规则也进行了类似的修改。

许多包括高尔夫球、网球、自行车和棒球等受欢迎的运动项目的规则制定者均对运动中使用的器械设计进行了规范,以保证运动的挑战性与公平竞争。尽管做出了这些努力,器械设计的创新对最近几届奥运会的纪录仍产生了重大影响。如前文所述,Speedo LZR泳衣对2008年北京奥运会游泳项目同样产生了这样的影响。10年前,类似的情况也发生在速度滑冰中,与传统的速滑鞋不同的是,克莱普冰刀与冰鞋鞋底的前部通过铰链连接,因此在滑冰过程中,克莱普冰刀可以延长冰刀和冰面的接触时间。当滑冰者将克莱普冰刀抬离冰面时,冰刀后部会被弹簧自动弹回原来的位置,并发出"咔哒"的声音。1998年在日本札幌举行的冬季奥运会上,克莱普冰刀首次广泛出现,创造了许多世界纪录。在那一年,10个长距离速度滑冰(long-track speed skating events)项目(男子和女子)中,除了一个项目之外,其他的都打破了世界纪录。然而,与FINA做法不同的是,国际滑冰联盟(International Skating Union, ISU),即国际滑冰的管理机构,并没有禁止这种创新,而是允许运动员使用速度更快的克莱普冰刀。

改进训练方法

生物力学还能如何助力以提高运动和体育活动的表现?通过训练?生物力学可能会通过改进训练方式,从而提高运动表现,这种生物力学的应用可以通过几种方式实现。通过对运动员技术缺陷进行分析可以帮助教练或教师确定运动员需要提高之处及其训练方法,运动员可能会受到某些肌肉群的力量或耐力、移动速度或技术的某一特定方面的限制。有时这种限制是非常明显的,如一名体操运动员做十字支撑动作时对肩关节内收肌力量要求很高(图0.5)。对动作进行力学分析可以揭示这一问题,但这对体操教练和旁观者来说看起来已经很明显了。而在其他运动技能中,对力量的要求可能不那么明显。

> 对运动员技术缺陷进行分析可以帮助教练或教师确定运动员需要提高之处及其训练方法。

以撑杆跳高为例。学习这一项目的高中男生和女生往往会在成绩提升阶段存在一个停滞期。撑杆跳高初学者们的一个常见技术缺陷体现在其撑杆动作上。在撑杆跳高的后期,初学者们的臀部无法高于头或手:这使他们无法达到倒立的体位,并且跳跃高度也是不够的。教练或老师很容易发现这一缺陷,但尽管他们多次要求撑杆跳高者抬起臀部,却仍无法在技术上纠正这一问题。为什么会出现这样的原因?这是因为

图 0.5 一名男子体操运动员进行吊环十字支撑动作的能力可能受其肩内收肌群力量的限制

许多年轻撑杆跳高者的肩伸肌群没有足够的力量来帮助其旋转成倒立的姿势。对撑杆跳高者的生物力学分析表明,改善此技术缺陷需要更大的肩伸肌群力量。教练或教师可以设计相应训练计划,以加强撑杆跳高者的肩伸肌群,帮助运动员成功完成撑杆跳高后期的技术动作。

花样滑冰提供了另一个通过生物力学改变训练模式,并最终提高成绩的案例。20世纪80年代中期,青少年女子滑冰运动员训练营在科罗拉多斯普林斯的美国奥林匹克训练中心举行,在训练期间还包括了对运动员两周跳和部分三周跳尝试的生物力学分析。许多尝试三周跳的滑冰选手都没有成功。初步的分析显示,有些人没有成功完成三周跳是因为她们的手臂收得不够紧,收紧手臂会让她们在空中旋转得更快。进一步的生物力学分析显示,由于手臂和肩部肌肉力量的不足,她们无法将手臂收得足够紧或足够快。在训练计划经过修改并增添了上半身力量训练来增加手臂和肩部的力量后,多名滑冰运动员都在后续训练中成功完成了三周跳。

还有一个揭示训练缺陷的生物力学分析案例出现在20世纪70年代末的越野滑雪中。该分析包括了在一项国际比赛过程中对滑雪运动员特定路段的计时。分析结果表明,美国滑雪运动员在赛道的平坦及下坡路段与竞赛中的佼佼者一样出色,但在上坡路段却表现不佳。这一结果使得教练们将更多的训练

时间分配给上坡路段,并更加重视完善运动员的上坡滑雪技术。

损伤的预防和康复

有些人认为,损伤的预防和康复是运动生物力学的主要目标。生物力学对于运动医学专家来说是非常有用的,它可以确定哪些力可能会导致损伤、如何防止损伤的复发(或在相同的部位反复受伤),以及哪些训练方法有助于损伤的恢复。生物力学可以为技术、装备或训练方法的改进提供依据,以避免损伤的发生或对损伤患者进行康复。

> 有些人认为,损伤的预防和康复应该是运动生物力学的主要目标。

减少损伤的技术

体操运动中有生物力学如何帮助减少损伤的例子。由美国奥委会和美国体操协会资助的部分研究涉及了体操运动员从特技中落地时承受的冲击力,以及他们用来减少这部分力的策略(McNitt-Gray 1991; McNitt-Gray, Yokoi, and Millward 1993; McNitt-Gray, Yokoi, and Millward 1994)。裁判员往往会给予"硬"着陆的体操运动员更高的分数,但这种落地方式可能会带来更大、更危险的冲击力。体操运动员使用膝关节、髋关节和踝关节屈曲的落地方式可能会减少冲击力,但也会导致分数降低。这项研究的成果之一是改变了落地规则,允许运动员采用减少冲击力的落地方式,且不影响其得分。

网球肘(肱骨外上髁炎)是一种过用型损伤,困扰着许多新手网球运动员。生物力学研究表明,造成网球肘的一个原因是桡侧腕短伸肌发力过度(Morris, Jobe, and Perry 1989)。一些生物力学家(Blackwell and Cole 1994; Riek, Chapman and Milner 1999)认为反手击球时的错误技术可能是造成发力过度的原因之一。在反手击球时保持手腕关节中立位置的网球运动员比屈曲腕关节的运动员更不容易患网球肘。

脑震荡在美式橄榄球运动中很常见。美国国家橄榄球联盟(NFL)、全国大学体育协会(NCAA)和高校联盟为减少这种损伤的发生做出了一系列努力,包括对比赛中攻击、瞄准进攻球员的头部,或将自己头盔作为武器的防守球员进行惩罚。这些处罚迫使球员改变了他们的阻挡和擒抱技术。美国橄榄球协会是美国美式橄榄球运动的管理机构,并促进了青少年和业余橄榄球的发展。Heads Up Football 是美国橄榄球协会在美国国家橄榄球联盟的资助下实施的一项计划,旨在促进橄榄球运动的安全。该计划的一个重要组成部分是向青少年橄榄球运动员传授更安全的擒抱和阻挡技术。初步研究表明,该计划可能会有效地降低训练时脑震荡的发生率,但在实际比赛中却没有降低(Kerr et al. 2015; Tokish et al. 2017)。

减少损伤的装备设计

生物力学在减少损伤方面最常见的应用是装备设计的改进。将现今几乎所有在接触性运动中使用的头盔与 20 年前或 30 年前运动中使用的头盔进行比较,运动员在接触性运动中穿戴的防护装备随着材料和设计的改进而发展。跑鞋则是另一个说明生物力学影响运动装备的设计,可以减少损伤。继 Frank Shorter 在 1972 年奥运会上获得马拉松金牌后,美国出现了跑步热潮。不幸的是,这种跑步的热潮也伴随着许多与其相关的损伤,损伤的增加导致跑者们在选择跑鞋时变得十分纠结。与此同时,对跑步和跑鞋的生物力学研究的热潮开始在 20 世纪 70 年代涌现。在《跑者世界》(*Runner's World*)杂志上发表的年度鞋类排名中就包括了在某大学生物力学实验室对跑鞋进行生物力学测试的结果。一些鞋业公司聘请生物力学专家作为顾问,还有一些公司资助了其他大学生物力学实验室的生物力学研究。1980 年,耐克公司建立了耐克运动研究实验室,通过对生物力学、运动生理学和功能解剖学进行研究,来进一步发展体育运动及运动鞋。

对于许多无经验的跑者来说,20 世纪 70 年代初生产的跑鞋太硬了,因此,冲击性损伤如胫痛症候群和应力性骨折变得十分普遍。鞋类制造商对此情况做出的改变是生产更柔软的跑鞋。然而,较软的跑鞋无法提供与较硬的跑鞋一样的稳定性或支撑性;这导致跑者踝关节、膝关节和髋关节受伤的情况有所增加。有很多不同鞋业公司资助的生物力学研究则使现代跑鞋具备了许多可提供稳定性和缓冲功能的特性,这些改进有效减少了跑步造成的运动损伤。

运动生物力学可以通过改进技术、装备设计和训练方法来提高运动表现和预防损伤。前文中的多数案例都可以用来证明生物力学是如何在运动表现的提高中发挥作用的。其中的一些案例,如标枪、跳高和越野滑雪的技术变化,说明在体育运动中如果没有生物力学研究人员的帮助,技术不会有彻底的变化或改进。但在实际生活中,生物力学有助于开发或改进新技术或装备以提高运动表现的案例非常少。为什么?答案可能是,最能影响运动员的运动技术动作的群体(教师、教练和运动员)大部分都不具备生物力学方面的知识,但训练过程中不断试错,使他们可以偶然地发现技术的改进能提高运动表现。随着更多的教师、教练和运动员接触到生物力学,技术的改进可能会更快。然而,运动生物力学仍然是一个相对较新的领域。专业从事运动生物力学研究的人数太少,无法在许多运动项目中产生影响。在前文描述的标枪和跳高的技术变化发生时,还很少有人具备生物力学的知识。事实上,在1960年之前,生物力学这个词只被少数人使用。简要地回顾一下运动生物力学的历史,可以让我们更深入地了解为什么生物力学没有对体育产生它似乎能够产生的影响。

运动生物力学的历史

运动生物力学的历史是部分**人体运动学**(kinesiology)的历史。kinesiology这个词在19世纪末首次被使用,并在20世纪开始流行,而生物力学这个词直到20世纪60年代才开始流行。kinesiology这个词的词根定义是对运动的研究,但在今天的用法中,kinesiology被定义为对人体运动的研究。

在20世纪的大部分时间里,人体运动学作为一个独立课程,是许多美国学校本科体育教育的必修部分。这个课程的主要内容通常是应用解剖学,包括一些力学和可能的生理学知识。一般来说,这是未来的教练或体育教师接触力学的唯一课程。在多数情况下,由于更强调应用解剖学的学习,未来从业者所接触到的力学知识不足以有很大的实际用途。

尽管至少从亚里士多德时代起,人类和动物的运动力学就已经引起了科学家的关注[可见于 De motu animalium (Smith and Ross 1912)],在整个20世纪,关注生物力学的人体运动学研究员仍很活跃。在19世纪的最后几十年里,Etienne Jules Marey撰写了《运动》(Le Mouvement),他在其中描述了各种设备的使用方法,其中包括照相机和压敏仪器,以测量和记录人类(和动物)在各种活动中产生的力和动作。他设备齐全的生物力学实验室是现代生物力学和运动生理学实验室的前身。在1900年的巴黎奥运会上,Marey用他的设备拍摄了奥运会田径运动员跑步、跨栏、跳高、跳远、推铅球的系列照片,并用这些照片完成了对部分项目的技术分析。这些照片和Marey的分析被发表于《1900年巴黎世博会报告:国际赛事之体育锻炼与运动(第二卷)》。

> 至少从亚里士多德时代开始,人类和动物的运动力学就已经引起了科学家的关注。

运动生物力学的研究的一个早期案例出现在1912年的《棒球杂志》(The Baseball Magazine)中。出版商委托相关研究人员开展研究,以确定沃尔特·约翰逊(Walter Johnson)投出棒球的速度。当时,Johnson是"速度型投手之王"。虽然生物力学现在仍被看作一个相对较新的研究领域,但在《棒球杂志》序言中提到,"本杂志在进行国家比赛的研究时,对一个全新的科学研究领域进行了探索"(Lane 1912)。

在20世纪20年代,Archibald V. Hill对短跑的力学和能量学进行了研究(Braun 1941)。在20世纪30年代初,这项工作由Wallace Fenn继续进行(1930a;1930b;1931)。尽管他作为运动生理学家的身份更为人所知,但在20世纪30年代,他也撰写了游泳(1930)和各种田径运动技能相关的力学资料(1935a;1935b;1935c;1935d;1935e)。他还描述了使用运动图片照相机分析运动动作的技术(Cureton 1939)。在此期间,阿瑟·斯泰德勒(Arthur Steindler)撰写了较早的"生物力学"教科书之一(1935)。在20世纪40年代,发生了第二次世界大战,故而运动生物力学的研究并未得到优先发展。1955年,约翰·布恩(John Bunn)的《教练科学原理》(Scientific Principles of Coaching)一书出版。这是第一批强调运动中人体运动的力学方面而非解剖学方面的书籍之一。

到20世纪60年代,生物力学一词的使用开始流行,更多的人参与到运动生物力学的研究中。1967年,第一届国际生物力学研讨会在瑞士苏黎世举行。在这次会议上发表的多数论文均涉及了人体运动中的力学。基于这次研讨会取得的成功,此后每两年就会举行一次生物力学领域的国际会议。1968年,《生物力学杂志》(Journal of Biomechanics)首次出版,该杂志第一册中就收录了数篇关于运动生物力学的论文。在20世纪60年代,体育学专业内设立了数个生物力学专业研究生的学习方向,其中几个方向可授予博士学位。

1973年,国际生物力学学会成立,紧接着在1977年成立了美国生物力学学会。运动生物力学专家们参与了这些组织的建立,尽管这些组织的成员包含许多具有不同研究方向的科学家。20世纪80年代初,国际运动生物力学学会成立,以代表运动生物力学家的权益。1985年,《国际运动生物力学杂志》(International Journal of Sports Biomechanics)出版,并于1992年改名为《应用生物力学杂志》(Journal of Applied Biomechanics)。最新的专门刊登运动生物力学文章的期刊是《运动生物力学》(Sport Biomechanics),其第一期于2002年出版。

在20世纪的最后几十年至21世纪,关于运动与体育运动的研究数量稳步增长。在此期间,参与运动生物力学研究的人数也大大增加。这种繁荣景象出现的原因之一是现代计算机的出现,这使得在生物力学研究中收集和分析使用高速摄像机或录像机与电子测力台取得的数据更加容易。在没有计算机的情况下,从影像数据中准确计算测量值并进行量化的生物力学研究所需的时间过长,这也是20世纪60年代之前运动生物力学研究匮乏的原因。相比于生物力学研究，解剖学的研究不难完成，因此运动人体科学的课程更偏重于应用解剖学。随着过去30年来运动生物力学研究的增加，许多运动人体科学课程的内容重新被审视，现在有关力学的内容变得更加全面。许多运动人体科学的课程已被重新定义为生物力学的课程。

我们在介绍运动生物力学的历史时，首先提出了为什么生物力学没有对体育产生它可以产生的影响的问题，现在答案似乎更清晰了。生物力学和针对该学科的知识教育存在的时间还不够长，还不足以产生很大的影响。但随着更多的体育和运动学科相关专业人士（包括你）学习和了解生物力学，其影响将变得更加显著。在进一步学习生物力学之前，你应该熟悉力学和生物力学中使用的测量系统。

力学的框架

我们对运动生物力学的研究需要了解力学相关的知识。在我们对生物力学的定义中，我们简要地将**力学**（mechanics）定义为对力及其影响的分析。一个更完整的定义是，力学是关于作用在物体上的力的效果的科学。在运动生物力学中，我们所关注的对象是人和他（她）们在运动与训练中可能使用的工具。

➦ 力学是关于作用在物体上的力的效果的科学。

力学可以分为几个分支（图0.6）：刚体力学、变形体力学、流体力学、相对论力学和量子力学。在刚体力学中，物体被认为是理想刚体，这可以简化分析工作。在变形体力学中，考虑的是物体的形变，这些形变使分析变得复杂。流体力学关注的是液体和气体的力学，相对论力学关注的是爱因斯坦的相对论，而量子力学关注的是量子理论。力学的每一个分支都最适合描述和解释我们的物理世界对应的具体特征。**刚体力学**（rigid-body mechanics）最适合描述和解释人类的宏观运动及运动和训练中的器械，因此刚体力学的概念在运动生物力学的研究中具有重要意义。因为一些运动和训练发生在流体的环境中，所以我们也将学到流体力学的一些概念。本书的第一部分的大部分内容（第一至七章）介绍了刚体力学的概念，第八章简要概述了流体力学。

在刚体力学中，被研究的物体被假设为理想刚体。也就是说，它们不会因弯曲、拉伸或压缩而发生形变。在描述和解释人体及运动和训练中任何器械的宏观运动时，我们将把人体的各个部分视为在关节处连接在一起的刚体。在现实中，身体和其他物体的部分会在力的作用下产生形变。这些形变通常很小，不会明显影响肢体或身体本身的整体运动，因此我们可以将身体视为一个连接的刚体系统。然而，反复的微小形变可能会造成过用性的损伤，所以我们将在第九章讨论人体组织的形变，这一章涵盖了变形体力学的一部分，即生物材料的力学。

刚体力学又分为**静力学**（statics），即静止或匀速运动的物体的力学，以及**动力学**（dynamics），即加速运动的物体的力学（图0.7）。动力学又被进一步细

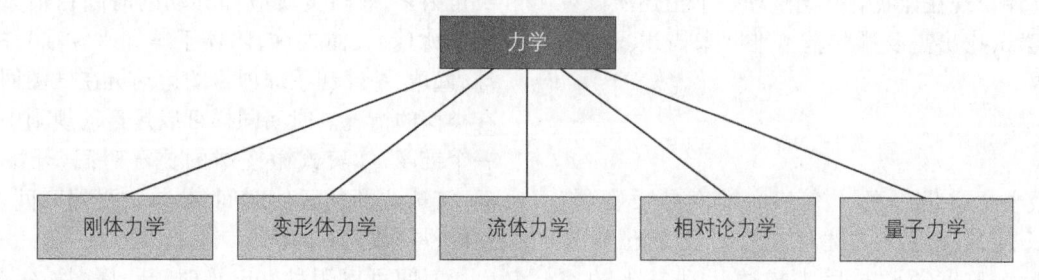

图0.6 力学的分支

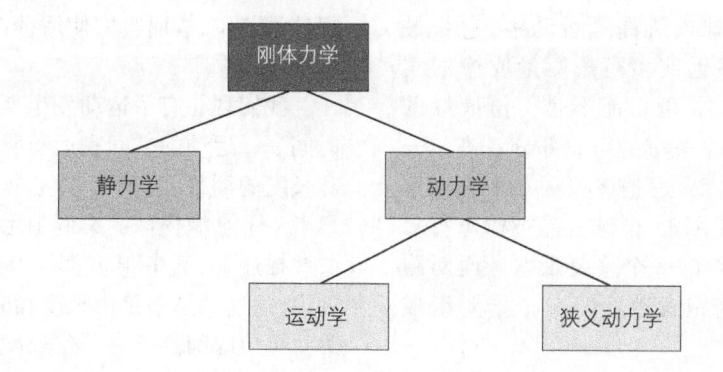

图0.7 刚体力学的分支

分为**运动学**(kinematics)和**狭义动力学**(kinetics)。运动学侧重于对运动的描述,而动力学则侧重于引起或倾向于引起运动状态变化的力。我们对生物力学的首次探索是关于静力学的,下一章对力的讨论就涵盖了许多静力学的原理。在继续学习之前,我们必须首先了解描述和测量人体运动的力学时使用的维度。

力学中使用的基本维度和计量单位

力学是一门量化的科学,生物力学也是如此。我们要想描述人体的运动,就需要以量化的方式来进行。如果某件事物是可量化的,那么它的某些方面就是可测量的,即可以用数字来表示。为了测量某种东西,我们必须有一些通用的计量单位。但首先,让我们想一想在生物力学中我们需要测量什么。

假设我们正在观察一名美式橄榄球运动员在开球后的回球反攻,我们可以用哪些专业术语来描述他的持球跑动?我们可以讨论他在球场上的位置——他在哪里接球?在哪里被擒抱?他跑了多远?他花了多长时间跑了那么远?他的速度有多快?他往哪个方向跑了?如果你是对方球员,你可能也会对他块头有多大,以及你和他身体对抗的时候会有什么感觉感兴趣。我们在描述中可能会使用的一些力学术语包括速度、惯性、功率、动量、力、质量、重量、距离、速度和加速度。(你可能不熟悉其中一些术语,如果你不知道它们是什么意思,现在无须担心;它们都会在这一章或未来的章节中得到解释。)现在让我们分类整理一下上述所谈及的问题,并尝试找出需要哪些基本维度来描述我们所列出的参数。

长度

如果我们想要测量的一个基本维度是长度,就需要一些长度的测量来描述球员在场上的位置及他跑了多远。长度通常被用来描述运动发生的空间位置。在许多其他种类的运动中,长度也同样是一个重要的维度。在铅球或跳高等运动中,它是最重要的基本维度,其中多远或多高是衡量成绩的实际标准。在其他运动中,长度可能不是衡量成绩的实际标准,但它可能是一个关键的组成部分。高尔夫球选手能将球从球座上打多远是该项运动中决定这一杆成功与否的一个重要因素,击球者能把棒球打多远是决定这一球成功与否的一个重要因素。而对跑步运动而言,步幅是决定跑者速度的一个重要组成部分。

当我们对运动员进行人体测量时,长度也是一个重要的指标。运动员的身高可能是其在篮球或跳高等运动中取得成功的一个决定性因素。同样的,在高尔夫、棒球、长曲棍球和撑杆跳高等运动中,所使用器械的长度可能也会影响运动成绩。总的来说,长度可以作为比赛规则所规定的特定运动中的一些维度,如足球场或比赛场地的长度和宽度、足球门横梁的高度或比赛的距离长度。

长度是一个重要的维度,但我们如何测量它呢?如果你是一名美国学生,你可能最熟悉英寸、英尺、码或英里的长度计量方式。但作为科学家,我们应该使用国际单位制(SI)。世界上有许多计量系统,但 SI 是到目前为止使用最广泛,并且受到国际公认的。这个计量系统是以公制为基础的。SI 的长度单位是米,缩写为 m,1 m 约为 3.28 ft 或 39 in,1 ft 大约是 0.304 8 m。其他的长度计量单位有厘米(cm)和英寸(in):1 in 为 2.54 cm,1 m 为 100 cm。对于较长的距离,长度通常用千米(km)或英里(mile)来计量。1 km 等于 1 000 m,1 mile 约为 1.609 km。附录中有关于 SI 单位和其他常用单位之间的换算信息。

时间

时间是另一个基本维度,在前文所列举的橄榄球运动的案例中,我们可能已经在使用时间来描述持球人运动中的各个方面。几乎在所有的运动中,时间都是衡量成绩的一个重要因素。在关于速度竞赛的运动中,时间是衡量成绩的标准,从起点到终点用时最短的运动员赢得比赛。在其他运动中,时间是成功的重要决定因素,守门员反应和移动的时间在很大程度上决定了冰球、长曲棍球、团体手球和水球项目的输赢,网球、壁球、垒球和手球项目的运动员在试图回球时也存在类似的情况。时间同样可以是运动规则中所规定的一个维度,如美式橄榄球的比赛时间、开始比赛的时间、篮球比赛的暂停时间、冰球的受罚时间、田径比赛中的投掷或跳跃时间。

时间可以用秒、分、小时、天、周、月、年等来计量。所有这些计量单位都以秒为基础,秒是 SI 单位制的时间计量单位,故而我们使用秒作为时间计量单位,并把秒简写为 s。

我们现在有了运动发生所需的基本维度:空间和时间——运动的空间和运动所用的时间。通过对时间和长度的测量,我们可以完全地描述运动。如果我们思考一下在橄榄球的案例中用来描述球员运动特征的一些描述词,其中很多都涉及时间和长度的测量。比如说,速度和速率是由长度和时间衍生出来的,并表示为每单位时间的某一单位长度。加速度也是由长度和时间的测量衍生得出的,它表示为每单位时间乘以它自己,或者是平方的某一单位长度。(如果你不知道速度、速率或加速度的定义,这些术语将在第二章中得到详细的解释。)

在橄榄球的示例中使用的一些描述词并没有真正地描述跑卫的运动,而是跑卫本身的一些术语包括动量、功率、力、惯性、质量和重量。这些描述词中使用的基本维度是什么?

质量和惯性

橄榄球跑卫的什么特质使他难以开始跑动,同样也让防守者难以阻止他的跑动?橄榄球运动员的体型较大,会导致他开始运动或停止运动困难。在力学中,我们把一个物体抵抗其运动状态变化的性质称为**惯性**(inertia)。以前你可能听说过这个词,甚至使用过。想一想你是如何使用它的。你可能用"惯性"来表示某个东西有阻力或不愿意改变它正在做的事情。这接近于惯性的力学定义,但我们必须说明,被抵抗的变化是运动状态的变化。

惯性是如何测量的?让我们看看另一个案例。奥运会铅球运动员和奥运会体操运动员,谁更难开始或停止运动?显然,铅球运动员更难开始或停止运动,因为他具有更大的惯性。因此,很明显的是,一个较大的物体比一个较小的物体拥有更大的惯性。但我们所说的更大是什么意思?也许是物体的重量决定了它的惯性大小。不完全是——的确,较重的物体有更大的惯性,但重量并不是衡量惯性大小的标准。**质量**(mass)才是衡量惯性大小的标准,而**重量**(weight)是对作用于物体的重力的衡量。在月球上,奥运会铅球运动员的重量会比在地球上小,但他仍然会难以开始或停止水平运动,因为他的质量与他在地球上的质量相同。

> 质量才是衡量惯性大小的标准,而重量是对作用于物体的重力的衡量。

质量在运动和训练中有多重要?让我们想一想,在体育运动中,运动员可能要改变某些东西的运动状态。运动员可能要改变一个器械的运动状态,如球或球拍;改变另一个运动员的运动状态,如橄榄球或柔道;或改变自己身体或身体部位的运动状态。器械、运动员或身体部位的质量对运动表现有着很大的影响,因为要开始或停止运动的物体的质量决定了物体开始或停止运动需要付出多大的努力。千克是质量的SI计量单位,你可能也使用过千克作为计量重量的标准。从力学上讲,把某样东西描述为有一定千克数的重量是不正确的。在SI中,千克是质量的计量单位,而不是重量的。因为重量是作用在物体上的重力,

所以重量的计量单位就是力的计量单位。下一章将进一步描述和定义力及其计量单位,但其计量单位可以从长度、时间和质量的测量及计算中得出。千克是质量的SI计量单位,缩写为kg。1 kg重约2.2 lb;1 kg为1 000 g。

我们现在已经将SI计量系统中使用的三个基本维度定义为长度、时间和质量。相应地,三个基本的SI计量单位是米、秒和千克。所有其他物理量和力学中使用的SI计量单位均可以从这三个维度及它们的计量单位中推导出来。附录中包含了展示基本维度及其SI计量单位的表格,以及SI计量系统中使用的前缀。在美国,通常使用的三个基本维度是长度、时间和力(而不是质量),它们的计量单位是英尺、秒和磅。附录包含了SI计量单位和其他计量单位,包括美国常用的计量单位之间的换算方式。

总结

生物力学是研究力及其对生命系统的影响的学科,而运动生物力学研究力及其对人体运动和训练时的影响。生物力学可能也是体育教育工作者、教练、运动科学家、运动防护师、物理治疗师和其他参与体育运动人群的有效工具。生物力学的应用可以通过改进技术、装备设计或训练方法来提高运动成绩或减少运动损伤,以及对损伤进行康复。生物力学是一个相对较新的术语,在20世纪60年代才开始流行。整个20世纪都有关于人体运动的生物力学研究报告。在20世纪60年代末和20世纪70年代初,专门研究生物力学的学会初次正式成立,并同时出现了专门研究生物力学的期刊。现代计算机的出现和广泛使用使整个20世纪70年代和20世纪80年代的生物力学研究有了更大的可行性。

运动生物力学主要涉及力学的一个分支,即刚体力学。静力学和动力学是刚体力学的分支。运动学和狭义动力学是动力学的进一步细分。

力学中使用的基本维度是长度、时间和质量。这些维度的SI计量单位为表示长度的米(m)、表示时间的秒(s)、表示质量的千克(kg)。我们在生物力学中使用的所有其他维度都可以由这三个基本单位推导出来。目前,我们对用于人体运动的力学分析的基本维度已有了一些了解。然而,现在开始进行力学分析可能仍存在一定困难。在接下来的章节中,你将会学习到一些技术,这些技术会让你在进行人体运动的力学分析时变得更容易。然而,在你能做到这一点之前,你需要对下一章的主题——力学有一个更好的理解。

关键词

生物力学	人体运动学	刚体力学
动力学	狭义动力学	运动生物力学
惯性	质量	静力学
运动学	力学	重量

第一部分

外部生物力学

外力本身及其对人体和运动的影响

人体的运动是由作用在人体上的外力决定的。第一部分涉及这些力及这些力对人体及其运动的影响。第一部分几乎都致力于介绍刚体力学及其在人体运动中的应用。第一部分包括八章:前四章介绍线性运动学和动力学,第五至七章介绍角运动学和动力学,第八章介绍流体力学。

第一章 力

保持平衡或改变运动

学习目标
学完本章,你应该能做到以下内容:
- 掌握力的定义
- 对力进行分类
- 掌握摩擦力的定义
- 掌握重量的定义
- 明确两个或多个力的合力
- 将一个力分解为互成直角的两个分力
- 如果作用在物体上的力是已知的,确定物体是否处于静力平衡状态
- 如果作用在物体上的所有其他力都是已知的,并且该物体处于静力平衡状态,可求出作用在该物体上的一个未知力

一名体操运动员在平衡木日常训练中用一只脚保持着不稳定的姿势,攀岩者用指尖紧紧抓住悬崖面,一个骑自行车的人在比赛开始时骑在自行车上一动不动,潜水员在后翻潜水之前,仅靠脚趾支撑在跳水板的边缘。作用在这些运动员身上的力是什么?运动员是如何通过这些力来保持平衡的?本章所提供的信息为你提供了回答以下问题所需的知识。

在我们生命的每个瞬间,我们的躯体都受到力的作用。力可以使我们开始或者停止运动,改变运动方向,因此力对于运动至关重要。即使我们没有运动,力仍然发挥着不可或缺的作用。我们控制着作用在我们身上的力以保持我们在静止时的平衡状态。完成对一个人体运动的生物力学分析,需要我们对力有一个基本的了解:如何将几个力相加产生一个合力?如何将力分解为若干个分力?力必须如何作用才可保持平衡?

什么是力?

简单地说,**力**(force)是一种推或拉。力是物体与物体之间相互作用而产生的。力往往是成对出现的:力的作用是相互的,即当一个物体对另一个物体施加力的作用时,该物体同样会受到一对相反的作用力——作用力与反作用力。一个力会使物体加速或发生形变。在刚体力学中,我们忽略形变并假定我们分析的物体形状不会发生改变。所以在刚体力学中,力不会使物体形变,而且如果力没有被抵消,该力会使物体加速。从力学上讲,某物在开始或停止运动、加速、减速或改变运动方向的情况下会有加速度:力是一种可以使物体开始、停止运动,加速、减速或改变方向的东西。

⚙ 简单地说,力是一种推或拉。

我们最熟悉的力的测量单位是磅,但力的 SI 计量单位是牛顿(缩写为 N),这是为了纪念英国科学家和数学家艾萨克·牛顿(我们将在第三章中进一步了解他)而命名的。

1 N 的力可以理解为将一个质量为 1 kg 的物体产生 1 m/s² 所需的力,用代数式表达如下:

$$1.0 \text{ N} = (1.0 \text{ kg})(1.0 \text{ m/s}^2) \quad (1.1)$$

1 N 的力等于 0.225 lb 的力,或者 1 lb 等于 4.448 N。你可能还记得艾萨克·牛顿在苹果落到头上之后发现万有引力的故事。这个故事可能不是真的,但它提供了一个记忆 1 N 的好方法。一个成熟的苹果大约重 1 N。

思考一下如何描述一个力。例如,假设你想描述一个推铅球者瞬间对球产生一个推力,如图 1.1 所示,描述这个力的大小是否能提供足够的信息来预测其产生的效果?关于这个力的信息,我们还想知道什么?关于力的其他重要的特征有力的方向和作用点。一个力的方向是由它的作用线和它的方向(它是沿着这条线推还是拉)决定的。

图 1.1 推铅球者产生推力,而在铅球被推开之前推力瞬间产生

力是矢量。**矢量**(vector)是从数学角度描述事物的大小或量级(一个数字)及其方向。要想全面地描述一个力,必须描述它的大小和方向。如果我们想用图形来表示一个力(或任何其他矢量),一个箭头就能很好地表示。箭头的长度表示力的大小,箭头的轴表示它的作用线,箭头的指向表示它沿作用线的作用方向,而箭头的一个端点表示力的作用点。在这里,我们需要着重强调一下"力的作用点"这个问题:力的作用点可以体现力作用在哪个物体上(从而判断出这个力是我们研究的一对力中的哪一个——作用力或反作用力)。

在本章和接下来的三章中,我们将简要地介绍刚体力学,甚至通过假设我们分析的刚体是质点或者点质量(point mass)进行更深一步地探讨。我们要研究的物体并不是真正的点质量或质点——它们有一定的大小和体积——但在将物体作为点进行分析时,我们假设所有作用在这些物体上的力都有相同的作用点。

以上作这些假设时，物体的尺寸和形状不会改变力作用于这些物体上的效果。

力的分类

现在让我们考虑一下不同类型的力及它们是如何分类的。力可以被分为内力或外力。

内力

内力（internal force）是指作用于被研究的物体或系统内部的力。请记住力是成对出现的——作用力和反作用力。对于内力，作用力和反作用力分别作用于系统（或身体）的不同部分。这些力中的每一个都可能会影响它所作用的身体的一部分，但这两个力不影响整个身体的运动，因为这两个力的作用是相反的。

> 内力是指作用于被研究的物体或系统内部的力。

在运动生物力学中，我们所关注的物体的运动是指一个人的躯体或者其所操控的运动器械。人的身体是一个由结构组成的系统——器官、骨骼、肌肉、肌腱、韧带、软骨，以及一些其他组织。这些结构之间相互产生作用。肌肉附着在肌腱上，而肌腱又附着在骨头上并产生力的作用。在关节处，骨与软骨相连，软骨又与肌腱和骨产生相互作用。如果拉力作用于内部结构的两端，这个内部结构产生的拉伸的力被称为**拉力**（tensile force），而且此时结构处于**张力**（tension）状态。如果推力作用于内部结构的两端，则内部结构产生的力被称为**压缩力**（compressive force），该结构处于压缩状态。当身体内的组织结构处于拉伸或压缩状态时，内部力将组织连接在一起。有时作用在结构上的拉力或压缩力大于结构所能承受的内力。当这种情况发生时，组织结构会遭到破坏甚至断裂。当肌肉拉伤、肌腱断裂、韧带撕裂和骨折时，就会发生结构性失效。

我们认为作为身体结构的一部分，肌肉是可以产生力量的，并且可以改变我们的运动状态。因为肌肉只能产生内力，所以它们不能使身体质心产生运动变化。事实上，肌肉力量确实可以产生身体四肢的运动，但除非有外力作用于系统，否则这些运动不会使身体质心产生任何变化。只有当身体通过推或拉对抗某些物体时，身体可以改变自身的运动。想象一下，篮球运动中的防守队员跳起来阻挡一个投篮（图1.2）。

如果她被投手迷惑导致起跳太早，她无法在半空中停止运动去等待投手投篮。在这种情况下，她所受的唯一外力是重力。她需要接触一些东西来产生另一个外力以抵消重力的作用。所以她必须让她的脚回到地面上。然后，她可以对地面产生压力，地面从而对其

图1.2 篮球运动员一旦起跳至空中就无法改变她的运动

产生一个外部反作用力使她再次跳起来。地面提供了外力，使篮球运动员的运动发生了变化。

如果我们关注的是损伤的性质和原因，那么内力在运动与训练生物力学研究中可能很重要，但它们不使身体质心的运动产生任何变化。外力是使身体质心运动发生改变的唯一原因。

外力

外力（external forces）是那些由于物体与周围环境相互作用而作用在物体上的力。我们可以将外力划分为接触力和非接触力。我们认为的大多数力都是接触力。在物体之间互相接触时产生接触力。非接触力是指即使物体没有相互接触也会产生力的作用。地球的引力是一种非接触力。其他非接触力包括磁场力和电场力。

> 外力是那些由于物体与周围环境相互作用而作用在物体上的力。

在运动和训练中，我们唯一关注的非接触力是重力。地球对一个物体产生的引力可以被定义为该物体自身重量。我们在前文提到过，1 N 是指将 1 kg 的质量产生 1 m/s² 加速度的力。如果作用在物体上的唯一的力是地球引力，那么地球引力将使物体加速。当我们掉落东西时就是这种情况（如果空气阻力可以忽略）。科学家们已经精确地测量了不同质量的物体在地球上不同位置的这种加速度。研究结果显示，无论物体体积大小，物体均按照大约 9.81 m/s²（或 32.2 ft/s²）的加速度下落。这个加速度被称为**重力加速度**（gravitational acceleration）或**由于重力而产生的加速度**

(acceleration due to gravity)，缩写为 g。

> 重量是重力作用在物体上的力。

现在让我们来看看，如果我们知道某个物体的质量，我们是否能算出它的重量？如果 1 N 的力使 1 kg 的质量拥有 1 m/s² 的加速度，那么将质量为 1 kg 的物体产生 9.8 m/s² 的加速度需要多大的力？该问题的另一种问法可以表达为 1 kg 的物体有多重？

$$? \text{ N} = (1 \text{ kg}) \times (9.8 \text{ m/s}^2) = 1 \text{ kg 的重量}$$
$$= 1 \text{ kg 物体所受到的地球引力}$$

如果我们求解这个方程，会发现 1 kg 的重量是 9.81 N。在地球上，质量（以 kg 为单位）和重量（以 N 为单位）成正比，比例系数为 9.81。一个物体的重量（单位为 N）等于它的质量（以 kg 为单位）乘以重力加速度（9.81 m/s²），即

$$W = mg \tag{1.2}$$

其中，W = 重量（单位：N）；m = 质量（单位：kg）；g = 重力加速度 = 9.81 m/s²。

要估计一个东西的重量，在你脑子里用它的质量乘以 9.81 m/s² 进行计算可能很难做到。为了计算便捷取其近似值，把 9.81 m/s² 四舍五入为 10 m/s²，然后用它作为我们对重力加速度的估计。这将使计算变得简单，而且我们的近似值与标准值之间不会有太大的偏差，因为 g 的估计值只有 2% 的误差。如果需要更高的精确度，应使用更精确的 9.81 m/s² 作为 g 值。

接触力（contact force）是由物体之间相互接触作用产生的。接触的物体可以是固体或液体。空气阻力和水的阻力是流体接触力的例子，这将在第八章进一步讨论。在大多数运动中，最重要的接触力发生在固体物体之间，如运动员和其他物体之间的相互作用。对于一个铅球运动员来说，投掷铅球时运动员必须对它施加一个力，而达到这一条件的唯一方法是接触它。要想在空中跳起，你必须与地面接触并向下压，来自地面的反作用力作用在你身上并使你向上加速置于空中。当你采取跨步助跑的方法对自己产生向前和向上加速度时，你必须与地面接触并产生向后和向下的力。地面产生的反作用力将你向前和向上推，使你产生向前和向上的加速度。

接触力可以被分解成几个部分或组成成分——垂直于接触物体表面的部分，以及与接触物体表面平行的部分。我们称垂直于物体表面的分量为**法向接触力**（或法向反作用力），其中法向是指垂直。在这种情况下，这个力的作用线是垂直于接触面的。在平地上跑步的时候，跑者在地面上用力向下向后蹬地时，法向接触力是指向上作用于跑者、向下作用于地面的力的分量。接触力的第二个分量被称为**摩擦力**（friction）。摩擦力的作用线与接触的两个表面平行，并与运动方向相反，或者在两接触面之间滑动。因此，当跑者在跑步过程中向下和向后蹬地时，摩擦力是作用在跑者身上向前的力的分量和作用在地面上向后的力的分量（图 1.3）。摩擦力作为接触力的组成部分，改变跑者在水平方向上的运动。摩擦力是人类运动的主要原因。因此对于摩擦力的理解很重要。

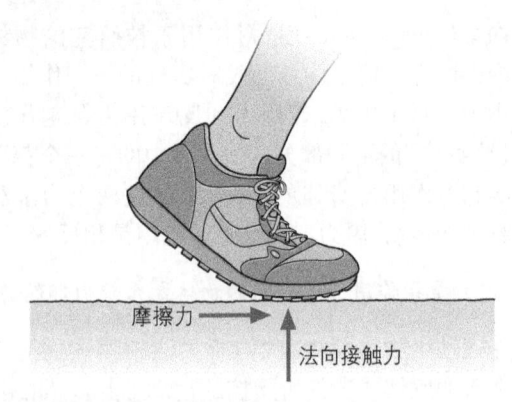

图 1.3 在蹬地期间，法向接触力和摩擦力作用在跑者的足部

摩擦力

前面描述的摩擦力是干摩擦力。摩擦力的另一种类型是流体摩擦力，它发生在流体层之间，当干燥的表面得到润滑时，就会产生这种摩擦。流体摩擦的表现（behavior）很复杂；而且由于流体摩擦在运动中发生的频率较低，后续我们将仅限于讨论干摩擦力。干摩擦力平行作用于固体物体的非光滑表面之间或刚性物体的非光滑表面之间。摩擦力是由于接触面分子之间的相互作用而产生的。当干摩擦力作用在两个没有相对运动的接触面之间时，被称为**静摩擦力**（static friction）。在两个接触面开始相对滑动之前达到的最大静摩擦力被称为**极限摩擦力**（limiting friction）。当干摩擦力作用于两个相对运动的接触面之间时，它被称为**动摩擦力**（dynamic friction）。动摩擦力的其他术语是滑动摩擦力。

摩擦力和法向接触力

尝试做自主实验 1.1，看看当静摩擦力变为动摩擦力时会发生什么，以及静摩擦力与动摩擦力的比较。

自主实验 1.1

静摩擦力和动摩擦力

让我们做一些实验来了解更多关于摩擦力的知识。将一本书放在一个平坦的水平表面上，如书桌或

者其他桌面。现在轻轻地从侧面推这本书,并缓慢地增加推力,直到书本开始滑动,然后试着让书保持移动并持续一小段时间。是什么力量抵抗了你对书本施加的力,使书本不能滑动?这个力是静摩擦力,它是由桌子或书桌对书本施加的。如果书不滑动,那么作用在书上的静摩擦力与你施加在书上的力的大小相同,但方向相反。这些力的作用被抵消了,使得作用在书上的净力为零。当你的推力超过一定数值时,书开始滑动。在书开始滑动之前的那一瞬间,静摩擦力达到最大值,此时静摩擦力称为极限摩擦力。当书开始滑动时,静摩擦力变成了动摩擦力,你的推力也变小了。

图 1.4 显示了当一本书被推时,由测力平台测得的实际摩擦力。在书本滑动之前,静摩擦力增加到最大的值(极限摩擦力),然后摩擦力迅速减小,并在书开始滑动时成为动摩擦力。动摩擦力是相对恒定的。

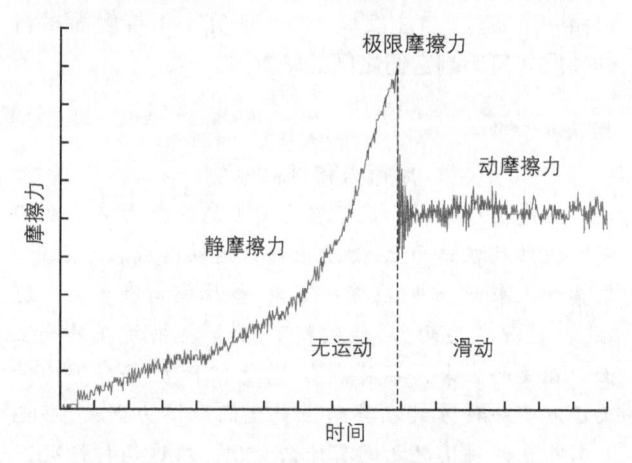

图 1.4 书本在测力台上面移动时,书本所受的摩擦力示意图

试着做自主实验 1.2,看看法向接触力是如何影响摩擦力的。

自主实验 1.2

摩擦力和法向接触力

把另一本书放在原来的书上,然后再推一次(图 1.5)。在书本开始移动之前,你能不能用稍大的力来推?再加一本书并再推一次。你现在能用更大的力推吗?当你往书堆里加的时候,你在书本滑落之前所施加的力的数值(大小)会变大,静摩擦力也是如此。为保持书本滑动你所施加的力也会变大,动摩擦力也会变大。

在书堆中增加书是如何导致静摩擦力增加的?我们通过增加书堆的质量来增加它的惯性。这种变化不应该影响静摩擦力,因为质量的增加显然不会影响接触面分子之间的相互作用。而正是分子之间的相互作用产生了摩擦力。我们在增加书的同时也增加了纸堆的重量。这是否会影响静摩擦力?事实上,增加重量会增加作用在两个表面之间的法向接触力:这将增加接触面分子之间的相互作用,因为它们会被更用力地推到一起。因此,不是书本的重量直接导致了静摩擦力的增加,而是法向接触力的增加。如果我们测量这个法向接触力和摩擦力,我们会发现摩擦力与法向接触力成正比。一个增加,另一个会成比例增加。这一规律也适用于极限摩擦和动摩擦。

在自主实验 1.2 中,摩擦力是水平的,法向接触力是受书本重量影响的垂直力。摩擦力只是一个水平的力吗?法向接触力是否总是垂直的,并与摩擦力所作用的物体的重量有关?请尝试自主实验 1.3 来回答这些问题。

自主实验 1.3

摩擦力总是水平的吗?

现在试着把书固定在垂直表面上,如墙壁(图 1.6)。如果你只用水平方向上的力去推书,你能做到吗?你要用多大的力气才能使书不在墙上滑落?什么力与书的重量相对应并且阻止书滑落?如果你的手压着书的力

图 1.5 在书堆中增加书本会增加底部书本和桌子之间的静摩擦力

图 1.6 书与墙面之间的摩擦力及书与手之间的摩擦力足以使书在垂直墙面上保持静止

只在水平方向上起作用,那么它不能抵消垂直方向上的重力对书产生的向下的作用。向上作用于书的力是书和墙之间的摩擦力(书和你的手之间的摩擦力也是如此)。你对书施加的推力会影响摩擦力,因为如果你不用力,书就会滑动和坠落。我们再次看到,摩擦力受法向接触力、垂直于摩擦力的接触力和接触面的影响。

> 摩擦力(极限摩擦力或动态摩擦力)与法向接触力成正比,并与之垂直。

摩擦力和表面积

还有什么会影响摩擦力?表面积会吗?让我们尝试另一个实验(自主实验1.4),看看增加或减少接触面积是否会影响摩擦力。

自主实验1.4

摩擦力和接触面积

接触面积是否影响摩擦力?把一本硬皮书放在桌子或书桌上(重要的一点是使用一本硬皮书)。在桌面上来回推动书,以感受动、静摩擦力的大小。尽量对书仅产生水平力。现在把书的一端站起来尝试做同样的事情(图1.7)。用一根橡皮筋把书合上,但在滑动书的过程中不要让橡皮筋碰到桌子。你有感受到在书处于不同放置状态时,其所受摩擦力有什么明显的不同吗?换另一本硬皮书试一试。

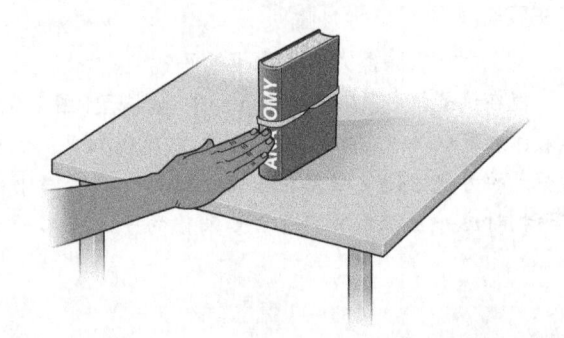

图1.7 书的下端接触桌面有着更小的接触面积。这种接触面积的减少会影响书和桌子之间的摩擦力吗?

在自主实验1.4中,不同放置状态的书和桌子之间的接触面积有很大的不同,但摩擦力并没有明显的变化。事实上,无论是静态的还是动态的干摩擦力都不会受到接触面积大小的影响。

这种说法可能与你对摩擦力的直觉不一致,但你自己刚刚证明了这一点。如果这还不足以让你相信干摩擦力是不受表面积的影响,让我们试着解释一下。

干摩擦力源于接触表面区域的分子相互作用。我们已经看到,如果我们用更大的力将这些表面压在一起,分子之间的相互作用力就会更大,摩擦力也会增加。那么如果我们增加接触面积,也会增加可以相互作用的分子数量,从而产生更多的摩擦,这种说法也是可以的。但是如果保持压力不变,接触面积越大,这个力就会分散到更大的面积上,单位面积的压力就会更小(压强等于力除以面积)。在接触面上将每个分子推在一起的单个力将更小,从而减少分子之间的相互作用并减少摩擦。这看起来像是一种权衡。表面积的增加增加了相互作用分子的数量,但压力的降低会降低这些相互作用的幅度。所以增加表面积的净效应为零,摩擦力不变。

> 干摩擦不受接触面积大小的影响。

摩擦力和接触面的材料

摩擦力受法向接触力,但不受接触面积的影响。接触面的材料性质对摩擦力有什么样的影响呢?胶底鞋的摩擦力与皮底鞋的摩擦力是否不同?让我们尝试再做一个实验(自主实验1.5),研究一下接触面材料的性质如何影响它们之间的摩擦力。

自主实验1.5

摩擦力和材料特性

让我们观察书和鞋子在桌面上的摩擦力有什么不同?把书放在桌面上,然后把一只运动鞋放在它上面。在桌面上来回推书,感受一下动、静摩擦力有多大。现在,把鞋放在桌面上,鞋底朝下,然后把书放在鞋子上面。在桌面上来回推动鞋子,感受一下动、静摩擦力的大小。哪一种方式在桌面上产生的摩擦力更大,书还是鞋?这两种情况之间有什么变化?在这两种情况下被移动的物体(鞋和书)的重量和质量保持不变,物体与桌面的接触面积发生了变化,但我们已经确定这不会影响摩擦力。这个导致摩擦力发生改变的变量是与桌面接触的材料类型。桌面和又软又粗糙的鞋底之间的摩擦力比桌面和又光滑又硬的书皮之间的摩擦力更大。

有必要对摩擦力进行再一次观察。当你在自主实验中把书在桌子上来回移动时,是让书开始移动更容易,还是保持书的移动更容易?换句话说,静摩擦力比动摩擦力大还是小?保持书本移动比让它开始移动更容易,所以静摩擦力要比动摩擦力大。

让我们总结一下目前为止我们对于摩擦力的认识。摩擦力是一种接触力,它作用在接触的两个表面之间,并与之平行。在两接触面之间产生的摩擦力方向与运动(或即将发生的运动)方向相反。极限摩擦力和动摩擦力是与推动两个表面的法向接触力成正比的。这意味着,当法向接触力增加,摩擦力也随之增加。如果法向接触力增加一倍,摩擦力也会增加一倍。摩擦力受接触面特性的影响。在又软又粗糙的表面之间产生的摩擦力比在又硬又光滑的表面之间产生的摩擦力大。最后,极限摩擦力要比动摩擦力大。从数学角度出发,我们可以把极限摩擦力和动摩擦力表示为

$$F_s = \mu_s R \quad (1.3)$$

$$F_d = \mu_d R \quad (1.4)$$

其中,F_s=极限摩擦力;F_d=动态摩擦力;μ_s=静摩擦系数;μ_d=动摩擦系数;R=法向接触力。

摩擦系数是一个值,用于说明材料对摩擦的不同影响。在数学上,摩擦系数的缩写用希腊字母 μ 表示,表示极限摩擦力或动摩擦力与法向接触力之间的比率关系。

> 在数学上,摩擦系数是极限摩擦力或动摩擦力与法向接触力的比率。

体育运动和人体运动中的摩擦力

摩擦力在每项运动及人体运动的过程中都至关重要。运动需要摩擦力,因此,我们所穿的鞋是为了在我们的脚和支撑表面之间提供适当的摩擦力而设计的。对于大多数运动鞋,我们希望有较大的摩擦力,因此用于鞋底的材料具有较大的摩擦系数。在某些运动中,如跳舞或打保龄球,滑动是十分必要的,所以用于这些运动的鞋的鞋底具有较小的摩擦系数。在滑雪时,我们也希望摩擦力更小,所以我们在滑雪板的底部打蜡,以降低摩擦系数。在球拍类运动和其他涉及器材的运动中,较大的摩擦力是十分必要的,以便我们可以更牢靠地抓握器材。制作握把的材料,如皮革或橡胶,它们具有较大的摩擦系数。我们甚至可以通过改变握把(表面的质地)以增加它们的摩擦系数,如在它们上面缠上白贴、喷上黏性物质,或者在我们的手上使用粉类的防滑剂。想一想你所参与的各种运动,摩擦力是如何在其中发挥作用的。在日常活动中,鞋类和地面之间的摩擦力对于防止滑倒和跌倒至关重要。

牵引力

牵引力是另一个有时被用来代替摩擦力的术语。牵引力常被用来描述一种动作启动的力,如你的篮球鞋在球场地板上的牵引力,或汽车轮胎在道路上的牵引力。当其中一个表面的特征(楔子、鞋钉、螺柱等)穿透另一个表面时,也可以用牵引力来代替摩擦力。牵引力和法向接触力之间的关系通常不像摩擦力和法向接触力之间的线性关系那样简单。

目前为止,我们了解了在体育活动中可能作用于我们的各种外力的几种情况:主要包括重力、摩擦力和法向接触力。在大多数运动和训练情况中,作用于人体上的外力不止这些。我们如何将这些力加起来,以确定它们对人的影响?什么是净力或合力?

力的加法:力的构成

作用在物体上的净力是作用在它上面的所有外力的总和。这个总和不是一个代数和,也就是说,我们不能仅仅把代表力大小的数字加起来。净力是所有外力的矢量和。记住,我们把力定义为推力或拉力,而且这些力都是矢量。这意味着力的完整描述包括它的大小(它有多大?)及方向(它的作用方向是什么?)。从视觉上看,我们可以把力想象成箭头,轴的长度表示力的大小,箭头的轴表示它的作用线,箭头的指向表示它沿作用线的作用方向。当我们把力之类的矢量相加时,我们不能仅仅把代表它们大小的数字加起来。我们还必须考虑力的方向。力的相加是矢量相加的过程。两个或多个力的矢量相加的结果称为**合力**(resultant force)。就是作用在物体上的所有外力的矢量相加,它也被称为净力(net force),因为它是所有外力相加的结果。现在我们将学习如何进行力的矢量相加。

> 作用在物体上的所有外力的矢量相加就是净力。

共线力

让我们从一个涉及共线力的简单情况开始对矢量加法进行讨论。如果你仔细观察"共线力"这个词,你会注意到其中出现了"线"这个字。**共线力**(colinear force)就是具有相同作用线的力。力可以沿着这条线朝同一方向或相反方向作用。现在有一个情景,你和另外两个人正在进行拔河比赛。你用100 N的力拉绳子,你的队友用200 N和400 N的力拉。你们都沿着同一条线拉——绳子所在的直线。为了求出这三个力的合力,我们首先将每个力用箭头表示,每个箭头的长度与力的大小成比例。首先,画出你施加在绳子上的100 N的力。如果你向右拉,你施加在绳子上的力可以这样表示:

100 N ⟶

现在再画一个表示200 N力的箭头。把这个力的末端放在100 N力的箭头处。如果比例正确,则该箭头的长度应该是表示100 N力的箭头的2倍。

100 N   200 N
⟶

现在再画一个代表400 N力的箭头。把这个力的

末端放在200 N力的箭头处。这个箭头的长度应该是代表100 N力的箭头的4倍,是代表200 N力的箭头的2倍。你的图应该是这样的:

100 N　　　　200 N　　　　　　　400 N
→　　　　　→→　　　　　　　→→→→

如果我们使箭头与400 N力首尾相连,从100 N力的末端到400 N力的尖端所画的箭头就表示合力,或是100 N、200 N和400 N力的矢量和。

700 N

如果我们测量这个箭头的长度,结果会发现它是100 N力的7倍。合力必须是一个向右作用的700 N的力。但是,如果我们将三个力的大小代数相加,就会发现:

100 N + 200 N + 400 N = 700 N

这是否意味着矢量加法和代数加法是一样的? 不是的! 只有当力都沿着同一条线、朝同一个方向作用时,这才是正确的。

➡ 当力沿同一直线和同一方向作用时,可以用常规的代数加法将它们相加,以求得合力。

现在我们来考虑一下对方队伍对绳子施加的力。该队也由三名成员组成。他们在绳子上施加的力向左,分别为200 N、200 N和200 N。这三个力的合力是什么?

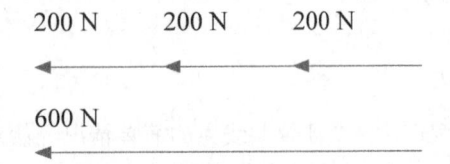

200 N　　200 N　　200 N

600 N

我们可以像以前那样,把三个力用箭头表示出来,并把第一个箭头的尾端和最后一个箭头的尖端连接起来,从而确定合力。我们也可以用代数法将力的大小相加,因为这三个力都沿同一直线在同一方向上作用。

200 N + 200 N + 200 N = 600 N

现在,当你的队伍向右拉,对方队伍向左拉时,作用在绳子上的合力是多少? 在这种情况下,有你们团队中的三个向右拉的力:

100 N　　200 N　　　　　400 N

和来自对方队伍的三个向左拉的力:

200 N　　200 N　　200 N

这些力仍然是共线的,因为它们沿着同一条线作用,在本示例中这条线就是绳子所在的线。如果遵循前面的步骤,我们通过将矢量顶端到尾端对齐,用图的

方式把这些力加起来。我们已经对你队伍中的三个力做了这个处理。200 N力的尾端与100 N力的尖端对齐,400 N力的尾端与200 N力的尖端对齐。我们也为对方队伍的力做了这样的处理。现在,为了将所有这些力相加,我们将对方队伍的200 N力的尾端与你队伍的400 N力的尖端对齐(我们也可以将你队伍的100 N力的尾端与对方队伍的200 N力的尖端对齐):

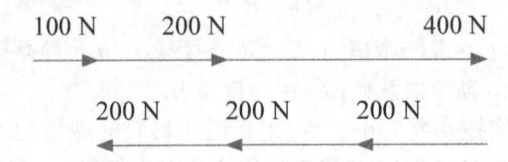

100 N　　200 N　　　　　400 N

200 N　　200 N　　200 N

我们通过从100 N力的尾端到最后的200 N力的顶端画一个箭头来求合力,其箭头顶端与200 N力的顶端对齐,而尾端与100 N力的尾端对齐:

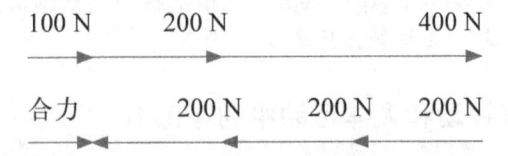

100 N　　200 N　　　　　400 N

合力　　200 N　　200 N　　200 N

如果我们测量这个合成矢量的长度,我们会发现它的长度与100 N力的长度相同。合力是向右100 N的力。

如果我们把你的队伍施加的力换成700 N向右的合力,把对方队伍的力换成600 N向左的合力,我们可以得到同样的合力。

700 N

合力　　　　　　　　　600 N

因为所有的力都作用在同一条线上,所以合力也可以通过代数方法求出。现在,我们不能像我们对每支队伍所做的那样,仅仅把力加起来,还必须考虑力的作用方向。我们任意假设向右作用的力是正的,那么向左作用的力就是负的。因此,由于你的团队将绳子向右拉,而对方团队将绳子向左拉,作用在绳子上的合力现在可以通过代数方法确定,即把来自你的队伍的正力和来自对手的负力相加。

100 N + 200 N + 400 N + (− 200 N) +
(− 200 N) + (− 200 N) = + 100 N

负数的加法就像减法一样,所以我们也可以把它写成:

100 N + 200 N + 400 N − 200 N −
200 N − 200 N = + 100 N

与我们的答案100 N相关的正号表明,结果力的作用方向是正的。我们把右边设为正方向,所以合力是

向右 100 N 的力。

如果力是共线的,我们可以用矢量加法把它们加起来,把每个力用图形表示为一个箭头,把力的箭头从头到尾排列起来。我们通过从第一个力的尾端到最后一个力的尖端画一个箭头来确定合力。这个箭头的顶端在最后一个力的顶端,它代表合力。我们通过给力的大小指定正号或负号来考虑力在作用的直线上的意义,我们也可以用代数的方法把共线力相加起来。正的力沿线向一个方向作用,而负的力则沿线向相反方向作用。

> **例题 1.1**
>
> 一个陪练员协助一个举重运动员试图举起 1 000 N 的杠铃。陪练员对杠铃施加了 80 N 的向上的力,而举重运动员对杠铃施加了 980 N 的向上的力。在杠铃上施加的垂直净力是多少?
>
> 解:
>
> 假设向上是正方向。80 N 的力和 980 N 的力是正的,而杠铃的 1 000 N 的重量是负的。将这些加起来,我们可以得到以下结果:
>
> $$\Sigma F = (+80 \text{ N}) + (980 \text{ N}) + (-1\ 000 \text{ N}) = 80 \text{ N} + 980 \text{ N} - 1\ 000 \text{ N} = +60 \text{ N}$$
>
> 在前面的公式中,出现在 F 之前的符号是希腊字母 sigma(Σ)。在数学中,它是求和符号。它的意思是对 Σ 后面的变量所表示的所有项求和或相加。在本示例中,ΣF 表示将所有力求和或相加。
>
> 作用在杠铃上的垂直净力是向上作用的 60 N 的力。

汇交力

如果力不是沿着同一条线作用,而是通过同一点作用,那么这些力就是**汇交力**(concurrent force)。只要我们将物体建模为质点,作用在这些物体上的力如果沿着同一条线作用,就会被认为是共线力,如果不沿着同一条线作用,就会被认为是汇交力。直到第五章,当我们开始将物体建模为真正的刚体而不是质点时,我们所考虑的力才可能是非汇交力。

现在让我们考虑一种情况,在这种情况下,外力不是平行的,而是汇交的。一个体操运动员即将开始他在单杠上的动作。他跳起来抓住单杠,他的教练通过对体操运动员躯干的前部和后部施加力来阻止他的摆动。作用在体操运动员身上的外力有作用在体操运动员身体上的重力、教练在体操运动员前面施加的 20 N 的水平力、教练在体操运动员后面施加的 30 N 的水平力及单杠在体操运动员手上施加的 550 N 的垂直向上的反作用力。体操运动员的质量为 50 kg。作用在体操运动员身上的净外力是多少?

首先,作用在体操运动员身上的重力有多大?如果你还记得,在本章前面我们说过,作用在物体上的重力是物体的重量。体操运动员的重量是多少?重量的定义见公式 1.2,

$$W = mg$$

其中,W=重量(单位:N);m=质量(单位:kg);g=重力加速度,即 9.81 m/s²。为了得到一个很好的近似值,为了使我们的计算更容易,我们可以将 9.81 m/s² 四舍五入为 10 m/s²。如果我们想要更精确,我们应该使用 9.81 m/s² 而不是 10 m/s²。因此,使用 g 的近似值,体操运动员的重量为

$$W = mg = (50 \text{ kg})(10 \text{ m/s}^2) = 500 \text{ kg} \cdot \text{m/s}^2 = 500 \text{ N}$$

这个重量是一个向下的力。现在我们有了作用在体操运动员身上的所有外力,图 1.8 显示了体操运动员和作用在他身上的所有外力。

现在我们可以开始确定这些力的合力了。就像我们处理共线力一样,我们可以以图形方式用箭头来表示每个力,用箭头的长度表示力的大小,用箭头的方向来表示它的作用线,并用箭头尖端来表示其意义或方向。就像共线力一样,如果我们把力从头到尾排列起来,我们就能找到合力。那就这么办吧。首先,画出作用在右边的 20 N 水平力。再画出 550 N 的向上的力,使其尾端开始于 20 N 的力的顶端。在左边画出 30 N 的水平力,使这个力的尾端从 550 N 的力的顶端开始。画出 500 N 的重力向下的力,使这个力的尾端从 30 N 的力的顶端开始。你现在应该有一张类似图 1.9 的图。

500 N 向下的力的顶端和 20 N 的水平力的尾端并不相连。四个力的结果可以用一个箭头来表示,连接 20 N 水平力的尾端(图 1.8 中的第一个力)和 500 N 向下力的顶端(图 1.8 中的最后一个力)。图 1.10 显示了合力的架构。这个合力从 20 N 的水平力的尾端指向 500 N 向下的力的顶端。因此,合力的方向是向上的,并略微向左。合力的大小由箭头的长度来表示。使用图 1.10 中用于构建其他力的相同比例,我们可以估计出合力的大小约为 51 N。

如果我们把合力的方向描述为"向上并略微向左",我们还没有提供一个非常精确的描述。能否对力

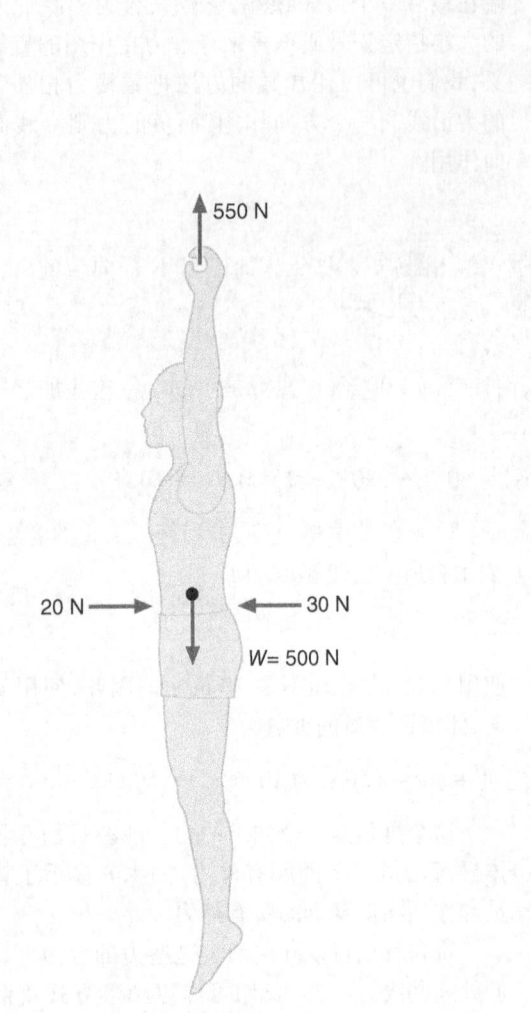

图1.8 体操运动员悬挂在水平杆上的外力的自由体示意图

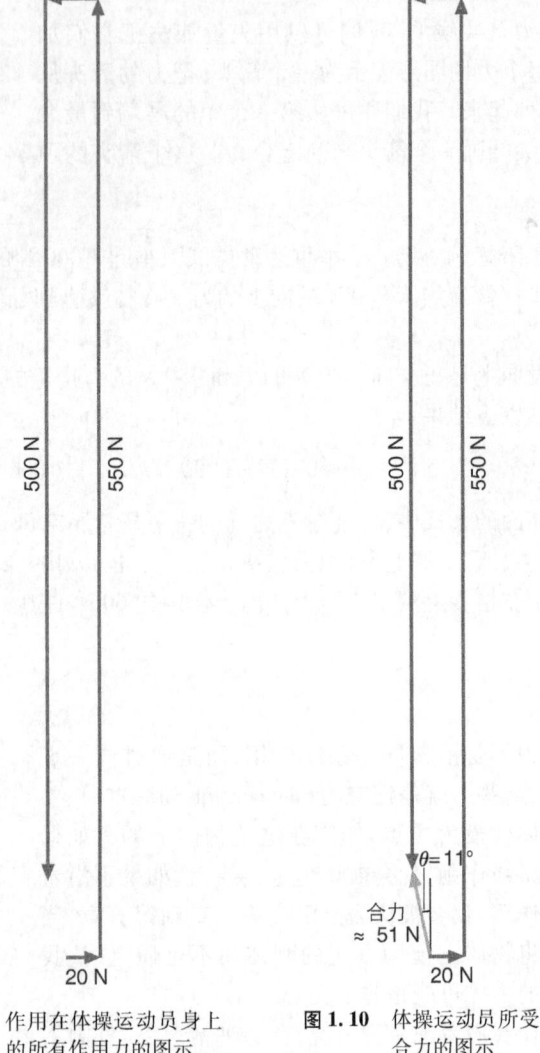

图1.9 作用在体操运动员身上的所有作用力的图示

图1.10 体操运动员所受合力的图示

的方向进行比这更精确的描述？我们可以描述力与垂直线或水平线之间的角度。从水平线逆时针测量，这个力和水平线大约成79°角。这种通过描述角度的方法要比把这个力描述成"向上并略微向左"要精确得多。

如果垂直力和水平力作用在物体上，我们可以用图解的方法把力相加，就像我们确定合力一样。不用图解法，有没有其他可以确定合力的方法？有没有我们可以使用的数学方法？让我们再考虑一下作用在体操运动员身上的四个力。在水平方向上，有两个作用力：向右的20 N作用力，向左的30 N作用力。垂直方向上，还有两个力在作用：向下的500 N的力和向上的550 N的力。我们能不能用代数的方法把所有这些力加起来？如果我们这样做，我们就会得到

20 N + 30 N + 500 N + 550 N = 1 100 N

这与我们用图解确定的结果大不相同。也许我们需要把向下的力看作是负的，把向左的力看作是负的。使用这种方法，我们得到

20 N + (-30 N) + (-500 N) + 550 N
= 20 N - 30 N - 500 N + 550 N = 40 N

这更接近于图解结果，但仍然不正确。我们还不知道合力会朝着哪个方向作用。让我们再试一种方法。分别考虑水平和垂直力，确定什么是水平合力，什么是垂直合力。现在这个问题类似于我们之前解决的共线力问题。

在水平方向上，向右作用力为20 N，向左作用力为30 N。以前，我们任意地指定向右的力为正，指定一个负力的意义是向左的，所以水平合力是

20 N + (-30 N) = 20 N - 30 N = -10 N

与这个力相关的负号表示它向左作用。向左作用力的水平力为10 N。相反，我们有一个向下作用的500 N的力和一个向上作用的550 N的力。让我们把向上指定为正方向，并将向下的力指定为负。垂直合力是

(-500 N) + 550 N = +50 N

与这个力相关的正号表明它是向上作用的。垂直合力是向上作用的 50 N 的力。

使用这种方法,结果力可以表示为向左作用的 10 N 水平力和向上作用的 50 N 垂直力。这是否等同于 51 N 的合力,该力在与水平方向成 79°角时向上并略微向左作用? 51 N 的力如何能等同于 50 N 的力和 10 N 的力? 将水平方向的 10 N 合力和垂直方向的 50 N 合力用图形表示出来,以确定其合力。如图 1.11 所示,画出力的尖端到尾端。

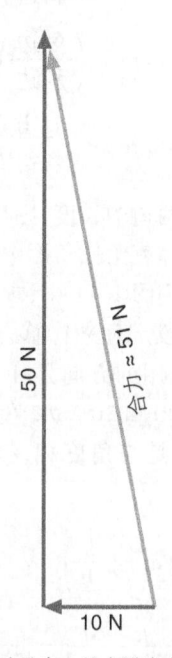

图 1.11 作用在体操运动员身上的水平净力和垂直净力的矢量和

现在通过连接 10 N 水平力的尾端和 50 N 垂直力的顶端来画出结果。这个力与图 1.10 中所示的合力相比如何? 它们看起来是一样的。测量图 1.11 中的合力,并测量它与水平线的角度。这个合力约为 51 N,与水平线成 79°角。它与图 1.10 中所示的合力完全相同。显然,一个 50 N 的力和一个 10 N 的力可以约等于一个 51 N 的力。

三角函数法

仔细看一下图 1.11 中三种力所形成的形状。它是一个三角形:事实上,它是一个直角三角形——三角形中的一个角是 90°角。在表示水平合力和垂直合力的三角形的两条边之间形成 90°角。直角三角形的边之间有特殊的关系。其中之一是将与成直角的两条边的长度与直角相对的边的长度相关联。如果 A 和 B 表示组成直角的两条边,而 C 表示斜边(与直角相对的边),则

$$A^2 + B^2 = C^2 \quad (1.5)$$

这种关系称为勾股定理。对于我们的力的三角形,我们可以用 10 N 代替 A,50 N 代替 B,然后求解代表合力的 C。

$$(10\ N)^2 + (50\ N)^2 = C^2$$

$$100\ N^2 + 2\ 500\ N^2 = C^2$$

$$2\ 600\ N^2 = C^2$$

$$C = \sqrt{2\ 600\ N^2} = 51\ N$$

这与我们实际画出的力的图示得到的答案相同。

让我们再来看看图 1.11 中我们最后得到的直角三角形。除了勾股定理,直角三角形的边和角之间还有其他关系。如果我们知道直角三角形任何两条边的长度,我们就可以确定另一条边的长度和两边夹角的大小。相反,如果我们知道直角三角形的一条边的长度和直角以外的一个角的大小,我们就可以用三角函数确定其他边的长度和另一个角的大小。会三角函数不是使用本书的先决条件,本书的意图也不是教你三角函数,但了解三角函数这些工具将有助于你对生物力学的研究。

从三角函数中我们可以得知,具有相同角度的直角三角形的边长之间存在一个比例。请看图 1.12 中的直角三角形。它们都有不同的大小,但角度都是一样的,而且边都是按比例变化的。为了保持三角形的角度不变,如果你延长其中任何一个三角形的一条边,

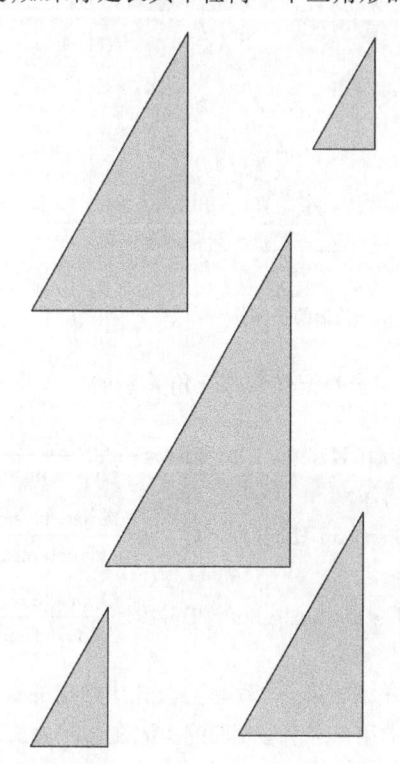

图 1.12 相似直角三角形。三角形的大小不同,但每个三角形对应的角度都是相同的

你就必须同时延长其他的边。因此,直角三角形的边的长度和直角三角形的角之间存在着关系。

这些关系可以表示为直角三角形两边之间可能存在的各种大小的角的一边与另一边的比例。以下是可能有帮助的关系:

$$\sin\theta = \frac{对边}{斜边} \qquad (1.6)$$

$$\cos\theta = \frac{邻边}{斜边} \qquad (1.7)$$

$$\tan\theta = \frac{对边}{邻边} \qquad (1.8)$$

在这些公式中,发音为"theta"的 θ 代表角度;对角是指与角 theta 相对的三角形边的长度;相邻是指与角 theta 相邻的三角形边的长度;斜边是指三角形中与直角相对的边的长度。术语 sin 指的是正弦;cos 指的是余弦;tan 指的是正切。任何现代科学计算器都包含正弦、余弦和正切函数。在图 1.13 的直角三角形中,标记出了这三条边。

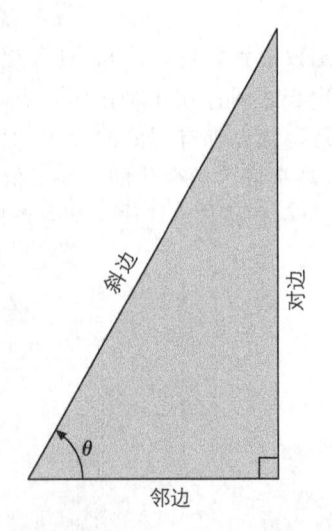

图 1.13 直角三角形的各部分

这些句子是记住这些三角关系的一个简单技巧:

Some **O**f **H**is	$\sin\theta = \dfrac{\textbf{O}\text{pposite side}(对边)}{\textbf{H}\text{ypotenuse}(斜边)}$
Children **A**re **H**aving	$\cos\theta = \dfrac{\textbf{A}\text{djacent side}(邻边)}{\textbf{H}\text{ypotenuse}(斜边)}$
Trouble **O**ver **A**lgebra	$\tan\theta = \dfrac{\textbf{O}\text{pposite side}(对边)}{\textbf{A}\text{djacent side}(邻边)}$

这些单词的第一个字母与公式中列出的每个三角函数变量中的第一个字母相匹配。记住这些公式的另一种方法是记住"SOHCAHTOA"这个词。"SOHCAHTOA"的字母与上面列出的三个方程中每个三角函数的第一个字母相匹配。你也可能知道其他记忆这些关系的方法。

公式 1.6、公式 1.7 和公式 1.8 可用于确定直角三角形未知边的长度,前提是已知另一边的长度,并且已知 90°角以外的两个角中的一个。如果角度和斜边已知,则可以使用公式 1.6 来确定对边,并可以使用公式 1.7 来确定相邻边。如果直角三角形的边已知,则使用反三角函数来计算角度:

$$\theta = \arcsin\left(\frac{对边}{斜边}\right) \qquad (1.9)$$

$$\theta = \arccos\left(\frac{邻边}{斜边}\right) \qquad (1.10)$$

$$\theta = \arctan\left(\frac{对边}{邻边}\right) \qquad (1.11)$$

如果已知任何两边的长度,则反正弦、反余弦和反正切函数可用于计算直角三角形中的一个角度。

现在让我们回到图 1.11 中,求作用于体操运动员的合力。我们用勾股定理来计算合力的大小(得出结果是)51 N。但它作用的方向是什么呢?应当是 51 N 合力(三角形的斜边)和 10 N 水平力(邻边)之间的夹角。50 N 的垂直力是与角度相反的一侧。使用公式 1.11 给出如下结果:

$$\theta = \arctan\left(\frac{对边}{邻边}\right)$$

$$\theta = \arctan\left(\frac{50\text{ N}}{10\text{ N}}\right) = \arctan(5)$$

为了确定角度 θ,我们使用正切函数的倒数或反正切。在大多数科学计算器上,反正切函数是正切键的第 2 个按键,通常缩写为 $\tan^{-1}$ 或 arctan。使用科学计算器(确保它的角度测量设置是度数而不是弧度),我们发现:

$$\theta = \arctan(5) = 78.7°$$

这个结果非常接近我们之前使用量角器直接测量角度时得到的 79°。

如果力是汇交的,但不是共线的,我们可以将力相加来确定其合力,方法是将力以箭头的形式表示,并将其从头到尾排列。合力将由从第一个力的尾端到最后一个力的尖端的箭头表示。或者,如果这些力只是水平或垂直方向的,我们可以用代数法将所有水平力相加,以确定水平方向上的合力,然后将所有垂直力相加并确定垂直方向上的合力。这两个力的合力的大小可以用勾股定理来确定,它的方向可以用三角函数来确定。

求分力

如果作用在物体上的外力不共线,并且不在垂直或水平方向上作用,应该怎么办?回顾图 1.1,考虑推铅球过程中作用在铅球上的力。想象一下,在所示的瞬间,运动员以高于水平面 60°的角度对铅球施加 100 N 的力。铅球的质量是 4 kg。作用在铅球上的净力是多少?首先,我们需要确定铅球的重量。使用 g 的近似值,该铅球的重量为

$$W = mg = (4\text{kg}) \times (10 \text{ m/s}^2) = 40 \text{ N}$$

现在我们可以通过图解法将 40 N 的铅球重量与运动员施加的 100 N 的力相加来确定净外力。让我们来试试。你的图案应该与图 1.14 相似。如果我们测量合力,大约是 68 N。它以略小于 45°的角度向上和向右作用。

我们是否可以用另一种方法来确定这个结果,就像我们之前处理体操运动员问题时那样?回顾一下,作用在体操运动员身上的外力都是水平或垂直方向上的力。在那个问题中,我们可以用代数法将水平力和垂直力相加来求出水平力和垂直力的合力。在推铅球问题中,我们有一个垂直力,即铅球的重量,而来自运动员的力是水平和垂直的。它是向上和向前推动铅球

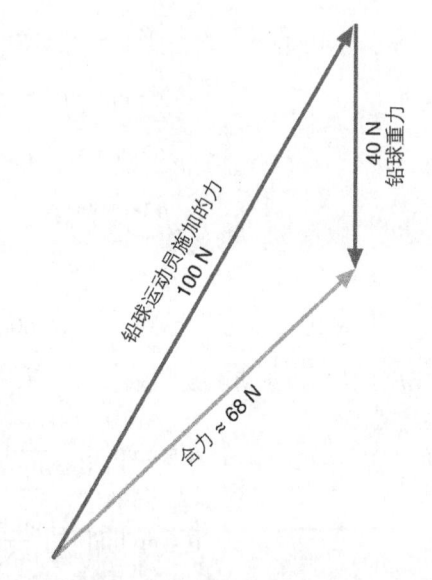

图 1.14 用图形方式来确定投掷时的合力

的。因为这个 100 N 的力同时在水平和垂直方向上推动铅球,也许它可以用两个不同的力来表示:一个水平力和一个垂直力。

例题 1.2

作用在跑者脚下的地面反作用力的垂直分量(法向接触力)为 2 000 N,向前作用的摩擦力为 600 N。这两种力的合力是什么?

解:
第 1 步:绘制力。

第 2 步:绘制合力。让这两个已知的力代表一个长方形的两边。画出长方形的其他两边。合力是这个长方形的对角线,一端在施加另外两个力的作用点上。

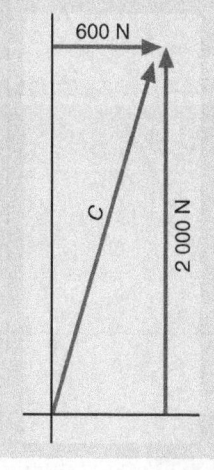

第3步：使用勾股定理（公式1.5）来计算合力的大小：

$$A^2 + B^2 = C^2$$

$$(2\,000\text{ N})^2 + (600\text{ N})^2 = C^2$$

$$4\,000\,000\text{ N}^2 + 360\,000\text{ N}^2 = C^2$$

$$4\,360\,000\text{ N}^2 = C^2$$

$$C = \sqrt{4\,360\,000\text{ N}^2} = 2\,088\text{ N}$$

第4步：使用反正切函数（公式1.11）来确定合力的角度 θ：

$$\theta = \arctan\left(\frac{\text{对边}}{\text{邻边}}\right)$$

$$\theta = \arctan\left(\frac{2\,000\text{ N}}{600\text{ N}}\right) = \arctan(3.33)$$

$$\theta = 73.3°$$

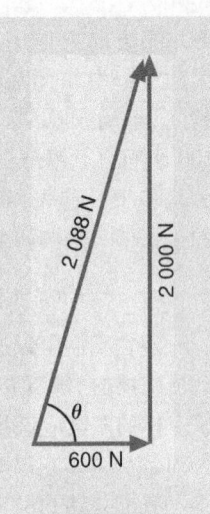

图解法

让我们从图形看这个问题。我们想用一对力来表示在水平面以上60°处向前和向上作用的100 N 力。我们要找到的这对力被称为这个100 N 力的水平和垂直分量。你可能对分量这个词很熟悉。分量就像是组成一个系统的部件。100 N 力的水平和垂直分力是构成100 N 力的部分，或者说与100 N 力有相同的作用。我们可以把100 N 力看作这个力的水平和垂直分量的合力。让我们将100 N 力作为矢量，如图1.15a 所示。

想想我们是如何用图形的方式确定两种力的合力的——我们将代表这些力的箭头首尾相接排列起来，然后从第一个力箭头的尾端到最后一个力箭头的顶端画一个箭头。我们画的最后一个力的箭头就是合力。

现在我们想反向处理这个过程。我们知道合力是什么，但我们想知道怎样的水平力和垂直力可以加在一起产生这个合力。

在100 N 力周围画一个长方形，使长方形的两侧垂直或水平对齐，并使100 N 力对角穿过长方形（图1.15b）。注意，这个长方形实际上是两个100 N 力作为共同边的三角形。在每个三角形中，另外两条边分别代表100 N 力的水平和垂直分量。在上面的三角形中，100 N 的合力是我们从一个垂直力开始，并加一个水平力的结果。垂直力的尾端是力的作用点，我们通过将水平力的尾端与垂直力的尖端对准，来增加水平力。在下面的三角形中，100 N 的力是我们从一个水平力开始，再加上一个垂直力得到的结果。水平力的尾端是力的作用点，我们通过将垂直力的尾端与水平力

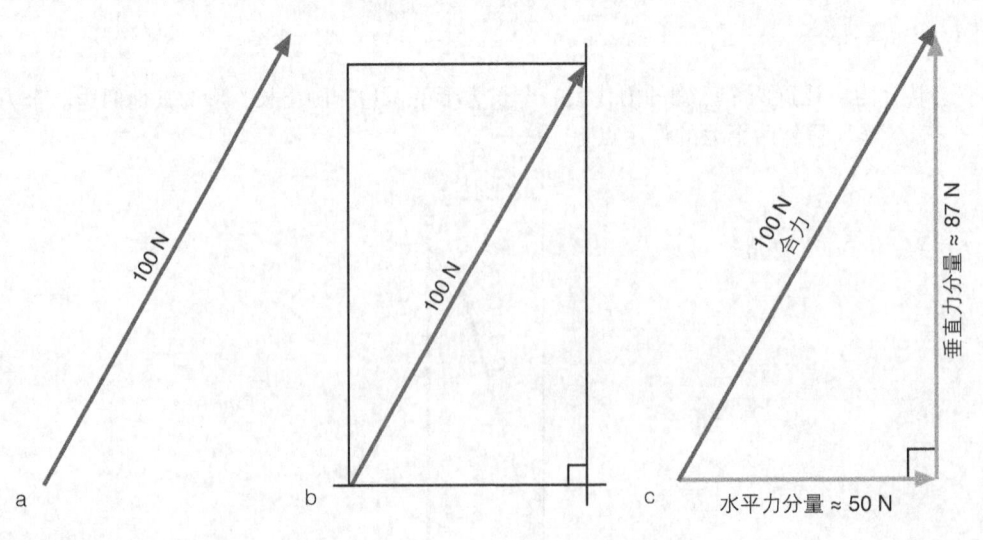

图1.15 铅球运动员所施加力的解析图：
合力（a）；受力三角形的构造（b）；分解成分力（c）

的尖端对准,来增加垂直力。两个三角形是相同的,所以我们可以使用任何一个。让我们选择下面的三角形,在此三角形中的水平力和垂直力分量上放置箭头(图1.15c)。现在测量这些力矢量的长度。水平力分量约为50 N,垂直力分量约为87 N。

因为我们研究的是一个直角三角形,所以勾股定理(公式1.5)肯定适用。

$$A^2 + B^2 = C^2$$

那么,对于我们的受力三角形,我们可以用50 N代替A,用87 N代替B,用100 N代替C。让我们检查一下是否有效。

$$(50\ N)^2 + (87\ N)^2 = (100\ N)^2$$
$$2\ 500\ N^2 + 7\ 569\ N^2 = 10\ 000\ N^2$$
$$10\ 069\ N^2 \approx 10\ 000\ N^2$$
$$\sqrt{10\ 069\ N^2} \approx \sqrt{10\ 000\ N^2}$$
$$100.34\ N \approx 100\ N$$

虽然100.34 N并不完全等于100 N,但差异却小于0.5%。这是相当接近的,特别是考虑到我们测量受力箭头长度的准确性。

如果测量精度提高,这两个数字之间的差值将接近于零。

为了解决原来的问题,我们将把40 N的铅球重量作为一个向下的力。这将从运动员施加的87 N向上的垂直分量中使用代数法减去。作用在铅球上的垂直力将是

$$(-40\ N) + 87\ N = +47\ N$$

一个47 N的力向上作用于铅球上。我们仍然有运动员所施加的力的50 N水平分量。如果我们把它与47 N的垂直力相加,使用勾股定理(公式1.5),我们得到:

$$A^2 + B^2 = C^2$$
$$(50\ N)^2 + (47\ N)^2 = C^2$$
$$2\ 500\ N^2 + 2\ 209\ N^2 = C^2$$
$$4\ 709\ N^2 = C^2$$
$$C = \sqrt{4\ 709\ N^2} = 68.6\ N$$

这与我们在图1.14中使用图解法求解作用在铅球上的合力时得到的68 N的力很接近。在这个问题中,我们实际上是把一个力分解成了几个分量,把这些分量加到其他相同方向的力上,然后再把这些分量的力加到一起,找出最终的合力。

确定哪两个力的分量加在一起形成合力的过程称为力的分解(force resolution)。我们把一个合力分解成它的分量。"分解"(resolve)这个词就像是"重新解决"(re-solve),这就是我们所做的。我们有了合力,然后我们倒过来解决这个问题——我们重新解决它,以确定加在一起产生这个合力的分力。但这都是通过图形完成的。我们需要一种非图形化的方法来做这件事。

三角函数方法

在图1.15c中,我们最终得到的受力三角形是一个直角三角形。除了勾股定理,直角三角形的边和角之间还有其他关系。其中一些关系可以用正弦、余弦和正切函数来描述,这些函数由公式1.6、公式1.7和公式1.8定义。让我们看看是否可以用这些关系中的任意一个来将铅球运动员对铅球施加的100 N的力分解为水平和垂直分量。

首先,像图1.15a中那样,把100 N的力用一个与水平面成60°向上的箭头表示。现在,就像我们在图1.15b中所做的那样,画一个长方形,围绕着这个力,使长方形的两侧是水平或垂直的。100 N的力沿对角线穿过长方形。让我们考虑一下由长方形的100 N对角线形成的两个三角形中的较低的一个(图1.16)。100 N的力是这个直角三角形的斜边。三角形的水平边是与60°角相邻的边。这条边的长度可以用公式1.7定义的余弦函数得到:

$$\cos \theta = \frac{邻边}{斜边}$$

$$\cos 60° = \frac{邻边}{100\ N}$$

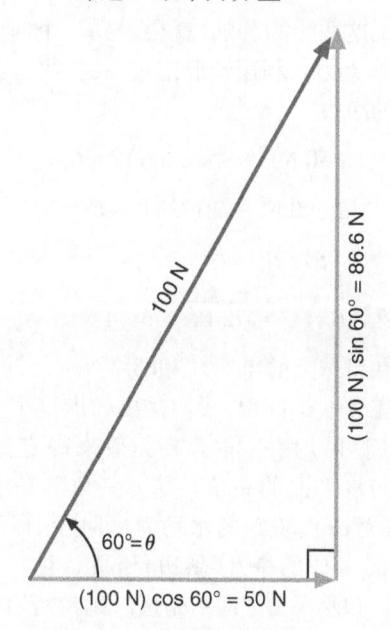

$$(100\ N)\cos 60° = 邻边$$

$$邻边 = 水平力分量$$

图1.16 力在水平和垂直方向的三角函数分解

使用科学计算器(确保它的角度测量程序是用度数而不是弧度),我们发现60°的余弦是0.500。用这个数字代替前面方程中的cos 60°:

$$(100 \text{ N})\cos 60° = (100 \text{ N}) \times (0.500)$$

$$(100 \text{ N}) \times (0.500) = 邻边 = 50 \text{ N}$$

100 N 力的水平分量是 50 N。现在,求 100 N 力的垂直分量。三角形中 60°角的对边代表 100 N 力的垂直分量。我们可以通过使用公式 1.6 定义的正弦函数得到这条边的长度。

$$\sin\theta = \frac{对边}{斜边}$$

$$\sin 60° = \frac{对边}{100 \text{ N}}$$

$$(100 \text{ N})\sin 60° = 对边$$

$$对边 = 垂直力分量$$

如果我们用科学计算法计算 60°的正弦,我们会发现它等于 0.866。把这个数字代入最后一个公式中的 sin 60°:

$$(100 \text{ N})\sin 60° = (100 \text{ N}) \times (0.866)$$

$$(100 \text{ N}) \times (0.866) = 对边 = 86.6 \text{ N}$$

100 N 的力的垂直分量是 86.6 N。

现在我们可以通过将所有的水平力相加得到水平力的合力,然后将所有的垂直力相加得到垂直力的合力,来确定作用在铅球上的净力。作用在铅球上的唯一水平力是 100 N 的水平部分。因此,这个水平力的合力是 50 N。有两个垂直力作用在铅球上:铅球的重量向下(40 N)和 100 N 的 86.6 N 向上的垂直分力。如果我们把这两个力相加,就会得到一个向上作用的 46.6 N 的垂直力。利用勾股定理,我们可以找到作用在铅球上的净力。

$$(50 \text{ N})^2 + (46.6 \text{ N})^2 = C^2$$

$$2\,500 \text{ N}^2 + 2\,172 \text{ N}^2 = C^2$$

$$4\,672 \text{ N}^2 = C^2$$

$$C = \sqrt{4\,672 \text{ N}^2} = 68.4 \text{ N}$$

作用在铅球上的净外力为 68.4 N。

为了完成这个问题,我们需要知道这个净外力的方向。我们可以用三角函数关系来确定这个净力(68.4 N)与水平面的夹角。受力三角形是由 46.6 N 的向上力(对边)、50 N 的水平力(邻边),以及这两个力的合力 68.4 N 的净力(斜边)组成。我们要确定的角度是净力和水平力之间的角度。让我们用反正切函数(公式 1.11)来确定这个角度:

$$\theta = \arctan\left(\frac{对边}{邻边}\right)$$

$$\theta = \arctan\left(\frac{46.6 \text{ N}}{50 \text{ N}}\right) = \arctan(0.932)$$

$$\theta = 43°$$

作用在铅球上的净外力是一个 68.4 N 的力,以高于水平面 43°的角度向前和向上作用。这与我们使用图解法得到的答案几乎相同。

我们现在在有两种方法来将合力分解成它的分量。我们可以用图解法或通过使用三角函数关系来实现这一点。将合力分解成分量使力的相加更容易,因为我们只需要把水平力代数相加来确定水平合力,把垂直力代数相加来确定垂直合力。在某些情况下,我们可能希望将作用在一个物体上的净力表示为一对力:水平合力和垂直合力。那么,如果我们对物体在水平方向的运动感兴趣,我们将只对净力的水平分量进行分析。同样,如果我们对物体在垂直方向的运动感兴趣,我们将只对净力的垂直分量进行分析。

静力平衡

你现在应该了解什么是净外力,以及在已知作用于物体的所有外力的情况下,如何确定作用于物体的净外力。你所学到的方法将有助于我们分析一个处于静止或以匀速(零加速度)运动的物体。在这些情况下,作用在物体上的外力都处于平衡状态,它们产生的净力为零——如果净力不为零,物体就会因为外力而加速运动。如果物体处于静止状态,则外力处于平衡状态,物体被描述为处于**静力平衡**(static equilibrium)状态。力学的一个分支是研究处于静力平衡状态的物体,它被称为静力学。

静力学使我们能够分析两类情况。在第一种情况下,我们已知一个物体,如一个人,没有移动,但我们可能想知道什么外力作用于这个人。这方面的例子可以在体操中看到。体操运动员的教练可能想知道一个体操运动员必须有多大的力气才能保持某个姿势,比如说十字支撑。对该姿势的静态分析将使教练了解运动员为保持该姿势所必须承受的力。然后,教练可以对运动员进行测试,以确定他是否有足够的力量对外部力量做出反应,这些力量的大小是由静力分析决定的。在第二种情况下,我们可能知道什么力作用在运动员身上,但想知道这些力是否能导致静力平衡。让我们再用一次体操运动员的例子。教练可能知道体操运动员有多强壮,从而知道体操运动员能承受的外力有多大。然后,就可以对某个位置进行静力分析,以确定体操运动员的力量是否足以保持这个姿势。

例题 1.3

肱二头肌对前臂桡骨施加 800 N 的拉力。该力在前方和上方与桡骨成 30°的方向上作用。将桡骨拉向肘关节的力的分量有多大？垂直于桡骨的力的分量有多大？

解：

第 1 步：画出力，并显示它与桡骨形成的角度。

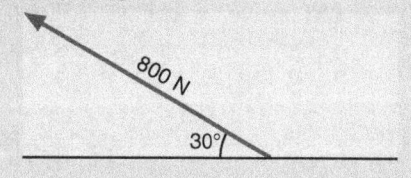

第 2 步：在力的周围画一个长方形，两边分别平行和垂直于桡骨。800 N 的力是长方形的对角线。长方形被 800 N 的对角线分成两个三角形。选择其中一边沿桡骨的三角形。这就是受力三角形。

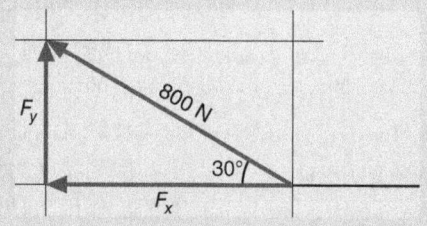

第 3 步：使用余弦函数（公式 1.7）来计算拉向肘关节的力的分量（三角形中与桡骨平行的那一条边）。

$$\cos\theta = \frac{邻边}{斜边}$$

$$\cos 30° = \frac{F_x}{800\ \text{N}}$$

$$F_x = (800\ \text{N})\cos 30°$$

$$F_x = 693\ \text{N}$$

第 4 步：使用正弦函数（公式 1.6）来计算垂直于桡骨的分量（垂直于桡骨的三角形的边）。

$$\sin\theta = \frac{对边}{斜边}$$

$$\sin 30° = \frac{F_y}{800\ \text{N}}$$

$$F_y = (800\ \text{N})\sin 30°$$

$$F_y = 400\ \text{N}$$

受力图

让我们从一个简单的情况开始，来测试我们的理解。一个穿着滑冰鞋的女人静静地站在冰面上。该滑冰者的质量为 50 kg。什么外力作用在她身上？也许一张图片可以帮助我们直观地了解这个问题（图 1.17a）。

我们知道，作用在滑冰者身上的一个力是重力，也就是滑冰者的重量。让我们在图中用一个通过滑冰者重心向下的箭头来表示。你可能对什么是重心有一些概念。我们将在后面的第五章中用更具体的术语来定义它。现在，我们要说的是，一个物体的重心是空间中的假想点，重力通过这个假想点作用于该物体。

重量是作用在滑冰者身上唯一的力吗？如果是，那么滑冰者应该在这个力的作用下以 9.81 m/s² 的加速度向下加速。她没有，所以必须有另一个力来抵消重量的影响。如果你还记得我们在本章前面对力的类型的讨论，我们说过，当两个物体相互接触时，它们可能会相互施加力。滑冰者的冰鞋接触到了冰面，对冰

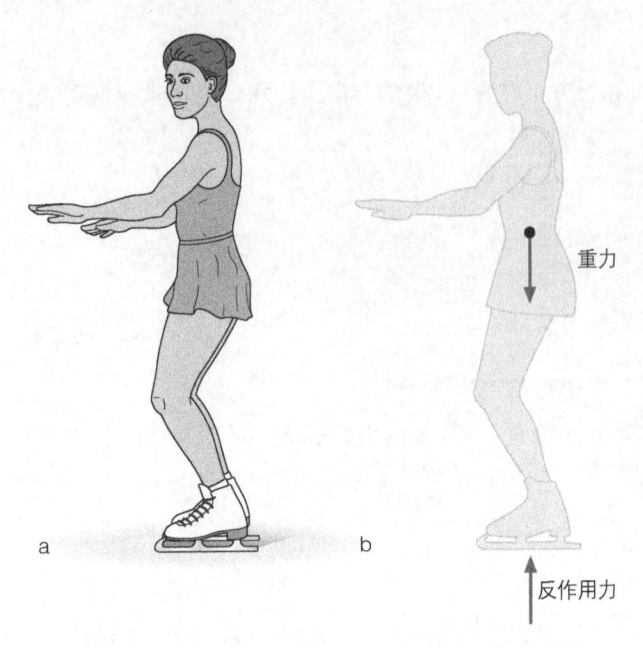

图1.17 站在冰上的滑冰运动员(a);滑冰运动员的受力图(b)

面施加了一个力。冰面也对滑冰者施加了一个力。这就是来自冰面的反作用力。如果我们画一个代表这个力的箭头,它将是一个向上的箭头,其箭头正好与冰鞋接触。但是,这个箭头是代表向上推滑冰鞋的力还是向上拉冰面的力呢?这就令人困惑了。我们只关心作用在滑冰者身上的力,所以我们为什么不把滑冰运动员单独画出来,与环境的其他部分隔离开来?因为滑冰运动员接触到外界的任何事物都是可能有外力作用的地方。如图1.17b所示,很明显,来自冰面的反作用力只作用在滑冰者身上,而不是在冰面上。这种类型的图被称为**受力图**(free-body diagram)。在这个例子中,滑冰者的受力图是一种力学的表示方法。受力图是做力学分析时的一个重要的工具,所以我们将经常使用受力图。

> 在受力图中,仅会将研究问题中的研究对象及代表作用于其物体的外力的箭头画出。

在这个滑冰运动员的受力图中,有两个垂直力作用于她身上:她的重量及冰面的反作用力。那是否有任何水平力作用在她身上呢?是否有摩擦力呢?在冰面上,摩擦力很小,且由于滑冰运动员没有向前或向后加速,也没有任何移动,所以她滑冰鞋下的摩擦力必定为零。因此,该受力图画出了作用于这名滑冰运动员的所有外力。在绘制任何一种情况的受力图时,首先要将在研究问题中的研究系统(在本示例中是为滑冰运动员)与其所在环境(在本示例中,为除滑冰运动员之外的其他物体)分隔开,反作用力绘制为系统和环境接触处的箭头。非接触性的重力则绘制为以系统重心为受力点向下作用的箭头。

静力学分析

现在我们已经将作用于滑冰运动员的所有外力画出来了,可开始进一步分析。如果没有移动,它就处于静力平衡状态。在静力平衡中,加速度为零,作用于物体的所有外力的矢量和为零。从数学上讲,这种情况可以用一个方程来描述:

$$\Sigma F = 0 \qquad (1.12)$$

这是静力平衡的方程。ΣF代表净外力(即合外力)或是外力矢量和。若外力作用在同一条直线上,就像受力图中滑冰运动员的情况,则仅需要将其代数相加即可以求出外力矢量和。但力的方向也需要纳入考虑,力或者任何矢量的方向均采用箭头表示其作用线所指向的方向。对于向上或向下作用的垂直力,向上的力被定义为正,向下的力被定义为负。

回到该受力图分析中,冰对滑冰运动员施加的向上的反作用力是正的,尽管这个力的大小是未知的,需进一步求解。向下的力为负的,那么作用在滑冰运动员身上向下的重力是负的。假设滑冰运动员的质量是50 kg。根据对重量(W)的定义,其公式为$W = mg$,其中m为质量(单位:kg),g为重力加速度,约等于10 m/s^2,方向向下。因此,滑冰运动员的重量为

$$W = mg = (50 \text{kg}) \times (-10 \text{ m/s}^2)$$
$$= -500 \text{ kg} \cdot \text{m/s}^2 = -500 \text{ N}$$

现将滑冰运动员的平衡方程列出:

$$\Sigma F = R + (-500 \text{ N}) = R - 500 \text{ N} = 0$$

其中R为冰面反作用力,求解R这个方程可以得到以下:

$$R - 500 \text{ N} = 0$$
$$R - 500 \text{ N} + 500 \text{ N} = 0 + 500 \text{ N}$$
$$R = +500 \text{ N}$$

冰面反作用力为+500 N,其大小正好等于滑冰运动员的重量,只是力的方向向上。在只有两个外力作用的静力平衡的所有情况下都是如此。外力大小相等,但作用方向相反。

另一个例子:一名体重为80 kg的举重运动员将100 kg的杠铃举过头顶,并保持不动。他和杠铃处于静力平衡状态。那么,作用在举重运动员足底的地面反作用力是多少?首先需绘制受力图。那举重运动员的受力图中应该包括杠铃吗?因为这个问题涉及运动员足部和地面之间的反作用力,所以这个系统里可以仅有举重运动员或者仅有举重运动员和杠铃。在这两种情况下,反作用力均作用于在环境和系统之间的交界处。

首先,我们尝试分析仅有举重运动员的受力图(图

1.18),三个外力作用于举重运动员:① 地板向上作用于运动员双足的地面反作用力;② 运动员的重量通过运动员的重心向下作用;③ 杠铃向下作用于运动员双手的反作用力。由于一个平衡方程只能求解出一个未知力,在这个示例中,有两个未知力:地面反作用力和杠铃的反作用力。由于我们知道运动员的质量,运动员重量的大小则为已知力。因此,举重运动员的受力图和平衡方程必须用于计算地面反作用力,而需另一个方程计算另外一个力,即杠铃的反作用力。

图 1.18 仅有举重运动员的受力图

为了确定杠铃对运动员的反作用力,需要画出杠铃的受力图。作用在杠铃上的外力有杠铃的重量和向上作用在杠铃上的手的反作用力。杠铃受力图如图1.19所示。

杠铃的重量为

$$W' = mg = (100 \text{ kg}) \times (-10 \text{ m/s}^2) = -1000 \text{ N}$$

现使用平衡方程以计算手作用于杠铃上的反作用力:

$$\Sigma F = R' + (-1000 \text{ N}) = R' - 1000 \text{ N} = 0$$
$$R' - 1000 \text{ N} + 1000 \text{ N} = 0 + 1000 \text{ N}$$
$$R' = +1000 \text{ N}$$

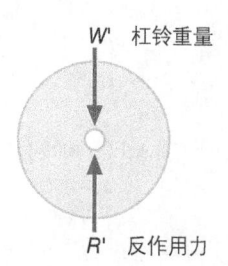

图 1.19 杠铃受力图

手对杠铃的反作用力即为1 000 N,方向向上。手对杠铃施加的力与杠铃对手施加的力大小相等,方向相反。由于手作用在杠铃上的力的大小为1 000 N,方向向上,那么杠铃作用于手上的反作用力大小则为1 000 N,方向向下。因此,现可以解出地面反作用力。运动员的重量是

$$W = mg = (80 \text{ kg}) \times (-10 \text{ m/s}^2) = -800 \text{ N}$$

现使用平衡方程以计算地面反作用力:

$$\Sigma F = R + (-1000 \text{ N}) + (-800 \text{ N}) = R - 1800 \text{ N} = 0$$
$$R - 1800 \text{ N} + 1800 \text{ N} = 0 + 1800 \text{ N}$$
$$R = +1800 \text{ N}$$

地面反作用力的大小为1 800 N,方向向上,作用点为举重运动员的足部。

现在,我们将举重运动员和杠铃看成一个系统。受力图如图1.20所示。

在这个受力图中有什么外力作用于这个系统上呢?地面反作用力的垂直分量向上作用于足部,这个力是我们需要求解的。其他的力是通过运动员的重心和杠铃的重心垂直向下作用的非接触式重力。我们已经计算出了运动员的重量为800 N,杠铃的重量为1 000 N。现可使用平衡方程来计算地面反作用力:

$$\Sigma F = R + (-800 \text{ N}) + (-1000 \text{ N}) = R - 1800 \text{ N} = 0$$
$$R - 1800 \text{ N} + 1800 \text{ N} = 0 + 1800 \text{ N}$$
$$R = 1800 \text{ N}$$

地面反作用力是向上作用于举重运动员身上的力,力的大小为1 800 N,这个力正好等于运动员和杠铃的总重量。将运动员和杠铃在受力图中表示为一个系统可以不必计算手和杠铃之间的反作用力,因此这是解决这个问题相对更简单的方法。

让我们再分析一个问题。Brian,是一名重200 kg的大力士选手,他正在参加一场大力士比赛中的拉卡车大赛。Brian穿着一个连接牵引绳的背带,牵引绳同时还连接卡车和拖车。Brian还用手拉着一根绑在他前方不可移动物体上的绳子。Brian正尝试着将卡

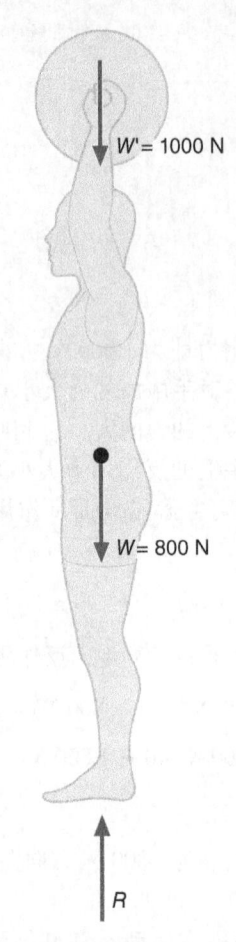

图 1.20 举重运动员和杠铃的受力图

车拉动,但卡车和 Brian 均未移动。Brian 处于静力平衡状态。Brian 向前并稍微向上拉动牵引绳,2 200 N 的力作用于与水平面成 14° 的线上。同时,Brian 以 650 N 的水平力拉着面前的绳子。求地面对 Brian 的足部施加了多少力?

首先,绘制 Brian 的受力图,画出作用于他的外力(图 1.21)。作用在 Brian 身上的重力或者说重量是多少呢?现在让我们使用更精确的 9.81 m/s² 作为 g 的值。

$$W = mg = (200 \text{ kg}) \times (-9.81 \text{ m/s}^2) = -1962 \text{ N}$$

现在我们看卡车上牵引绳对 Brian 施加的力。我们知道 Brian 对牵引绳施加的力为 2 200 N,但牵引绳对 Brian 施加的力是多少呢?注意,力是成对出现的,其力的大小相等,但方向相反。牵引绳对 Brian 施加的力为 2 200 N,但拉力方向与水平面成 14°夹角,向后并稍向下。

那么,其他作用于 Brian 身上的力呢?地面反作用力?这个力应该向上和向前推动 Brian。但是我们不知道这个力的确切方向,只知道它的大致方向。与其将此力绘制为受力图上的一个力,不如将其分别表示

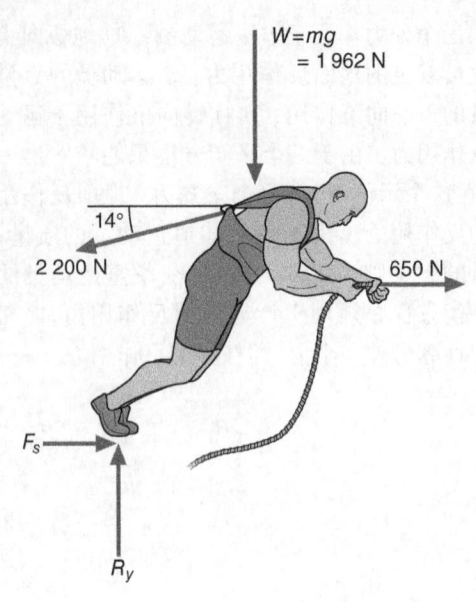

图 1.21 外力作用于尝试拉动卡车的大力士的受力图

为水平和垂直分量的摩擦力(F_s)与法向接触力(R_y)。是否有其他外力作用于 Brian?没有。在这种情况下,水平力和垂直力及来自牵引绳的力都共同作用于 Brian,牵引绳不会被垂直或水平拉动,而是以一定角度拉动。

简化这类问题的一个巧妙方法是使用两个平衡方程:一个表示净外力的水平分量;另一个表示净外力的垂直分量。换句话说,如果没有水平加速度,那么所有水平力的总和一定为零;如果没有垂直加速度,那么所有垂直力的总和一定为零。平衡方程(公式 1.12)如下:

$$\Sigma F = 0$$

变成两个平衡方程:一个为水平力,

$$\Sigma F_x = 0 \quad (1.13)$$

另一个是垂直力,

$$\Sigma F_y = 0 \quad (1.14)$$

其中,ΣF_x = 净水平力 = 净外力的水平分量;ΣF_y = 净垂直力 = 净外力的垂直分量。

然而,在大力士这个示例中,使用这些方程计算之前,必须确保在受力图中所有的力都已被分解成水平和垂直分量。在图 1.21 所示的受力图中,除 2 200 N 的牵引力外,其余力均为水平或垂直力。进一步解决问题之前,必须把这个 2 200 N 的力分解成它的水平和垂直分量。通过画了一个围绕 2 200 N 力的长方形,长方形的两侧,即水平或垂直方向。这个长方形和 2 200 N 的力(即方框中的对角线)组成两个三角形。选择其中一个三角形并使用正弦和余弦函数来计算 2 200 N 的牵引力的水平(P_x)和垂直(P_y)分量。下标

x 表示变量的水平分量,下标 y 表示变量的垂直分量。

$$P_x = (2\,200\text{ N})\cos 14°$$
$$P_x = 2\,135\text{ N}$$
$$P_y = (2\,200\text{ N})\sin 14°$$
$$P_y = 532\text{ N}$$

现在重新绘制 Brian 的受力图,将牵引绳的 2 200 N 的力替换为它的水平和垂直分量,即 P_x 和 P_y(图 1.22)。现在使用静力平衡方程来求解作用在 Brian 脚下的摩擦力(F_s)和法向接触力(R_y)。平衡方程变成

$$\Sigma F_x = F_x + 650\text{ N} + (-2\,135\text{ N}) = 0$$
$$\Sigma F_x = F_x + 650\text{ N} - 2\,135\text{ N} = 0$$
$$F_x = +1\,485\text{ N}$$

以及

$$\Sigma F_y = R_y + (-532\text{ N}) + (-1\,962\text{ N}) = 0$$
$$\Sigma F_y = R_y - 532\text{ N} - 1\,962\text{ N} = 0$$
$$R_y = +2\,494\text{ N}$$

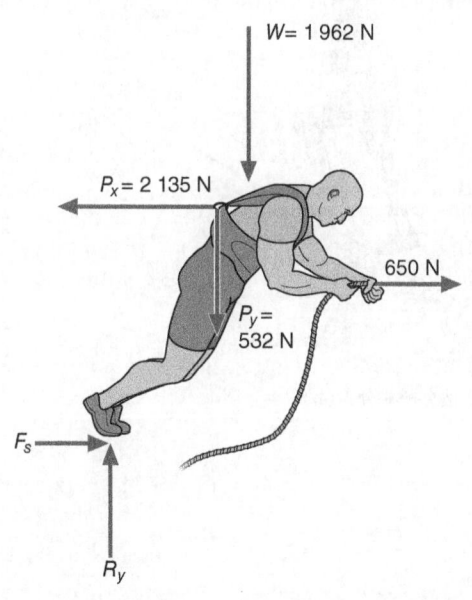

图 1.22 作用在大力士身上力分解成水平和垂直分量的受力图

其中,F_s=地面施加的静摩擦力;R_y=法向接触力。在水平方向上,正号表示力是向右或向前的,负号表示力是向左或向后的。在垂直方向上,正号表示力是向上的,负号表示力是向下的。

因此,作用于 Brian 身上的地面反作用力可以用 1 485 N 向前的力和 2 494 N 向上的力代表。为了完成分析,需计算两个力的大小和方向的合力。力的大小可以用勾股定理计算(公式 1.5):

$$A^2 + B^2 = C^2$$
$$(1\,485\text{ N})^2 + (2\,494\text{ N})^2 = C^2$$
$$2\,205\,225\text{ N}^2 + 6\,220\,036\text{ N}^2 = C^2$$
$$8\,425\,261\text{ N}^2 = C^2$$
$$C = \sqrt{8\,425\,261\text{ N}^2} = 2\,903\text{ N}$$

地面作用于 Brian 身上的这个反作用力的合力是 2 903 N,为了详细描述这个力,我们必须描述它的方向——力与水平面的夹角。当我们将一个力分解为水平和垂直分量时,这个角度是可知的,可使用三角函数来计算分量。现在分量是可知的,想求解出角度。为了确定角度 θ,使用正切函数的反函数或 arctan。在大多数的科学计算器中,arctan 函数是 tan 键的第二个按键,通常缩写为 $\tan^{-1}$。现在已知:

$$\tan\theta = \frac{\text{对边}}{\text{邻边}}$$
$$\theta = \arctan\frac{(2\,494\text{ N})}{(1\,485\text{ N})}$$
$$\theta = \arctan(2.016\,2) = 59°$$

因此地面反作用力的合力是 2 903 N,并以与水平面成 59°的角度向前和向上作用于 Brian。

现总结一下在静力平衡情况下确定反作用力的步骤。首先,将有要分析的系统与环境分离开,并绘制受力图,将作用于系统的所有外力画出,切记不要忘记重力(重量)。如果作用在系统上的外力都是共线的,则只需要使用一个平衡方程;否则,水平方向需要一个平衡方程,垂直方向需要一个平衡方程。将任何非垂直或水平的力分解为水平和垂直分量。力的正负符号由力的方向决定。用代数求解平衡方程。使用勾股定理计算水平和垂直合力的矢量和。随后,使用反正切函数确定该力的方向(与水平方向的夹角)。或可以使用本章前面讨论的图解法求解反作用力以完成力的合成和分解。两种方法都是可行的,可得到相同的结果。

【概念应用】

摩擦力和山坡

　　如果没有台阶、扶手或支撑点,你能爬多陡峭的山呢?如果坡度太陡会发生什么?是否可以站起来保证不滑倒?如果鞋底和斜坡表面之间有干摩擦,那么作用在你鞋子上的摩擦力就决定了保证不滑倒的斜坡坡度。与体重相比,摩擦力有多大?绘制如图 1.23 所示的在斜坡上的受力图有助于更好地了解此情况。

该山坡的表面对你足部施加了静摩擦力和法向接触力两个力。作用于你身上的另一个力是重力,你的重量,垂直向下作用。注意摩擦力和法向接触力相互垂直,但另一个力,即重力,与这两个力都不共线。多大的重量会导致你滑下斜坡,多大的重量能将你推上斜坡。为了将这些力相加,我们需要利用坡度的角度将重量分解为平行和垂直于坡度表面的分量,即 x 和 y 方向。图 1.24 中将重量分解成分量(图 1.24a)及新的受力图(图 1.24b)。

现在我们所有的力都分解成平行于斜坡(x)或垂直于斜坡(y)的分力。如果处于静力平衡且没有滑动,那么 x 方向的力的和为零,y 方向的力的和也为零。我们现在可以根据体重(W)和斜角(θ)求解摩擦力 F_s 和法向接触力 R:

$$\Sigma F_x = F_s - W\sin\theta = 0$$

$$F_s = W\sin\theta$$

$$\Sigma F_y = R - W\cos\theta = 0$$

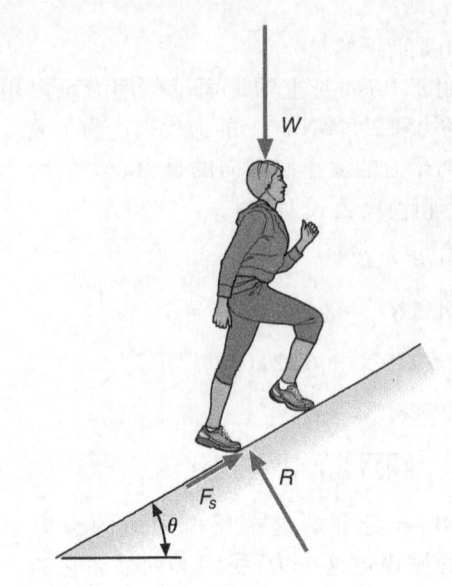

$$R = W\cos\theta$$

图 1.23 站在斜坡上的受力图

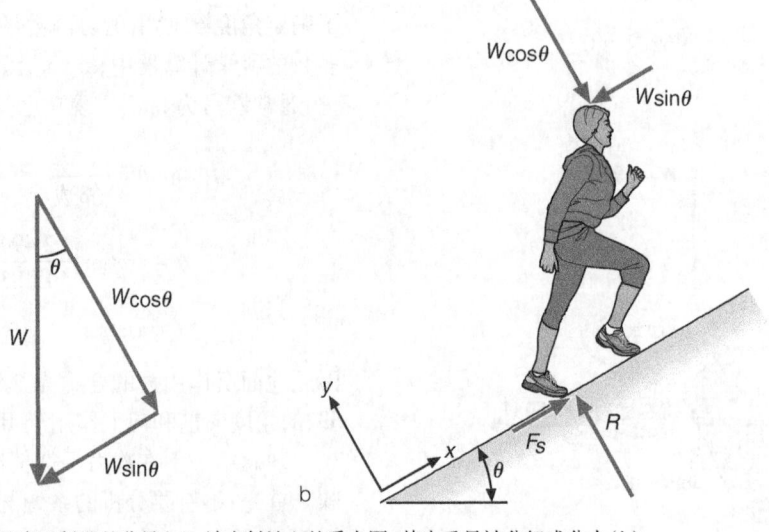

图 1.24 重量分解为平行和垂直于斜坡的分量(a),站在斜坡上的受力图,其中重量被分解成分力(b)

得出摩擦力 F_s 与法向接触力 R,可以进一步计算:

$$\Sigma F_s = \mu_s R$$

$$W\sin\theta = \mu_s W\cos\theta$$

$$\theta_s = \frac{W\sin\theta}{W\cos\theta} = \frac{\text{opp}(对边)}{\text{adj}(邻边)} = \tan\theta$$

因此,如果不滑动,斜坡角度(θ)的正切,就等于静摩擦系数。当斜角的正切值超过极限静摩擦系数时,就会开始滑动。大多数道路、坡道等的坡度通常用坡度比(grade)表示,即垂直高度和水平方向的距离的百分比。坡角度为 5.7°时的坡度比是 10%,要求鞋底与坡度表面的最小极限静摩擦系数为 0.10。坡角度为 26.6°时的坡度比是 50%,要求极限静摩擦系数至少为 0.50。坡角度 45°时的坡度比是 100%,即至少需要 1.0 的极限静摩擦系数!

《美国残疾人法案》(ADA)中规定的轮椅坡道最陡坡度比为 8.3%或最陡坡度为 4.8°(Department of Justice 2010)。根据《美国联邦法规》中的《公路设计标准》,美国州际公路和道路允许的坡度比(坡度)的范围从限速为 80 mile/h 的平坦地形上的州际公路的 3%(1.7°)到限速为 10 mile/h 的山地休闲道路的

18%(10.2°)(American Association of State and Highway Transportation Officials 2018)。然而,许多旧街道、道路和高速公路不符合这些标准。匹兹堡市的广东街的一小段坡度比为37%,坡度为20.3°!这个坡度使骑自行车或坐轮椅上山十分困难,而且下山会很可怕,特别是如果刹车力超过了轮胎与路面的极限静摩擦力,轮胎则开始打滑,因此就不得不依靠较小的动摩擦力来减速。

总结

力是推力或者拉力,它是一个矢量,因此需用大小和作用方向来描述。箭头符号可以用于表示力。内力将系统内各个部分连在一起,不能引起这个系统运动的变化。外力可能会引起系统运动的变化。最常见的外力是重力和接触力。摩擦力和法向反作用力是接触力的两个分量。力的合成遵循矢量加法的原则。可以通过画受力图实现,如果力被分解为水平和垂直分量,则可以使用代数计算求解。如果作用在物体上的净外力为零,则物体保持静止或匀速直线运动。如果物体静止不动,则它处于静力平衡状态,作用于它的外力是平衡的,并且总和为零。如果作用在物体上的外力不平衡(即外力之和不为零),物体就不处于平衡状态,并且运动状态会改变。下一章中,在了解运动及其描述方式后就可以分析不保持平衡状态的研究对象。

关键词

由于重力而产生的加速度	力	合力
共线力	受力图	静力平衡
压缩力	摩擦力	静摩擦力
汇交力	重力加速度	拉力
接触力	内力	张力
动摩擦力	极限静摩擦力	矢量
外力	净力	

第二章　线性运动学

描述线性运动中的物体

学习目标

学完本章,你应该能做到以下内容:
- 区分线性运动、角运动和复合运动
- 掌握路程和位移的定义,并对二者进行区分
- 掌握平均速率和平均速度的定义,并对二者进行区分
- 掌握瞬时速率和瞬时速度的定义
- 掌握平均加速度的定义
- 掌握瞬时加速度的定义
- 可以说出路程和位移、速率和速度及加速度的测量单位
- 在给定的初始速度和时间下,使用抛物线运动方程来确定抛射物的水平或垂直位置

世界上最好的女性短跑运动员在奥运会100 m短跑决赛的起跑线上一字排开。短跑决赛的起跑线上,赢家将获得世界上最快女性的称号。发令枪响了,Elaine得到了早期的领先地位。在50 m处时,她比其他选手领先1 m。但在比赛的最后40 m中Marie慢慢地减少了这一差距。在终点,Elaine领先Marie不到1 m,赢得了比赛。Elaine赢得了世界上最快女性的称号,但是她的最高速度真的比Marie快吗?谁的加速度更大?在整个比赛过程中两位运动员都在加速吗?有哪位运动员减速了?哪些性能参数可以用来解释比赛最后40 m的情况?这些问题涉及本章所讲述的运动学表现的测量。

本章是关于力学的一个分支,称为运动学。动力学是刚体力学的一个分支,与运动物体的力学有关。运动学是本章的主题,是动力学中与运动描述有关的一个分支。许多体育赛事的结果都是运动学指标,因此了解这些指标很重要。本章中介绍的一些运动学术语听起来可能很熟悉(如速率、速度和加速度)。你可能认为你已经对这些术语了如指掌,但我们将以特定的方式使用它们。精确的力学定义可能与你所联想的含义不一致,如果我们的定义不一致,就会导致误解。考虑到这一点,让我们开始吧。

> 运动学是动力学中与运动描述有关的一个分支。

运动

什么是运动?你能给它下个定义吗?我们可以将运动定义为位置变化的行动或过程。

运动是位置的改变。运动涉及从一个点到另一个点的变化。运动的发生需要两样东西:空间和时间,即运动的空间和运动的时间。为了使运动的研究更容易,我们将运动分为线性运动、角运动或两者兼有(复合运动)。

线性运动

线性运动(linear motion)也称为平移。当一个身体或物体上的所有点在同一时间向同一方向移动相同的距离时,就会发生这种运动。这可以以两种方式发生:直线平移或曲线平移。

直线平移(rectilinear translation),你可能会认为是直线运动的运动。直线平移发生在身体或物体上的所有点都在一条直线上移动,因此运动方向不改变,物体的方向不改变,物体上的所有点移动的距离都相同。

曲线平移(curvilinear translation)与直线平移非常相似。曲线平移发生在身体或物体上的所有点移动时,物体的方向不改变,物体上的所有点移动的距离相同。直线平移和曲线平移的区别在于,曲线平移中物体上的点所遵循的路径是弯曲的,因此物体的运动方向不断变化,尽管物体的方向没有变化。

试着想一想体育或人类运动中的一些线性运动的例子。一个花样滑冰运动员以静止的姿势在冰上滑行呢?她的运动是直线平移还是曲线平移?帆船运动员在稳定的微风中飞快地穿过湖面呢?帆船运动员的运动有可能是直线平移吗?一个骑自行车的人在平坦的道路上滑行呢?在这些例子中,运动员都有可能实现线性运动。你能想到任何曲线平移的例子吗?体操运动员在蹦床上能体验到直线平移吗?怎么会呢?跳水运动员呢?跳台滑雪的人呢?滑板运动员在平坦的混凝土路面上滚动呢?直排轮滑运动员呢?体操运动员、跳水运动员和跳台滑雪运动员都有可能实现曲线平移。体操运动员、跳水运动员、滑板运动员和直排轮滑运动员都可以实现直线平移和曲线平移。跳台滑雪运动员在起跳的过程中可以实现直线平移,在起跳的飞行阶段可以实现曲线平移。

为了确定一个运动是否是线性的,想象有关物体上的两个点。现在想象一条连接这两点的直线。当物体移动时,该线是否保持相同的方向?也就是说,这条直线在整个运动过程中是否指向同一个方向?这条线在运动过程中是否保持相同的长度?如果这两个条件在整个运动过程中都是真的,那么这个运动就是线性的。如果假想线上的两点在运动过程中都以平行的直线移动,那么这个运动就是直线平移的。如果假想线上的两点都在非直线的平行线上移动,那么这个运动就是曲线平移的。现在试着想一想运动中的更多线性运动的例子。你会把你想到的运动归类为直线平移还是曲线平移?

角运动

角运动(angular motion)也被称为旋转运动或旋转。当一个身体或物体上的所有点围绕同一固定的中心线或轴线做圆周运动(或部分圆周)时,就会发生角运动。角运动可以围绕身体内部或身体外部的轴发生。一个在秋千上的孩子是一个围绕身体外部旋转轴的角运动的例子。溜冰者在旋转中是一个围绕身体内部旋转轴的角运动的例子。要确定一个运动是否为角运动,可以想象有关物体上的任何两点。当物体运动时，每一个点所遵循的路径是否为圆形？这两条圆形路径是否有相同的中心或轴？如果你想象一条连接这两个假想点的线，这条线是否随着物体的移动而不断改变方向？这条线是否不断地改变它所指向的方向？如果这些条件都是真的，那么这个物体就在旋转。

体育和人类运动中的角运动的例子比线性运动的例子更多。那么，在水平杆上的巨大摆动呢？这个运动的一部分是旋转的吗？我们四肢的个别运动又如何呢？几乎我们所有的肢体运动（如果它们是孤立的）都是角运动的例子。握住你的右臂，保持你的上臂不动，在肘关节处弯曲和伸展你的前臂。这是一个角运动的例子。你的前臂围绕一个固定的轴（你的肘关节）旋转。在屈伸过程中，你的手腕围绕你的肘关节做圆周运动。你的前臂和手腕上的每一个点都在围绕你的肘关节做圆周运动。考虑一下每个肢体，当只涉及一个关节的运动时，它可以做什么运动。这些运动是旋转的吗？也就是说，肢体上的所有点都是以圆形路径围绕关节运动的吗？

让我们考虑一下关于一个以上关节的运动。肢体的运动还是角运动吗？同时伸出你的膝盖和髋。你的脚的运动是角运动吗？你的脚是以圆形路径运动的吗？你的脚的运动是线性的吗？

复合运动

结合我们四肢的角运动可以产生一个或多个身体部位的线性运动。当膝关节和髋关节都伸展时，你可以产生脚的线性运动。同样，肘部的伸展和肩部的水平内收可以产生手的线性运动。**复合运动**（general motion）是线性运动和角运动的结合。试试自主实验2.1。

自主实验2.1
从复合运动到直线运动

握住一支平放在桌子上的铅笔。在保持铅笔平放在桌子上的同时，尝试在桌子上直线移动铅笔。你能做到吗？你是通过结合你的手、前臂和上臂的角运动产生这个运动的。我们四肢的总运动被称为复合运动或混合运动。

复合运动是体育和人类运动中最常见的运动类型。跑步和行走是复合运动的良好例子。在这些运动中，躯干通常会随着腿部和手臂的角运动而进行线性运动。骑自行车是另一个复合运动的例子。想一想运动中的各种人体运动，并考虑如何对其进行分类。

将运动分类为线性运动、角运动或复合运动，可以更容易地进行运动的力学分析。如果一个运动可以被分解成线性成分和角度成分，那么线性成分就可以用支配线性运动的机械定律进行分析。同样地，角度成分也可以用支配角运动的机械定律来分析。然后，线性运动和角运动分析可以结合起来，以了解物体的复合运动。

➡ 将运动分类为直线运动、角运动或复合运动，可以更容易地进行运动的力学分析。

线性运动学

现在让我们更详细地研究一下线性运动。线性运动学是关于线性运动的描述。关于速度、距离和方向的问题都是对物体的线性运动学的描述。请尝试自主实验2.2，以确定线性运动的一些特征。

自主实验2.2
描述一个滚动的球的运动

你会如何描述正在移动的东西？在地板上滚动一个球，描述它的运动，你会用什么词？你可以描述它滚动得有多快或多慢，提到它是在加速还是减速，并指出它在滚动而不是在滑动。你也可以说说它从哪里开始，最后会在哪里结束。或者你可以描述它的方向，"它在房间的对角线上移动"或者"它在向墙或门移动"。在它停下来之后，你可以说它走了多远，花了多长时间到达它去的地方。你用来描述球的运动的所有术语都是关于线性运动学的词汇。

位置

我们可能描述一个物体的第一个运动学特征是它的位置。我们对运动的定义——位置变化的行动或过程——以位置为参考。在力学上，**位置**（position）被定义为空间中的位置。一个物体在其运动开始时，或运动结束时，或运动中的某个时间，在空间中处于什么位置？这初看起来可能不是一个如此重要的特征，但考虑到足球、网球、壁球、橄榄球、曲棍球、冰球和橄榄球等运动中球员在场上或球场上位置的重要性。所采用的策略往往取决于各队球员的位置。

让我们从一个简单的例子开始。考虑一名参加100 m短跑比赛的选手（图2.1）。你将如何描述该选手在比赛中的位置？你可以描述该选手相对于另一名选手的位置："她比第二名的选手领先2 m。"你可以描述选手相对于起跑线的位置："她离起点40 m。"或者你可以描述选手相对于终点线的位置："她离终点还有60 m。"在第一种情况下，你用长度的测量来确定选手相对于移动参照物的位置，即第二名的选手。在后两种情况下,你用长度的测量方法来确定选手相对于某个固定的、非移动的参照物的位置*。你的描述和事件本身也暗示了一些方向的概念。当你说跑者离起点 40 m 时,这通常被解释为跑者在起跑线前 40 m 处,朝向终点。从动力学上讲,如果我们以起跑线为参照物,我们会说跑者在 +40 m 处。如果跑者在起跑线的另一侧,我们会把跑者的位置描述为 -40 m。我们用正负符号来表示跑者在起跑线的哪一侧。

图 2.1 你如何描述一名跑者在 100 m 短跑中的位置?

这个 100 m 短跑的例子只是一维的。我们只关注一个维度——从起跑线到终点的维度。只需要一个数字来确定跑者在比赛中的位置。现在让我们来考虑一个二维的情况。想象一下,你正在看一场美式橄榄球比赛。一个跑卫从后场冲出,正向球门线跑去。他在对方球队的 20 yd(1 yd=0.914 4 m)线上。为了描述他的位置,你会说他离门线 20 yd。但要完全描述他的位置,你还必须提供他相对于边线的位置信息。以左侧边线为参考,你可以将他的位置描述为距门线 20 yd,距左侧边线 15 yd,如图 2.2a 所示。

在这种情况下,建立一个**笛卡儿坐标系**(Cartesian coordinate system)来帮助确定跑者的位置可能是有用的。笛卡儿坐标系是以法国哲学家和数学家勒内·笛卡儿(1596~1650)的名字命名的,他因发明了解析几何而备受赞誉。你可能还记得高中数学中这种类型的坐标系。首先,我们需要为我们的坐标系找到一个固定的参考点。这个固定点被称为原点,因为我们所有的位置测量都是从它开始的。让我们把这个系统的原

点放在左侧边线和跑卫的球门线的交汇处。我们可以把原点放在任何一个固定点上,我们选择球门线和边线的交点是因为它很方便。想象一下,x 轴沿着球门线,原点为 O,正数在比赛场地的右边。想象一下,y 轴沿着左边的边线,原点 O,正数随着你向对面球门移动而增加。通过这个系统,我们可以用两个数字来确定跑卫的位置,对应于他的 x 坐标和 y 坐标的码数,如(15, 80)。这种情况如图 2.2b 所示。x 坐标为 15 表示他距离球场左侧边线 15 yd,y 坐标为 80 表示他距离球门线 80 yd 或距离进球 20 yd,因为我们知道球门线相距 100 yd。

在三维空间中,我们需要三个数字来描述一个物体在空间中的位置。例如,你会如何描述壁球比赛中球的位置?我们可以建立一个三维笛卡儿坐标,在垂直方向有一个轴,在水平面有两个轴。如果我们把参考点或原点放在球场的左前角(前墙、左侧墙和地面相交的地方),x 轴是沿着前墙和地面交点的线。y 轴是沿着前墙和左侧墙交点的线,z 轴是沿着左侧墙和地面交点的线;这在图 2.3 中显示。如果球在左侧墙的右边 3 m 处,离地面 2 m,离前墙 4 m,它的 x、y、z 坐标分别为 3、2、4。

> 在三维空间中,我们需要三个数字来描述物体在空间中的位置。

为了描述某物在空间的位置,我们需要确定一个固定的参考点,作为我们坐标系的原点。对于我们的目的,任何相对于地球的固定点都可以。然后我们建立一个笛卡儿坐标系。如果我们要描述在一个维度上物体的位置,只需要一个轴;对于两个维度,需要两个轴;对于三个维度,需要三个轴。只要它们彼此呈直角,这个系统的轴可以指向任何方便的方向。如果我们描述的是物体二维或三维的位置。通常情况下,一个轴的方向是垂直的(y 轴)、另一轴(x 轴)或两轴(x 轴和 z 轴)是水平方向的。每个轴都有正负两个方向。一个物体的 x 坐标是指该物体与 y 轴和 z 轴形成的平面的距离。物体的 y 坐标是物体距离 x 轴和 z 轴形成的平面的距离,而物体的 z 坐标是物体与 x 轴和 y 轴形成的平面的距离。长度单位被用来描述位置。

路程和位移

现在我们有了一种描述和定位一个物体在空间中的位置的方法。这是我们描述运动的第一个任务。如果我们记得我们是如何定义运动——位置变化的行动或过程,我们的下一个任务将是发现一种方法来描述或测量位置变化。你将如何做?

---

* 这些真的是固定的、不移动的参照物吗?相对于地球表面而言它们是,但地球本身在太阳系中围绕太阳运动,而太阳系在银河系中也在运动,而银河系在宇宙中移动。因此,很难用一个绝对的不移动的位置来定义一个位置。然而为了我们的目的,我们将把任何相对于地球表面不移动的东西视为固定参照。

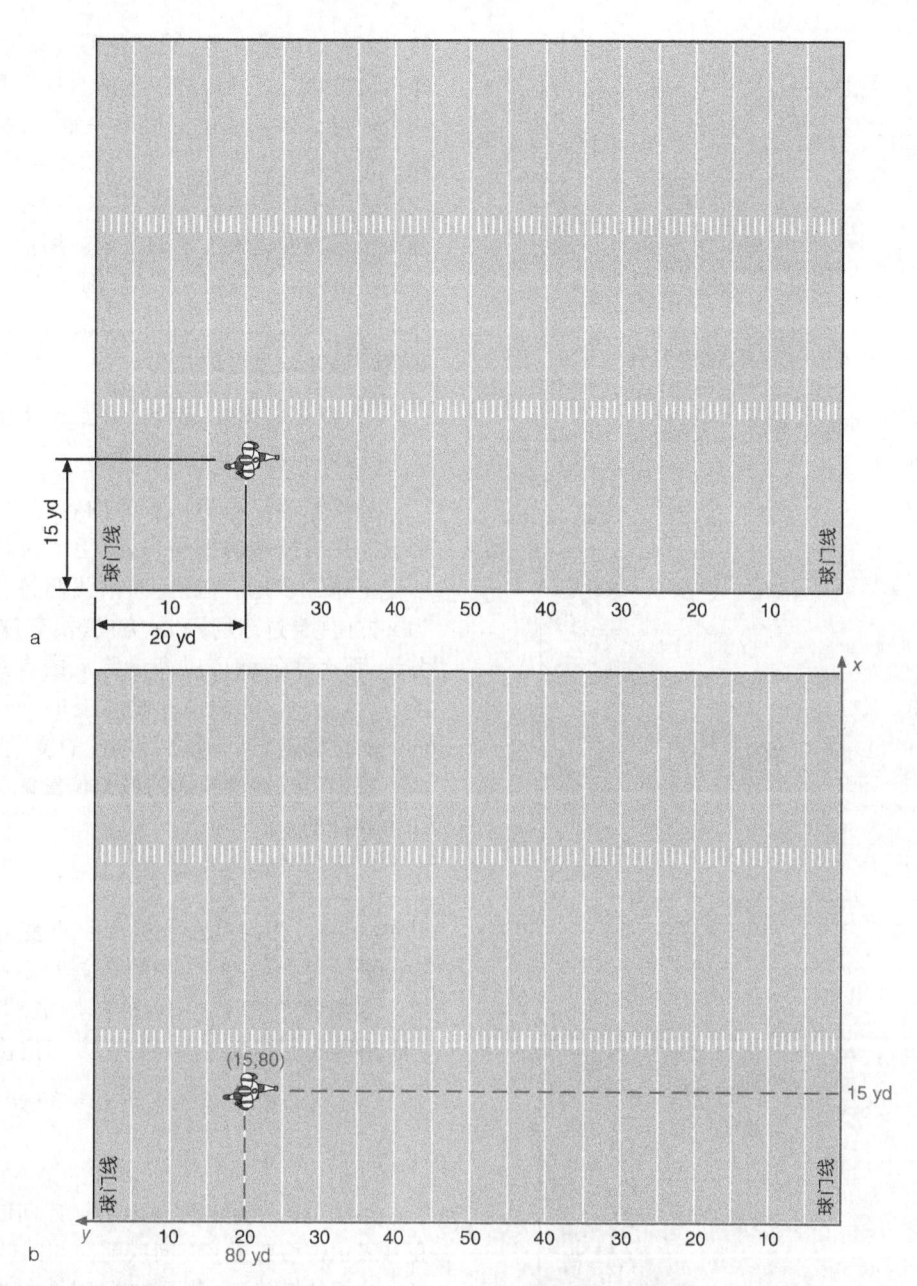

图 2.2 一个跑卫在橄榄球场上的位置以边线和对手的球门线为参考(a),或使用笛卡儿坐标系(b)

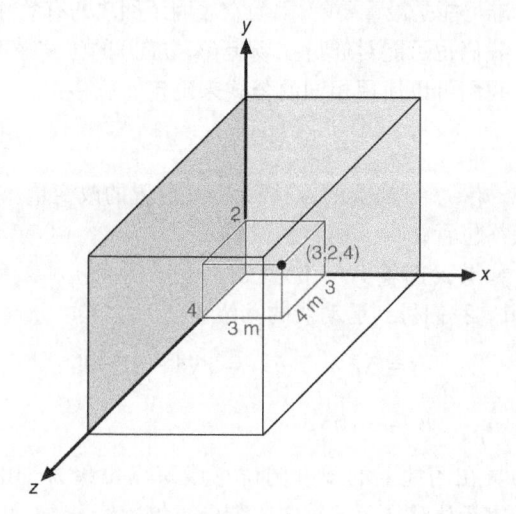

图 2.3 壁球比赛中球位置的笛卡儿坐标

路程

让我们再次用橄榄球来举例。假设一个橄榄球运动员在距离他的球门线 5 yd,离左侧边线 15 yd 的位置上接到球。当他接球时,他在球场上的位置(使用我们在上一部分建立的笛卡儿坐标系)是(15,5)。他按照图 2.4a 所示的路径把球踢回来。最后在距离他的球门线 35 yd、离左侧边线 5 yd 的位置被抢断。在比赛结束时,他在场上的位置是(5,35)。如果我们测量他带球跑的路径长度,结果是 48 yd。因此我们可以把这次跑动描述为跑了 48 yd,移动了 30 yd。

另一种说法是,运动员在 y 方向上的位移是 +30 yd,在 x 方向上是 -10 yd,或者说,向左侧边线和球门的位移是 31.6 yd,这位运动员的路程是 48 yd。我们特定方向的直线距离。**合成位移**(resultant displacement)是指从初始位置到最终位置的直线测量距离。位移是一个矢量。如果你还记得第一章的内容,我们说力也是一个矢量。矢量有一个与其相关的大小和一个方向。它用图形表示为箭头,其长度表示矢量的大小,其箭头所指方向代表矢量的方向。用箭头表示位移是合适的,也传达了位移的含义。图 2.4b 显示了球员在回攻示例中的路径,从球员初始位置到被抢断位置的箭头代表该回攻过程的位移。

> 位移是从初始(开始)位置到最终(结束)位置在特定方向上的直线距离。

如果你还记得第一章的内容,矢量可以分解为几部分。在橄榄球的例子中,跑卫的位移并不能直接表明跑卫跑了多远。但是,如果我们将产生的位移分解为 x 方向(穿过球场)和 y 方向(沿着球场朝着球门)的分量,那么我们就可以衡量跑动的有效性。在这种情况下,跑卫的 y 方向位移是重要的衡量标准。他最初的 y 的位置是 5 yd,而最后的 y 的位置则是 35 yd。

我们可以通过从他的最终位置减去他的初始位置来得到他的 y 位移:

$$d_y = \Delta y = y_f - y_i \tag{2.1}$$

其中,d_y = y 方向上的位移;Δ = 改变量,所以 Δy = y 方向位置的改变量;y_f = y 的最终位置;y_i = y 的最初位置。

如果我们输入 y 位置初始值(5 yd)和最终值(35 yd),我们得到运动员的 y 方向位移:

$$d_y = \Delta y = y_f - y_i = 35 \text{ yd} - 5 \text{ yd}$$

$$d_y = +30 \text{ yd}$$

运动员的 y 方向位移或场地方向的位移为 +30 yd。正号表示位移在正 y 方向或朝向球门(在这种情况下是场地位置的增益)。对于教练、球员和球迷来说,这一衡量标准可能是最重要的,因为它表明了回攻的有效性。

我们也可能对球员在场上(x 方向)的位移感到好奇。我们可以使用相同的公式来确定 x 位移:

$$d_x = \Delta x = x_f - x_i \tag{2.2}$$

其中,d_x = x 方向上的位移;Δx = x 位置的改变量;x_f = x 的最终位置;x_i = x 的最初位置。

如果我们输入 x 位置初始值(15 yd)和最终值(5 yd),我们得到运动员的 x 位移:

$$d_x = \Delta x = x_f - x_i = 5 \text{ yd} - 15 \text{ yd}$$

$$d_x = -10 \text{ yd}$$

运动员在场地上的 x 方向位移或跨场位移为 -10 yd。负号表示位移在负 x 方向或朝向左侧边线。

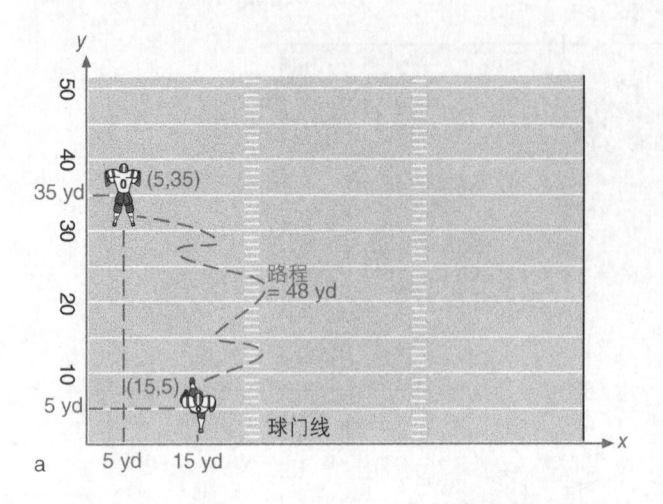

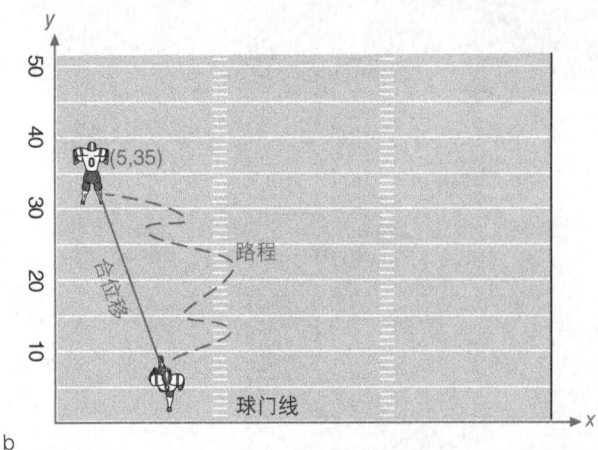

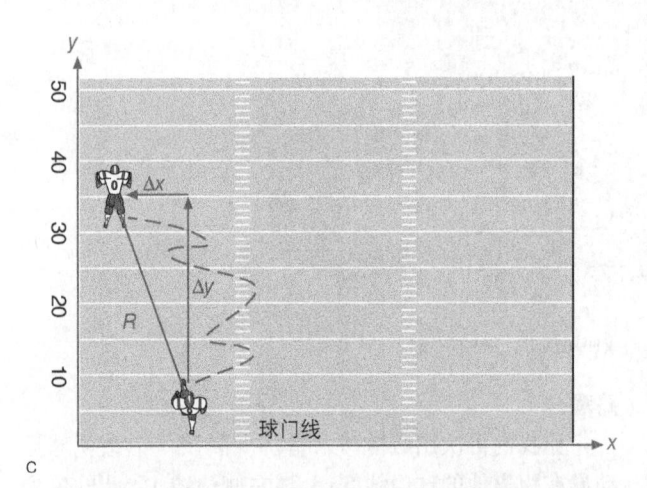

图 2.4 描述了一个跑卫回攻的初始和最终坐标位置和路程(a)、合成位移和路程(b),以及合成位移和分量位移(c)

使用了两个不同的术语来描述跑者的进展:**位移**(displacement)和**路程**(distance traveled)。路程很容易定义:它只是对运动的物体从其起始(初始)位置到其结束(最终)位置所移动的路径长度的一种测量。不过,在橄榄球比赛中路程并不意味着什么,因为移动的方向没有被考虑,而位移则考虑到了运动的方向。

位移

位移是指从初始(开始)位置到最终(结束)位置的

我们可以找到运动员的合成位移,类似于我们找到合力的方式。从图形上看,我们可以通过绘制箭头来实现这一点,箭头表示跑者在 x 和 y 方向上的分量位移,如图 2.4c 所示。将 x 方向位移矢量的尾部放在 y 方向位移矢量的尖端,然后从 y 方向位移矢量尾部到 x 方向位移矢量尖端画一个箭头。此箭头表示合成位移。

我们也可以通过从 x 方向位移矢量开始,然后将 y 方向位移矢量的尾部放在 x 方向位移矢量的尖端来确定这个合成位移。我们也能通过绘制从 x 方向位移矢量的尾部到 y 方向位移矢量的尖端的箭头确定结果。我们应该得到与使用图 2.4c 所示方法确定的结果相同的结果。

我们可以用另一种方法,使用三角关系来确定这个合成位移。如图 2.4c 所示,排列的位移矢量形成一个三角形,特别的是,这是斜边由合成位移表示的直角三角形。如第一章(公式 1.5)所述,斜边的大小可以确定如下。如果 A 和 B 表示构成直角的两边, C 表示斜边,那么

$$A^2 + B^2 = C^2 \quad (2.3)$$

$$(\Delta x)^2 + (\Delta y)^2 = R^2$$

对于我们的位移,我们可以用 -10 yd 代替 Δx,用 $+30$ yd 代替 Δy,然后求解 R,R 表示合成位移。

$$(-10 \text{ yd})^2 + (30 \text{ yd})^2 = R^2$$

$$100 \text{ yd}^2 + 900 \text{ yd}^2 = R^2$$

$$1\,000 \text{ yd}^2 = R^2$$

$$R = \sqrt{1\,000 \text{ yd}^2} = 31.6 \text{ yd}$$

为了找到这种合成位移的方向,我们可以使用位移三角形两边之间的关系(如公式 1.11 中首先给出的)。

$$\tan \theta = \frac{\text{对边}}{\text{邻边}} \quad (2.4)$$

$$\theta = \arctan\left(\frac{\text{对边}}{\text{邻边}}\right)$$

$$\theta = \arctan\left(\frac{\Delta x}{\Delta y}\right)$$

在这些公式中,θ 发音为 "theta",表示合成位移矢量和 y 位移矢量之间的角度。要找到 θ 的值,用 -10 yd 代替 Δx,用 $+30$ yd 代替 Δy。

$$\theta = \arctan\left(\frac{-10 \text{ yd}}{30 \text{ yd}}\right)$$

为了确定角度 θ,我们使用正切函数或反正切函数的倒数。在大多数科学计算器上,反正切函数是正切键的第二个函数,通常缩写为 $\tan^{-1}$。

$$\theta = \arctan(-0.333)$$

$$\theta = -18.4°$$

我们现在可以描述运动的初始位置和最终位置、路程和位移的几个性质。路程可以用一个数字来描述,该数字表示对象在运动过程中所遵循路径的长度。然而,位移是一个矢量,因此它用长度测量和方向来表示。合成位移是在从初始位置到最终位置的运动方向上从初始位置至最终位置的直线的长度。合成位移的分量也可以用来描述物体在特定方向上的位移。在某些情况下(如橄榄球示例),分量位移比合成位移更重要。

现在看看我们是否理解了位移的概念。想象一下,两名速降滑雪选手 Tamara 和 Cindy 在同一条赛道上比赛。他们在同一起点出发,在同一终点结束比赛。Tamara 比 Cindy 转弯更宽,所以 Tamara 走的路程更长。从开始到结束,谁的位移更大?因为它们从同一点开始,在同一点结束,所以它们产生的位移是相同的。现在考虑在 50 m 的游泳池里进行 100 m 的游泳比赛。哪种测量(位移或路程)更有意义?在 50 m 游泳池的 100 m 游泳比赛中,你必须在同一个地方开始和结束,所以你的位移为零!路程是更有意义的衡量标准。那么绕 400 m 椭圆形跑道跑 400 m 哪种测量更有意义?在直线跑道上跑 100 m 呢?

速率和速度

我们现在可以描述物体的位置,用测量方法(路程和位移)来描述它的位置变化,但我们如何描述物体改变位置的速度?当我们谈论某物移动的快慢时,我们是在描述它的速率或速度。两者都用来指代运动速率。你可能已经使用了这两个术语,也许可以互换使用。

速率

它和速度是一回事吗?从力学方面来看,速率和速度是不同的。**速率**(speed)就是运动速度。更具体地说,它是路程的改变率,它只由一个数字来描述。**速度**(velocity)是指在特定方向上的运动速率。更具体地说,它是位移的改变率。由于位移是一个矢量,所以速度也是。速度含一个大小(数字)和一个与之相关的方向。

> 速率是运动速率;速度是特定方向上的运动速率。

物体的**平均速率**(average speed)是路程除以移动该距离所花费的时间。从数学上讲,这可以表示为

$$\bar{s} = \frac{l}{\Delta t} \quad (2.5)$$

其中,$\bar{s}$ = 平均速率;l = 路程;Δt = 所用时间或时间的变化。

描述速率的单位是长度单位除以时间单位。描述速率的SI单位是米每秒。你可能已经使用了其他的速度测量单位。如果你开过车,你可能更熟悉每小时英里数或每小时公里数。这些也是速率的测量单位。

在许多体育活动中,平均速率是表现的一个重要指标。在一些活动中,平均速率实际上是衡量成功的标准,涉及几乎任何类型的比赛项目(游泳、跑步、骑自行车等)。获胜者是在最短时间内完成指定距离的人。获胜者的平均速率是比赛的距离除以时间。如果每个人都跑相同的距离,获胜者在比赛距离内的平均速率将始终是所有参赛者中最快的。

不过,平均速率这个数字并不能告诉我们比赛过程中发生了什么。它并没有告诉我们赛车手在比赛中的任何特定时刻的移动速度。它没有告诉我们选手在比赛中达到的最高速度。它没有显示赛车手何时减速或加速。整场比赛的平均速率只是一个数字,表明参赛者的平均移动速率有那么快。为了更多地了解比赛中选手的速率,教练或运动员可能需要测量多个平均速率。

让我们以短跑运动员在两次100 m短跑中的表现为例进行比较。在2009年8月16日于柏林举行的第12届国际田径联合会世界田径锦标赛上,就在牙买加选手Usain Bolt的23岁生日前5天,他以9.58 s的惊人世界纪录赢得了男子100 m短跑冠军。8年后,在2017年8月于伦敦举行的第16届国际田径联合会世界田径锦标赛上,Bolt以9.95 s的成绩获得男子100 m短跑第三名。这是Bolt的最后一场100 m比赛,也是他自2008年以来首次在奥运会或世锦赛100 m决赛中失利。使用公式2.5比较他在整个100 m内这两场比赛的平均速率,我们发现如下:

$$\text{平均速率} = \bar{s} = \frac{l}{\Delta t}$$

Bolt(2009):   **Bolt(2017):**

$$\bar{s} = \frac{100 \text{ m}}{9.58 \text{ s}} \quad\quad \bar{s} = \frac{100 \text{ m}}{9.95 \text{ s}}$$

$$\bar{s} = 10.44 \text{ m/s} \quad\quad \bar{s} = 10.05 \text{ m/s}$$

为了进一步了解Bolt是如何跑完这些比赛的,我们可能也会看他跑100 m的前50 m的时间。2009年,Bolt的前50 m成绩为5.47 s,而2017年,他前50 m的成绩为5.64 s。

他在前50 m比赛中的平均速率是

$$\text{平均速率} = \bar{s}_{0\sim 50\text{m}} = \frac{l}{\Delta t}$$

Bolt(2009):   **Bolt(2017):**

$$\bar{s}_{0\sim 50\text{m}} = \frac{50 \text{ m}}{5.47 \text{ s}} \quad\quad \bar{s}_{0\sim 50\text{m}} = \frac{50 \text{ m}}{5.64 \text{ s}}$$

$$\bar{s}_{0\sim 50\text{m}} = 9.14 \text{ m/s} \quad\quad \bar{s}_{0\sim 50\text{m}} = 8.87 \text{ m/s}$$

他在50~100 m之间的平均速率也可以在每场比赛中确定:

$$\text{平均速率} = \bar{s}_{50\sim 100\text{m}} = \frac{l}{\Delta t} = \frac{100 \text{ m} - 50 \text{ m}}{\Delta t}$$

Bolt(2009):   **Bolt(2017):**

$$\bar{s}_{50\sim 100\text{m}} = \frac{100 \text{ m} - 50 \text{ m}}{9.58 \text{ s} - 5.47 \text{ s}} \quad\quad \bar{s}_{50\sim 100\text{m}} = \frac{100 \text{ m} - 50 \text{ m}}{9.95 \text{ s} - 5.64 \text{ s}}$$

$$\bar{s}_{50\sim 100\text{m}} = \frac{50 \text{ m}}{4.11 \text{ s}} \quad\quad \bar{s}_{50\sim 100\text{m}} = \frac{50 \text{ m}}{4.31 \text{ s}}$$

$$\bar{s}_{50\sim 100\text{m}} = 12.17 \text{ m/s} \quad\quad \bar{s}_{50\sim 100\text{m}} = 11.60 \text{ m/s}$$

用两个数字来描述Bolt在每场比赛中的速率,我们对他是如何跑的有了更多的了解。2009年,Bolt的前50 m平均速率比2017年快0.27 m/s。2009年和2017年,Bolt在第二个50 m的平均速率比第一个50 m快。2009年,Bolt在第二个50 m的平均速率比2017年快0.57 m/s。Bolt在100 m中第二个50 m的平均速率是Bolt在2009年和2017年100 m成绩差异的主要原因。

如果我们想知道Bolt在哪场100 m比赛中的最高速率最快,我们就必须在比赛中以更频繁的间隔记录。这将为我们提供更多关于Bolt表现的信息。体育科学家在2009年柏林举行的第12届国际田径联合会世界田径锦标赛和2017年伦敦举行的第16届国际田径联合会世界田径锦标赛上都做到了这一点。他们记录了Bolt在2009年每20 m间隔和2017年每10 m间隔的平均速率(International Association of Athletics Federations 2009; Bissas, Walker, Tucker, and Paradiso 2017)。如表2.1所示,这些分隔时间用于估计Bolt 2009年和2017年100 m短跑的每10 m所用的时间。

表2.1   2009年在柏林举行的第12届国际田径联合会世界田径锦标赛和2017年在伦敦举行的第16届国际田径联合会世界田径锦标赛男子100 m短跑总决赛中,Usain Bolt每10 m间隔的消耗时间和间隔时间

位置 (m)	Bolt 2009 消耗时间(s)	Bolt 2009 间隔时间(s)	Bolt 2017 消耗时间(s)	Bolt 2017 间隔时间(s)
0	0	0	0	0
10	1.89	1.89	1.96	1.96
20	2.88	0.99	2.98	1.02
30	3.78	0.90	3.88	0.90
40	4.64	0.86	4.76	0.88
50	5.47	0.83	5.64	0.88
60	6.29	0.82	6.49	0.85
70	7.10	0.81	7.34	0.85
80	7.92	0.82	8.20	0.86
90	8.75	0.83	9.06	0.86
100	9.58	0.83	9.95	0.89

Bolt 的 10 m 分隔时间可以用来确定他在每场比赛中每 10 m 间隔的平均速率。为了做到这一点，我们将用每个间隔所覆盖的距离，即 10 m，除以跑该距离所花费的时间，即间隔时间。表 2.2 显示了 Bolt 在每场比赛中每 10 m 间隔的平均速率。

表 2.2 2009 年在柏林举行的第 12 届国际田径联合会世界田径锦标赛和 2017 年在伦敦举行的第 16 届国际田径联合会世界田径锦标赛男子 100 m 短跑总决赛中，Usain Bolt 的间隔时间和每 10 m 间隔的平均速率

间隔 (m)	Bolt 2009 间隔时间 (s)	Bolt 2009 平均速率 (m/s)	Bolt 2017 间隔时间 (s)	Bolt 2017 平均速率 (m/s)
0	0	0.00	0	0.00
0~10	1.89	5.29	1.96	5.09
10~20	0.99	10.10	1.02	9.80
20~30	0.90	11.11	0.90	11.11
30~40	0.86	11.63	0.88	11.36
40~50	0.83	12.05	0.88	11.36
50~60	0.82	12.20	0.85	11.76
60~70	0.81	12.35	0.85	11.76
70~80	0.82	12.20	0.86	11.63
80~90	0.83	12.05	0.86	11.63
90~100	0.83	12.05	0.89	11.24

现在我们有了更多关于 Bolt 两次 100 m 比赛的信息。从表 2.2 中，我们可以看出，Bolt 在 2009 年的几乎所有间隔期都更快，除了 20~30 m 的间隔期速率相同，为 11.11 m/s。2009 年，Bolt 在 60~70 m 达到了 12.35 m/s 的最大间隔速率。2017 年，他在 50~60 m 达到 11.76 m/s，并在接下来的 10 m 间隔中保持了这一速度。70 m 后，Bolt 在两场比赛中速率都开始下降。2017 年，速率下降更明显，他的间隔期速率减慢了 0.50 m/s，从 11.76 m/s 降至 11.24 m/s。2009 年，Bolt 的间隔期速率减慢了 0.30 m/s，从 12.35 m/s 降至 12.05 m/s。

通过在比赛中分隔更多的间隔时间，我们可以确定跑者在更多间隔和更短间隔下的平均速率。这个过程也让我们更好地了解了比赛中每个跑者在特定时刻的速率。物体在特定时刻的速率就是它的**瞬时速率**（instantaneous speed）。物体的速率可能会随着时间的推移而变化，尤其是在 100 m 短跑这样的项目中。跑者在比赛中达到的最大或最高速率就是瞬时速率的一个例子。平均速率可以让我们估计某个物体在一段时间内的移动速率，而不是在一瞬间。如果我们被告知跑者在一段时间内的平均速率是多少，我们可以正确地假设，在该时间间隔的某些部分，跑者的瞬时速率比平均速率快，而在该时间段的其他部分，则比平均速率慢。

想想你汽车的速率表。它是测量平均速率还是瞬时速率？这是否表明了你在过去的一个小时里跑得多快？在过去的 1 min 里？在过去的 1 s 里？你汽车上的速率表测量瞬时速度。它表明你在观察它时瞬间的速率。实际上，如果测量中使用的时间间隔很小，我们可以将瞬时速率想象为路程除以移动该距离所需的时间。如果速率这个词之前没有出现平均这个词，则应假设指定的是瞬时速率。

> 如果测量中使用的时间间隔很小，我们可以将瞬时速率想象为路程除以移动该距离所需的时间。

速度

现在让我们把注意力转向速度。**平均速度**（average velocity）是物体的位移除以该位移所花费的时间。因为位移是一个矢量，由数字（幅度）和方向描述，所以平均速度也是一个矢量。从数学上讲，这可以表示为

$$\bar{v} = \frac{d}{\Delta t} \tag{2.6}$$

其中，$\bar{v}$ = 平均速度；d = 位移；Δt = 所用时间或时间的变化。

描述速度的单位与描述速率的相同：长度单位除以时间单位。描述速度的 SI 单位是米每秒。要测量物体的平均速度，你需要知道它的位移和位移所花费的时间。

有时我们对速度的分量感兴趣。正如我们能够将力和位移向量分解为分量一样，我们也可以将速度向量分解为分量。为了将合成平均速度分解为分量，我们可以简单地确定合成位移的分量。对于前面使用的例子中的橄榄球运动员，从他接到球的那一刻起，直到他被抢断，球员的位移在 x 方向（穿过球场）为 -10 yd，在 y 方向（沿着球场）为 +30 yd。他的最终位移为 31.6 yd（或沿着球场 -71.6°）。如果这一回踢持续了 6 s，则使用公式 2.6，得出的平均速度为

$$\bar{v} = \frac{d}{\Delta t}$$

$$\bar{v} = \frac{31.6 \text{ yd}}{6 \text{ s}}$$

$$\bar{v} = 5.3 \text{ yd/s}$$

该合成平均速度与合成位移方向相同。类似地，跑卫在场上（在 x 方向上）的平均速度将是他的位移的 x 分量除以时间或

$$\bar{v}_x = \frac{\Delta x}{\Delta t} \quad (2.7)$$

$$\bar{v}_x = \frac{-10 \text{ yd}}{6 \text{ s}}$$

$$\bar{v}_x = -1.7 \text{ yd/s}$$

跑卫沿着场地(y方向)的平均速度是所有这些速度中最重要的,是他的位移的 y 分量除以时间,或者

$$\bar{v}_y = \frac{\Delta y}{\Delta t} \quad (2.8)$$

$$\bar{v}_y = \frac{30 \text{ yd}}{6 \text{ s}}$$

$$\bar{v}_y = 5.0 \text{ yd/s}$$

正如位移一样,合成的平均速度大于其任何分量。和位移一样,合成平均速度的平方应该等于其分量的平方和。让我们从公式2.3(公式1.5)开始检查。

$$A^2 + B^2 = C^2$$

$$(\bar{v}_x)^2 + (\bar{v}_y)^2 = \bar{v}^2$$

$$(-1.7 \text{ yd/s})^2 + (5.0 \text{ yd/s})^2 = \bar{v}^2$$

$$2.8 \text{ yd}^2/\text{s}^2 + 25.0 \text{ yd}^2/\text{s}^2 = \bar{v}^2$$

$$\bar{v} = \sqrt{27.8 \text{ yd}^2/\text{s}^2} = 5.3 \text{ yd/s}$$

这确实与我们根据合成位移和经过的时间计算出的 5.3 yd/s 的合成平均速度相匹配。

因为 100 m 短跑是在一条直线上,因此平均速度和平均速率对 100 m 短跑来说都是好的描述指标。跑者到达终点线的速度和速率的大小是相同的。在这种情况下,速度和速率可以互换使用,没有任何问题。一般来说,如果被分析物体的运动是直线运动,且直线运动中方向不变,则平均速度和平均速率的大小相同。然而,如果我们谈论的是运动方向改变的活动,那么速度和速率的大小并不是同义词。想象一下,在 50 m 的游泳池里进行 100 m 的游泳比赛。如果第一名选手在 50 s 内完成比赛,我们可以使用公式2.5来计算游泳运动员的平均速率。

$$\bar{s} = \frac{l}{\Delta t}$$

$$\bar{s} = \frac{100 \text{ m}}{50 \text{ s}}$$

$$\bar{s} = 2.0 \text{ m/s}$$

游泳运动员的平均速度是多少?如果游泳者在同一个地方开始和结束,游泳者的位移为零,这意味着游泳者的平均速度也为零。在这种情况下,平均速度和平均速率并不意味着同一件事,平均速率是一个更好的描述指标。

> 如果被分析物体的运动是直线运动,且直线运动中方向不变,则平均速度和平均速率的大小相同。

瞬时速率和瞬时速度呢?我们还没有讨论瞬时速度。它类似于瞬时速率的概念,只是包括了方向。如果我们在越来越短的时间间隔内测量平均速度,实际上我们很快就能测量出瞬时速度。**瞬时速度**(instantaneous velocity)是物体在某一瞬间的速度。当我们谈到物体的合成瞬时速度的大小时,该数字与物体的瞬时速率相同。

合成瞬时速度也可以分解为感兴趣方向上的分量。对于开球后跑的橄榄球运动员,我们可以描述他的合成瞬时速度,也可以描述他在 x 方向(横跨球场)或 y 方向(沿球场方向)的瞬时速度。如果我们关心他获得码数有多快,那么他在场上的瞬时速度就很重要。同样,对于高山滑雪运动员来说,重要的不是他们的合成瞬时速度;而是在下坡方向的速度分量,其对比赛结果的影响更大。尝试用自主实验2.3来说明速率和速度的区别。

自主实验2.3

如果速率恒定,速度会改变吗?

想象一下,你在一个有四堵墙的房间里。你正对着北墙。让我们认为北方是我们感兴趣的方向,所以北方是正向的。我们只对南北方向的速度分量感兴趣。当你开始向前走时,走向北墙,你向北的速度是正的。当你停下来时,你向北的速度为零。当你开始向后朝南墙走时,你向北的速度为负(你正朝负方向移动)。如果你向右或向左走,直接向东或向西,你向北的速度为零,因为你没有靠近或远离北墙。如果你朝北墙前进并开始向东墙右转,则你向北的速度为正,然后在你转弯时减小。如果你向东走然后左转朝向北墙,你向北的速度为零,然后随着你转弯而增加。在所有这些转弯过程中,你的速率甚至可能没有变化,但如果你的运动方向发生变化,那么你的速度也会发生变化。

速率和速度的重要性

现在我们意识到速率和速度在不同体育活动中的重要性。我们已经指出,在竞赛项目中,平均速率和平均速度是表现的直接指标。平均速率最快或平均速度最快的运动员将获胜。在其他哪些运动中速率

或速度很重要？棒球？一个好的快速球，其移动速度为 90 mile/h（145 km/h）或更快的速度，很难被击中。为什么？球投得越快，击球手反应和决定是否挥杆的时间就越少。例如，在 2010 年，辛辛那提红人队的 Aroldis Chapman 抛出了一个速度为 105.1 mile/h 的快球，相当于 154 ft/s 或 47 m/s。从投手板到本垒的距离是 60 ft6 in，即 60.5 ft（18.4 m）。球在投手板前方约 5 ft 处被释放，因此它到达本垒所必须移动的水平距离仅为 55.5 ft（60.5 ft-5 ft）或 16.8 m。另一种说法是，球的水平位移是 55.5 ft。击球手需要多长时间对以 105.1 mile/h 的速度投出的快球做出反应？如果我们假设这是球在飞行过程中的平均水平速度，那么，使用公式 2.6，

$$\bar{v} = \frac{d}{\Delta t}$$

$$154 \text{ ft/s} = \frac{55.5 \text{ ft}}{\Delta t}$$

$$\Delta t = \frac{55.5 \text{ ft}}{154 \text{ ft/s}}$$

$$\Delta t = 0.36 \text{ s}$$

哇！一个击球手只有 0.36 s 的时间来决定是否挥动他的球棒，如果他决定挥动它，他必须在剩下的时间内击球。难怪击中美国职棒大联盟投手投出的棒球如此困难。投手投球的速度越快，击球手反应的时间就越少，击球手击球的可能性就越小。2003 年，《今日美国》将以超过 90 mile/h 的速度击球列为运动中最困难的事情（Mihoces 2003）。速率和速度在棒球中非常重要。

在足球、长曲棍球、冰球、曲棍球、团队手球或任何其他由守门员守门的运动中，速率和速度是否同样重要？球（或冰球）射向球门时的速率对守门员来说非常重要。射门越快，守门员反应和阻挡的时间就越少。

速率和速度在田径项目的跳跃项目中重要吗？是的！更快的跳远运动员跳得更远。更快的撑杆跳高运动员跳得更高。速率也与跳高和三级跳远的成功有关。

你能想到速率和速度不重要的运动吗？没有很多。速率和速度几乎在每项运动中都起着重要作用。表 2.3 列出了运动中使用的各种球和器具的最快报告速度。这些运动中使用的球和器具的一般速率比表 2.3 中报告的要慢得多。

表 2.3　各种运动中使用的球和器具的最快报告速度

球或器具	质量（g）	最快速度（mile/h）	最快速度（m/s）
高尔夫球	≤45.93	217	97.0
回力球	125~140	188	84.0
壁球	23~25	175	78.2
网球	56.0~59.4	166	73.2
高尔夫球杆头	—	163	72.9
棒球（击球）	142~149	120	53.6
长曲棍球	140~156	116	51.9
冰球	160~170	110	49.2
棒球（投球）	142~149	105	46.9
垒球（12 in，投球）	178.0~198.4	104	46.5
板球（保龄球）	156~163	100	44.7
排球	260~280	88	39.3
足球	410~450	82	36.7
曲棍球	156~163	78	34.9
标枪（男）	800	70	31.3
团体手球（男子）	425~475	63	28.2
水球	400~450	60	26.8

加速度

我们现在有很多的运动描述指标：位置、路程、位移、速率和速度。另外，我们可以用分量位移或分量速度来描述物体的运动，因为位移和速度都是矢量。我们是否在本节开头使用了任何其他描述指标来描述球在地板上滚动的运动？让我们试试球的另一种运动。将球抛向空中，然后让它落回你的手中。你会如何描述这个运动？你可能会说球向上移动并在上升过程中减速，然后开始向下移动并在下降过程中加速。描述球如何减速或加速的另一种方式是说它在上升过程中减速，在下降过程中加速。加速度是你可能比较熟悉的一个术语，但加速度的力学定义可能与你理解的定义不同，因此我们需要达成一些共识。

从力学上讲，**加速度**（acceleration）是速度的变化率。因为速度是一个矢量，有一个数字和方向与之相关，所以加速度也是一个矢量，具有与之相关的数字和方向。如果物体速度的大小或方向发生变化，它就会加速。

> 当物体加速、减速、开始、停止或改变时方向，它正在加速。

例题 2.1

足球中点球的平均水平速度为 22 m/s。球从踢球者的脚到球门的水平位移为 11 m。球被踢出后需要多长时间才能到达球门？

解：
第 1 步：写下已知变量。

$$\bar{v}_x = 22 \text{ m/s}$$
$$d_x = 11 \text{ m}$$

第 2 步：确定要求解的未知变量。

$$\Delta t = ?$$

第 3 步：查看公式和定义，并确定其中包含已知变量和未知变量的适当公式。在这种情况下，公式 2.6 包括未知变量 Δt，以及两个已知变量 $\bar{v}$ 和 d。

$$\bar{v} = \frac{d}{\Delta t}$$

第 4 步：将数值代入公式并求解未知变量。在进行算术运算时带着单位。

$$22 \text{ m/s} = \frac{11 \text{ m}}{\Delta t}$$

$$\Delta t = \frac{11 \text{ m}}{22 \text{ m/s}}$$

$$\Delta t = 0.5 \text{ s}$$

第 5 步：常识性检查。
点球非常快，绝对不到 1 s。半秒似乎是合理的。

平均加速度（average acceleration）的定义为速度变化除以该速度变化发生所花的时间。

$$\bar{a} = \frac{\Delta v}{\Delta t}$$

$$\bar{a} = \frac{v_f - v_i}{\Delta t} \quad (2.9)$$

其中，$\bar{a}$ = 平均加速度；Δv = 速度改变量；v_f = 最后一刻瞬时速度；v_i = 第一刻瞬时速度；Δt = 时间改变量。

根据这个平均加速度的数学定义，显然加速可以是正的也可以是负的。如果最终速度小于（慢于）初始速度，则速度变化为负数，由此产生的平均加速度为负。如果物体在正方向上减速，就会发生这种情况。你可能认为这是减速，但我们称其为负加速。如果初始速度和最终速度均为负，并且最终速度比初始速度更大，也会产生负平均加速度数。如果物体在负方向加速，就会发生这种情况。

【概念应用】

冰球速度和守门员最糟糕的噩梦

在守门员防守球门的运动中，球门的大小、射门的速度及射门时离球门的距离都会极大地影响守门员挡球的机会。在更大的球门上更快地射门更难被阻挡，特别是如果射门时离球门更近。事实上，守门员几乎不可能对球门距离和射门速度的某些组合做出反应和阻挡。

让我们来看看冰球和长曲棍球。曲棍球中冰球的最快速度与长曲棍球中球的最快速度相似，球门的大小也相似。两个球门的宽度均为 1.22 m（4 ft），但长曲棍球球门的高度为 1.83 m（6 ft），而曲棍球球门的高度仅为 1.22 m（4 ft）。长曲棍球比赛的得分更高，部分原因是球门面积更大。

如果冰球或球以 40 m/s（89 mph）的速度射门——这是非常快的，并且如果射门方向准确朝着球门的开阔位置？假设守门员挡球的反应和移动时间仅为 0.20 s。如果守门员必须移动超过几厘米，这是非常快的。到球门的距离可以用平均速率或平均速度的公式计算如下：

$$\bar{v} = \frac{d}{\Delta t}$$

$$d = \bar{v}\Delta t = 40 \text{ m/s} \times 0.2 \text{ s} = 8 \text{ m}$$

如果射击速率为 35 m/s（78 mph），则该距离将减小到 7.5 m（24.6 ft）。如果射击速率仅为 30 m/s（67 mph），

则距离会减小到 6 m（19.7 ft）。如果射击速率仅为 20 m/s（45 mph），则距离会减小到 4 m（13.1 ft）。所有这些距离都使进攻球员远离守门员区域，在长曲棍球比赛中，守门员区域是距离球门线中心 2.74 m（9 ft）半径的圆圈，距离球门线中心 1.22 m（4 ft），距离冰球球门线中心 1.83 m（6 ft）。那为什么没有进更多的球呢？一个原因是进攻球员的射门不够准确，他们必须非常准确，因为守门员只是站在球门前就挡住了很大一部分球门。另一个原因是，一个好的守门员可以在球或冰球离开球员的球杆之前通过观察和预测进攻球员的动作来及早对射门做出反应。最后一个原因是，进攻球员在尝试射门时通常要与守门员以外的防守球员抗衡。

守门员的噩梦是面对在这些距离之一的范围内带球或冰球的射门很准确进攻球员。

描述加速度的单位是长度单位除以时间单位再除以时间单位。描述加速度的 SI 单位是米每秒或米每秒平方。你可能看过宣传汽车加速能力的汽车广告。广告可能会说汽车可以在 7 s 内从 0 mile/h 加速到 60 mile/h。使用公式 2.9，这将表示汽车的平均加速度。

$$\bar{a} = \frac{v_f - v_i}{\Delta t}$$

$$\bar{a} = \frac{60 \text{ mile/h} - 0 \text{ mile/h}}{7 \text{ s}}$$

$$= 8.6 \text{ mph/s}$$

该加速度可以解释如下：在 1 s 内，汽车的速度增加 8.6 mph，如果汽车以 8.6 mph/s 的速度加速并保以 30 mph 的速度行驶，1 s 后汽车将加速 8.6 mph 或行驶速度为 38.6 mph。2 s 后，汽车将加速 8.6 mph 的两倍（17.6 mph）或行驶速度为 47.2 mph（= 30 mph + 17.2 mph），以此类推。

如果我们在越来越短的时间间隔内测量平均加速度，实际上我们很快就能测量出瞬时加速度。**瞬时加速度**（instantaneous acceleration）是物体在某一瞬间的加速度。瞬时加速度表示该时刻速度的变化率。

因为加速度是矢量（力、位移和速度也是），所以它也可以分解为分量加速度。对于平均加速度和瞬时加速度都是如此。但是加速度的方向是如何确定的呢？尝试自主实验 2.4，以更好地了解加速度方向。理解加速度的困难之一是不能直接观察到位移和速度。运动方向不一定与加速度方向相同。

自主实验 2.4

当你匀速绕圈行走时，你的加速度在哪个方向？

让我们回到在有四堵墙的房间里走来走去的例子。你正对着北墙。同样，将北方视为我们感兴趣的方向，因此北方为正方向。我们只描述南北方向的运动。当你开始向前走，朝北墙走时，你向北的速度是正的；并且由于你在向北方向加速，所以你向北的加速度为正（你的速度和加速度方向均为北）。当你减速并停止时，你向北的速度减至零，并且你向北的加速度必须为负，因为你正在向正方向减速。这也可以描述为向南的加速。这就是你可能会感到困惑的地方——你正在向北移动，但你得向南加速！然而，这是正确的，因为加速度表明你的运动发生了变化。当你开始向后走时，你会加速朝南墙走；你向北的速度是负的并且在增加（你在负方向移动），你的加速度也是负的（或者是向南的加速度）。如果你向右或向左走，直接向东或向西，你向北的速度为零，因为你没有靠近或远离北墙。你的加速度也为零，因为你没有朝北墙加速或减速。如果你朝北墙前进并开始向东墙右转，你向北的速度为正，并随着你的转弯而减小，因此你向北的加速度在你转弯时为负。如果你向东走，然后向北向左转，你向北的速度为零，然后随着你的转弯而增加，所以当你转弯时，你向北的加速度为正。在所有这些转弯过程中，你的速度甚至可能没有改变，但如果你的运动方向改变，那么你的速度就会改变，你就会加速。图 2.5 说明了在一维（沿直线）中各种运动的运动方向和加速度。

方向 ← + →		v（速度方向）	运动变化（加速 +；减速 -）	a（加速度方向）
加速	→v →a	+	+	+
不变	→v a=0	+	0 恒速	0
减速	→v →a	+	−	−
加速	a← v←	−	+	−
不变	a=0 v←	−	0 恒速	0
减速	a→ v←	−	−	+

图 2.5 物体加速时运动方向与加速度方向相同，减速时方向相反

➔ 运动方向不表示加速度方向。

让我们总结一些关于加速度的事情。如果你正在加速,你的加速度是在你运动的方向上。如果你正在减速,你的加速度与你的运动方向相反。如果我们为沿一条直线的方向分配正负号,则沿该直线的加速度方向确定如下。如果物体朝正方向加速,则其加速度为正(它朝正方向加速)。将此视为双正号(++),结果为正(+)。如果它在正方向减速,它的加速度是负的(它在负方向加速)。将此视为负正号(+),结果为负号(-)。如果物体向负方向加速,则其加速度为负(它向负方向加速)。将此视为正负(+-),结果为负(-)。如果物体朝负方向减速,则其加速度为正号(正向加速)。将此视为双重负号(--),结果为正(+)。请记住,代数符号+和-只是我们在现实世界中用来指示方向的符号。在分析问题之前,首先确定你将哪个方向确定为+。

匀加速度和抛体运动

在某些情况下,物体的加速度是恒定的——它不会改变:这是**匀加速度**(uniform acceleration)的一个例子。当作用在物体上的净外力恒定且不变时,就会发生这种情况。如果是这样,那么物体的加速度也是恒定不变的。这样一个物体的运动可以用时间与速度、位置或加速度相关的公式来描述。使用这些公式,我们可以预测未来!如果一个物体经历恒定的加速度,那么它在未来任何时刻的位置和速度都可以预测。哇。你能想到在什么情况下,作用在物体上的净外力是恒定的,因此产生的加速度是恒定的吗?试试自主实验2.5,看看这是否是匀加速度的例子。

【概念应用】

加速和头部受伤

你的大脑对速度的突然变化很敏感:它无法承受较大的加速度。在许多运动中,运动员之间或运动员与比赛场地或其他物体之间的碰撞会产生很大的加速度,可能会导致头部受伤。这是美式橄榄球、冰球和其他接触性运动中的一个严重问题。当一个运动员的头部与另一个运动员或地面发生碰撞时,头部的速度会突然发生变化,头部会加速。如果加速度太大,可能会发生脑震荡或其他创伤性脑损伤(TBI)。如何减少这些造成伤害的加速度?加速度的定义可以指导我们找到可能的解决方案。

加速度是速度的变化率。平均加速度是速度变化除以时间。碰撞期间头部的平均加速度($\bar{a}$)是碰撞结束时头部的速度(v_f,最终速度)与碰撞开始时的速度(v_i,初始速度)除以碰撞时间(Δt,冲击时间)。

$$\bar{a} = \frac{v_f - v_i}{\Delta t}$$

要降低平均加速度,我们必须降低速度的变化或增加冲击时间。减少速度的变化需要改变这些运动的性质,减慢运动员的速度。这种情况极不可能发生,因此增加冲击时间是唯一可行的解决方案。大脑被颅骨内的脑脊液包围。这种脑脊液通过增加大脑在颅骨内停止的时间来保护颅骨内的大脑。撞击时间(大脑停止的时间)的增加会降低大脑的加速度。然而,冲击时间可能仍然太短而无法防止对大脑造成伤害。必须采取额外的非生物措施来保护大脑。

头盔是一种解决方案。头盔旨在增加冲击时间。头盔内衬的衬垫在碰撞过程中会压缩,这会延长撞击时间,即头部和大脑停止运动的时间。因为冲击时间与加速度成反比,冲击时间加倍会使加速度减半。大多数运动中使用的防护装备都是为了延长冲击时间而设计的。运动员还可以通过预测冲击并在冲击前"给予"冲击来减慢头部或其他身体部位的速度,从而降低冲击加速度。

自主实验2.5

重力引起的加速度是均匀的吗?

将一个球直接抛向空中,并尝试描述其运动。让我们使用我们已经学过的术语——位移、速度和加速度。如果我们建立一个坐标系,x轴水平方向为球的水平运动方向,y轴垂直方向为球的垂直运动方向,你将如何描述球的垂直运动?让我们把沿y轴(垂直轴)的正方向看作向上的。当球离开你的手时,它是朝上运动的,所以它的速度是正的。球在上升的过程中是加速还是减速?球的速度是向上的,所以它的加速度是负的或向下的。当球达到飞行的峰值时,它的速度由正变负(或由向上变向下),所以它仍然在向下加速。当球过了它的峰值后,它向下坠落,所以它的速度是负的(向下的)。由于球在向下的方向上加速,它的加速度仍然是负的(向下的)。尽管球的运动方向发生了变化,但它在空中时的垂直加速度始终是向下的。其加速度的方向是恒定的,加速度的大小也是恒定的吗?当球在空中时,有什么力量作用于它?如果空气阻力可以被忽略,那么作用在球上的唯一力量就是重力或球的重量。由于球在空中时重量没有变化,作用在球上的净外力是恒定的,等于球的重量。因此,球的加速度也是恒定的。

抛射物的垂直运动

在自主实验 2.5 中,你抛到空中的球是一个抛射物。**抛射物**(projectile)是指被抛射到空中或掉落的物体,它只受重力和空气阻力的作用。如果空气阻力太小,无法测量,而作用在抛射物上的唯一力量是地球的重力,那么重力将使此物体加速。在上一章中,我们了解到这个加速度,即重力加速度 g,是 9.81 m/s² 且向下。这是一个恒定的加速度。现在让我们来看看我们是否能想出描述抛射物垂直运动的公式,比如自主实验 2.5 中的球。

因为球的垂直加速度是恒定的,我们已经有一个公式来描述这个运动学变量。如果我们把向上定义为正的垂直方向,那么

$$a = g = -9.81 \text{ m/s}^2 \quad (2.10)$$

负号表示由于重力的加速度是向下的。

我们知道球的垂直加速度是多少,也许我们可以用这个知识来确定它的速度,从公式 2.9 中可以看出加速度与速度的关系。

$$\bar{a} = \frac{v_f - v_i}{\Delta t}$$

公式 2.9 中的加速度是一个平均加速度,但在我们的案例中,我们知道球在任何瞬间的加速度:它是 9.81 m/s²,向下的。但是加速度是恒定的,所以 9.81 m/s² 也是平均加速度。我们可以用 g 代替公式 2.9 中的平均加速度 $\bar{a}$,然后求出最终速度 v_f:

$$\bar{a} = \frac{v_f - v_i}{\Delta t} = g$$
$$v_f - v_i = g\Delta t$$
$$v_f = v_i + g\Delta t \quad (2.11)$$

如果我们知道球的初始垂直速度 (v_i) = 和时间间隔的长度,公式 2.11 给了我们一个确定球在某个时间间隔 (Δt) 结束时的瞬时垂直速度 (v_f) 的方法。我们可以预测未来! 仔细看一下这个公式。如果你还记得你的高中代数,你可能会认识到这是一个直线的公式:

$$y = mx + b \quad (2.12)$$

其中, y = 因变量(绘制在纵轴上); x = 自变量(绘制在水平轴上); m = 线的斜率 = $\frac{\Delta y}{\Delta x}$; b = 截距。

在公式 2.11 中,即 $v_f = v_i + g\Delta t$, v_f = 因变量 y, Δt = 自变量 x, g = 斜率 m, v_i = 截距 b。

球的垂直速度随着时间的变化而发生线性变化:球的垂直速度与球在空中的时间成正比。

那么,球的垂直位置呢? 也许我们可以用公式 2.8 中的平均速度去确定。

$$\bar{v}_y = \frac{\Delta y}{\Delta t}$$

$$\bar{v}_y = \frac{y_f - y_i}{\Delta t}$$

因为速度与时间呈线性比例(由线性公式定义),一个时间间隔内的平均速度等于初始速度和最终速度中间的速度。这个速度是初始速度和最终速度的平均值:

$$\bar{v}_y = \frac{v_f + v_i}{2}$$

$$\bar{v}_y = \frac{v_f + v_i}{2} = \frac{y_f - y_i}{\Delta t} \quad (2.13)$$

如果我们使用公式 2.11 的表达式,

$$v_f = v_i + g\Delta t$$

并将其代入公式 2.13 中的 v_f,

$$\frac{v_f + v_i}{2} = \frac{y_f - y_i}{\Delta t}$$

我们可以解决 y_f 的问题。

$$\frac{(v_i + g\Delta t) + v_i}{2} = \frac{y_f - y_i}{\Delta t}$$

$$\frac{(2v_i + g\Delta t)}{2} = \frac{y_f - y_i}{\Delta t}$$

$$\frac{(2v_i + g\Delta t)\Delta t}{2} = y_f - y_i$$

$$\frac{2v_i\Delta t + g(\Delta t)^2}{2} = y_f - y_i$$

$$v_i\Delta t + \frac{1}{2}g(\Delta t)^2 = y_f - y_i$$

$$y_f = y_i + v_i\Delta t + \frac{1}{2}g(\Delta t)^2 \quad (2.14)$$

如果你无法理解公式 2.14 的推导,不用担心。其结果才是我们理解抛体运动的重要部分。如果我们知道球的初始垂直速度 (v_i) 和时间间隔的长度,公式 2.14 给了我们一种方法来确定球在一个时间间隔 (Δt) 结束时的垂直位置 (y_f)。

还有一个公式,描述了球的垂直速度是其垂直位移和初始垂直速度的函数。这里仅仅介绍这个公式,要等到第四章才会知道这个公式的推导。

$$v_f^2 = v_i^2 + 2g\Delta y \quad (2.15)$$

使用公式 2.11 和公式 2.14(或公式 2.15),我们不仅可以预测球在垂直方向上的运动速度,而且还可以预测它的位置。我们现在有四个公式可以描述抛射物的垂直运动。

抛射物的垂直位置(公式 2.14):

$$y_f = y_i + v_i\Delta t + \frac{1}{2}g(\Delta t)^2$$

抛射的垂直速度(公式 2.11 和公式 2.15):

$$v_f = v_i + g\Delta t$$
$$v_f^2 = v_i^2 + 2g\Delta y$$

抛射物的垂直加速度(公式 2.10):

$$a = g = -9.81 \text{ m/s}^2$$

其中,y_i = 初始垂直位置;y_f = 最终垂直位置;$\Delta y = y_f - y_i$,是垂直位移;Δt = 时间变化;v_i = 初始垂直速度;v_f = 最终垂直速度;g = 重力加速度,即 -9.81 m/s^2。

如果我们分析的是自由落体物体的运动,公式就会简化。如果我们在物体掉落的位置将垂直刻度设为 0,那么 y_i 也为 0。

对于一个掉落的物体,公式变成如下:
落下物体的垂直位置:

$$y_f = \frac{1}{2}g(\Delta t)^2 \quad (2.16)$$

落下物体的垂直速度:

$$v_f = g\Delta t \quad (2.17)$$
$$v_f^2 = 2g\Delta y \quad (2.18)$$

想象一下,你可以安全地从某个高楼顶上扔下一个球,而且空气阻力并不明显。当你放手时,球的垂直速度为 0。根据公式 2.17,在它下降了 1 s 后,它的速度将是 9.81 m/s,根据公式 2.16,它的位置将是在你下面 4.91 m;2 s 后,下降的速度将加快 9.81 m/s,速度为 -19.62 m/s,它的位置将在你下面 19.62 m;3 s 后,下降的速度将再次加快 9.81 m/s,速度为 -29.43 m/s,它的位置将在你下面 44.15 m。请注意,球的速度在每个 1 s 的时间间隔内只是增加了相同的量(9.81 m/s),但球的位置在它下落的每 1 s 内变化的量越来越大(图 2.6)。

其他一些关于抛射物垂直运动的观察可能会使事情进一步简化。再把一个球直接扔到空中。在球达到

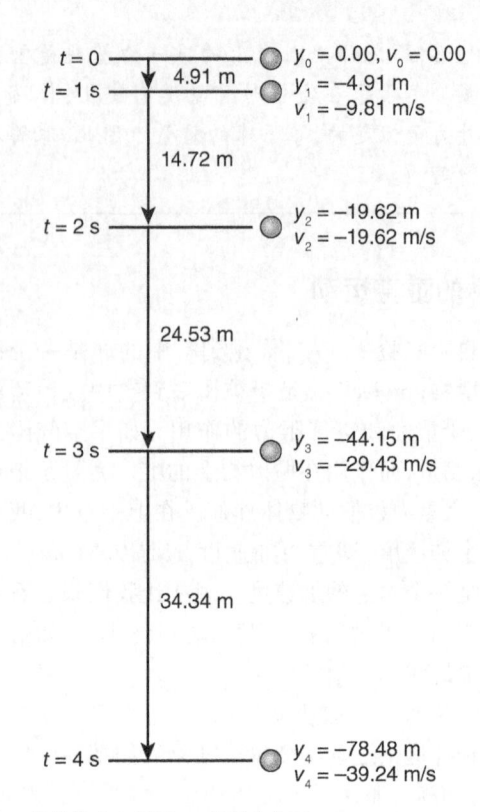

图 2.6 掉落的球在每隔 1 s 的垂直位置

最高高度的瞬间,它的垂直速度有多快? 在它达到峰值高度之前,它有一个小的正速度(它在缓慢地向上走);在它达到峰值高度之后,它有一个小的负速度(它在缓慢地向下运动)。它的垂直速度从正数变成了负数。正数和负数之间是什么数字? 如果它不再向上运动,还没有开始向下运动,那么它的速度是多少? 球在飞行高峰时的垂直速度为 0。

$$v_{\text{peak}} = 0 \quad (2.19)$$

这方面的一个有效应用是在网球运动中。

当你发网球时,你想把它抛到足够高的空中,使你的球拍在它的飞行高峰或接近高峰时击中它。发球时机的小误差不会明显影响球在球拍上的位置,因为在飞行的高峰期,球的垂直速度为 0,所以它将在这个位置附近停留较长时间。然而,如果你把球抛得太高,球在球拍击球区的时间就会缩短,因为球在落下击球区时运动速度更快。

抛射物飞行的对称性是我们分析中更多简化的来源。再次将球抛起,并尝试确定哪个时间更长——球达到峰值高度所需的时间或球从峰值高度回落到初始高度所需的时间,这些时间间隔几乎是一样的。事实上,它们是一样的。

$$\Delta t_{\text{up}} = \Delta t_{\text{down}} \quad (2.20)$$

(如果初始和最终的 y 位置相同)

或者

$$\Delta t_{\text{flight}} = 2\Delta t_{\text{up}} = 2\Delta t_{\text{down}} \quad (2.21)$$

（如果初始和最终的 y 位置是相同的）

同样，球在上升过程中经过任何高度时，其上升速度与球在下降过程中经过同一高度时的下降速度是相同的。球的上行速度减慢到 0 的时间与球的下行速度从 0 加速到相同大小的下行速度的时间相同。如果你向上抛出一个初始垂直速度为 5 m/s 的球，当你在下落过程中接住它时，其速度也是 5 m/s，但却是向下的。

如果你知道加速度是多少，描述抛射物垂直运动的公式（公式 2.11、公式 2.14、公式 2.15）可以应用于任何进行恒定或匀加速度物体的运动。在这些情况下，已知的加速度将被替换成公式 2.11、公式 2.14、公式 2.15 中的重力加速度，即 g。

抛射物的水平运动

现在我们可以描述抛射物的垂直运动——至少是一个只上下运动的抛射物。那么，抛射物的水平运动呢？试试自主实验 2.6。

例题 2.2

一名排球运动员将球传给主攻手，当球离开接球手的手指时，它有 2 m 高，并有 5 m/s 的垂直上升速度。该球将飞多高？

解：

第 1 步：写下已知变量和任何可以从问题中推断出的变量。

$$y_i = 2 \text{ m}$$
$$v_i = 5 \text{ m/s}$$
$$v_f = v_{\text{peak}} = 0$$

第 2 步：确定要求解的未知变量。

$$h = y_f = ?$$

第 3 步：复习公式和定义，用已知变量和未知变量找出合适的方程（公式 2.15）。

$$v_f^2 = v_i^2 + 2g\Delta y$$

第 4 步：将数值代入公式，求解未知变量。做算术运算时要记住单位。

$$v_f^2 = v_i^2 + 2g\Delta y$$
$$0 = (5 \text{ m/s})^2 + 2 \times (-9.81 \text{ m/s}^2)\Delta y$$
$$\Delta y = \frac{(5 \text{ m/s})^2}{2 \times 9.81 \text{ m/s}^2} = 1.27 \text{ m}$$
$$\Delta y = y_f - y_i$$
$$1.27 \text{ m} = y_f - 2 \text{ m}$$
$$y_f = h = 2 \text{ m} + 1.27 \text{ m} = 3.27 \text{ m}$$

第 5 步：常识性检查。

答案是 3.27 m，几乎是 11 ft，这种高度对于排球运动来说是合理的。

自主实验 2.6

抛射物的水平运动会改变吗？

将球从一只手抛向另一只手，使球既有垂直运动又有水平运动。什么力作用在球上？如果我们把球的运动分解成水平（x）和垂直（y）两个分量，我们就知道重力是一个外力，作用在垂直方向上，把球往下拉。水平方向呢？一旦球离开你的手，是否有任何外力向侧面拉或推球来改变它的水平运动？唯一能对球施加水平力的是球运动时通过的空气。在大多数情况下，这个力可能非常小，它的影响也小得难以察觉。如果空气阻力可以忽略不计，那么从球离开你的手到它接触你的另一只手或另一个物体，球的水平速度应该不会改变，因为没有水平力作用在球上。试着只观察球的水平运动。球会继续沿着你预测的方向运动，它不会向右或向左转弯。它的水平速度是正的。当球在空中时，它是否在水平方向上加速或减速？它在水平方向上有改变吗？没有。如果球没有加速、减速或改变方向，它就没有在水平方向上加速。

然而，很难将抛射物的水平运动与垂直运动分开检查或观察，因为当你观察一个抛射物时，你看到的他的水平和垂直运动会同时作为一个运动。我们如何看待一个抛射物，如自主实验2.6中的球，以使我们只分离出它的水平运动？如果我们从上面看这个抛射物会怎样？想象一下，你站在体育馆的走道上观看一场篮球比赛。更好的是，想象从固特异（goodyear）飞艇上观看一场足球比赛。从这些有利位置看，足球或篮球的运动在你看来会是怎样的？如果你的深度感觉受阻（如果你闭上一只眼睛），你能看到开球时足球的垂直运动吗？你能在罚球时发现篮球的垂直运动吗？在这两种情况下，答案都是否定的。你所看到的只是球的水平运动。当你从上往下看时，篮球是否放慢、加快或改变水平方向？那足球呢？如果我们试图用一张图片来表示从上面看篮球的运动，它可能看起来像图2.7。

为了表示运动，我们显示了篮球在四个时间点上的位置，每个时间点相隔0.10 s。请注意，这些图像沿着一条直线排列，所以球的运动是在一条直线上。

同时注意，球在每个时间间隔内的位移是相同的，

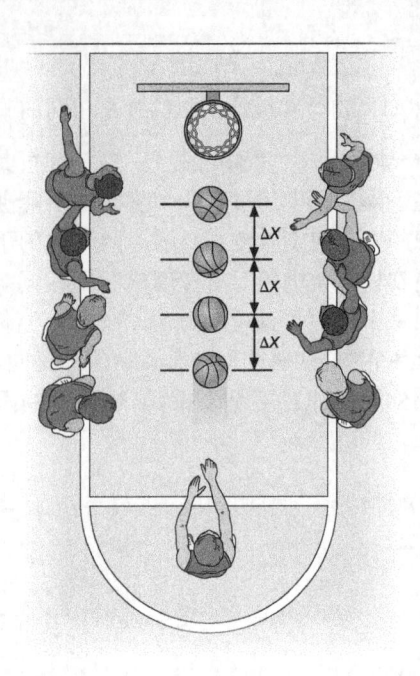

图2.7 篮球罚球的俯视图显示，每个0.10 s的时间间隔的水平位移 Δx 是相同的

所以球的速度是恒定的。抛射物的水平速度是恒定的，其水平运动是在一条直线上。

> 抛射物的水平速度是恒定的，其水平运动是在一条直线上。

例题 2.3

一个罚球手踢出了足球。足球离开罚球手的脚时，垂直速度为20 m/s，水平速度为15 m/s。足球的悬空时间是多少（它在空中停留了多长时间）？（假设空气阻力没有影响，落地时和释放时的高度是一样的）。

解：

第1步：写下已知变量和任何可以从问题中推断出的变量。

$$y_i = y_f$$
$$v_i = 20 \text{ m/s}$$
$$v_x = 15 \text{ m/s}$$
$$v_{peak} = 0$$
$$\Delta t_{up} = \Delta t_{down}$$

第2步：确定要求解的未知变量。

$$\Delta t = ?$$

第3步：复习公式和定义，找出适当的公式，其中有已知变量和未知变量（公式2.11）。

$$\Delta t = \Delta t_{up} + \Delta t_{down} = 2\Delta t_{up}$$
$$v_f = v_i + g\Delta t$$

第4步：将数值代入公式，解决未知变量。做算术运算时要注意单位。

$$v_f = v_i + g\Delta t$$
$$0 = 20 \text{ m/s} + (-9.81 \text{ m/s}^2)(\Delta t_{up})$$
$$\Delta t_{up} = \frac{(-20 \text{ m/s})}{(-9.81 \text{ m/s}^2)} = 2.04 \text{ s}$$

$$\Delta t = 2\Delta t_{up} = 2 \times 2.04 \text{ s} = 4.08 \text{ s}$$

第5步：常识性检查。

4 s 似乎是一个合理的悬空时间。

我们得出了描述抛射物垂直位置、速度和加速度的公式。现在我们可以对其水平位置、速度和加速度做同样的描述。我们从抛射物的水平速度是恒定的这一事实出发。

$$v = v_f = v_i = 常量 \quad (2.22)$$

如果水平速度是恒定的，这意味着水平速度没有变化。如果水平速度没有变化，那么水平加速度一定为 0，因为加速度被定义为速度的变化率。

$$a = 0 \quad (2.23)$$

另外，如果水平速度是恒定的，那么抛射物的平均水平速度就与它的瞬时水平速度相同。平均速度是位移除以时间，所以位移等于速度乘以时间（公式 2.6）。

$$\bar{v} = \frac{d}{\Delta t}$$

$$\bar{v}_x = \frac{\Delta x}{\Delta t}$$

$$\Delta x = v\Delta t \quad (2.24)$$

$$x_f - x_i = v\Delta t$$

$$x_f = x_i + v\Delta t \quad (2.25)$$

如果我们的测量系统被设置成初始水平位置(x_i)为 0，那么公式 2.25 就简化为

$$x = v\Delta t \quad (2.26)$$

使用公式 2.22 和公式 2.26（或公式 2.25），我们现在不仅可以预测抛射物在水平方向的运动速度，还可以预测它的位置。我们现在有了描述抛射物水平运动的公式：

抛射物的水平位置（公式 2.25 和公式 2.26）：

$$x_f = x_i + v\Delta t$$

$$x = v\Delta t \text{（如果初始位置为 0）}$$

抛射物的水平速度（公式 2.22）：

$$v = v_f = v_i = 常量$$

抛射物的水平加速度（公式 2.23）：

$$a = 0$$

其中，x_i = 初始水平位置；x_f = 最终水平位置；Δt = 时间变化；v_i = 初始水平速度；v_f = 最终水平速度。

抛射物水平运动和垂直运动的组合

我们现在已经建立了用垂直和水平分量来描述抛射物运动的方程。抛射物的垂直运动是否会影响其水平运动，反之亦然？请尝试完成自主实验 2.7。

自主实验 2.7

抛射物的垂直运动是否影响其水平运动或抛射物的水平运动是否影响其垂直运动？

将一枚硬币放在桌面的边缘。将另一枚相同面额的硬币放在尺子或其他长而扁平的物体的末端。将放有硬币的尺子放在桌子上，靠近另一枚硬币，使放有硬币的尺子的一端悬在桌面上。用手敲击尺子，使其依次击打桌子上的硬币并将硬币从桌子上敲下来。同时，尺子的移动会将硬币从尺子末端移开。图 2.8 显示了演示的设置。

图 2.8 硬币实验证明了抛射运动的水平和垂直部分的独立性

哪一枚硬币会先落地？多试几次看看。两枚硬币同时落地。从桌子上掉下来的硬币在开始下落时具有水平速度，而从尺子上滑落的硬币则没有。两枚硬币下落的垂直距离相同，开始下落时都没有垂直速度。什么力量将硬币拉向地球？重力将硬币向下拉，并以相同的 9.81 m/s² 的加速度向下加速。一枚硬币具有水平速度这一事实会影响重力作用在该硬币上的方式，从而影响该硬币的垂直加速度吗？不会。重力对硬币从桌子上掉下来的影响与它对硬币从尺子上滑落的影响是一样的。

抛射物的垂直运动和水平运动相互独立。换句话说，抛射物在有或没有水平运动的情况下继续以 9.81 m/s² 的加速度向下加速，并且抛射物的水平速度保持不变，即使抛射物以 9.81 m/s² 的速度向下加速。

虽然抛射物的运动是相互独立的,但是可以推导出一个方程来描述抛射物在二维空间中的路径。取公式2.26 并求解 Δt。

$$\Delta t = \frac{x}{v_x}$$

现在用这个表达式代替公式 2.14 中的 Δt。

$$y_f = y_i + v_i \Delta t + \frac{1}{2}g(\Delta t)^2$$

$$y_f = y_i + v_{y_i}\left(\frac{x}{v_x}\right) + \frac{1}{2}g\left(\frac{x}{v_x}\right)^2 \quad (2.27)$$

公式 2.27 是抛物线方程。它仅根据初始垂直位置,以及垂直和水平速度描述了抛射物在飞行过程中的垂直(y)和水平(x)坐标。图 2.9 显示了抛物线路径,球在空中抛出,初始垂直速度为 6.95 m/s,初始水平速度为 4.87 m/s。球是以每秒 12 fps 的速度拍摄的,因此球在每 0.083 3 s 间隔的位置如图所示。请注意,每个时间间隔内的水平位移是相同的,并且路径在峰值的两侧是对称的。峰值高度实际上出现在从左边数起的第 9 个和第 10 个球图像之间。

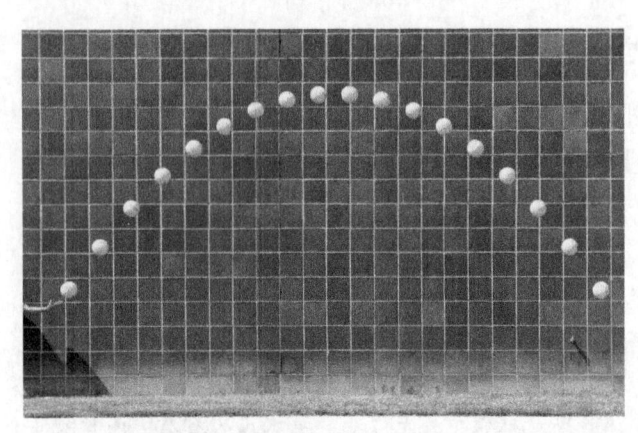

图 2.9 以相同的时间间隔拍摄的飞行中的球的频闪照片。注意抛物线的轨迹

描述抛射运动的若干个公式都只有三个变量。这些等式(公式 2.11、公式 2.15、公式 2.24)是

$$v_f = v_i + g\Delta t$$
$$v_f^2 = v_i^2 + 2g\Delta y$$
$$\Delta x = v\Delta t$$

公式 2.14 有四个变量,但可以通过用 Δy 代替 $y_f - y_i$,生成只有三个变量的公式 2.28。

$$y_f = y_i + v_i \Delta t + \frac{1}{2}g(\Delta t)^2$$

$$y_f - y_i = v_i \Delta t + \frac{1}{2}g(\Delta t)^2$$

$$\Delta y = v_i \Delta t + \frac{1}{2}g(\Delta t)^2 \quad (2.28)$$

我们现在有四个公式,每个公式只有三个变量。在这些公式中的每一个中,如果已知两个变量,则可以求解公式的第三个变量。表 2.4 列出了这些公式及其变量。你可以使用此表作为帮助,通过执行以下步骤来帮助你解决射弹问题。首先,确定你要确定的未知变量。查看表 2.4 中标记为"未知变量"的第一列,查看该变量是否在表中。如果它出现在此列的一行中,请查看该行的右侧,看看你是否知道"已知变量"列中列出的两个变量的值。如果你知道这两个变量的值,请查看右侧的"公式"列并将值代入公式并求解未知变量。请记住,在得到包含你感兴趣的未知变量的公式之前,你可能必须求解两个或多个公式。

表 2.4 求解两个变量已知的抛射问题的求解指南

	未知变量		已知变量		公式
y(垂直轴)	Δy			v_i	Δt	$\Delta y = v_i \Delta t + \frac{1}{2}g(\Delta t)^2$
		v_i		Δt	Δy	
			Δt	Δy	v_i	
		v_i		v_f	Δt	$v_f = v_i + g\Delta t$
			v_f	v_i	Δt	
			Δt	v_f	v_i	
	Δy			v_f	v_i	$v_f^2 = v_i^2 + 2g\Delta y$
		v_i		v_f	Δy	
			v_f	v_i	Δy	
x(水平轴)			Δx	v_x	Δt	$\Delta x = v_x \Delta t$
			v_x	Δt	Δx	
			Δt	Δx	v_x	

注:变量定义:Δt = 时间;$\Delta y = y_f - y_i$ = 垂直位移;y_i = 初始垂直位置;y_f = 最终垂直位置;v_i = 初始垂直速度;v_f = 最终垂直速度;g = 重力加速度 = −9.81 m/s²;$\Delta x = x_f - x_i$ = 水平位移;x_i = 初始水平位置;x_f = 最终水平位置;v_x = 水平速率。

运动中的抛射物

体育和人类运动中的抛射物的例子很多。你能说出几个例子吗?下面是一些抛射物的例子:铅球的飞行、篮球的飞行、链球的飞行、排球的飞行、壁球的飞行、长曲棍球的飞行、足球的飞行、橄榄球的飞行……几乎所有运动中使用的球一旦被抛出、释放或击中,如果空气阻力可以忽略不计,都会成为抛射物。因此,在球类运动中,如果空气阻力可以忽略不计,球在飞行中的路径就不能改变。它的路径是由公式 2.27 决定的。

在垂直方向上,球不断向下加速,在水平方向上,它不会减速或加速。一旦球离开我们的手并在飞行中,我们的动作和一些古怪的举止也就不能改变其预定的路线或速度。

很明显,在体育运动中使用的球都是抛射物,但如果我们自己是抛射物呢?人的身体可以是一个抛射物吗?是否存在唯一作用在你身上的外力是重力的情况?是的,当然有。想一想体育中的一些例子,在这些例子中,人的身体是一个抛射物。跳高?跳远?跳水?撑杆跳高?排球?篮球?足球?橄榄球?在这些运动中的每一种情况下,都有运动员在空中,而作用在他身上的唯一的力是重力。在这些情况下,运动员的运动是否受抛物线方程的制约?是的!这意味着,一旦运动员的身体离开地面,成为一个抛射物,运动员就不能改变她的路径。一旦一个排球运动员跳到左边去阻挡一个球,她的身体运动路径就不能改变;换句话说,一旦她跳到左边,她就不能改变方向,阻挡右边的球。而一旦撑杆者放开杆子,他就不能改变他的运动。一旦他放开了杆子,他就不再能控制自己落在哪里。一旦跳远运动员离开起飞板,成为一个抛射物,他在空中的动作将不会影响他身体的速度。他不能加快水平速度以增加离开地面后的跳跃距离。他也不能使重力消失以在空中停留更长时间。

在抛射物活动中,抛射物的初始条件(初始位置和初始速度)决定了抛射物的运动。在涉及抛射物的运动中,运动员在投掷、踢击、打击、射击或击打抛射物时,其目标通常涉及以下三点:飞行时间、抛射物达到的峰值高度和水平位移。

抛射物的飞行时间取决于两点:初始垂直速度和初始垂直位置。我们可以用数学公式来证明这一点,或者可以只做一些简单的观察。先从腰部高度把球扔到地上,然后从肩部高度扔到地上,再从头上扔到地上。哪个球到达地面的时间最短?哪一个到达地面的时间最长?抛射物的初始高度越高,它在空中停留的时间就越长。抛射物的初始高度越低,它在空中停留的时间就越短。

现在,不要扔掉球,而是把它向上扔。再向上扔,但这次要用力,并尝试在相同的高度释放它。现在把它往下扔,再次尝试在相同的高度释放它。如果你想让球在空中停留更长时间,你应该怎么做?抛射物的初始上升速度越快,它在空中停留的时间就越长。初始上升速度越慢(或初始下降速度越快),它在空中停留的时间就越短。

在某些体育活动中,最大限度地增加在空中的时间是可取的,如足球的推射或网球的小球。体操运动员和潜水员也需要在空中有足够的时间来完成特技。

在这些情况下,抛射物的初始垂直速度相对较大(与水平速度相比),而且抛射角度在45°以上。实现峰值高度和飞行时间的最佳抛射角是90°或直接向上。

在一些体育活动中,尽量减少抛射物在空中的时间是很重要的。这些活动的例子包括排球中的扣球、网球中的凌空抽射、棒球中的投掷,以及足球中的罚球。在这些情况下,球的初始向上垂直速度被最小化,或者球甚至可能有一个初始向下的速度。抛射角相对较小,不超过45°,在某些情况下甚至反向折叠。

抛射物达到的峰值高度也取决于其初始高度和初始垂直速度。抛射物在释放时越高,释放时向上运动的速度越快,它就会越高。在排球和篮球等运动中,最大限度地提高峰值高度是很重要的,在这些运动中,运动员本身就是抛射物。另一个需要最大限度提高峰值高度的运动是跳高,同样此时运动员也是抛射物。在这些活动中,抛射的角度很大,通常大于45°。

最大化抛射物的水平位移或射程是一些抛射运动的目标。这些例子包括许多田径项目,如铅球、掷锤子、铁饼、标枪和跳远。在铁饼投掷和标枪投掷中,空气阻力的影响大到足以使我们的抛射方程在描述铁饼或标枪的飞行时不准确。对于铅球、锤子抛掷和跳远,空气阻力太小,没有明显的影响,所以我们的抛射方程是有效的。我们对这些情况的分析可能需要使用方程。如果我们想使水平位移最大化,那么公式2.24可能是有用的。

$$\Delta x = v \Delta t$$

这个公式描述了水平位移(Δx)是初始水平速度(v)和时间(Δt)的函数。然而,在这种情况下,时间是指在空中的总时间或抛射物的飞行时间。我们刚刚看到,抛射物的飞行时间是由其初始高度和初始垂直速度决定的。因此,抛射物的水平位移由三方面决定:初始水平速度、初始垂直速度和初始高度。如果释放的初始高度为零(与落地高度相同),那么释放时的速度(垂直和水平速度之和)就决定了抛射物的水平位移。你扔东西的速度越快,就会扔得越远。但你应该向哪个方向扔——更多地向上(垂直)还是更多地向外(水平)?

如果球的初始速度是完全垂直的(抛射角为90°),初始水平速度(公式2.24中的v)将为零,水平位移也将为零。如果球的初始速度是完全水平的(抛射角为0°),飞行时间(公式2.24中的Δt)将为零,水平位移也将为零。显然,水平和垂直初速度的组合(以及介于0°和90°之间的抛射角)会更好。什么组合效果最好?如果无论抛射角度如何,结果速度都是一样的,那么如果初始速度的水平和垂直分量相等,或者抛射角度为45°时，最大的水平位移将发生。如此，我们看一下公式2.24，这就有意义了。水平位移由初始水平速度和在空中的时间决定，但在空中的时间仅由初始垂直速度决定（如果释放的高度为零）。这两个变量——初始水平速度和垂直速度，对水平位移的影响相同，这是合理的。

让我们检查一下这个推理是否被铅球运动中相关抛射角的观察所证实。在2017年国际田径联合会世界田径锦标赛上，铅球项目的六位奖牌得主（三男三女）最佳抛掷的平均释放角度为36.7°（Dinsdale, Thomas, and Bissas 2017b; 2017c），远远小于45°的最佳角度。但是，铅球有释放高度吗？是的，铅球的释放高度超过了2 m。请看图2.10，该图显示了一个铅球运动员在释放铅球的瞬间。铅球离地面很高。这个高度是它的初始高度。如果运动员在释放球时不需要给球提供那么多的垂直速度，运动员就可以把更多的精力放在产生水平速度上。因此，最佳的抛射角度将小于45°。释放的高度越高，抛射角越小。

图2.10 抛射物在释放的瞬间有一个初始高度

为什么铅球的最佳释放角度应小于45°（除了铅球的释放高度为2 m或以上）？我们的结论是，45°是使抛射物水平位移最大化的最佳抛射角，这取决于两个条件：第一，释放高度为零；第二，无论抛射角是多少，抛射物的速度都是一样的。对于铅球运动员来说，第一个假设是不正确的，所以释放角小于45°。那么第二个假设呢？在铅球运动中，如果改变释放角度，击球的速度是否会改变？为了回答这个问题，请考虑另一个问题：让一个东西更快地向前（水平方向）或向上（垂直方向）移动更容易吗？如果你有机会，确定你是否能在地板上滚动（水平方向移动）比直接向上抛出更快。将物体向上加速并产生较大的上升速度比将物体水平加速并产生较大的水平速度需要更大的力量。在投掷中（包括大多数其他投掷项目），投掷物或其他投掷工具的结果速度随着抛射角的减小而增加，低于45°。

如果我们研究一下铁饼或标枪的抛射角，就会发现它们比铅球的抛射角还要低，尽管铁饼和标枪的释放高度较低。为什么呢？在铁饼或标枪的飞行过程中，除了重力之外，还受到另一个力的作用——空气阻力。如果标枪或铁饼投掷正确，空气阻力将在标枪或铁饼的飞行过程中对其施加一些向上的力。这个向上的力减少了作用在标枪上的净向下的力，从而使其向下的加速度也变小。其结果是，标枪或铁饼在空中停留的时间更长。因为升力使标枪或铁饼在空中有更多的时间，在空中的时间不需要由释放时的垂直速度来创造。再者，如果投掷者在释放时不需要给标枪或铁饼提供那么多的垂直速度，运动员就可以把更多的精力放在产生水平速度上。空气阻力的升力效应为抛掷物在空中提供了更多的时间，一个极端的例子是投掷飞盘或环形物，如飞盘的距离。空气阻力的升力效应对这些投掷物来说是如此之大，以至于为了使水平距离最大化，最佳的释放角度并不高于水平线。

让我们总结一下我们现在对运动中的抛射物的认识。

1. 如果你想最大限度地延长飞行时间或达到峰值高度，释放速度的垂直分量应该是最大的，而且抛射角应该大于45°。

2. 如果你想尽量缩短抛射物的飞行时间，那么释放速度的向上分量应该最小化（也许如此一来，释放时的垂直速度是向下的）。抛射角应远远小于45°，在某些情况下甚至可能低于水平线。

3. 如果你想使抛射物的水平位移最大化，释放速度应该最大化，释放高度越高越好。释放速度的水平分量应该比垂直分量略快，以便使抛射角略小于45°。释放高度越高，空气阻力对抛射物的升力作用越大，抛射角就应该远远小于45°。

射弹运动的方程决定了球或其他投掷物一旦离开我们的手将飞行的路径。一旦你释放了一个球，你就不能再控制它了。同样，如果你自己成为一个抛射物，你的身体在空中的路径是由你离开地面瞬间的速度和位置预先决定的。一旦你离开了地面,如果作用在你身上的唯一的力是重力,你就不能再控制你的身体继续保持原有的轨迹或速度。

总结

运动可以分为线性运动、角运动或两者的组合(复合运动)。人类运动的大多数例子都是复合运动,但将运动的线性和角度部分分开,更容易进行分析。线性位移是指从起点到终点的直线距离,而线性运动距离代表从起点到终点的路径长度。速度是位移的变化率,而速率是距离的变化率。加速度是速度的变化率。位移、速度和加速度是矢量,由大小和方向来描述。

如果作用在抛射物上的唯一的力是重力,那么抛射物的垂直和水平运动可以用一组简单的方程来描述。抛射物的水平速度是恒定的,其垂直速度以 9.81 m/s^2 的加速度不断变化。一旦抛射物被释放或不再与地面接触,抛射物的路径和它的速度就被设定。

我们现在有了描述物体线性运动的许多方面的术语:路程、位移、速度、速率和加速度。但是,是什么导致了物体的线性运动?如何影响我们的运动和我们周围事物的运动?我们在本章和上一章中已经找到了一些提示。在下一章中,我们将更深入地探讨线性运动的原因。

关键词

加速度	位移	位置
角运动	路程	抛射物
平均加速度	复合运动	直线平移
平均速率	瞬时加速度	合成位移
平均速度	瞬时速率	速率
笛卡儿坐标系	瞬时速度	匀加速度
曲线平移	线性运动	速度

第三章 线性动力学

解释线性运动的原因

学习目标

学完本章,你应该能做到以下内容:
- 解释牛顿运动三定律
- 应用牛顿第二定律,在已知物体所受合力的情况下,计算出该物体的加速度
- 应用牛顿第二定律,在已知物体加速度的情况下,计算出该物体所受合力
- 理解冲量
- 理解动量
- 解释冲量和动量之间的关系
- 描述质量和重量之间的关系

你正在观看奥运会举重比赛,杠铃上的重量是举重运动员体重的两倍多。运动员走向杠铃,双手紧紧握住它。他大吼一声,一把将杠铃从地面上拔起,一气呵成地将它举过头顶。运动员为了实现你刚才目睹的运动,需要对杠铃施加怎样的力?300多年前提出的牛顿运动定律,为我们分析这种场景提供了基础。本章介绍牛顿运动定律及其在人体运动分析中的应用。

艾萨克·牛顿(Isaac Newton)是一位英国数学家。他于1642年圣诞节出生*,3个月后,他的父亲(Westfall 1993, p.7)去世;同年,伽利略逝世。他于1727年3月20日逝世。牛顿曾在剑桥大学学习,后来成为那里的教授。他关于力学(和微积分)的许多想法都是在他二十几岁时,在林肯郡家族庄园的两年隐居期间构思出来的。英国暴发瘟疫导致了这次隐居,致使剑桥大学在1665~1667年间暂时关闭。尽管瘟疫造成了巨大的破坏,但这也让艾萨克·牛顿有了一段不受干扰的时间来为他的力学版本奠定基础。

直到20多年后的1686年,牛顿才与他人分享他的工作。当时他的著作《自然哲学的数学原理》(Philosophiae Naturalis Principia Mathematica),或简称《原理》(Principia),出版了。后来又分别于1713年和1726年出版了两个版本。《原理》是用拉丁语写成的,拉丁语是当时科学家们使用的语言。在《原理》中,牛顿提出了他的三大运动定律和万有引力定律。这些定律构成了现代力学的基础。正是这些定律为力学的一个分支——动力学提供了基础。动力学是研究运动物体规律和力改变运动状态的原因的一门学科。本章聚焦于线性动力学,即线性运动的原因。在本章中,你将了解牛顿运动定律及如何使用它们来分析运动。本章的所学,将帮助你分析和解释许多运动技术背后的方法学。

牛顿第一定律:惯性定律

Corpus omne perseverare in statu suo quies-cendi vel movendi uniformiter in directum, nisi quatenus illud a viribus impressis cogitur statum suum utare. (Newton 1726, p. 13)

这是牛顿在他的《原理》第三版中最初用拉丁语提出的第一运动定律。它通常被称为惯性定律。直接翻译过来,这条定律表明,"每一个物体都会保持静止或匀速直线运动的状态,除非受到外力的作用而改变其状态"(Newton 1726/1999, p. 416)。这条定律解释了如果没有外力作用于物体或者外力的净值(所有外力作用于物体的合力)为零时,物体会发生什么。更简单地说,牛顿第一定律表明,如果没有净外力作用于物体,如果它原本就不动,那么物体不会移动(它将保持静止状态);或者如果它原本就在运动,那么它将继续沿着直线匀速运动(它将保持沿直线匀速运动的状态)。更简单地说,除非受到外力的作用,静止的物体将保持静止,运动的物体将保持匀速直线运动。

> 如果它原本就不动且没有净外力作用于物体,那么物体不会移动;或者如果它原本就在运动,那么它将继续沿着直线匀速运动。

让我们看看牛顿第一定律如何应用于体育运动中的人体运动。你能想到任何没有外力作用于物体的情况吗?这很困难。重力是一种作用于地球附近所有物体的外力。显然,体育运动和人体运动中没有适用于牛顿第一定律的情况!这是真的吗?也许如果我们只考虑物体或身体沿特定方向的运动,我们就能在体育运动中找到牛顿第一定律的应用。

实际上,我们在前几章中已经多次使用了牛顿第一定律。在上一章中,我们分析了抛射运动。我们通过将抛射物的运动分解为垂直和水平分量来实现这一点。在垂直方向上,抛射物的速度不断变化,并且由于重力的作用而以 9.81 m/s^2 的加速度向下加速。在垂直方向上,牛顿第一定律不适用。然而,在水平方向上,抛射物的速度是恒定的,它的加速度为零,因为没有水平方向的力作用于抛射物。这就是牛顿第一定律适用的情况!如果空气阻力可以忽略不计,那么作用于抛射物的净水平力为零,因此抛射物的水平速度是恒定不变的。牛顿第一定律为我们在上一章中使用的描述抛射物水平运动的方程提供了基础。

牛顿第一定律也适用于外力作用于物体的情况,只要这些力的总和为零。因此,如果作用于物体的净外力为零,物体可能会沿直线继续运动或保持静止状态。在第一章中,我们学习了静力平衡:如果物体处于静力平衡状态,则作用于物体的所有外力之和为零。牛顿第一定律是静力平衡的基础。然而,这条定律也适用于运动物体。如果物体沿直线以恒定速度运动,则作用于物体的所有外力之和为零。牛顿第一定律基本

---

* 牛顿的出生日期(1642年12月25日)和逝世日期(1727年3月20日)是当时英格兰使用的儒略历日期。当时欧洲大部分地区使用的是公历,即今天美国和世界上大多数地区使用的日历。牛顿出生时两种日历相差10天,逝世时相差11天。在公历中,牛顿出生于1643年1月4日,逝世于1727年3月31日。

上表明,如果作用于物体的净外力为零,则物体的运动不会发生变化。如果它已经在运动,它将继续运动(沿直线以恒定速度)。如果它处于静止状态,它将保持静止(不移动)。牛顿第一定律可以用数学语言表示如下:

$$若 \Sigma F = 0, 则 v = 常数 \quad (3.1a)$$

$$若 v = 常数, 则 \Sigma F = 0 \quad (3.1b)$$

其中,v = 瞬时速度;ΣF = 合力。

由于牛顿第一定律也适用于运动的分量,因此公式3.1a和公式3.1b可以用三个维度[垂直、水平(前后)和水平(左右)]的方程来表示:

$$若 \Sigma F_x = 0, 则 v_x = 常数 \quad (3.2a)$$

$$若 v_x = 常数, 则 \Sigma F_x = 0 \quad (3.2b)$$

$$若 \Sigma F_y = 0, 则 v_y = 常数 \quad (3.3a)$$

$$若 v_y = 常数, 则 \Sigma F_y = 0 \quad (3.3b)$$

$$若 \Sigma F = 0, 则 v_z = 常数 \quad (3.4a)$$

$$若 v_z = 常数, 则 \Sigma F_z = 0 \quad (3.4b)$$

为了使本书中的问题和例子简单,我们将主要限制在两个维度(垂直 y 和水平 x)上分析。

我们已经在第一章和第二章中根据牛顿第一定律进行了分析,但当时我们并不知道。既然我们现在知道了牛顿第一定律,那么让我们试着再一次分析。想象一下,你手中拿着一个 10 lb(4.5 kg, 1 lb = 0.45 kg)的哑铃。你必须对哑铃施加多大的力才能保持它静止?哪些外力作用于哑铃?在垂直方向上,重力向下施加一个等于哑铃重量的力,即 10 lb。你的手向上对哑铃施加一个**反作用力**(reaction force)。根据牛顿第一定律,只有当物体没有受到外力作用或者作用于物体的净外力为零时,物体才会保持静止。因为哑铃处于静止状态(不移动),所以作用于它的净外力必须为零。图3.1显示了哑铃的受力图。

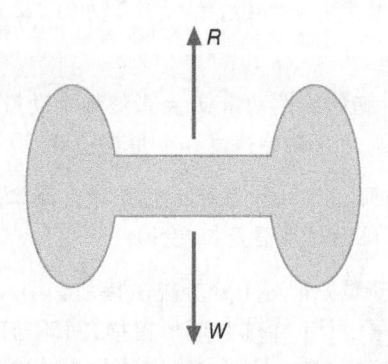

图3.1 手中握着哑铃静止不动时的受力图。根据牛顿第一定律,这张图也适用于沿直线以恒定速度运动的哑铃

作用于哑铃的两个外力都是垂直方向的力,即向下的重力和来自你手的向上的反作用力。由于哑铃不移动(v = 常数 = 0),我们可以使用公式3.3b来求解你手中的反作用力。

$$\Sigma F_y = 0$$

$$\Sigma F_y = R + (-W) = 0 \quad (3.5)$$

$$R = W = 10 \text{ lb}$$

其中,R = 手的反作用力;W = 哑铃的重量 = 10 lb。

当你手中握着 10 lb 的哑铃不动时,你必须向上施加 10 lb 的力。这个问题是以向上为正方向来解决的。我们得到的答案是一个正数,所以它代表一个向上的力。

现在让我们看看如果哑铃在运动会发生什么。你最好亲身感受一下,所以试试自主实验3.1。

自主实验3.1

当你以恒定速度向上移动哑铃时,你对哑铃施加了多大的力?

如果你有哑铃,拿起一个——如果没有,用一本书或任何其他方便的重量超过 5 lb(22.25 N)的物体。假设你确实有一个哑铃(如果你没有,只需想象你手中的书或其他物品是一个哑铃),它重 10 lb(44.5 N)。手中握着哑铃静止不动。如果你开始举起哑铃,并且在举起过程中它以恒定速度向上移动,那么你必须对哑铃施加多大的力才能使它以恒定速度向上移动?与保持哑铃静止所需的力相比,感觉如何?记住,我们试图找到当哑铃以恒定速度向上移动时你施加的力,而不是当它开始向上移动时。哪些外力作用于哑铃?在垂直方向上,重力仍然是向下施加的一个等于哑铃重量的力,即 10 lb,而你的手仍然向上对哑铃施加一个反作用力。根据牛顿第一定律,只有当物体没有受到外力作用或者作用于物体的净外力为零时,物体才会沿直线以恒定速度运动。因为哑铃沿直线以恒定速度运动,所以作用于它的净外力必须为零。回顾图3.1中哑铃的受力图。这个实验中作用于哑铃的两个外力与哑铃静止时完全相同:向下的重力和来自你手的向上的反作用力。我们将使用相同的方程,即公式3.5,来求解你手中的力。由于数字相同,我们得到相同的反作用力为 10 lb 向上。

当你以恒定速度向上移动 10 lb 的哑铃时,你必须对哑铃施加 10 lb 的向上的力,才能使它以恒定速度向上移动。当你手中握着哑铃不动时,你对它施加的力是 10 lb 的向上的力。如果你以恒定速度向

下移动哑铃,你对它施加的力仍然是 10 lb 的向上的力。

牛顿第一定律可以有以下几种解释:

1. 如果物体处于静止状态且作用于它的净外力为零,则物体一定保持静止。
2. 如果物体在运动且作用于它的净外力为零,则物体一定继续沿直线以恒定速度运动。
3. 如果物体处于静止状态,则作用于它的净外力一定为零。
4. 如果物体沿直线以恒定速度运动,则作用于它的净外力一定为零。

牛顿第一定律适用于物体的合运动及合运动的分量。由于力和速度都是矢量,牛顿第一定律可以应用于任何运动方向。如果没有外力作用,或者指定方向上作用的外力分量之和为零,则物体在该方向上没有运动,或者在该方向上的速度是恒定的。

> 牛顿第一定律适用于物体的合运动及合运动的分量。

动量守恒

牛顿第一定律为动量守恒原理提供了基础(如果我们只考虑质量恒定的物体)。实际上,在牛顿发表《原理》之前,动量守恒原理首先由伦内·笛卡儿(René Descartes)和克里斯蒂安·惠更斯(Christian Huygens,一位荷兰数学家)提出,但那是另一个故事。什么是动量? **线性动量**(linear momentum)是物体的质量与其线性速度的乘积。

物体移动得越快,其动量就越大。运动物体的质量越大,其动量就越大。因此,动量是一种将物体的运动和惯性一起量化的方法。在数学上线性动量由公式 3.6 定义:

$$L = mv \quad (3.6)$$

其中, L = 线性动量; m = 质量; v = 瞬时速度。

牛顿第一定律基本上指出,如果作用在物体上的净力为零,那么物体的速度是恒定的。在体育运动和人类运动中,我们认为大多数物体都有恒定的质量(至少在我们可能分析的活动的短时间内)。如果一个物体的速度是恒定的,那么它的动量也是恒定的,因为其质量不变。如果净外力为零,动量是恒定的。这可以在数学上表示为

$$若 \Sigma F = 0,则 L = 常数 \quad (3.7)$$

其中, L = 线性动量; ΣF = 净外力。

速度是一个矢量(有大小和方向),所以动量也是一个矢量。物体动量的方向由其速度的方向决定。物体的总动量可以分解为分量,或者如果动量的分量是已知的,则可以将这些分量相加(使用矢量加法)以确定合动量。动量守恒适用于动量的分量,因此公式 3.7 可以用三维[垂直、水平(前后)及水平(左右)]的方程来表示:

$$若 \Sigma F_x = 0,则 L_x = 常量 \quad (3.8)$$

$$若 \Sigma F_y = 0,则 L_y = 常量 \quad (3.9)$$

$$若 \Sigma F_z = 0,则 L_z = 常量 \quad (3.10)$$

使用动量守恒原理来分析单个物体是不划算的。因为牛顿第一定律只关注速度,引入质量会把问题复杂化。当我们关注的不是单个物体,而是一群物体时,动量守恒原理的价值就体现出来了。

如果所有对象都被认为是一个系统的一部分,那么对两个或多个对象组成的系统的分析就会简化。如果将物体视为一个系统,那么物体相互施加的力是内力,不会影响整个系统的运动。我们不必知道它们是什么。只有系统外部施加的外力才会改变系统的运动。根据动量守恒原理,如果作用在物体系统上的净外力为零,那么物体系统的总动量是恒定的。这一原理在数学上用公式 3.11 表示。对于由多个物体组成的系统,如果没有外力作用在系统上,那么在某个初始时间所有物体的动量之和等于在某个稍后或最终时间所有物体动量之和。使用这个方程时,请记住必须考虑方向。如果系统中物体的动量都沿着同一条线,请使用正负号来指示动量沿着这条线的方向。如果系统只由一个物体组成,这太简单了:速度和质量不变。但是,如果系统由两个或多个对象组成,则系统内对象的初始速度和最终速度可能不会保持不变。在多物体系统的情况下,如果一个物体的速度增加,另一个物体的速度会降低,以保持系统的总动量不变。

$$\begin{aligned} L_i &= \Sigma(mu) = m_1u_1 + m_2u_2 + m_3u_3 + \cdots \\ &= m_1v_1 + m_2v_2 + m_3v_3 + \cdots = \Sigma(mv) = L_f = 常量 \end{aligned}$$
$$(3.11)$$

其中, L_i = 初始线性动量; L_f = 最终线性动量; m = 系统部分的质量; u = 初始速度; v = 最终速度。

> 如果作用在物体系统上的净外力为零,那么物体系统的总动量是恒定的。

动量守恒原理对于分析碰撞特别有用。碰撞在体育运动中很常见:棒球与球棒碰撞,网球与球拍碰撞,足球与脚碰撞,美式足球中防守队员与进攻队员碰撞,等等。这些碰撞的结果可以用动量守恒原理来解释。

弹性碰撞

当两个物体正面碰撞时，它们的组合动量是守恒的。要想看到这一原理的简单演示，请尝试自主实验3.2。如果我们知道物体的质量和碰撞前的速度，我们就可以利用这一原理来预测物体在某些情况下碰撞后的运动。

自主实验3.2
动量从移动的硬币转移到静止的硬币

在这个实验中，我们将使用相同重量的硬币，如两枚美国硬币。把两个硬币放在桌子上（或其他坚硬的平面上），间隔约5 cm(2 in)。将一枚硬币（我们称为硬币A）弹入另一枚硬币（让我们称为硬币B），使其直接击中硬币B的中心，而不是一侧或另一侧。尝试若干次。会发生什么？就在碰撞之后，硬币A停止或几乎不移动，硬币B现在以与碰撞前硬币A相同的方向和速度移动。就在碰撞之前，系统的总动量是硬币A的质量乘以其速度。由于硬币B没有移动，它对总的动量没有贡献。碰撞后，系统的总动量是硬币B的质量乘以其速度。动量是守恒的。当硬币A击中硬币B时，它将动量转移到硬币B上。

让我们来研究下自主实验3.2中的两硬币碰撞。对于只有两个对象的系统，公式3.11简化为

$$L_i = \sum(mu) = m_1 u_1 + m_2 u_2 = m_1 v_1 + m_2 v_2 \\ = \sum(mv) = L_f \quad (3.12)$$

这个方程给了我们一些关于碰撞后发生的事情的信息，但不足以求解两种碰撞后速度，除非我们对碰撞后发生了什么有更多的了解。这只是一个方程，但我们有两个未知变量（u_1 和 u_2）。对于我们的硬币例子，这个等式变成

$$m_A u_A + m_B u_B = m_A v_A + m_B v_B \quad (3.13)$$

我们观察到，碰撞后硬币A的速度为零（或接近零）。硬币B的碰撞前速度为零（$u_B = 0$）、硬币A的碰撞后速度为零（$v_A = 0$），所以

$$m_A u_A = m_B v_B \quad (3.14)$$

硬币的质量相等，$m_A = m_B$；因此

$$u_A = v_B$$

碰撞前硬币A的速度等于碰撞后硬币B的速度。对于两个质量相等的物体的正面完全弹性碰撞，每个物体的碰撞前动量完全转移到另一个物体的碰撞后动量，或者更简单地说，在数学上，

$$u_1 = v_2 \quad (3.15)$$

并且

$$u_2 = v_1 \quad (3.16)$$

如果两个碰撞物体的质量不相等怎么办？在所有完全弹性的正面碰撞中，动量是否会从一个物体完全转移到另一个物体，反过来也一样吗？

自主实验3.3
移动的镍币和静止的硬币之间的动量传递

让我们重复自主实验3.2，但这次用一枚镍币代替硬币A。将一枚镍币弹向一枚硬币。镍币碰到硬币后会发生什么？在这种情况下，硬币迅速朝着与碰撞前镍币相同的方向移动，但镍币也一直朝着相同的方向运动，尽管速度要慢得多。如果动量完全从镍币转移到硬币，反之亦然，那么镍币在碰撞后就不会移动。

自主实验3.3表明，在质量不相等的两个物体发生完全弹性碰撞中，每个物体的动量不会与另一物体完全交换。让我们试着在自主实验3.3中计算出碰撞后镍币和硬币的速度。我们从观察中知道，镍币的碰撞后速度不为零，因此，公式3.15和公式3.16不可用。公式3.13仍然有效，但如果我们想求解两个未知数，即镍币和硬币的碰撞后速度，一个方程是不够的，需要两个方程。在完全弹性碰撞中，不仅动量守恒，动能也守恒。我们将在下一章中了解更多关于动能的信息，但动能守恒为我们提供了额外的方程，我们需要确定镍币和硬币或任何两个物体在正面完全弹性碰撞中的碰撞后速度。描述正面完全弹性碰撞中碰撞后速度的方程是

$$v_1 = \frac{2m_2 u_2 + (m_1 - m_2) u_1}{m_1 + m_2} \quad (3.17)$$

以及

$$v_2 = \frac{2m_1 u_1 + (m_2 - m_1) u_2}{m_1 + m_2} \quad (3.18)$$

请注意，如果 m_1 等于 m_2，则公式3.17和公式3.18分别简化为公式3.15和公式3.16。

现在我们尝试在自主实验3.3中，确定硬币和镍币的碰撞后速度。用下标P表示硬币，用下标N表示镍币。然后使用公式3.17和公式3.18，镍币和硬币的碰撞后速度为

$$v_N = \frac{2m_P u_P + (m_N - m_P)u_N}{m_N + m_P}$$

以及

$$v_P = \frac{2m_N u_N + (m_P - m_N)u_P}{m_N + m_P}$$

1982年后铸造的新美国硬币的质量为2.5 g,新美国镍币的质量为5 g。镍币的质量(m_N)是硬币质量(m_P)的两倍,或者 $m_N = 2m_P$。

我们还知道硬币的预碰撞速度为零。用$2m_P$代替m_N,并在前面的方程中将u_P设置为零,得到

$$v_N = \frac{2m_P(0) + (2m_P - m_P)u_N}{2m_P + m_P} = \frac{m_P u_N}{3m_P} = \frac{1}{3}u_N$$

以及

$$v_P = \frac{2(2m_P)u_N + (m_P - m_N)(0)}{2m_P + m_P} = \frac{4m_P u_N}{3m_P} = \frac{4}{3}u_N$$

镍币的碰撞后速度(v_N)是镍币的碰撞前速度(u_N)的三分之一,硬币的碰撞后速率(v_P)是镍币碰撞前速度的三分之四。假设镍币在碰撞前的速度为2 m/s。碰撞后,镍币的速度将为2/3 m/s,硬币的速度为8/3 m/s。问题和解答如图3.2所示。

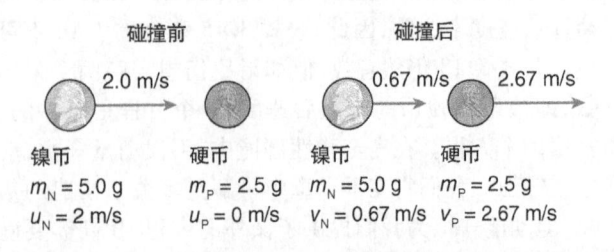

碰撞前

2.0 m/s

镍币
$m_N = 5.0$ g
$u_N = 2$ m/s

硬币
$m_P = 2.5$ g
$u_P = 0$ m/s

碰撞后

0.67 m/s   2.67 m/s

镍币
$m_N = 5.0$ g
$v_N = 0.67$ m/s

硬币
$m_P = 2.5$ g
$v_P = 2.67$ m/s

$$m_P u_P + m_N u_N = m_P v_P + m_N v_N$$

(2.5 g)×(0 m/s) + (5 g)×(2 m/s) = (2.5 g)×(2.67 m/s) + (5.0 g)×(0.67 m/s)

10 g·m/s = 10 g·m/s

图3.2 移动的镍币与静止的硬币的完全弹性碰撞

自主实验3.2和自主实验3.3中硬币的碰撞是运动物体和非运动物体二维完全弹性碰撞的例子。如果碰撞物体的质量相等,如自主实验3.2中所述,则公式3.15和公式3.16适用。如果碰撞物体具有不同的质量,如在自主实验3.3中,则公式3.17和公式3.18适用。如果两个物体在完全弹性碰撞中沿着同一条线移动,但碰撞时方向相反,会发生什么?这些公式还会适用吗?

如果在完全弹性碰撞中,两个物体都沿着同一条线但方向相反,我们必须记住动量是一个矢量,因此每个物体的动量与碰撞中另一个物体的动量相反。再次

尝试自主实验3.2,但这一次将两枚硬币弹向对方,使它们沿着同一条线迎头相撞。会发生什么?在它们碰撞后,它们立即相互反弹,并朝着与碰撞前速度相反的方向移动。如果碰撞前一硬币(称为硬币A)的移动速度比另一硬币(也称为硬币B)快,碰撞后硬币B将以该速度和方向移动,而碰撞后硬币A将以较慢的速度向相反方向移动。如果两枚硬币的碰撞是完全弹性碰撞,那么在碰撞后,每枚硬币的预碰撞动量都会传递给另一枚。由于碰撞是完全弹性的,硬币A的预碰撞动量等于硬币B的碰撞后动量,而硬币B的预碰撞动能等于硬币A的碰撞后动能。公式3.15和公式3.16适用,并且

$$u_A = u_B$$
$$v_B = v_A$$

在我们的硬币示例中,如果硬币A以2 m/s的速度向右移动,而硬币B以1 m/s的速度向左移动,则系统的总动量将为向右的2.5 g·m/s(该硬币的质量为2.5 g)。如果我们设置正方向为右,则

$$u_A = v_B = +2 \text{ m/s}$$
$$u_B = v_A = -1 \text{ m/s}$$

硬币A的碰撞后速度为1 m/s向左,硬币B的碰撞后速度2 m/s向右。这种碰撞情况的一般示意图如图3.3所示。

预碰撞   **碰撞后**

u_1 u_2 v_1 v_2

m_1 m_2 m_1 m_2

$$m_1 u_1 + m_2 u_2 = m_1 v_1 + m_2 v_2$$
$$m_1 u_1 = m_2 v_2$$
$$m_2 u_2 = m_1 v_1$$

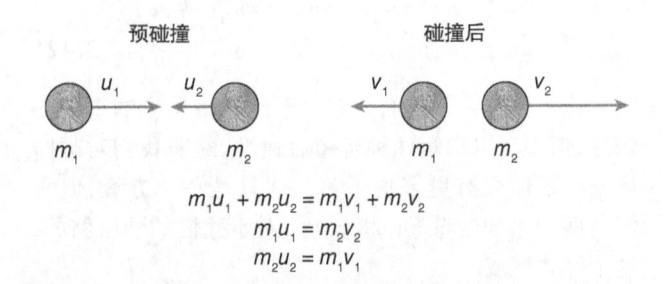

图3.3 两个相向运动硬币的正面完全弹性碰撞

再次尝试自主实验3.3,但这一次将硬币和镍币向对方轻弹,使它们沿着同一条线迎面撞击,会发生什么?碰撞后,它们立即相互反弹,并以与碰撞前速度向相反的方向移动。如果硬币和镍币的预碰撞速度相等但方向相反,那么硬币的碰撞后速度将快于其预碰撞速度,而镍币的碰撞后速度将慢于其预碰撞速度。让我们假设硬币以2 m/s的速度向右移动,镍币以2 m/s的速度向左移动。记住镍币的质量是1枚硬币的两倍,即5 g对2.5 g。如果我们将正方向设置为向右,那么镍币和硬币的碰撞后速度仍然由公式3.17和公式3.18描述。

$$v_N = \frac{2m_P u_P + (m_N - m_P)u_N}{m_N + m_P}$$

$$= \frac{2 \times (2.5\,g) \times (2\,m/s) + (5\,g - 2.5\,g) \times (-2\,m/s)}{5\,g + 2.5\,g}$$

$$v_N = \frac{10\,g \cdot m/s - 5\,g \cdot m/s}{7.5\,g}$$

$$v_N = +0.67\,m/s$$

和

$$v_P = \frac{2m_N u_N + (m_P - m_N)u_P}{m_N + m_P}$$

$$= \frac{2 \times (5\,g) \times (-2\,m/s) + (2.5\,g - 5\,g) \times (2\,m/s)}{5\,g + 2.5\,g}$$

$$v_P = \frac{-20\,g \cdot m/s - 5\,g \cdot m/s}{7.5\,g}$$

$$v_P = -3.33\,m/s$$

硬币的碰撞后速度向左为 3.33 m/s，镍币的碰撞后速度向右为 0.67 m/s。这个结果与我们的观察结果一致，即硬币以比碰撞前更快的速度从镍币上反弹，而镍币以比碰撞前更慢的速度从硬币上反弹。

我们已经描述了涉及两个物体的两种线性完全弹性碰撞。在第一种情况下，一个运动的物体与一个静止的物体相撞。在第二种情况下，两个方向相反的物体迎面相撞。还有第三种线性的、完全弹性的碰撞，在这种情况下，两个物体以相同的方向但不同的速度运动，较快的物体会追赶上移动较慢的物体并与其相撞。如果两个物体具有相同的质量，运动较快的物体的动量完全转移到运动较慢的物体，公式 3.15 和公式 3.16 适用。在碰撞之后，先前移动较快的物体立即减速到先前移动较慢的物体的速度，并且先前移动较慢的物体加速到先前移动较快的物体的速度。这种类型的碰撞和描述它的方程如图 3.4 所示。如果两个物体的质量不同，则公式 3.17 和公式 3.18 适用。

$$m_1 u_1 + m_2 u_2 = m_1 v_1 + m_2 v_2$$
$$m_1 u_1 = m_2 v_2$$
$$m_2 u_2 = m_1 v_1$$

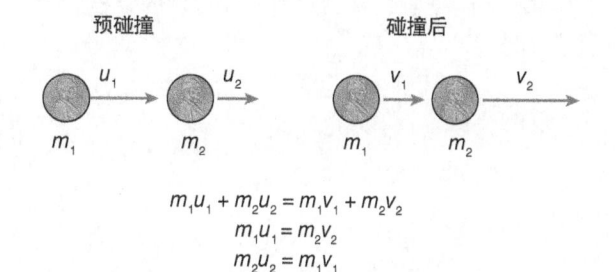

图 3.4 同向运动的两枚硬币的追击完全弹性碰撞

非弹性碰撞

到目前为止，我们研究的碰撞是完全弹性碰撞。不是所有的碰撞都是完全有弹性的，与完全弹性碰撞相反的是完全非弹性碰撞（也称为完全塑性碰撞）。在完全非弹性碰撞中，动量仍然守恒，但碰撞中的物体在碰撞后保持在一起，并以相同的速度一起运动，而不是相互反弹。这个碰撞后条件给了我们额外的信息，我们需要确定物体在非弹性碰撞中的碰撞后速度。下面的方程描述了两个物体在线性、完全非弹性碰撞中的运动。碰撞是弹性的还是非弹性的，我们从公式 3.12 看，它描述了两个物体碰撞的动量守恒。

$$L_i = \Sigma(mu) = m_1 u_1 + m_2 u_2 = m_1 v_1 + m_2 v_2 = \Sigma(mv) = L_f$$
$$m_1 u_1 + m_2 u_2 = m_1 v_1 + m_2 v_2$$

在完全非弹性碰撞中，

$$v_1 = v_2 = v = 最终速度$$

因此，

$$m_1 u_1 + m_2 u_2 = (m_1 + m_2)v \qquad (3.19)$$

例题 3.1

一个小的(25 g)高弹跳球叠放在一个大的(100 g)高弹跳球上面，两个球从大约 1 m 的高度一起落到地板上。大球先落地，向上反弹，与下落的小球相撞。在碰撞的瞬间，大球向上的速度为 4.4 m/s，小球向下的速度为 4.4 m/s。如果两个球之间的碰撞是完全弹性的，那么每个球在碰撞后立即移动的速度有多快？

解：

第 1 步：列出已知变量。

$$m_大 = 100\,g$$
$$m_小 = 25\,g$$
$$u_大 = 4.4\,m/s$$
$$u_小 = -4.4\,m/s$$

第 2 步：确定要求解的未知变量。

$$v_大 = ?$$

$$v_小 = ?$$

第3步：搜索包含已知和未知变量的方程。公式3.17和公式3.18适用。让我们用下标1代表大球，下标2代表小球。

$$v_1 = \frac{2m_2u_2 + (m_1 - m_2)u_1}{m_1 + m_2}$$

$$v_2 = \frac{2m_1u_1 + (m_2 - m_1)u_2}{m_1 + m_2}$$

$$v_大 = \frac{2m_小 u_小 + (m_大 - m_小)u_大}{m_大 + m_小}$$

$$v_小 = \frac{2m_大 u_大 + (m_小 - m_大)u_小}{m_大 + m_小}$$

第4步：现在代入已知值，求解每个球的碰撞后速度。

$$v_大 = \frac{2 \times (25 \text{ g}) \times (-4.4 \text{ m/s}) + (100 \text{ g} - 25 \text{ g}) \times (4.4 \text{ m/s})}{(100 \text{ g} + 25 \text{ g})}$$

$$v_大 = \frac{(-220 \text{ g} \cdot \text{m/s}) + (330 \text{ g} \cdot \text{m/s})}{(125 \text{ g})}$$

$$v_大 = 0.88 \text{ m/s}$$

$$v_小 = \frac{2 \times (100 \text{ g}) \times (4.4 \text{ m/s}) + (25 \text{ g} - 100 \text{ g}) \times (-4.4 \text{ m/s})}{(100 \text{ g} + 25 \text{ g})}$$

$$v_小 = \frac{(880 \text{ g} \cdot \text{m/s}) + (330 \text{ g} \cdot \text{m/s})}{(125 \text{ g})}$$

$$v_小 = 9.68 \text{ m/s}$$

第5步：常识性检查。

哇喔！大球的撞击后速度听起来很合理。由于碰撞，它应该移动得更慢，它向上移动的速度比碰撞前的速度慢得多。但是小球的9.68 m/s的撞击后速度似乎太快了；差不多是22 mile/h。它怎么会比以前移动得快这么多？让我们用原始的动量守恒方程（公式3.13）再做一次检查。我们将代入我们计算的碰撞后速度，看看方程的左边是否等于方程的右边。

$$m_A u_A + m_B u_B = m_A v_A + m_B v_B$$

$$m_大 u_大 + m_小 u_小 = m_大 v_大 + m_小 v_小$$

$$(100 \text{ g}) \times (4.4 \text{ m/s}) + (25 \text{ g}) \times (-4.4 \text{ m/s}) = (100 \text{ g}) \times (0.88 \text{ m/s}) + (25 \text{ g}) \times (9.68 \text{ m/s})$$

$$(440 \text{ g} \cdot \text{m/s}) + (-110 \text{ g} \cdot \text{m/s}) = (88 \text{ g} \cdot \text{m/s}) + (242 \text{ g} \cdot \text{m/s})$$

$$330 \text{ g} \cdot \text{m/s} = 330 \text{ g} \cdot \text{m/s}$$

现在它检查出来了。这是"致命超级球把戏"的一个例子。如果一个小球堆叠在一个大得多的球上，两个球一起落下，如果碰撞接近完全弹性，小球将以非常快的速度从大球上反弹回来。警告：这是一个示例问题，不是自主实验。没有眼睛保护和个人保护的情况下，不要在家里尝试。因为很难让小球正好完美地落在大球的顶部中心，偏离中心的撞击会让小球飞向意想不到的方向！

美式足球中发生的许多碰撞都是完全非弹性碰撞的例子，如进攻线位与防守线位相撞、线位铲球跑位、接球手与后卫相撞等。在大多数这种碰撞中，两个碰撞的参与者在碰撞后作为一个整体一起移动。这些碰撞后发生的事情极大地影响了每场比赛的结果，并最终影响比赛的结果。一个更快更敏捷的跑锋能比得上或者超过一个更慢更强壮的防守球员吗？美式足球重视动量：质量和速度同样重要。速度快、体型大的玩家最成功。让我们试用一个问题来说明完全非弹性碰撞的力学。

假设在球门线上，一个 80 kg 的后卫在半空中与一个 120 kg 的中后卫相撞。就在碰撞之前，后卫向球门线的速度为 6 m/s，而中后卫向相反方向的速度为 5 m/s。如果碰撞是完全无弹性碰撞，后卫会在碰撞后向前移动并触地得分，还是防守会占上风？

为了回答这个问题，我们从公式 3.19 开始：

$$m_1 u_1 + m_2 u_2 = (m_1 + m_2)v$$

让我们把正方向看作朝着目标线的方向。用已知值代替质量和碰撞前速度：

$$(80\ \text{kg}) \times (6\ \text{m/s}) + (120\ \text{kg}) \times (-5\ \text{m/s})$$
$$= (80\ \text{kg} + 120\ \text{kg})v$$

求解 v（两名运动员的最终速度）得到了：

$$480\ \text{kg} \cdot \text{m/s} - 600\ \text{kg} \cdot \text{m/s} = (200\ \text{kg})v$$
$$-120\ \text{kg} \cdot \text{m/s} = (200\ \text{kg})v$$
$$v = \frac{-120\ \text{kg} \cdot \text{m/s}}{200\ \text{kg}}$$
$$v = -0.6\ \text{m/s}$$

后卫不会得分，他和中后卫将以 0.6 m/s 的速度远离球门线。

体育运动中的大多数碰撞既不是完全弹性碰撞，也不是完全非弹性碰撞，而是介于两者之间。恢复系数是一种量化物体碰撞弹性的方法。

恢复系数

恢复系数（coefficient of restitution）定义为分离速度与接近速度之比。分离速度是两个碰撞物体在碰撞后的速度之差，它描述了它们远离彼此的速度。接近速度是两个碰撞物体在碰撞前的速度之差，它描述了它们相互靠近的速度。恢复系数通常用字母 e 表示。从数学上讲，

$$e = \frac{v_1 - v_2}{u_1 - u_2} = \frac{v_2 - v_1}{u_1 - u_2} \quad (3.20)$$

其中，e = 恢复系数；v_1、v_2 为物体 1 和物体 2 的撞击后速度；u_1、u_2 为物体 1 和物体 2 的碰撞前速度。

恢复系数没有单位。对于完全弹性碰撞，恢复系数为 1.0，这是它的最大值。对于完全非弹性碰撞，恢复系数为 0，这是它的最小值。从数学上讲：

$$0 \le e \le 1$$

恢复系数不仅受碰撞中两个物体性质的影响，还受碰撞物体的温度和碰撞物体的速度的影响。对于球类运动来说，如果球碰撞的物体是固定的和不可移动的，这是最容易测量的，那么只需要测量球的撞击前和撞击后速度。实际上，如果球从指定的高度落到固定的冲击面上，反弹的高度和下落的高度为计算恢复系数提供了足够的信息（图 3.5）。（你能从公式 3.20 和公式 2.18 推导出这个方程吗？）

$$e = \sqrt{\frac{\text{弹跳高度}}{\text{落地高度}}} \quad (3.21)$$

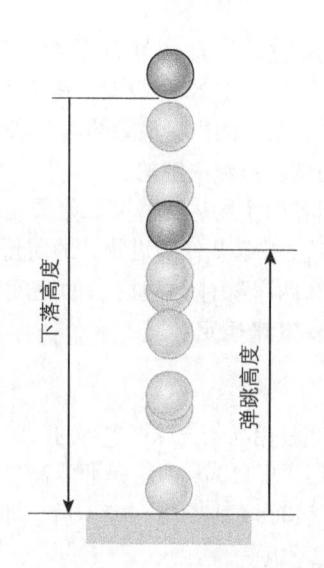

图 3.5　根据下落和弹跳高度确定恢复系数

在大多数球类运动中，恢复系数是一个关键的衡量标准，因为球的"弹性"，和击打的器具、表面的性质将极大地影响比赛的结果。如果球棒与棒球的恢复系数更高，就会有更多的本垒打被打出（更多的投手会被击球伤害）。如果高尔夫球杆和高尔夫球具有更高的恢复系数，300 yd 距离的击球可能会变得常见。为了保持运动的公正性，球类运动赛事规则直接或间接地规定了球和器具的恢复系数。

美国高尔夫球协会（USGA）规则禁止击球手使用恢复系数大于 0.830 的高尔夫球。美国大学体育协会规定，男子篮球的反弹高度必须为 49～54 in。例如，当篮球从 6 ft（约 1.83 m）的高度（从球的底部测量）落下时，反弹高度应为 1.24～1.37 m（从球的顶部测量）。国际足联职业用球 5 号足球要求，当球从 200 cm 的高度落到刚性金属板上时，必须反弹到 135～155 cm 的高度。壁球规则规定，球必须反弹到 68～72 in（1.73～1.83 m）的高度。如果从 100 in 的高度跌落（2.54 m），根据这条规则，壁球的恢复系数（公式 3.21）的允许值

范围是多少?

$$e = \sqrt{\frac{弹跳高度}{下落高度}}$$

低值:

$$e = \sqrt{\frac{68}{100}} = \sqrt{0.68} = 0.82$$

高值:

$$e = \sqrt{\frac{72}{100}} = \sqrt{0.72} = 0.85$$

根据壁球的规则,球的恢复系数必须在 0.82 ~ 0.85 之间。用木棒击球的棒球,其恢复系数约为 0.55。网球在球场上的恢复系数约为 0.73。球的反弹方式是由它的恢复系数决定的。

让我们回到两个物体的碰撞。如果碰撞是完全弹性碰撞 ($e = 1$),并且我们知道物体的质量和它们碰撞前的速度,那么两个物体的碰撞后的速度可以用公式 3.17 和公式 3.18 来确定。

$$v_1 = \frac{2m_2u_2 + (m_1 - m_2)u_1}{m_1 + m_2}$$

$$v_2 = \frac{2m_1u_1 + (m_2 - m_1)u_2}{m_1 + m_2}$$

如果碰撞是完全非弹性碰撞 ($e = 0$),则两个物体的碰撞后速度可以用公式 3.19 确定。

$$m_1u_1 + m_2u_2 = (m_2 + m_2)v$$

如果碰撞不是完全弹性的或非弹性的,是否可以确定两个碰撞物体的碰撞后速度?是的。我们有两个未知变量,两个物体碰撞后的速度,我们有两个涉及这些未知数的方程,动量守恒方程(公式 3.13)和定义恢复系数的方程(公式 3.20)。同时求解这两个方程,可以得到两个碰撞物体碰撞后的速度。

$$v_1 = \frac{m_1u_1 + m_2u_2 + em_2(u_2 - u_1)}{m_1 + m_2} \quad (3.22)$$

$$v_2 = \frac{m_1u_1 + m_2u_2 + em_1(u_1 - u_2)}{m_1 + m_2} \quad (3.23)$$

例题 3.2

高尔夫球是用高尔夫球杆击打的。球的质量是 46 g,球杆头的质量是 210 g。撞击前球杆头的速度为 50 m/s。这个速度,大约为 110 mile/h,是职业高尔夫协会巡回赛高尔夫球手击球的平均杆头速度。如果球杆头与球之间的恢复系数为 0.80,那么球在撞击后立即移动的速度有多快?

解:

第 1 步:列出已知变量。

$$m_{球} = 46 \text{ g} \qquad u_{球杆头} = 50 \text{ m/s}$$
$$m_{球杆头} = 210 \text{ g} \qquad e = 0.80$$
$$u_{球} = 0 \text{ m/s}$$

第 2 步:确定要求解的未知变量。

$$v_{球} = ?$$

第 3 步:搜索含有已知变量和未知变量的方程。看起来公式 3.22 是成立的。

$$v_1 = \frac{m_1u_1 + m_2u_2 + em_2(u_2 - u_1)}{m_1 + m_2}$$

$$v_{球} = \frac{m_{球} u_{球} + m_{球杆头} u_{球杆头} + 0.80 m_{球杆头}(u_{球杆头} - u_{球})}{m_{球} + m_{球杆头}}$$

第 4 步:代入已知值,求出球的撞击后速度。

$$v_{球} = \frac{(46 \text{ g}) \times (0) + (210 \text{ g}) \times (50 \text{ m/s}) + 0.80 \times (210 \text{ g}) \times (50 \text{ m/s} - 0)}{46 \text{ g} + 210 \text{ g}}$$

$$v_{球} = \frac{0 + (10\,500 \text{ g} \cdot \text{m/s} + 8\,400 \text{ g} \cdot \text{m/s})}{256 \text{ g}}$$

$$v_{球} = 74 \text{ m/s}$$

第5步：常识性检查。

这个速度大约是 163 mile/h。这似乎太快了，但检查职业高尔夫协会巡回赛球员的球速后，发现这比职业球员的平均速度还要低一些。

如果已知两个碰撞物体的质量、碰撞前速度、恢复系数，则可以使用公式 3.22 和公式 3.23 计算两个物体的碰撞后速度。

我们对牛顿第一定律的探索使我们了解了动量守恒原理和碰撞规律。在对碰撞的分析中，我们认为两个碰撞的物体是同一个系统的一部分，因此我们忽略了撞击力，因为它是内力。如果我们只孤立出一个参与碰撞的物体，那么这个冲击力就变成了外力，牛顿第一定律就不再适用了。当作用在物体上的外力导致净外力不等于零时，会发生什么？牛顿第二定律回答了这个问题。

牛顿第二定律：加速度定律

Mutationem motus proporalem esse vi motrici impressae, et fiery secundum lineam Rectam qua vis illa imprimitur.
(Newton 1927, p.13)

这是牛顿第二定律的拉丁文版本，最初是在他的《原理》第三版中提出。它通常被称为加速度定律。直接翻译过来，这个定律是这样说的，"运动的变化与施加的动力成正比，并沿着施加动力的直线发生"（Newton 1726/1999, p.416）。这条定律解释了当一个净外力作用在一个物体上时所发生的情况。更简单地说，牛顿第二定律说，如果一个物体受到净外力的作用，该物体将朝着外力的方向加速，它的加速度将与净外力成正比，与它的质量成反比。这在数学上可以表述为

$$\Sigma F = ma \quad (3.24)$$

其中，ΣF = 净外力；m = 物体质量；a = 物体的瞬时加速度。

这是一个矢量方程，因为力和加速度都是矢量。因此，牛顿第二定律适用于力和加速度的分量。公式 3.24 可以用三个维度[垂直、水平（前后）和水平（左右）]的方程来表示。

$$\Sigma F_x = ma_x \quad (3.25)$$
$$\Sigma F_y = ma_y \quad (3.26)$$
$$\Sigma F_z = ma_z \quad (3.27)$$

牛顿第二定律表达了一种因果关系。力导致了加速度，而加速度是力的作用效果。如果一个净外力作用在一个物体上，这个物体就会加速。如果物体加速，则必须有一个净外力作用才能引起加速度。牛顿第一定律其实只是牛顿第二定律的一个特例：当作用在物体上的合力为零时，它的加速度也为零。

> 任何时候一个物体启动、停止、加速、减速或改变方向，它都在加速，并且有一个净外力作用导致这个加速度。

牛顿第二定律解释了加速度是如何产生的。让我们看看是否可以应用它。在第二章中，我们考察了抛射体的运动。抛射物的垂直加速度受牛顿第二定律的支配。如果作用在抛射物上的唯一的力是向下的重力，那么抛射物的加速度也会向下，且与力成正比。由于重力是物体的重量(W)，利用公式 3.26，我们得到如下结果：

$$\Sigma F_y = ma_y$$
$$W = ma_y$$
$$W = mg$$

这对我们来说并不陌生，因为重量和重力加速度在第一章中作为公式 1.2 介绍过。让我们考虑牛顿第二定律的其他应用，包括接触力和重力。尝试自主实验 3.4。

自主实验 3.4

坐电梯时体重会变化吗？

试着在你的学校找一部电梯，或者在你镇上的高楼里找一部电梯。坐上去，上下几次。坐电梯上去会发生什么？电梯启动的时候是什么感觉？感觉重了还是轻了？当电梯在楼层之间时，你感觉重了还是轻了？电梯在上层停的时候呢？当电梯减速时，你是觉得自己变重了还是变轻了？当电梯开始上升时，你可能会感到更重，而当电梯减速停止时，你可能会感到更轻。在两层之间，你可能既不觉得重也不觉得轻。为什么会这样呢？在电梯加速和减速的过程中，你是不是胖了或瘦了？你的体重没有变化，但作用在你脚上的反作用力发生了变化。

现在，让我们用牛顿第二定律，在自主实验 3.4 中分析一下你在乘坐电梯的过程中会发生什么。首先，画一个受力图，确定当你站在电梯里时，有什么外力作用在你身上。图 3.6 显示了一个人站在电梯里的受力

图。重力向下拉着你,其力等于你的体重。还有其他的力作用在你身上吗?你脚下的反作用力呢?电梯地板对你的脚施加向上的反作用力。如果你除了电梯地板之外没有接触到任何东西,那么作用在你身上的力就是重力(你的体重)和来自地板的反作用力。这些都是垂直的力,所以如果我们想知道你的加速度是多少或者它的方向,那么我们可用公式 3.26 去计算:

$$\Sigma F_y = ma_y$$
$$\Sigma F_y = R + (-W) = ma_y$$

其中,ΣF_y = 垂直方向的合外力;m = 你的质量;a_y = 你的垂直加速度;W = 你的体重;R = 电梯施加在你脚上的反作用力。

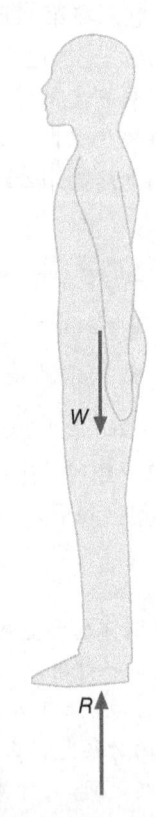

图 3.6 一个站在电梯里的人的受力图

如果反作用力 R 大于你的体重,你会感觉更重,合力会向上作用,从而产生向上的加速度。这正是当电梯向上加速时会发生的情况;它会加速你向上,你会感觉稍微重一点或重很多,这取决于加速度的大小。

如果反作用力 R 等于你的体重,你会感觉既不重也不轻,合力为零,不会产生加速度。如果你和电梯已经在向上移动,你会继续以恒定的速度向上移动。如果反作用力 R 小于你的体重,你会感觉更轻,合力向下作用,从而产生向下的加速度。这正是电梯减速时发生的情况,你向上减速(或向下加速),你会感觉更轻。让我们用自主实验 3.5 中的一些粗略测量来证实我们的分析。

自主实验 3.5

乘坐电梯时,体重秤能准确测量我们的体重吗?

你可以在乘坐电梯时带上体重秤,粗略地检查电梯地板作用在你脚上的反作用力 R 的值。如果可以的话,找一个带刻度盘的体重秤,而不是数字读数器。当你在电梯里的时候,站在秤上,刻度表示你施加在它上面的力,等于它施加在你身上的力——反作用力 R。当电梯启动你向上加速时,刻度读数会上升到你的体重以上。当电梯继续向上移动,你继续以恒定速度向上移动时,体重秤的读数会返回到你的体重。当电梯减速,你的加速度下降时,体重秤的读数会下降到你的体重以下。

现在让我们看看当你乘坐电梯向下而不是向上时会发生什么。用于分析上行电梯运行的受力图和方程,与下行电梯运行时相同。当电梯开始下降时,它向下加速,你感觉更轻松了;来自地板的反作用力(秤的读数)小于你的体重,所以合力是向下的,你向下加速。当电梯继续向下时,它停止向下加速,你能感觉到体重恢复正常;来自地板的反作用力(秤的读数)等于你的体重,所以合力为零,你以恒定的速度向下移动。当电梯减速到停在底层时,它会向下减速,你感觉更重了;来自地板的反作用力(体重秤读数)大于你的体重,所以合力是向上的,你向上加速(或向下运动减慢)。

电梯的例子似乎与运动中的人类运动没有太大的相关性,但要考虑你必须对一个 10 lb(4.5 kg)的哑铃施加什么力才能举起它。作用在哑铃上的外力,是向下作用的重力和向上作用的手的反作用力。因此,合力就是这两种力之间的差,就像在电梯上一样。当你举重时,什么时候感觉最费力,什么时候感觉更轻松?要开始举重,你必须向上加速,所以作用在哑铃上的合力必须向上。你施加在哑铃上的力必须大于 10 lb。这与电梯示例中的情况相同。一旦你向上加速哑铃,继续向上移动只需要你的合力作用在哑铃上,哑铃就会以恒定的速度移动;你在哑铃上施加的力必须刚好等于 10 lb。当你完成举重时,你需要减缓哑铃的向上运动,所以作用在哑铃上的合力是向下的;你施加在哑铃上的力必须小于 10 lb。当哑铃举过头顶时,它不再移动,所以作用在哑铃上的合力为零;你在哑铃上施加的力必须等于 10 lb。

现在,让我们考虑一下水平加速需要多少力。下次你去健身房的时候,试试这个。将一个 20 kg(44 lb)的标准杠铃放在地板上,上面没有任何重量板。现在尝试用两个手指举起杠铃(在杠铃中心处握住杠铃)。你能做到吗?让杠铃水平加速需要多少水平力?要使杠铃水平加速,你只需要施加很小的力,用一个手指很容易做到。让我们看看公式 3.25 来解释为什么会这样。

$$\Sigma F_x = ma_x$$

在水平方向上，作用在杠铃上的唯一其他水平力是当杠铃片在地板上滚动时，地板施加在杠铃片上的一个小的水平摩擦力，所以

$$\Sigma F_x = P_x + (-F_f) = ma_x$$

$$P_x - F_f = ma_x$$

其中，P_x = 手指的推力；F_f = 地板的摩擦力。

要使杠铃水平加速并开始移动，手指的推力只需略大于地板施加在杠铃上的非常小的摩擦力。在这种情况下，你施加的力可能远小于杠铃 196 N(44 lb) 的重量，杠铃会加速。

现在试着用两根手指举起杠铃（把杠铃握在杠铃的中心）。你能做到吗？如果没有，用一只手完全抓住横杆，使杠铃向上加速需要多大的力？只用两根手指或一只手的力量使杠铃加速向上，要困难很多。为什么使物体向上加速所需的力，要比使物体侧向加速所需要的力大得多？再来看公式 3.26。

$$\Sigma F_y = ma_y$$

在垂直方向上，施加在杠铃上的垂直力是重力和来自手指（或手）的力。

$$\Sigma F_y = P_y + (-W) = ma_y$$

$$P_y - W = ma_y$$

其中，P_y = 来自手指（或手）的向上拉力；W = 重量。

要使杠铃向上加速，必须施加大于杠铃重量的向上力，在这种情况下，大于 196 N(44 lb)。通常情况下，使物体水平加速所需的力量（因此也付出更少的努力）比使物体向上加速所需的力量要小得多。图 3.7 说明了这一点。

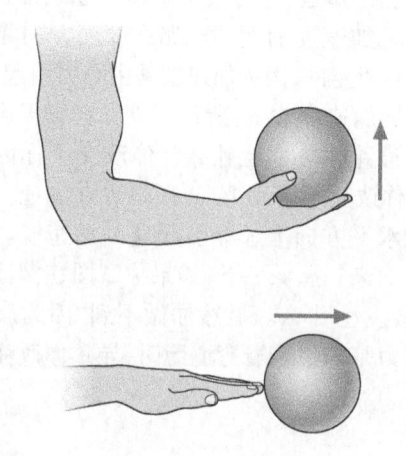

图 3.7 水平加速比垂直向上加速要容易得多

【概念应用】

改变运动方向

牛顿第二定律适用于我们想要使物体加速、减速或改变物体运动方向的任何时候。在体育运动和人体运动中，物体可能是你的身体、对手的身体或器具。如果我们想让一个物体加速，我们会施加与它运动方向相同的力。如果我们想让一个物体减速，我们会施加与它运动方向相反的力。如果我们想改变物体的运动方向，我们应该向哪个方向施加力？

考虑这种情况：如果一个球向前（或向北）移动，并且你用指向球的右边（或东边）的力击球（图 3.8），那么击球后球会朝哪个方向移动？

正确的答案是(b)：在你对球施加力后，球将向东北方向移动。它的速度将在北方向和东方向之间。你一开始可能回答了(d)，认为向东的力会产生向东的速度。我们的想法是正确的；力确实会产生一个向东的速度，但球仍然会有一个向北的速度。没有向南作用的力或分力来对抗和减缓向北的速度。向东的力不会与向北的速度相反，因此速度的向北分量不会改变。因此，合速度将是原始北向速度加上东方向上的力产生的东向速度的矢量和。合速度的确切方向取决于力的大小、球的质量和初始速度的大小，但该合速度将指向北方向和东方向之间的某个地方。如果力直接向东，并且足够大以使球加速，使其向东速度与球向北的初始速度一样快，则合成速度将直接指向东北（罗盘刻度盘上为 45°）。

那么，如果你想让球在施加力后具有指向正东方的合速度，力必须朝哪个方向施加？请分别考虑力和速度在南北和东西方向上的分量。如果施加力后合速度直接指向东方，则意味着施加力后的南北速度分量为零。合力必须有一个南向分量，使初始的北向速度

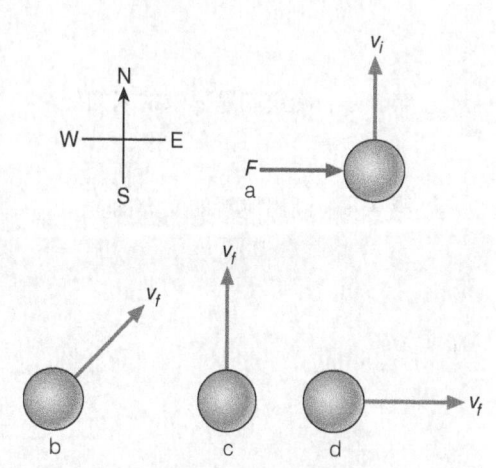

图 3.8 一个球以初速度（v_i）向北移动（a），并受到指向东方的力（f）的撞击。力（f）作用后球将向哪个方向移动：东北(b)，北(c)，还是东(d)？

变为最终为零的北向速度。

如果施加力后合速度直接指向东方,则合力必须具有一个东向分量,使初始为零的东向速度变为最终为某个大小的东向速度。两个力分量是朝南和朝东的,因此合力必须朝东南方向。如果球最终的东向速度与球初始的北向速度相同,则该力的方向将正好朝向东南方向(罗盘刻度盘上为225°)。

这种推理不仅适用于球和冰球等运动器具,也适用于运动员。考虑一下美式足球中的拦网,或者防守球员试图将持球者推出界外。在这些情况下,拦网手或防守球员施加的力的方向会影响对方球员运动方向的变化。要更改对象的方向,用于更改方向的力必须包括沿原始方向线的一个分量和沿所需最终方向线的另一个分量。

我们现在知道,合力会使物体减速或加速。减速和加速都是加速度的例子。那么改变方向需要合力吗?答案是肯定的,因为加速度是由合力引起的,而方向的改变是加速度改变,所以改变方向需要合力。当你绕着弯道跑时会发生什么?你改变了你的运动方向。因为你改变了运动方向,所以你在加速。合力必须作用在水平方向上才能引起这个加速度。外部水平力从何而来?想象一下,如果你试图在溜冰场绕着弯道跑,会发生什么。显然你做不到,因为摩擦力不够。摩擦力是当你绕着弯道跑时,导致你改变方向的外部水平力。

冲量与动量

数学上,牛顿第二定律由公式 3.24 表示:

$$\Sigma F = ma$$

这种相等表示的是只在某一瞬间发生的事情。由合力引起的加速度是一个瞬时加速度。这是物体或物体在合力作用的瞬间所经历的加速度。如果合力发生变化,该瞬时加速度将发生变化。除了重力之外,大多数对合力有贡献的外力都会随着时间的推移而变化——它们不是恒定的。受这些力作用的物体的加速度也会随时间变化。

例题 3.3

一个 52 kg 的跑者,他的脚着地时以 5 m/s 的速度向前奔跑。此时脚下作用的地面反作用力的垂直分量为 1 800 N,脚下作用的摩擦力为 300 N 的制动力。这些是除重力之外作用于跑者的外力。跑者的垂直加速度是多少?

解:

第 1 步:列出已知变量和容易推导的变量。

$$m = 52 \text{ kg}$$

$$R_x = 300 \text{ N}$$

$$R_y = 1\ 800 \text{ N}$$

$$W = mg = 52 \text{ kg} \times 9.81 \text{ m/s}^2 = 510 \text{ N}$$

第 2 步:确定问题要求的未知变量。

$$a_y = ?$$

第 3 步:画出跑者的受力图。

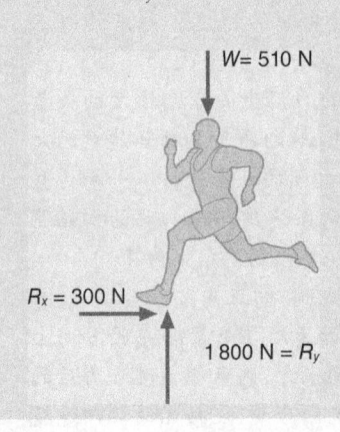

第 4 步：搜索包含已知和未知变量的公式。牛顿第二定律在这里起作用。

$$\Sigma F_y = ma_y$$

$$\Sigma F_y = (R_y - W) = ma_y$$

第 5 步：代入数值并求解未知变量。

$$1\ 800\ \text{N} - 510\ \text{N} = (52\ \text{kg})a_y$$

$$a_y = (1\ 290\ \text{N})/(52\ \text{kg}) = 24.8\ \text{m/s}^2 \quad \text{向上}$$

第 6 步：常识性检查。

答案是 24.8 m/s²，大约是重力加速度的 2.5 倍(2.5g)或跑者体重的 2.5 倍。这对于跑步步幅的冲击阶段来说是正确的。该数字是正数，因此表示向上加速。当脚着地时，跑者向下的速度会减慢。

在体育和人体运动中，我们通常更关心外力在一段时间内作用在运动员或物体上的最终结果，而不是运动员或物体在施力过程中某个瞬间的瞬时加速度。我们想知道投手在投球动作中对球施加力后，球的速度有多快。

牛顿第二定律可以用来确定这一点。我们换种方式来看公式 3.24，可以认为平均加速度是由平均合力引起的：

$$\Sigma \bar{F} = m\bar{a} \quad (3.28)$$

其中，$\Sigma \bar{F}$ = 平均合力；$\bar{a}$ = 平均加速度。

因为平均加速度是速度随时间的变化(公式 2.9)。

$$\bar{a} = \frac{v_f - v_i}{\Delta t}$$

$$\bar{a} = \frac{\Delta v}{\Delta t}$$

则公式 3.28 可以改写成：

$$\Sigma \bar{F} = m\left(\frac{\Delta v}{\Delta t}\right) \quad (3.29)$$

两边乘以 Δt，这就变成了：

$$\Sigma \bar{F} \Delta t = m\Delta v \quad (3.30)$$

$$\Sigma \bar{F} \Delta t = m(v_f - v_i) \quad (3.31)$$

这就是冲量-动量关系。**冲量**(impulse)是力与力作用时间的乘积。如果力不是恒定的，则冲量是平均力乘以平均力的持续时间。由在一段时间内作用的合力产生的冲量导致合力作用于其上的物体的动量发生变化。要改变物体的动量，它的质量或速度必须改变。在体育和人体运动中，我们使用的物体具有恒定的质量。因此，动量的变化意味着速度的变化。

牛顿第二定律，所说的运动实际上是指动量。物体动量的变化率与施加的力成正比。

公式 3.31 在数学上描述的冲量-动量关系实际上只是解释牛顿第二定律的另一种方式。这种解释可能对我们研究人体运动更有用。在一段时间内作用的平均合力将导致物体动量的变化。我们可以将动量的变化解释为速度的变化，因为大多数物体的质量都是恒定的。如果我们想改变一个物体的速度，我们可以通过使一个更大的平均合力作用在物体上，或者通过增加合力作用的时间，或者两者结合起来产生更大的速度变化。

◗ 平均净力作用于物体一段时间，会导致其动量的变化。

用冲量来增加动量

许多运动技能的任务是使某物的速度发生巨大变化。在投掷项目中，球(或铅球、铁饼、标枪或飞盘)在投掷开始时没有速度，任务是在投掷结束时为其提供快速速度。类似地，在击球项目中，球拍(或球棒、拳头、球杆或球棒)在挥杆(或击球或拳击)开始时没有速度，任务是在击球前为工具提供快速速度。我们的身体可能是我们希望在跳跃项目和其他活动中增加动量的对象。在所有这些活动中，所使用的技术可以部分地由冲量-动量关系来解释。一个大的平均合力作用很长的时间，会使速度发生很大的变化。人类能够产生的力是有限的，因此许多运动技术都涉及增加力的持续时间。尝试自主实验 3.6，看看力的持续时间如何影响运动表现。

自主实验 3.6

投掷球时四肢和关节动作如何影响冲量和动量？

用你的投掷手拿一个球，看看你可以只用手腕动作把它扔多远(或多快)。只移动你的手，并保持你的前臂、上臂和身体的其他部分不动。这不是一个非常有效的技术，是吗？现在再次尝试扔球，只是这次要用到你的肘部和手腕。只移动你的手和前臂，并保持你的上臂和身体的其他部分不动。这种技术更好,但仍然不是很有效。用手腕、肘部和肩膀尝试第 3 次。只移动你的手、前臂和上臂,并保持身体其余部分不动。这种技术是比上一种有所改进,但你仍然可以做得更好。像往常一样不受限制地尝试第 4 次投掷。这一掷可能是最快的。那么在哪种投掷中,你能够对球施加力量的时间最长?哪种时间最短?

在自主实验 3.6 中,当你使用正常的投掷技术时,你对球施加了最大的冲击力。结果,球的动量大大增加,球以最快的速度离开你的手。较大的冲力是在较长时间内对球施加较大平均力的结果。当你只用手腕时,你对球施加的冲力最小。球的动量变化不大,球以最慢的速度离开你的手。小冲量是在相对较短的时间内在球上施加相对较小的平均力的结果。正常的投掷技术在投掷动作中涉及更多的肢体,并且你能够增加对球施加力的时间(并且你可能能够施加更大的平均力)。最终结果是投得更快。施加力的时间越长,球有更多的时间加速,因此它的释放速度更快。

关于冲量-动量关系(公式 3.31)需要记住的一件重要事情。

$$\Sigma \bar{F} \Delta t = m(v_f - v_i)$$

平均合力 $\Sigma \bar{F}$ 在冲量项中是一个矢量,速度 v_f 和 v_i 在动量项中也是一个矢量。冲量会引起动量的变化,从而导致速度沿力的方向发生变化。如果你想改变物体在特定方向上的速度,你施加的力或该力的某些分量必须在该特定方向上。

力或时间,哪个对冲量的限制更大?尝试自主实验 3.7 来帮助回答这个问题。

自主实验 3.7

被抛物体的质量如何影响冲量和动量?

看看与非常重的物体[如 16 lb(7.3 kg)铅球]相比,你可以将非常轻的物体(如乒乓球)扔多远(或多快)。是什么限制了你投掷较轻物体的表现?限制因素是力量(你必须特别强壮才能快速扔出乒乓球吗?)还是技术(用力的持续时间)?是什么限制了你用投掷重物的表现——力量(力)或技术(力的持续时间)?

在自主实验 3.7 中,抛出很轻的物体的限制因素是你的技术,而不是你的力量。更具体地说,你可以对球施加力的持续时间受到限制:它非常短。球的速度如此之快,以至于你的手在仍然施加力的同时难以跟上它。在这种情况下,力和质量的组合限制了你可以对物体施加力的时间。

相反,在这个实验中,投掷非常重的物体的限制因素是你的力量,而不是你的技术。当你试图投掷(或放置)16 lb 的球时,限制因素不是力的持续时间,而是力本身的大小。你施加的力肯定比扔乒乓球时大,但是用力的大小受你的力量限制。如果你更强壮,你扔球的力就会更大,球就会飞得更远更快。

在自主实验 3.7 中,扔乒乓球时重要的不是平均合力 $\Sigma \bar{F}$,而是它的应用时间 Δt。在铅球中,用力时间长,但用力有限。在这两种情况下,最大化两个量 $\Sigma \bar{F}$ 和 Δt 将导致最快的投掷速度。但是在投掷较轻的物体时,技术(力的持续时间)对于成功更为重要;而在投掷重物时,施加的力更重要。与棒球投手和标枪投手相比,铅球运动员更高大、更强壮。他们的训练和选拔是基于他们产生强大力量的能力(冲量中的 $\Sigma \bar{F}$)。棒球投手和标枪投手很强壮,但不如铅球强壮或高大。他们之所以成功,是因为他们的技术强调了施力的持续时间(冲动中的 Δt)。但是这种力施加的持续时间仍然受到较小工具的快速加速的限制。

现在让我们尝试一项活动,其中冲量的力元素受到约束,因此我们不得不在冲量-动量公式中强调力的持续时间(Δt)。尝试自主实验 3.8。

自主实验 3.8

使用冲量和动量的概念来扔水气球

用水填充几个气球,使每个气球的大小与垒球差不多。将这些水气球带到外面的空地或空停车场。现在,看看你能把它扔多远而不会在你手里破裂。如果你对水气球施加太大的力,它就会破裂。要将水气球扔得更远,你必须在抛掷过程中最大限度地延长施力时间,同时限制对气球施加的力的大小,以免水气球破裂。不要将你的技术限制在你认为正常的投掷方式。请记住,最好的技巧是让水气球尽可能长时间地加速,同时对水气球施加最大(但不会破坏水气球)的力。

我们来总结一下目前所学的关于冲量和动量的知识。关系式用数学公式 3.31 描述:

$$\Sigma \bar{F} \Delta t = m(v_f - v_i)$$

冲量 = 动量的变化量

其中,$\Sigma \bar{F}$ = 作用在物体上的平均合力;Δt = 该力作用的时间间隔;m = 被加速的物体的质量;v_f = 物体在时间间隔结束时的最终速度;v_i = 物体在时间间隔开始时的初速度。

在许多运动中,其目的是让一个物体获得更快的速度。物体的初始速度为零,最终速度较快,而我们想增加它的动量,必须通过尽可能长时间地对物体施加尽可能大的力(通过施加一个大的冲量)来实现。例如,投掷或跳跃等体育技术动作,很大程度上是基于增加力和施加力的时间,以产生一个大的冲量。

> 投掷或跳跃等体育技术动作,很大程度上是基于增加力和施加力的时间,以产生一个大的冲量。

利用冲量来减少动量

在某些特定活动中,一个物体初始速度较快,我们想把这个速度降低到一个非常慢的或零的最终速度,我们想要减少它的动量,你能想到这种情况吗?从高处起跳着陆?接球?被人打了一拳?冲量-动量关系是否适用于这些情况的分析?是的。让我们尝试一下自主实验3.9(最好在暖和的日子里尝试)。

自主实验3.9

利用冲量和动量的概念,在不破坏水气球的情况下抓住水气球

再装几个水气球,带到外面去,和朋友一起用水气球玩接球游戏,看看你们俩能相距多远还能完好地抓住水气球。如果你找不到愿意参加的人,那就自己去抓吧。把水气球抛到空中,接住它而不捏爆它,试着把它抛得越来越高。

在自主实验3.9中,当你试图抓住一个水气球时,你的动作技术是什么样的?为了抓住水气球而不打破它,你的手臂必须和水气球一起"行动"。你开始伸展双臂,然后在你开始抓住水气球时,沿着水气球的运动方向移动手臂。

这个动作增加了冲量-动量方程(公式3.31)中的冲击时间 Δt。冲击时间的增加降低了使水气球停止所需的平均合力 $\Sigma \bar{F}$。这个较小的平均合力不太可能打破水气球。

为什么当你和你的朋友离得越远,或者你把水气球扔得越高时,水气球变得越来越难抓住?当你走得更远或把水气球扔得更高时,你对水气球施加的冲量必须更大,以产生更大的动量变化来阻止它。在不允许冲击力超过水气球破裂点的情况下,产生一个足够大的冲量来阻止水气球变得更加困难。如果你把跳跃者看作水气球,那么捕捉水气球的技术类似于跳伞着陆。试试自主实验3.10。

自主实验3.10

利用冲量和动量的概念,在离开椅子后安全着陆

站在椅子上,然后从椅子跳到地面上。你是如何减小冲击力的?你有弯曲膝盖、脚踝和臀部吗?这些动作增加了撞击时间,也就是减速所需的时间。这增加了冲量-动量方程(公式3.31)中的 Δt,从而降低了平均冲击力 $\Sigma \bar{F}$。因为动量的变化,无论你有没有弯曲你的腿,$m(v_f - v_i)$ 将是相同的。

如果你的腿僵硬地着陆会发生什么?(不要尝试它!)冲击时间会小得多,平均冲击力则大得多,因为动量的变化仍然是相同的。这种冲击力可能足以伤害你。

让我们再次看看冲量-动量方程(公式3.31),看看为什么会这样:

$$\Sigma \bar{F} \Delta t = m(v_f - v_i)$$

这个等式的右边,无论你离开椅子是伸直腿或弯曲腿都是一样的。你的质量 m 不会改变。你的最终速度 v_f 对于这两种情况都是相同的。这是你在着陆结束时的速度,这将是零。

例题3.4

一个拳击手正在打一个沉重的沙袋。手套与沙袋的碰撞时间为0.014 s。手套和他的手的有效质量是2.9 kg。手套在撞击前的速度为9.1 m/s。施加在手套上的平均冲击力是多少?

解:
第1步:确定已知变量和可以假设的变量。

$$\Delta t = 0.014 \text{ s}$$

$$m = 2.9 \text{ kg}$$

$$v_f = 9.1 \text{ m/s}$$

假设拳击动作在手套与沙袋撞击结束时停止,力在水平面上,并且没有其他显著的水平力作用在手套和手上。

$$v_f = 0 \text{ m/s}$$

第 2 步：识别问题所要求的未知变量。

$$\Sigma \bar{F} = ?$$

第 3 步：搜索其中包含已知变量和未知变量的合适方程(公式 3.31)。

$$\Sigma \bar{F} \Delta t = m(v_f - v_i)$$

在这种情况下，平均合力是由沙袋施加在手套上的力。

$$\Sigma \bar{F} = F$$

第 4 步：将已知的量代入方程，并求解未知的力。

$$\bar{F} \Delta t = m(v_f - v_i)$$

$$\bar{F}(0.014 \text{ s}) = 2.9 \text{ kg} \times (0 - 9.1 \text{ m/s})$$

$$\bar{F} = -1\,885 \text{ N}$$

负号表示从沙袋到手套的力与手套的初始速度方向相反。

第 5 步：常识性检查。

研究拳击的力学报告(Waliko, Viano and Bir 2005)中冲击力峰值是 1 990~4 741 N，平均峰值冲击力为 3 427 N。我们计算的平均冲击力只有 1 885 N，但这是整个冲击时间内的平均力，而不是冲击力峰值。冲击力峰值可以通过将平均冲击力乘以 2 来估算。因此，上述问题估计的冲击力峰值是 3 770 N，或 885 lb。这是在研究报告中冲击力峰值范围内的。

【概念应用】

在捕获动作中使用冲量-动量原理

接球技术是非常复杂的。孩子在学习接球时要经历许多发展阶段。其中一个阶段是学习用手接球，当球逐渐减速时，手向身体移动——随着球的运动而运动。这个动作增加了球停下来的时间。在接球过程中，球或物体的动量变化是固定的：它从某个初始值变为零，因为球或物体的最终速度为零。在冲量-动量方程中，方程的右边是一个固定值，它只取决于被捕获物体的质量和初始速度。因此方程的左边也是一个固定值。

$$\bar{F} \Delta t = m(v_f - v_i)$$

如果捕获的持续时间增加了某种因素，作用在物体上的平均净力必须减少同样的因素。例如，如果施力的持续时间翻倍，则平均净力减半。当一个孩子在接球或其他抛来的物体时学会用手"随之运动"，作用在孩子手上的冲击力就会减小。

在接球的早期发展阶段，孩子不会"顺应"球，这可能导致更大的平均冲击力，除非采取预防措施。检查冲量-动量方程的右侧可以为我们在教孩子接球时减少这些冲击力提供线索。方程右边的两个变量是质量和初速度(最终速度为零)。以较慢的速度投掷质量较小的球或物体，会对接球手产生较小的平均冲击力。我们还能采取什么行动吗？我们还能做些什么来降低儿童接球手的平均冲击力吗？

冲量-动量方程的左边给出了线索。在前面，我们看到在接球过程中增加冲击的时间(施加力的持续时间)会降低平均冲击力。在接球的同时"随之运动"做到了这一点。但是我们的儿童接球手还没有学会这个技能。在接球过程中，被抛出的物体会"让步"吗？一个更软、更湿、低弹跳或无弹跳的球或物体在撞击过程中通过形变"给予"，这增加了撞击时间并降低了平均冲击力。橡胶毛毛球、类似的橡胶圈或硅绳球，是很好的会在捕获过程中形变的例子，再如坐垫、泡沫球、沙袋、鞋垫这类松软的物体。

飞盘和其他硬塑料飞盘比球更难捕捉。即使是熟练的捕手也经常错过接飞盘。在一次接飞盘失误后，手指经常会受伤。更柔软、更轻的飞盘，通常由织物和塑料组合制成，哪怕没接好但依然很容易抓住它，手指疼痛感也更小。同样的道理，更松软的球在撞击时发生形变，增加了捕获期间的冲击时间，根据冲量-动量方程，这降低了平均冲击力。图 3.9 显示了软球和飞盘的例子。

图3.9 被抓住时,通过"给力"来增加冲击时间并减少的冲击力的投掷物体例子。顶排,从左到右:乙烯基覆盖的泡沫球、泡沫球。底排,从左到右:库什球、软质飞环、豆袋球、软质飞盘

如果你从同样的高度跳下椅子,在两种情况下初始速度 v_i 也是一样的。这是你的脚第一次接触地面时的速度。两种情况下,速度变化量 $(v_f - v_i)$ 是一样的。动量的变化 $m(v_f - v_i)$,即公式3.31的右边,无论你是腿僵硬着地还是腿弯曲着地,都是一样的。但是不同条件下的平均冲击力有什么不同呢?

两种着陆动作的动量变化是相同的,这意味着冲量 $\bar{F}\Delta t$,公式3.31的左侧,对于两种动作也必须相同。这并不意味着两种情况下的平均冲击力 $\Sigma\bar{F}$ 必须相同,也不意味着冲击时间 Δt 必须相同:这只意味着两者的乘积 $\Sigma\bar{F}\Delta t$,对于两种着陆动作必须是相同的。如果冲击时间 Δt 短,则平均冲击力 $\Sigma\bar{F}$ 一定很大。如果冲击时间 Δt 较长,则平均冲击力 $\Sigma\bar{F}$ 一定较小。只要两次着陆的动量变化 $m(v_f - v_i)$ 相同,则冲击时间 Δt 的变化与平均冲击力 $\Sigma\bar{F}$ 的变化成反比。将冲击时间翻倍会使平均冲击力减半,3倍的冲击时间将使原始平均冲击力减少至其三分之一。

在一些运动和活动中,运动员或参与者可能无法用双脚着地并弯曲双腿来减少平均冲击力。跳高运动员和撑杆跳高运动员如何着地呢?他们仰面着地——不是在坚硬的地面上,而是在柔软的着陆垫上。如果他们仰面降落在坚硬的地面上,冲击时间会很短,而巨大的冲击力肯定会对他们造成伤害。着陆垫是如何避免他们受伤的?着陆垫是由柔软的材料制成,可以在更长的时间内减缓跳高运动员的速度。较长的冲击时间意味着平均冲击力按比例减小。撑杆跳高着陆垫比跳高着陆垫厚,因为撑杆跳高运动员从更高的高度坠落,在冲击时速度更快,因此必须大大增加冲击时间,以将其平均冲击力降低到安全水平。

体操运动员通常不会仰面着地,但如果膝盖、脚踝和臀部发生更少的弯曲,他们从下马或自由体操的动作中着地,能得到更高的分数。如果着地发生在硬地板上,那么体操运动中会发生更多的受伤。但体操运动员不会在坚硬的地板上着地,他们的下马动作是在软垫上进行的。同样,他们在自由体操特技表演后的落地是在架高的、有软垫和弹簧的体操地板上的。体操地板和体操器械周围的垫子增加了落地时的冲击时间,从而降低了平均冲击力。需要注意的是,尽管体操运动员可能会从与跳高运动和撑杆跳高运动类似的高度跳下并摔倒,但是此处冲击时间的增加与跳高运动员和撑杆跳高运动员的增加幅度不一样。因此,与跳高运动员相比,体操运动员更容易因硬地着陆而受伤。

现在提及通过增加冲击时间来缓冲冲击的设备，可能会想到足球和曲棍球运动员所穿的衬垫和装备、拳击手套、棒球手套、跑鞋中底材料、摔跤垫等。这些装备和材料可以增加冲击时间以减少冲击力，进而保护运动员。

冲动-动量关系为许多运动和人类运动中的技术提供依据。在投掷项目中，运动员延长施力的时间，以增加被投掷物体的动量变化，从而使被投掷物体具有更快的释放速度。同样的原理也适用于跳跃活动，但"投掷"的物体是运动员。在接球、落地和其他冲击情况下，目标可能是减少冲击力。可以通过延长施加冲击力的持续时间（增加冲击时间），来减少平均冲击力。现在让我们继续讨论牛顿第三定律，它提供了更多关于什么是力的见解。

牛顿第三定律：作用力和反作用力定律

Actioni contrariam semper et aequalem esse reactionem: sive corporum duorum actiones in se mutuo semper esse aequales et in partes contrarias dirigi.（Newton 1726, p. 14）

这是牛顿在其《原理》第三版中提出的拉丁语版的第三运动定律。它通常被称为作用力和反作用力定律。这条定律直接翻译过来就是，"对于任何作用力，总是有相反和相等的反作用力。换句话说，两个物体彼此施加的相互作用力总是大小相等、方向相反"（Newton 1726/1999, p. 417）。你可能听说过这个定律，即"对每一个作用力总存在一个相等的而且方向相反的反作用力"。牛顿用"作用力"和"反作用力"来表示力。反作用力是指一个物体对另一个物体施加的力。这个定律解释了改变运动所需的外力的起源。更加简单地说，牛顿第三定律解释道，如果一个物体（A）对另一个物体（B）施加力，那么（B）对（A）施加相同的力，但方向相反。因此，力是成对镜像存在的。这些力的作用不会相互抵消，因为它们作用在不同的物体上。另一个重要的观点是，力相等且方向相反，而不是力的作用：你不能在不被触摸的情况下触摸某物。让我们尝试自主实验3.11来更好地理解这一定律。

> 如果一个物体对另一个物体施加力，那么另一物体对第一个物体施加相同的力，但方向相反。

自主实验3.11
当你推墙的时候，墙会被你推后退吗？

当你走到墙边用力推，会发生什么？墙也在推你。墙对你施加的力与你对墙施加的力完全相等，但它向相反的方向推动。当你的手推着墙时，你有什么感觉？通过手感受到的力是什么方向？你感受到的力实际上是墙对你的推动力，而不是你对墙的推动力。当你推或拉某物时，你感觉到的不是你推或拉动的力，而是正在推或拉你的相等并相反的反作用力。

当你在自主实验3.11中推墙时，为什么你没有因为墙对你施加的力而加速？起初，你可能会说，墙对你施加的力被你对墙施加的力抵消了，所以净力为零，没有发生加速。这是一个正确的解释吗？不是。因为你对墙施加的力不会作用在你身上，所以它无法抵消墙对你施加的力。当你推着墙时，还有什么力作用在你身上？重力以与你的体重相等的向下力拉你，地板向上推着你的鞋底或你的脚，并且来自地板的摩擦力也作用在你的脚上。这个摩擦力与墙对你的推力相反，阻止你因为墙壁推力而加速。

引起加速的力呢？它们也是成对的吗？让我们尝试自主实验3.12。

自主实验3.12
当你投球时，球会向后推吗？

手里拿着一个球。当你在水平方向上推它时（就像你扔它时一样）会发生什么？球以与你施加的力完全相等的力向相反的方向向后推。然而，在这种情况下，球会因你施加的力而加速。当它加速时，它仍然对你施加力。同时，想一下当你投球时，你有什么感觉？球在推你的手。如果你试着更用力地扔它，你会感觉到有更大的力推你的手。这个力作用在哪个方向？它的作用方向与球的加速方向相反，向后推到你的手上。你的手施加在球上的力沿着球的加速方向作用，并导致这种加速。

让我们想象一下这种情况。你站在国家橄榄球联盟球队的进攻后卫对面。他的体重是你的2倍。你的工作是把他推开。当你推他时，他也推你。谁更用力？根据牛顿第三定律，他对你施加的力与你对他施加的力完全相等。这些力的作用如何？牛顿第二定律说明，力对物体的影响取决于物体的质量和作用于物体的其他力。质量越大，作用就越小。质量越小，作用就越大。因为你的对手的质量太大了，他脚下的摩擦力可能也很大，所以你的推力对他的作用很小。因为你的质量相对于他的来说很小，而且你脚下的摩擦力可能小于他脚下的摩擦力，所以他的推力对你的作用会很大。作用力和反作用力的作用可能不相等并且方向相反，因为作用取决于物体的质量及作用在物体上的其他外力。

牛顿第三定律有助于解释力是如何作用的，以及它们作用于什么。它为我们绘制受力图提供依据。然而，它并没有解释力的作用，仅仅告诉我们力是成对的，一对力中的每一个力都作用于一个单独的物体。

牛顿万有引力定律

牛顿万有引力定律更好地解释了重量。据称，这一定律的灵感来源于他在瘟疫期间住在林肯郡的家庭农场时，一个苹果的掉落（图 3.10）。他把这个定律分为两部分。首先，他指出，所有物体相互吸引的引力与物体之间距离的平方成反比。其次，这种重力与相互吸引的两个物体的质量成正比。万有引力定律在数学上可以表示为

$$F = G\left(\frac{m_1 m_2}{r^2}\right) \quad (3.32)$$

其中，F = 重力；G = 万有引力常数；m_1 和 m_2 = 所涉及的两个物体的质量；r = 两个物体质心之间的距离。

图 3.10 未经证实的牛顿万有引力定律的灵感来源

牛顿万有引力定律意义重大，因为它描述了宇宙中每个物体和其他物体之间的作用力。当与牛顿的运动定律一起使用时，这个定律预测了行星和恒星的运动。体育运动中大多数物体之间的引力都很小，以至于我们可以忽略它们。然而，我们在体育运动中必须关注的一个物体，因为足够大到会对其他物体产生巨大的引力：这个物体就是地球。作用在物体上的地球引力就是物体的重量。对于靠近地球表面的物体，公式 3.32 中的几个项是常数：G，万有引力常数；m_2，地球质量；r，从地球中心到地球表面的距离。如果我们引入一个新的常数，

$$g = G\left(\frac{m_2}{r^2}\right) \quad (3.33)$$

那么公式 3.32 就变成了

$$F = mg$$

或者

$$W = mg$$

其中，W = 地球引力作用在物体上的力，或物体的重量；m = 物体的质量；g = 由地球引力引起的物体加速度。这与我们在第一章中首次看到的重量方程相同。现在我们知道了此方程的来历。

总结

解释线性运动原因的线性动力学的基础在于牛顿运动定律。牛顿第一定律说明，除非有净外力作用在物体上，否则物体不会开始运动或改变运动状态；牛顿第一定律的一个扩展是动量守恒原理。牛顿第二定律说明，如果净外力确实作用在物体上会发生什么，物体将沿着净外力的方向加速，其加速度将与其质量成反比；以冲量-动量关系呈现牛顿第二定律，这种方式更适用于体育和人类运动；许多运动技能的基础是冲动-动量关系，增加施力的持续时间会增加动量的变化。牛顿第三定律说明，力是成对作用的。对于作用在一个物体上的每一个力，都有另一个相等的力以相反的方向作用在另一个物体。最后，牛顿万有引力定律解释了重力的来源。

关键词

恢复系数	线性动量	
冲量	反作用力	

第四章 功、功率和能量

以非牛顿定律的方法解释运动的原因

学习目标
学完本章,你应该能做到以下内容:
- 掌握机械功的定义
- 区分正功和负功的差异
- 掌握能量的定义
- 掌握动能的定义
- 掌握重力势能的定义
- 掌握应变势能的定义
- 解释机械功和能量之间的关系
- 掌握功率的定义

撑杆跳高运动员持杆在助跑道上奔跑,在接近起跳点时缓慢降低撑杆的高度。当速度达到与短跑运动员一样快时,其突然将撑杆的顶端插入穴斗,起跳离开地面。撑杆随着运动员向前移动减慢而不断弯曲,在到达弯曲极限后,撑杆开始回弹变直。回弹的撑杆将运动员向上抛去,而运动员此时则抓紧撑杆。当撑杆回弹到垂直位置时,运动员在撑杆上上摆至倒立姿势,并一手推杆,腾空而起,越过横杆,完成整个动作。撑杆跳高运动员是如何将他的跑速转化为越过横杆所需的高度?这可用机械功和能量之间的关系来解释。本章引入功和能量,并讨论它们在运动分析中的应用。

本章继续从前一章开始的线性动力学进行研究。本章对运动原因的解释并不依赖于牛顿的运动定律,而是依赖于功、能量和能量之间的关系,此关系是在牛顿运动定律之后的两个世纪里,由几个不同的科学家发现并发展起来的。理论上,牛顿运动定律是分析和解释线性运动的必要方法。但若采用功能关系,有些分析和解释则会更简单。因此,本章提供了更多用以分析和解释运动技能的工具。

功

什么是功?功有许多定义,如韦伯斯特的《新世界词典》几乎用了一整栏(半页)来列举所有关于功的各种定义。在力学中,**功**(work)是力与该力方向上的位移的乘积,是能量从一个物体或系统转移到另一个物体或系统的表现。功的数学公式为

$$U = F(d) \qquad (4.1)$$

其中,U = 对物体所做的功(用字母 W 来表示功会更好,但我们已经用它来表示重量);F = 施加在物体上的力;d = 物体沿力的作用线所产生的位移。

因为功是力与位移的乘积,所以功的单位是力的单位乘以长度单位:这些单位可以是牛·米(N·m)或英尺·磅(ft·lb)。在 SI 中,**焦耳**(joule,符号为 J)是衡量功的单位,1 J 等于 1 N·m。焦耳是以英国酿酒师詹姆斯·普雷斯科特·焦耳命名的。他通过实验最终确立了能量守恒定律,后续有详细介绍。

➲ 功是力与位移的乘积。

功可以是某一个力所做的功,也可以被描述为净功。对一个物体所做的净功是作用在该物体上的合外力所做的功。如何才能最好地描述一个使物体产生位移的力呢?请尝试自主实验4.1。

自主实验4.1

在功的定义中,所施加的是什么力?

如果推动一本放置于桌上的书,使书在桌子上移动,则对这本书做了功。为了量化功的大小,必须明确对书施加了什么力,以及在力的方向上将书移动了多远(位移)。测量位移很容易,但是如何测量力呢?在推动书本使其移动的整个过程中,推力的大小是相同的还是变化的?推力可能有些许变化,所以它不是恒定的。如果不是恒力,那么公式4.1中的力 F 应该如何取值?公式4.1中的力 F 是指什么力呢?是运动开始时的力还是运动结束时的力?取峰值力还是平均力呢?以上看似都合理。描述在变力作用下力的大小一般取平均值,即平均力,见公式4.2。

公式4.1实际上仅描述了恒力所做的功。对于大小变化的力,其产生的功可表示为

$$U = \bar{F}(d) \qquad (4.2)$$

其中,U = 对物体所做的功;$\bar{F}$ = 施加在物体上的平均力;d = 物体沿平均力的作用线所产生的位移。

为了确定一个力对物体做功的大小,需明确如下三点:
1. 施加在物体上的平均力。
2. 力的方向。
3. 力作用在物体上时,物体沿着力的作用线所产生的位移。

例如,一个铁饼运动员对铁饼施加了平均 1 000 N 的力,且铁饼在该力方向上的位移是 0.6 m(图4.1),则运动员对铁饼做了多少功?

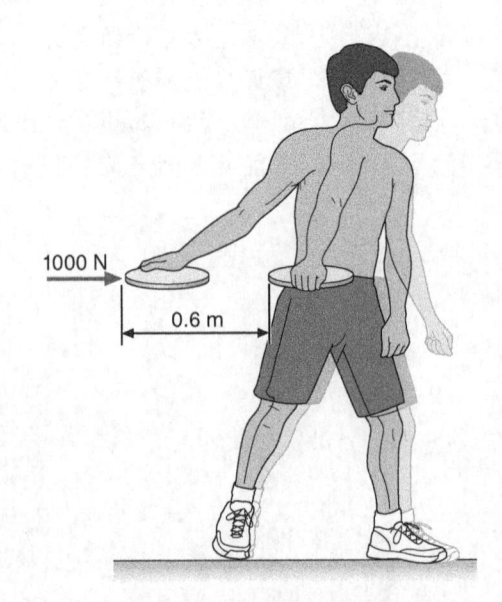

图 4.1 铁饼运动员对铁饼做功是通过在铁饼上施加平均 1 000 N 的力,并使其在 0.6 m 的水平范围内移动

$$U = \bar{F}(d)$$
$$U = (1\,000 \text{ N}) \times (0.6 \text{ m})$$
$$U = 600 \text{ N} \cdot \text{m} = 600 \text{ J}$$

图 4.1 中已给出平均力和位移，故求解过程比较容易。让我们试试更复杂的情景。如图 4.2 所示，一个举重运动员卧推一个 1 000 N 的杠铃。上举时，运动员伸展手臂将杠铃推至胸上 75 cm 处，随后降低杠铃于胸上 5 cm 时停止并停顿，再向上举起杠铃，回到胸上 75 cm 处的原始起始位置。在下降和上举时，运动员对杠铃施加的平均力都是 1 000 N，方向向上。（能否用牛顿定律得出这个结果吗？）因此，在整个卧推过程中，运动员对杠铃施加的平均力是 1 000 N。整个卧推过程中运动员对杠铃做了多少功？

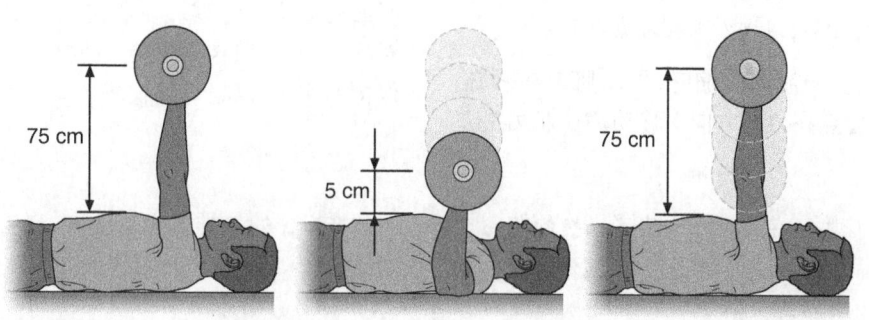

图 4.2 杠铃卧推的分解动作

$$U = \bar{F}(d)$$
$$U = (1\,000 \text{ N})(d)$$

杠铃的位移是多少？杠铃的起点和终点位置是相同的，所以其位移为零。

$$U = (1\,000 \text{ N}) \times (0) = 0$$

如果位移为零，则所做的功也是零，看似不太正确。很明显，运动员者在进行这次卧推时消耗了一些卡路里，所以他认为做了功。生理上，运动员做了一些功，但力学上，杠铃没有做功：因为卧推结束时，杠铃的位置回到了初始位置。

在上举过程中，是否产生了功？

$$U = \bar{F}(d)$$
$$U = (1\,000 \text{ N})(d)$$

上举时，杠铃的位移为

$$d = 末位置 - 初位置 = y_f - y_i \quad \quad (4.3)$$
$$d = 75 \text{ cm} - 5 \text{ cm} = 70 \text{ cm} \quad 向上$$

若换算成米，则

$$\frac{70 \text{ cm}}{100 \text{ cm/m}} = 0.7 \text{ m} = d$$

故所做的功为

$$U = (1\,000 \text{ N}) \times (0.7 \text{ m}) = 700 \text{ N} \cdot \text{m} = 700 \text{ J}$$

当运动员上举杠铃时，他确实对杠铃做了功，大小为 700 J。那么在整个举重过程中，他对杠铃做的总功怎么可能是零呢？先计算在杠铃下降的过程中他所做的功。

$$U = (1\,000 \text{ N})(d)$$

在下降阶段，杠铃的位移是多少？它的初位置在胸上 75 cm 处，末位置在胸上 5 cm 处，则

$$d = 末位置 - 初位置 = y_f - y_i$$
$$d = 5 \text{ cm} - 75 \text{ cm} = -70 \text{ cm}$$

杠铃的位移是 -0.7 m，或 0.7 m 向下。杠铃所受到的力沿什么方向？力向上，而位移向下，故根据公式 4.2，则功为

$$U = \bar{F}(d)$$
$$U = (1\,000 \text{ N}) \times (-0.7 \text{ m}) = -700 \text{ N} \cdot \text{m} = -700 \text{ J}$$

在杠铃下降过程中所做的功是 -700 J。奇怪的是，功怎么会是负的？若作用在物体上的力与物体运动（位移）的方向相反，则功为负。

这也可以解释在整个举重过程中为什么做的功是零。如果在下降时做了 -700 J 的功，在上举时做了 +700 J 的功，那么整个卧推过程的功就是 -700 J 加 700 J，或者说是零。

$$U_{卧推} = U_{下降} + U_{上举}$$
$$U_{卧推} = -700 \text{ J} + 700 \text{ J}$$
$$U_{卧推} = 0$$

功可正可负。当作用在物体上的力与物体运动方向相同，则该力所做的功为正功。如棒球投手在投掷棒球时对球做正功，举重运动员在举起杠铃时对杠铃做正功，体操运动员在高低杠上拉起时做正功，跳高运动员在跳离地面时做正功。

当作用在物体上的力与物体运动方向相反,则该力所做的功为负功。例如,棒球运动中一垒手在接球时对球做负功,举重运动员在杠铃下降时对杠铃做负功,体操运动员在下马落地时做负功。摩擦力对从山上滑下的滑雪者做负功。

> 当作用在物体上的力与物体运动方向相反,则该力所做的功为负功。当作用在物体上的力与物体运动方向相同,则该力所做的功为正功。

肌肉也可做功。当肌肉收缩时,拉动肌肉在骨骼上的附着点,使附着点在力的方向上移动,力(肌力)和位移(肌肉附着点的位移)的方向是一致的,因此肌肉做正功。因为肌肉缩短,所以是向心收缩。

当肌肉收缩时,它的附着点向与拉扯它们的肌力相反的方向移动,因此肌肉做负功。力(肌力)和位移(肌肉附着点的位移)的方向是相反的。因为肌肉被拉长,所以是离心收缩。

不是所有的肌肉收缩都会产生机械功,肌肉收缩所做机械功可为零。在肌肉收缩时,其附着点没有相对移动,此时肌肉附着点的位移为零。因为肌肉长度保持不变,所以是等长收缩。

例题 4.1

一位物理治疗师正在帮助一个患者做拉伸练习。她以平均 200 N 的力推着患者的脚,患者抵住治疗师的推力,将脚向治疗师方向移动了 20 cm。在这个伸展运动中,治疗师对患者的脚做了多少功?

解:
第 1 步:确定已知变量。

$$\bar{F} = 200 \text{ N}$$
$$d = -20 \text{ cm}$$

位移的方向与力的方向相反,则位移为负。
第 2 步:确定求解的未知变量。

$$\text{所做的功} = U = ?$$

第 3 步:选取包括已知变量和未知变量的公式。

$$U = \bar{F}(d)$$

第 4 步:代入已知值,求解方程。

$$U = \bar{F}(d)$$
$$U = (200 \text{ N}) \times (-20 \text{ cm}) = -4\,000 \text{ N·cm} = -40 \text{ N·m} = -40 \text{ J}$$

能量

什么是能量?像功一样,能量也有许多定义。在力学中,**能量**(energy)被定义为做功的能力。能量有许多形式,如热、光、声和化学等。在力学中,主要侧重于机械能生物力学,其有两种形式:动能和势能。**动能**(kinetic energy)是由于运动而产生的能量,而**势能**(potential energy)是由于位置或形变所储存的能量。

> 机械能的两种形式:动能,即由运动产生的能量;势能,即由于位置变化或形变所储存的能量。

动能

动能是一个运动的物体具有做功的能力。但如何量化动能?它的影响因素有哪些?请尝试一下自主实验 4.2,看看是否能收获一些对动能的见解。

自主实验 4.2

滑动的书本所具有的动能是否能做功?

将书本合上,平放在桌子上。现在拿另一本书并快速推动,使其滑动。刚才推动的书本对第一本静置的书做了功。对第一本书施加了力,则第一本书产生了位移。因为滑过桌面的书本具有动能,即由其运动产生的能量,所以其具有做功的能力。

重复这个实验,增加对书本的推力,使它滑动得更快。这一次做了更多的功吗?是的,因为书本滑动得更快,它具有更多的动能,因此具有更大的做功能力。再试一次,但这次以同样的速度滑动一本更重的书。这一次做了更多的功吗?一定程度上,质量更大的书具有更大的动能,因此有更大的做功能力。(你也可以将这本教科书推下桌子!)

物体的动能与其质量和速度的有关。若精确计量,则可发现动能与速度的平方成正比。在数学上,我们将动能定义为

$$KE = \frac{1}{2}mv^2 \quad (4.4)$$

其中,KE = 动能;m = 质量;v = 速度。

动能的单位是质量乘以速度平方的单位,即 kg(m²/s²),等同于[kg(m/s²)]m,即为 N·m,所以动能的单位也为焦耳,因此动能的计量单位与功的计量单位相同。为了确定一个物体的动能,必须知道它的质量和它的速度。

一个棒球以 80 mile/h(35.8 m/s)的速度被投出,已知棒球的质量是 145 g(0.145 kg),则棒球的动能是多少?利用公式 4.4 可得:

$$KE = \frac{1}{2}mv^2$$

$$KE = \frac{1}{2} \times (0.145 \text{ kg}) \times (35.8 \text{ m/s})^2$$

$$KE = 92.9 \text{ J}$$

确定一个物体的动能比确定由力所做的功更容易,是因为质量和速度的测量比测力来得更容易。

势能

势能是一个物体从其位置或形变中获得的能量(做功的能力)。有两种类型的势能:重力势能,即由于物体相对于地球的位置而产生的能量;应变势能,即物体形变的结果。

重力势能

重力势能(gravitational potential energy)是来自物体相对于地球的位置的势能,通常被简单地称为势能。一个物体的重力势能与该物体的重量和它在地面或某些参照物上的海拔或高度有关。请尝试自主实验 4.3 来了解重力势能。

自主实验 4.3

如果一个锤子有更多的势能,它能做更多的功吗?

找一个锤子、一颗钉子和一块木头。把钉子放在木块上。如果把锤子举到离钉子只有几英寸高的地方再放下,不会把钉子钉得很深。因为锤子的势能很小,所以它对钉子做的功很小。如果把锤子举得离钉子更高,让它锤下并撞击钉子,就会把钉子钉得更深。因为锤子离钉子更高而具有更大的势能,所以对钉子做了更多的功。假设你用一个更重的锤子,从同样的高度锤下,能把钉子敲得更深吗?

重力势能的数学公式如下:

$$PE = Wh \quad (4.5)$$

或

$$PE = mgh \quad (4.6)$$

其中,PE = 重力势能;W = 重量;m = 质量;g = 重力加速度 = 9.81 m/s²;h = 高度。

势能的单位是力的单位乘以长度单位,即 N·m,为 J,与动能和功的计量单位相同。要确定一个物体的重力势能,必须知道它的重量和它离地面的高度。

一个体重 70 kg(约 700 N)的跳台滑雪运动员从 90 m 高处起跳时,其重力势能为多大?可用公式 4.5 来计算,但高度 h 应如何取值?90 m 的跳台离山脚有 90 m 高,但起跳点是在山上,离山边的地面大约 3 m 高。因为高度是相对于某个参考点而测得的,所以势能是一个相对的物理量,在描述势能时说明参考点。在这种情况下,以用山脚作为参考点,则高度就是 90 m,代入公式 4.5 则为

$$PE = Wh = (700 \text{ N}) \times (90 \text{ m})$$

$$PE = (700 \text{ N}) \times (90 \text{ m}) = 63\,000 \text{ N·m}$$

$$PE = 63\,000 \text{ J}$$

应变势能

应变势能(strain energy)也是体育运动中另一种常见的势能,是物体形变引起的能量,也称为弹性势能,简称应变。当玻璃纤维撑杆弯曲时,应变势能储存在弯曲的杆中。同样地,当射箭运动员拉弓或跳水运动员踏跳水板时,应变势能分别存储在发生形变的弓或跳板中。应变势能也可以储存在人体组织中,如肌腱、韧带和结缔组织。物体的形变越大,其所储存的应变势能就越大。请尝试自主实验 4.4 来了解应变势能。

自主实验 4.4

橡皮筋的应变势能

拿一根橡皮筋并拉长,就产生了橡皮筋的应变势能。若再拉长,橡皮筋的应变势能也会增加。物体越硬,其形变时的应变势能越大。相比于拉长较小或单个拉伸的橡皮筋,拉长较宽的橡皮筋或两个相平行的橡皮筋所产生的应变势能更大。

物体的应变势能与其刚度、材料特性和形变有关。在数学上,具有线性应力-应变关系的材料的应变势能定义为

$$SE = \frac{1}{2}k\Delta x^2 \qquad (4.7)$$

其中，SE = 应变势能；k = 材料的刚度或弹性系数；Δx = 物体从其自然位置的长度变化或形变。

如果刚度系数以 N/m 表示，则应变能以 (N/m)m² 或 N·m 表示，相当于 J，与用于重力势能、动能和功的计量单位相同。

如果肌腱的刚度为 10 000 N/m，拉伸 5 mm (0.005 m)，则肌腱中存储了多少应变势能？

$$SE = \frac{1}{2}k\Delta x^2$$

$$SE = \frac{1}{2} \times (10\,000\text{ N/m}) \times (0.005\text{ m})^2$$

$$SE = 0.125\text{ J}$$

在人体活动和体育运动中，运动员和物体拥有的能量来自他们的运动（动能）、离地位置（势能）和形变（应变势能）。一般主要侧重前两种类型的能量，即动能和势能。

功能原理

功和能量的定义揭示了两者之间存在着一种关系。在前文中，能量被定义为做功的能力，而功的定义包括这样的描述："它是能量从一个物体或系统转移到另一个物体或系统的手段。"功和能量的计量单位均是焦耳，也说明了功和能量是相关的。这种关系用功能原理来表示，即作用在一个物体（或系统）上的合外力所做的净功会改变该物体（或系统）的动能，如公式 4.8 所示：

$$\text{净功} = U = \Sigma(\bar{F}d) = \Delta KE = KE_f - KE_i \qquad (4.8)$$

功能原理另一种表达形式是有作用在物体（或系统）上的非保守力所做的功会改变物体或（或系统）总机械能。在力学中，重力和弹簧或其他物体释放应变能量时产生的弹性力是保守力，其他的力均为非保守力。保守力在功能原理公式左侧的净功中被省略了，而势能和应变势能的变化则在功能原理公式的右侧。在数学上，这种关系如公式 4.9 所示：

$$\text{净功}^* = U^* = \Sigma(\bar{F}d)^* = \Delta E = \Delta KE + \Delta PE + \Delta SE \qquad (4.9)$$

其中，U^* = 净功*，除重力和弹性力以外，非保守力所做的净功；x = 物体从其自然位置的长度变化或形变。

功能原理的示例

以图 4.2 的运动员卧推为例，进一步探讨其中的功能原理。举重运动员卧推 1 000 N 的杠铃。在上举过程中，杠铃被举高了 70 cm，运动员做的功是 700 J，那被举高后的杠铃有多少能量？杠铃在上举开始前和在上举结束时均没有运动，因此杠铃的动能为零，而杠铃的离地高度升高，因此其势能发生了变化。杠铃的势能发生了怎样的变化？

$$\Delta PE = PE_\text{末} - PE_\text{初}$$

$$\Delta PE = Wh_\text{末} - Wh_\text{初}$$

$$\Delta PE = W(h_\text{末} - h_\text{初})$$

$$\Delta PE = 1\,000\text{ N} \times (0.7\text{ m})$$

$$\Delta PE = 700\text{ J}$$

杠铃的势能变化为 700 J，与运动员上举杠铃所做的功相同。由于运动员对杠铃施加的力是作用在杠铃上的唯一非保守力，又重力是保守力，所以在功的计算中不予考虑。应用功能原理的公式 4.9，则

$$\text{净功}^* = U^* = \Delta E = \Delta KE + \Delta PE + \Delta SE \qquad (4.10)$$

$$U^* = 700\text{ J} = \Delta KE + \Delta PE + \Delta SE$$

$$700\text{ J} = 0 + (1\,000\text{ N}) \times (0.7\text{ m}) + 0$$

$$700\text{ J} = 700\text{ J}$$

当考虑重力做功时，会发生什么呢？在杠铃上所做的净功包括杠铃受到的重力所做的功和运动员在杠铃上所做的功。在上举过程中杠铃受到的重力所做的功将是杠铃受到向下的重力（1 000 N）乘以杠铃的位移（向上 0.70 m）。力（向下）与位移（向上）的方向相反：杠铃受到的重力所做的功是 -700 J。此 -700 J 加上运动员所做的功（+700 J），则杠铃上的净功变为零。杠铃从上举开始到上举结束的动能变化为零。

$$\text{净功} = U = \Delta KE \qquad (4.11)$$

$$U = \text{运动员做功} + \text{重力做功} = \Delta KE$$

$$700\text{ J} + (-1\,000\text{ N}) \times (0.7\text{ m}) = \Delta KE$$

$$700\text{ J} - 700\text{ J} = 0 = \Delta KE$$

需要注意的是，如果从第二个到最后一个等式中的每一边减去重力做的功，则为运动员对杠铃所做的功（700 J），这等于能量的总变化。在这种情况下，由于动能的变化为零，总能量的变化仅是势能的变化，与公式 4.9 的结果一致。

$$700 \text{ J} + (-1\,000 \text{ N}) \times (+0.7 \text{ m})$$
$$- (-1\,000 \text{ N}) \times (+0.7 \text{ m})$$
$$= - (-1\,000 \text{ N}) \times (+0.7 \text{ m})$$
$$= 700 \text{ J} = (1\,000 \text{ N}) \times (+0.7 \text{ m}) = W(\Delta h) = \Delta PE$$

让我们看看另一个例子。在本章投掷铁饼的例子中(图 4.1),一个铁饼运动员对铁饼施加大小为 1 000 N 的平均力,铁饼沿力的方向移动了 0.60 m。假设运动员施加的力是恒定的,铁饼的位移是水平方向,且铁饼在开始投掷时没有移动。在这种情况下,因为铁饼的位移只是水平方向,所以重力对铁饼做的功是零。运动员对铁饼所做的功就是对铁饼所做的净功,造成铁饼动能的变化。已知铁饼的质量是 2 kg,所做的功是 600 J,铁饼的初始速度为零,则确定铁饼在做功结束时的速度(v_f)。

$$\text{净功} = \Delta KE + \Delta PE + \Delta SE = \Delta KE + 0 + 0$$
$$600 \text{ J} = \Delta KE = KE_f - KE_i$$
$$600 \text{ J} = KE_f - 0$$
$$600 \text{ J} = \frac{1}{2} m v_f^2$$
$$(600 \text{ J}) = \frac{1}{2} \times (2 \text{ kg}) v_f^2$$
$$\frac{2 \times (600 \text{ J})}{2 \text{ kg}} = v_f^2$$
$$v_f = \sqrt{\frac{2 \times (600 \text{ J})}{2 \text{ kg}}}$$
$$v_f = 24.5 \text{ m/s}$$

根据功能原理,铁饼的速度是 24.5 m/s。能用牛顿定律来验证这一点吗?作用在铁饼上水平方向 1 000 N 的恒定力会使铁饼以 500 m/s² 加速。

$$\Sigma F_x = m a_x$$
$$a_x = \frac{\Sigma F_x}{m} = \frac{1\,000 \text{ N}}{2 \text{ kg}} = 500 \text{ m/s}^2$$

在投掷过程中,铁饼的平均速度 $\bar{v}$ 是铁饼的位移 d 除以投掷动作的时间 t。铁饼的平均速度也可通过将铁饼的末速度(v_f)和初速度(v_i)之差除以 2 求得:

$$\bar{v} = \frac{d}{\Delta t}$$
$$\bar{v} = \frac{v_f - v_i}{2}$$
$$\bar{v} = \frac{0.6 \text{ m}}{\Delta t} = \frac{v_f - 0}{2}$$

虽然投掷动作的持续时间是未知量,但该时间是铁饼从 0 m/s 加速到末速度的时间。已知铁饼的加速度是 500 m/s²。平均加速度 $\bar{a}$ 是速度变化的大小除以时间,所以时间可以通过速度变化的大小除以加速度来计算:

$$\bar{a} = \frac{v_f - v_i}{\Delta t} = \frac{v_f - 0}{\Delta t}$$
$$500 \text{ m/s}^2 = \frac{v_f}{\Delta t}$$
$$\Delta t = \frac{v_f}{500 \text{ m/s}^2}$$

将此表达式带入到前述的公式,则

$$\bar{v} = \frac{0.6 \text{ m}}{\Delta t} = \frac{0.6 \text{ m}}{\dfrac{v_f}{500 \text{ m/s}^2}} = \frac{v_f}{2}$$

求解末速度得

$$\bar{v} = \frac{0.6 \text{ m}}{\Delta t} = \frac{0.6 \text{ m}}{\dfrac{v_f}{500 \text{ m/s}^2}} = \frac{v_f}{2}$$
$$v_f = \frac{2 \times (0.6 \text{ m})}{\left(\dfrac{v_f}{500 \text{ m/s}^2}\right)}$$
$$v_f^2 = 2 \times (0.6 \text{ m}) \times (500 \text{ m/s}^2)$$
$$v_f^2 = 600 \text{ m}^2/\text{s}^2$$
$$v_f = 24.5 \text{ m/s}$$

这与使用功能原理得到的结果相同,但使用牛顿定律更为烦琐。使用功能原理所涉及的计算要简单得多。

杠铃卧推和投掷铁饼的例子展现了功能原理:作用在物体上的外力所做的净功等于物体动能的变化量。换言之,作用在物体上的非保守力所做的净功等于物体总机械能的变化量。在数学上,其可以表示为公式 4.11 与公式 4.12:

$$U = \Delta KE$$
$$U^* = \Delta E \tag{4.12}$$
$$U^* = \Delta KE + \Delta PE + \Delta SE$$
$$U^* = (KE_f - KE_i) + (PE_f - PE_i) + (SE_f - SE_i) \tag{4.13}$$

其中,U = 施加在物体上所有外力做的净功;U^* = 非保守力所做(除重力和弹性力以外的力)的净功;

ΔE = 总机械能的变化量；KE_f = 末状态的动能；KE_i = 初动能；PE_f = 末状态的重力势能；PE_i = 初状态的重力势能；SE_f = 末状态的应变势能；SE_i = 初状态的应变势能。

> 作用在物体上的外力（除重力和弹性力外）所做的功可引起物体能量的变化。

做功增能

为什么功和能量之间的关系如此重要？在人类活动和体育运动中，通常关注的是物体速度的变化。速度变化则意味着动能的变化，而功能原理揭示了可以通过做功来改变动能。如果所施加的平均力较大，或者与沿该力方向的位移较大，则该力所做的功更多，物体的能量变化更大。这与第三章中动量定理相似。根据动量定理，则

$$\sum \bar{F}\Delta t = m(v_f - v_i)$$

冲量 = 动量增量

以动量定理作为动作技术分析的基础，可知若要大幅增加速度，则需在很长的时间内施加巨大的力。而功能原理表明，动能的大幅增加（速度的大幅增加）需要在长距离的位移上施加一个巨大的力。

从投掷棒球的例子中可知，若仅用手腕进行投掷，对球施加的力仅经过一小段的位移，所做的功很小，因此球获得的动能增量很小，出手时的球速也较慢。

> 动能的大幅增加需要在一个长距离的位移上施加一个巨大的力。

若腕关节和肘关节参与投掷动作，则对球施加的力所经过的位移变大，对球所做的功也就变大，因此球获得较大的动能增量，出手时的球速也加快。

当整个手臂、躯干和腿均参与投掷动作时，则对球施加的力所经过的位移更大，对球所做的功也相应变大，因此球获得更大的动能增量，出手时的球速也更快（美国棒球职业大联盟的投手掷球的时速超过100 mile/h，约 44.7 m/s）。

同样的情况也发生在铅球运动的技术演变中。铅球运动是田径运动中的一个投掷项目。男子所用的金属铅球质量为 7.26 kg，而女子所用的为 4 kg。该项目的竞技目标是尽可能将铅球掷得最远。规则要求运动员在直径 2.13 m（7 ft）的投掷圈内完成动作。运动员必须从静止状态开始投掷，投掷过程中身体的任何部分都不能碰触投掷圈外任何东西。比赛规则对运动员的投掷技术有明确要求：应用单手从肩部将铅球推出，并且在推伸动作中持球手必须始终保持在肩部的前方。上述规则的限制和铅球重量的标准使铅球运动的技术动作实际上是推球，而非投球。投掷成绩的判定是从铅球落地痕迹的最近点取直线量至投掷圈内沿，测量线应通过投掷圈圆心。运动员必须在裁判判定为合规投掷后从掷圈后半圈的延长线后面离开投掷圈。投掷圈的尺寸和投掷技术的规定限定了推伸动作中对球的施力距离和功。

在 20 世纪早期，铅球运动员在用投掷圈的后方进行推球。

运动员的肩膀与投掷方向约成 45°，意味着右手为利手的运动员要略微向右倾斜。在投掷动作中，运动员右腿蹬地并在投掷圈内完成跨步，再推伸铅球。

随后，铅球技术发生革新：运动员的肩部比最初的动作更多地转向投掷圈的后侧。更大幅度的肩关节转动使运动员在推球前形成更大的位移。最后，在 20 世纪 50 年代，帕里·奥布莱恩（Parry O'Brien）首次采用了背向滑步推铅球技术（图 4.3 展示了采用该技术的运动员在投掷圈后方做准备姿势）。这一姿势有利于运动员最大限度地增加在施力的方向上推铅球的位移，并让更多的肌肉群参与进来，从而在推伸动作中能对球施加更大的力，提升对球所做的功。这增加了铅球的能量（势能和动能），提高了出手时铅球的高度和速度，进而提高了比赛成绩。

图 4.3 使用现代铅球技术的运动员从远离推球方向的位置开始推球

做功降（吸）能

功能原理也可解释能量从物体上转移（或吸收）。当接球时，因人体对球做的负功，球的动能减少（或吸收）。同理，当跳跃或摔倒着地时，肌肉对下肢做负功并吸收其能量。当接球或着地时，为吸收能量而所施

加的平均力大小取决于需吸收能量的多少及所施加力的距离。若力过大,可能会造成损伤。为避免损伤,接球时可通过"后撤"来卸力,而跳跃或摔倒着地时则可通过屈膝屈髋伸踝进行缓冲。还记得上一章中如何接住水气球吗?这些动作增加了力的作用距离,从而降低了力的平均值。

许多运动项目中采用的安全和保护装备都是利用功能原理来减少潜在的破坏性冲击力。在体操、跳高和撑杆跳高中使用缓冲垫来增加冲击过程中运动员的位移,减少(吸收)运动员的动能。冲击过程中通过位移增加减小了冲击力,如跳远沙坑中的沙子、游泳池中的水、跑鞋的中底、拳击手套的衬垫、汽车气囊等均起到同样的作用。以上这些可能被称为"减震"材料,但实际上是吸能材料。

【概念应用】

现代推铅球技术中的功能原理

铅球成绩的判定是测量从铅球落地痕迹的最近点取至投掷圈内沿的直线距离,测量线应通过投掷圈圆心。这个距离取决于由出手时的速度、高度、出射角度,以及出球时到在投掷圈内边缘的前方或后方的距离。出手速度对铅球成绩的影响最大。因为铅球的质量是常量,所以出手时铅球的动能对铅球成绩的影响最大。

出手时铅球的动能是由运动员在推球过程中对铅球做的功产生的。由公式4.2

$$U = \bar{F}(d)$$

和非保守力所做的净功公式4.9可得

$$净功^* = U^* = \Sigma(\bar{F}d)^* = \Delta E = \Delta KE + \Delta PE + \Delta SE$$

因此,运动员对铅球施加的平均推力乘以铅球沿该力的作用线的位移,决定了推铅球动作结束时铅球的势能和动能的增量。推力越大,位移越大,则出手速度越大。

在2017年第16届国际田径联合会世界田径锦标赛上,研究人员测量了在男子和女子铅球比赛中每位运动员的各种运动生物力学指标(Dinsdale, Thomas, and Bissas 2017b; 2017c)。推伸动作中铅球的合位移可从以上指标得出,从而分析决赛中运动员的最佳成绩。在男子比赛中,托马斯·沃尔什(Tomas Walsh)以22.03 m的成绩夺冠,而他的身高位于12名决赛选手中倒数第二。即使这样的身高劣势,12名选手中只有3人在推伸动作中对铅球产生了较大的合位移。而在女子比赛中,巩立姣(Gong Lijiao)以19.94 m的成绩夺冠。在参加决赛的12名女选手中,有9人比巩立姣高,但12名选手中只有2人在推伸动作中对铅球产生了较大的合位移。巩立姣推铅球的合位移只比位移最大的运动员少了6 cm。看来,推伸动作中铅球的合位移大小对铅球成绩影响很大。功能原理可以作为上述结果的理论支撑。

在这个例子中,运动员在推伸动作中对铅球施加的力是否是沿着铅球的合位移方向。切记,一个力所做的功是力与物体在施力过程中沿力的作用线所产生的位移的乘积。功也可采用沿位移方向的力与位移的乘积来进行计算。托马斯·沃尔什和巩立姣获胜的另一个原因可能是,他们在推球时方向与铅球的位移方向更为一致,从而使推伸动作中施加的力更有效。托马斯·沃尔什和巩立姣在掷球时较大的铅球位移加上力与位移的对齐,造成了铅球能量的较大变化。

功和能的关系是运动生物力学中最重要的概念之一。若要在运动中增加物体或自身的动能,如投掷、摆动、打击或跳跃等,最有效的动作技术是增加动作中施力的位移,并保持力与运动方向的一致。在精英级别上,细微的位移增量可能会导致巨大的动能增量,从而投得更远,挥得更快……

机械能守恒定律

功能原理也适用于只有重力或弹性力等保守力作用的情况。在此情况下,物体的总机械能守恒,保持不变,则公式4.12为

$$U^* = \Delta E$$

$$U^* = 0 = \Delta KE + \Delta PE + \Delta SE$$

$$0 = (KE_f - KE_i) + (PE_f - PE_i) + (SE_f - SE_i)$$

$$KE_i + PE_i + SE_i = KE_f + PE_f + SE_f$$

$$E_i = E_f \tag{4.14}$$

例题 4.2

在投球过程中，棒球投手对 0.15 kg 的棒球施加平均 100 N 的水平力。在发力期间，他的手和球在水平方向移动了 1.5 m 的位移。设在投球开始时球的水平速度为零，请问出手时，球的速度是多少？

解：

第 1 步：确定已知变量。

$$m = 0.15 \text{ kg}$$
$$F = 100 \text{ N}$$
$$d = 1.50 \text{ m}$$
$$v_i = 0$$

第 2 步：确定求解的未知变量。

$$v_f = ?$$

第 3 步：选取包括已知变量和未知变量的公式。因为力和位移已知，则可求得投手对球的做功。另外，球的质量和初速度已知，则可求得球的初动能。根据公式 4.12

$$U^* = \Delta E$$

由于球仅在水平方向发生位移，且没发生形变，则其势能和应变能的增量为零，故

$$U = \bar{F}(d)$$

$$F(d) = KE = KE_f - KE_i = \frac{1}{2}m(v_f^2 - v_i^2)$$

第 4 步：代入已知值，求解方程。

$$(100 \text{ N}) \times (1.5 \text{ m}) = (0.15 \text{ kg})(v_f^2 - 0)/2$$

$$v_f^2 = 2 \times (100 \text{ N}) \times (1.5 \text{ m})/(0.15 \text{ kg}) = 2\,000 \text{ N} \cdot \text{m/kg}$$

$$v_f = 44.7 \text{ m/s}$$

第 5 步：常识性检查。
球速很快，达到了美国职业棒球大联盟比赛中快球的速度。

若物体仅受到保守力作用，则物体的总机械能守恒。这解释了重力和弹性力被称为保守力的原因：使保守力作用于物体，能量也是守恒的。这个原理可用于研究抛体运动。若重力是作用于抛体上的唯一外力，那么在抛体飞行过程中，抛体的总机械能不变。以球为例，在放手前，球具有势能但无动能。在球的下落过程中，它的势能随着高度降低而减少，但受重力作用加速向下运动，其动能增加。动能的增量等于势能的减量，故球的总机械能保持不变。

> 若物体仅受到保守力作用，则物体的总机械能守恒。

例题 4.3

在参加马术比赛时，DJ 从马背上摔下来，头撞到了地上。幸运的是，他佩戴着头盔。在撞击的第一瞬间，DJ 头部的垂直速度为 5.8 m/s，质量是 5 kg。头盔内衬有吸能材料，厚度为 4.0 cm。在撞击过程中，头盔坚硬的外壳和与头盔紧密贴合的吸能材料使 DJ 的头部移动了 3 cm，吸能材料和衬垫连同头撞到的泥土一起被压碎。请问在坠地撞击过程中，头盔对 DJ 头部施加的平均力是多少？

解：
第1步：确定已知变量。

$$m = 5 \text{ kg}$$
$$d = 3 \text{ cm}$$
$$v_i = 5.8 \text{ m/s}$$
$$v_f = 0$$

第2步：确定求解的未知变量。

$$\bar{F} = ?$$

第3步：选取包括已知变量和未知变量的公式。由公式4.12

$$U^* = \Delta E$$

公式4.12包括所有能量（势能、动能和应变）的变化，但与动能的增量相比，头部的势能和应变能变化很小，故只计算头部动能的变化。

$$F(d) = KE = KE_f - KE_i = \frac{1}{2}m(v_f^2 - v_i^2)$$

第4步：代入已知值，求解方程。

$$\bar{F}(0.03 \text{ m}) = (5.0 \text{ kg}) \times [(5.8 \text{ m/s})^2 - 0]/2$$
$$\bar{F}(0.03 \text{ m}) = 84.1 \text{ J}$$
$$\bar{F} = 2\,803 \text{ N}$$

第5步：常识性检查。

这是一股巨大的冲击力，且所计算的结果是平均冲击力，而冲击力峰值会更大。冲击力峰值约是平均冲击力的2倍，从而可知：

$$2 \times 2\,803 \text{ N} = 5\,606 \text{ N}$$

这是一个极大的冲击力。头部的加速度峰值通常是判定致命性颅脑损伤的标准，以重力加速度表示，即 g。若加速度峰值超过 $200g$，就有可能造成致命性颅脑损伤，甚至死亡。此例中，可据作用在 5 kg 头部的 5 606 N 峰值力来确定加速度。

$$F = ma$$
$$5\,606 \text{ N} = (5 \text{ kg})a$$
$$a = \frac{5\,606 \text{ N}}{5 \text{ kg}}$$
$$a = 1\,121 \text{ m/s}^2$$

将这个值除以 g（即 9.81 m/s^2），就可以得到以 g 为单位的加速度：

$$a = \frac{1\,121 \text{ m/s}^2}{9.8 \text{ m/s}^2}g$$
$$a = 114g$$

此例中加速度低于 $200g$，虽然未构成致命性颅脑损伤，但仍足以导致其他颅脑损伤。据估计，脑震荡的加速度阈值为 $80g$。因此，虽然头盔可能已经保护了 DJ 免受灾难性脑损伤，但它可能并没有保护她免受像脑震荡这样较轻的损伤。

又如，假设从 4.91 m（约 16 ft）的高度放下一颗 1 kg 的球。当第一次放开球时，它的势能（相对于地面）将会是

$$PE_i = Wh = mgh$$

放下球时，球的速度为零，所以动能也为零。在球接触地面前的瞬间，它的高度为零，则势能也为零。此时球的动能为

$$KE_f = \frac{1}{2}mv_f^2$$

$$KE_f = \frac{1}{2} \times (1 \text{ kg})v_f^2$$

用公式 4.14 可求得球在撞击地面前的速度：

$$E_i = E_f$$
$$(KE_i + PE_i + SE_i) = (KE_f + PE_f + SE_f)$$
$$PE_i = KE_f$$
$$mgh = \frac{1}{2}mv_f^2$$
$$v_f^2 = \frac{2mgh}{m}$$
$$v_f^2 = 2gh \quad\quad (4.15)$$
$$v_f^2 = 2 \times (9.81 \text{ m/s}^2) \times (4.91 \text{ m})$$
$$v_f = \sqrt{2 \times (9.81 \text{ m/s}^2) \times (4.91 \text{ m})}$$
$$v_f = 9.81 \text{ m/s}$$

在球接触地面前，球做自由落体运动，加速度为 9.81 m/s²，方向向下。可用第二章的自由落体公式计算它的末速度。第二章的公式 2.18 描述了物体在做自由落体运动时的末速度。

$$v_f^2 = 2g\Delta y$$

现将这个公式与依据机械能守恒定律推导出的公式 4.15 进行比较。

$$v_f^2 = 2gh$$

两者实质上是同一个公式，均是公式 2.15 的推广。该公式描述了物体在做初速度不为零的抛体运动中的垂直速度。

$$v_f^2 = v_i^2 + 2g\Delta y$$

公式 2.15 中的 v_i^2 项来自抛体的初始垂直速度所具有的初始动能。如果从抛体的初始高度和初始垂直速度引起的初始动能入手，这个公式也可从机械能守恒定律推导出来。

机械能守恒定律是另一个分析和理解抛体运动的工具，还可用于分析其他没有力做功的情况。例如，在撑杆跳高中，如果运动员在撑杆过程中没有做功，她在起跳瞬间的总机械能应该等于跃过横杆时的总机械能。此时，撑杆跳高运动员在起跳时的动能被转化为撑杆弯曲的应变势能，而撑杆弯曲的应变势能又被转化为撑杆回弹时将运动员抬升的重力势能。因此，撑杆跳高运动员能跳多高，很大程度上取决于运动员的奔跑速度。

功率

运动员发力增加器械或环节位移的能力是动作技术运动表现的影响因素。

因此，运动员成功完成动作技术需要对器械或环节做大量的功。在某些项目中，优秀的竞技表现不仅取决于做功多少，还依赖于能在短时间内做功。**功率**（power）是描述这种能力的力学术语。与功和能量一样，功率是广为人知的另一个词，并具有许多定义。在力学中，功率是做功的速率，或者说在特定时间内完成的功有多少。平均功率的数学表达式为

$$\bar{P} = \frac{U}{\Delta t} \quad\quad (4.16)$$

其中，$\bar{P}$ = 平均功率；U = 功；Δt = 做功的时间。

若做功的时间是有限且可测的，则公式 4.16 计算的是平均功率或平均功率输出。若在公式 4.16 中做功的时间趋近于零，那么所得的功率为瞬时功率。功率可用于描述做功的快慢程度，其 SI 单位是**瓦特**（Watt，缩写为 W），以苏格兰发明家詹姆斯·瓦特（James Watt）的名字命名，1 W 等于 1 J/s。瓦特还可用于对灯泡、放大器和其他电气设备的功率计量。另一个度量功率的单位是马力，但瓦特是 SI 中功率的单位。

> 功率可用于描述做功的快慢程度。

从公式 4.16 还可推导出另一种定义平均功率的方法：

$$\bar{P} = \frac{U}{\Delta t}$$
$$\bar{P} = \frac{\bar{F}(d)}{\Delta t} = \bar{F}\left(\frac{d}{\Delta t}\right)$$
$$\bar{P} = \bar{F}\bar{v} \quad\quad (4.17)$$

平均功率也可被定义为平均力乘以沿着该力方向的平均速度。如果在公式 4.17 中使用瞬时力和瞬时速度，则可以计算出瞬时功率或瞬时输出功率。

在生物力学中，功率是可通过以下例子加以解释。如果要将一堆书从一张桌子快速搬到另一张桌子上，这

意味着需要尽可能加大输出功率。可采用许多的策略，如一次搬完、一次搬几本或一本一本地搬。对这堆书所做的功是相同的，但所需的时间可能不同，从而功率有所差异。一次搬动整堆书较费力，并且移动速度较慢。分几次搬运则不需要那么费力，并且可加快每次搬运的速度，但总时间可能相同。在第一种情况下，你施加了较大的力，但移动速度较慢。在第二种情况下，你施加了较小的力，但移动速度较快。力和速度的不同组合决定了输出功率的大小。那么在第一种情况下更大的力是否弥补了其速度的缓慢，或者第二种情况下更快的速度是否弥补了其力的不足？力和速度之间如何权衡？

在某些体育运动中，特别是重复动作的周期性项目，也存在类似的问题。例如，在步行、跑步、骑车、游泳、划船、越野滑雪或速度滑冰的运动行为中，动作频率（每分钟重复运动的次数）乘以动作幅度（每个周期行驶的距离）决定运动员的速度或速率。在跑步中，步频乘以步长等于跑步速度，所以跑者可以改变步频、步长或两者同时改变以调整跑步速度。由于运动项目的不同，运动员所选择动作频率和动作步幅也有所不同，同时包括身体形态、所参与的肌群、所参与的环节及运动持续的时间等变量也会不同。在耐力项目中，也需要考虑生理学的因素：哪种动作频率和动作幅度的组合能使运动员的能量消耗降到最低，或在所需的特定速度下运动员的能量消耗最小？哪种组合是最佳的？因为这个问题涉及的变量很多，是很难解答的，所以必须进行不断实验。而研究肌肉则是一条可行路径。

因为肌肉是人体运动时的动力源，所以肌肉的动力学特性可以对如上问题予以解释。当肌肉的收缩速度增加时，其最大收缩力会降低。因此，同一肌肉在缓慢收缩时比快速收缩时产生更大的肌力。如果将肌肉的收缩速度乘以该速度下的最大收缩力，则可计算该肌肉在每个速度下的输出功率。在肌肉最大收缩速度的三分之一到一半左右的速度时，达到肌肉的最大输出功率。因此，在骑自行车时，最佳的齿轮比和最佳踏幅不可能取最大值或最小值，而是各取中介于最大值和最小值的某一值。同理，移动那堆书最好的方法可能不是一次性搬完或每次搬一本，而是一次搬几本。最佳运动频率和运动幅度由肌肉收缩速度在达到最大输出功率时决定。肌肉收缩的生物力学原理将在第十一章中进一步讨论。

【概念应用】

自行车输出功率的优化问题

骑单速自行车（固定齿轮）的骑手不能像跑者那样改变速率。单速自行车的固定齿轮比决定了自行车在一个踏板行程内移动的距离（动作幅度）。由于动作幅度恒定，仅能通过踏频（节律）来调整速度。速度的变化完全是踏频（节奏）变化的结果。单速自行车只适合平坦地形。一般来说，自行车的齿轮比使骑手以接近其所偏好的踏频进行踏行，并在该踏频下自行车以特定速度行驶。通过骑手施加在踏板上的力和该瞬间的踏频，可以计算骑手的输出功率。而如果骑手必须穿越多山的地形，则凸显了固定齿轮自行车的局限性。

当从相对平坦的地形开始爬坡时，骑手的踏频降低，为保持同样的输出功率，必须增大骑手施加在踏板上的力。骑手难以维持大踏板力和慢踏频的骑行模式，因此骑手的输出动力会减少。当从相对平坦的地形开始下坡时，骑手的踏频升高，为保持同样的输出功率，必须增加骑手在踏板上施加的力。骑手也更难维持小踏板力和快踏频的骑行模式，所以骑手的输出功率也会减少。

骑手通过切换变速（多齿轮）自行车所配备不同的齿轮，从而使在上坡、下坡或平坦地形骑行时的踏频和输出功率保持一致。在上坡时使用低挡位，在下坡时使用高挡位，在平坦地形上使用中挡位。在上坡时，低挡位允许骑手以较高的频率踩踏，但踏板行程的距离较短。在下坡时，高挡位使骑手保持接近相同的踏频，但踏板行程的距离更长。在变速自行车上，骑行与跑步相似。骑手可以改变踏幅（通过改变挡位）、踏频（通过加快或减慢踏板），或同时调节两者来改变车速。公路赛自行车运动员必须在长时间内保持较大的输出功率，踏频为 90~100 r/min。使用固定齿轮自行车的场地自行车运动员在冲刺时踏频更高。休闲和环游自行车运动员偏向于较低的踏频，但提升踏频（接近于公路自行车运的踏频）可以提高车速。

在人体运动的研究中，功率是一个热门领域，还因为其是人体运动的一个制约因素。以举重比赛的挺举为例，运动员对杠铃施加的力和杠铃的快速移动说明运动员的输出功率很大，但持续时间很短。如果延长时间间隔，举重运动员能提高输出功率吗？运动的持续时间影响个体输出功率的可持续性。短跑运动员只能短时间内（0~60 s）维持高输出功率。中长跑运动员的输出功率虽低，但持续时间更长（1~7 min）。马拉松

选手的输出功率最小,但持续时间最长(2~4 h)。

图 4.4 展示了人体最大输出功率和持续时间之间的理论关系。这种关系说明了人体供能系统(其代谢系统)对人体机械输出的约束作用。

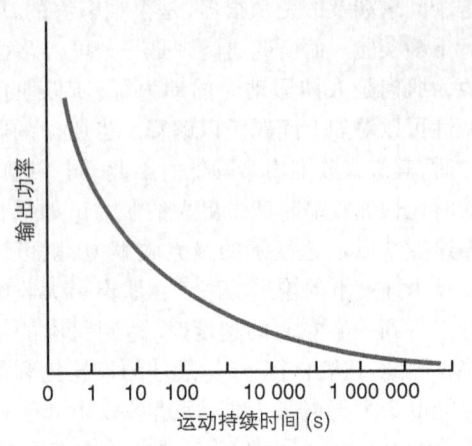

图 4.4 最大输出功率随着运动持续时间的增加而减少
横坐标为非固定比例

总结

在本章中,我们学习了功、能量和功率的力学定义。功是作用在物体上的力乘以物体沿该力方向的位移,能量则是做功的能力。在力学中,能量有两种形式:一是势能,由位置或形变引起的能量;二是动能,由运动引起的能量。重力势能是由物体在重力场中的位置所决定的,而应变势能是由物体弯曲、伸展或形变引起的。作用在物体上的力的净功引起物体能量的变化。如果做了净功,就会导致能量的变化。同样地,如果观察到能量的变化,就意味着一个或多个力做了功以引起这种能量的变化。

功率是做功的速率,可以表示为力和速度的乘积。在人体运动中,人体可产生的最大输出功率与所参与运动的持续时间有关,且受人体代谢能力的影响。

关键词

能量	动能	应变势能
重力势能	势能	瓦特
焦耳	功率	功

第五章 转矩和力矩

维持平衡或改变角运动

学习目标
学完本章,你应该能做到以下内容:
- 掌握转矩(力矩)的定义
- 掌握静力平衡的定义
- 列出静力平衡的公式
- 求出两个或两个以上力矩的合力矩
- 当作用在物体上的力和力矩处于已知状态时,辨析物体是否处于静力平衡状态
- 如果物体处于静力平衡状态,且所有其他的力或力矩作用于物体的力是已知的,确定作用在一个物体上一个未知的力或力矩
- 掌握重心的定义
- 粗略预测物体重心的位置

当你坐在健身房里想着下一次在举重器械上的下拉动作时,你注意到你将要举起的那堆重量看起来还不够重,达不到重量标签上所标明的 90 lb。但是当你坐在长凳上把杠铃往下拉,感觉就像 90 lb。机械上的滑轮、杠杆及钢索是如何让一堆相对较小的铁块感觉像 90 lb 的呢?答案与重量堆和那些滑轮、杠杆和钢索产生的力矩有关。本章介绍力矩和重心的概念,并增加了静力平衡的概念。

这一章围绕力矩所展开,力矩会引起角运动的变化。肌肉在运动的关节周围产生力矩,并通过这些力矩控制四肢及整个身体的运动。即使你不处于运动的状态,力矩也很重要。平衡状态不仅受力的影响,力矩也是影响因素之一。在本章中你将会去接触力矩、力和力矩的平衡,以及重心和稳定性等概念,上述概念在某种程度上都和力矩有关。

何为力矩?

由力产生的转动效应称为**转矩**(torque),亦称**力矩**(moment of force)。有时,这个术语简化为矩。力矩可以被看作一种角力或旋转力。为了更好地理解力是如何产生力矩的,下面让我们尝试自主实验 5.1。

自主实验 5.1

力是如何产生力矩的?

a. 把书平放在桌子或书桌上。用两个手指(或铅笔)推动书的侧面,形成一个通过书本重心方向的力(图 5.1a)(如果你能把书本平衡在铅笔尖上,书的重心会垂直坐落在这个平衡点上)。关于重心的完整讨论在本章后面部分。你施加在书本上的力会产生什么样的结果?这本书进行直线移动。作用在书上的合力(你的推力减去摩擦力)通过书的重心,并且这个合力使书产生线性加速度,书几乎没有转动或旋转。显然,这种力不会对书本产生转动效应或力矩。

b. 现在再做一次实验,但这次用手指(或铅笔)使书本受力的方向不是指向书的重心(图 5.1b)。我们看看发生了什么?原本直线运动的这本书其重心发生了改变,同时这本书也发生了旋转。在这种情况下,作用在书上的合力没有通过书的重心方向,而这个合力导致了书的线性加速,并使得书产生了旋转。这种力的作用施加在书本上产生一个力矩的效果。

c. 重复第三次这个实验,但这次用的是双手(或两支铅笔)。在用你的左手手指推动书本左下角的同时,用右手手指推动书本的右上角(图 5.1c)。尝试每只手作用在书本上的力大小是相同的,但是这些力的作用方向相反。这又会发生什么样的情况呢?在这种情况下,书是旋转的,但它的重心几乎没有动。作用在

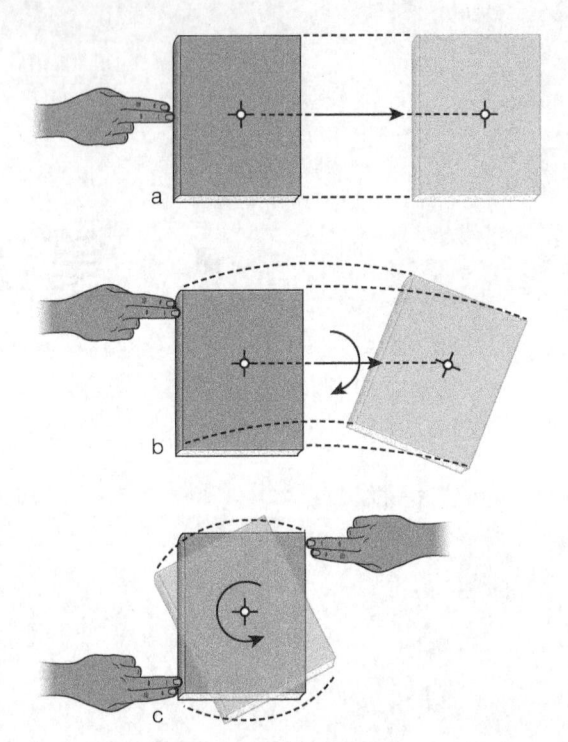

图 5.1 在桌子上滑动一本书,使它平移(a)、平移并旋转(b)、旋转(c)

书上的力使书旋转,但不移动。在这两个力联合作用下产生了一个力矩。

○ 由力产生的转动效应称为力矩。

我们总结概括一下这些实验的结果,在自主实验 5.1a 中,作用在书本上的力都是定向穿过书本重心的。一个外部的通过物体重心的力称为**中心力**(centric force)。中心力的作用是引起物体直线运动的变化,正如牛顿第二定律所预测的,如自主实验 5.1 所示。

在自主实验 5.1b 中,作用在书本上的合力并没有通过书本的重心。没有通过物体重心的外力称为**偏心力**(eccentric force)。(在这种情况下,偏心指的是一种力,而不是一种肌肉收缩)。偏心力的作用是使物体的直线运动和角运动发生变化。这两种运动在这次实验中都观察到了。直线运动的变化可以用牛顿第二定律来解释。偏心力产生的力矩使书本发生转动。

在自主实验 5.1c 中,有一对力作用在书本上。这些力大小相等,但方向相反,而且是非共线的。一对这样的力被称为**力偶**(force couple)。力偶的作用只在物

体的角运动中引起变化。这两种力的合力是零,所以根据牛顿第一定律和牛顿第二定律,直线运动没有变化,在自主实验5.1c中也没有观察到任何变化(这本书的移动很小,而且由于你施加在书上的力大小上不完全相等,方向也不完全相反)。力偶产生的力矩使书转动。

一般来说,中心力会引起或倾向于引起物体直线运动的变化;偏心力会引起或倾向于引起直线运动和角运动的变化运动:物体的直线运动和角运动;力偶会导致或倾向于导致物体角运动的变化。在本章中,我们将进一步研究第二种情况下偏心力和第三种情况下力偶产生的转动效应或力矩。

力矩的数学定义

影响力矩大小的因素是什么,它又是如何量化的?直观感受上,你会认为产生转动效果的力的大小会影响力矩的大小。为了验证这一点,再尝试几次自主实验5.1b,每次增加你施加在书上偏心力的大小。随着偏心力的增大,转动效果也会增大,由此所引起的旋转增量可见一斑。对自主实验5.1c做同样的操作。再试几次,每次增加力偶中力的大小。同样,随着力偶中力的增加,旋转幅度加快,因此转动效果更为明显。在这种情况下,我们的直觉是正确的;力矩与产生它的力的大小直接相关。

然而,一个力所产生的力矩并不仅仅取决于这个力。如果是这样的话,你在自主实验5.1a中施加在书上的中心力就会产生转动效应。自主实验5.1a和b之间的唯一区别是你施加在书上的力的作用线。除了力之外还有什么因素会影响力矩?自主实验5.2可能有助于回答这个问题。

自主实验5.2

力臂是如何影响力矩的?

现在重复自主实验5.1a。推动书本,使你手指产生的力刚好通过书的重心。再做一遍,只是这一次作用力,使其作用线偏离中心,使力成为偏心力。重复实验几次,每一次推动书,使力的作用线离书的重心越来越远。在每次实验中尽量保持力的大小相同。会发生什么样的情况呢?当把书推到离重心越来越远时,力产生的力矩变得越来越大,使书旋转得越来越厉害。

为了强化这个概念,再次尝试自主实验5.1c。在书的两端和相反的方向上施加一对力(一个力偶)。再做一次,只是这次移动你的手,这样它们之间的距离和它们施加在书上的力就不会那么大。这样重复几次,每次施加力的线就会越来越靠近,直到最后的力是共线的。会发生什么呢?随着每个力的作用线之间的距离越来越短,力偶产生的力矩越来越小,当力变为共线时,力矩完全消失。

力矩受力作用线的位置和方向及力的大小影响。力产生的力矩与力的大小,以及力的作用线与物体倾向于旋转的点(转动轴)之间的距离成正比。在力偶的情况下,转动效应再次与力的大小和这些力的作用线之间的距离成正比。现在我们可以扩展我们对力矩的定义。力矩是力产生的转动效应,等于力的大小与力的作用线与物体转动轴(或物体倾向于绕其转动的轴)之间的距离的乘积。力作用线和旋转轴之间的距离是力作用线与穿过转动轴的平行线之间的垂直距离。这个距离有时被称为垂直距离,更常被称为力的**力臂**(moment arm)。图5.2 显示了自主实验5.1b的力和力臂。

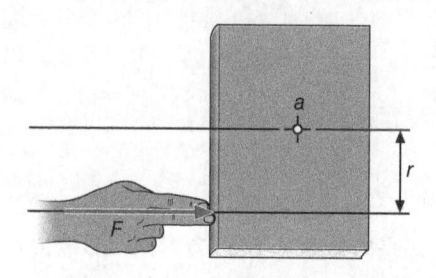

图 5.2 力(F)的力臂(r),是力作用线到转动中心的垂直距离

那么,从数学上讲,力矩定义如下:

$$T = F \times r \tag{5.1}$$

其中,T = 力矩;F = 力;r = 力臂或垂直距离。

因此,力矩的测量单位是力的单位(SI中的牛顿)乘以长度单位(SI中的米)。因此,力矩是以牛·米为单位测量的,缩写为 N·m。要详细地描述出力矩,必须阐述出其大小及产生旋转效果的转动轴(顺时针或逆时针)。因此,力矩是一个矢量,因为转动效应是围绕一个指向特定方向的特定轴。与力一样,一旦指定了方向(或轴,在力矩的情况下),就会使用正(+)或负(-)符号来表示沿着(或围绕)该线(或轴)的力或力矩的感觉。传统的方法是将逆时针力矩表示为正(+),将顺时针力矩表示为负(-)。与力一样,作用在同一轴上的力矩可以代数相加或相减。在深入研究数学量化之前,让我们看看如何使用力矩的例子。

有关于力矩的范例

首先,让我们设想有一扇门,你是如何开门或关门的?你应当抓住它的门把手,通过推或拉的行为去开门。你施加在门上的力会产生绕门轴的旋转作用,轴垂直于门的铰链。该力矩导致门打开或关闭,如图5.3

所示。要探寻示例的门中力臂长度的影响,请尝试自主实验5.3。

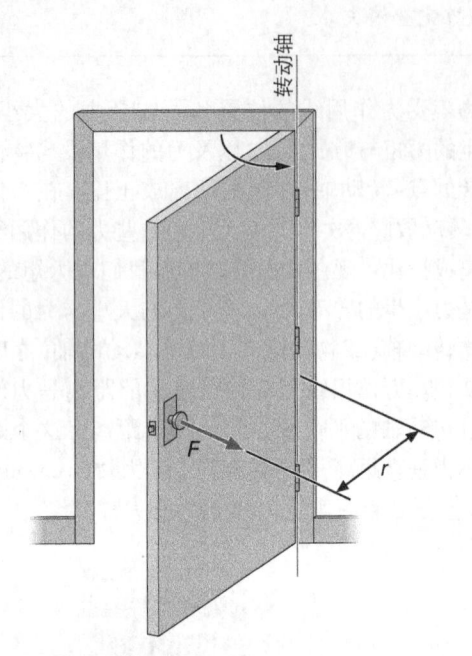

图5.3 拉力所产生的力矩

自主实验5.3

如果力矩保持不变,力臂如何影响力?

你认为为什么门把手位于铰链的对面?因为这个位置使得力矩方程中的力臂 r 很大,因此打开门所需的力很小。试着用靠近铰链的力推动门,进行打开或关闭门的行为。你必须用更大的力来推动门,才能产生相同的力矩。随着你的手越来越靠近铰链,推动门所需的力越来越大,因为力的力臂越来越小。

给定大小的力矩可以用大的力和小的力臂产生,也可以用小的力和大的力臂形成。因为人类所能施加的力通常是有限的,所以当我们想要产生大的力矩时,我们会使用大的力臂。图5.4所示的工具是如何增加力臂来产生需要的力矩?

所有这些工具都有手柄,可以增加力臂的长度,从而增加施加在螺钉、螺母等上的力矩。在使用扳手或钳子的情况下,将这些工具放在手柄上更远的地方,也可以通过增加力的力臂来增加力矩。让我们转动并施加力矩的其他日常用品包括方向盘(为什么重型卡车的方向盘直径比汽车大?)、门把手、自行车把手、罐子盖、电器上的旋钮和表盘、自行车曲柄、电灯开关、衣夹、订书机等都是较为典型的例子。

力矩是如何在运动中使用的?在赛艇和皮划艇运动中,运动员向桨施加力矩,使其围绕作用点转动。在高尔夫球、棒球和网球中,力矩被施加到球杆、球棒或

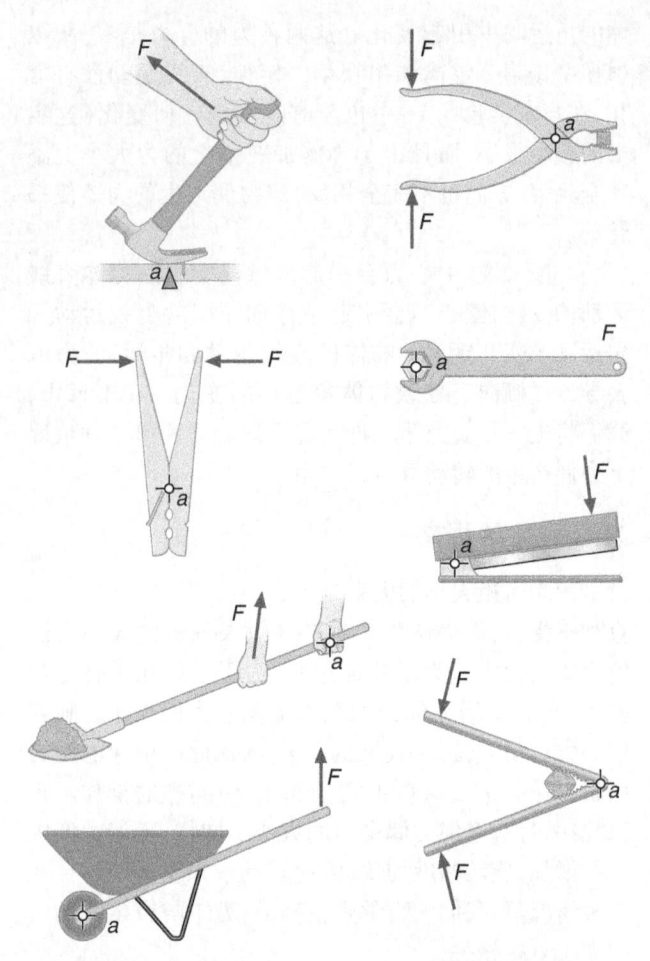

图5.4 施加力(F)的常用工具,从而在轴(a)周围产生力矩

球拍上,用以挥动这些器械。在任何转动、旋转或摆动某物(包括我们的身体)的运动中,一定有力矩来产生这些转动、旋转和摆动。摔跤中通常也会使用这样的握力来产生扭转对手的力矩,如图5.5所示。

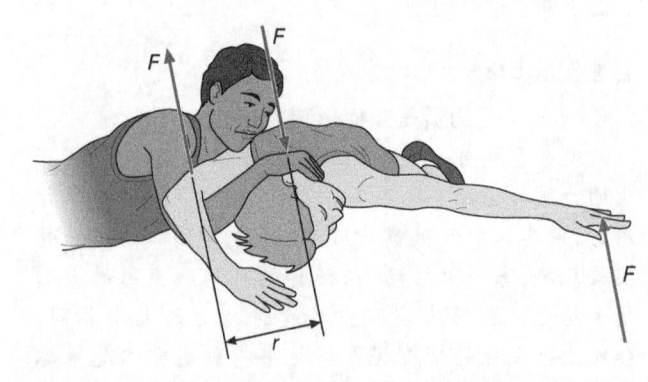

图5.5 摔跤手用力对他的对手施加了一个力矩,倾向于把对手翻过来。对手可以通过伸出手臂向下推垫子来抵消这种力矩

在这个过程中,你的对手是俯卧的,你试着把手放在他的肩膀下和后脑勺上,使他被压制在地上并呈现背部朝上的姿势。如果你用手向下推他的头,并用手臂将他的肩膀从下抬起,你就会产生一个力偶,绕着纵轴产生一个力矩,且穿过你的对手。这个力矩会产生

一种翻转效果,使你的对手翻转过来。为了防止这种情况,你的对手可以用他的另一只手臂制造一个力矩,使其与身体垂直。用这只手臂和手向下推到垫子上会产生一个绕同一轴但方向相反的力矩。

肌肉活动中的力矩

到目前为止,给出的例子都是作用在物体或其他物体上外部力矩的例子。那么身体内部呢?是什么产生了使我们的四肢围绕关节旋转的效果?究其原因是肌肉产生转动四肢的力矩。肌肉在收缩时会产生一种力,拉动其与骨骼系统的连接点。肌肉力量的作用线(或拉力线)是沿着连接其附着物的线,通常由其肌腱的方向来表示。肌肉附着的骨骼位于关节两侧的四肢内,在某些情况下为两个或多个关节。当肌肉收缩时,肢体会产生力。因为肌肉力量的作用线距离关节轴有一段距离,所以存在一个力臂,围绕关节轴的力矩是由附着的关节两侧肢体上的肌肉产生的。远端肢体上的肌肉产生的力矩将倾向于使该肢体绕着穿过关节的轴在一个方向上旋转,而近端肢体上的肌肉产生的力矩倾向于围绕同一轴在相反方向上旋转该肢体。图5.6显示了肱二头肌产生的力是如何产生力矩的,并使前臂绕肘关节转动/屈曲。

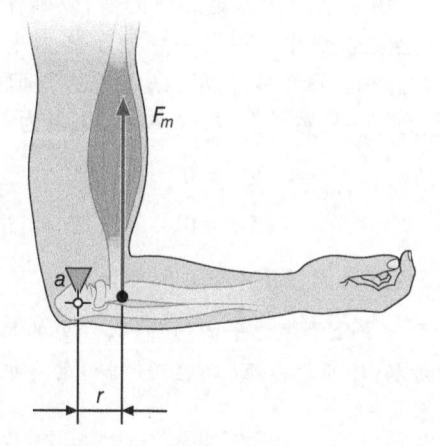

图5.6 肱二头肌围绕肘关节轴施加一个力矩,产生一个力(F_m),在关节周围有一个力臂(r)

当前臂在肘关节处从完全伸展运动到90°屈曲时,肱二头肌对前臂产生的力矩会发生什么?肌肉能在整个运动范围内产生相同的力矩吗?如果肌肉产生相同的力,并且肌肉的力臂在整个运动范围内保持不变,则产生的力矩不会改变。让我们尝试自主实验5.4,看看肌肉的力臂是否保持相同的长度。

自主实验5.4

随着肘关节角度的变化,肱二头肌的力臂是如何变化的?

手里拿着一本沉重的书,伸出你的右前臂。现在用你左手的拇指和食指捏住右肘。我们的食指应该能够感觉到右前臂肱二头肌的肌腱,你的拇指应该能感觉到你肘部的后部,即尺骨的鹰嘴突。现在肘部弯曲,你的拇指和食指之间的距离改变了吗?随着肘部弯曲度接近90°,它会变大。这个距离是对肱二头肌绕肘关节的力臂的粗略测量。当肘部处于90°时,肱二头肌的力臂最大,当肘部弯曲或伸展离开该位置时,力臂变小。图5.7显示了肱二头肌的力臂如何随着肘关节位置的变化而变化。

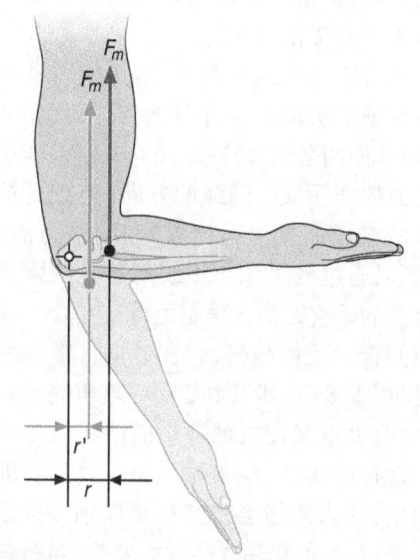

图5.7 肱二头肌的力臂随着肘关节的屈曲从 r' 增加到 r(肘部处于90°)

自主实验5.4的结果表明,肱二头肌绕肘关节产生力矩的能力取决于肘关节的位置,因为当肘部屈曲和伸展时,肌肉的力臂会发生变化。我们的大部分肌肉和它们交叉的关节也存在类似的情况。改变关节处的角度会改变穿过该关节处肌肉的力臂。这部分解释了为什么我们的肌肉在某些关节位置明显比其他关节位置更强壮。

力量训练装置和力矩

使用自由重量或举重机进行的力量训练提供了许多非自身肌肉力量施加在我们四肢上力矩的例子,如一个手臂弯举的练习。在这个练习中,你手里握着一个哑铃,并通过肘部关节的屈伸来举起它。我们已经明白肱二头肌的收缩是如何在肘关节周围产生力矩的。当你举起哑铃时,它的重量也会使得我们在肘关节周围产生一个力矩,这个力矩往往会使前臂朝相反的方向运动并使你的前臂在肘关节处伸展。

我们能从图5.7中看到当手臂在其运动范围内移动时,肱二头肌的力矩是如何变化的。肱二头肌的力臂随着关节位置的变化而变化。当进行手臂屈曲运动时，哑铃在肘关节周围产生的力矩会发生什么？哑铃不会变重，但随着肘部的屈曲，力矩会变大。这种变化的发生是因为哑铃重量的作用线，即一条穿过哑铃中心的垂直线，在运动过程中远离肘关节，从而增加了力臂。在举重开始时，当前臂垂直，肘部完全伸展时，哑铃的力臂处于最小值，力矩最小。当前臂水平，肘部成90°时，哑铃的力臂处于最大位置，力矩最大。超过该位置的弯曲产生较小的力臂，从而产生较小的力矩，超过该位置后的伸展动作也是如此。对于大多数涉及自由重量的练习，重量产生的力矩随着这些重量的力臂在运动过程中的变化而变化。

举重机可能具有这种特性，也可能不具有这种特性。要分析举重机施加在你身上的力矩，你必须先确定阻力，通常使用缆索、滑轮或凸轮来定向作用在重量堆上的重力的作用线。缆绳的方向（连接到机械实际移动部分的臂或凸轮上的位置）表明阻力的作用线。然后，你可以通过测量该作用线与装置的臂或凸轮的转动轴之间的垂直距离来确定力臂。

让我们看一下伸腿机，它在许多重量训练设施中较为常见（图5.8）。其阻力是由一堆重物提供的。然后，该力则通过连接在机械臂中间的缆绳传输到机械臂上。在进行锻炼时，绳索拉动机械臂。绕机械臂的轴产生力矩，因为缆绳会将其拉离该轴一段距离。随着运动的进行，力的作用线会发生变化，当膝盖完全伸展时，力臂会变小。因此，该机器产生的阻力力矩在膝盖处于90°的起始位置最大，并且随着腿的伸展而变小。你能想出一种方法来重新设计这台机器吗？整个练习过程中力矩都保持不变？市场上一些锻炼器械的设计目标是在锻炼的整个运动范围内提供恒定的阻力力矩。其他机器被设计为提供阻力力矩，该阻力力矩随着运动的进行而与正在运动的肌肉的力臂的变化呈比例地变化。在这些机器中，设计目标是让肌肉在整个运动过程内产生恒定的力。这就是Nautilus型加重机设计的初衷。

到目前为止，你应该了解了什么是力矩及如何对其进行数学量化。我们简要地指出了力矩可以相加（或相减）的事实，但我们没有讨论多个力矩在作用于同一物体时所产生的影响。力矩可以加在一起形成等效的净力矩吗？如果力矩的作用方向相反怎么办？对于处于平衡状态的物体，是否必须有力矩的平衡（就像力的情况一样）？

平衡状态下的力和力矩

在第一章中，在讨论力的过程中引入了静力平衡的概念。如果一个物体处于静止状态，它被描述为处于静力平衡状态。对于处于静力平衡的物体，作用在其上的外力必须总和为零（即净外力必须等于零）。我们在本章早些时候对一本书进行的力偶实验表明，净力为零并不是静力平衡的唯一条件。零的净力确保对象的线性运动不会发生变化，但不会约束对象的角运动。作用在物体上的净力矩必须为零，以确保物体的角运动不会发生变化。对于一个处于静力平衡的物体，外力的总和必须为零，外部力矩（绕过任何轴）的总和也必须为零。从数学上讲，这些条件表示为

$$\Sigma F = 0$$
$$\Sigma T = 0 \qquad (5.2)$$

其中，ΣF = 净外力；ΣT = 净力矩。

> 对于一个处于静力平衡的物体，外力的总和必须为零，外部总力矩（绕过任何轴）的和也必须为零。

净力矩

在本章中，当学习力矩的数学定义时，我们也说过，作用在同一轴上的力矩可以用代数方法相加或相减，作用在相同方向上的力也是如此。在平面情况下，我们通过对作用在物体上的力矩求和来计算净力矩。要研究净力矩，请尝试自主实验5.5。

图5.8 伸腿机，由于其力臂（r）大小的变化，力矩随着位置变化而变化

【概念应用】

在抗阻练习中通过调整身体姿势来改变力矩

自由重量（哑铃、杠铃、壶铃等）的抗阻练习利用重力提供阻力。因此，阻力的作用线总是向下的。对于涉及单个关节的自由重量运动，关节周围的阻力力矩随着肢体在运动范围内运动而变化。阻力力矩的

变化直接由连接点的关节角度决定;也就是说,在自由重量举起过程中肌肉产生力矩的变化也直接由关节角度决定。阻力力矩在特定的连接点角度最大,在另一个连接点角度最小。这些角度不会随着每次重复提升而改变。这可能是自由重量运动的一个缺点,但事实并非如此。

站立时用哑铃完成一个屈肩动作。开始时手臂放置在身体两侧且与地面垂直。当手臂和哑铃上升到水平位置时,肩关节再屈曲,周而复始。哑铃绕肩关节的力臂及阻力力矩在起始位置最小,在举起结束时最大。肩部屈肌产生的力矩在举重开始时很小,在举重结束时最大,与哑铃产生的阻力力矩相匹配。这个动作练习能否改变产生最大和最小肩部屈肌力矩的关节位置?

如果该运动是仰卧在长凳上进行的,会发生什么?运动开始时,手臂水平放置在身体两侧。当手臂和哑铃上升到垂直位置时,肩关节再屈曲,周而复始。在这种锻炼的动作变化中,哑铃的力臂在肩关节附近,因此哑铃绕肩关节的力臂及阻力力矩在起始位置最大,在举起结束时最小。肩部屈肌产生的力矩在举重开始时最大,在举重结束时最小。这种情况与以站立姿势相反。在另一种变化动作中,抬起时髋关节屈曲,一只手臂和膝关节放在长凳上提供支撑。在起始位置,当手臂垂直悬挂时,肩部已经弯曲到90°。然后肩部伸展,使手臂保持水平。使用倾斜的工作台可以使这种举重动作有更多的变化。

通过改变位置,被举起的重物的力臂发生了变化,这改变了运动过程中重物在关节周围产生的力矩。尝试改变阻力带对关节施力的方向,也可以在阻力带练习中获得类似的结果。如果可以改变缆绳的拉线,那么在举重机上使用缆绳站着锻炼也可以获得类似的结果。试着想想如何改变你所做的其他抗阻练习,使阻力的作用线发生变化,从而改变阻力力矩在练习中的变化方式。

自主实验5.5

通过操作力矩来平衡标尺

开展这个实验,我们要使用一个简单的系统。找一把尺子、一块橡皮和10枚面额相同的硬币,这里重量以便士为单位来说明。把尺子放在橡皮的边缘保持平衡。如果你没有橡皮,找一个平面宽约1/4 in(0.6 cm)的东西,你可以尝试把尺子平衡在物体上面。如果尺子长12 in(30 cm),它可能会在6 in(15 cm)处保持平衡。现在把1枚硬币放在橡皮左边5 in(13 cm)的尺子上。尺子是否保持平衡(是否处于静力平衡状态)? 否。为什么是否呢?

自主实验5.5中的硬币在橡皮擦周围产生了逆时针力矩,导致标尺逆时针旋转。硬币的力臂是5 in。硬币产生的力就是硬币的重量。橡皮擦产生的力矩是1便士(p)乘以5 in,或5 p·in 的力矩。在这种情况下,通过橡皮绕过轴在标尺上的净力矩仅由硬币的重量引起。

$\Sigma T = \Sigma(F \times r)$

$\Sigma T = (-1 \text{ penny}) \times (-5 \text{ in})$

$\Sigma T = +5 \text{ penny inches}(\text{p}\cdot\text{in})$

这个力矩是正的,因为它会导致标尺沿逆时针方向旋转。

现在再将1枚硬币放在距离橡皮擦3 in(约8 cm)的尺子右侧。在这种情况下,通过橡皮绕轴在标尺上的净力矩是多少? 净力矩为

$\Sigma T = \Sigma(F \times r)$

$\Sigma T = (-1 \text{ p}) \times (-5 \text{ in}) + (-1 \text{ p}) \times (+3 \text{ in})$

$\Sigma T = +5 \text{ p}\cdot\text{in} + (-3 \text{ p}\cdot\text{in})$

$\Sigma T = +5 \text{ p}\cdot\text{in} - 3 \text{ p}\cdot\text{in}$

$\Sigma T = +2 \text{ p}\cdot\text{in}$

例题 5.1

朱莉(Julie)正在用200 N的水平力推门。这个力围绕门铰链的力臂为60 cm。汤姆(Tom)在门的另一边向相反的方向推。这个推力的力臂是40 cm。如果门处于静力平衡状态,则Tom推的力有多大?

解:

第1步:列出已知变量。

$$F_j = 200 \text{ N}$$

$$r_j = 60 \text{ cm}$$

$$r_t = 40 \text{ cm}$$

第2步：确定要求解的未知变量。

$$F_t = ?$$

第3步：画一个受力图。

第4步：搜索具有已知和未知变量的方程。公式5.2适用。

$$\Sigma T = 0$$

测量铰链接头的力矩。

$$\Sigma T = 0 = (f_j)(r_j) + (F_t)(r_t) = 0$$

第5步：将已知值代入，并求解方程。

$$\Sigma T = 0 = (200 \text{ N}) \times (60 \text{ cm}) + (F_t)(40 \text{ cm}) = 0$$

$$F_t = -(200 \text{ N}) \times (60 \text{ cm})/(40 \text{ cm}) = -300 \text{ N}$$

负号表示Tom的力与Julie的力方向相反。

第6步：常识性检查。

Tom施加的力，应该大于Julie施加的力，因为Tom的力臂较小。

净力矩仍然是逆时针方向(+)，但已降至2 p·in。标尺右侧的硬币产生顺时针力矩。现在将另1枚硬币放在橡皮右侧2 in(5 cm)的尺子右侧。会发生什么？尺子在橡皮上保持平衡。它处于静力平衡状态。这看起来很奇怪，因为在尺子的右边有2倍的硬币。也许对图5.9所示的受力图进行分析将有助于解释这种情况。

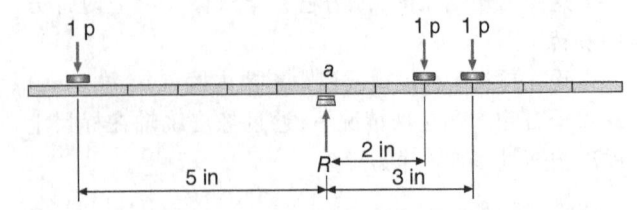

图5.9 尺子在橡皮上平衡的受力图，尺子上有硬币。R为支撑尺子的反作用力，a为轴(该图省略了尺子的重量)

通过橡皮绕着轴在标尺上的净力矩是多少？净力矩为

$$\Sigma T = \Sigma (F \times r)$$

$$\Sigma T = (-1 \text{ p}) \times (-5 \text{ in}) + (-1 \text{ p}) \times (+3 \text{ in}) + (-1 \text{ p}) \times (+2 \text{ in})$$

$$\Sigma T = +5 \text{ p·in} + (-3 \text{ p·in}) + (-2 \text{ p·in})$$

$$\Sigma T = +5 \text{ p·in} - 3 \text{ p·in} - 2 \text{ p·in}$$

$$\Sigma T = 0$$

标尺保持平衡(处于静力平衡状态)，因为作用在标尺上的净力矩为零。让我们再举一个例子。把尺子上的硬币清理干净。现在，把4枚硬币叠放在橡皮右边3 in(约8 cm)的尺子上。这些硬币在橡皮擦上产生的净力矩是多少？4 p乘以3 in等于12 p·in。产生了绕着穿过橡皮擦的轴顺时针方向的力矩。如果你只剩下2枚硬币用来平衡尺子，你会把它们堆在哪里？

因为我们现在知道，如果标尺是平衡的(并且处于静力平衡状态)，净力矩必须为零，所以我们可以用数学方法解决这个问题，如下所示：

$$\Sigma T = \Sigma(F \times r) = 0$$

$$0 = (-2 \text{ p})(r) + (-4 \text{ p}) \times (+3 \text{ in})$$

$$(-2 \text{ p})(r) = (4 \text{ p}) \times (+3 \text{ in})$$

$$r = \frac{(4 \text{ p})(3 \text{ in})}{-2 \text{ p}} = -6 \text{ in}$$

2枚硬币将产生12 p·in的逆时针力矩(来抵消4枚硬币产生的12 p·in的顺时针力矩)，如果你把它们叠在橡皮擦的左边6 in(6 in之前的负号表示力臂在轴的左边)。2 p乘以6 in等于12 p·in。就会产生12 p·in的逆时针方向的力矩。

使用平衡方程估计肌力

现在，让我们来看看静力平衡的条件如何使我们能够估计我们的肌肉举起或支撑物体所产生的力。假设你手里拿着一个20 lb(9 kg)的哑铃，肘部屈曲90°，使前臂与地板平行。如果这个哑铃的力臂绕着肘关节轴是12 in(30 cm)，那么这个哑铃绕着你的肘关节轴所产生的力矩是多少？使用公式5.1，力矩为

$$T = F \times r$$

$$T = (-20 \text{ lb}) \times (-12 \text{ in})$$

$$T = +240 \text{ lb·in}$$

哑铃产生 240 lb·in 的力矩,沿逆时针方向绕肘关节轴旋转。

为了举起这个哑铃,你的肘部屈肌必须产生一个与逆时针方向相等的顺时针力矩,哑铃产生的顺时针力矩(如果忽略前臂和手的重量)。如果这些肌肉的力臂是 1 in(2.5 cm),那么他们必须用什么力量才能将哑铃保持在所描述的位置?因为前臂必须处于静力平衡状态,所以问题的解决方法如下(让 F_m 表示肌肉力量):

$$\Sigma T = \Sigma(F \times r) = 0$$
$$\Sigma(F \times r) = (-20 \text{ lb}) \times (-12 \text{ in}) + F_m(-1 \text{ in}) = 0$$
$$F_m(-1 \text{ in}) = -(-20 \text{ lb}) \times (-12 \text{ in})$$
$$F_m = \frac{-(-20 \text{ lb}) \times (-12 \text{ in})}{-1 \text{ in}} = +240 \text{ lb}$$

我们的肘部屈肌必须产生 240 lb(约 1 068 N)的力才能支撑一个 20 lb 的哑铃。这似乎是一个非常大的力,但我们的肌肉是这样排列的,它们在关节周围的力臂很短。因此,它们必须产生相对较大的力,才能在关节周围产生实际有效的力矩。

净力矩的其他案例

现在我们来看看竞技体育比赛中净力矩的一些例子。以撑杆跳高运动员为例。撑杆跳高运动员会受到哪些外力的作用?重力会以等于他自身体重的力向下拉,而撑杆在运动员握杆的两只手上施加力。图 5.10 显示了撑杆跳高运动员的受力图,并估计了所受外力的值。

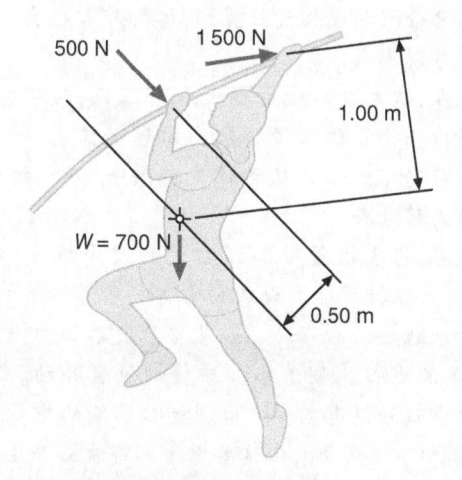

图 5.10 撑杆跳高运动员刚起跳时的受力图。来自作用点的反作用力在杆上产生顺时针方向的力矩

绕着通过重心的轴线,这个撑杆跳高运动员的净力矩是多少?撑杆跳高运动员处于平衡状态吗?作用在撑杆跳高运动员左手上的 500 N 力有一个绕其重心 0.5 m 的力臂。这个力产生了一个绕着撑杆跳高运动员重心的顺时针力矩。作用在撑杆跳高运动员右手上的 1 500 N 力的力臂距离其重心为 1 m。这个力围绕着撑杆跳高运动员的重心产生的力矩也是顺时针的。撑杆跳高运动员 700 N 的重量通过其重心作用,因此该重量的力臂为零,因此不会围绕撑杆跳高运动员的重心产生任何力矩。从数学上讲,围绕穿过撑杆跳高重心的横轴的净力矩为

$$\Sigma T = \Sigma(F \times r) = (-500 \text{ N}) \times (0.50 \text{ m})$$
$$\qquad - (1\,500 \text{ N}) \times (1.00 \text{ m})$$
$$\Sigma T = -250 \text{ N·m} - 1\,500 \text{ N·m}$$
$$\Sigma T = -1\,750 \text{ N·m}$$

该净力矩上的负号表示其作用方向为顺时针方向。1 750 N·m 的净力矩产生了一种旋转效果,倾向于将撑杆跳高运动员顺时针旋转到背部,就像他在做后空翻一样。现在,让我们考虑一下当撑杆跳高运动员处于图 5.11 中图所示的位置时,他在撑杆跳高后期会发生什么。

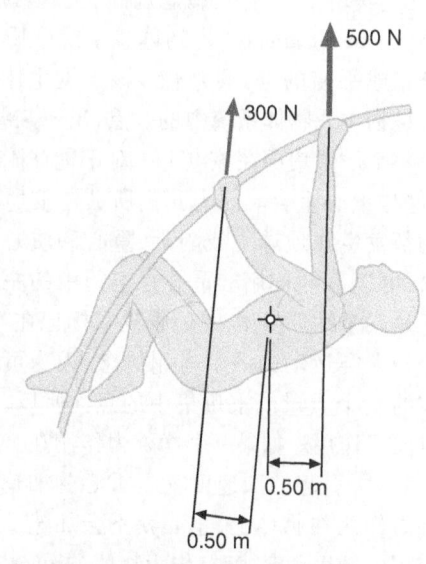

图 5.11 撑杆跳高运动员在跳高中途的受力图。杆的反作用力在拱顶上产生相反方向的力矩

在这种情况下,作用在撑杆跳高运动员身上的净力矩是多少?作用在撑杆跳高运动员左手上的 300 N 力矩有一个 0.5 m 的力臂,并且仍然围绕撑杆跳高运动员的重心产生顺时针(-)力矩。作用在撑杆跳高运动员右手上的 500 N 力也有一个 0.5 m 的力臂,但现在它会围绕撑杆跳高运动员的重心产生一个逆时针(+)力矩。净力矩为

$$\Sigma T = \Sigma(F \times r) = -(300 \text{ N}) \times (0.50 \text{ m})$$
$$\qquad + (500 \text{ N}) \times (0.50 \text{ m})$$

$$\Sigma T = -150 \text{ N} \cdot \text{m} + 250 \text{ N} \cdot \text{m}$$

$$\Sigma T = +100 \text{ N} \cdot \text{m}$$

这个净力矩上的正号表示它沿逆时针方向作用。因此,作用在撑杆跳高运动员身上的力所产生的旋转效应往往会使撑杆跳高运动员逆时针旋转,就像他在做前空翻一样,或者减缓撑杆跳高运动员的顺时针旋转。后者很可能是这样,因为撑杆跳高运动员在撑杆跳高的早些时候是顺时针旋转的。当撑杆跳高运动员将身体与杆对齐准备越过横杆时,这种逆时针力矩将阻碍其顺时针旋转:它最终将导致撑杆跳高运动员逆时针旋转。这种逆时针旋转有助于撑杆跳高运动员身体在腾空过程中完成横杆上旋转。

何为重心?

到目前为止,你应该了解了什么是力矩,它是如何由外力和肌力产生的,如何确定净力矩,以及静力平衡的条件是什么。"重心"一词在本章中已经使用过多次。你可能以前听过这个表达,并且已经对它的含义有了一些想法。在本章中,对重心的概念进行了定义和解释。

重心(center of gravity)是物体或系统中质量或重量均匀分布或平衡的点,重力通过该点发生作用。质量的中心是物体或物体系统中的一点,出于某些目的,可以假设整个质量集中在该点上。对于地球附近的物体来说,这与重心重合。因为我们所关注的所有人类运动活动都发生在地球上或附近,重心和质心则是等价的术语,可以互换使用。重心是空间中的一个假想点。它不是一个物理实体;其位置没有标记在对象上。重心是分析人类运动的一个有用概念,因为可以认为它是身体的整个质量或重量集中的点。所以,重力通过这个点向下作用。如果一个净外力作用在一个物体上,这个净力所引起的加速度就是重心的加速度。如果没有外力作用在物体上,重心就不会加速。当我们解释和应用牛顿运动定律时,作为物体的重心,其运动受这些定律的支配。因此,如何确定或估计一个物体或人体的重心位置是很重要的。

> 重心是整个身体的质量或重量被集中在其中的点。

确定物体的重心位置

重心的定义给出了如何找到它的位置的提示:重心是身体重量保持均衡的一个点。重心是平衡点。这是什么意思?每个物体都可以被认为是由许多较小的元素组成的。这些较小的元素可以表示组成对象的部分。在人体中,这些元素可以用四肢、躯干和头部来表示(即两只手、两只前臂、两只上臂、两只脚、两只小腿、两只大腿、一个躯干、一个脖子和一个头部组成人体)。在最基本的层面上,这些元素部分可以代表分子或原子。重力向下拉动这些较小的元件中的每一个。这些力的总和或合力就是物体的总重量。这个重量通过一个点作用,在这个点上,无论物体的位置如何,每个基本部件的重量力矩(由其重量产生的力矩)之和都为零。自主实验5.6将使用本章前面所用的尺子、橡皮和硬币演示重心的变化。

自主实验5.6

当物体的某些部分改变位置时,重心位置是如何改变的?

再次拿出尺子、橡皮和硬币。首先,把尺子放在橡皮的边缘保持平衡。根据我们将重心定义为"平衡点",标尺的重心必须位于橡皮边缘支撑点上方。橡皮左侧的标尺重量产生的逆时针力矩平衡橡皮右侧的标尺重量形成的顺时针力矩。现在有两堆硬币,每堆4枚硬币。将1枚叠放在橡皮左侧1 in(2.5 cm)处,另1枚叠放在橡皮右侧1 in处,使标尺保持平衡。硬币和尺子的重心仍然在橡皮的上方。

现在,将右边的一堆硬币向右滑动1 in,然后移动橡皮,若想使尺子保持平衡。你必须把橡皮移到哪一边?重心向哪个方向移动?为了保持尺子的平衡,你必须把橡皮向右移动一点。尺子和硬币的重心也向右移动。

现在,将右边的硬币一直移动到尺子的右端,然后移动橡皮,使尺子保持平衡。你又不得不把橡皮移到右边,所以系统的重心(尺子和硬币)移到了右边。不过,你不必像移动硬币那样移动橡皮。如果物体的一些基本部分移动或改变位置,物体的重心也会移动,尽管不会移动那么远。

现在,从左边的硬币堆上取下三枚,移动橡皮,使系统保持平衡。你必须再次向右移动橡皮,所以重心也向右移动了。如果从物体中移除一部分,物体的重心将远离移除点。

现在,将3枚硬币加到右边的硬币堆上,移动橡皮,使标尺保持平衡。现在向右进一步移动橡皮,系统的重心也随之向右移动。如果质量被添加到一个物体上,物体的重心会朝着添加质量的位置移动。现在观察物体重心两侧有多少硬币。重心两侧的重量不必相等:不管1 p还是7 p,但这些重量围绕重心产生的力矩必须相等。

通过数学方法确定物体重心的位置

如果组成物体的基本部件的重量和位置是已知

的,那么重心位置就可以用数学方法计算出来。重心的定义表明,它是整个重量可以被认为集中的点。根据这个定义,如果一把尺子上有6枚硬币,间隔2 in (5 cm),那么这个尺子就相当于一把尺子在一个位置上有6枚硬币。让我们仔细看看这个。假设第一把尺子 1 in、3 in、5 in、7 in、9 in 和 11 in 处上有硬币。该标尺及其等效物如图 5.12 所示。

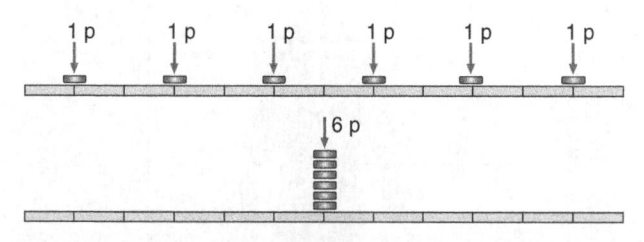

图 5.12 一把尺子,上面有6枚硬币,每2 in 放1枚。相当于一把尺子中央堆着6枚硬币

如果你闭上眼睛,拿起其中一把尺子的末端,然后拿起另一把尺子,它们会感觉完全一样。你无法分辨哪把尺子上的硬币以 2 in 的间隔分布,哪把尺子把硬币都集中堆在一个地方。尺子的重量是一样的,你必须在每把尺子的末端产生相同的力矩,才能用一只手举起它。这是从数学上确定重心位置的关键:两把标尺在其末端产生相同的力矩。每个基本重量(在这种情况下是硬币)产生的力矩之和,等于堆积在重心位置的总重量所产生的力矩。从数学上讲,这可以表示为

$$\Sigma T = \Sigma(W \times r) = (\Sigma W) \times r_{cg} \quad (5.3)$$

其中,W = 物体的重量;r = 物体的力臂;ΣW = 物体的总重量;r_{cg} = 物体整个重量的力臂。

公式 5.3 可用于求解重心,r_{cg} 的位置。让我们使用图 5.12 中所示的第一把尺子的末端作为测量力矩的轴(任何轴都可以在这个计算中使用,只要在等式的两边都使用相同的轴)。

$$\Sigma(W \times r) = (\Sigma W) \times r_{cg}$$

$$\Sigma(W \times r) = (1\,p) \times (1\,in) + (1\,p) \times (3\,in)$$
$$+ (1\,p) \times (5\,in) + (1\,p) \times (7\,in)$$
$$+ (1\,p) \times (9\,in) + (1\,p) \times (11\,in)$$

$$\Sigma(W \times r) = 36\,p \cdot in$$

$$(\Sigma W) \times r_{cg} = (1\,p + 1\,p + 1\,p + 1\,p + 1\,p + 1\,p) \times r_{cg}$$
$$= (6\,p) \times r_{cg}$$

$$\Sigma(W \times r) = 36\,p \cdot in = (6\,p) \times r_{cg} = (\Sigma W) \times r_{cg}$$

$$\frac{36\,p \cdot in}{6\,p} = r_{cg}$$

$$r_{cg} = 6\,in$$

因此,标尺的重心距离标尺末端 6 in。如果 6 枚硬币都堆放在这一点上,而不是以 2 in 的间隔分布在尺子上,那么这把尺子的感觉和第一把尺子一样。

为了从数学上确定重心的位置,我们使用元素重量产生的力矩之和与元素重量之和产生的力矩之间的关系(即它们相等)。更简单地说,力矩的和等于合力矩。请试试自主实验 5.7。

例题 5.2

一名举重运动员错误地将一块 20 kg 的杠铃片放在杠铃的一端,将一块 15 kg 的杠铃片放置在杠铃另一端。杠铃长 2.2 m,重量为 20 kg,上面没有杠铃片。20 kg 的杠铃片位于距离杠铃右端 40 cm 处,15 kg 的杠铃片在距离杠铃左端 40 cm 处。杠铃连同杠铃片的重心在哪里?

解:
第 1 步:画一个杠铃和杠铃片的受力图。
第 2 步:将杠铃右端的重量力矩相加。

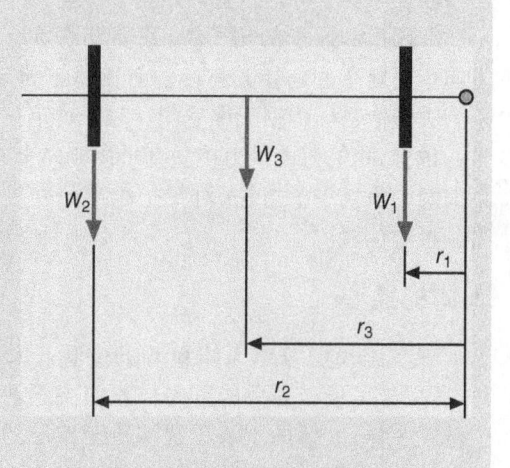

$$\Sigma T = W_1 r_1 + W_2 r_2 + W_3 r_3 = (m_1 g) r_1 + (m_2 g) r_2 + (m_3 g) r_3$$

$$\Sigma T = g(m_1 r_1 + m_2 r_2 + m_3 r_3)$$
$$= g[(20\,kg) \times (0.4\,m) + (15\,kg) \times (1.8\,m) + (20\,kg) \times (1.1\,m)]$$

$$\Sigma T = g(57\,kg \cdot m)$$

第 3 步:其等于杠铃右端总重量的力矩,求解 r_{cg}。

$$\Sigma T = W_{total} r_{cg} = (m_{total} g) r_{cg} = g(57\,kg \cdot m)$$

$$g(55\,kg) r_{cg} = g(57\,kg \cdot m)$$

$$r_{cg} = (57\,kg \cdot m)/55\,kg$$

$$r_{cg} = 1.04 \text{ m}$$

重心距离杠铃的右端 1.04 m。

第 4 步：常识性检查。

重心在杠铃中心的右侧（1.04 m 对 1.10 m）。这是有道理的，因为较重的杠铃片在右边。

自主实验 5.7

验证计算重心位置

让我们再看一个例子。仍然是尺子和硬币。把 3 枚硬币放在尺子的 1 in（2.5 cm）处，将 7 枚硬币放在尺子 8 in（20 cm）处。当不拿起尺子时，你能确定它的重心在哪里吗？

从数学上讲，我们可以像在前面的例子中那样求出重心的位置。

为了方便起见，我们来测量尺子末端的力矩（记住，我们可以测量任何轴上的力矩，所以我们选择其中一个轴）。

$$\Sigma(W \times r) = (\Sigma W) \times r_{cg}$$

$$\Sigma(W \times r) = (3 \text{ p}) \times (1 \text{ in}) + (7 \text{ p}) \times (8 \text{ in})$$
$$= (3 \text{ p} + 7 \text{ p}) \times r_{cg} = (\Sigma W) \times r_{cg}$$

$$3 \text{ p} \cdot \text{in} + 56 \text{ p} \cdot \text{in} = (10 \text{ p}) \times r_{cg}$$

$$59 \text{ p} \cdot \text{in} = (10 \text{ p}) \times r_{cg}$$

$$\frac{59 \text{ p} \cdot \text{in}}{10 \text{ p}} = r_{cg}$$

$$r_{cg} = 5.9 \text{ in}$$

重心位于 5.9 in（15 cm）处，从 5.9 in 处拿起尺子，看它是否会在你的手指上保持平衡。如果是，那么你已经验证了 5.9 in 的位置即是重心位置。

在硬币和尺子的例子中，我们发现重心只沿一维方向。更复杂的物体其重心位置则由三维定义，这是因为大多数物体占据三维空间。为了确定三维物体的重心位置，我们假设重力在垂直于该方向上起作用，使用前两个示例中的方法，对每个维度分别进行计算以得到重心位置。

人体的重心

现在让我们考虑人体重心的位置。人体不是刚体，所以与尺子和硬币的重心位置取决于硬币在尺子上位置一样，人体的重心位置取决于四肢的位置。假设你站着，手臂放在身体两侧，如图 5.13 所示。

因为你的左右两侧是对称的，所以你的重心位于将你的身体分成左右两半的平面内（正中矢状面）。如

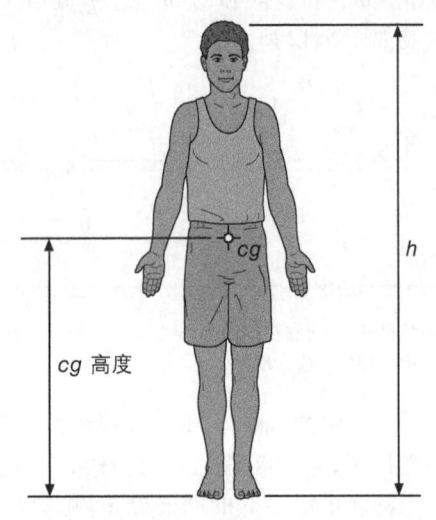

图 5.13 在解剖学上，你的重心（cg）高度是你站立高度的 55%~57%

果你把左臂向身侧抬起，你的重心就会移到左边。虽然你的身体不是前后对称的，但重心位于将你的身体分为前后两部分的平面内（冠状面）。这个平面大约穿过你的肩膀和髋关节，以及你的踝关节前面。如果你向前举起你的手臂，你的重心也会稍微向前移动。

如果你处于解剖学姿势，重心位置在前后和左右两个维度上很容易判断，在垂直维度上的位置则比较难判断。垂直方向上的重心位于肚脐以下 1~2 in（2.5~5 cm）处的水平面，或在你的胯部以上约 6 in（15 cm）的水平面。这个平面略高于你站立高度的一半，大约是你身高的 55%~57%。如果你双臂举过头顶，你的重心会稍微向上移动［2~3 in（5~8 cm）］。腿长、手臂和胸部肌肉发达的人与腿短、腿结实的人相比重心更高。女性的重心比男性略低，原因是女性的骨盆更大、肩膀更窄。女性的重心位置大约是身高的 55%，而男性的重心大约是身高的 57%。婴儿和幼儿的重心位置更高，因为他们的头相对较大且腿相对比较短。

如果身体部位改变位置，人体的重心就会从刚才描述的位置发生移动。如果四肢、躯干、头部和颈部被认为是身体的基本单位，那么它们的位置决定了身体的重心位置。可以使用以下方法估计任何身体姿势下的重心位置。首先，想象身体处于如图 5.13 所示的站立位置，并利用前几段给出的信息确定该位置的重心。然后考虑肢体要变成相应姿势所必须做出的运动。每一个肢体运动都会使身体重心向其运动的方向轻微移动。重心移动多少取决于所移动肢体的移动距离和重

量。相比向前抬起一只手臂，向前抬起一条腿会使你的重心向前和向上移动得要多。尝试估计图 5.14 所示姿势的身体重心位置。

图 5.14　在这些体位中，运动员的重心在哪里？

如图 5.14a 所示，跳高运动员在横杆上的弓形姿势，其重心实际上是在身体外面，图 5.14b 所示的做屈体动作的跳水运动员和图 5.14c 所示的撑杆跳高运动员的重心也在身体外面。人体的灵活性和复杂性使其能够做出重心在身体外部的姿势。

重心与运动表现

现在，让我们考虑一下你的肢体运动是如何通过影响你的重心位置来影响你的技能表现的。在垂直跳跃和伸展测试中，目标是向上跳跃，并用一只手达到尽可能高的高度。尝试自主实验 5.8 中描述的各种跳跃和伸展测试。

自主实验5.8

重心位置如何影响垂直起跳的运动表现？

找一个天花板很高、有靠墙空间的房间，或者你可以到外面去做这个实验。首先，站姿起跳，一只手放在身侧，用一只手尽可能高地触摸墙壁，看看你能摸到多高的墙。也许你跳跃的时候很难知道自己能摸多高，所以可以让一个朋友看看你能摸多高。尝试三次以确定用这种方式你可以摸多高。

接下来同样从站姿起跳，用一只手尽可能地伸到高处，同时另一只手要伸到头顶。同样尝试三次。你能摸到和上次一样高吗？

现在，再次从站立的位置跳起，与之前的情况一样，双手尽可能地伸到高处，但是这一次，当你在空中时，向上提起你的膝关节和小腿，脚跟尽量上抬。同样尝试三次。你能摸到和上次一样高吗？具体动作详见图 5.15。

使用第一种方法你的摸高最高。使用第二种方法，你的摸高可能会低 1~2 in(2.5~5 cm)。使用第三种方法，你的摸高大概降低 4~6 in(10~15 cm)。为什么会这样？使用这三种方法，如果你每次都以同样的力跳离地面，你的重心应该会达到同样的高度。但是当你把双臂举过头顶时，你的重心也许会变得更高？同样你把腿抬起来时，你的重心也会变得更高吗？我们之前提到过，当你身体的任何部分向上移动时，你的重心会向上移动，但准确来说重心运动是相对运动。换句话说，将手臂举过头顶会导致你的重心相对于身体其他部位(如头部)移动得更高。当你把双臂举过头顶时，你的重心向头部靠近。在绝对条件下(即相对于地球上的一个固定点测量的运动)，这可能意味着存在以下三种情况：①你的重心确实向上移动，离地面更高；②你的重心保持在离地相同的高度，你的头部和其他部分向下移动或更靠近地面，以补偿其他部分向上移动；③指①和②两种情况的某种组合。

我们对重心概念的讨论可以解释跳跃测试的结果。用重心的概念简化了牛顿定律在复杂物体运动中的应用和解释。这些定律支配着重心的运动。当你在跳起测试中跳到空中时，作用在你身上的唯一外力是重力(你的体重)。这个力使你的重心以恒定的速率向下加速。你的脚一离开地面，你就变成了一个抛射物，当你在空中时，你的四肢的运动不会推或拉你身体外部的任何东西，因此不会影响重心的运动，作用在你身上的合力仍然是向下的重力。你的重心所遵循的路径并没有因为你肢体的动作而改变，但是这些动作会导致其他肢体和躯干的运动发生改变。抬起你的手臂会导致其他部位向下移动，这样你的重心就会继续沿着抛物线路径移动。同理，当你抬起胳膊和腿时，你的头和躯干会降低，以补偿运动对重心的影响。

还有一种方式可以解释为什么你只有一只手举起时摸高最高，而非举起双臂或双臂和双腿都抬起时。首先，让我们假设跳跃会使得重心达到相同的离地高度。在这种情况下，最大限度地伸高一只手(离地高度)，意味着你想要最大限度地增加重心到伸出的手之间的垂直距离。而抬起双臂，或者双臂和双腿，都会使重心更靠近头部，从而更靠近伸出的手。势必所有的四肢和身体部位（除了伸出的手臂和手）相对于重心尽可能低，才能使伸出的手到重心的距离最大化。图5.15以图的形式生动演示了这一点。

一个篮球运动员跳起来盖帽时，如果只有一只手向上伸出，而相对于躯干另一只手臂、腿不抬高，就可以达到更高的高度。对于排球运动员来说也是如此，不过排球运动员可能会用双手去拦网。虽然排球运动员双手拦网高度不会很高，但他们会挡住的区域更大。

在篮球比赛中，防守队员知道投篮是朝着球筐的方向，所以只需要一只手就能盖帽。在排球中，扣球的方向是未知的，所以运动员举起两只手来覆盖更大的区域。

最后让我们思考一下跳跃活动。篮球运动员、舞者、花样滑冰运动员和体操运动员是如何"滞空"的？在一些跳跃过程中，看起来他们的身体在空中短暂地飘浮，而不是像抛射物那样沿抛物线上升和下降。你能解释一下这些运动员是如何"对抗地心引力"的吗？也许图5.16会对你有所帮助。

图 5.15 三种不同的垂直跳跃方法导致三种不同的到达高度，但重心离地面的高度基本上是一致的

图 5.16 在跳跃过程中，跳跃者的头部保持在同一水平线上，但重心遵循抛物线轨迹

如果我们观察跳跃者重心的轨迹，可以看到确实是沿着抛物线曲线上升和下降的。但是在跳跃的中间阶段，跳跃者的头部和躯干似乎是悬在同一高度的。在这段时间里，跳跃者的腿和手臂上升，然后下降。这些动作抵消了重心的上升和下降，所以头部和躯干不会明显上升。

重心与稳定性

最后一个主题是关于重心在人体活动中的表现，即**稳定性**。什么是稳定性？当你说某物或某人很稳定时,你指的是什么特征?"稳定"这个词有各种各样的定义,而我们想要知道的是形容词的定义。稳定,指不容易移动或失去平衡,坚定,稳固。这可能类似于你自己对"稳定"一词的定义。"稳定"也可以指在移动后能够回到平衡或原来的位置,这是"稳定"的力学定义。因此,**稳定性**(stability)是物体在被移动后恢复到平衡或原来位置的能力。

在许多体育运动和人体活动中,运动员或表演者不希望改变特定的姿势或位置。他们希望处于一个非常稳定的位置。摔跤运动员、足球后前锋,甚至篮球运动员如果采取稳定的姿势,在某些技能上会更成功。在其他运动项目中,成功与否可能取决于运动员能够多快地离开一个位置。对网球、壁球、短跑、游泳、速降滑雪和足球守门员而言,姿势稳定性低更有可能取得成功。

> 稳定性是指物体在发生移动后恢复到平衡状态或原来位置的能力。

影响稳定性的因素

影响稳定性的因素是什么?你怎样才能让自己更稳定或更不稳定呢?试着在桌子上平衡一本书来形成初步认识。如何放置书本才最容易平衡(即书本最稳定的位置)?书平躺在桌子上时最稳定,因为这是书本重心最低的位置。这也是书本**支撑面**(base of support)最大的位置。如果书本重一些,它会更稳定还是更不稳定?答案是书越重越稳。显然,物体的稳定性受物体的高度、重心位置、支撑面大小和重量的影响。支撑面则是最外侧的支撑点连线所构成的区域面积。图5.17展示了不同姿势下的支撑面。你认为哪一种姿势最稳定?哪一种最不稳定?

图 5.17 不同姿势及其支撑面

> 物体的稳定性受物体的高度、重心位置、支撑面大小和重量的影响。

如何通过力学角度解释物体的高度、重心位置、支撑面大小和重量对稳定性的影响？让我们来看看当一个偏心力施加在书上时，对书本产生的力和力矩。

把一本书立起来，在水平方向上施加一个偏心力，如果书保持静力平衡，作用在书上的合力和合力矩必定为零。作用在书上的外力包括书的重量 W（应通过书的重心 cg）、摩擦力 F_f、偏心力 P 和地面反作用力 R，如果我们考察偏心力刚好大到书几乎开始移动的情况，那可以用图5.18所示的受力图表示。

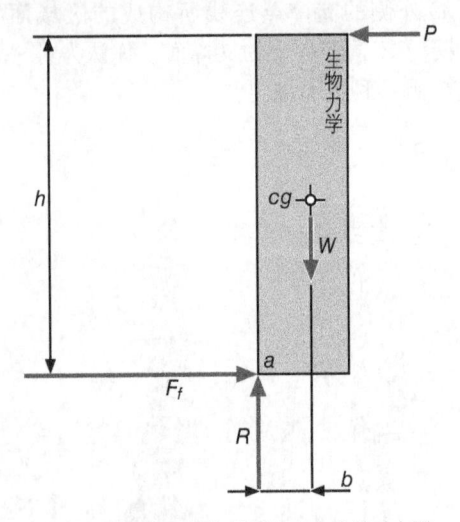

图5.18 一本书在偏心力 P 的作用下单点支撑的受力图

如果测量通过书本左下角的轴 a 的力矩，那么这一点的力矩总和为零：

$$\Sigma T_a = 0$$
$$0 = (P \times h) - (W \times b)$$
$$P \times h = W \times b \quad (5.4)$$

其中，P = 偏心力；h = 偏心力的力臂；W = 书本的重量；b = 书本的力臂。

公式5.4等号左边的项越小物体越稳定，右边的项越大物体越稳定。在公式5.4右边有两个变量：W 是物体的重量，b 是物体的力臂。增加重量会增加稳定性，因为保持物体直立的力矩会变大。同样地，增加物体的力臂会增加稳定性。这个力臂 b 与支撑面大小和偏心力的作用方向相关。图5.19用不同形状说明了这一点。

如果偏心力指向左边（图5.19a）而不是右边（图5.19b），那么三角形块就不太稳定，更有可能倾倒。稳定具有方向性，一个物体在一个方向上可能比在另一个方向上更稳定。这种情况下影响稳定性的不是支撑面的大小，而是偏心力推方向上，以及重力线与支撑面边缘之间的水平距离。

在公式5.4的左侧，偏心力 P 与物体的任何特性无关，而其力臂 h 则与物体有关。这个距离与物体的高度及重心的高度有关。所以较低的重心，意味着较低的高度和较短的力臂，会提高物体的稳定性。

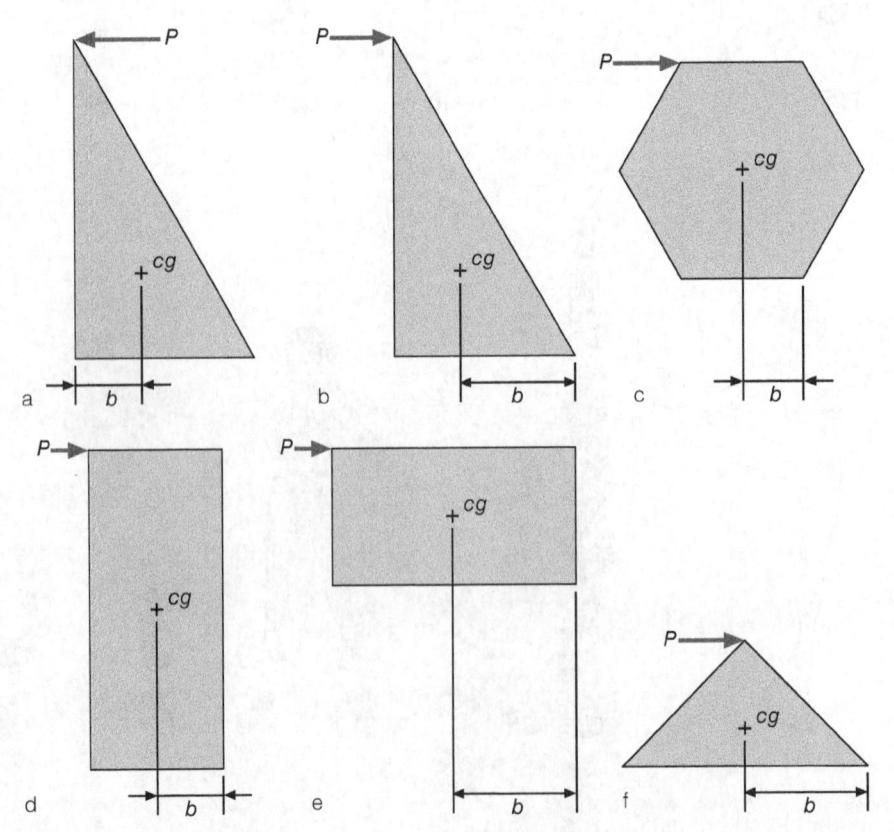

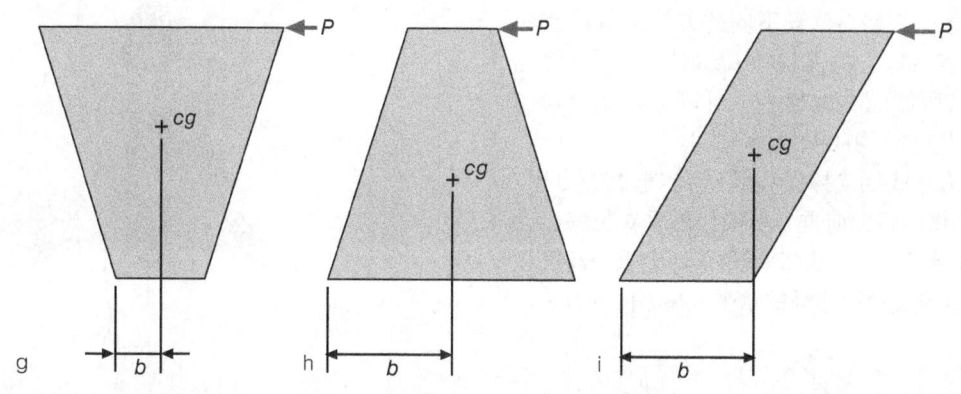

图 5.19 物体的稳定性受到物体重力的力臂(b)的影响,重力的力臂(b)是从重心线到偏心力推或拉方向作用的支撑面边缘点之间的水平距离

稳定性和势能

上述关于为什么物体的高度或重心位置影响稳定性的解释是相当薄弱的。它只解释了为什么物体的高度会影响稳定性。用功和势能的概念可以更好地解释为什么重心位置影响稳定性。思考图 5.20 所示的物体。

只要物体的重心投影在支撑面内,重量便会产生一个恢复力矩抵抗偏心力 P 产生的偏心力矩。但是当方块被推到图 5.20b 所示位置,重心线越过支撑点,重力矩变化方向成为偏心力矩,使得方块更容易倾倒,如图 5.20c 所示。

为了将方块从稳定位置(图 5.20a)移动到不稳定边缘(图 5.20b),必须将重心提高一段距离,即 Δh。这需要对物体做功,增加物体的势能。

现在我们来看看如果重心更高或更低会发生什么。图 5.21 显示了三个形状和重量相同但重心高度不同的方块。

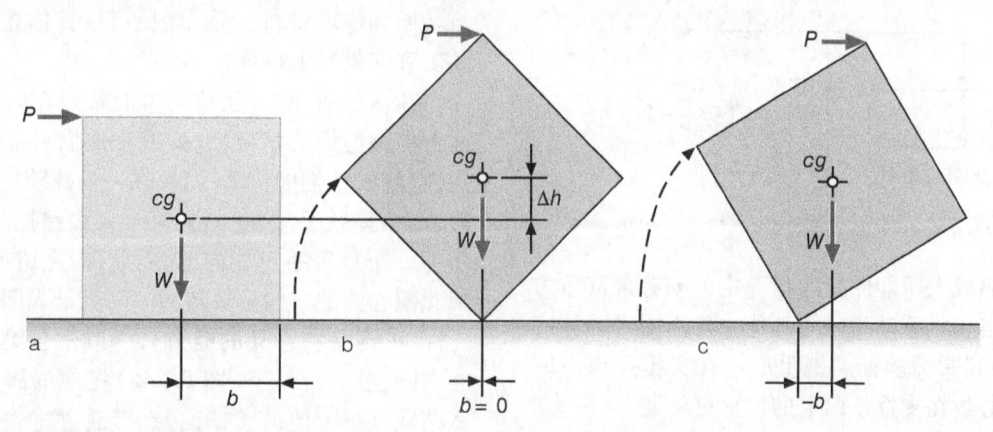

图 5.20 当推倒一个物体时,其重心被抬高,重力的恢复力矩逐渐减小。在 a 中,重量产生恢复力矩($W \times b$);在 b 中,重量不产生力矩($W \times 0$);在 c 中,重量产生偏心力矩[$W \times (-b)$]

$\Delta h_a > \Delta h_b > \Delta h_c$
$h_a < h_b < h_c$

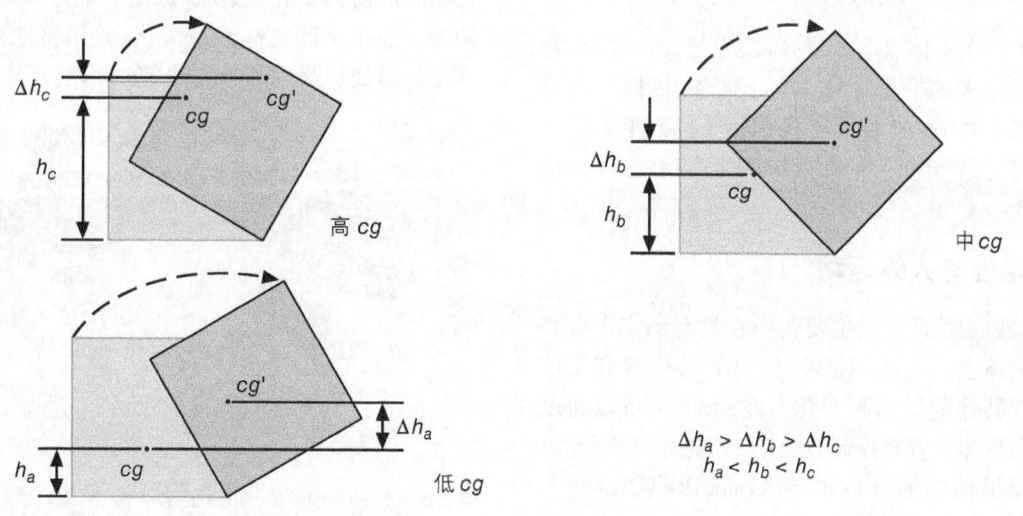

图 5.21 要推倒重心低的方块需要提供更多的重力势能

图 5.21 显示了重心位置不同的方块倾倒前重心需要提升的高度 Δh。重心越高，Δh 就越小，因此势能的变化就越小，所做的功就越小。所以重心低的物体更稳定，因为把它推倒需要做更多的功。

如果从重力垂线到支撑面边缘（物体重力的力臂）的距离增加，则物体倾倒前重心所经历的垂直位移也会增加，因此物体更稳定。图 5.22 展示了两个重心高度相同但从重心垂线到支撑面边缘的水平距离不同的方块。

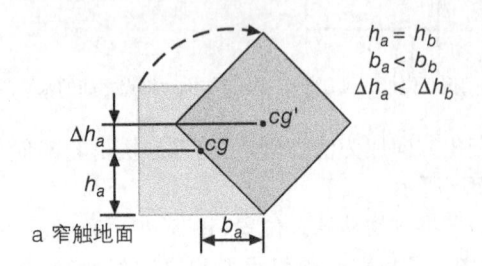

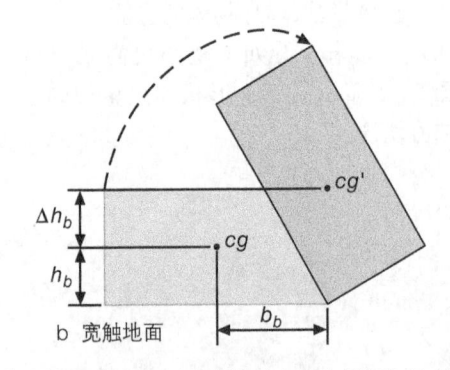

图 5.22 若重力臂 b 越长，发生倾倒前重心的垂直位移 Δh 越大

一个物体或人所能保持的最稳定的姿势是其重力势能最小的姿势。移动到任何其他位置需要对物体或人做功，增加其重力势能。把重心放在支撑点以下的位置比把重心放在支撑点以上的位置更稳定。

➢ 一个物体或人所能保持的最稳定的姿势是使重力势能最小的姿势。

如果重心在支撑点下方，物体发生任何位移后，物体都会回到原来的平衡位置。举个例子，体操运动员悬挂在单杠上就是一个稳定平衡的例子。当重心位于支撑面上方时，只要重心落在支撑底座内，就能保持稳定（图 5.23）。

重心、稳定性与人体运动

我们对稳定性的讨论主要集中在具有固定重心和支撑面的刚体上。人体不是刚体，其重心位置和支撑面可以随着肢体的运动而变化。因此，人类可以通过改变姿势和身体位置来控制自己的稳定性。在研究运动员如何操纵他们的重心和支撑面来影响稳定性之前，让我们先来看一些动作。

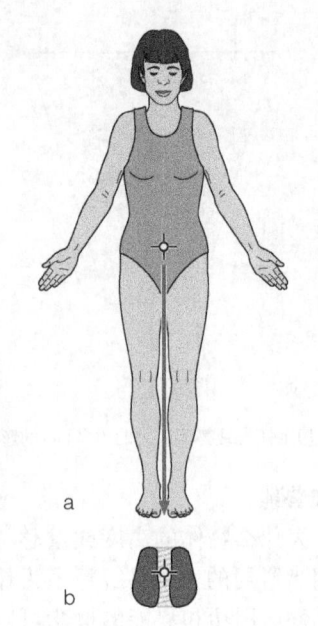

图 5.23 重力线（a），支撑面（b）

你如何迈步向前？你不是只是把脚抬起来放在面前，而是身体先向前倾，直到身体重心超过脚，失去稳定性进而向前跌倒，然后一脚向前迈出阻止跌倒倾向，重新回到稳定姿态。所以走路可以被描述为一系列的跌倒和恢复平衡组合！

在体育活动中，运动员可能希望在整体或特定方向上提高他们的稳定性，抑或是他们可能希望减少稳定性（增加他们的机动性）。在一场摔跤比赛的第一阶段，两个摔跤手站在一起，每个人都想把对方摔倒，由于另一个摔跤手可能向前、向后、向左或向右拉或推，因此偏心力的方向是未知的。为了最大限度地保持稳定性（同时保持移动的能力），摔跤手会蹲伏以降低重心，并通过平行站姿（图 5.24a）将他的脚打开到比肩宽稍宽来扩大他的支撑面，或者通过将一只脚放在另一只脚的前面形成交叉站姿（图 5.24b）。当摔跤手处在俯卧的防御姿势，想要不被对手翻过来，他会向两侧伸展四肢来保证支撑面最大化，并尽可能降低他的重心来尽可能提高他的稳定性（图 5.25）。

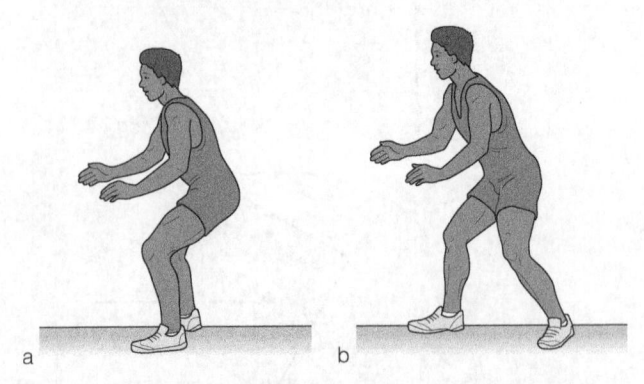

图 5.24 两种摔跤姿势，平行（a）和交叉（b），这代表了稳定性和灵活性之间的平衡

当从某一特定方向施加一个力,应该加大这个方向上的支撑面积。比如一个药球扔给你,你就要一只脚放在另一只脚前面,保持交叉姿势接球,而且整个身体向前脚倾斜(图 5.26)。

图 5.25 摔跤手的防御性姿势:通过降低重心高度、扩大支撑面来提高稳定性

图 5.26 采用交叉站姿接球有较高的稳定性

拔河开始时,参赛者可能会采用这种交叉站姿,只不过他们会把重心转移到后脚上。拳击手、网球运动员、棒球击球手和其他运动员也使用这种交叉站姿。这是许多运动中流行的姿势,它不仅便于运动员较长时间发力以减少或增加动量,而且更稳定。

除非我们身体的其他部分或我们使用的工具接触地面,否则支撑面的大小受到我们的鞋子尺寸和我们姿势的限制。在运动中,滑雪板增加了前后的稳定性。在物理康复和医学中,拐杖、手杖、助行器等被用来增加受伤、生病或体弱者的支撑面面积和稳定性。

在另一些活动中,则需要减少稳定性以提高快速运动能力。例如,在跑道冲刺起跑中,预备位置上,短跑运动员会将重心向前移动到双手上方的支撑点边缘。当发令员发出信号时,运动员向上摆动双臂双手离开跑道,其重心线正好在支撑面前面,运动员向前倾倒。游泳出发时运动员也会采用类似的策略。

【概念应用】

稳定性太高?

对一些人来说,某些姿势可能稳定性过高了。例如,对于因疾病或缺乏肌力而行动不便的人来说,离开一个稳定的位置可能非常困难。异国情调的跑车和小型越野车相比哪个更容易进出?答案是小型越野车更容易进出,但为什么呢?简单的回答是,跑车的座椅太低了,但这有什么区别呢,为什么从矮椅子上站起来很困难?

当你斜靠在低矮的椅子或座位上时,你的重心离地面很近,并且有一个大的支撑面,因此你的姿势很稳定。然而,从这个姿势站起来并不是一件容易的事。想要起身,你必须把你的重心移到你的脚上(你的支撑面),或者将脚移动到重心下。如果你是一个中等身材的成年人,坐在一张高度为 46~51 cm(18~20 in)的椅子上,脚放在地板上,这时你的重力线最可能会落在座位前缘后 28 cm(11 in)左右处。要想从椅子上站起来,你所要做的就是把你的脚放在椅子的前缘附近或下面,然后把你的躯干向前倾。当你的躯干向前移动时,你的重心也会向前移动。收缩膝盖伸肌直到重力线向前移动到座位边缘并超过由你的脚形成的支撑面时,整体向前和向上移动而离开椅子,接着你的臀部伸肌与你的膝盖伸肌共同收缩从而移动到直立位。如果用手把自己推起来并离开椅子,可以减少膝盖和臀部伸肌的力矩。并且如果你坐得靠近座位的前部,起身也更容易。

要理解为什么从矮椅子上站起来更困难,最简单的方法是思考你的体重通过支撑面(你的脚)上的转动轴产生的力矩。随着座椅高度的降低和坐姿的倾斜,你的重心线到脚的距离会变大,这个水平距离是你重力的力臂。随着力臂的增长,保持你在椅子上的位置的恢复力矩也会增加。

图 5.27 以图形的形式显示了在逐渐倾斜的位置上,重力的力臂(r_a、r_b、r_c、r_d)逐渐增加。为了克服这一使你保持在椅子上的力矩,你必须用手臂向上向前推来产生相反的力矩。你也可以通过减小你的体重在你脚上的力臂来减小力矩的大小。你可以通过改变四肢或躯干相对于彼此的位置来做到这一点。最有效的方法是屈曲髋关节和脊柱,躯干向前倾。然而,随着躯干进一步倾斜,向前倾斜会变得更加困难。

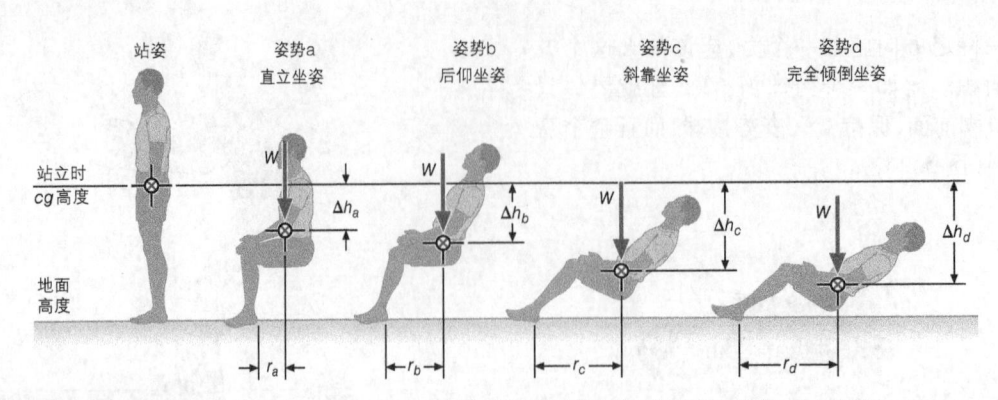

图 5.27 站立和坐姿之间的重心高度（Δh_a、Δh_b、Δh_c、Δh_d）的差异,以及随着坐姿的不断降低和倾斜,重力力臂（r_a、r_b、r_c、r_d）的增加

保持直立姿势所需要提高的重心高度,也会影响你从低矮的椅子上站起来的难度。当你的坐姿变得更低,需要提高更多的重心高度,因此必须做更多的功以提高你的重心。图 5.27 中显示的 Δh_a、Δh_b、Δh_c、Δh_d 很好地说明了这一点。

为力量和活动能力下降的老年人服务的健身专家和教练,应该把他们训练重点放在解决诸如此类的功能问题上。从椅子上站起来或从地板上站起来的能力对这些人的生活品质有很大的帮助。

总结

由力产生的转动效应是力的力矩,也称为转矩。力矩等于力的大小乘以转动轴到力的作用线的垂直距离。这个垂直的距离叫作力的力臂。力矩是一个矢量。它的方向由转动轴的方向和绕转动轴的力矩（顺时针或逆时针）定义。力矩的单位是力的单位乘以距离的单位,在 SI 单位中是 N·m。

一个物体要保持平衡（处于平衡状态）,作用在它上面的外力之和必须为零,这些力的力矩之和也必须为零。

物体的重心是它的平衡点,或者是物体所有部分的重量所产生的合力矩为零的点。你可以尝试通过平衡、悬挂或旋转方法确定一个物体的重心。在人体中,重心位于从左到右、从前到后的中心,当人处于解剖学姿势时,重心为身高的 55%~57%。

物体的稳定性受其重心位置的影响,并且与支撑面大小有关。降低重心高度和增加重心垂线到支撑面边缘的距离可以增加稳定性。增加重量也会增加稳定性。

关键词

支撑面	偏心力	力矩
重心	力偶	稳定性
中心力	力臂	转矩

第六章 角运动学

描述对象的角运动

学习目标

学完本章,你应该能做到以下内容:
- 相对角位置和绝对角位置的定义,并说明两者之间的区别
- 掌握角位移的定义
- 掌握平均角速度的定义
- 掌握瞬时角速度的定义
- 掌握平均角加速度的定义
- 掌握瞬时角加速度的定义
- 列举角位置、角位移、角速度和角加速度的测量单位
- 解释平均线速度和平均角速度之间的关系
- 解释瞬时线速度和瞬时角速度之间的关系
- 掌握切向加速度的定义并解释它与角加速度之间的关系
- 掌握向心加速度的定义并解释它与角速度和切向速度之间的关系
- 描述解剖学位置
- 定义三个主要的解剖平面运动及其相应的轴
- 描述主要关节能够发生的关节运动

一个链球运动员踏进投掷圆圈,在几次摆臂后,他开始旋转并挥舞链球跨越圆圈。当他靠近投掷圈边缘时,旋转速度增加。突然间,他放开链球,使它变成了一个快速运动的抛体。这个 16 lb(7.3 kg)的链球似乎飞了很久,最终发出一声巨响,埋进了 250 ft(76 m)外的地面。运动员的旋转运动是如何使链球在他放开时以如此快的速度线性移动并飞得这么远的呢?为了回答这个问题,你需要了解一些关于角动力学及其与线性动力学的关系。这两个主题在本章中都会进行讨论。

本章讨论的是角动力学,即对角运动的描述。回忆一下,在第二章中,我们将运动学描述为动力学的一部分,而动力学是力学的一个分支。在第二章中,我们也学习了线性运动学,角动力学是运动学的另一个分支。当一个物体上的所有点围绕同一固定轴沿圆形路径运动时,就会出现角运动。因为大多数人类运动是由于关节周围肢体的角运动而产生的,故而理解如何测量和描述角运动非常重要。

角位置与角位移

在进一步讨论之前,需要先定义一下角度。什么是角度?角度是由两条直线,或两个平面,或一条直线和一个平面交叉形成的。术语"角度"是指这些直线或平面相互之间的方向(图 6.1)。

> 角度是由两条直线,或两个平面,或一条直线和一个平面交叉形成的。

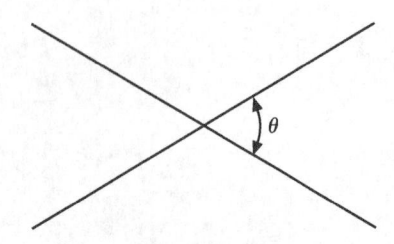

图 6.1 由两条直线交叉形成的角度(θ)

在图 6.1 中,希腊字母 θ(theta)表示由这些直线交叉形成的角度。希腊字母常用于表示角动力学中使用的术语。

角位置

角位置(angular position)指的是一条直线与另一条直线或平面的方向关系。如果相对于地球的另一条直线或平面是固定和不可移动的,那么角位置就是**绝对角位置**(absolute angular position)。你的前臂与水平面成的角度描述了你的前臂的绝对角位置,因为水平面是一个固定的参考。这些绝对角位置是本章前半部分的主要关注点。

如果角的另一条直线或平面可以移动,则角位置是**相对角位置**(relative angular position)。你的前臂与上臂成的角度描述了你的前臂相对于上臂的角位置,或者说是你的肘关节角度。肢体在关节处形成的角度描述了肢体相对于关节的相对角位置。解剖学家开发了特殊术语来描述关节处肢体的相对位置和运动。这些解剖学术语将在本章的最后部分介绍。

角度的度量单位有哪些?你可能最熟悉用度数来测量角度,但是与长度单位不仅仅是英尺一样,角度的度量单位也不仅仅是度。如果我们要测量图 6.2a 中 AB 线相对于水平面的绝对角度,我们可以想象一条水平线 BC 与 AB 线长度相同。然后我们可以以点 B 为圆心,AB 线长度为半径画一个圆(图 6.2b)。∠ABC 的角度可以表示为所创建的饼图部分所占圆的比例。1°的角度表示圆的 1/360,因为一个圆有 360°。除了度数之外,还有其他的角度测量单位,就像有其他线性距离测量单位一样。

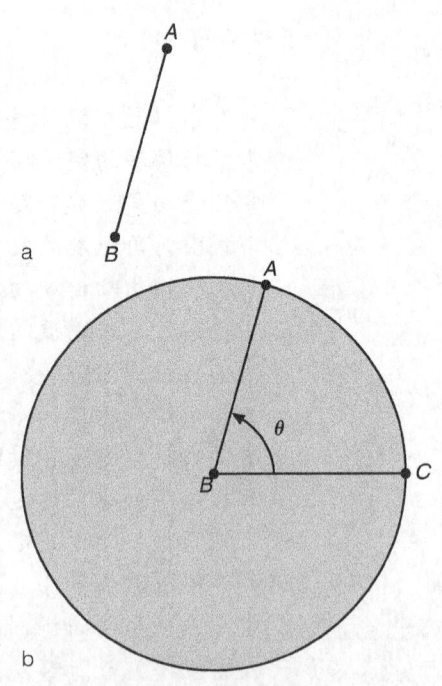

图 6.2 一个圆被用于描述一条直线(a)与另一条直线形成的角(b),这两条直线相交于圆心

另一种描述角度的方法是通过测量 $\overset{\frown}{AC}$ 中包含多少个半径,其中一个半径等于线段 BC 或 AB 的长度。换句话说,如果线段 BC 表示 1 个半径,那么以这个半

径作为单位度量,从 A 到 C 的圆弧长度是多少?在数学上,以半径为单位度量的角度,我们将其称为**弧度**(radians):

$$\theta = \frac{弧长}{r} = \frac{l}{r} \qquad (6.1)$$

其中,θ = 弧度制下的角度测量值;l = 弧长,r = 半径。弧度(缩写为 rad)是角度的一种度量单位,其实是弧长与半径的比值。

图 6.3 图形化地展示了 1 rad、π rad 和 2π rad 的定义。如果你记得几何学,一个圆的周长是 $2\pi r$,所以一个圆中有 2π rad,或者说 360°等于 2π rad。这些换算如下:

$$\frac{360°}{1 个圆} = \frac{2\pi \text{ rad}}{1 个圆} = \frac{6.28 \text{ rad}}{1 个圆}$$

$$\frac{360°}{2\pi \text{ rad}} = \frac{57.3°}{1 \text{ rad}}$$

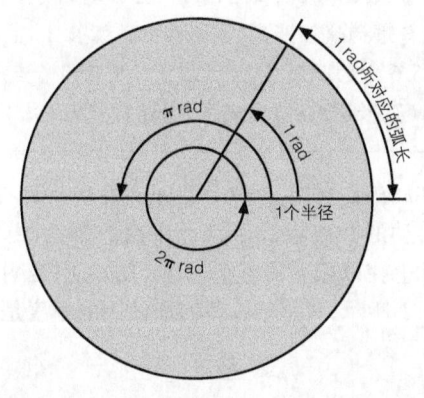

图 6.3 半径、圆周上的弧长和以弧度测量的角度之间的关系

角位移

角位移(angular displacement)是线性位移的角度对应物。它是旋转线条所经历的绝对角度位置的变化。因此,角位移是旋转线条的最终位置和初始位置之间形成的角度。(当物体不是线条时,我们经常提及物体的角位移。为了测量这样的位移,选择物体上的任意两点。想象一条连接这两个点的线条。如果物体是刚体,这段线段的角位移与物体的角位移相同。)

> 角位移是旋转线条所经历的绝对角度位置的变化。

与线性位移一样,角位移也与方向相关联。如何描述角位移的方向?顺时针和逆时针是用来描述旋转方向的常见术语。当你从正面观察一个钟面时,钟表的指针以顺时针方向旋转。如果你能够从背面观察一个钟面,你是否仍然会看到指针以顺时针方向旋转?因为你的视角改变了,指针现在看起来是在逆时针方向旋转!指针并没有改变旋转的方向,只是你改变了观察位置。如果你将角位移描述为顺时针方向,别人必须知道你的观察位置才能确定角位移的方向。

克服这种可能引起混淆的方法之一是首先确定旋转的轴和旋转发生的平面。旋转轴始终垂直于运动所发生的平面。这个旋转轴就像自行车轮的轴,而轮辐位于运动平面上。沿着旋转轴,建立一个正方向。如果你将右手的拇指指向旋转轴的正方向,那么你的手指弯曲的方向就是旋转的正方向。这被称为右手定则。

现在我们考虑时钟指针的旋转方向。它们的运动平面是时钟表面,旋转轴是通过时钟表面的一条线。如果在这个轴上建立正方向,指向你远离时钟表面的方向,那么你面对时钟时,正的旋转方向是逆时针方向。通过将你的右手拇指指向远离时钟的旋转轴的正方向来验证这一点。然后观察你的手指弯曲的方向,是逆时针方向(图 6.4)。

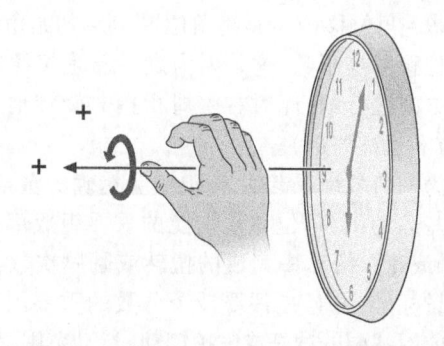

图 6.4 右手定则。手指弯曲的方向表示正的角度方向,如果右手拇指指向旋转轴的正线性方向

大多数螺丝、螺母和螺栓都具有右旋螺纹,故都遵循右手定则。如果你用右手拇指指向你想要螺丝或螺母移动的方向,你的右手指会弯曲,指示螺丝或螺母应该被旋转的方向。这个符号约定也适用于力矩和角度位置的测量。

现在让我们来考虑如何测量角位移。我们正在评估一个投手的肩关节活动范围。测量从投手的手臂贴着身体开始,如图 6.5 所示。然后,投手将他的手臂从身体侧面抬起尽可能远(他的肩膀外展)。他的手臂的角位移是多少?

旋转轴是前后轴,通过肩关节的一条线,正方向指向远离纸面的我们。运动平面是冠状面,由他的胳膊、腿和躯干形成的平面。如果手臂的初始位置相对垂直线偏离 5°,而最终位置相对垂直线偏离 170°,那么角位移为

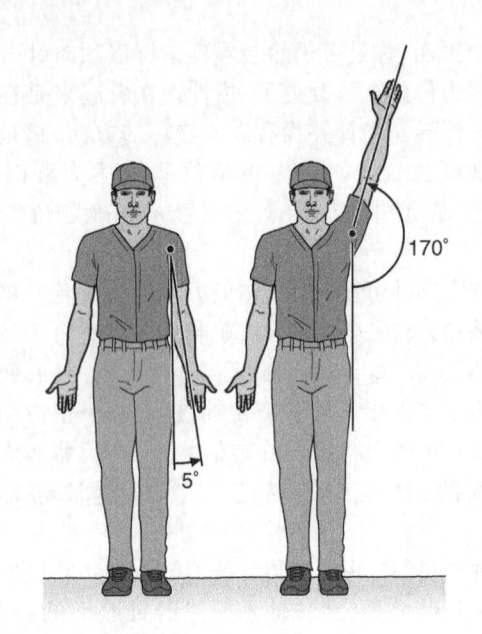

图 6.5 投手肩关节围绕前后轴的角位移

$$\Delta\theta = \theta_f - \theta_i \quad (6.2)$$
$$\Delta\theta = 170° - 5°$$
$$\Delta\theta = +165°$$

其中，$\Delta\theta$ = 角位移；θ_f = 最终角位置；θ_i = 初始角位置。

角位移总是正数，这是因为旋转总是按照右手指的弯曲方向进行的，此时右手拇指指向旋转轴的正方向（前方和远离肩部）。

作为一名教练或老师，你很少会精确测量角位移，但在某些运动中，角位移是技能的重要组成部分。跳水、体操或花样滑冰中完成的扭转或翻腾次数是角位移的衡量标准，并且是评委授予分数的重要因素。高尔夫球或网球中的球杆或球拍摆动（运动范围）的角位移会影响击球方式。

角位移和线性位移

在第五章中，我们发现我们的肌肉必须产生非常大的力量来提起较小的载荷。这是因为大多数肌肉附着在靠近关节的骨骼上，它们在关节周围有很小的力臂。由于力臂小，肌肉必须产生很大的力才能产生关节周围的适当力矩。肌肉在产生力矩方面处于机械劣势。这种结构有什么优势吗？尝试自主实验 6.1 以深入了解其中的优点。

自主实验 6.1

角位移、半径和行程

将前臂放在桌子或桌面上。现在弯曲肘部，将手离开桌子。保持肘部在桌面上，将手向肩膀方向移动，尽可能远地移动，如图 6.6 所示。

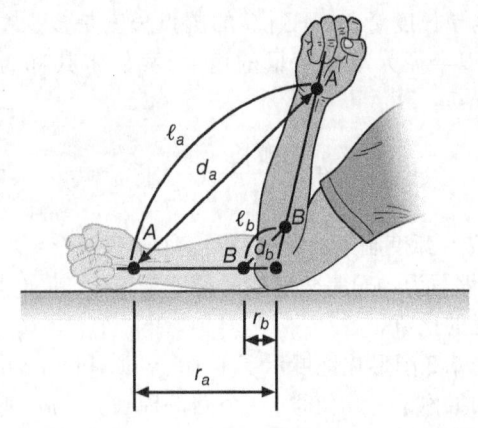

图 6.6 当你的肘部（B）屈曲时，手或手腕（A）移动的距离（弧长 ℓ_a，或线性位移 d_a）大于肱二头肌的插入点移动的距离（弧长 ℓ_b，或线性位移 d_b）。弧长 ℓ_a 与弧长 ℓ_b 的比值等于半径 r_a 与半径 r_b 的比值

整个手臂的所有部分经历了相同的角位移，但是哪个部分移动得更远，是你的手（图 6.6 中的点 A）还是肱二头肌肌腱的附着点（图 6.6 中的点 B）？显然是你的手移动得更远。它所行进的线性距离（图 6.6 中的弧长 AA，ℓ_a）和线性位移（图 6.6 中的弦长 AA，d_a）比肱二头肌附着点所行进的线性距离（弧长 BB，ℓ_b）和线性位移（弦长 BB，d_b）要大。

当你屈曲手臂时，如同在自主实验 6.1 中，手臂上的任意点移动的距离取决于该点距离肘部的距离。这种关系实际上在以弧度测量的角度的定义中是明显的，正如公式 6.1 所示，只是现在我们所使用的角度是角位移：

$$\Delta\theta = \frac{弧长}{r} = \frac{\ell}{r}$$

在我们的例子中，让我们使用以弧度测量的角位移。因为前臂上的所有点，包括点 A 和点 B，都经历了相同的角位移，我们将其称为 $\Delta\theta$，那么有

$$\Delta\theta = \frac{\ell}{r} = \frac{\ell_a}{r_a} = \frac{\ell_b}{r_b}$$

如果我们将上述方程的最后两项都乘以 r_a 并将两边都除以 ℓ_b，我们得到以下方程，它显示了前臂上任意两点的弧长比等于这些点与旋转轴（在本例中为肘关节）的半径比：

$$\frac{\ell_a}{\ell_b} = \frac{r_a}{r_b} \quad (6.3)$$

在公式 6.3 中，有四个变量。要解出其中一个变量，我们需要知道其他三个变量。例如，假设我们知道手腕距离肘关节 10 in（25 cm），肱二头肌肌腱的插入点距离肘关节 1 in（2.5 cm），并且我们想知道当肱二头肌肌腱的插入点移动了 1 in（2.5 cm）的弧长时，手腕移动了多远？让我们把手腕与肘关节的距离代入

r_a, 肱二头肌肌腱的插入点与肘关节的距离代入 r_b, 肱二头肌肌腱的插入点移动的弧长代入 ℓ_b。然后，我们可以使用公式 6.3 来确定手腕移动的距离。

$$\frac{\ell_a}{\ell_b} = \frac{r_a}{r_b}$$

$$\frac{\ell_a}{1 \text{ in}} = \frac{10 \text{ in}}{1 \text{ in}}$$

$$\ell_a = \frac{(10 \text{ in}) \times (1 \text{ in})}{1 \text{ in}} = 10 \text{ in}$$

手腕移动了 10 in 的弧长，即与肱二头肌肌腱插入点的移动距离相比，手腕移动了 10 倍的距离。为了得出这个答案，我们需要知道公式 6.3 中的三个变量。如果我们只知道手腕的半径和前臂的角位移，我们可以更容易地使用公式 6.1 来找到这个弧长。我们知道手腕的半径 r_a 是 10 in。假设角位移 $\Delta\theta$ 为 10 rad（你能否通过知道肘关节的半径和弧长来确认它为 10 rad？）。

$$\Delta\theta = \frac{\ell}{r}$$

$$\ell_a = \Delta\theta r_a = (1 \text{ rad}) \times (10 \text{ in}) = 10 \text{ in}$$

在这个例子中，手腕移动的距离是肱二头肌肌腱插入点移动距离的 10 倍。旋转物体上一个点的线性距离（弧长）与物体的角位移和半径成正比，这个半径是该点到物体转动轴心之间的距离。如果角位移以弧度为单位测量，线性距离（弧长）等于角位移和半径的乘积。这只在角位移以弧度为单位测量时成立。这个关系在公式 6.4 中用数学方式表达：

$$\ell = \Delta\theta r \quad (6.4)$$

其中，ℓ = 弧长；$\Delta\theta$ = 以弧度测量的角度；r = 半径。

公式 6.4 所表达的角位移和弧长之间的关系为跑步比赛中使用错位起跑位置提供了基础依据。如果没有错位起跑，外道的运动员将会跑得更远，因为他们必须绕更大的曲线半径奔跑。较大的半径导致他们赛道的长度（即弧长）更长。错位起跑的起始位置考虑到了外道的较大弧长。

弧长不仅与半径成正比，而且旋转物体上一点的线性位移也与该点距离旋转轴的距离（即半径）成正比。这种线性位移也与角位移有关，但它与角位移不是直接成正比的关系，而是更为复杂的关系。

线性位移和半径之间的关系在图 6.7 中很容易看出。线性位移和半径构成了相似三角形的边，如图 6.7 所示。基于此，可以建立以下关系：

$$\frac{r_a}{r_b} = \frac{d_a}{d_b} \quad (6.5)$$

其中，r = 半径；d = 线性位移（或弦长）。

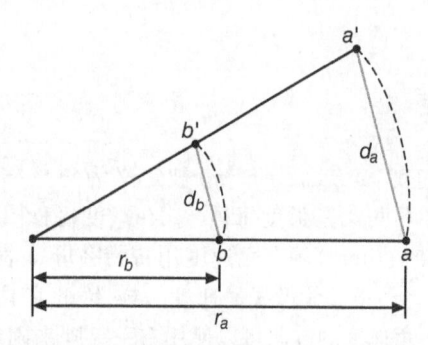

图 6.7 旋转物体上两点的线性位移比值（d_a/d_b）等于这两点到旋转轴的半径比值（r_a/r_b）。

肌肉靠近关节的插入点的一个优点现在应该清楚了。肌肉只需要收缩和缩短很短的距离，就能在肢体末端产生大的运动（线性位移）。由于肌肉的缩短距离通常大约限制在其静息长度的 50%，如果肌肉插入点远离关节，关节的运动范围也将进一步受限。

当我们使用体育器械时，这个概念非常有用。手部的微小运动会在推杆、羽毛球拍、钓鱼竿、曲棍球棍等器械的末端产生大的线性位移。

例题 6.1

高尔夫球手在推杆过程中，双手的弧长移动为 10 cm。如果双手距离旋转轴的距离为 50 cm，球杆头距离旋转轴的距离为 150 cm，那么推杆头移动的弧长是多少？

解：

第 1 步：确定已知变量和推断关系。

$$\ell_{双手} = 10 \text{ cm}$$

$$r_{双手} = 50 \text{ cm}$$

$$r_{球杆头} = 150 \text{ cm}$$

手、手臂和推杆一起摆动，所以

$$\Delta\theta_{双手} = \Delta\theta_{球杆头}$$

第 2 步：确定要求解的未知变量。

$$\ell_{球杆头} = ?$$

第 3 步：寻找包含未知变量和已知变量的方程。公式 6.4 可能适用。

$$\ell = \Delta\theta r$$
$$\Delta\theta = \ell/r = \Delta\theta_{双手} = \Delta\theta_{球杆头}$$
$$(\ell_{双手})/(r_{双手}) = (\ell_{球杆头})/(r_{球杆头})$$

第 4 步：代入已知值，并解出未知变量。

$$(10\ cm)/(50\ cm) = (\ell_{球杆头})/(150\ cm)$$
$$\ell_{球杆头} = (150\ cm) \times (10\ cm)/(50\ cm) = 30\ cm$$

第 5 步：常识性检查。
球杆头移动的距离比手移动的距离更远，30 cm 约为 1 ft。这对于杆头的移动是合理的。

角速度

角速度（angular velocity）被定义为角位移的变化率。其单位可以是弧度每秒（rad/s）、度每秒[(°)/s]、每分钟转数（rpm）等。角速度用希腊字母 ω 表示。角速度是一个矢量，就像线性速度一样，因此它具有相关的方向。角速度的方向可以使用右手定则来确定，就像角位移一样。因为角速度是一个矢量，所以角速度的大小或转动轴的方向的变化会导致角速度的变化。

➡ 角速度被定义为角位移的变化率。

平均角速度被计算为角位置的变化（角位移）除以时间。数学上表示为

$$\bar{\omega} = \frac{\Delta\theta}{\Delta t} = \frac{\theta_f - \theta_i}{\Delta t} \quad (6.6)$$

其中，$\bar{\omega}$ = 平均角速度；$\Delta\theta$ = 角位移；Δt = 时间；θ_f = 最终角位置；θ_i = 初始角位置。

如果我们关注某物体旋转经过一定角位移所需的时间，**平均角速度**（average angular velocity）是重要的指标。如果我们关注某物体在特定时刻的旋转速度，**瞬时角速度**（instantaneous angular velocity）是重要的指标。瞬时角速度是表示某物体在特定时刻旋转的速度指标。汽车仪表盘上的转速表提供了发动机瞬时角速度的测量，以每分钟的转数表示。

击球手挥棒的平均角速度可能决定了他是否能击中球，但在球接触时，棒的瞬时速度决定了球的速度和飞行距离。在所有的球拍运动和击打活动中，类似的情况也存在。对于体操运动员、跳水运动员和花样滑冰运动员来说，平均角速度是更重要的指标。它决定了他们在着陆或入水前完成多少次空中旋转或翻腾。

角速度和线速度

在一些体育项目中，尤其是球类运动，运动员使用器械作为其肢体的延伸。高尔夫球、回力球、网球、壁球、飞镖球、羽毛球、曲棍球和冰球等都是这类运动的例子。使用这些器械的一个优点已经在前面解释过了——它们放大了我们肢体的运动（位移）。现在比较一下在每个运动中，如果用手投掷与用相应的球棒（或球拍，或球杆）击打（或投掷）球（或羽毛球，或冰球），它们的速度会如何。哪个会更快？这些器械使我们能够在每个运动中为球（或羽毛球，或冰球）赋予更快的线速度。回到第二章，再次看一下表 2.3。注意到表中列出的最快移动的物体是使用器械击打或投掷的抛射物。这种更快的线速度是使用球棒、球拍或球杆的另一个优势。这是如何实现的呢？

角位移和线性距离之间的关系给出了答案。以挥动的高尔夫球杆为例。球杆上的所有点都经历相同的角位移，因此具有相同的平均角速度，因为它们都需要相同的时间来完成这个线性距离。但是，离球杆头更近（离转动轴更远）的点移动的弧长比离球杆头更远（离转动轴更近）的点要长。这两个点在相同的时间内完成各自的弧长移动。离转动轴更远的点必须具有更快的线速度，因为它在相同的时间内移动了更长的距离。从数学上讲，这种关系可以从角位移和线性距离（弧长）之间的关系推导出来，如公式 6.4 所示。

$$\ell = \Delta\theta r$$

将两边除以旋转完成该线性距离所需的时间，我们得到：

$$\frac{\ell}{\Delta t} = \frac{\Delta \theta r}{\Delta t}$$

$$\bar{s} = \bar{\omega} r \qquad (6.7)$$

其中，ℓ = 弧长；r = 半径；$\Delta \theta$ = 角位移（以 rad 为单位测量）；Δt = 时间；$\bar{s}$ = 平均线速度；$\bar{\omega}$ = 平均角速度（以 rad/s 为单位测量）。

旋转物体上某点的平均线速度等于物体的平均角速度乘以半径（从物体上的点到物体的旋转轴的距离）。

在某一时刻，这个关系可以表示为

$$v_T = \omega r \qquad (6.8)$$

其中，v_T = 点所在圆路径的切线方向的瞬时线速度；ω = 瞬时角速度（以弧度每秒计量）；r = 半径。

↷ 一个旋转物体上的点的平均线速度等于该物体的平均角速度乘以半径。

一个旋转物体上的点的瞬时线速度等于该旋转物体的瞬时角速度乘以半径。这个瞬时线速度的方向垂直于半径，并且切于该点所在的圆形路径。图 6.8 显示了高尔夫球杆上两个点的瞬时线速度。要演示线速度和角速度之间的关系，请尝试自主实验 6.2。

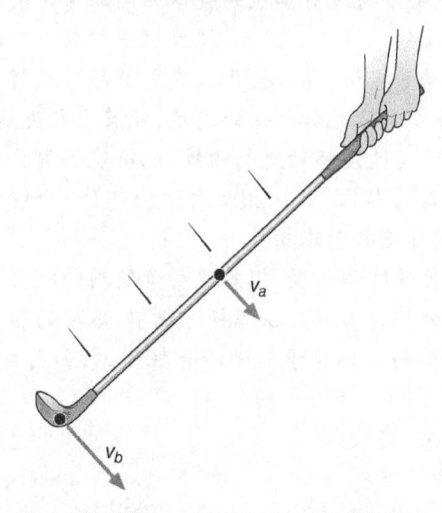

图 6.8　球杆头的线速度（v_b）比杆身上的一点的线速度（v_a）更快，因为球杆头离转动轴更远

自主实验 6.2

角速度，半径和标尺上点的线速度

在桌子上放置一把尺子。将 5 枚相同面值的硬币排成一行，沿着尺子边缘放在桌子上。用手指按住尺子的一端固定住。这个点将成为尺子的枢轴或旋转轴。现在将尺子的另一端拉回，然后打击它，使其向前摆动并撞击硬币。哪个硬币走得更远，速度更快？距离尺子枢轴端最远的硬币走得更远、速度更快。尺子上所有点的平均角速度相同，但撞击该硬币部分的半径 r 最大，因此该硬币具有最大的线速度。

让我们进行另一个实验。将尺子放在铅笔上，以使铅笔位于尺子的 2 in（5 cm）标记下方。在尺子的 11 in（28 cm）标记处放置 1 枚硬币，然后在 4 in（10 cm）标记处放置 1 枚相同面额的硬币。现在，向下移动手并击打尺子的 0 in 末端，将硬币抛向空中。哪个硬币飞得更高并且移动得更快？离转动轴（铅笔）最远的硬币飞得更高且更快。现在，请自行进行一些实验，观察转动轴的不同位置如何影响硬币的飞行。

角加速度

角加速度（angular acceleration）是角速度的变化率。其单位可以用弧度每平方秒（rad/s/s 或 rad/s^2）、度每平方秒[(°)/s/s 或 (°)/s^2]或某种角速度单位每单位时间来衡量。角加速度用希腊字母 α（alpha）表示。与线性加速度类似，角加速度是一个矢量：它具有方向和大小。右手定则用于描述角加速度矢量的方向。

↷ 角加速度被定义为角速度的变化率。

平均角加速度被计算为角速度变化除以时间。数学上可以表示为

$$\bar{\alpha} = \frac{\Delta \omega}{\Delta t} = \frac{\omega_f - \omega_i}{\Delta t} \qquad (6.9)$$

其中，$\bar{\alpha}$ = 平均角加速度；$\Delta \omega$ = 角速度变化量；Δt = 时间；ω_f = 最终角速度；ω_i = 初始角速度。

当某物旋转越来越快或越来越慢，或者旋转物体的转动轴改变方向时，就会发生角加速度。

↷ 角加速度发生在物体旋转越来越快或越来越慢时，或者在旋转物体的转动轴改变方向时。

例题 6.2

棒球棒上的"甜点"距离棒子的转动轴在棒子挥动时是 120 cm。（这一开始看起来很长，因为棒球棒比 120 cm 要短。但是棒球棒的转动轴在棒球棒外部，并通过击球手的身体。）如果棒球棒上的"甜点"移动 40 m/s，那么棒球棒的角速度是多少？

解：

第 1 步：确定已知变量。

$$r_{球拍} = 120 \text{ cm} = 1.2 \text{ m}$$

$$v_{球拍} = 40 \text{ m/s}$$

第2步：确定要求解的未知变量。

$$\omega = ?$$

第3步：寻找包含已知变量和未知变量的方程。公式6.8可能有用。

$$V = \omega r$$

第4步：代入已知值并求解未知变量。

$$40 \text{ m/s} = \omega(1.2 \text{ m})$$

$$\omega = (40 \text{ m/s})/(1.2 \text{ m}) = 3.3 \text{ rad/s}$$

第5步：常识性检查。

33.3 rad/s 约为 5 rev/s。这看起来很快，但在棒球棒"甜点"以 40 m/s 的出球速度也很快。

【概念应用】

运动中的摆动器材

　　高尔夫球杆、回力球（一种球类运动）用的篮子、壁球拍、网球拍、棒球棒、曲棍球棍和长曲棍球杆都能延伸运动员的投掷或击球的半径。这些杆、棒和球拍等都利用了线速度和半径之间的关系。如果远离转动轴的一点的角速度相同，则该点的线速度更快。如果运动员能够以与没有器械的肢体相同的角速度摆动肢体和器械，则器械的打击或投掷端点的线速度将比肢体末端的手更快。因此，被器械击打或投掷的物体也将具有非常快的线速度。如果能够像短器械一样快地摆动长器械，那么使用长度更长的器械将导致更大的线速度。高尔夫球袋中最长的球杆——木杆，用于为高尔夫球施加更快的速度，使其飞行更远，而短杆则用于更近距离地击球。如果击球手能够以与短棒相同的角速度挥动更长的棒，他将能够用更长的棒将球打得更远。握住网球（或壁球，或曲棍球）球拍靠近握把的部位（离球拍面更远的部位）会增加挥拍的半径和球拍打击表面的线速度（如果球员仍能以相同的角速度挥动球拍）。

　　这些运动和其他打击活动中使用的器械有效地延长了运动员的肢体长度，但是运动员使用的技巧可能会更大程度地增加击打器械的有效半径。以高尔夫球运动中的挥杆为例。在挥杆过程中，球杆的转动轴在哪里？实际上，球杆和手臂共同作为一根长杠杆，球接触时的转动轴位于躯干的脊柱列上，如图6.9所示。球杆头的有效半径因此比球杆本身的长度要长得多。

　　考虑其他运动和人类运动活动。在网球发球时转动轴在哪里，有效半径有多长？当有人用长柄斧劈木头时呢？当挥动棒球棒时呢？当打保龄球时呢？当扔球时呢？在拳击中出拳时呢？踢足球时呢？在扣球时呢？在羽毛球大力扣杀时呢？在壁球扣杀时呢？在许多这样的例子中，转动轴心位于身体内部，通常在肩关节中。

　　也许最好的展示长半径优势的例子是比较男子链球和男子铅球投掷的距离。在这两项比赛中，目标都是尽可能远地投掷一枚 7.26 kg 的金属球。主要区别在于链球投掷中的球通过一根铁丝连接到一个手柄上，从手柄到球的距离为 121.5 cm。在链球投掷中，运动员对球本身施加力。链球投掷选手和大多数精英铅球选手都使用旋转技术。因为链球项目中铁链的长度及铅球项目规则要求在投掷铅球时必须靠近颈部和肩部上方，所以链球的旋转半径比铅球大得多。在2017年第16届国际田径联合会世界田径锦标赛上，男子链球投掷员投掷金属球释放时速度最快为 28.10 m/s（Dinsdale, Thomas and Bissas 2017a）。在同一比赛中，男子铅球选手最长距离投掷铅球释放时速度仅为 14.15 m/s

图 6.9　高尔夫球挥杆中球杆头的转动轴和有效半径

(Dinsdale, Thomas and Bissas 2017b)。金属球的最快释放速度几乎是铅球的两倍。这两项比赛的世界纪录之间的差距更大,男子链球投掷的世界纪录为 86.74 m,而男子铅球的仅为 23.12 m。金属球的旋转半径更大是这些释放速度和纪录差异的主要原因。

线速度和角速度与旋转半径之间的关系还解释了我们的肌肉靠近关节附着的另一个优点。考虑肱二头肌附着前臂的情况。如果它只在肘关节处附着 1 in,而手距离关节 10 in,当手臂旋转时,手的线速度将比肱二头肌附着处的线速度快 10 倍。由于肌肉收缩速度受限,将肌肉附着靠近关节处允许相对较慢的肌肉收缩速度在肢体末端被放大。我们的手和脚可以以比控制手臂和腿部运动的肌肉产生的最大速度更快的线速度移动。

角加速度和线性加速度

当旋转物体的角速度增加时,物体上某一点的线速度也会增加。旋转物体上某一点的角加速度和线性加速度是相关的。

切向加速度

旋转物体上某一点沿圆周路径切线方向的线性加速度分量被称为该点的**切向加速度**(tangential acceleration)。请记住,如果一条直线只在一个点上与圆相切,则该直线是切线。从该点到圆心的直线(径向线)垂直于切线。切向加速度与物体的角加速度有以下关系:

$$a_T = \alpha r \quad (6.10)$$

其中,a_T = 瞬时切向加速度;α = 瞬时角加速度(以 rad/s^2 为单位测量);r = 半径。

旋转物体上的一个点沿其旋转路径经历的线性加速度等同于该物体的角加速度乘以半径,并且方向沿切线方向。图 6.10 显示了沿曲线路径移动的物体的切向加速度方向。

$a_T = \alpha r = $ 切向加速度

$a_r = \omega^2 r = \dfrac{v_T^2}{r}$

= 向心加速度

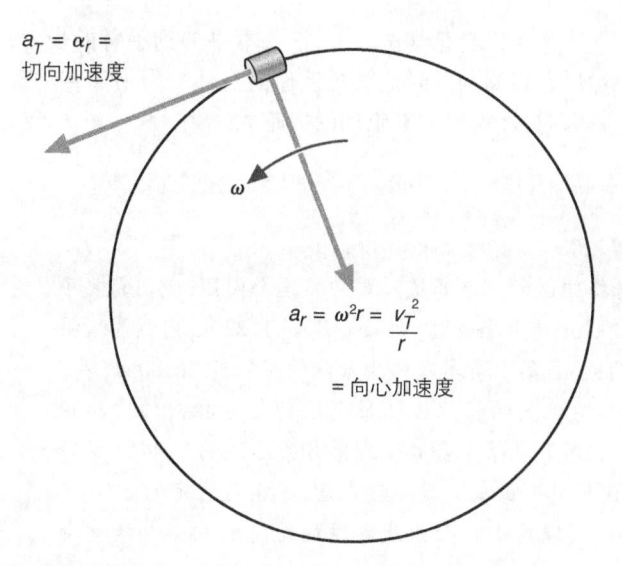

图 6.10 物体在圆形路径上运动时切向加速度和向心加速度的方向

向心加速度

公式 6.10 表明,如果旋转物体正在受到角加速度的加速作用,那么点沿旋转路径的切线方向将出现线性加速度。如果没有任何角加速度会发生什么?如果物体以恒定的角速度旋转并且没有角加速度,旋转物体上的一个点会经历任何线性加速度吗?答案是肯定的。请记住,如果某物体加速、减速或改变方向,则会出现线性加速度。物体上旋转的点不会加速或减速,但由于该点沿着圆形路径运动,它在不断改变方向,并因此经历一个恒定的线性加速度。

这种线性加速度是沿着什么方向发生的呢?把一个六角螺母或其他轻质物体紧紧地系在一根结实的绳子上,并使其以恒定的角速度旋转,如图 6.11 所示。

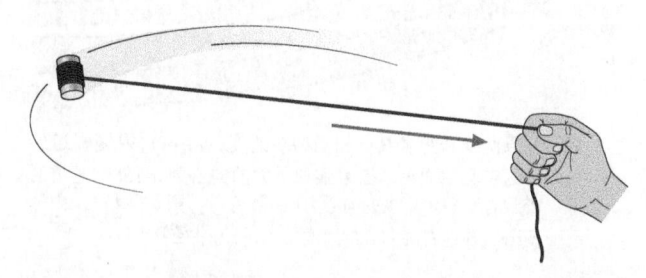

图 6.11 把轻质物体系在绳子上并使其做圆周运动。你应该往哪个方向拉绳子?

为了让重物沿着圆形路径运动,你必须沿着哪个方向拉绳子?你必须用指向圆心、指向转动轴的力来拉绳子。这必须是导致重物线性加速度的力,因此线性加速度也必须指向圆心。这种加速度被称为**向心加速度**(centripetal acceleration)(或径向加速度),导致它的力被称为**向心力**(centripetal force)。

在数学上,可以使用两个不同的公式来定义向心加速度:

$$a_r = \dfrac{v_T^2}{r} \quad (6.11)$$

$$a_r = \omega^2 r \quad (6.12)$$

其中，a_r = 向心加速度；v_T = 切向线性速度；r = 半径；ω = 角速度。

向心加速度是指向转动轴的线性加速度（图6.10）。它直接与切向线性速度的平方和角速度的平方成正比。如果角速度保持不变，向心加速度与旋转半径成正比。如果切向线性速度保持不变，则向心加速度与旋转半径成反比。

> 向心加速度是指向转动轴的线性加速度。

当你在跑道内侧的弯道上奔跑时，你会经历更多的向心加速度，因此需要在鞋子上施加更多的摩擦力来产生向心力，而如果你在外侧赛道以相同的线速度奔跑，则需要的摩擦力会更小（图6.12）。在这两种情况下，切向线性速度相同，但旋转半径在外部赛道中更大。公式6.11（$a_r = v_T^2/r$）是评估这种情况的适当公式，因为线速度相同。

另一方面，一个挥舞1 m长链条的铁锤的投掷者（图6.13a）必须比他以相同的角速度挥舞一条0.75 m长链子的铁锤时施加的力更大（图6.13b）。对于链长为1.0 m的铁锤，向心加速度更大（因此投掷者提供的向心力必须更大），而对于链长较短的铁锤，向心加速度较小，因为链长为1.0 m的铁锤的旋转半径较大。公式6.12（$a_r = \omega^2 r$）是评估这种情况的适当公式，因为角速度相同。

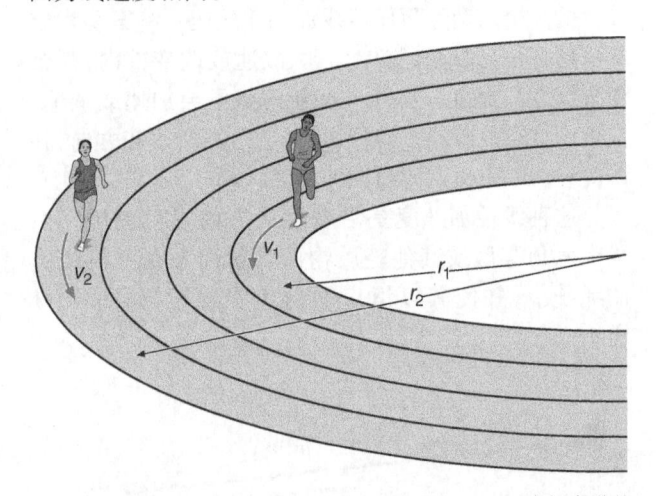

图6.12 如果两个奔跑者具有相同的线速度（$v_1 = v_2$），内侧赛道的奔跑者必须通过摩擦力施加更大的向心力，而外侧赛道的奔跑者则需要更少的向心力（如果$v_1 = v_2$，则$a_{r1} > a_{r2}$）。内侧赛道的奔跑者的向心加速度更大，因为半径较小（$r_1 < r_2$）

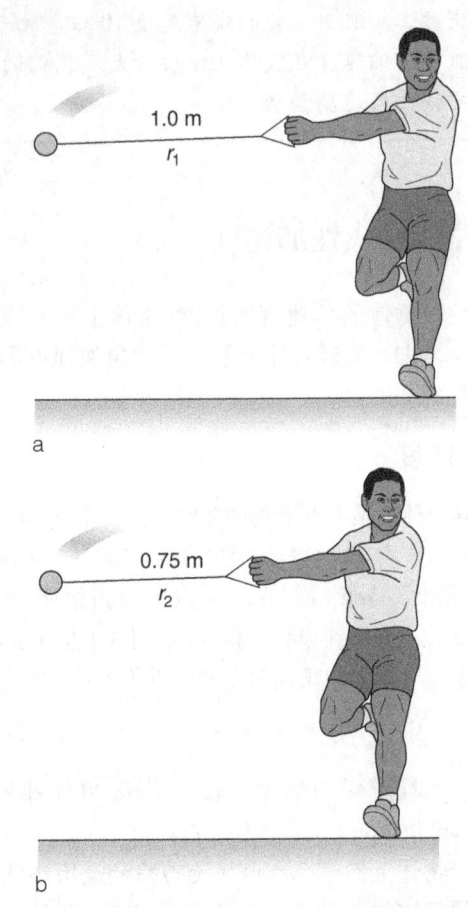

图6.13 如果两个铁锤以相同的角速度（$\omega_1 = \omega_2$）旋转，使用链长为1.0 m的铁锤的投掷者(a) 必须施加比使用链长为0.75 m的铁锤的投掷者(b) 更大的向心力（因为$a_{r1} > a_{r2}$，而且$r_1 > r_2$）。链长为1.0 m的铁锤的向心加速度更大，因为它的半径较大

你可以自己尝试一下，把一本书伸到手臂的长度，然后在转圈的同时把书拉近你的身体。当书离转动轴越远时，你需要对书施加的力越大。

【概念应用】

向心加速度和曲线跑

如果你想要参加最快的200 m或400 m赛跑，你会选择跑道的哪个赛道？要回答这个问题，我们需要了解一些关于跑道的知识。IAAF规定标准的室外跑道长400 m，有8条赛道，每条赛道宽1.22 m，内侧赛道被指定为第1条赛道，外侧赛道被指定为第8条赛道。在曲线上，第1条赛道的测量线的半径为36.80 m，第8条赛道的测量线的半径为45.24 m。第2~8条赛道的起跑位置的错位保证每个运动员跑相同的比赛距离，并且每个运动员在比赛期间绕曲线的总线性距离也相同。从第1条赛道到第8条赛道的8.44 m半径增加会使外侧赛道的跑者比内侧赛道的跑者有更大的优势吗？仅从力学角度来看，答案是肯定的。

对于在曲线上以相同速度奔跑的跑者，根据公式6.11，绕更小半径曲线奔跑的跑者的向心加速度会更大。

$$a_r = \frac{v_T^2}{r}$$

对于在第1条赛道以平均速度10 m/s奔跑的200 m短跑运动员,曲线半径为36.80 m,向心加速度为2.72 m/s²。对于在第8条赛道以平均速度10 m/s奔跑的200 m短跑运动员,曲线半径为45.34 m,向心加速度为2.21 m/s²。在第1条赛道上奔跑的运动员的向心加速度比在第8条赛道上奔跑的运动员的向心加速度高23%。实际上,尽管跑者在曲线上奔跑,但跑者并不会沿着完美的圆形路径运动,运动方向会不断变化。跑者只能在与地面接触时才能改变水平运动方向。因此,跑者的加速度会比公式6.11预测得更大,因为跑者只能在每一步的支撑阶段改变方向。无论如何,内侧赛道的跑者必须于支撑阶段在跑道上产生更大的横向力,因为内侧赛道的跑者必须产生更大的方向变化。产生更大的横向力的要求限制了跑者在曲线上奔跑的速度,而半径更小的赛道的速度限制更大。从力学角度来看,你可以在半径较大的赛道中奔跑得更快。你可以通过在每个赛道上尽力奔跑200 m或400 m,但不进行比赛来测试这一点。然后,比较每个赛道的时间并将赛道从快到慢排名。

当你与其他人在每个赛道上比赛时,你的时间可能与你在每个赛道上单独跑步的时间不同。如果你在第1条赛道上跑步,由于错位,你可以看到其他跑者出现在你前面。在曲线上奔跑时,你可能会因为追逐目标而跑得更快。此外,在曲线上奔跑时,由于错位,你似乎正在赶上其他跑者。看到其他跑者的位置并在曲线上似乎赶上他们可能为你提供心理优势。另一方面,如果你在第8条赛道上跑步,在最后一个曲线之前,除非他们已经追上你,否则你看不到任何竞争对手,当你看到他们时,这意味着他们已经远远超过了你。这可能对你构成心理上的劣势:你没有追逐的目标,也不知道自己是否领先或落后于其他跑者。因此,200 m或400 m短跑的首选赛道是中间的赛道:第3、4、5、6条赛道。对于进行多场比赛以确定最后一场比赛的运动员的200 m和400 m比赛,最快的四名运动员会随机分配到第3、4、5、6条赛道;接下来的两名最快的运动员会随机分配到第7、8条赛道;最后两名运动员按照IAAF规则随机分配到决赛的第1、2条赛道。由于最快的运动员被分配到第3、4、5、6条赛道,因此200 m和400 m决赛的最快时间通常由在第3、4、5、6条赛道上奔跑的冠军创造。Brickner(2018)收集的数据列出了男子200 m和400 m短跑每条赛道纪录的最佳成绩。2009年,尤塞恩·博尔特(Usain Bolt)在第5条赛道上跑步创造了200 m世界纪录,19.19 s。但是,在2011年,约翰·布雷克(Yohan Blake)在第7条赛道上跑步,以19.26 s的成绩创造了200 m比赛历史上第二快的成绩。在400 m比赛中,2016年,韦德·范尼古克(Wayde van Niekerk)在第8条赛道上跑步,创造了世界纪录43.03 s。即使最快的跑者被分配到第3、4、5、6条赛道,最快的400 m成绩表现是在第8条赛道上获得的,第二快的200 m成绩是在第7条赛道上获得的。这些是最慢的预选赛时间的运动员参加的两条赛道。在曲线上奔跑的机械优势可能比在曲线内部半径较小的赛道上奔跑的心理优势更重要。

从解剖系统描述肢体运动

本章的第一部分使用了严格的机械术语来描述角动量。解剖学家使用自己的术语来描述身体肢体的相对角度位置和运动。你可能已经具备一些解剖学和解剖学术语的知识。本章的这部分介绍了解剖学家和其他人类运动专业人员用来描述身体及其部分相对位置和运动的系统。

解剖学姿势

试图描述身体上一个特定的雀斑、痣或头发的位置是一项困难的任务。你可能通过描述它与身体其他部位的关系来确定其位置。如果你试图描述肢体的运动,也会出现类似的情况。为了描述身体部位的位置或运动,必须使用身体其他部位作为参照。但是,人体可以采取许多不同的姿势,肢体的方向也可能发生变化,因此必须使用身体的一个共同参照位置。人体最常用的参照位置称为**解剖学姿势**(anatomical position)。早期的解剖学家将尸体悬挂在这个位置以更轻松地研究它们。当身体站立直立、面向前方、双脚平行对齐、脚趾朝前、手臂和手直挂在肩膀两侧、手指伸展、手掌向前时,身体处于解剖学姿势。解剖学姿势是我们描述肢体或其他解剖结构的位置、姿势或运动时的标准参照位置。图6.14展示了身体处于解剖学姿势的样子。

> 当我们描述肢体或其他解剖结构的位置、姿势或运动时,解剖学姿势是身体的标准参照位置。

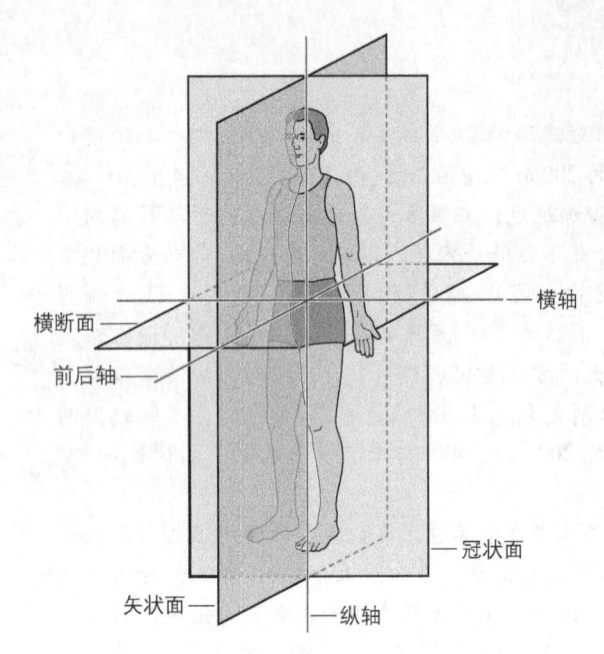

图 6.14 身体基本解剖平面和轴

运动的平面和轴

解剖学家已经开发了特定名词来识别穿过身体的特定平面。每个平面都有一个相应的轴垂直穿过平面。这些平面对于解剖学家在描述解剖切割平面或想象的切割平面时非常有用。这些平面也有助于描述身体部位的相对运动，轴用于描述这些运动发生的线路。

解剖平面

一个解剖平面是一个平坦的二维表面。**矢状面**（sagittal plane），也称为前后位面，是一条想象的平面，从前向后、从上向下使身体成为左右两部分。**冠状面**（frontal plane），也称为冠状位面或侧位面，从侧面、从上向下使身体成为前后两部分。**横断面**（transverse plane），或水平面，从侧面将身体分为上下两部分。所有的矢状面都垂直于所有的冠状面，所有的冠状面都垂直于所有的横断面。

可以想象通过身体的许多矢状面，但它们都是平行的。同样，可以想象通过身体的许多冠状面或横断面。基本平面是通过身体的中点或重心的平面。重心是身体在只有一个支点支撑时平衡的点。基本矢状面（正中矢状面）是将身体分为相等的左右两半的平面。身体的基本矢状面、冠状面和横断面如图 6.14 所示。

在生物力学上，解剖平面可能有助于定位解剖结构，但它们最大的价值在于描述肢体运动。平面如何有助于描述运动？大多数肢体的运动是通过旋转实现的。旋转发生在特定的转动轴和特定的运动平面内。因此，通过确定肢体运动的转动轴和所在平面，可以更容易地描述肢体运动相对于彼此的情况。

> 在生物力学上，解剖平面可以用于定位解剖结构，但它们最大的价值在于描述肢体运动。

解剖轴

我们定义了几个特定的解剖轴。什么是特定的解剖轴？解剖轴为垂直于先前定义的解剖平面的线。**前后轴**（anteroposterior axis）（矢状轴、矢状横轴或车轮轴）是从前向后且垂直于冠状面的想象线。前后轴通常缩写为 **AP 轴**（AP axis）。AP 轴是由横断面与矢状面交叉定义的，因此也称为矢状横轴。**横轴**（transverse axis）（侧向轴、冠状轴、中外侧轴、冠状横轴或翻筋斗轴）是从左向右且垂直于矢状面的想象线。横轴是由横断面与冠状面交叉定义的，因此也称为冠状横轴。**纵轴**（longitudinal axis）（垂直轴、冠状矢状轴或扭转轴）是从上向下且垂直于横断面的想象线。纵轴是由冠状面与矢状面交叉定义的，因此也称为冠状矢状轴。所有 AP 轴都垂直于横轴，而横轴则垂直于所有纵轴。这些轴的数量是无限的，并穿过身体。图 6.14 显示了前后轴、横轴和纵轴的示例。

定义运动的面和轴

现在让我们看看轴和平面如何用于描述人体运动。想象一下自行车车轮。轮子围绕一个轴旋转。沿轮轴的线条定义了轮子的转动轴。这是轮子旋转的轴。轮辐垂直于轴或转动轴。因此，轮辐必须位于轮子的运动平面内。现在让我们看一个来自人体的例子。身体处于解剖学姿势，弯曲右臂肘部而不移动上臂，如图 6.15 所示。将前臂视为自行车车轮的轮辐，将肘部视为轴。在整个运动过程中，你的前臂位于哪个平面？它在矢状面内运动。什么轴垂直于矢状面？横轴垂直于矢状面。你的前臂和手的运动在矢状面内，并围绕横轴运动。

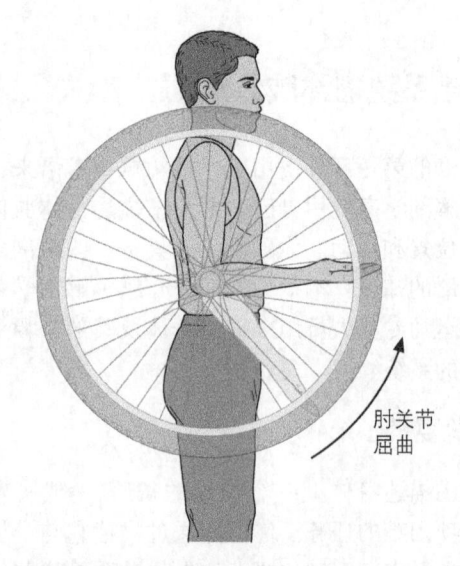

图 6.15 想象一下自行车车轮可以帮助你确定运动的平面和轴

现在让我们描述一下我们用于确定任何肢体运动的平面或轴的方法。首先，应该注意一个原则。如果你可以确定运动的平面或轴，则另一个很容易确定。如果已知运动发生的平面，则只有一个轴可以围绕其进行运动，那就是垂直于运动平面的轴。同样地，如果已知运动发生的轴，则只有一个平面可以在其中进行运动，那就是垂直于相应轴的平面。表 6.1 列出了三个运动平面及垂直于该运动平面的相应轴。

表 6.1 解剖学运动平面及其对应的运动轴

平　　面	轴
矢状面	横轴
冠状面	前后轴（AP 轴）
横断面	纵轴

➲ 如果可以确定运动的平面或轴，则另一个很容易确定。

在描述确定运动平面的技术之前，更精确和准确的平面定义可能会有所帮助。就像两个点在空间中几何上定义了一条直线一样，三个非共线点或两条相交的直线在空间中定义了一个平面。如果一张桌子或椅子只有三条腿，每个腿都会始终接触到一个平面，如地面，因为只需要三个点就可以定义一个平面。即使腿的长度不同并且桌子倾斜，三条腿仍将始终接触地面。四条腿的桌子始终会有三条腿在同一平面上，但如果第四条腿的端点不在其他三条腿定义的平面上，第四条腿仅会接触到该平面。如果三条腿的长度相同，而第四条腿的长度不同，则只有三条腿会接触地面。

我们的大多数肢体在一个方向上比其他方向更长，因此它们可以被视为长圆柱体甚至是线段。这些线段通过绕关节摆动或旋转来移动。如果你可以想象出在运动开始时肢体定义的线段和在运动过程中的任何其他时刻肢体定义的线段，这些线段将在关节处相交（如单关节运动）。运动平面由这两个线段定义。例如，身体处于解剖学姿势，想象一条从右肩到右手腕的线段。现在在肩部外展（将右臂向上和向侧面举起，远离身体，直到达到肩膀高度）时，想象一条通过肩膀和手腕的线段。这两个线段都落在哪些平面内？当你处于解剖学姿势时，你的右臂处于矢状面和冠状面中。当你完成运动时，你的手臂处于横断面和冠状面中。在运动开始和结束时（以及整个运动过程中），你的手臂处于冠状面中，因此运动发生在冠状面内。因为冠状面垂直于 AP 轴，所以运动围绕着 AP 轴发生。

以下是另一种确定运动平面的方法。如果你可以从任何一个角度观察运动，哪个角度会给你最好的视野，以便你始终可以看到运动肢体的整个长度？你会从哪个角度观察，以便运动肢体不会朝向或远离你，而是横跨你的视野？如果最佳视角是前面或后面，身体的视角是一个正面视图，运动是在冠状面上。如果最佳视角是左侧或右侧，身体的视角是一个矢状视图，运动是在矢状面上。如果最佳视角是上方或下方（诚然，这些视角很难实现，但是想象一下如果你能够处于一个人的上方或下方的位置可以看到的视角），身体的视角是一个横断面视图，运动是在横断面上。

例如，如果你从运动的前面（如图 6.16 所示，即在肩膀外展时）或后面（后面）的位置观察前面例子中描述的运动，你会看到整个运动过程中的手臂，并且手臂不会向你远离或靠近。如果你从侧面观察运动（矢状面，如图 6.17a 所示），则开始时可以看到整个手臂，但是随着手臂向上移动，手臂会变短，直到手臂达到肩膀高度时只能看到手，手臂会向你移动。如果你从上方观察运动（横断面，如图 6.17b 所示），则开始时只能看到肩膀，但当手臂达到肩膀高度时可以看到整个手臂。手臂会向你移动。最好的视角是从前面，所以视角是一个正面视图，运动是在冠状面上。垂直于冠状面的轴是 AP 轴。

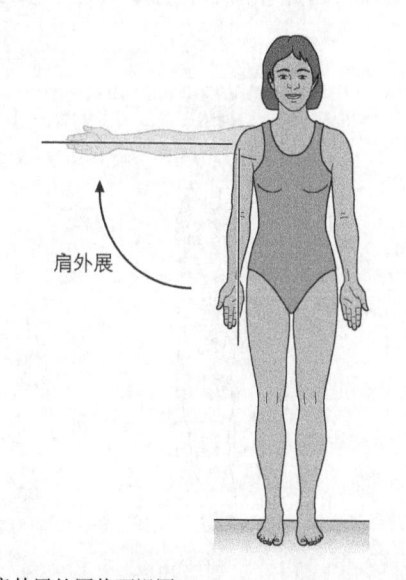

图 6.16 肩外展的冠状面视图

在某些肢体运动中，肢体的长度不会围绕轴摆动，而是肢体绕其长度旋转或扭曲。在这种情况下，首先确定肢体的转动轴，然后确定其运动平面会更容易。绕其长度扭曲的肢体的转动轴由沿肢体长度从近端到远端的线的方向定义。如果该线与纵轴平行，则为纵轴。如果它与 AP 轴平行，则为 AP 轴。如果它与横轴平行，则为横轴。

132　运动生物力学（原书第 4 版）

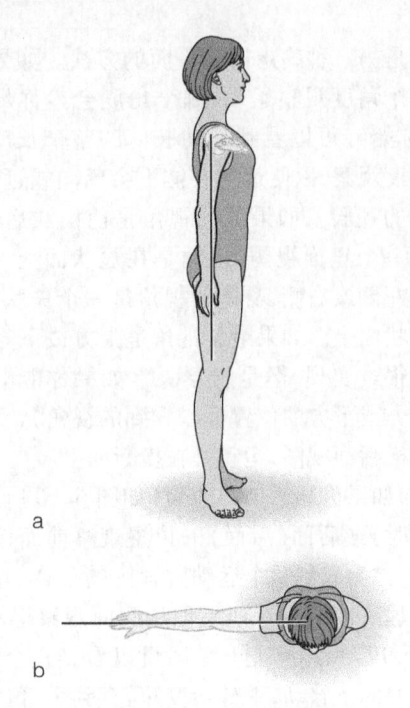

图 6.17　肩外展：矢状面视图（a）；横断面视图（b）

例如，保持解剖学姿势，将右手掌向侧面旋转，然后向后旋转，如图 6.18 所示。你的手臂绕其长度的轴旋转。从你手臂近端到远端绘制的一条线是一条垂直线，与纵轴平行。该运动的转动轴是纵轴。纵轴垂直于横断面，因此你的右臂的旋转运动发生在横断面上。

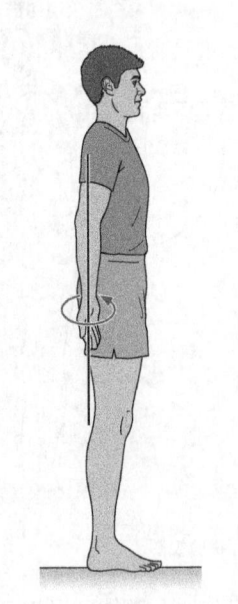

图 6.18　绕纵轴的运动

到目前为止，我们使用的所有示例都是在我们定义的三个运动平面之一内发生的。矢状面、横断面和冠状面是主要的运动平面。但是还存在其他非主要的运动平面，运动可以发生在这些平面内。例如，当你像图 6.19 一样挥动高尔夫球杆时，你的手臂在哪个平面内移动？最好的观察点不是正前方或正上方，而是前方和上方。运动平面是横断面和冠状面之间的对角线平面，运动轴是纵轴和 AP 轴之间的对角线轴。在我们的四肢内部或周围存在无数的对角线平面和轴，我们的四肢可以在其中移动。主要平面和轴为我们提供了标准平面和轴，可以描述其他对角线平面和轴。

图 6.19　对角线平面内的运动

关节运动

我们可以确定肢体运动的平面和动作，但是描述肢体运动的术语是什么？人类运动描述使用术语来描述关节两侧的两个肢体的相对运动（相对角动作），而不是描述单个肢体的运动（绝对角动作）。因此，这些术语描述关节动作，即关节远侧和近侧肢体的相对角运动。从解剖学姿势开始，当肢体围绕前后轴在矢状面内移动时，关节动作包括屈曲、伸展、过度伸展、足背屈和足背伸。当肢体围绕横轴和冠状面内移动时，关节动作包括外展、内收、桡侧偏（桡侧屈）、尺侧偏（尺侧屈）、内翻、外翻、上抬、下沉、向右侧屈、向左侧屈。当肢体围绕纵轴在横断面内移动时，关节动作包括内旋（向内或向内侧旋转）、外旋（向外或向外侧旋转）、前倾（掌心向下）、后倾（掌心向上）、水平外展（水平伸展）、水平内收（水平屈曲）、向左旋转和向右旋转。

> 人类运动描述使用术语来描述关节两侧的两个肢体的相对运动（相对角动作），而不是描述单个肢体的运动（绝对角动作）。

围绕横轴的运动

屈曲、伸展和过度伸展是发生在手腕、肘部、肩部、髋部、膝盖和脊椎间隙的关节动作。从解剖学姿势开始，**屈曲**（flexion）是围绕这些关节的横轴发生的关节动作，最大的运动范围是在矢状面内引起的肢体运动。**伸展**（extension）是围绕这些关节的横轴发生的关节动作，通过在矢状面中引起相反的肢体运动将肢体返回到解剖学姿势。**过度伸展**（hyperextension）是继续超过解剖学姿势的伸展的关节动作。因此，当前臂向前上方移动且肘关节前侧的前臂和上臂之间的角度变小时，肘屈曲发生。当前臂返回到解剖学姿势时，肘伸展发生。如果前臂可以继续伸展超过解剖学姿势，肘关节会过度伸展。图 6.20a~g 分别显示了手腕、肘部、肩部、髋部、膝盖、躯干和颈部关节发生的屈曲、伸展和过度伸展动作。

背屈和跖屈是在踝关节发生的关节动作。从解剖学姿势开始，**背屈**（dorsiflexion）是围绕踝关节的横轴发生的关节动作，引起脚向矢状面前方和上方移动的运动。当你抬起脚趾并将体重放在脚后跟上时，你的踝关节正在背屈。**跖屈**（plantar flexion）是围绕踝关节的横轴发生的关节动作，引起脚向矢状面下方移动的相反运动，即脚向下远离腿部。当你踮起脚尖时，你的踝关节正在跖屈。背屈和跖屈也在图 6.20g 中显示。

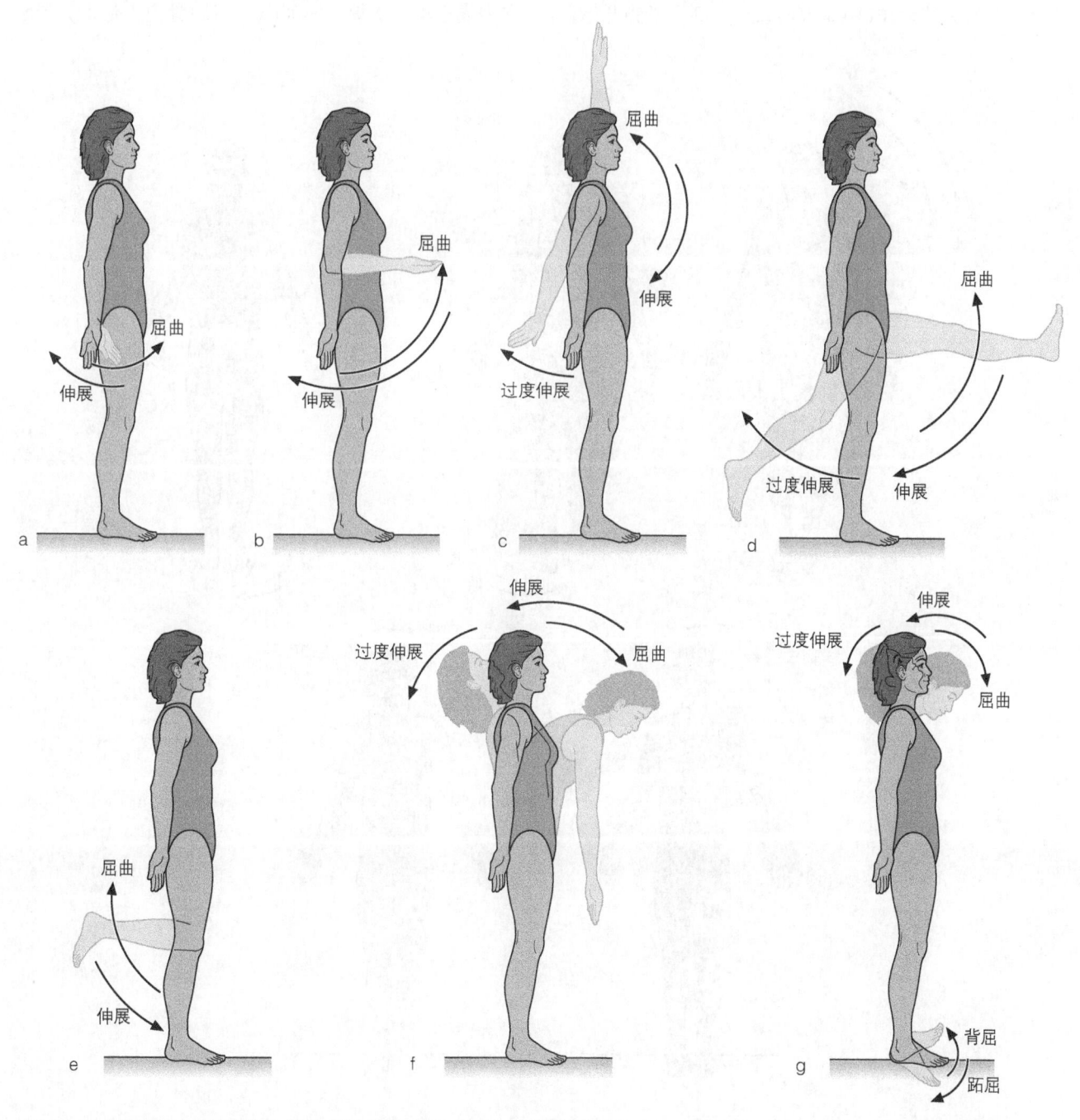

图 6.20 在矢状平面中显示了手腕、肘部、肩部、髋部、膝盖、躯干和颈部的关节动作

围绕前后轴的运动

展(外展)和收(内收)是发生在肩部和髋部的关节动作。从解剖学姿势开始,展(abduction)是围绕这些关节的前后轴发生的关节动作,最大的运动范围是在前矢状面内引起的肢体运动。收(adduction)是围绕这些关节的前后轴发生的关节动作,将肢体在前矢状面中向解剖学姿势后方移动。因此,肩部外展发生在将手臂向上和向外远离身体时。肩部内收发生在手臂返回到解剖学姿势时。图 6.21a、b 显示了在肩部和髋部关节发生的展和收动作。

尺偏(内收或尺屈)和桡偏(外展或桡屈)是发生在手腕关节的关节动作(图 6.21c)。从解剖学姿势开始,尺偏(ulnar deviation)是围绕手腕的前后轴发生的关节动作,将手向小指的前矢状面移动。桡偏(radial deviation)是围绕手腕关节的前后轴发生的关节动作,在前矢状面上引起相反的手部运动,将手向拇指方向移动。

内翻和外翻是踝关节发生在前矢状面的运动(图 6.21c)。这些关节动作围绕足部的前后轴发生。从解剖学姿势开始,内翻(inversion)是指抬起脚掌内侧。返回解剖学姿势和脚部移动超过解剖学姿势,足底外侧抬起则是外翻(eversion)。

肩胛骨和肩胛带的运动主要发生在前矢状面。这些运动包括展(肩胛骨远离中线的运动)和收(肩胛骨向中线运动),上提(elevation)(肩胛骨向上运动)和下

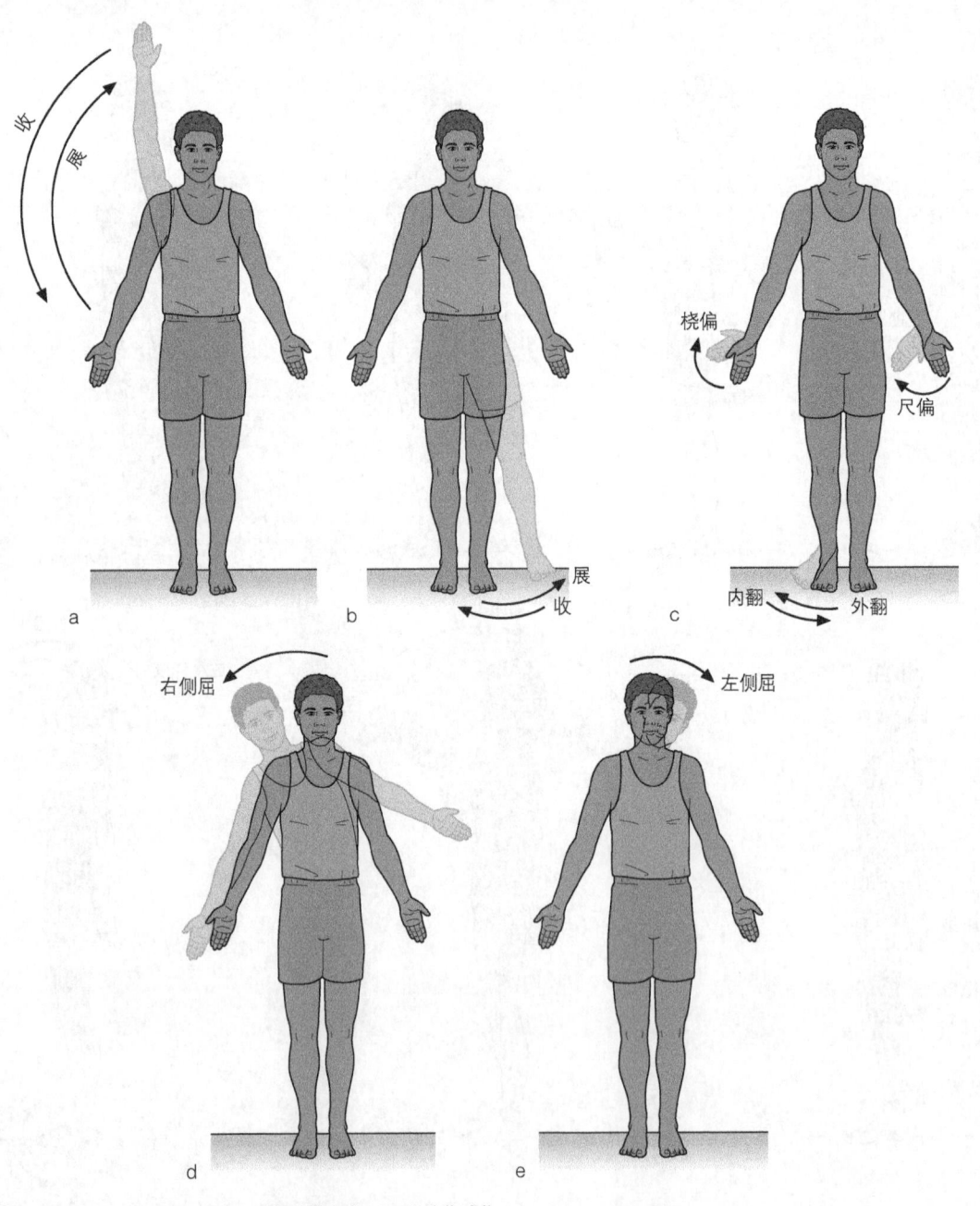

图 6.21 肩部、髋部、手腕、踝关节、躯干和颈部在前矢状面上的关节动作

沉（depression）（肩胛骨向下运动），**上旋**（upward rotation）（肩胛骨的内侧边缘向下移动，肩关节向上运动）和**下旋**（downward rotation）（肩胛骨的内侧边缘向上移动，肩关节向下运动）。

左侧或右侧的**侧屈**（lateral flexion）也发生在前矢状面。向左侧屈躯干时发生左侧屈，向右侧屈躯干时发生右侧屈。同样地，向左侧屈颈部时是将头向左肩倾斜，向右侧屈颈部时是将头向右肩倾斜。图6.21d、e显示了侧屈。

围绕纵轴的运动

内旋（internal rotation）（向内或向内旋转）和**外旋**（external rotation）（向外或向外旋转）是发生在肩关节和髋关节的关节动作。从解剖学姿势开始，内旋是围绕这些关节的纵轴发生的关节动作，使肢体在横断面上向内旋转，使膝盖向内靠拢或手掌向身体旋转。外旋是围绕这些关节的纵轴发生的关节动作，引起相反的肢体运动，在横断面上将肢体返回到解剖学姿势或将其移动超过解剖学姿势。图6.22a、b显示了在髋关节和肩关节发生的内旋和外旋动作。

前倾和后倾是在前臂的桡尺关节发生的关节动作。从解剖学姿势开始，**旋前**（pronation）是围绕前臂的纵轴和桡尺关节发生的关节动作，使手掌转向身体。这个动作类似于肩关节的内旋，只是它发生在桡尺关节。**旋后**（supination）是围绕桡尺关节的纵轴发生的关节动作，在横断面上引起相反的肢体运动，将前臂和手返回到解剖学姿势或将其移动超过解剖学姿势。图6.22d显示了在桡尺关节发生的旋前和旋后动作。

水平外展（horizontal abduction）（水平伸展或横向外展）和**水平内收**（horizontal adduction）（水平屈曲或横

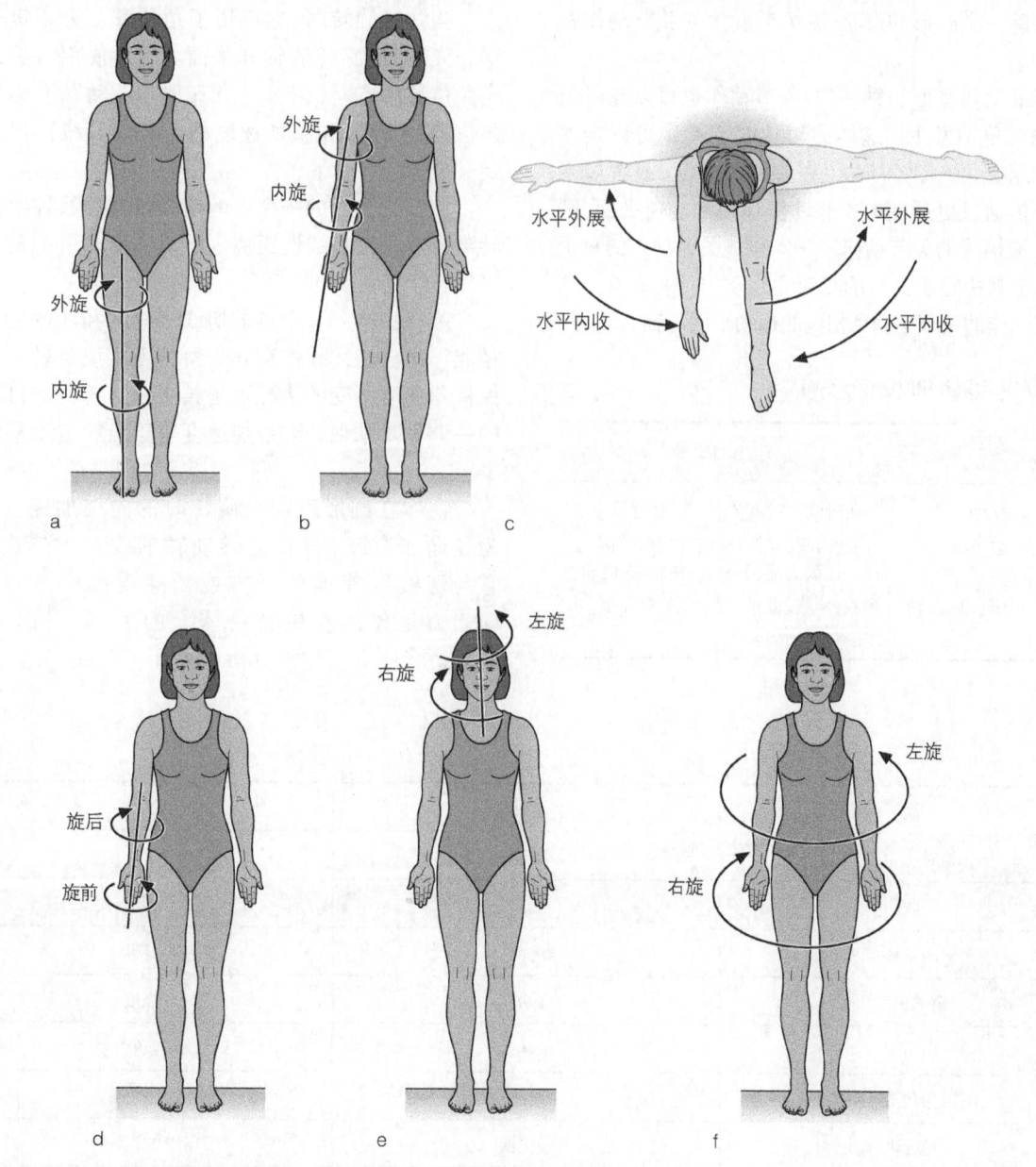

图6.22 髋关节、肩关节、肩-髋关节、桡尺关节、颈部和躯干在横断面上的关节动作

向内收)是发生在髋关节和肩关节的关节动作。这些关节动作不是从解剖学姿势开始的。首先,必须发生髋关节或肩关节的屈曲,并继续进行,直到手臂或大腿处于横断面上。然后,水平外展是手臂或腿在横轴上的运动,使手臂或腿远离身体的中线。返回运动是水平内收。这些关节动作如图 6.22c 所示。

头部、颈部和躯干的旋转也发生在纵轴周围。将躯干转向左侧,使你面向左侧是左旋,将躯干转向右侧,使你面向右侧是右旋。这些动作在图 6.22e、f 中显示。

环转运动(circumduction)是一种多轴关节动作,围绕横轴和 AP 轴发生。环转运动是屈曲与外展结合,然后是内收,或伸展或过度伸展与外展结合,然后是内收。环转运动肢体的轨迹形成一个锥形表面。如果你在肩关节外展你的手臂,然后移动你的手臂和前臂,使你的手追踪一个圆形的形状,肩关节发生的关节动作是环转运动。

就像有对角平面和轴一样,关节动作也可以在对角平面围绕对角轴发生。这样的对角关节动作可以是关节动作的组合,如果它们发生在多轴关节上,或者如果关节或肢体通过更近端的关节动作移动到对角平面,则可以是之前描述的关节动作之一。描述关节动作的每个术语实际上都指定了关节的相对角运动方向。表 6.2 总结了这些动作的关节运动和相应的运动平面与轴。

表 6.2 关节运动及其相应的运动平面与轴

运动平面	轴	关节运动
矢状面	横轴	屈曲、伸展、过度伸展、跖屈、背屈
冠状面	前后轴	外展、内收、尺偏、桡偏、内翻、外翻、上提、下沉、上旋、下旋、左侧屈、右侧屈
水平面	纵(垂直)轴	内旋、外旋、旋前、旋后、水平外展、水平内收、右旋、左旋

▷ 描述关节动作的每个术语实际上都指定了关节的相对角度运动方向。

总结

角动力学涉及描述角运动。角度描述了两条线的方向。绝对角位置是指物体相对于固定参考线或平面(如水平或垂直)的方向。相对角位置是指物体相对于非固定参考线或平面的方向。关节角度是相对的,而肢体位置可以是相对的或绝对的。肢体在关节周围的角运动是用解剖学家使用身体的解剖学姿势作为参考所开发的术语来描述的。三个主要解剖平面(矢状面、冠状面和横断面),以及它们相应的轴(横轴、前后轴和纵轴)有助于描述肢体的运动。

当物体旋转时,它经历了角位移。为了定义角位移,必须知道旋转的轴和平面。然后使用右手定则确定角位移的方向(以及所有其他角运动和力矩矢量)。角位移、角速度和角加速度的定义与其线性对应物的定义类似。

旋转物体上的一个点的线性位移和线性距离与旋转半径成正比。线性距离等于以弧度测量的角位移乘以旋转半径。

旋转物体上一个点的切线线速度和加速度也与半径成正比。切线线速度等于角速度乘以旋转半径。在保持角速度不变的情况下延长半径是各种击打技能中的一个重要原则。切线加速度等于角加速度乘以旋转半径。

物体在圆形路径上旋转时的向心加速度(也称为径向加速度)是指向转动轴的线性加速度分量。它与切线线速度的平方或角速度的平方成正比。向心力是作用在旋转物体上的力,以引起向心加速度。

关键词

展	背屈	纵轴
绝对角位置	下旋	跖屈
收	上提	旋前
解剖学姿势	内翻	桡偏
角加速度	伸展	弧度
角位移	外旋	相对角位置
角位置	屈曲	矢状面
角速度	冠状面	旋后

前后轴（AP 轴）	水平外展	切向加速度
平均角速度	水平内收	横轴
基准面	过度伸展	横断面
向心加速度	瞬时角速度	尺偏
向心力	内旋	上旋
环转运动	外翻	
下沉	侧屈	

第七章　角动力学

解释角运动产生的原因

学习目标

学完本章,你应该能做到以下内容:
- 掌握转动惯量的定义
- 解释如何控制人体的转动惯量
- 解释牛顿第一定律适用于角运动
- 解释牛顿第二定律适用于角运动
- 解释牛顿第三定律适用于角运动
- 掌握角冲量的定义
- 掌握角动量的定义
- 解释角冲量与角动量的关系

跳水运动员从3 m高台跳下。刚开始,身体处于完全伸展状态(直体姿势),她几乎无任何转体。随后,通过屈髋折叠身体(屈体姿势),她也随之如同魔法般加速旋转。在入水前,她将继续保持该姿势并完成约三周半转体。接近水面时,她会完全打开身体并保持直体姿势,身体也似乎因此而停止旋转,随后完成入水且几乎不会溅起任何水花。跳水运动员是如何在整个跳水过程中控制身体旋转速度(角速度)的?她似乎可以随意控制身体转速的快慢。本章内容将有助于我们回答这个问题。

本章在力学分支中被称为动力学的一部分。准确来说,本章内容是关于角动力学,或角运动产生的原因。线性动力学中的许多概念在角动力学中都有对应的应用。因此,第三章中学到的许多概念对深入理解本章内容非常重要。学习角动力学将有助于理解:为什么投掷铁饼时需要旋转铁饼?为什么跳远运动员能在空中"飞"?花样滑冰运动员、跳水运动员及体操运动员如何在不落地的情况下实现转体加速或减速?同样,学习角动力学还将有助于理解类似技巧如何被大量应用于其他体育运动和人体运动。

角惯性

在前面章节,惯性被定义为物体抵抗运动变化的属性。线性惯性通常用物体的质量来量化。物体的质量越大,线性惯性越大,其加速、减速或改变方向越难。**角惯性**(angular inertia)或**转动惯量**(rotary inertia)是指物体抵抗角运动变化的属性。物体的转动惯量越大,旋转加速、减速或改变转动轴的难度越大。那么,转动惯量的影响因素有哪些?如何量化转动惯量?

> 转动惯量或转动惯量是指物体抵抗旋转运动变化的属性。

大家可以先通过自主实验7.1学习一些关于转动惯量的知识。

自主实验7.1

两本不同重量的书的转动惯量

手拿一本书,书脊与地面平行,然后向上抛向空中,使其绕垂直于封面的轴旋转一圈(图7.1)。再拿一本更重的书(或一本更轻的书),重复同样的操作。试问:哪本书更容易翻转?哪本书的转动惯量更小?显然,越轻的书翻转越容易,转动惯量也越小。

自主实验7.1的结果表明,转动惯量的大小受物体质量影响。事实是,转动惯量与物体质量成正比。回想你曾经使用过的各种体育器材和工具,你会发现,器材越重,开始或停止挥动时越难。与轻球棒相比,重球棒更难挥动。试问:物体质量是影响转动惯量的唯一因素吗?请大家通过自主实验7.2继续学习转动惯量。

自主实验7.2

两本不同质量分布的书的转动惯量

拿一本书,尽量从接近起始页面位置将其打开,打开页面朝下放于桌上。然后,用手指在书上施加力偶并使其在桌面上旋转。多尝试几次,看看你需要使用多大的力矩才能将书本旋转180°或半圈。同样一本书,再从中间页面位置将其打开,重复前面的实验。同样也多尝试几次。试问:这本书在哪种情况下更容易被转动?是当它从靠前位置打开时还是当它从中部位置打开时?显然,当书本从中部位置打开时,需要更大的力矩才能将它转动,因为该书在这种情况下的转动惯量更大。

在自主实验7.2中,是什么特征发生了改变从而导致同一本书在两次转动时的转动惯量不同?虽然书的重量相同,但是它相对于转动轴的质量分布发生了改变。当书从接近起始页面位置打开时,书的绝大部分重量都在书脊的同一侧,且靠近重心和转动轴。当从中间位置打开时,书的重量近似对半分布在书脊两侧。书的重心和转动轴从书脊穿过,更多重量也因此分布在远离转动轴的位置。由此,质量大小及其相对于转动轴的分布方式共同影响物体的转动惯量。再次回想你曾经使用过的各种体育器材和工具,你会发现,器材的长度越长,开始或停止挥动时越难。相比较短的球棒,较长的球棒更难挥动。

转动惯量的数学定义

转动惯性(moment of inertia)是用以描述转动惯量

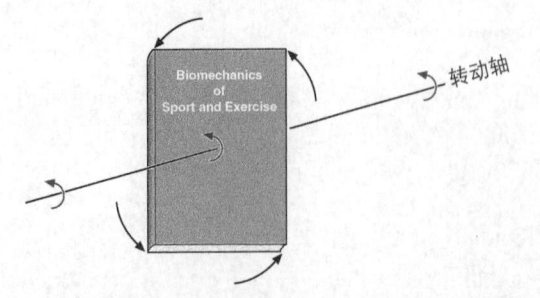

图7.1 翻转一本书,使其绕垂直于封面的轴旋转。哪本书更容易旋转,更重的还是更轻的?

的量,用字母 I 表示。理论上,任何一个物体可以看作由许多带有质量的粒子组成。因此,当这样的物体绕重心轴转动时,其转动惯量可用如下数学公式定义:

$$I_a = \sum m_i r_i^2 \tag{7.1}$$

其中,I_a = 通过重心的轴 a 的转动惯量;Σ = 求和符号;m_i = 粒子 i 的质量;r_i = 粒子 i 到轴 a 的半径(距离)。

每个粒子都对角运动的变化产生一定的阻力。该阻力等于粒子质量与粒子到转动轴半径的平方的乘积。物体的总转动惯量即为所有粒子对抗旋转时产生的阻力之和。转动惯量的计量单位为质量乘以长度平方,或 $kg \cdot m^2$。

转动惯量也可用以下数学公式表示:

$$I_a = mk_a^2 \tag{7.2}$$

其中,I_a = 通过重心的轴 a 的转动惯量;m = 物体质量;k_a = 回转半径。

回转半径(radius of gyration)是一种长度测量值,表示物体所有质量近似聚集于一点(质心)时与转动轴之间的距离,该距离可使质心产生与物体角运动变化相同的阻力。

线性惯性仅取决于一个变量(质量),而转动惯量则取决于两个变量(质量和质量分布)。这两个变量对转动惯量的影响并不相等。质量对转动惯量的影响远小于质量分布的影响,因为在公式7.2中,回转半径被平方,而质量则没有。如果将一个物体的质量加倍,其转动惯量也会加倍,但如果将其回转半径加倍,其转动惯量会变为四倍。一个击球手换用更长的球棒会比换用更重的球棒更难挥动。

偏心轴的转动惯量

公式7.1和公式7.2定义了物体通过重心轴的转动惯量。如果一个物体不受任何约束,可绕任意轴自由旋转,那么它将以重心围绕某一个轴旋转。但是,当我们挥动体育器材时(如球拍、球棒或球棍),它将被迫绕另一个轴旋转:偏心轴。偏心轴是指不通过体育器材重心的轴。它的转动惯量如何变化?这类体育器材的质量一般都远离转动轴,因而,它的转动惯量将增加。物体绕不通过其重心的轴转动惯量由如下公式定义:

$$I_b = I_{cg} + mr^2 \tag{7.3}$$

其中,I_b = 绕轴 b 的转动惯量;I_{cg} = 围绕平行于轴 b 的通过重心的轴(重心轴)的转动惯量;m = 物体质量;r = 半径,为轴 b 到重心轴的距离。

一个物体围绕非重心轴转动时的转动惯量大于绕与其平行的重心轴的转动惯量。转动惯量的增量等于物体质量乘以其转动轴到平行重心轴距离的平方。

不管测量物体围绕哪个轴的转动惯量,质心到转动轴的距离都是影响转动惯量大小的主要因素。因此,当定性评估一个物体的转动惯量时,该距离(质心相对旋转轴的距离)将提供其对抗旋转变化的重要信息。

不同的轴的转动惯量

一个物体只有一个线性惯性(质量),但是,因为可以围绕不同的轴旋转,它可能有一个或多个转动惯量(转动惯量)。请大家试试自主实验7.3。

> 物体可绕多个轴旋转,因此,任何一个物体可能具有多个转动惯量。

自主实验7.3

同一本书绕不同轴转动时的转动惯量

像前面的实验一样,手拿一本书,绕垂直于封面和封底的轴翻转(图7.1)。然后,手握同一本书,保持封面与地面平行,这次围绕平行于书脊的轴翻转,如图7.2所示。试问:这两种情况下,翻转同一本书所克服的转动惯量是否相同?答案是否定的。第一种情况下翻转书本时更难,因为垂直于封面的轴的转动惯量比平行于书脊的轴的转动惯量大。

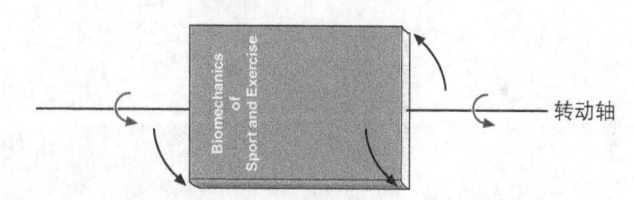

图 7.2 绕与书脊平行的轴翻转一本书,相比垂直于封面的轴,是更容易还是更难?

任何物体,包括书本在内,可能存在无穷个转动轴,因此,它也就拥有无穷个转动惯量。如果一个物体通过其重心的所有平面都不对称,那么存在一个转动惯量最大的转动轴和一个转动惯量最小的转动轴。这两个转动轴将始终相互垂直,并且被认为是它的两个**主轴**(principal axis)。该物体的第三个主轴则是与前面两个主轴相互垂直的轴。

以一本书为例,最大转动惯量是绕垂直于封面的轴,最小转动惯量是绕平行于书脊的轴。这就是该书的两个主轴。它的第三个主轴垂直于这两者,与书面平行,同时与书脊垂直。三个主轴如图7.3所示。

人体的三个旋转主轴与四肢的体位有关。以解剖学姿势(站立,双臂位于体侧)为例,三个旋转主轴位置如图7.4所示,对应称为前后轴、横轴和纵轴。我们可以绕前后轴做侧身翻,绕横轴做空翻,绕纵轴做转体。

图 7.3 书的三个旋转主轴

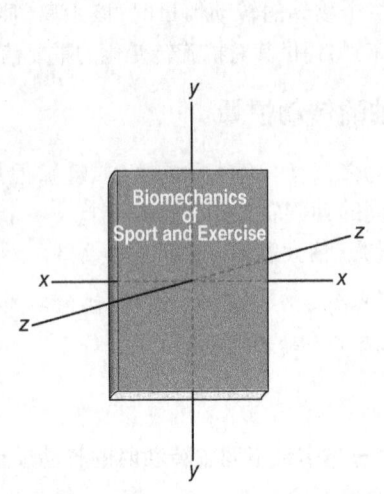

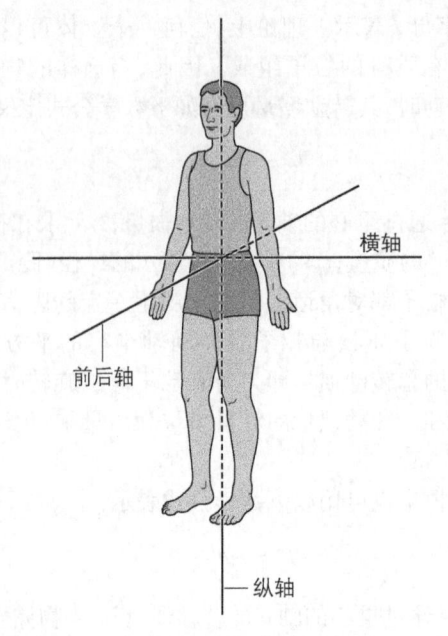

图 7.4 解剖学姿势时人体的三个旋转主轴

例题 7.1

一根重 0.5 kg 的曲棍球棍,通过重心的轴的转动惯量为 0.10 kg·m²。当运动员朝着对手挥球棍时,转动轴位于球棍末端,距球棍重心的距离为 0.8 m。请问,相对于该转动轴的转动惯量是多少?

解:

第 1 步:确定已知变量。

$$m = 0.5 \text{ kg}$$

$$I_{cg} = 0.10 \text{ kg} \cdot \text{m}^2$$

$$r = 0.80 \text{ m}$$

第 2 步:确定未知变量。

$$I_{挥棒} = ?$$

第 3 步:检索包含已知变量和未知变量的方程(公式 7.3)。

$$I_b = I_{cg} + mr^2$$

$$I_{挥棒} = I_{cg} + mr^2$$

第 4 步:代入已知值,求解未知变量。

$$I_{挥棒} = 0.10 \text{ kg} \cdot \text{m}^2 + (0.5 \text{ kg}) \times (0.8 \text{ m})^2 = 0.42 \text{ kg} \cdot \text{m}^2$$

第 5 步:常识性检查。
转动惯量居然比原本的四倍还多。但是,这种增加是合理的,因为曲棍球棍的质心距离它的转动轴很远。

控制人体的转动惯量

刚体具有许多不同的转动惯量,因为存在很多转动轴。但是,任意一个转动轴只有一个与之相关的转动惯量。然而,因为四肢可以随意活动(有很多转动轴),所以人体并非刚体。四肢的活动可能改变围绕某一转动轴的质量分布,进而改变其转动惯量。对于人体而言,相对于任意转动轴的转动惯量都是变化的。同一转动轴的转动惯量存在不止一个值,因此,我们可以控制自身的转动惯量。花样滑冰运动员绕纵轴做转体时,手臂紧贴躯干姿势时的转动惯量比手臂在肩水平外展时的两倍还多。

如图 7.5 所示，跳水运动员绕横轴做空翻时，屈腿抱膝姿势可将其转动惯量减小到直体姿势时的一半以下。

图 7.5 屈腿抱膝能减小跳水运动员绕横轴空翻时的转动惯量

摆腿加速过程中，短跑运动员通过屈髋屈膝折叠大小腿。这有助减小腿部绕髋关节转动时的转动惯量，此时，转动轴位于髋关节（图 7.6）。

图 7.6 短跑运动员通过屈髋屈膝减小摆动腿绕髋关节转动时的转动惯量

在撑杆跳高运动中，撑杆跳高运动员绕双手抓握的撑杆顶端翻转，而撑杆本身（连同运动员一起）绕撑杆底端转动。刚开始时，运动员关心的是使撑杆绕其底端转动，以使他能安全地落在着陆垫上。要使这种转动变得更容易，必须尽可能减小绕撑杆（底端）转动时的转动惯量。因此，运动员在离开地面后立即保持伸展姿势，如图 7.7a 所示，这更有利于身体重心靠近撑杆底端。同时，撑杆弯曲进一步缩短了运动员身体重心与撑杆底端的距离。这两种动作都能减小绕撑杆底端转动时的转动惯量，有利于撑杆向着陆垫旋转。当运动员确定撑杆的角位移足以让他越过横杆并落在着陆垫上时，此时，他想要增大身体绕撑杆的旋转，并减少撑杆本身的旋转。因此，他开始收腿屈体团身并将重心推向撑杆顶端双手抓握处，也就是身体转动轴的位置（图 7.7b）。身体绕撑杆顶部双手抓握处转动的转动惯量随之减小，进一步帮助其完成身体翻转。同时，这一动作还增加了撑杆绕轴旋转的转动惯量，因为运动员的重心已从撑杆底端移动到更远处的顶端，这也减小了撑杆向着陆垫转动的速度。

图 7.7 撑杆跳高运动员的伸展姿势（a）和屈腿团身姿势（b），这两种姿势下绕双手抓握的顶端和撑杆底端转动的转动惯量不同

舞者、跳水运动员、体操运动员、滑冰运动员及其他项目运动员通常会改变整个身体或身体局部的转动惯量以有效完成特技表演或运动技巧。

体育器材设计者同样关心器材的转动惯量对运动技能的影响。高山滑雪运动员使用的滑雪板比障碍滑雪运动员使用得更长。较长的滑雪板能为高山滑雪运动员提供更好的稳定性，这是高山滑雪运动员以 60 mile/h 的速度下山时所需要的。障碍滑雪运动员需要更具机动性的滑雪板，即转动惯量较小的滑雪板。因此，障碍滑雪的滑雪板较短。射箭运动中，复合弓上有向前突出的杆（稳定器）。这些稳定器增加了复合弓的转动惯量，可以帮助射箭运动员在箭释放时保持弓的稳定（图 7.8）。

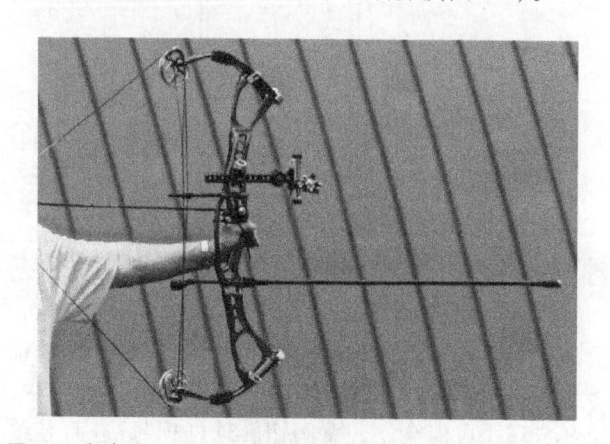

图 7.8 复合弓上的稳定器能帮助射箭运动员在放箭时稳定弓

转动惯量和线速度

第六章中，我们讨论过使用较长击打工具的优势，

并用公式6.8进行了描述。再回想一下

$$v_T = \omega r$$

其中，v_T = 与圆轨迹上任意一点相切的瞬时线速度；ω = 瞬时角速度（以弧度每秒为计量单位）；r = 圆的半径。

如果角速度相同，那么，相比短击打工具，长击打工具击球点的旋转半径更大，因而它能产生更大的线速度。这里的前提是"如果"这一假设成立。然而事实上，击打工具随着长度增加，转动惯量也随之增加。击打工具转动惯量的增加导致很难加速到相同的角速度。因此，我们并不总能如预期一样通过增加击打工具的长度来获取更快的线速度，除非随长度增加而增加的转动惯量以某种方式提前限定。

在高尔夫球运动中，球杆设计师们通过减轻1号木杆的重量，使其变得比短的铁杆还轻，从而克服使用较长的1号木杆绕挥杆轴线摆动时的巨大转动惯量。减轻较长球杆的重量可随之减小它的转动惯量，这几乎可以抵消球杆长度增加引起的转动惯量的增加（图7.9）。

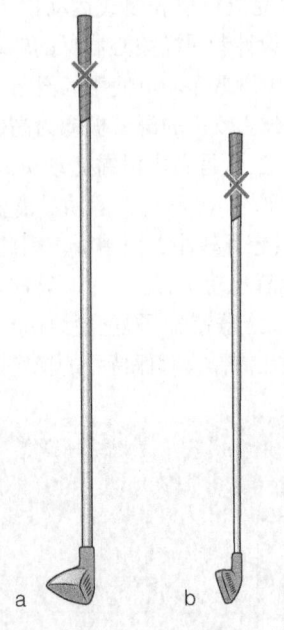

图7.9 较长的高尔夫球杆，木杆（a），虽然质量更轻，但它的转动惯量仍比9号铁杆（b）大

绝大多数高尔夫球杆设计师还通过球杆的转动轴来改变转动惯量。在向后和向下长距离挥杆过程中，高尔夫球手可能会不经意间扭转球杆杆身，进而导致击球时杆头的打击面与球不成直角。这种情况下，球可能不会按高尔夫球手的意愿飞往指定位置。球杆绕贯穿杆身的纵轴的转动惯量增加，将会增加球杆的抗扭转能力。因此，如图7.10所示，设计师们通过将更多质量分布在杆头的前部和尾部或增大杆头的尺寸来增加绕纵轴扭转时的转动惯量，正因如此，才有了现在铁杆头的背坑设计和木杆头的超大尺寸设计。所以，为了增加杆头的转动惯量，1号木杆的杆头变得越来越大。部分超大1号木杆的杆头体积已超过500 cc（1 cc = 1 cm³）。美国高尔夫球协会非常关注这些巨大的杆头对比赛的影响，并于2004年颁布一项新规则，将杆头的最大体积限制在460 cc以内。

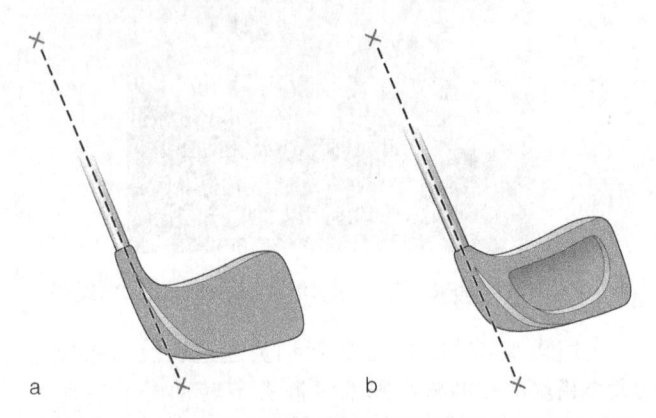

图7.10 传统杆头设计（a）和四周加重杆头设计（b）对球杆转动轴（×-×）的转动惯量不同

现在，你应该已经对转动惯量和转动惯量有了深入了解。这些都是牛顿运动定律以角度形式被应用时的重要元素，但在此之前，理解另一个重要元素也十分必要。

角动量

第三章介绍了动量的概念。线性动量是质量和速度的乘积。在数学上，线性动量可表达为公式3.6：

$$L = mv$$

其中，L = 线性动量；m = 质量；v = 线性速度。线性动量是用于量化物体的线性运动。**角动量**（angular momentum）是用于量化物体的角运动。

刚体的角动量

角动量是以角度形式呈现的线性动量，所以它等于质量的角度形式（即转动惯量）和线性速度的角度形式（即角速度）的乘积。因此，刚体角动量用数学公式可表达为

$$H_a = I_a \omega_a \tag{7.4}$$

其中，H_a = 绕轴a的角动量；I_a = 绕轴a的转动惯量；ω_a = 绕轴a的角速度。

角动量缩写为字母H，单位是千克·平方米/秒（kg·m²/s）。同线性动量一样，角动量也是一个矢量，

具有大小和方向。角动量的方向与角速度定义的方向一致,通常用右手定则来确定。

线性动量的大小由两个变量决定:质量和速度。但是大多数物体的质量不会发生改变,因此质量并不算严格意义上的变量。也因此,线性动量的改变只取决于速度这一个变量。角动量同样与两个变量有关:转动惯量和角速度。对于刚体而言,其角动量大小同样只与角速度这一个变量有关,因为刚体本身的转动惯量不变。但是,对于非刚体而言,因为它的角速度和转动惯量都是可变的,所以角动量的改变可能与角速度的改变有关,也可能与转动惯量的改变有关,还有可能与两者同时改变有关。

人体的角动量

公式 7.4 从数学上定义了角动量,看起来非常简单,那它能否详细解释如何确定人体的角动量?如果将人体看作刚体,身体各环节均以相同的角速度旋转,用 ω 表示,用 I_a 表示身体的转动惯量,那么人体的角动量可用公式 7.4 确定。

如果部分肢体与其他肢体的转动角速度不同,怎么办?此时又该如何确定人体的角动量?数学上,针对多环节物体,如人体,当转动轴通过其重心时,可用公式 7.5 计算角动量(图 7.11):

$$H_a = \Sigma(I_i\omega_i + m_i r_{i/cg}^2 \omega_{i/cg}) \tag{7.5}$$

其中,H_a = 贯穿重心的轴 a 的角动量;Σ = 求和符号;I_i = 环节 i 绕自身重心的转动惯量;ω_i = 环节 i 的角速度;m_i = 环节 i 的质量;$r_{i/cg}$ = 环节 i 的重心到人体重心的距离;$\omega_{i/cg}$ = $r_{i/cg}$ 绕人体重心的角速度。

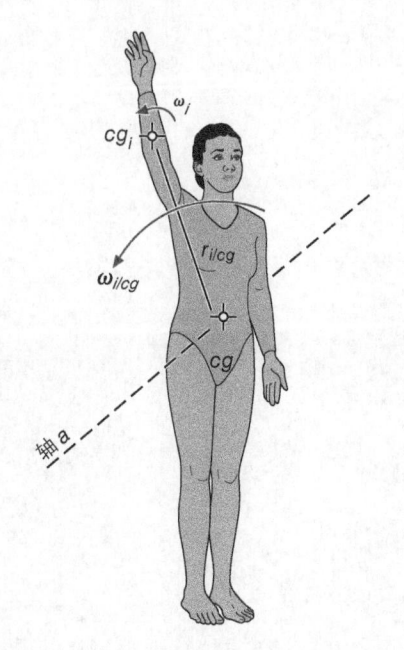

图 7.11 用于计算人体角动量的术语(仅针对右前臂这一个环节)

公式 7.5 太复杂,不易理解,也无法在训练或教学中用于定性分析。相反,以下简化公式或许更能代表人体的角动量:

$$\begin{aligned} H_a &\cong \Sigma(H_i) \cong \Sigma(I_{i/cg}\omega_i) \\ &= (I\omega)_{右手臂} + (I\omega)_{左手臂} + (I\omega)_{右腿} + (I\omega)_{左腿} + (I\omega)_{躯干} \end{aligned} \tag{7.6}$$

其中,H_a = 贯穿重心的轴 a 的角动量;Σ = 求和符号;H_i = 环节 i 围绕人体重心的角动量;$I_{i/cg}$ = 环节 i 围绕人体重心的转动惯量;ω_i = 环节 i 的角速度。

简言之,身体所有环节角动量的总和近似等于它的角动量。

我们来看看跑步时的身体动作:左臂向后摆动的同时右臂向前摆动,左腿摆动向前,右腿摆动向后。以通过身体重心的横轴(从左向右)为转动轴,跑者的角动量是多少?采用右手定则,转动轴的正方向向左,左手臂的角动量为正,右手臂的角动量为负;右腿的角动量为正,左腿的角动量为负。躯干无旋转,角动量为零。基于公式 7.6 估算人体的总角动量:双手臂的角动量总和近似为零(左右手臂相互抵消),双腿的角动量总和也近似为零,因此,身体的总角动量为零。

牛顿第一定律的角度解释

对于线性运动,牛顿第一定律指出,任何物体在不受外力的作用时,都要保持静止或匀速直线运动状态,除非外力迫使它改变这种状态。该定律有时也被称为惯性定律。通过第三章的学习,我们知道该定律还称作动量守恒定律。物体不受外力作用时,总动量保持不变。

牛顿第一定律代入角度,表述如下:物体的角动量保持恒定,除非对它施加外部力矩。对于一个转动惯量恒定的刚体,该定律认为它的角速度保持不变。除非被施加外部力矩,否则它的旋转速率和转动轴不变。请通过自主实验 7.4 来证明这个定律。

↻ 物体的角动量保持恒定,除非对它施加外部力矩。

自主实验 7.4

一支笔翻转时的角动量

往空中扔一支笔,松手前翻转一下,使其首尾相连地旋转。试问:落下时,它的角速度会改变吗?松手后,它的旋转速度会加快或减慢吗?它的转动轴会改变方向吗?答案都是否定的。因为这支笔在空中时不再受到任何外部力矩,它的角动量保持恒定。那么重力呢?重力会对它产生外部力矩吗?重力(笔的重量)

通过重心作用于这支笔上。笔一旦离开手,它就做自由落体运动,转动轴通过其重心。因此,由于力臂为零,重力不产生任何力矩(图7.12)。

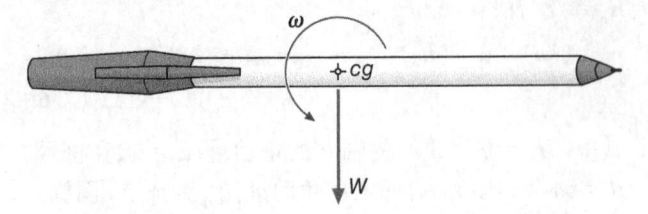

图7.12 当一支笔在空中翻转时,重量绕轴(重心)转动的力臂为零,重力(W)不产生任何力矩

对于单个刚体,牛顿第一定律的角度解释似乎相当简单。但是,对于一个连接多刚体的系统呢?它又是如何适用于人体的?人体的角动量恒保持不变,除非受到外部力矩。这可用如下数学公式表示

$$H_i = I_i\omega_i = I_f\omega_f = H_f \quad (7.7)$$

其中,H_i = 初始角动量;H_f = 最终角动量;I_i = 初始转动惯量;I_f = 最终转动惯量;ω_i = 初始角速度;ω_f = 最终角速度。

身体的转动惯量是变化的,还会因四肢体位的改变而改变,身体的角速度因而也随之改变以适应变化的转动惯量。这种情况下,牛顿第一定律不要求角速度恒定,只要不受外部力矩作用,转动惯量和角速度的乘积就是恒定的。为达此目标,当运动员伸展四肢时,因其远离身体转动轴而引起的任何转动惯量的增加都会降低角速度,进而保持角动量的恒定。同样的原理,当运动员收拢四肢时,因其靠近转动轴而产生的任何转动惯量的减小都会增加角速度,进而保持角动量的恒定。所以,在没有外部力矩作用下,即使角动量保持不变,运动员也可能通过改变转动惯量来改变他们的角速度。

🔵 牛顿第一定律不要求角速度恒定。

花样滑冰运动员的转体动作能很好地用于证明角动量守恒定律。溜冰鞋和冰面之间的摩擦力产生的力矩很小,可以忽略不计。当开始旋转时,花样滑冰运动员可能会抬起双臂和其中一条腿,使其远离身体,以此获得较大的绕纵轴的转动惯量。随着旋转继续,她开始内收双臂和双腿,使其尽可能靠近身体以减小转动惯量。角动量不变,因此转动惯量减小一定会增加角速度,这也正是发生在滑冰运动员身上的事。

体操运动员、花样滑冰运动员、舞者、跳水运动员及其他项目运动员正是利用角动量守恒这一原理来控制他们空翻和转体时的角速度。例如,体操运动员通过团身以增加旋转速度;花样滑冰运动员打开双臂以减慢身体的旋转;舞者通过收拢双臂加快转速;跳水运动员伸展身体以减慢空翻速度。

例题 7.2

体重60 kg的跳水运动员,当她以直体姿势离开跳板时,绕身体横轴转动的角速度为6 rad/s。当她屈体抱膝时,角速度增加到24 rad/s。如果她直体姿势时的转动惯量为15 kg·m²,试问:她屈体抱膝时的回转半径是多少?

解:
第1步:确定已知变量和可计算的变量。

$$m = 60 \text{ kg}$$
$$\omega_{直体姿势} = 6 \text{ rad/s}$$
$$\omega_{屈体抱膝} = 24 \text{ rad/s}$$
$$I_{直体姿势} = 15 \text{ kg} \cdot \text{m}^2$$

第2步:确定未知变量。

$$k_{屈体抱膝} = ?$$

第3步:检索包含已知变量和未知变量的方程(公式7.7)。

$$H_i = I_i\omega_i = I_f\omega_f = H_f$$
$$(I\omega)_{直体姿势} = (I\omega)_{屈体抱膝}$$
$$(I\omega)_{直体姿势} = (mk^2\omega)_{屈体抱膝}$$

第七章 角动力学 147

第4步：代入已知值，求解未知变量。

$$(15 \text{ kg} \cdot \text{m}^2) \times (6 \text{ rad/s}) = (60 \text{ kg}) \times (24 \text{ rad/s}) k^2_{屈体抱膝}$$

$$k^2_{屈体抱膝} = (15 \text{ kg} \cdot \text{m}^2) \times (6 \text{ rad/s}) / [(60 \text{ kg}) \times (24 \text{ rad/s})] = 0.0625 \text{ m}^2$$

$$k_{屈体抱膝} = 0.25 \text{ m}$$

第5步：常识性检查。
这是合理的：屈体抱膝体位时的回转半径很小。

运动员运用这一原理的另一种方式不是控制整个身体的角速度，而是单独控制四肢或躯干的角速度。这种情况下，最好能整合公式7.6和公式7.7，其中，公式7.6用于估算身体在环节独立活动时的角动量，公式7.7是对牛顿第一定律角度形式的解释。基于此，我们得到

$$H_i \cong [(I\omega)_{右手臂} + (I\omega)_{左手臂} + (I\omega)_{右腿} + (I\omega)_{左腿} + (I\omega)_{躯干}]_{开始}$$
$$\cong [(I\omega)_{右手臂} + (I\omega)_{左手臂} + (I\omega)_{右腿} + (I\omega)_{左腿} + (I\omega)_{躯干}]_{结束}$$
$$\cong H_f \quad (7.8)$$

其中，H_i是身体的初始角动量；H_f是身体的最终角动量；I是环节绕身体重心的转动惯量；ω是环节的角速度。

以图7.13中的跨栏运动员为例，在跨栏阶段，运动员腾空离地时绕身体纵轴的角动量为零。因为运动员离地后做自由落体运动，加之无外部力矩，所以他的角动量保持不变，即为零。跨栏阶段，运动员必须飞快地摆动起跨腿（图中的左腿）过栏。这样做时，运动员起跨腿的角动量变得非常大，因为角速度及绕身体纵轴的转动惯量都非常大。但是，运动员的总角动量仍然为零，因为不受外力矩作用。这意味着身体其他某个或多个部位存在相反方向的角动量，以确保身体的总角动量为零。跨栏运动员的右臂向相反方向摆动，但其角动量尚不足以抵消起跨腿的角动量。躯干也朝起跨腿相反的方向轻微转动。躯干是弯曲的，因而绕纵轴的转动惯量较大。躯干和右臂两者的角动量足以抵消起跨腿的角动量。

如果跨栏运动员向左摆动起跨腿太远（即过栏时起跨腿伸展过度），角动量将因转动惯量过大变得非常大。这种情况下，手臂和躯干必须朝相反方向做更远的摆动才能抵消此角动量，因此，跨栏运动员很可能会摔倒。优秀跨栏运动员使用的技术是折叠起跨腿，并在过栏时使其尽可能贴近身体。这个技术的另一个优点是，绕髋关节的转动惯量更小，有助于起跨腿快速摆动。跳远运动员、跑步运动员、滑雪运动员、体操运动员、野马骑手及其他项目运动员也使用类似的策略以避免某个部位相对其他部位的角动量过大时身体失去平衡。

牛顿第二定律的角度解释

牛顿第二定律描述的是物体受到外力作用时的运动情况。它指出，物体的运动变化与施加的外力成正比，运动方向与外力方向一致。简而言之，当外力作用于物体上，它将沿外力方向加速，大小与外力成正比，与其质量成反比。回想第三章内容，这个定律可用如下数学公式3.24表示

$$\Sigma F = ma$$

其中，ΣF = 外力；m = 物体的质量；a = 物体的线性加速度。

牛顿第二定律的角度解释可表述如下：物体角动量的变化与施加其上的外部力矩成正比，且方向与外部力矩方向相同。外部力矩与角动量的变化率成正比。

对于转动惯量恒定的刚体，我们通过用力矩代替力、角加速度代替加速度、转动惯量代替质量来更简单地理解此定律：如果一个物体受到外部力矩，它将沿外部力矩方向做旋转加速，角加速度大小与外部力矩成正比，与转动惯量成反比。对于转动惯量恒定的刚体，

图7.13 跨栏运动员起跨腿的角动量须被手臂和躯干的角动量抵消

数学表述公式为

$$\Sigma T_a = I_a \alpha_a \quad (7.9)$$

其中，ΣT_a = 围绕轴 a 的外部力矩；I_a = 物体绕轴 a 的转动惯量；α_a = 物体绕轴 a 的角加速度。

如果作用于物体上的外部力矩之和不为零，它将在外部力矩方向产生角加速度。它的角速度将增加或减慢，或转动轴的方向发生改变。如果一个物体的角速度或转动轴发生改变，则一定有外部力矩作用使其产生角加速度。

> 物体角动量的变化与施加其上的外部力矩成正比，且与外部力矩方向一致。外部力矩与物体角动量的变化率成正比。

对于转动惯量变化的非刚体，公式 7.9 不再适用。这种情况下，外部力矩等于角动量的变化率。一般用平均力矩表示，数学公式如下

$$\Sigma \overline{T}_a = \frac{\Delta H_a}{\Delta t} = \frac{(H_f - H_i)_a}{\Delta t} \quad (7.10)$$

其中，$\Sigma \overline{T}_a$ = 绕轴 a 的平均外部力矩；ΔH_a = 绕轴 a 的角动量变化；H_f = 绕轴 a 的最终角动量；H_i = 绕轴 a 的初始角动量；Δt = 时间变化。

外部力矩作用于转动惯量变化的非刚体上时，作用相同时间，较大的外部力矩可能会产生大且快的角动量改变，较小的外部力矩产生小且慢的角动量改变。物体角动量改变可能是因为：①角速度的加速或减速；②转动轴方向的改变；③转动惯量的改变。物体角加速度或转动惯量的改变并不意味着一定存在外部力矩，因为即使旋转加速或转动惯量改变，非刚体的总角动量仍有可能保持不变。

角冲量和角动量

牛顿第二定律仅能解释合力矩作用瞬间发生的事。在大多数体育运动和人体运动中，我们更关心运动员或体育器材受外部力矩作用一段时间后的最终结果。冲量-动量关系能提供相关信息。直线运动中，冲量是力与力作用时间的乘积。合力产生的冲量可引起物体动量的改变，表示为数学公式 3.31：

$$\Sigma \overline{F} \Delta t = m(v_f - v_i)$$

冲量 = 动量变化

其中，$\Sigma \overline{F}$ = 物体受到的平均合外力；Δt = 外力作用于物体上的时间；m = 物体的质量；v_f = 物体在力作用结束时的终末速度；v_i = 物体在力作用开始时的初始速度。

冲量-动量关系的角度模拟可根据公式 7.10 和公式 3.31 推导得出：

$$\Sigma \overline{T}_a = \frac{\Delta H_a}{\Delta t} = \frac{(H_f - H_i)_a}{\Delta t}$$

$$\Sigma \overline{T}_a \Delta t = (H_f - H_i)_a = (I_i \omega_i - I_f \omega_f)_a \quad (7.11)$$

角冲量（angular impulse）= 角动量变化

其中，$\Sigma \overline{T}_a$ = 绕轴 a 的平均合外部力矩；Δt = 外力作用于物体上的时间；ΔH_a = 绕轴 a 的角动量变化；H_f = 绕轴 a 的终末角动量；H_i = 绕轴 a 的初始角动量。

对于转动惯量不变的刚体，公式 7.11 可简化为

$$\Sigma \overline{T}_a \Delta t = (I_a \omega_f - I_a \omega_i)_a = I_a (\omega_f - \omega_i)_a \quad (7.12)$$

其中，$\Sigma \overline{T}_a$ = 绕轴 a 的平均合外部力矩；I_a = 绕轴 a 的转动惯量；ω_f = 绕轴 a 的终末角速度；ω_i = 绕轴 a 的初始角速度。

在许多运动技巧中，运动员必须改变整个身体、某个环节或体育器材的角动量。公式 7.11 所显示的角冲量-动量关系可以很好地解释它是如何实现的。外部力矩越大，作用时间越长，物体产生的角动量变化越大。如第五章所述，较大的力矩可以通过增大力臂来获得。起初，增加力矩作用的时间看起来似乎很简单，但实际可能比看起来更困难。

想一想，一位舞者或体操运动员如何开始立于地面上旋转。此类旋转动作的转动轴是贯穿其中一只脚的纵轴。另一只脚则通过推动地面以产生摩擦力，进而形成绕纵轴的力矩。这只脚必须与旋转支撑脚保持一定距离，这样才能最大程度增加力臂和产生的力矩。随着力矩的产生，如果舞者的转动惯量很小，那么她开始转得越来越快，此时，脚必须离开地面停止推地动作，因为它已开始随身体其他部位一起旋转。那么，舞者如何延长推地动作来产生更大的冲量，进而获得更大的角动量变化？如果舞者在获得力矩时的转动惯量较大，她虽然会旋转但不会转得那么快，因此在身体获得足够转速、脚必须离地之前，她将有更多时间用脚推地。通过增加转动惯量来降低转速，可以延长力矩作用时间，从而获得更大的冲量并最终产生更大的动量。这样，在脚离地之后，舞者可以减小身体的转动惯量并增大角速度。

铁饼运动员也使用类似的技术。投掷开始前，他们的转动惯量很大；但在铁饼投出时，转动惯量很小。在那些以快速旋转为目标的运动中，运动员应在力矩产生的开始阶段保持较大的转动惯量，这样才能最大限度延长力矩作用时间。这样会增加冲量，从而引起角动量变化。力矩产生阶段一旦结束，运动员的转动惯量减小，角速度也相应增加。

第七章 角动力学 149

【概念应用】

大回环动作中的转动惯量、角动量和力矩

大回环动作是体操运动中男子单杠、双杠和吊环及女子高低杠项目的基本组成部分。体操运动员做单杠向后大回环时,首先,双手抓单杠以倒立姿势立于其上,然后朝他所面对的方向前摆。尽管在体操运动中被称为向后大回环,但体操运动员实际上是向前摆动,朝他所面对的方向。接下来让我们看看,当运动员在整个大回环过程中始终保持身体绷紧并完全伸展的姿势时,且唯一影响他绕单杠摆动的力矩来自重力时,会发生什么事。同时,假设单杠是刚体,不会发生弯曲。

当体操运动员向前摆动,重力会在他身上产生一个绕单杠转动轴的力矩。这个力矩的大小等于体操运动员的体重(重力)乘以单杠到他身体重心的水平距离(力臂)。这个力矩使体操运动员向前摆动,并加快其在大回环的前半部分的摆动角速度。从起始位摆动到90°的过程中,由于力臂越来越大,力矩逐渐增大;摆动到90°时,体操运动员处于水平位,力臂达到最大,力矩也达到最大;在随后90°的摆动过程中,身体逐渐下降,摆动速度继续增加,直到身体到达单杠的正下方,完成一半大回环。此时,力矩为零,因为身体重心位于转动轴的正下方。力臂为零,体操运动员也不再加速摆动,角加速度也因此为零。

一旦体操运动员前摆180°通过最低点,力矩调转方向,变为负值。摆动角速度开始下降。这个反向力矩逐渐增大,直到体操运动员再次达到水平位,即摆动270°时。在最后90°的摆动过程中,体操运动员的摆动角速度继续下降。当他再次回到起始位置,垂直倒立姿势立于单杠之上时,身体停止摆动。在这种理想情况下,体操运动员相对单杠转动轴的转动惯量保持不变。在大回环加速向下摆动和减速向上摆动过程中,重力力矩产生的角冲量大小完全相等,但方向相反。最终,体操运动员成功完成大回环动作。

实际上,重力力矩并非影响体操运动员摆动的唯一力矩。体操运动员抓握单杠时的滑动摩擦力会产生一个与体操运动员摆动方向相反的负力矩。如果运动员在整个大回环过程中始终保持绷紧并完全伸展的姿势,那么,在摆动向上过程中,这个抓握力矩与重力负力矩共同作用于体操运动员身上,这将使摆动角速度在其完成大回环动作之前就下降为零。体操运动员怎样做才能完成这个大回环动作,又或是加快摆动速度以连续完成多个动作?

为了顺利完成大回环动作,体操运动员不能在整个过程中都保持身体绷紧且完全伸展的姿势。在摆动向下时,他的确想要保持这种完全伸展的姿势。这种伸展姿势能尽可能增大力臂(即身体重心到单杠的是水平距离),从而最大限度增大正力矩。但是,在摆动向上过程中,体操运动员必须通过缩短力臂来减小负力矩。缩短力臂还能减小绕单杠转动轴的转动惯量,并加快摆动速度。很多方法都可以达到这一目的,但体操运动员通常的做法是微微屈曲髋关节和躯干,并微微伸展肩关节。这些动作能缩短力臂并减小足够的转动惯量,这样,在向上摆动时,体操运动员具有足够快的角速度使其能保持倒立姿势回到单杠顶端。体操运动员通过调整身体重心到单杠的距离来控制角速度。图7.14展示了理想和真实向后大回环动作的区别。理想向后大回环动作中,运动员的身体完全伸展并保持姿势不变;真实向后大回环动作中,运动员在摆动向上时会调整身体重心到单杠的距离。

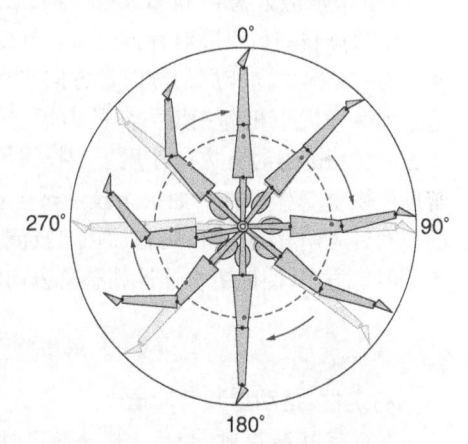

图 7.14 真实和理想向后大回环动作的比较。代表现实中的大回环动作的深色身影覆盖代表理想中的大回环动作的浅色身影。虚线表示理想大回环动作中身体重心的圆形运动轨迹,圆点表示真实大回环动作中身体重心的位置。此处,条形杆被认为是完美刚体

牛顿第三定律的角度解释

牛顿第三定律指出,每一个动作都有一个大小相等但方向相反的反作用力。更准确的表述是,相互作用的两个物体之间的作用力和反作用力总是大小相等、方向相反。牛顿第三定律的角度解释指出,一个物体对另一个物体施加力矩,另一个物体反过来对其施加大小相等、方向相反的力矩。

关于该定律的线性运动解释,需要明确的是,是大小相等但方向相反的力,而不是力的影响。力的影响通常是指加速度,而加速度取决于物体的质量及作用于其上的其他力。

在理解牛顿第三定律的角度解释时,我们必须记

住,作用于两个物体上的力矩拥有相同的转动轴。此外,这些力矩产生的影响不同,因为它们作用于不同的物体。力矩对物体产生的影响取决于转动惯量及是否存在其他力矩。

牛顿第三定律的角度解释的一个应用实例是关于肌肉活动的。如第五章所述,肌肉收缩产生肌力并作用于关节两端的肢体进而产生绕关节转动的力矩。股四头肌是膝关节伸肌。当股四头肌收缩,在小腿上产生力矩,使其朝一个方向转动(或有转动的趋势);同时,它在大腿上产生大小相等方向相反的力矩,使其朝相反方向转动(或有转动的趋势)。最终,方向相反的两个转动在膝关节形成伸膝动作。

我们再看另一个关于牛顿第三定律的角度解释的应用实例。例如,走钢丝表演者手持一根长杆以帮助其在钢丝绳上保持平衡。请问,长杆在杂技演员保持平衡的过程中如何发挥作用?一方面,它可以降低杂技演员和长杆这一整体系统的重心,同时增加系统的转动惯量。最终都能增加杂技演员的稳定性。长杆的另一最重要用途可用牛顿第三定律来解释。假设走钢丝的表演者开始沿顺时针方向朝左边坠落,试问,接下来他应该怎样利用长杆帮助恢复身体平衡?

如果杂技演员沿顺时针方向对长杆施加一个力矩,使其沿与坠落方向相同的顺时针方向移动,长杆就会给他施加一个大小相等相反方向的力矩。这个力矩沿坠落方向相反的逆时针方向作用于杂技演员,进而有可能帮助他恢复身体平衡。如果杂技演员朝坠落方向相反的逆时针方向移动长杆,则施加在杂技演员身上的力矩为顺时针方向,使他更快速地朝坠落方向移动! 大家可以试试自主实验7.5,这是一个更安全的例子。

自主实验7.5
利用肌肉的作用-反作用使力矩维持平衡

脚趾着地并刚好站在地面上一条线的后面。假设这条线就是悬崖的边缘。想象你正站在悬崖边上,而且身体正好因为前倾过大开始向前跌倒。从右侧观察时,你的身体开始朝顺时针方向转动(或前空翻方向),因为身体前倾并向前跌倒。接下来请大家都试一试,并尝试阻止自己向前跌倒。请问,你会用哪种方式摆动手臂来试图阻止自己摔倒?你可能会向后、向上摆动双臂,然后再向前,这样它们可以沿顺时针方向转动(除非你在尝试前就已仔细思考过)。这个过程中,肩部肌肉对手臂施加顺时针方向力矩,进而产生这种转动。与之对抗的是作用在躯干上、由同一肌肉产生的逆时针方向力矩。这个力矩将使你的躯干和双腿沿逆时针方向转动,或使身体沿顺时针方向转动的速度放慢。如果你真立于悬崖边上,这个动作可能助你免于掉落悬崖。

当运动员试图保持身体平衡时,各种运动中都可以观察到这种来自四肢肌肉的、大小相等方向相反的力矩所产生的影响。例如,当体操运动员在平衡木上失去平衡时,你经常看到她会疯狂地摆动手臂,这是她在试图恢复平衡。类似的摆臂动作在跳台滑雪运动员向前转体过多时也会出现。类似的现象还经常出现在滑雪业余爱好者身上,如当路面颠簸或遇到小雪丘使他们产生一些突然的角动量时。

【概念应用】

稳定性、角动量和角冲量

足球传球时,如果足球旋转飞行(足球绕其长轴旋转),则传球更精准。如果飞盘被旋转扔出,它会飞得更直更远。如果铁饼被旋转投出,它会被投得更远。自行车在车轮滚动时更容易保持平衡。陀螺在旋转时更容易保持平衡。所有这些体育器材都有一个共同点:它们都具有由旋转引起的角动量。这种角动量有助于稳定体育器材的运动方向,因此,足球、铁饼和飞盘能保持其空气动力学方向,陀螺和自行车能直立不倒。

角动量如何稳定此类体育器材的运动方向?公式7.11提供了答案。

$$\Sigma \bar{T}_a \Delta t = (H_f - H_i)_a$$

该公式表明,力矩(T_a)作用于转动轴并持续一段时间(Δt)才能改变物体绕该轴的角动量(H)。由于角动量是矢量,转动轴方向的改变也意味着角动量的改变。因此,转动轴方向的改变同样需要持续施加的力矩作用。旋转时,物体获得绕特定转动轴的角动量。当足球、飞盘或铁饼以旋转的方式飞出,空气阻力在其上产生力矩,并试图改变其转动轴的方向。然而,旋转越快及体育器材的转动惯量越大,改变旋转方向的力矩作用时间就越长。在飞行过程中,足球、飞盘和铁饼仅发生轻微的方向改变,因此,其转动轴的方向也只发生细微的改变。如果旋转角速度相同,相比转动惯量小的飞盘或铁饼,较大转动惯量的飞盘或铁饼在飞行中更稳定。同样的道理,足球、飞盘或铁饼的旋转角速度越快,飞行时的稳定性越好。

同样的原理也适用于自行车车轮和旋转的陀螺。在这些情况下，如果自行车或陀螺的重心未能与支撑面保持一条直线，就会产生力矩，进而掀翻自行车或陀螺。如果自行车车轮或陀螺发生旋转，它们就拥有绕转动轴的角动量，此时，来自地面反作用力所产生的力矩必须持续作用一段时间才能产生足够大的角冲量以改变它们转动轴的方向，进而导致自行车或陀螺翻倒。你可以通过将自行车前轮抬离地面并同时让人转动车轮来感受这种力矩。首先，试着转动车把手。你能感受到抗阻力矩吗？然后，停止转动车轮，再试一次。这次的抗阻力矩还一样吗？另一种方法也可以体验这种力矩：首先，坐在一辆不动的自行车上，双脚放在踏板上不动并保持自行车平衡。再试一次，这次一边向前踩踏自行车一边保持平衡。当车轮旋转、自行车向前滚动时，更容易保持平衡。

在踢足球、扔飞盘或投掷铁饼时，如果飞出时具有一定的角动量，那它们的飞行将变得更稳定。更快的角速度也有助它们获得稳定飞行。同样，旋转速度更快的陀螺和滚动的自行车更稳定。

总结

角动力学的基础、角运动产生的原因，都是用牛顿运动定律的角度形式来解释。我们必须基于角度概念理解惯性和动量，才能做出这些解释。转动惯量，又称转动惯量，是物体对抗角运动变化的阻力。数学上将它定义为质量与回转半径平方的乘积。回转半径是一个长度维度，一般表示物体质心与转动轴的距离。物体有许多不同的转动惯量，每个可能的转动轴都有一个转动惯量。角动量是物体运动的量度，线性动量也是如此。角动量是转动惯量与角速度的乘积。它是一个相对于指定转动轴的矢量。只要角速度的变化与转动惯量的变化成反比，即使角速度发生改变，角动量也可以是恒定不变的。牛顿第一定律的角度解释认为，物体的角动量不会改变，除非受到外部力矩作用。牛顿第二定律的角度解释阐明了如果外部力矩确实作用于物体上会发生什么。刚体将沿外部力矩方向上产生角加速度，且角加速度与转动惯量成反比。对于转动惯量可变的非刚体，冲量-动量关系是对牛顿第二定律更适用的角度解释。外部力矩在指定时间内引起的角动量变化与其方向相同。牛顿第三定律的角度解释指出，力矩是成对出现。对于任意一个力矩，都有一个大小相等方向相反的力矩作用在另一个物体上。

表7.1对角动力学和线性动力学的参数与公式进行了逐一比较。此表是对本章要素的完美总结。

表7.1 线性动力学和角动力学常量的比较

常　量	符号和公式定义	单　位
线性动力学		
惯性（质量）	m	kg
力	F	N
线性动量	$L = mv$	kg·m/s
冲量	$\sum F \Delta t$	N·s
角动力学		
转动惯量	$I = \sum mr^2 = mk^2$	kg·m²
力矩	$T = F \times r$	N·m
角动量	$H = I\omega$	kg·m²/s
角冲量	$\sum T \Delta t$	N·m·s

关键词

角冲量	转动惯性	转动惯量
角惯性	主轴	
角动量	回转半径	

第八章　流体力学

水和空气的影响

学习目标

学完本章,你应该能做到以下内容:
- 掌握相对运动和绝对运动的定义
- 掌握浮性和浮力的定义
- 掌握压力的定义
- 掌握流体的定义
- 解释流体如何对通过它的物体施加力
- 确定流体力的成分
- 掌握阻力的定义
- 区分表面阻力和形状阻力
- 掌握升力的定义
- 解释伯努利定理
- 解释马格纳斯效应
- 确定决定流体力对物体的影响的各种因素

你站在击球手的位置,等待下一个球。投手迎风抛出,球扑向你,看起来投手把球扔到了好球区的中间。你开始挥杆,期待着球棒击中球的劈啪声。吸气!撞击声!"三杆,你出局了!"你没有感觉和听到球棒的撞击声,你所感觉到的是球棒在空中挥动,你听到的只是球击中接球手手套的声音。就在你想象球被击打飞过左外野围栏时,它似乎转向并离开了你。发生了什么事?一个看起来很完美地飞向好球区(球棒上)的球,怎么会偏离你的球棒的路径呢?这个问题的答案来自流体力学。

本章是关于力学的一个分支,称为流体力学。具体来说,它是关于流体对物体施加或通过物体时流体施加的力。与固体不同,液体和气体可以快速流动和容易改变形状而不分离,因此它们被归类为流体。在运动生物力学中,我们最关心的是空气和水。空气是所有陆地运动和人类活动中的媒介,而水是所有水上运动和活动中的媒介。

在游泳和其他与水有关的运动中,流体力很大,它们对这些运动成功的重要性是显而易见的。在许多陆地运动中,流体力(空气阻力)可能很小,可以忽略它们。但在其他陆地运动中,流体力可能大到足以影响身体或工具的运动,或者大到足以决定一种运动技能的结果。在以下运动中要考虑空气阻力的重要性:短跑、棒球、自行车、帆板、铁饼、帆船、速滑、高山滑雪中的滑降、滑翔和跳伞。在最后两种运动中,一个人的生命取决于空气阻力!

流体力学是在水上运动和活动及某些陆地活动中取得成功的基础,因此需要对流体力有一个基本的了解。本章提供的信息将帮助你获得对流体力的基本理解。

浮力:应力

流体环境对物体施加两种力:一种是物体浸泡在流体中所产生的**浮力**(buoyant force);另一种是物体在流体中的相对运动所产生的动力。动力通常分解为两个组成部分:阻力和升力。另外,浮力总是垂直作用于一个浸没在液体中的物体,是与液体中物体有关的一种向上作用力,你可能最熟悉这个原则。为了演示,尝试自主实验8.1。

▶ 在流体环境下对一物体施加两种类型的力:物体浸泡在流体中所产生的浮力和物体在流体中相对运动所产生的动力。

自主实验8.1

浴缸中的浮力

在一个浴缸或一个很深的水槽里填满水。拿一个篮球(或任何其他大型充气球),并试图推动它进入水中。现在用网球(或壁球)再试一次。哪一个在水下更容易推?更容易把网球推到水下。你也可以注意到,你把球推入水中越远,你必须使用的推力就越大。这种向上推网球或篮球的力量是浮力,浮力似乎与浸没在水中物体的大小和多少物体被浸没有关。

压力

让我们看看能不能解释造成这种浮力的原因。假设你在一个静止的水池里。就像你在水池里越陷越深,水发挥作用越大你承受的压力越大。水的**压力**(pressure)是由于你上方的水的重量(力)。但是水压不会只向下作用于你,你下面的水也会向上推你,而两边的水则横向推你。只要你保持在相同的水平,水压在各个方向都有相同的作用。你走得越深,压力就越大。压力(P)定义为单位面积(A)的力(F):

$$P = F/A \quad (8.1)$$

1 m^3 的水重量约为 9 800 N,所以在 1 m 深的水压为 9 800 N/m^2。深度为 2 m,2 m^3 的水重 19 600 N,所以压力是 19 600 N/m^2。图 8.1a 说明了水压是如何随深度呈线性增加的。

想象一下,从地表下 1 m 移出一个立方体,如图 8.1b 所示。绘制如图 8.1c 所示的水的立方体的受力图。什么垂直力作用于立方体的水?立方体上方的水会产生 9 800 N/m^2 的压力。作用在立方体顶部表面的压力在立方体上产生 9 800 N 的合力。让我们用 R_u 来表示这个力,并用一个箭头向下作用在立方体上。立方体下面的水会产生 19 600 N/m^2 的压力。作用在立方体底面的压力在立方体上产生了 19 600 N 的合力。让我们用 R_l 来表示这个力,并用箭头向上作用于立方体。一些力也作用于立方体的两侧,如图 8.1 所示,因为我们只关心垂直力,所以我们不会试图量化这些侧向力。还有其他垂直力作用于水吗?这个立方体的水重约 9 800 N,因为重力对它施加了一种力。让我们用 W_w 来表示重量,并用一个箭头向下作用在立方体上。如果立方体处于平衡状态而没有加速,那么根据牛顿第二定律:

$$\Sigma F = R_l + (-R_u) + (-W_w) = 0$$
$$\Sigma F = R_l + (-W_w) = 0 \quad (8.3)$$
$$F_b = W_w$$

浮力的大小等于被物体移动的流体体积的重量。这个原理是由希腊数学家阿基米德发现的，他生活在公元前287年到公元前212年。早在2 000多年前，它被称为阿基米德原理。为了简单起见，你可能会认为浮力类似于来自水的反作用力，但反作用力取决于有多少水被物体推到一边。

> 浮力的大小等于被物体移动的液体体积的重量。

如果我们用其他材料做的立方体填满水的洞会发生什么？立方体顶部的压力将是相同的，也会产生相同的力，而立方体底部的压力将仍然是相同的，也会产生相同的力。唯一的区别是立方体的重量，用 W_c 表示。应用牛顿第二定律，公式8.3变成了：

$$\Sigma F = F_b + (-W_c) = ma$$

如果替代材料的立方体重量大于水的立方体，则向上的浮力小于向下的重力，则立方体将向下加速。如果材料的立方体的重量小于水的立方体，那么向上的浮力就大于向下的重量，那么立方体将会向上加速。如果你在淹没篮球后放弃了篮球，这将被清楚地证明。如果材料的立方体和水的立方体的重量相同，那么向上作用的浮力就等于向下作用的重量，那么立方体就处于平衡状态。因此，要使某物浮起来，浮力必须等于物体的重量。

比重和密度

某物是否漂浮取决于浸没物体的体积和物体的重量与相同体积的水的重量相比。**比重**(specific gravity)是指一个物体的重量与等体积的水的重量之比。比重为1.0或更小的物体会漂浮起来。另一种可以用来确定材料是否会漂浮的测量方法是密度。**密度**(density)是质量与体积之比。水的密度约为1 000 kg/m³，空气的密度只有1.2 kg/m³左右。

$$\rho = \frac{m}{v} \quad (8.4)$$

其中，ρ = 密度；m = 质量；v = 体积。

人体的浮力

肌肉和骨骼的密度大于1 000 kg/m³（比重大于1.0），而脂肪的密度小于1 000 kg/m³（比重小于1.0）。这些密度上的差异是用于确定身体成分的水下称重技术的基础。

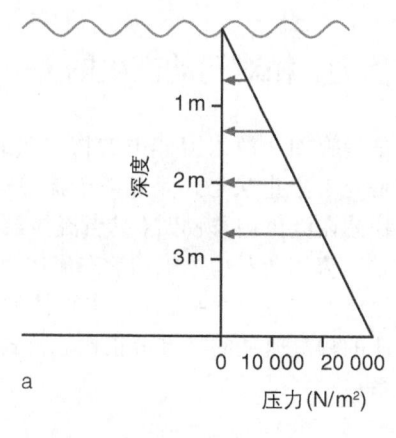

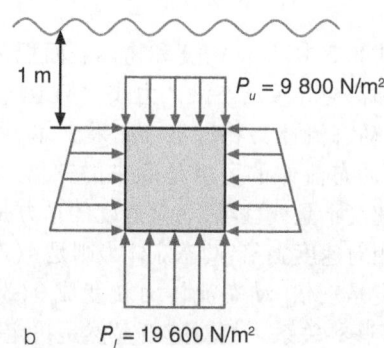

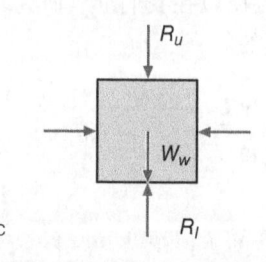

图8.1 水压与深度关系的图示(a)；水面1 m以下的1.0 m³的水块(b)；是作用在水立方体上的力的受力图(c)

$$\Sigma F = R_l + (-R_u) + (-W_w) = 0 \quad (8.2)$$
$$\Sigma F = 19\,600\,N - 9\,800\,N - 9\,800\,N = 0$$

果然，作用在水的立方体上的净垂直力是零，所以水处于平衡状态。如果我们在4 m的深度取出一个立方体怎么办？在4 m时，压力为39 200 N/m²（4 m×9 800 N/m²），所以力 R_u 是39 200 N。在5 m时，压力为49 000 N/m²（5 m×9 800 N/m²），所以力 R_l 是49 000 N。立方体的重量仍然一样，所以公式8.2变成了：

$$\Sigma F = R_l + (-R_u) + (-W_w) = 0$$
$$\Sigma F = 49\,000\,N - 39\,200\,N - 9\,800\,N = 0$$

无论我们选择什么深度，立方体的顶部和底部的压力差解释了水的立方体的重量，公式8.2是有效的。

浮力是向上作用在立方体上的力 R_l 与向下作用在立方体上的力 R_u 之间的差值，如果我们用 F_b 表示这个差值，公式8.2变为体脂含量较低的人仍然可以漂浮起来,因为肺和其他体腔中可能充满了空气或其他密度比水低得多的气体。然而,强迫空气呼出肺部可能会导致瘦人下沉。当你吸气时你的胸部体积增加,当你呼气时减少,所以你实际上可以控制你身体的总密度。为了增加你的浮力,通过用力吸入来增加你的体积。为了降低你的浮力,通过用力呼气来降低你的体积。

大多数人只要屏住呼吸都能漂浮起来。但是为什么双腿水平漂浮如此困难呢?如果你试图让双腿水平漂浮,你会注意到你的双腿会下降,或者你的整个身体会向更垂直的方向旋转,如图8.2所示。

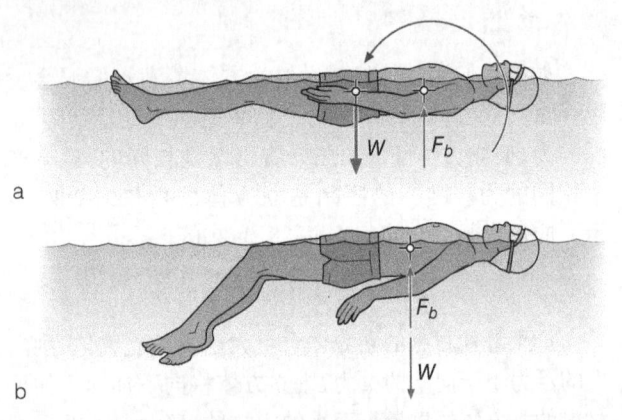

图8.2 当身体在水中(a)水平漂浮时,重量和浮力不相等,从而产生力矩。当腿部分淹没(b)时,重量和浮力相等,创造了一个更稳定的浮动位置

身体旋转到一个更垂直的位置,或者腿部下降的原因,是浮力和重力不是共线的。浮力的作用线是通过身体的体积中心,而不是通过重心。对于许多物体(如篮球),这两个点重合,但对于具有不同密度的部分的物体,情况可能并非如此。因为你的腿(大部分是肌肉和骨骼)比你的腹部和胸部(许多充满空气或其他气体的空洞)更密集,你身体的体积中心朝向你的头部比你的重心更远。当你试图保持双腿水平时,平衡的条件不满足,因为浮力和重力产生力矩。作用于身体上的净力矩不是零,所以发生旋转,直到这些力对齐,力矩为零。

浮力是水中活动的重要力量,但是陆地活动呢?空气是否会产生浮力?要回答这个问题,可以考虑一个氦气气球、一个热气球或一个飞艇。是什么力量阻止这些东西坠落?空气确实会产生浮力,但这个力的大小非常小,除非被移位的空气体积非常大。空气的密度(在海平面处)约为 1.2 kg/m^3(重量密度为 11.8 N/m^3)。一个正常大小的 80 kg 的人体积约为 $1/12 \text{ m}^3$,所以空气对 80 kg 人体施加的浮力约为 $1 \text{ N} = (1/12 \text{ m}^3) \times (11.8 \text{ N/m}^3)$。这大约是 0.2 lb,比我们的体重小很多,我们可以忽略它。

动态流体力:相对运动产生的力

浮力是指施加在浸入流体中的物体上的垂直力。无论物体是处于静止状态还是相对于流体移动,它都存在。当物体在流体内移动时(或当流体经过浸入其中的物体时),流体会对物体施加动态流体力。动态流体的力与流体的密度、浸泡在流体中物体的表面积和物体与流体的相对速度的平方成正比。公式8.5总结了这种关系:

$$F \propto \rho A v^2 \quad (8.5)$$

在公式8.5中,流体密度和物体表面积是线性项:两者的增加都会导致动态流体力成比例地增加。如果面积翻倍,动态流体力将翻倍。如果流体的密度是原来的三倍,动态流体的力就是原来的三倍。公式8.5中的相对速度不是线性项,而对速度的平方是线性项,所以如果相对速度翻倍,动态流体力则是 $4(2^2)$ 倍。如果相对速度是三倍,动态流体力就变成 $9(3^2)$ 倍。图8.3演示了这些关系。相对速度显然是决定动态流体力的最重要的因素,所以在我们继续研究之前,对相对速度的重视是合理的。

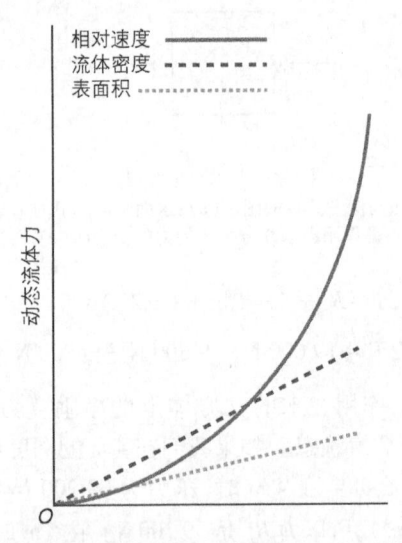

图8.3 动态流体力与物体表面积、流体密度和相对速度之间的关系

动态流体力与流体的密度、浸泡在流体中的物体的表面积和物体与流体的相对速度的平方成正比。

相对速度

当我们考虑作用于物体上的动态流体力时,必须考虑物体的速度和流体本身的速度。相对速度被用来表示这两个绝对速度的影响。相对速度是物体速度和流体速度的差。假设你站在跑道上静止不动,风以 5 m/s

的速度吹到你的脸上(图8.4a)。相对速度是你的速度和风速之间的差值:0 m/s-(-5 m/s)= 5 m/s。(让我们假设正方向是你所面对的方向。因为风与这个方向相反,我们用负号表示它的速度)。现在假设没有风,你在5 m/s处沿着跑道跑。相对速度是你的速度和风速之间的差值:5 m/s-0 m/s=5 m/s(图8.4b)。在这两种情况下,对你身体产生的风是一样的。在一种情况下,空气以5 m/s速度时移动,而在另一种情况下,你以5 m/s移动;但是空气产生的流体力是相同的。

假设风以5 m/s速度吹向你的脸,而你以5 m/s速度跑步(图8.4c)。相对速度是多少?相对速度也是你的速度和风速之间的差值:5 m/s-(-5 m/s)= 10 m/s。如果风以5 m/s速度吹向你的背部,而你以5 m/s速度跑(图8.4d)呢?相对速度将为5 m/s-5 m/s=0 m/s。

图8.4 跑步道和风之间的相对速度

定量地说,为了确定相对速度,我们取物体的绝对速度和流体的绝对速度之间的差值。定性地说,你可以如下所述地考虑相对速度。如果你处在通过液体的物体上,液体通过你的速度有多快?流体经过你的速度是流体相对于物体的相对速度。

阻力

由于实际原因,流体内部的运动产生的动态流体力通常被分解为两个组成部分:阻力和升力。图8.5显示了将动态流体力分解为升力和阻力分量。

🔄 流体内部的运动产生的动态流体力通常被分解为两个部分:阻力和升力。

阻力(drag force),是合成的动态流体力的分量,它与物体相对于流体的相对运动相反。如果阻力是唯一作用在物体上的力,那么阻力往往会降低物体通过流体的相对速度。阻力由公式8.6来定义:

$$F_D = \frac{1}{2}C_D \rho A v^2 \qquad (8.6)$$

其中,F_D = 阻力;C_D = 阻力系数;ρ = 流体密度;A = 投影面积(通常是物体垂直于相对速度的横截面积);v = 物体相对于流体的相对速度。

定性地说,阻力可以用以下方式来考虑。阻力是流体分子对相对于流体运动的物体施加的反向力。根据牛顿第三定律,物体对流体的分子施加了一个相等但方向相反的力。因此,阻力的大小与流体分子通过物体时的加速度(减慢)及速度减慢的流体分子的质量成正比。分子的速度减小越大,减小的速度越快,总阻力就越大。

阻力可以通过两种不同的方式产生:表面阻力和形状阻力。**表面阻力**(surface drag)可以被认为是相当于流体分子和物体表面之间(或流体分子本身之间)的摩擦力之和。**形状阻力**(form drag)可以被认为是等同于由流体分子和物体之间的碰撞所产生的冲击力的总和。

🔄 阻力是由两种不同的方式产生的:表面阻力和形状阻力。

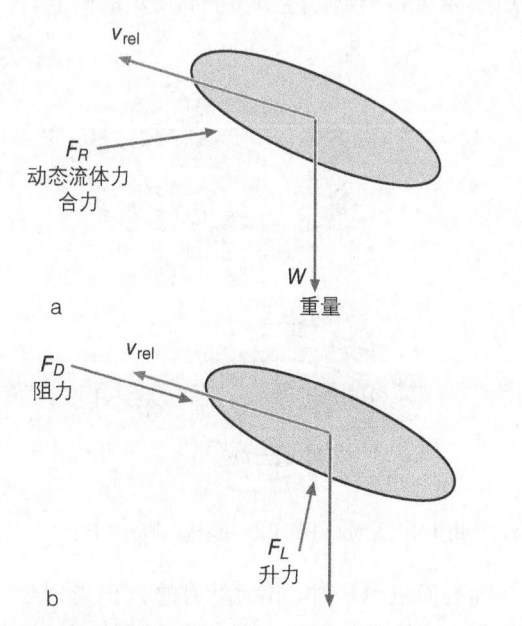

图8.5 合成的动态流体力(F_R)作用于一个对象(a);阻力(F_D)和升力(F_L)为这个力的分量(b)

v_{rel}为物体相对于流体的速度

表面阻力

表面阻力也被称为表面摩擦或黏性阻力。当流体分子滑过物体表面时，物体表面和分子之间的摩擦减慢了分子的移动速度。在这个减速分子的另一边是液体分子，它们现在的移动速度比这个分子要快，所以这些已减速的分子在滑过最靠近物体的分子时也会减慢。这些已减速的分子，反过来会减慢它们旁边的分子。所以表面阻力与摩擦力减缓的分子总质量和这些已减速的分子速度的平均速度变化率成正比。

表面阻力的大小受到公式8.6中所包含的因素的影响：阻力系数、流体的密度、物体的横截面积和相对速度的平方。阻力系数还受到与表面阻力相关的其他几个因素的影响。表面的粗糙度是这些因素之一。更粗糙的表面会在流体分子和物体之间产生更大的摩擦力。因此，运动员在许多活动中所使用的设备和所穿的衣服都是光滑的，以减少表面阻力（图8.6）。在运动中减少表面阻力的案例包括速滑运动员、自行车运动员、下坡滑雪者、雪橇运动员，甚至短跑运动员所穿的光滑的紧身服。游泳者可以剃掉身上毛发，以减少表面阻力。

图8.6 参加某些运动项目的运动员要穿光滑的紧身服以减少表面阻力

阻力系数也受到与表面阻力相关的流体黏度的影响。黏度（viscosity）是对流体分子层之间的内摩擦或流体对剪切力的阻力的测量。流动较慢的流体比流动较快的流体更黏稠。机油比水更黏，水比空气更黏。流体与通过它的物体表面之间更大的摩擦力是由黏度较大的流体产生的，因此表面阻力随着黏度的增加而增加。大多数运动员都无法控制这些属性在它们所通过的液体中，因此在运动中改变液体黏度的方法是很少见的。

形状阻力

形状阻力是指产生拖动的表面阻力以外的平均值。形状阻力也称为形状拖动、轮廓拖动或压力拖动。当一个流体分子首先撞击通过它的物体的表面时，它会反弹；但随后该分子撞击另一个流体分子，并被推回物体的表面。因此，当物体经过它时，分子会倾向于跟随物体的表面曲率。因为方向的改变是一种加速度，所以物体必须对分子施加一种力来改变其方向。反过来，当物体改变方向时，分子会对物体施加一个相等但相反的力。在方向上的变化越大，所施加的力就越大。

在物体的前表面，流体分子施加的力都指向物体的后部，这些力导致了形状阻力。在物体的后表面，流体分子施加的力有指向物体前面的成分，这些力减少了形状阻力。然而，只有当流体分子靠近物体表面并按压物体时，这些力才会存在。这发生在所谓的**层流**（laminar flow）过程中，如图8.7a所示。图中的线和箭头表示流体分子经过物体时的路径。但如果表面曲率的变化太大或相对速度太快，流体分子之间的冲击力就不够大，不足以使分子返回表面，以至于分子与表面分离。**湍流**（turbulent flow）流动的结果是分子不再压在物体的表面。如果流体分子没有按压物体的后表面，那么什么都没有，这样就可以在物体后面产生真空。因此，对物体的后表面施加的力就更少（或根本没有力）了。这些前进力和反向力之间的区别是形状阻力。因此，形状阻力随着湍流量的增加而增加。图8.7b显示了一个物体经历层流和湍流的例子。

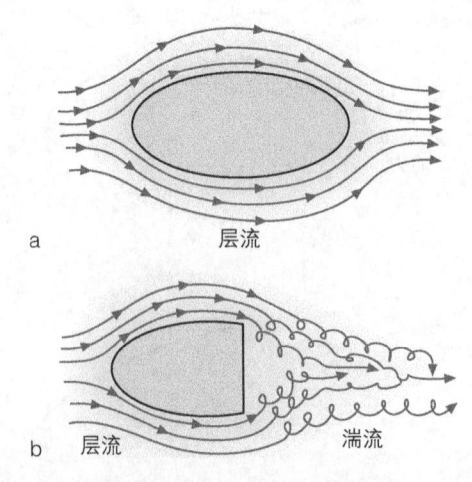

图8.7 物体经历层流（a）及层流和湍流（b）的例子

与表面阻力一样，形状阻力的大小受到公式8.6中所包含的因素的影响：阻力系数、流体密度、横截面积（物体正面面积），以及相对速度的平方。阻力系数也受到与形状阻力相关的其他几个因素的影响。物体的形状对形状阻力系数的贡献影响最大。最小化湍流流动时,流体分子必须遵循物体的形状。如果分子必须迅速改变方向,需要很大的力量来引起这个加速度,所以分子对物体施加的反作用力很大,或者发生湍流。要减少形状阻力,然后,物体的表面应该轻轻弯曲或呈"流线型",没有任何突出或粗糙的斑点。空气动力学中说的流线型是指流动方向很长,使物体的表面曲率是温柔的,而是不像突变的那样。流线型物体的尾部基本上填补了真空或空白空间湍流。一个非流线型和流线型形状,以及运动员如何采用流线型姿势或使用流线型设备的例子如图8.8所示。

并随之流动。其余流体的流动是层流的。这种层流流体对物体及其湍流层没有太大的阻力。图8.9说明了这个概念。高尔夫球上的"酒窝"通过在球周围创造一层汹涌的空气,减少了球所经历的阻力。网球上的绒毛和棒球上的缝线也会产生同样的效果。

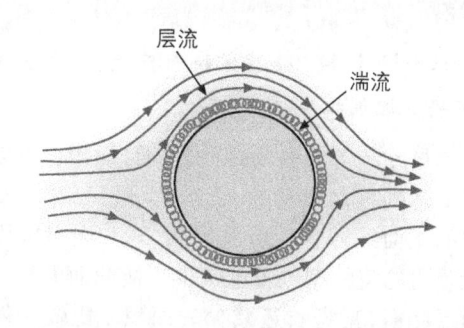

图8.9 一个粗糙的表面可以通过在前缘和后缘形成一层完全围绕物体的湍流来减少形状阻力。层流在这个湍流层之外

减小阻力的策略

在许多运动中,运动员希望最小化阻力,以最大化他们的表现。有了阻力来源的知识,让我们总结一下运动员如何减小阻力,仍然如公式8.6所示:

$$F_D = \frac{1}{2}C_D \rho A v^2$$

其中,F_D = 阻力;C_D = 阻力系数;ρ = 流体密度;A = 投影面积(通常是物体垂直于相对速度的横截面积);v = 物体相对于流体的相对速度。

在公式8.6中出现了四个变量:阻力系数、流体密度、投影面积和相对速度。流体密度通常不被认为是运动员控制的一个变量。然而,在空气密度较低的高海拔地区专门设置了自行车和田径比赛的记录。运动员也可以尝试通过选择温暖天气的比赛来控制这个变量,因为较温暖的空气比较冷的空气少,潮湿的空气比干燥的空气少。

运动员确实有几种方法来减小他们的身体和设备的阻力系数。第一种方法是使身体表面和衣服(或设备)更光滑。第二种方法是简化身体或设备的形状。对于运动员来说,使身体或身体各部位处于相对于流体流动的拉长方向的位置将减小形状阻力。骑自行车的人、游泳者、速滑运动员、下坡滑雪者和雪橇运动员都会操纵他们的位置来减小身体的阻力。第三种方法是减少暴露在流体中的总表面积,从而减小表面阻力。游泳者(和其他水上运动员)也可能有另一种降低阻力系数的方法:选择有温水的游泳池。较暖的水比较冷的水黏度更小(因此产生的表面阻力更小)。

图8.8 影响形状阻力大小的非流线型和流线型形状的示例

形状阻力和表面阻力一样,都会受到曲面纹理的影响。粗糙的表面比光滑的表面速度低。因为湍流增加了阻力,在大多数情况下,表面更粗糙的物体会比表面更平滑的物体经历更大的阻力。

然而,有时一个更粗糙的表面实际上会减小形状阻力。造成这种悖论的原因是由粗糙表面引起的湍流。当湍流和层流存在时,由于压力(以及力)对物体的前表面和后表面的差异,形状阻力很大。当湍流发生在物体的前表面,并且物体周围的所有流动都是湍流时,形状阻力实际上减小。这是怎么发生的?当物体周围的流体完全是湍流时,一层湍流流体包围物体

形状阻力和表面阻力对总阻力的贡献随速度而变化。在较快的速度下,形状阻力占大部分的阻力,而在较慢的速度下表面阻力占大部分的阻力。我们

必须考虑到这种区别以决定使用减小阻力的策略。将较小的表面积暴露于流体中将减小表面阻力，但流线型形状以减少形状阻力通常需要增加表面积。如果设备在流体中快速移动［在空中大于 10 m/s 或 20 mile/h（32 km/h）］，则选择流线型。否则，请尽量减少表面积。

> 形状阻力主要在速度较快时产生，而表面阻力主要在速度较慢时产生。

运动员或装备的横截面（或正面）面积也可以在一定程度上得到控制。基本上，运动员想要减少暴露在流体中的正面区域。在前面的例子中，大多数用来减小形状阻力的流线型位置也减少了横截面面积。除了使表面更光滑，紧身衣还减少表面积。比较一件宽松的 T 恤和短裤与一件莱卡紧身衣。运动员的目标是尽量减少他们在各种运动中所使用工具的横截面面积。投掷足球，使气流沿着它的长轴运动，类似的方向也用于标枪、铁饼或飞盘。这些方向可将阻力最小化。

相对速度是公式 8.5 中的最后一个变量。因为这个项是平方的，它对阻力的影响最大，所以它是运动员能控制的最重要的变量。但是运动员如何控制这个变量来最小化阻力呢？（当他们想要最大化他们的速度时）一种方法是调整比赛时间。跑步速度是跳远运动员、三级跳运动员和撑杆跳高运动员成功的重要决定因素。田径规则规定了运动员开始跳高的准备时间。它通常是 1 min，大多数运动员利用这段时间来等待顺风回升（或者等待逆风减慢）。出于同样的原因，田径比赛的推广者经常选择在盛行风的方向上进行直道比赛。然而，如果跳远或冲刺方向的风速大于 2.0 m/s，跳远、三级跳远、短冲刺和跨栏的纪录就无效。

跑者、骑自行车者和游泳者使用另一种技术来降低相对速度。跑者和骑自行车者依靠队友或对手来当领跑者，他们选择跟随领跑者。游泳者可能会跟随另一个游泳者来引导他们。在这些情况下，液体被领导的人扰乱了。因此，通过尾随运动员的流体的相对速度要低得多，施加在该运动员身上的阻力也更小。运动员必须在跑步或骑行时非常接近他们前面的运动员，才能最大限度地发挥这种效果，然而领导自行车或跑步比赛的运动员因这种策略而处于双重不利地位。首先，领先的运动员必须更加努力，因为流体的相对速度更快，阻力更大。其次，领跑者后面的运动员（如果他们能保持足够的距离）不必那么努力，因为由于流体的相对速度较慢，阻力较低。因此，这些运动员更有可能在比赛结束时冲刺跑过领跑者！

增加阻力的策略

在某些情况下，运动员希望增加阻力。他们操纵自己的身体或使用工具，增加形状阻力或表面阻力，或两者都有。桨的设计是为了增加阻力来推动船或壳。降落伞的设计是为了增加阻力到足够大的程度，以将降落伞的向下速度降低到着陆的安全速度。风筝冲浪者使用类似于降落伞的风筝来推动它们越过海浪和穿过水面。受伤的运动员可以在游泳池里"跑步"，作为他们康复计划的一部分，或作为交叉训练，即使他们是健康的。图 8.10 所示的鞋是为水下跑步运动而设计的。注意鞋子两侧的"鳃"。"鳃"增加了当脚被拉过水中时，运动员必须克服的阻力。这种阻力是由鞋的"鳃"所产生的。游泳者也使用阻力来推动他们在水中行进，但阻力也可能与另一种动态流体力升力相结合，对游泳者产生推进力。

图 8.10 AQx 水运动鞋上的"鳃"或小铲状结构在脚被拉过水中时产生阻力

升力

升力（life force）是指对流体相对运动而产生的动态流体力中垂直于物体的分量。升力的作用是改变物体通过流体的相对运动方向，而不是阻止物体通过流体的相对运动。升力这个词意味着向上的，但这并不一定是正确的。升力可以指向上、向下，或向垂直于流体流动方向的任何方向。升力的可能方向由流体的流动方向决定，因为升力垂直于流体。升力由公式 8.7 定义：

$$F_L = \frac{1}{2}C_L \rho A v^2 \qquad (8.7)$$

其中，F_L = 升力；C_L = 升力系数；ρ = 流体密度；A = 投影面积（通常是物体垂直于相对运动的横截面积）；v = 物体相对于流体的相对速度。

定性地说，升力可以用以下方式来考虑。升力是由流体分子通过物体时的横向偏转引起的。这个物体对分子施加一种对其产生横向偏转的力（横向加速度，因为分子改变了方向)。根据牛顿第三定律,分子对物体施加了一个相等但方向相反的侧向力:这就是升力。因此,升力与流体分子的横向加速度和被偏转的分子的质量成正比。图 8.11 用图形化的方式说明了升力。下次你在移动的汽车里时,你可以通过尝试自主实验 8.2 来向自己演示升力。

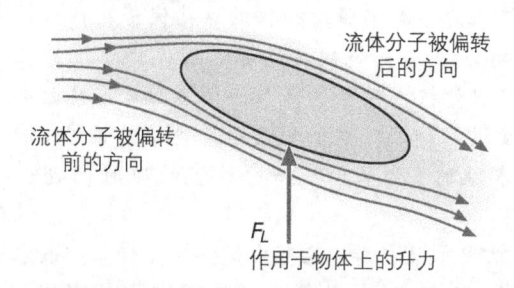

图 8.11 通过物体的流体分子呈横向偏转,方向上的变化是由物体所施加的力引起的横向加速度产生的,对这个力的反作用力是作用在物体上的升力

> 升力是指对流体相对运动而产生的动态流体力中垂直于物体的分量。

自主实验 8.2

当你把手伸出车窗时,感受升力和阻力

从一辆正在移动的汽车的窗户外伸出你的手。伸展手指,手掌面向地面,慢慢转动前臂,直到手掌朝上。当你这样做时,你会注意到一个力,试图推动你的手后退(阻力)。当你的手掌向前面对时,这个阻力会增加并变得最大。你还会注意到一个力,试图推动你的手向上(升力)。当你的手掌向前转动,这个向上的升力先增加后减少。当你进一步倾斜,你的手掌开始向上,升力试图推动你的手向下。阻力、升力的大小和方向随着手对气流的方向和气流速度的变化而变化。现在把你的手指握成拳头,尝试同样的事情。升力是否相同?

你的手在汽车旁边的气流中的例子展示了几个影响升力的因素。同样,相对速度是最重要的。增加汽车的速度(即空气的相对速度)极大地增加了升力,但你的手的形状和方向也会极大地影响升力。这两个因素在公式 8.6 中被解释为物体的投影面积。另一个考虑到这些因素的变量是升力系数。图 8.12 所示的一些使用升力的常见例子可以进一步阐明这种力。飞机上的机翼使用升力来防止飞机坠落。类似地,一些船只(水上飞机)上的水下机翼(水翼)也会使用升力将船体抬出水面。船或飞机上的方向舵利用升力来改变船或飞机的方向。船和飞机上的螺旋桨使用升力来推动船和飞机。一些赛车后面的扰流板使用升力推动后驱动轮以获得更好的牵引力。跳台滑雪运动员使用长而宽的滑雪板,并自己定位,使产生的升力保持他们在空中停留更长的时间,然后使他们跳得更远。当你踩水时,你把你的手放在一个水平面上,由你的手产生的升力帮助你的头保持浮出水面。在各种游泳姿势中使用的推进技术是作用于手上的升力和阻力的结果。帆船和帆板上的帆在滑行时使用升力来推动它们前进。在大多数的这些例子中,产生升力的对象在平行于流向的尺寸上更长,而在垂直于流向的尺寸上更短。此外,在大多数这些例子中,当物体的较长尺寸不平行于流向时,就会产生升力。有些物体会产生升力,即使它们在一个维度上并不比另一个维度长(如一个旋转的球),或者即使它们最长的维度似乎与流动流体对齐(如一个翼型)。这些物体如何使流体横向偏转以产生升力?

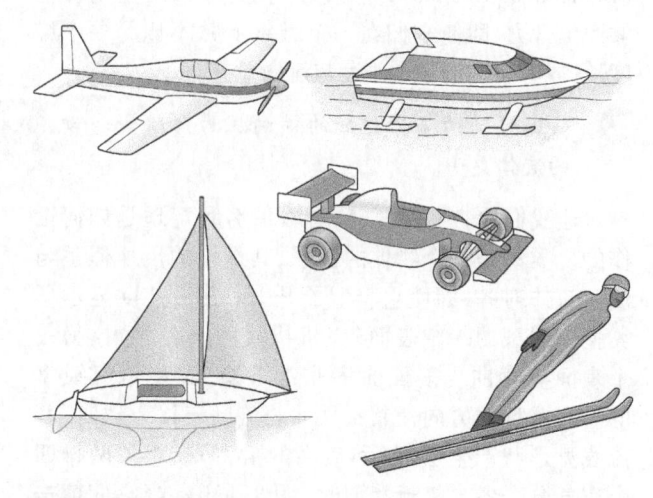

图 8.12 产生升力的对象示例

【概念应用】

铁人三项赛中的潜水服效应

铁人三项是一场由三部分组成的比赛,包括游泳、骑自行车和跑步。四个最常见的铁人三项项目及其比赛距离如下:

- 全速冲刺短距离:750 m(0.465 mile)游泳,20 km(12.5 mile)自行车,5 km(3.1 mile)跑步。
- 标准或奥林匹克:1.5 km(0.93 mile)游泳,40 km(25 mile)自行车,10 km(6.2 mile)跑步。
- 半铁人三项:1.9 km(1.2 mile)游泳,90 km(56 mile)自行车,21.1 km(13.1 mile)跑步。
- 铁人三项:3.8 km(2.4 mile)游泳,180.2 km(112 mile)自行车,42.2 km(26.2 mile)跑步。

大多数铁人三项的游泳部分是开放水域游泳,这意味着水温是不受控制的。如果水太冷,一些铁人三项运动员可能会考虑使用潜水服。事实上,一些铁人三项运动员可能会穿潜水服,即使水不太冷。除了让运动员在冷水中保持温暖之外,在铁人三项游泳中穿潜水服还有其他好处吗?

大多数铁人三项运动员在穿潜水服游泳时都能游得更快。光滑、柔滑的潜水服减小了表面阻力,从而减小了作用在铁人三项运动员游泳期间的总阻力。潜水服也能增加浮力,所以为了保持在水面上的位置所消耗的能量可以用来在水中推进。此外,潜水服为腿提供的浮力使腿更水平,从而减小阻力。最后,潜水服压缩后也可以减小铁人三项运动员的形状阻力。潜水服所提供的这些优势对技术较不熟练的游泳者来说更为重要,因为经验丰富、训练有素、游泳技术高超的游泳者已经优化了他们在水中的位置,以将阻力减小到最低。潜水服的使用基本上可以让技术较差的铁人三项运动员更接近那些技术熟练的铁人三项运动员。在从游泳到自行车的过渡过程中,去掉潜水服的好处略有减少,但即使有这个额外的过渡时间,当铁人三项运动员穿着潜水服时,游泳和第一次过渡的净时间也会减少。

国际铁人三项管理机构,即国际铁人三项联盟(ITU),承认潜水服在游泳比赛中提供的优势。如果水高于一定温度,国际铁人三项联盟禁止使用潜水服(ITU,2019年)。这个温度从68℉(20℃)到76.3℉(24.6℃),这取决于游泳距离和参赛者的等级(精英、23岁以下运动员、青年或年龄组)。如果水温低于60.6℉(15.9℃),国际铁人三项联盟就要求使用潜水服。低于这些温度,铁人三项运动员可以自己决定他们是否要穿潜水服。如果允许使用潜水服,穿上潜水服铁人三项运动员的游泳速度就会更快。

伯努利定理

1738年,瑞士数学家丹尼尔·伯努利(1700~1782)发现,快速移动的流体施加的横向压力比缓慢移动的流体更小。这个定理被称为**伯努利定理**(Bernoulli's principle),其可以解释为什么一些物体能够产生升力,即使它们在一个维度上并不比另一个维度长,或者它们的最长维度与流向对齐。

> 快速移动的流体施加的横向压力比缓慢移动的流体更小。

让我们检查一下机翼,看看伯努利定理是如何工作的。翼型是一个物体的例子,其最长的尺寸似乎与流动流体对齐,即使它产生了升力。图8.13a显示了翼型。翼型的一个表面(飞机机翼的上表面)比另一个表面更弯曲。表面曲率非常平稳,翼型是流线型的。当翼型的方向使其长尺寸与流动流体一致时,其流线型形状产生层流(和最小的阻力)。想象两排四个空气分子各自接近翼型时(图8.13b),当它们撞击翼型的前缘时,一排沿翼型的上曲面移动,而另一排沿翼型的下平面移动。如果气流是层流的,则顶部的每个分子与底部相应的分子同时到达翼型的后缘。上表面的分子移动得更远,以到达翼型的后缘,但它们与下表面的分子同时到达那里。上面的分子移动得更快;根据伯努利定理,移动快的分子施加的横向压力小于移动慢的分子施加的横向压力,并产生向上的升力。当快速移动的上部分子从翼型的后缘滑动时,它们的速度有一个向下的分量,所以空气会发生一些向下的偏转。

现在让我们来确定伯努利定理的基础。回到机翼上的两排分子上。当第一个分子到达翼型的后缘时,这些分子将沿着翼型的表面分布,如图8.13c所示。所有这些分子会由于相邻分子的压力而对翼型表面施加一些力。分子在翼型下表面施加的力将垂直于这个表面,或向上。分子在翼型上表面施加的力将垂直于这个表面。但是上表面是弯曲的,所以这些力将被导向向下,以及向后或向前,如图8.13d所示。如果每个

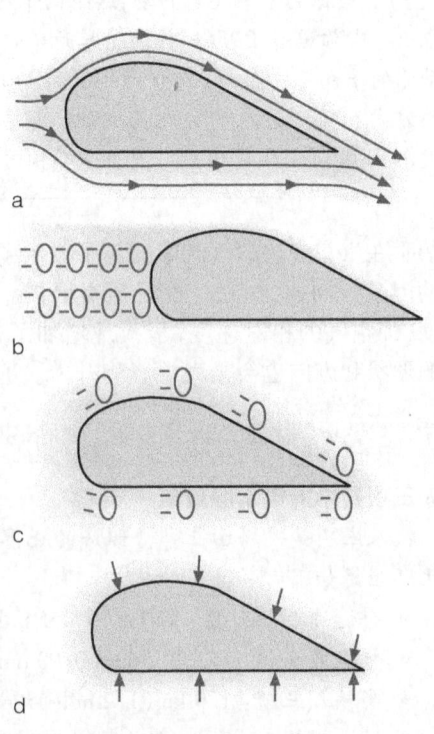

图8.13 以翼型为例,对伯努利定理的解释

分子从上表面到下表面施加的合力是相同的,那么分子在下表面施加的净向上力大于分子在上表面施加的净向下力,因为来自上表面上的分子的力也有向前或向后的分量。这些净力的差值等于分子产生的升力。

自旋和马格纳斯效应

1852 年,德国科学家古斯塔夫·马格纳斯注意到,升力也可以由旋转的球产生。这种效应被称为**马格纳斯效应**(Magnus effect),由自旋引起的升力被称为马格纳斯力。但是,一个没有宽阔的、相对平坦的表面的物体如何能使空气横向偏转,从而产生升力呢?让我们来看看当空气分子接近并通过一个带有顶部自旋的球时发生了什么。图 8.14 是一个球(从左向右转动)的说明。

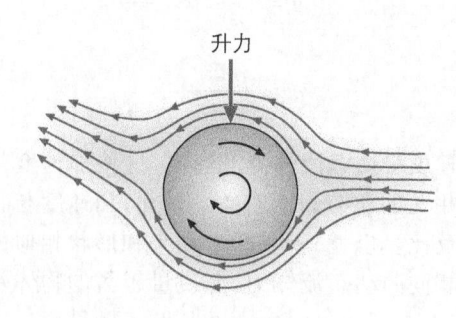

图 8.14 上旋球的升力向下作用于球

> 由旋转引起的升力是被称为马格纳斯力。

请注意,在一个上旋的球上,球的上表面相对于球的中心有一个前进速度(在图 8.14 中向右),而下表面相对于球的中心有一个后退速度(向左)另外,空气分子都相对于球的中心有一个向后的速度(向左)。当分子撞击球的下表面时,它们的速度不会减慢,因为这个表面相对于球的中心与分子朝着相同的方向移动(向后或向左)。当分子撞击球的上表面时,它们减速的速度会更慢,因为这个表面相对于球的中心向相反的方向(向前或向右)移动。空气在球顶部表面的速度低于空气在球底部表面的速度。根据伯努利定理,球底部表面运动较快的分子所施加的压力就会更小。这种压力的差异导致升力向下作用在球上,如图 8.14 所示。

我们也可以通过想象移动较慢的分子如何在球的上表面聚集,而移动较快的分子如何在球的下表面扩散来解释升力。聚集的分子比扩散的分子对球施加更多的压力(因此产生更大的力)。想象一下,一群人只通过一两扇门离开一个剧院或竞技场。当它们接近门时,它们更多地聚集在一起,放慢速度,然后发生更多的碰撞。这与球上的分子所发生的情况类似。更多的碰撞意味着更多的压力。

你可能还会注意到,球底部较快的分子更有可能停留在球的表面。他们不会脱离球,直到他们超过了球上最后面的点。这样,分子就会向上偏转(而球就会向下偏转)。

来自马格纳斯效应的升力使得在各种运动中观察到球弯曲飞行。后旋会使球保持更高的时间,而上旋会使球更快地落地。侧击会导致球左右转向。高尔夫球杆设计的目的是使球发生后旋,使其在空中停留更长的时间,从而飞得更远。许多高尔夫球手无意中用侧杆击球,使球钩住或向左或右切。职业高尔夫球手可能会故意使用这个侧杆。棒球投手在他们的投球项目中使用侧旋、上旋或后旋,使球的路径难以被击球手预测。足球运动员使用侧踢使他们的角球或点球转向对方球员。网球运动员使用上旋来迫使他们的投篮早点进入球场。也许球类运动中马格纳斯效应最引人注目的例子是乒乓球,球的旋转在飞行中导致偏转。

【概念应用】

棒球投手和马格纳斯效应

棒球投手使用马格纳斯效应使投出棒球的轨迹难以被击球手预测。通过在球上施加不同的旋转,投手可以改变球的预期飞行路径。马格纳斯力是由球的旋转产生的。马格纳斯力的大小与球的线速度及其自旋速率(角速度)成正比。马格纳斯力的大小也受到球的表面的影响。棒球的缝线可以增加马格纳斯力,而且缝线也使得投手的手指给球提供更多的旋转。以下是不同的棒球握把和接缝位置如何创造不同的大小和方向的马格纳斯力。

四缝线快速球是投手最快的投球。在这个投球中,投手定位球,使四个棒球接缝垂直于投球的方向,并平行于球的转动轴。投手的食指和中指的指尖放在球的顶部的一个接缝处,它们之间有一个轻微的空隙。投手的拇指抓住了球的底部。就在球释放之前,食指和中指向后和向下拉,使球向后旋转。后旋产生了一个指向向上的马格纳斯力,而在脊柱平面上旋转的四个接缝的缝线创造了一个更厚的边界层,并增加了马格纳斯力。这个球场通常被称为上升的快速球,即使它实际上并没有上升。然而,如果没有马格纳斯效应,它的运动轨迹也会略高一些。

曲线球比快速球慢,旋转方向相反。为了投掷一个曲线球,投手用中指抓住球的上边缘,在释放时面对击球手。食指放在中指旁边，然后推向它。拇指抓住马蹄形接缝上分支的下边缘的球，在松开时朝向投手（直接对着中指）。中指在前缝下向下拉，拇指在后缝上向前拉。这个动作在球上产生上旋，由此产生的马格纳斯力是向下的。对击球手来说，球似乎突然掉了下来。有时曲线球的转动轴会从右投球的角度稍微向右倾斜。当这种情况发生时，球就会分解，从投手的角度向左移动，或向下并远离击球手。

压力中心

作用于物体上的升力和阻力的结果是**动态流体力**（dynamic fluid force）。这个力实际上是施加在物体表面上的压力的结果。将这种力应用于物体的理论点称为**压力中心**（center of pressure）。如果作用于压力中心的合力不在通过物体重心的一条线上，就会产生一个导致物体旋转的力矩。飞盘、铁饼或没有旋转的足球更有可能因为这个力矩而摇晃。如果货物或乘客装载到后方太远，使飞机重心移到压力中心后方。这将导致一个危险的力矩作用于其螺距，或侧轴，这将使该平面的机头向上倾斜。IAAF所采用的规范迫使1986年的男子标枪和1999年的女子标枪的压力中心基本上落在标枪的手握位置（和重心）后面。在飞行过程中，作用在标枪俯仰轴周围的动态流体力所产生的力矩，使标枪在整个飞行过程中旋转或向前俯仰，使其尖端先撞击地面。图8.15说明了这种效果。

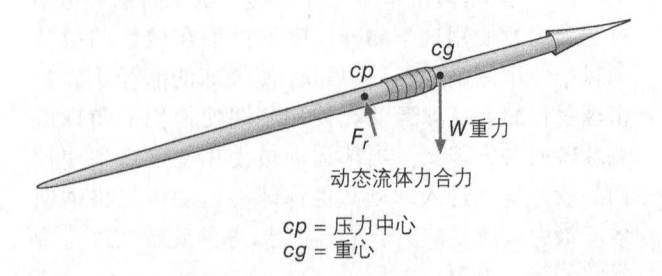

cp = 压力中心
cg = 重心

图8.15 作用在标枪上的力——标枪的重量和动态流体力——作用在不同的位置，从而产生一个力矩，使标枪旋转，尖端下降

> 作用于物体上的升力和阻力的结果是动态流体力。将这种力的应用于物体的理论点被称为压力中心。

动态流体力的影响

作用于通过流体的物体的动态流体力已在前面说明。但运动员们更关心的是这些力量产生的影响，而不是这些力量本身。牛顿第二定律用公式3.24表示为

$$\Sigma F = ma$$

其中，ΣF = 净力；m = 物体的质量；a = 物体的加速度。
或者：

$$\Sigma F = ma$$

$$\frac{\Sigma F}{m} = a$$

动态流体力的影响可由公式8.4确定：

$$F \propto \rho A v^2$$

$$a = \frac{\Sigma F}{m} \propto \frac{\rho A v^2}{m}$$

$$a \propto \frac{\rho A v^2}{m}$$

加速度受动态流体力的影响，这些加速度与动态流体力相关的所有因素有关。然而，加速度与物体的质量成反比。也就是说，两个大小和形状相似的物体会承受相同的动态流体力，但质量越大的物体承受的加速度越小。风吹过50 kg的长跑运动员会比同样的风吹过70 kg重的长跑运动员面前的效果更大。用弯曲球比用真正的棒球更容易。乒乓球上的马格纳斯力比壁球上的马格纳斯力的效应要大得多。作用于飞盘上的升力与作用于铁饼上的升力相似，但效果有很大的不同。升力和阻力对各种球的相对影响如图8.16所示。这个图显示了各种相似体积的球的轨迹。这些物体的初始速度、角度和投影高度是相同的，但它们的质量（和密度）是不同的。

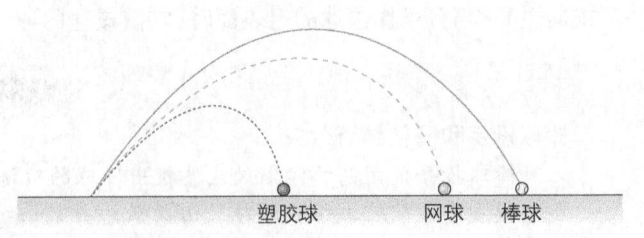

塑胶球　　网球　　棒球

图8.16 三个不同质量的球的运动轨迹，表明动态流体力受物体质量的影响

> 两个大小相似的物体形状会承受同样的动态流体力，但质量越大的物体会承受更少的加速度。

总结

动态流体力会影响各种运动项目中的运动。浮力

影响所有水上运动的参与者,动态流体力影响水上运动和陆地运动的参与者。浮力是一种向上的力,其大小等于被浸没的物体移动的水的重量。动态流体力被分解为阻力和升力分量,并与流体的密度、物体的投影面积,以及流体相对速度的平方成正比。因此,流体的相对速度对阻力和升力的影响最大,因为这些力与速度的平方成正比。可以通过采用流线型形状、保持物体表面光滑(在大多数情况下)和减少投影面积来减少阻力。升力可以由物体的形状和方向来控制。球类旋转也会引起升力,从而使球类游戏更加有趣。

关键词

伯努利定理	动态流体力	压力
浮力	形状阻力	比重
压力中心	层流	表面阻力
密度	升力	湍流
阻力	马格纳斯效应	黏度

第二部分

内部生物力学

内力及其对身体与运动的影响

整个身体的运动是由作用在身体上的外力决定的,但是那些维持身体结构的内力又是如何影响身体及运动的呢?这些问题在第二部分中得到了解答,其中大部分关注于生物力学的"生物"部分。第二部分包括四章,第九到十二章。本部分的第九章,涉及生物材料力学。接下来的两章,第十章和第十一章,涵盖了肌肉骨骼系统的结构力学。第十二章简要介绍了神经肌肉系统的控制。

第九章　生物材料力学

人体的应力和应变

学习目标
学完本章,你应该能做到以下内容:
- 掌握应力的定义
- 掌握应变的定义
- 掌握张力的定义(拉伸应变和拉伸应力)
- 掌握压缩的定义(压缩应变和压缩应力)
- 掌握剪切的定义(剪切应变和剪切应力)
- 识别和描述弯曲载荷
- 描述弯曲载荷下形成的应力模式
- 识别和描述扭转载荷
- 描述弹性材料的一般应力-应变关系
- 掌握弹性模量的定义(杨氏模量)
- 描述弹性和塑性行为
- 掌握材料强度的各种描述定义:屈服强度、极限强度和破坏强度
- 掌握刚性、延展性、脆性和柔韧的定义
- 掌握韧性的定义
- 了解骨骼的材料性能
- 了解肌腱和韧带的材料性能
- 了解肌肉的材料性能

一名美式橄榄球跑卫在试图获得足够的速度以实现第一次进攻时，被一名后卫从侧面撞击。当跑卫的膝盖向侧面弯曲时，听到一声巨响。哎哟！后卫直接撞到了膝盖的外侧部分，力量指向膝关节内侧，导致膝关节内侧副韧带被拉断。当膝关节没受伤时，为什么不能承受这种载荷？骨头断裂、韧带撕裂、软骨撕裂和肌肉拉伤，当所施加的载荷导致压力超过材料的强度时，就会发生这些损伤。本章将介绍生物材料的力学表现，以及它们如何承受所遇到的载荷。

人体的整体运动受外力作用影响。这些外力对人体施加的载荷也影响人体的内部结构——软骨、肌腱、韧带、骨骼和肌肉。了解人体这些内部结构的力学性能对于预防损伤和评估损伤因素是十分重要的。

> 作用在人体的外力施加载荷时，会影响人体的内部结构。

应力

在第一部分中，我们将身体视为一个刚体连接的系统，以便使用刚体力学来研究作用在身体上的力所产生的效果。在第二部分中，我们将放弃我们的刚体假设，并考虑部分环节是可产生形变的。作用在身体上的外力受到身体内力的抵抗并且会导致身体的形变。产生的形变量与力和所加载的材料所引起的应力有关。尝试自主实验9.1，看看力是如何引起形变的。

自主实验9.1

一根和两根橡皮筋被牵拉时的应力

找几根橡皮筋。拿一根并把它拉到原来的两倍长。橡皮筋由于施加的力而伸展或发生形变。现在拿另一根橡皮筋，像拉第一根一样拉它。如果你没有两根橡皮筋，把第一根折成两半再进行拉伸。拉橡皮筋的力度与把橡皮筋拉长一倍的力度大致相同。在同样力的作用下，两根橡皮筋（或一根对折的橡皮筋）的拉伸程度和单根橡皮筋一样大吗？

除非你施加两倍的力，否则两根橡皮筋（或一根对折的橡皮筋）的形变或拉伸不会像单根橡皮筋那么大。单根橡皮筋中的应力是双根橡皮筋中的应力的两倍。

应力（stress）是内力除以内力作用表面的横截面积。应力可能在物体内部变化，并与特定的内表面有关。三种主要应力是拉伸应力、压缩应力、剪切应力。数学上，应力用希腊字母 σ（sigma）表示，定义为

$$\sigma = \frac{F}{A} \qquad (9.1)$$

其中，σ = 应力；F = 内力；A = 内力作用表面的横截面积。力的单位是牛顿，面积的单位是单位长度的平方（m²），因此应力的单位为 N/m²，此是一个衍生单位，也被称为帕斯卡（代表法国物理学家、哲学家和数学家 Blaise Pascal）。帕斯卡的缩写是 Pa。

> 应力是内力除以内力作用表面的横截面积。

在我们进一步讨论之前，有必要对公式9.1中的内力 F 和横截面积 A 作一个清楚解释。思考一下，自主实验9.1中的单根橡皮筋如果被保持在拉伸的位置，它就处于静力平衡状态。橡皮筋的受力图如图9.1a所示。

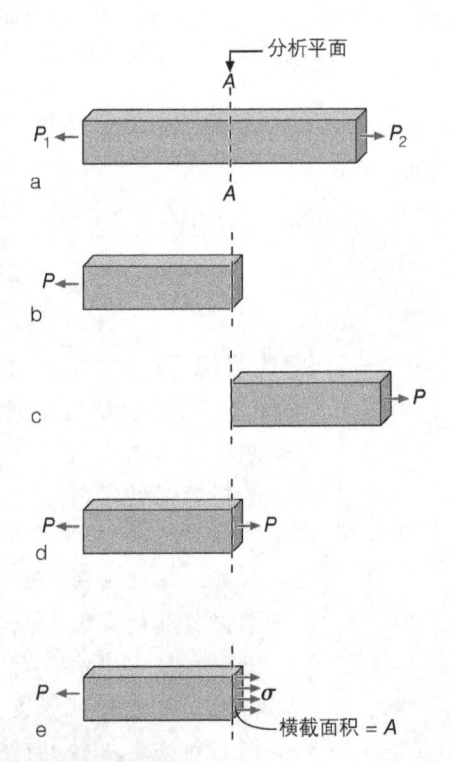

图9.1 拉伸橡皮筋受力图分析

如果我们忽略单根橡皮筋的重量，左端拉力 P_1 必须等于右端拉力 P_2。我们称这个力的大小为 P。现在想象一个平面 A-A 垂直穿过橡皮筋。该平面左侧的橡皮筋的受力图如图9.1b所示。假想该平面右侧的橡皮筋的受力图如图9.1c所示。如图9.1b所示，橡皮筋不处于静力平衡状态。作用在橡皮筋的左端的拉力 P，必须被作用于橡皮筋右端的相同大小的拉力 P 抵消，如图9.1d中所示的力。这就是公式9.1中用来定义应力的力。这个力代表了什么？

橡皮筋分子之间的键在假想切口平面的左侧和右侧产生拉力 P，作用在切口上。然而，如图9.1d所示，

这个力并没有作用于一点。这个力实际上代表了所有单独分子间键力的合力,它们作用于假想的切口表面,并将橡皮筋固定在一起(图 9.1e)。橡皮筋在这个假想的剖面(我们称它为分析平面,analysis plane)上的横截面积为公式 9.1 中用来定义该平面上应力的面积 A。

张力

张力(tension)是两种轴向应力(也称为法向或纵向应力)之一,也是三种主要应力之一。前面描述和定义的应力示例是拉伸应力。**拉伸应力**(tensile stress)是指在分析平面上产生的轴向或法向应力,这是由于施加的力或载荷欲将该平面上连接物体的分子拉断所造成的。拉伸应力垂直或法向作用于分析平面,因此又称为法向应力或轴向应力。

> 拉伸应力是指在分析平面上产生的轴向或法向应力,这是由于施加的力或载荷欲将该平面上连接物体的分子拉断所造成的。

许多解剖结构(长骨、肌肉、肌腱、韧带)在一个方向上要长于其他两个方向。针对这一类结构,我们通常分析垂直于最长方向的切面内的应力。垂直于分析平面(沿结构的长轴方向)作用的应力称为轴向应力、法向应力或纵向应力。例如,当你悬挂在单杠上时,肱骨(肘关节和肩关节之间的骨头)的两端承受力的拉扯作用,肱骨承受轴向张力加载。这是轴向载荷的一个例子,在这种载荷情况下,力作用在骨骼长轴的方向上。这种情况的受力图如图 9.2a 所示。

如果将分析平面垂直于骨的长轴切割,如图 9.2b 所示,我们可以确定该位置骨中的应力,就像我们对橡皮筋所做的那样,将作用在平面上的载荷除以平面表面处的横截面积。因为力倾向于将骨骼拉开,并且因为应力作用在远离分析平面的地方,所以这种应力是拉伸应力。橡皮筋沿其长度具有相同的横截面积,因此无论将分析平面放置在何处,应力都是相同的。肱骨的横截面积沿着它的长轴从近端到远端是不同的,应力也随着这些横截面积的变化而变化。横截面积越大,应力越小,骨骼越坚固;横截面积越小,应力越大,骨骼越脆弱。

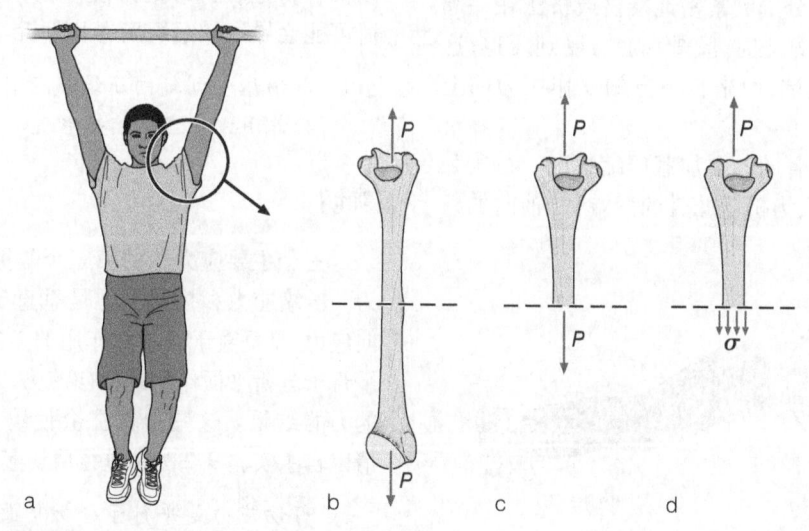

图 9.2 引体向上动作时,肱骨承受沿长轴方向的张力作用

例题 9.1

生物材料样品被装入材料实验机中。试样的横截面积为 1 cm²。机器对试样施加拉伸载荷,直到其断裂。施加的最大拉力为 700 000 N。材料承受此载荷时的最大应力是多少?

解:
第 1 步:确定已知变量。

$$A = 1 \text{ cm}^2 = 0.0001 \text{ m}^2$$
$$F = 700\,000 \text{ N}$$

第 2 步:确定要求解的未知变量。

$$\sigma = ?$$

第 3 步:根据具有已知变量和未知变量的公式,即公式 9.1。

$$\sigma = F/A$$

第4步：代入已知值并求解未知变量。

$$\sigma = (700\,000\ \text{N})/(0.000\,1\ \text{m}^2)$$

$$\sigma = 7\,000\,000\,000\ \text{Pa} = 7\ \text{GPa}$$

（G表示千兆或10亿。压力为70亿帕。SI中使用的其他前缀系统如附录的表3所示。）

外力牵拉物体或材料的任意一端时，拉力沿轴向加载，物体内部会产生拉伸应力，物体也会沿外力作用方向出现形变或拉长。对于大多数材料来说，这种伸长率与应力的大小成正比。橡皮筋的形变很容易随着载荷的增加而变大。在人体中，非常大的拉伸载荷可能会出现肌腱的拉伤或断裂、肌肉撕裂和软骨骨折。

> 当沿物体或材料的轴施加拉力时，物体会沿外力牵拉方向产生形变或拉长。

压缩

压缩（compression）或压缩应力是当载荷倾向于在分析平面上将材料的分子更紧密地推挤或挤压在一起时产生的轴向应力。站立时，股骨和胫骨受到压迫，这是由于体重向下推近端，而来自下方的反作用力向上推远端作用的结果。

让我们再看看肱骨的轴向加载压缩情况。在俯卧撑向上撑起的过程中，力挤压肱骨的两端，并轴向加载（图9.3）。

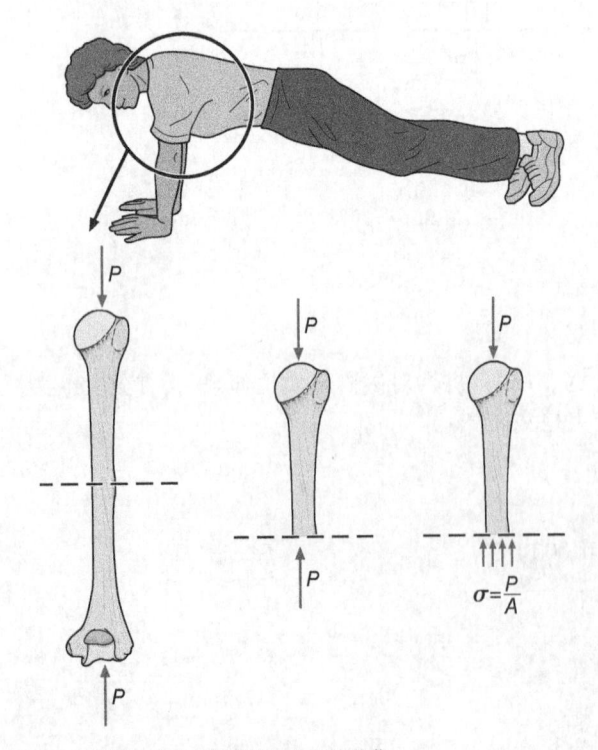

图9.3 俯卧撑时受到垂直轴向的压缩载荷

> 压缩或压缩应力是当载荷倾向于在分析平面上将材料分子更紧密地挤在一起时产生的轴向应力。

和前面一样，我们来分析穿过肱骨的剖面。肱骨受力图上，应力通过作用在剖面上的内力除以分析平面上肱骨的横截面积来确定。在这种情况下，因为作用在分析平面上的力是向剖面表面推进的，所以产生的应力是压缩的。

当物体在两端受到力的作用下产生轴向压缩时，物体内部会产生压缩应力，物体往往会根据这些外力的方向发生缩短形变。如果你挤压一个橡胶球，你可以很容易地看到球的形变。在人体内，较大的压缩载荷可能会导致软组织瘀青和骨折。

> 当物体受到轴向压缩载荷时，物体往往根据外力作用方向发生缩短形变。

剪切

三个主要应力中的第三个是**剪切**（shear）或剪切应力。压缩应力和拉伸应力是垂直于分析平面作用的轴向应力，是垂直于该平面作用的力的结果。剪切应力是平行于分析平面作用的横向应力，是平行于该平面作用的力的结果。这些力往往会使物体的分子相互滑过。请以自主实验9.2为例进行剪切应力测试。

> 剪切应力是平行于分析平面作用的横向应力，是平行于该平面作用的力的结果。

自主实验9.2

作用在墙壁上的剪切力和剪切应力

双手拿起一支铅笔（或钢笔），拇指和食指放在铅笔中间附近，如图9.4a所示。保持铅笔不动，同时用左手食指向后拉，用右手拇指向前推。铅笔的受力图如图9.4b所示。

想象一个分析平面，它正好在右手拇指和左手食指产生的两个力之间穿过铅笔。铅笔左半部分的受力图如图9.4c所示。铅笔的左半部分处于静力平衡状态，因此必须通过向前推动的力来抵消向后拉铅笔的力，以保持力的平衡。没有其他外力作用在铅笔的左半部分，因此反作用力必须是作用在分析平面上的内力。图9.4d

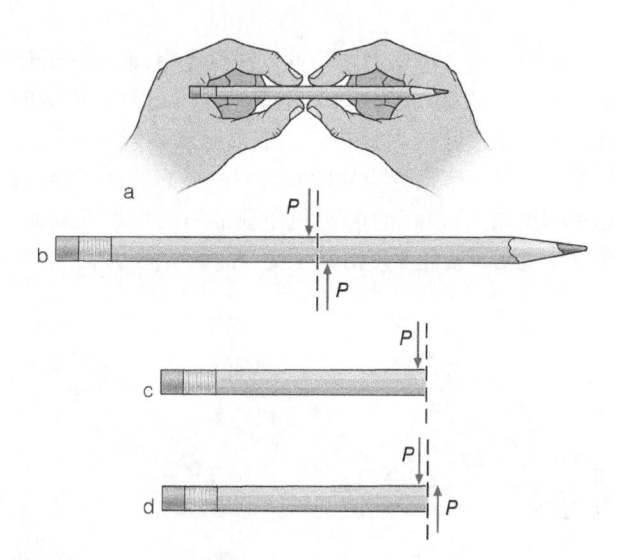

图 9.4 铅笔承受剪切载荷的分析

展示了这种力,它是由分析平面上铅笔两个表面之间的分子键产生的。这是用来计算剪切应力的剪切力。

剪切应力等于在分析平面上的力(与分析平面平行)除以物体在分析平面上的横截面积,即

$$\tau = \frac{F}{A} \quad (9.2)$$

其中,τ = 剪切应力;F = 剪切力;A = 分析平面上的横截面积。

轴向应力(张力和压力)用符号 σ(sigma)表示,但横向应力(剪切)用符号 τ(tau)表示。

剪刀是一种产生剪切力的工具,可在材料加工过程中产生较大的剪切应力。剪刀也因此被称为"剪刀"。在人体中,剪切载荷会导致皮肤起疱,而作用在四肢上较大的剪切载荷可能会导致关节脱位或骨头的剪切性骨折。剪切载荷也会引起物体的形变,但不是拉伸或压扁它,而是引起物体侧方向的改变,或歪斜。三种不同类型的应力如图 9.5 所示。

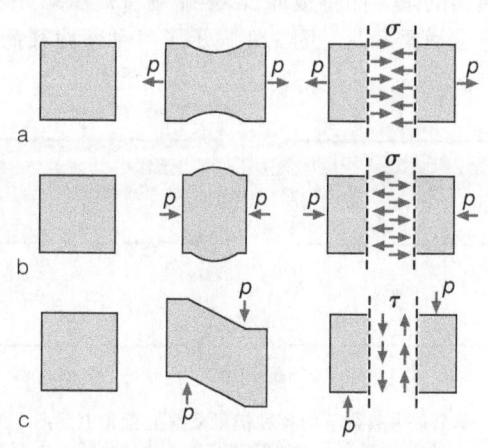

图 9.5 产生三种应力的简单载荷示意图:拉伸(a),压缩(b),剪切(c)

机械载荷

作用在物体上的外力使物体受到机械载荷。在前面的例子中描述了简单的拉伸、压缩或剪切载荷。对于简单的拉伸或压缩载荷,外力沿同一条线作用,产生单轴载荷;选择与被加载物体长轴垂直的分析平面;在分析面上存在的应力只有一种类型,即单独的拉伸应力或单独的压缩应力。当你拉伸橡皮筋时,这是一个单轴拉伸载荷的例子,在分析平面上产生的应力是单独的张力。这种压力在整个分析平面上也是均匀的(即在分析平面内任何两点的拉伸应力都相同)。并非所有的机械载荷都是单轴的。外力的特定分布会产生不同类型的载荷。作用在物体上的外力的数量、方向和位置,以及物体本身的形状,决定了所施加载荷的类型。弯曲、扭转和复合载荷是可能施加在物体上的更复杂载荷的例子。

弯曲

简单的单轴荷载只产生一种应力,这种应力在整个分析平面上是均匀的。大多数加载情况并非如此简单:多个应力出现在分析平面上,或者应力可能在分析平面上产生变化。**弯曲载荷**(bending load)是在分析平面上产生不同应力的载荷的一个例子。尝试自主实验 9.3。这个自主实验和图 9.6 说明了弯曲载荷如何同时产生拉伸应力和压缩应力。

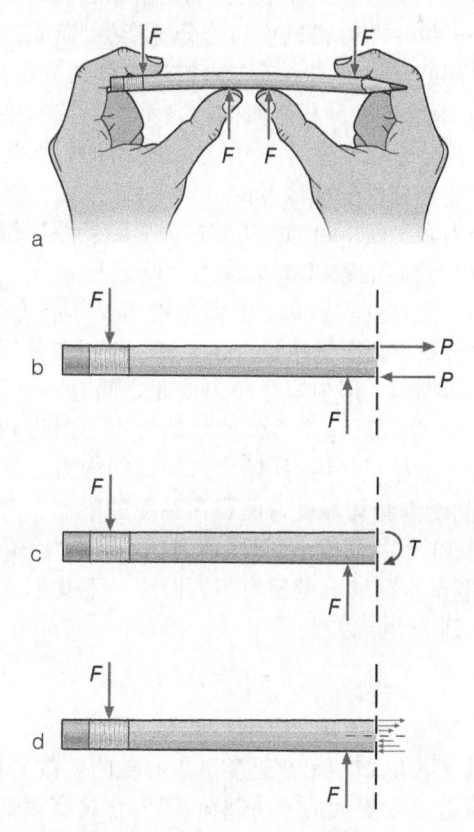

图 9.6 弯曲载荷同时产生拉伸应力和压缩应力

自主实验9.3

铅笔上的弯曲载荷同时产生拉伸应力和压缩应力

拿一支铅笔(或钢笔),用你的右手和左手抓住它的末端,这样你的食指最靠近铅笔的末端,你的拇指更靠近铅笔的中间。用拇指向外推,用手指向自己拉,使铅笔弯曲。每只手的食指和拇指产生的力对铅笔产生相等但方向相反的力偶或力矩,导致铅笔轻微弯曲(如果你施加的力足够大,可能会折断)。这个载荷对铅笔施加了多大的压力?铅笔的一些部分拉伸了吗?还有铅笔的其他部分被压缩了吗?铅笔的受力图如图9.6a所示。

在自主实验9.3中,可以用一个分析平面穿过两个拇指之间的铅笔来分析铅笔中的应力。分析平面左侧铅笔的受力图如图9.6b所示。作用在这支铅笔上的力是平衡的(如果来自食指的拉力等于来自拇指的推力),但这些力产生的力矩是不平衡的。作用在铅笔左边的两个力形成了一个力偶,这个力偶产生的力矩会使铅笔逆时针旋转和加速。必须有一些其他的力作用在铅笔上,以产生一个力矩来抵消力偶。力可以产生反力矩的唯一地方是在分析平面上。然而,为了产生力矩,任何作用在这个分析平面上的力必须配对或为力偶,以保持静力平衡,同时仍然产生力矩。图9.6c显示了力如何在分析平面上作为力偶并产生一个力矩来抵消不平衡力矩。这样的力偶是由靠近右边铅笔顶部的分子拉住左边铅笔顶部的分子产生,而靠近右边铅笔底部的分子推着靠近左边铅笔底部的分子产生。图9.6c中垂直于分析平面的力表示由于拉和推分析平面上的分子而产生的净力。如图9.6d所示,这些力分布在整个分析平面区域的分子中,即平面上半部的拉伸应力和平面下半部的压缩应力。随着距离铅笔中心线(中心轴)的距离增加,应力变得更大。

为了在自主实验9.3中保持铅笔内的静力平衡,作用在分析平面上的净拉力必须等于作用在分析平面上的净压缩力。因为这些净力彼此之间有一定距离,它们形成了力偶,这个力偶产生的力矩与拇指和食指产生的力矩相反。内力偶的力臂(这些内力之间的距离)显然受到物体承受弯曲载荷厚度的限制。对于铅笔来说,这个力臂很小,所以内力(以及应力)必须很大,才能产生足够大的反力矩。回想一下我们在第五章中学到的力矩方程:

$$T = F \times r \quad (9.3)$$

其中,T = 力矩;F = 力;r = 力臂(或垂直距离)。

具有更大深度(和更远离其中心轴的横截面积)的物体能够承受更大的弯曲载荷,因为它具有更长的力臂。在类似的弯曲载荷下,物体中的应力会更小。在设计结构组件时会考虑上述特性。在房屋中,横梁一般使用2×6、2×8或2×10的板子。选用哪个尺寸作为横梁的深度?较长尺寸的木板在弯曲载荷平面内对齐可使力臂最大化。工字钢结构的横梁是一个更好的例子,因为横梁深度很大,横截面的面积在顶部和底部附近最大。图9.7说明了物体深度对其承受弯曲载荷能力的影响。

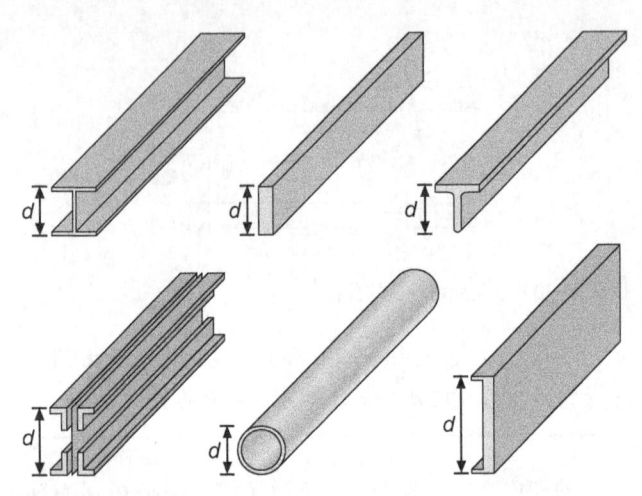

图9.7 建筑中使用的各种横梁形状的横截面。横梁的深度(d)极大地影响了其承受弯曲载荷的能力

> 具有更大深度(和更远离其中心轴的横截面积)的物体能够承受更大的弯曲载荷,因为它具有更长的力臂。

人体的主要结构是长骨。建筑结构中使用的横梁设计用于特定的载荷情况,力的作用使它们在特定平面内弯曲。长骨必须应对各种各样的载荷情况,力使它们朝着许多不同的方向发生弯曲。因此,长骨的横截面没有确定的更深和更窄的尺寸。相反地,长骨更像管道,横截面呈圆形,但在外周质地最密集,可产生最大的应力,并且在中心(或中性)轴附近密度最小(或空心),其产生的应力最小。

诸如经受弯曲载荷的物体,如横梁,会发生弯曲形变。横梁的张力侧将被伸长,压缩侧将被压缩并缩短,从而导致横梁弯曲。图9.8显示了各种弯曲载荷配置

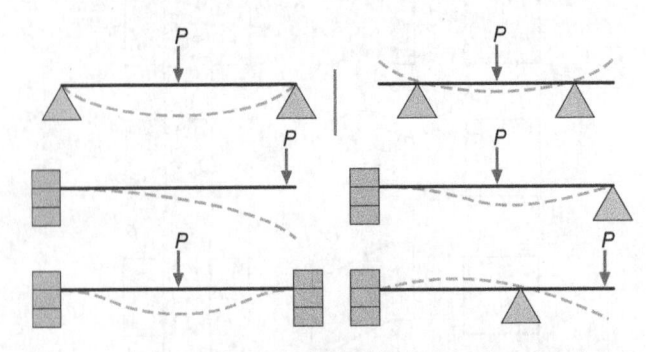

图9.8 单个集中载荷下的各种横梁支撑配置和由此产生的形变(三角形支撑表示允许横梁在支撑点处旋转的固定或铰链连接;块状支撑表示不允许横梁旋转的刚性连接)

和加载使横梁产生形变的情况。

由于重力、肌肉、肌腱、韧带和其他骨骼施加在人体中的力,人体中的大多数骨骼都会不断地承受一定的弯曲载荷。股骨颈结构是一个理解悬臂梁承受弯曲载荷较好的例子:力施加在股骨的头部,并且股骨的轴为股骨的颈部提供刚性支撑。拉伸应力作用在颈部的上部,而压缩应力作用在颈部的下部。图9.9说明了这些应力。

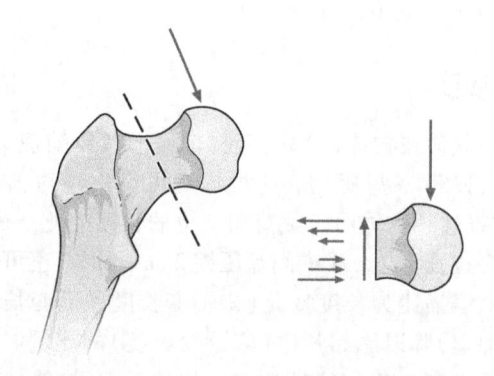

图9.9 股骨颈充当悬臂梁,在其上部产生拉伸应力,在其下部产生压缩应力

> 受到弯曲载荷的物体(如横梁)会因弯曲而产生形变。横梁的拉伸侧将伸长,而压缩侧将收缩和缩短,从而导致横梁弯曲。

当足部承受重量时,其中载荷分布在几个结构之间,这是一个解剖梁的例子。图9.10显示了足部承重过程。它的作用就像一根简单的梁。支撑点在脚跟和跖趾关节处,而载荷是从胫骨传递到距骨。在这种情况下,足骨承受压缩应力,而足底筋膜和足背侧肌肉承受拉伸应力。

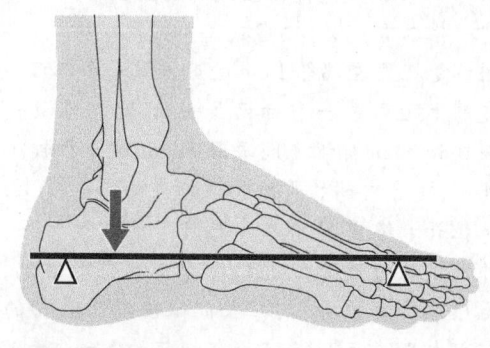

图9.10 足部作为简单梁的示例

扭转

扭转载荷(torsion load)是产生单轴应力以外的其他应力。当力矩作用在物体两端的长轴上时,就会产生扭转载荷。拿一支铅笔,两只手各握住铅笔的两端。现在试着用右手朝一个方向扭转铅笔,用左手朝相反的方向扭转。图9.11a为整个铅笔的三维受力图。

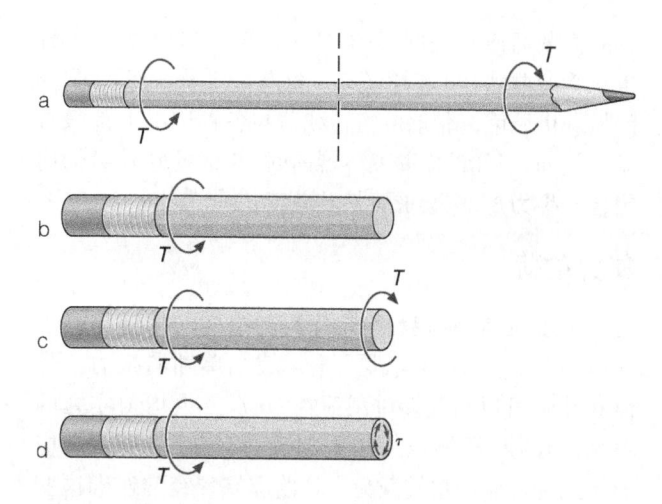

图9.11 铅笔承受扭转载荷时受到的是剪切应力

铅笔左半部分的受力图如图9.11b所示。这支铅笔没有处于平衡状态。一个单一的力矩作用在铅笔上,这将导致它绕其长轴旋转。必须有另一个力矩来抵消这个力矩。反作用力是由分析平面左右两侧铅笔分子之间的剪切应力产生的。图9.11c显示了铅笔左半部分的受力图,其中包括了这个内部力矩。图9.11d显示了在分析平面上产生该力矩的剪切应力。随着距离铅笔的中心轴(力矩的转动轴)的距离增加,应力变得更大。因此,剪切力在整个分析平面上是不均匀的。

长轴两侧内部剪切力之间的力臂受扭转物体直径的限制。对于铅笔来说,这个力臂很小,所以内力(和应力)必须很大才能产生足够大的反力矩(参见力矩方程,公式5.1)。如果应力太大,铅笔就会断。直径越大的物体能够承受更大的扭转载荷,因为直径越大,剪切力就越小。

这种应力响应与弯曲载荷的情况类似,可通过宽度和深度的增加(直径的增加)来提高扭转强度(图9.12)。因此,设计用于抵抗扭转载荷的结构构件或工

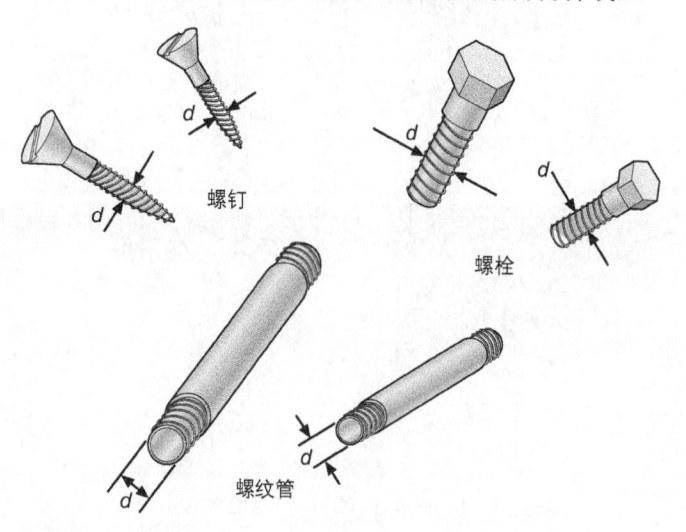

图9.12 物体横截面的直径(d)对其承受扭转载荷的能力影响很大

具的横截面通常是圆形的,如传动轴、车轴(尽管车轴也承受弯曲载荷)和螺丝刀。这是骨骼横截面呈圆形的另一个原因。骨骼的扭转载荷在各种情况下都很常见。例如,当你站立并发生转向时,在你的胫骨纵轴周围会产生力矩,它会成为扭转载荷。

复合载荷

由于肌肉、肌腱和韧带等解剖结构的构造像绳子或电缆,只能有效地承受一种载荷:单轴向张力。骨骼和软骨可以承受多种载荷类型,从产生均匀应力的单轴向拉伸、压缩或简单剪切载荷,到产生更复杂应力模式的弯曲和扭转载荷。骨骼和软骨经常遇到这些组合载荷。这种类型的载荷称为**复合载荷**(combined load)。

分析复合载荷产生的应力是复杂的,但基本上可以将该载荷简化为几个基本荷载类型。然后将每种载荷产生的应力相加,以确定复合载荷产生的实际应力。如图9.13a所示,分析在承重过程中股骨的受力情况。如果我们忽略作用在其上的肌肉和韧带的力,股骨基本上可以看作一根柱子(用来支撑身体的重量)和横梁(因为身体的重量相对于股骨轴是偏心的),因此它承受弯曲和压缩载荷。股骨轴向压缩载荷产生的应力如图9.13b所示,弯曲载荷产生的应力如图9.13c所示。

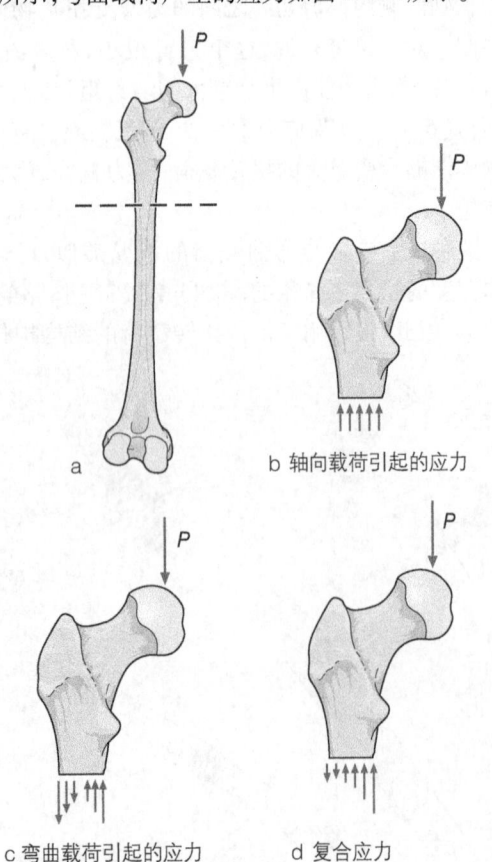

a
b 轴向载荷引起的应力
c 弯曲载荷引起的应力
d 复合应力

图9.13 压缩载荷和弯曲载荷对股骨产生的综合应力

应变

物体在外力作用下会发生形变。这些形变可大可小,取决于材料的性质和所涉及的应力。应变是对材料形变的量化。线性应变是物体长度变化的结果。线性应变是由压缩应力或拉伸应力产生的。剪切应变是物体分子方向变化的结果。

> 应变是对材料形变的量化。

线性应变

当载荷在物体内部引起拉伸应力或压缩应力时,长度会发生一些变化。这种形变可以用绝对值来衡量,它描述了物体由于载荷而产生的长度变化。例如,橡皮筋拉长10 cm或椎间盘压缩2 mm。形变也可以用相对术语描述为长度变化(未形变长度和形变长度之间的差值)除以原始长度(未形变长度)的比例。这种相对形变度量称为线性应变。从数学上讲,线性应变的定义为

$$\varepsilon = \frac{长度改变量}{初始长度} \quad (9.4)$$

$$\varepsilon = \frac{l - l_0}{l_0}$$

其中,ε = 线性应变;l = 拉伸长度;l_0 = 初始,未形变长度;$l - l_0$ = 长度改变量。

尝试自主实验9.4。

自主实验9.4

测量拉伸橡皮筋时的应变

拿一根长橡皮筋,把它放在一把尺子旁边,不要拉紧。用钢笔在离左端约1 cm的地方做一个标记。然后在橡皮筋上距离第一个标记5 cm的地方再做一个标记。在0和5 cm标记之间每隔5 mm做一个较小的标记。现在,将橡皮筋的左端钩住标尺的零刻度上,将松弛部位拉开。橡皮筋的右端与尺子的刻度对齐,测量未拉伸橡皮筋的长度。现在,拉动橡皮筋的右端,将其拉伸至原来长度的两倍,拉长的橡皮筋上最初的0和5 cm标记相距多远?任何两个相邻的5 mm标记相距多远?末端标记的间距约为原来的两倍或10 cm,5 mm的标记现在的间距为10 mm。

> 线性应变是由于物体长度发生变化而产生的。

让我们在自主实验9.4中确定拉伸橡皮筋中的应变。橡皮筋上的端部标记之间的距离在未拉伸条件下

为 5 cm，拉伸后为 10 cm。橡皮筋的这 5 cm 部分的绝对形变为

$$10 \text{ cm} - 5 \text{ cm} = 5 \text{ cm}$$

相对形变或应变为

$$\varepsilon = \frac{l - l_0}{l_0}$$

$$\varepsilon = \frac{10 \text{ cm} - 5 \text{ cm}}{5 \text{ cm}}$$

$$\varepsilon = 1 \text{ cm/cm}$$

或

$$\varepsilon = 100\%$$

现在看看橡皮筋的每 5 mm 部分，每一个都拉伸到 10 mm 长，因此每 5 mm 部分的应变为

$$\varepsilon = \frac{l - l_0}{l_0}$$

$$\varepsilon = \frac{10 \text{ mm} - 5 \text{ mm}}{5 \text{ mm}}$$

$$\varepsilon = 1 \text{ mm/mm}$$

或

$$\varepsilon = 100\%$$

橡皮筋上任何两个相邻 5 mm 标记之间的应变也是 100%。这是由于整个橡皮筋的拉伸应力是均匀的，因此应变也是均匀的。

你可能已经注意到，我们已经报道了应变，单位是 cm/cm、mm/mm 和 %。实际上，应变是一个无量纲，因为它是长度与长度的比值。所以，cm/cm 等于 mm/mm，或等于 in/in，因此抵消了单位。通常，应变以百分比的形式进行表达更为有用。在这种情况下，将该比率乘以 100%，得到应变的百分比。在前面的例子中，1 cm/cm 与 1 mm/mm 相同，都等于 100%。大多数生物材料的弹性不如橡皮筋，在应变远低于 100% 的情况下，就会导致断裂或失效。

例题 9.2

将生物材料样品放入材料测试仪器进行载荷加载。该材料在未加载状态下长度为 2 cm。在材料上施加一个 6 000 N 的力，其拉长至 2.000 4 cm。当样品被拉长至该长度时，它的应变是多少？

解：

第 1 步：确定已知变量。

$$l = 2.000 4 \text{ cm}$$
$$l_0 = 2.0 \text{ cm}$$

第 2 步：确定需要求解的未知变量。

$$\varepsilon = ?$$

第 3 步：根据具有已知变量和未知变量的方程，即公式 9.4。

$$\varepsilon = \frac{l - l_0}{l_0}$$

第 4 步：代入已知值，求解未知变量。

$$\varepsilon = \frac{l - l_0}{l_0} = \frac{2.000 4 - 2.000}{2.000}$$

$$\varepsilon = 0.000 2 = 0.02\%$$

剪切应变

由于分子被拉开或挤压在一起，线性应变随长度的变化而产生。剪切应变是随着相邻分子的方向变化而产生的，是这些分子相互滑过的结果。图 9.14 用图形说明了剪切应变。

> 剪切应变是随着相邻分子的方向变化而产生的，是这些分子相互滑过的结果。

剪切应变的测量方法如下。想象一个物体被一条垂直于分析平面的线穿过。在二维中，当物体未发生形变时，这条线和分析平面成直角关系。但是，当向物体施加剪切载荷时，该角度会发生变化。角度（θ）用来衡量物体发生剪切应变的大小。剪切应变缩写为希腊字母 λ（lambda），单位为 rad。

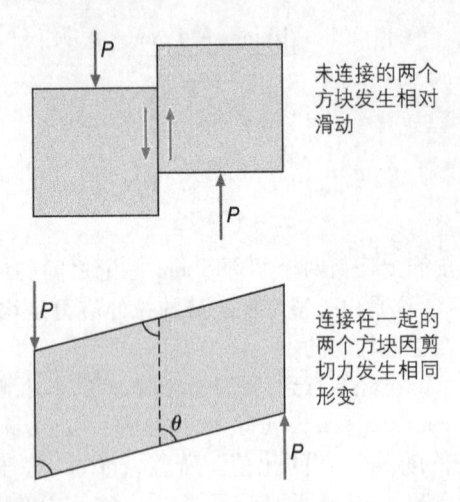

图9.14 剪切引起的形变示意图。角度(θ)的变化表示剪切应变

泊松比

再思考一下当你拉伸橡皮筋时,橡皮筋的宽度发生了什么变化?它的宽度随着长度的拉伸而变窄。对一个橡胶球施加压缩载荷,球的直径在压缩载荷作用方向上缩短,但在横向上的直径发生了什么变化?橡胶球被压缩时,它在横向上变得更宽,同时在压缩载荷方向上缩短。这被称为泊松效应,以19世纪20年代研究这一现象的法国科学家S. D. Poisson的名字命名。对于每种不同类型的材料,都存在轴向应变与横向应变的特定比率,这个比率被称为**泊松比**(Poisson's ratio)。泊松比的值可以低至0.1,高至0.5,但对于大多数材料来说,介于0.25~0.35之间。

椎间盘是理解泊松效应的一个很好的例子。白天,你的椎间盘承受着压力(除非你整天躺着)。这种压缩载荷缩短了椎间盘的垂直尺寸,但从侧面看,椎间盘会凸出。在非常大的压缩载荷下,椎间盘可能会膨胀过多而破裂。

材料的力学性能:应力-应变关系

椎间盘在破裂之前能承受多大的压力?骨头能弯曲多大?韧带在断裂之前能吸收多少能量?肌腱在产生永久形变之前可以拉伸多长?这些问题都与材料对力的反应有关。材料中的应力和应变之间的关系可能有助于解释材料在载荷下的反应。

弹性性能

让我们再想象一下橡皮筋。你把它拉伸得越长,你所用的力量就越大。如果我们可以测量这个力和橡皮筋相应的延伸率,我们可能会得到类似于图9.15所示的结果。

橡皮筋受到单轴载荷的拉伸作用,因此橡皮筋中的应力和应变是均匀的,图9.15可以用类似的应力-应变图表示,如图9.16所示。图9.15所示的载荷-形变图是橡皮筋被拉长时所特有的,而图9.16所示的应力-应变图则是橡皮筋材料的特性。

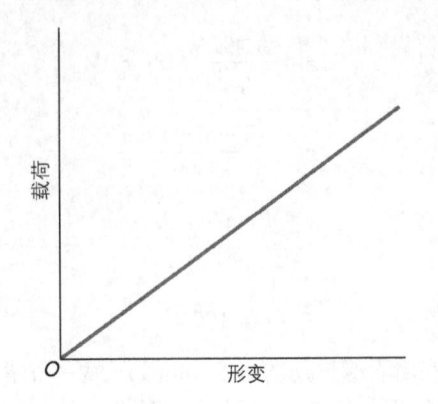

图9.15 施加的拉力和橡皮筋相应形变的关系图

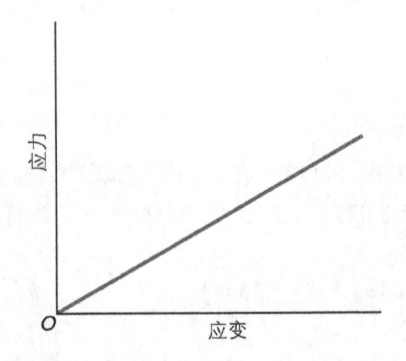

图9.16 橡皮筋材料的应力-应变图

图9.16所示的应力-应变图是线性**弹性**(elastic)材料的应力-应变曲线的一个例子。橡胶是有弹性的(相对于塑料):它受到载荷时可以被拉伸,但在载荷解除后又恢复原状。这种性能即为弹性。橡胶具有线性弹性,随着应力的增加,应变成比例地增加。应力与应变的比值(以应力-应变图的斜率表示)称为材料的**弹性模量**(elastic modulus, modulus of elasticity)。在数学上,弹性模量也称为**杨氏模量**(Young's modulus)(压缩的体积模量或剪切的剪切模量),定义为

$$E = \frac{\Delta\delta}{\Delta\varepsilon} \quad (9.5)$$

其中,E = 弹性模量;$\Delta\delta$ = 应力的变化量;$\Delta\varepsilon$ = 应变的变化量。

由于零应力时存在零应变,因此应力-应变曲线通过原点,公式9.5可以表示为

$$E = \frac{\delta}{\varepsilon} \quad (9.6)$$

当我们计算弹性模量时,应变以无单位比表示,而不是以百分比表示。与更柔软的材料相比,更坚硬材

料的应力-应变图斜率更陡,因此弹性模量更大。钢比橡胶硬。骨头比韧带或肌腱更硬。图 9.17 显示了具有不同刚度的材料的应力-应变图。

> 应力与应变的比值(以应力-应变图的斜率表示)称为材料的**弹性模量**。

塑性性能

材料在载荷作用下的表现可能会随着载荷的增加而改变。在较小载荷下,物体可能是弹性的;如果载荷被移除,物体将恢复到原始形状和尺寸。但如果载荷超过一定量级,物体可能会发生一些永久形变:这被称为**塑性**(plastic)形变。尝试自主实验 9.5 来说明弹性性能和塑性性能。

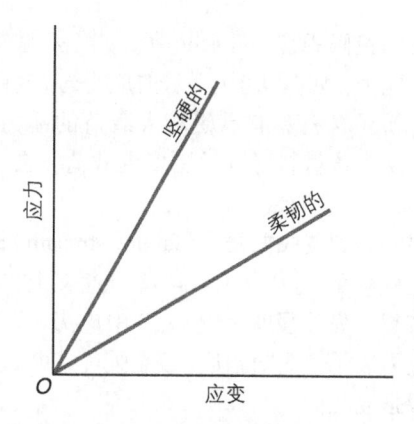

图 9.17 刚性材料与柔性材料的应力-应变图

例题 9.3

对材料施加 80 000 N(80 kN)的拉伸载荷。其横截面积为 $1\ cm^2$。这种材料的弹性模量为 70 GPa。这种拉伸载荷会产生多大应变?

解:

第 1 步:确定已知变量。

$$F = 80\ 000\ N$$

$$A = 1\ cm^2 = 0.000\ 1\ m^2$$

$$E = 70\ GPa$$

第 2 步:确定需要求解的未知变量。

$$\varepsilon = ?$$

第 3 步:根据含有已知变量和未知变量的方程,即公式 9.6。

$$E = \frac{\delta}{\varepsilon}$$

$$\delta = \frac{F}{A}$$

第 4 步:代入已知值,求解未知变量。

$$\delta = (80\ 000\ N)/0.000\ 1\ m^2 = 800\ 000\ 000 = 800\ MPa$$

$$E = 70\ GPa = (800\ MPa)/\varepsilon$$

$$\varepsilon = (800\ MPa)/(70\ GPa) = (800\ 000\ 000\ Pa)/(70\ 000\ 000\ 000\ Pa)$$

$$\varepsilon = 0.011\ 4 = 1.14\%$$

自主实验9.5

回形针的弹性/塑性形变

找一个金属回形针,轻轻拉一下它的一端,这样会使其一端变直。如果你只用很小的力拉动,然后松开,回形针就会弹回原来的形状。这种载荷发生在金属应力-应变图的弹性区。但是,如果你用更大的力拉动,回形针就不会弹回原来的形状。这种载荷发生在金属应力-应变图的塑性区。在该区域中,应力不再与应变成比例,并且当应力消除时,材料将不会恢复其原始形状。回形针的金属应力-应变图示例如图 9.18 所示。

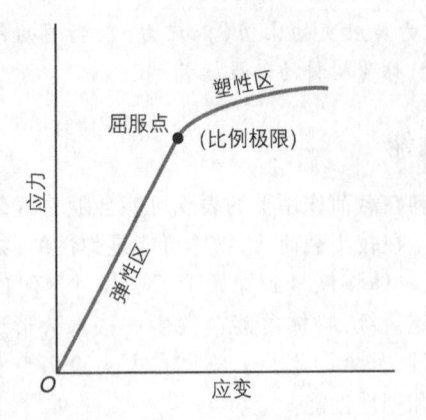

图 9.18 回形针金属应力-应变图上的弹性区、塑性区和屈服点

应力-应变图上更大的应力将导致永久形变的点被称为屈服点或**弹性极限**(elastic limit)。它经常与**比例极限**(proportional limit)重合,即曲线的线弹性范围的终点。在该载荷以下,材料表现出弹性性能,在该载荷之上,材料表现出塑性性能。大多数材料都具有一些弹性性能和塑性性能。

材料强度和力学破坏

在生理学上,肌肉力量被定义为肌肉产生力量的能力。从力学角度讲,材料的强度与材料在失效前能够承受的最大应力(或应变)有关。这里的关键词是失效。失效可以定义为无法执行某项功能。因此,材料强度的量化取决于材料表现出的性能,如图 9.19 应力-应变图所示。

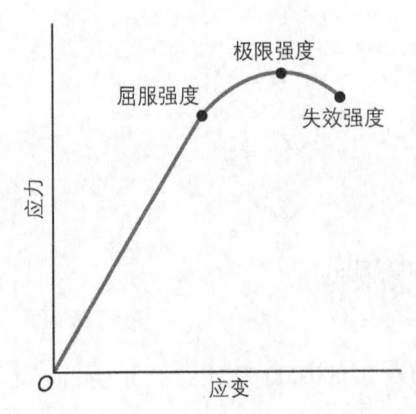

图 9.19 测量材料强度的应力-应变图

➤ 从力学角度讲,材料的强度与材料在失效前能够承受的最大应力(或应变)有关。

材料应力-应变图上弹性极限处的应力是材料的**屈服强度**(yield strength)。尽管材料不会发生断裂或破裂,但超过屈服强度的应力将导致材料尺寸的永久形变。超过这个点,材料就无法恢复至原有形状。例如,严重的踝关节韧带拉伤可能会导致一些韧带永久拉长和松弛。

材料的**极限强度**(ultimate strength)是材料能够承受的最大应力:如图 9.19 所示的应力-应变图上最高应力点。如果材料具有承受较大载荷的能力,那么极限应力决定了该材料可以承受多少载荷。在这种情况下,载荷可以用来测量材料强度。

材料的破裂或**失效强度**(failure strength)即实际使材料发生破坏的应力大小。在这个意义上,失效是指破损或破裂。失效强度用图 9.19 中应力-应变图端点对应的应力表示。失效强度(破裂强度或断裂强度)通常与极限强度相同。

材料强度也可以表示为失效应变。**失效应变**(failure strain)是指材料发生断裂时所表现出的应变,与图 9.19 中应力-应变图端点的应变相对应。延展性强的材料具有更大的失效应变,而脆性材料具有较小的失效应变。玻璃是易碎的,橡胶是有延展性的。随着年龄的增长,骨骼变得更加脆弱(主要是废用)。图 9.20 说明了不同材料的特性。

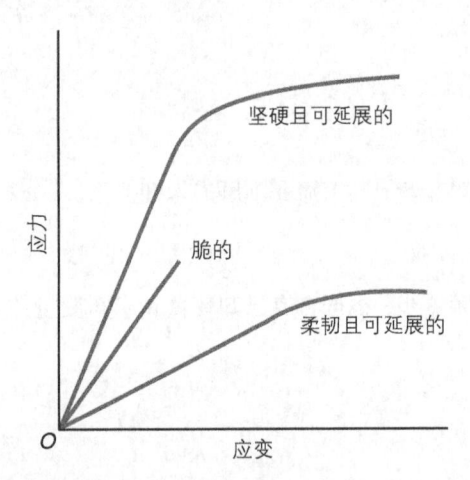

图 9.20 不同性能材料的应力-应变图

也许表征材料强度的最好方法是看它的**韧性**(toughness)。从力学角度来看,韧性是材料吸收能量的能力。换句话说,如果一种材料需要更多的能量来破坏它,它就会更坚韧。通过应力-应变图下的面积可以估计材料的韧性,如图 9.21 所示。

➤ 从力学角度讲,韧性是材料吸收能量的能力。

回想一下我们在第四章中讨论的功能关系。它是测量材料韧性的基础。物体承受较大的力而产生较小的位移,不能像承受较小的力而发生很大位移那样做功或引起很大的能量变化。硬的、脆性的材料能够承受大的应力但只能承受较小的应变,因此,其吸收能量的能力低于较软但更具延展性的材料。干燥的骨是一

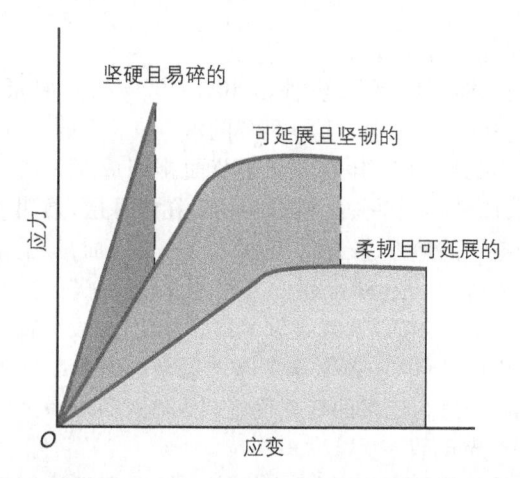

图 9.21 材料的应力-应变曲线下的面积表明了不同材料的韧性

种坚硬、易碎的材料。尽管它可能能够承受较大的应力，但由于它不容易产生形变，因此相对容易断裂。另外，活骨更容易产生形变，也不那么脆弱。它比干燥的骨更难折断，因为它更坚硬，必须做更多的工作才能使其断裂。

肌肉骨骼系统的力学性能

肌肉组织和结缔组织是构成肌肉骨骼系统的结构单元。对肌肉骨骼系统结构很重要的特殊结缔组织是骨骼、软骨、韧带和肌腱。肌肉可以被认为是肌肉骨骼系统的主动元件，而结缔组织是被动元件。所有结缔组织都由活细胞和细胞外成分组成，细胞外成分包括胶原蛋白、弹性蛋白、基质、矿物质和水。各种组织的力学性能部分由这些成分的比例及其排列决定。胶原蛋白是一种纤维蛋白，是所有结缔组织中含量最高的物质。胶原分子排列在一起形成胶原纤维，胶原纤维结合在一起形成胶原蛋白。因此，胶原蛋白非常坚硬（失效应变为 8%~10%），并具有高拉伸强度。另外，胶原蛋白无法抵抗压缩，因为它的长纤维没有横向支撑：它像绳子一样松弛或弯曲。弹性蛋白也是纤维状的，但与胶原蛋白不同，它是柔性的，并且可延展能力很强（失效应变高达 160%）。基质由碳水化合物和蛋白质组成，它们与水结合，形成胶原蛋白和弹性蛋白的凝胶状基质。

结缔组织（和大多数生物组织）的组成导致它们具有各向异性的，不同于许多各向同性的合成材料。**各向同性**（isotropic）材料在各个方向上都具有相同的力学性能。**各向异性**（anisotropic）材料具有不同的力学性能，这取决于载荷的方向。例如，如果拉伸载荷沿肌腱纤维方向，则肌腱纤维的极限拉伸强度非常高，但如果拉伸载荷垂直于这些纤维，则其极限拉伸强度较低（图 9.22）。

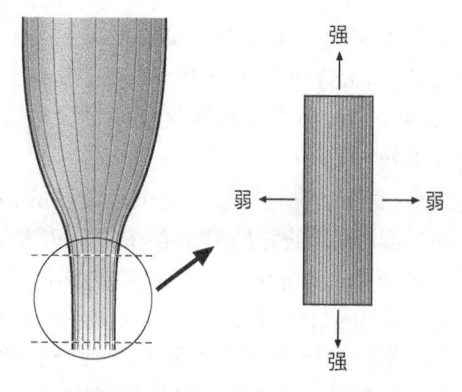

图 9.22 肌腱纤维具有各向异性。如果拉伸载荷与肌腱纤维对齐，而不是垂直于肌腱纤维走向，则肌腱更强

年龄和活动会影响所有结缔组织的力学性能。骨骼、软骨、肌腱和韧带的强度随着规律的载荷加载和卸载而增加。通常这种强度增加是由组织横截面积的增加引起的，但这些组织的刚度和极限强度也可能增加——这表明组织本身的尺寸大小（横截面积大小）不是强度增加的原因。载荷的确切阈值和刺激这些强度增益所需的载荷循环次数尚不清楚。不活动和固定会导致这些组织的强度下降，韧带和肌腱缩短。

> 年龄和活动会影响所有结缔组织的力学性能。

30 岁之前，所有这些结缔组织的极限强度都随着年龄的增长而增加，30 岁之后强度开始下降。随着年龄的增长，骨骼变得越来越脆，越来越不坚硬。另外，肌腱和韧带也变得不那么坚韧了。

骨

骨几乎承受着作用于身体的所有压缩载荷，它们也能够抵抗较大的剪切载荷和拉伸载荷。按重量计，骨的 30%~35% 是胶原蛋白，1%~2% 是基质，45% 是矿物质，大约 20% 是水。骨是肌肉骨骼系统中最坚固、最坚硬的材料。从长骨中取出**皮质骨**（cortical bone），并对其进行轴向载荷加载，获得的应力-应变图（图 9.23）。皮质骨或**骨密质**（compact bone）存在于致

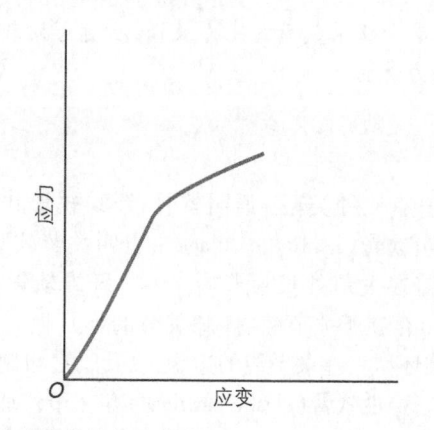

图 9.23 一般皮质骨应力-应变图

密坚硬的骨骼外层。**骨松质**（cancellous bone）[**骨小梁**（trabecular bone）或**海绵状骨**（spongy bone）]是密度较低、多孔的骨，外观呈海绵状，位于长骨末端附近的皮质骨深处。

应力-应变图的弹性区域不完全是线性的，而是略微弯曲的。因此，骨的弹性模量存在固有误差。在曲线的塑性区域中，载荷超过弹性极限仍然能够增加。皮质骨的弹性模量、屈服强度、极限强度、失效强度和失效应变的值因骨而异，也因骨的位置而异。此外，这些特征值会随着骨龄而变化。骨的孔隙率主要决定其强度和硬度。

影响骨骼力学强度和刚度的另一个因素是载荷加载速率。如果快速施加载荷，骨骼会更强壮、更坚硬，但如果缓慢施加载荷，则骨骼会更脆弱、更不坚硬。图9.24说明了这种速率依赖性。因此，缓慢施加在关节上的载荷可能导致撕脱骨折（韧带将骨从其附着部位拉出），而在关节处快速施加大小相同的载荷将使韧带断裂。

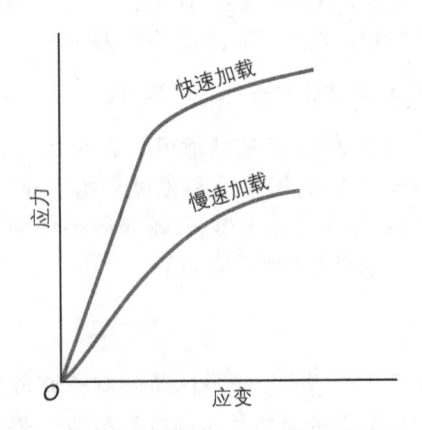

图9.24 载荷加载速率对皮质骨应力-应变关系的影响

骨承受压缩载荷的能力最强，承受剪切载荷的能力最弱。骨中矿物质含量高，主要是钙和磷酸盐，使骨具有较高的抗压强度。胶原纤维与这些矿物盐交织在一起，赋予骨较强的抗拉强度。

⟳ 骨承受压缩载荷的能力最强，承受剪切载荷的能力最弱。

软骨

软骨有三种类型：透明软骨、纤维软骨和弹性软骨。**透明软骨**（hyaline cartilage），也叫关节软骨，是指软骨覆盖在关节处长骨末端。一些**纤维软骨**（fibrous cartilage）存在于关节腔内（膝关节的半月板）、椎间盘中（纤维环）、一些关节腔的边缘，以及肌腱和韧带骨骼附着处。**弹性软骨**（elastic cartilage）存在于外耳和其他部位不属于肌肉骨骼系统的器官。软骨能够承受压缩、拉伸和剪切载荷。

按体重计，透明软骨由10%~30%的胶原蛋白、3%~10%的基质和60%~80%的水组成。表面上，透明软骨中的胶原纤维平行于关节面排列成层。往深处看，胶原纤维似乎是随机排列的。在最深层，透明软骨与骨连结的地方，胶原纤维垂直于关节表面，像手指一样嵌入骨中。这种排列方式可以使关节软骨与骨融合。关节软骨（以及纤维软骨和弹性软骨）没有神经或血液供应，所以它必须非常薄才能允许营养物质扩散到细胞中进行正常的新陈代谢。人体关节软骨通常只有1~3 mm厚。

关节软骨可以传递关节处骨与骨之间的压缩载荷。但是，胶原蛋白只能承受很小的压缩应力，那么主要由胶原蛋白和水组成的材料是如何抵抗压缩载荷的呢？想象一个装满水的气球。当你向下挤压气球时，它的侧面会凸出并被撑大。因为水不会被压缩，所以气球的侧面会鼓出来。气球的侧面也因此受到张力的作用。如果气球是由能够抵抗较大应力的材料所成，那么则需要用更大的力挤压气球。关节软骨具有类似的现象。由于胶原纤维排列在软骨的外表面附近，胶原蛋白的抗拉强度使软骨在压缩载荷下不发生破裂。

然而，与气球不同的是，关节软骨不是防水的，所以当它被压缩时，一些液体会渗出（挤出）。这种行为会导致**蠕变**（creep）和应力松弛效应。关节软骨承受恒定的压缩应力时，不会产生相应的恒定应变。随着软骨渗出液体，应变会持续增加，直到软骨不再渗出液体，应变停止增加。这种在恒定应力下的应变增加被称为蠕变。蠕变率是指软骨达到恒定应变的速度。蠕变率取决于压缩应力的大小、关节软骨的厚度和软骨的渗透性。人类关节软骨达到恒定应变所需的时间可能为4~16 h。图9.25展示了蠕变。

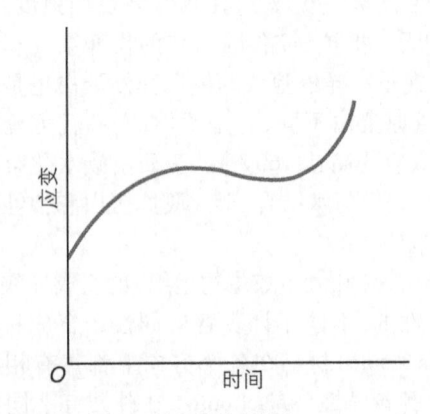

图9.25 恒定压缩应力下关节软骨的蠕变

关节软骨渗出的液体会发生什么？它可以帮助润滑关节面，当压缩应力降低时，它被软骨重新吸收。

应力松弛是由关节软骨中的液体挤出引起的另一

种效应。如果关节软骨承受载荷,使其发生恒定的应变,则不会出现相应的恒定应力。初始应变将导致应力增加,但应力随后会降低(或松弛)到某个较低的值。自主实验9.6解释了应力松弛现象。

自主实验9.6

水气球中的应力松弛

把一个气球装满水,然后把它放在桌子或其他平面上。当气球第一次与桌子接触时,只有气球的一小部分区域接触并承受载荷。气球的这一部分由于接触面积小而承受着巨大的压力。随着这一部分发生"屈服"现象,气球的更多部分与桌子接触,导致压力也随之降低。由于气球形变至支撑表面的形状,因此气球上的压力减小。关节软骨具有类似的表现,只是气球形变速度很快,而关节软骨形变速度较慢。因此,关节软骨最初可能存在大的应力,并且这些应力随着软骨的其余部分产生形变而减小。

想象一下关节软骨的表面。在载荷卸载状态下,这些软骨表面之间可能只有很小的接触面积。当施加载荷时,这个接触区域被挤压,其中的液体被挤压到软骨的其他区域,其他区域软骨发生膨胀后可接触到其他软骨的表面,并承担部分载荷。这种接触面积的增加可导致初始接触点处的应力减小或松弛。这一过程见图9.26。

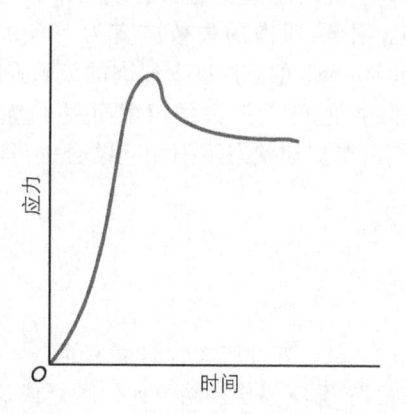

图9.26 恒定压缩应变下关节软骨的应力松弛现象

关节软骨的弹性模量远小于骨骼的弹性模量,但关节软骨可将压缩载荷从一块骨骼传递到另一块骨骼。这些材料硬度的差异解释了关节软骨的轻微阻尼作用,但由于关节软骨太薄,这种减震作用很有限。

肌腱和韧带

肌腱和韧带在组成成分和结构上是相似的,所以我们将把它们放在一起介绍。按体重计算,肌腱和韧带由大约70%的水、25%的胶原蛋白、5%的基质和弹性蛋白组成。韧带的弹性蛋白含量比肌腱多。除了水,胶原蛋白是肌腱和韧带的主要成分,软骨也是如此。软骨和肌腱或韧带之间的主要区别在于它们的胶原纤维的排列方式。肌腱中的胶原纤维成束排列,沿着肌腱的功能轴以平行(肌腱)或几乎平行(韧带)的形式结合在一起。这种平行排列的方式非常坚硬且抗拉强度高,但对压缩载荷或剪切载荷的抵抗能力很小。韧带中胶原纤维束排列的细微差别和弹性蛋白成分使韧带不那么僵硬,比肌腱略软。因为韧带的胶原纤维不像肌腱那样排列整齐,韧带可以承受非轴向的载荷。图9.27呈现了肌腱和韧带中胶原纤维的排列方式。

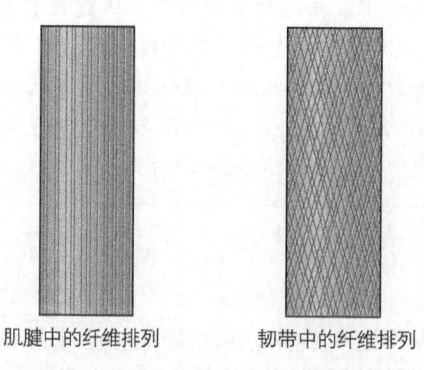

图9.27 肌腱中胶原纤维平行排列,韧带中胶原纤维近乎平行排列

胶原纤维呈波浪状或卷曲状。胶原纤维中的这些卷曲或波浪可能解释了韧带和肌腱在单轴拉伸载荷下的表现不寻常,以及由此产生的应力-应变图。当肌腱受到较低的拉力时,它很容易被拉长,表现为一种相当有弹性的材料。超过一定的载荷,肌腱就会非常僵硬。胶原蛋白由卷曲或波浪状变直是伴随初始应变出现的应力较低的原因。一旦这些卷曲被拉直,胶原蛋白的牵拉才开始,并需要更大的应力来产生同样的应变。肌腱的应力-应变图如图9.28所示。韧带和软骨的拉伸应力-应变图的形状与肌腱的相似。

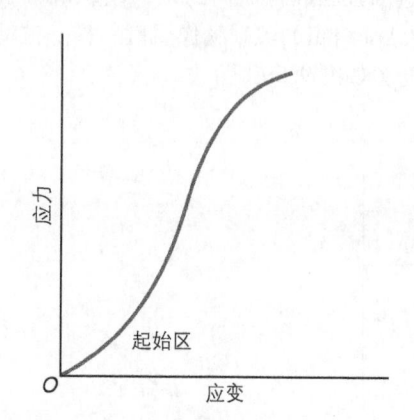

图9.28 肌腱应力-应变图

肌腱和韧带也表现出与软骨相似的蠕变和应力松弛现象,如图9.25、图9.26所示。这些组织的蠕变反

应对于拉伸动作来说具有重要意义。如果你慢慢地进行拉伸运动,然后保持某个姿势,让相关组织承受持续的压力,这样增加柔韧性的拉伸练习会更有效。肌腱和韧带的应变及它们的长度将会慢慢增加。如果拉伸动作很快,使用摆动或弹跳动作,肌腱和韧带的应变就不会那么大,它们的长度变化也不会显著。

【概念应用】

月经周期中前交叉韧带力学性能的变化

骨骼、肌肉、肌腱和韧带的力学性能并不是一成不变的。它们会对体能训练做出反应,在人的一生中也会经历变化。在女性身上,可能由于月经周期中激素的波动,它们每个月都会发生变化。这些变化可能在一定程度上解释了为什么女性运动员的膝关节损伤率高于男性运动员,尤其是前交叉韧带(ACL)的损伤率。

月经周期中,所有激素都会影响 ACL 的力学性能,但雌激素的作用可能是最显著的。雌激素会增加 ACL 的松弛度,使其硬度和抗拉强度降低(Chidi-Ogbolu and Baar 2019)。雌激素对肌肉骨骼系统的力学促进作用包括运动后使肌肉和肌腱力量增加,骨密度增加。然而由于雌激素引起 ACL 的力学性能发生变化,ACL 更容易受伤。在月经周期的卵泡期,雌激素的分泌率最高,雌激素水平在排卵期达到峰值。在这些阶段,女性发生 ACL 损伤的风险可能最高。女运动员应该意识到,在月经周期的特定阶段,她们更容易发生 ACL 损伤,并在这些阶段需更加谨慎。大多数 ACL 损伤发生在触地和侧切动作中,因此建议学习和练习更安全的触地和侧切动作技术。

肌肉

与结缔组织不同,肌肉组织能够进行主动收缩,从而在自身及其所附着的结构内部产生张力。因此,肌肉的主动收缩成分决定了肌肉在任何时刻的刚度。肌肉刚度随收缩元激活数量的变化而变化。我们将在第十一章更详细地研究肌肉的结构和功能。如果我们考虑肌肉在放松或被动状态下的力学特性,我们可以了解到一些东西。

肌肉被缓慢牵拉时会产生一些抵抗,从而产生应力。肌肉对牵拉产生抵抗的现象有两个因素:收缩元和包裹肌纤维并与肌腱相连的结缔组织鞘。收缩元的细肌丝滑行时,被动收缩元刚度很小,因此对这种牵拉产生的阻力也很小。如果牵拉肌肉超过收缩元的细肌丝不在重叠的位置时,肌肉的结缔组织成分会进行抵抗。这种结缔组织的表现就像肌腱一样。被动肌肉的应力-应变图如图 9.29 所示。

> 肌肉刚度随收缩元激活数量的变化而变化。

由于被动收缩元的刚度非常低,这条曲线的底部区域要长得多。当可滑行的细肌丝不再重叠,结缔组织开始产生应变时,刚度会增加。当肌肉长度增加 50% 时,肌肉的细肌丝仍可以相互滑动,所以肌肉的失效应变比肌腱或韧带的失效应变大得多。也只有在肌肉拉伸到这个程度之后,结缔组织才会开始应变。结缔组织能够承受的总应变与肌腱或韧带的应变相似:8%~15%。因此,肌肉的失效应变为 50% 加上 8%~15%,即 58%~65% 的总应变。肌肉的极限强度远小于肌腱的极限强度,因为肌肉的横截面主要包括可收缩成分(它们由在被动状态下不相互结合的可收缩的细肌丝组成)。

总结

了解应力和应变及肌肉骨骼组织的力学特性将有助于预防损伤、分析损伤机制及评估康复或训练方法。作用在身体上的外力最终由肌肉骨骼系统的骨骼、软骨、韧带、肌腱和肌肉承担。这些外部载荷会引起应力和应变。应力是每个横截面积的内力。应变是长度(或形变)变化与未形变长度的比值。压缩应力是由将分子推到一起的载荷引起的,当物体缩短时会产生压缩应变。拉伸应力是由倾向于将分子拉开的载荷引起的,当物体变长时会产生拉伸应变。剪切应力是由倾向于使分子相互滑动的载荷引起的,当物体发生形变时,会产生剪切应变。

单轴向压缩和剪切是导致均匀应力的载荷。弯曲

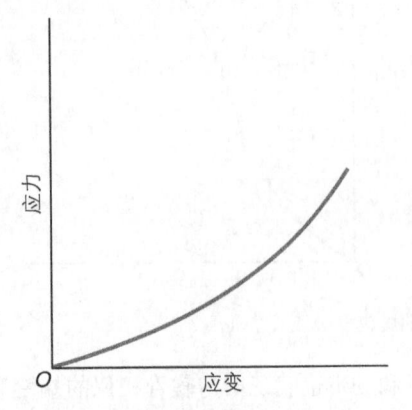

图 9.29 被动肌肉应力-应变图的大致形状

会在梁的一侧产生拉伸应力,另一侧产生压缩应力。扭转会产生剪切应力,剪切应力在截面上的大小会有所不同。复合载荷可能在同一横截面上导致压缩应力、拉伸应力和剪切应力。

材料的强度可以由其刚度(弹性形变过程中的应力与应变之比)、屈服应力(在没有塑性形变的情况下能够承受的应力)、极限应力(断裂前能够承受的最大应力)、破坏应变(断裂前能够承受的应变)或韧性(断裂前可以吸收的能量)来表征。这些特性都可以通过材料的应力-应变图来估计。

骨是结缔组织中最硬的,这取决于它的刚度、极限强度、屈服强度和韧性。然而,它的强度取决于载荷加载速率。韧带、肌腱和软骨由于其胶原成分而具有类似的应力-应变图。在低应力下,这些材料是柔韧的,但随着应力的增加并超过一定的阈值,它们会变得更加坚硬。肌肉的力学性能由于其具有收缩功能而不易测试。肌肉的极限应力比肌腱、韧带或骨骼的极限应力小,而肌肉的失效应变要大得多。

关键词

各向异性	弹性模量(elastic modulus)	海绵状骨
弯曲载荷	失效应变	应力
骨松质	失效强度	拉伸应力
复合载荷	纤维软骨	扭转载荷
骨密质	透明软骨	韧性
压缩	各向同性	骨小梁
皮质骨	弹性模量(modulus of elasticity)	极限强度
蠕变	塑性	屈服强度
弹性	泊松比	杨氏模量
弹性软骨	比例极限	
弹性极限	剪切	

第十章 骨系统

人体的刚性支架

学习目标

学完本章,你应该能做到以下内容:
- 识别骨系统的各个部分
- 描述骨系统的功能
- 描述骨的解剖特征
- 将骨分为长骨、短骨、扁骨、不规则骨或籽骨
- 描述长骨的生长过程
- 描述关节的结构和功能分类系统
- 将滑膜关节分为平面、滑车、车轴、椭圆、鞍状或球窝关节
- 描述滑膜关节的解剖特征
- 描述关节软骨的功能
- 描述滑液的功能
- 确定影响滑膜关节稳定性的因素
- 确定影响滑膜关节灵活性的因素

想象一下人体没有骨的生活会是什么样子。看起来是什么样子？会如何移动？能否移动？如在水里，可能是可以正常生活的，但很少的陆栖生物是没有骨的。蚯蚓和蛞蝓没有骨骼；它们不能站立，且移动非常缓慢和低效。骨可以使人体站立，骨及骨与骨间的关节使人体快速移动。本章将介绍骨系统和关节的功能。

骨系统包括骨、骨连结，以及与关节结构附着的软骨和韧带。骨分为中轴骨和附肢骨，如图10.1所示。**中轴骨**（axial skeleton）包括躯干骨、颅骨，即颅骨、椎骨和肋骨。**附肢骨**（appendicular skeleton）包括自由肢骨、肩带骨（锁骨和肩胛骨）及盆带骨（髂骨、坐骨和耻骨）。成年人共有206块骨：126块附肢骨，74块中轴骨，6块听小骨（内耳骨）。

表10.1 骨系统的功能

机械功能	生理功能
支撑功能	造血（产生血细胞）功能
保护功能	贮存矿物质
运动功能	

骨

骨约占成人总体重的16%，由两种不同类型的骨组织构成：骨密质和骨松质。顾名思义，骨密质质地更为致密，骨松质呈海绵状。如上一章所述，骨是全身最为坚硬的组织，可以承受很大的压缩、拉伸和剪切载荷。骨的这些特性使其起到很好的支撑功能。

骨是活组织，与解剖学课程和实验室中的干性骨骼或塑料人体骨骼模型具有很大差异。骨由神经支配并可获得血液供应。作为活组织，骨具有适应性，骨在局部应力区域变得更厚或更密以适应施加于自身的应力。如骨不经常受到应力作用，骨密度会降低。因此，从太空长时间飞行归来的宇航员骨密度会降低，任何不保持最低限度身体活动的人都会出现此现象。

骨的解剖学和分类

骨具有各种形状和大小。施加于骨的应力及骨的功能决定了骨的形式。可按照形状进行分类。长骨呈长管状，两端膨大，为大幅度运动而用。长骨位于四肢，包括肱骨、桡骨、尺骨、股骨、胫骨、腓骨和锁骨。与其他长骨相比，掌骨、跖骨和趾骨的长度相对较短，但其也归类为长骨，因其中一个维度的长度显著大于其他两个维度。短骨短小而坚硬，呈块状。这些骨适于传递力和减震，但灵活性较差。腕和踝部的骨（腕骨和跗骨）都是短骨。扁骨，顾名思义，呈板状，表面扁平，在一个维度上更薄。扁骨有保护作用。肋骨、颅骨、肩胛骨、胸骨和髋骨都是扁骨。不规则骨是指不属于任何其他类别的骨。这些骨有支撑、保护和杠杆作用。椎骨（包括骶骨和尾骨）和一些颅骨均属于不规则骨。有些骨也被称为**籽骨**（sesamoid bones）。这些骨位于肌腱内，具有减压和增加杠杆作用。髌骨属于籽骨。

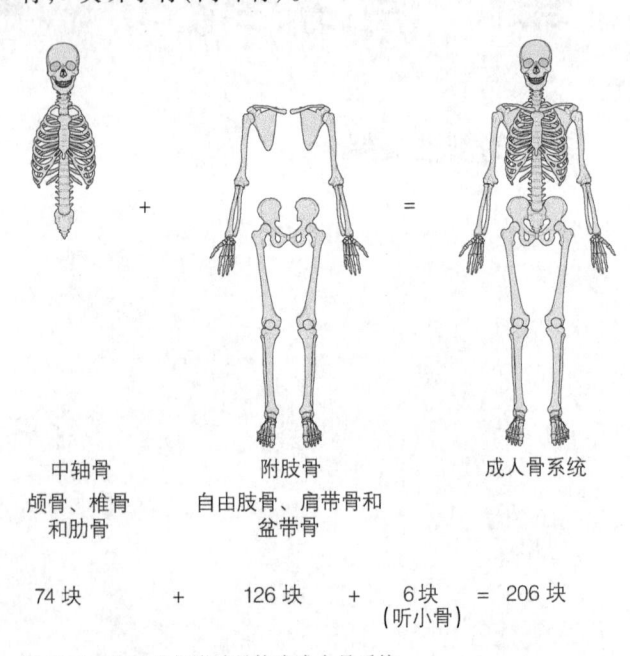

图10.1 中轴骨与附肢骨构成成人骨系统

中轴骨：颅骨、椎骨和肋骨 74块 + 附肢骨：自由肢骨、肩带骨和盆带骨 126块 + 6块（听小骨）= 成人骨系统 206块

从力学上，骨系统可视为在关节处相连的刚性杠杆，可进行特定的运动。附着于骨的肌肉提供动力使骨的位置发生改变。这是骨系统的主要机械功能。在体育运动中，骨系统起着重要作用，在运动中起杠杆作用。骨的刚性支架还支撑人体的软组织和器官。各种骨结构也对重要器官起保护作用。颅骨和椎骨包裹并保护中枢神经系统（大脑和脊髓）。肋骨和胸骨保护心脏、肺、大血管、肝、脾。女性的骨盆起到保护子宫和膀胱的作用。骨系统也具有物质代谢功能。一些骨中的红骨髓产生红细胞、白细胞和血小板。此外，骨还具有钙、磷的贮存功能。骨系统的功能见表10.1。

⟳ 从力学上，骨系统可视为在关节处相连的刚性杠杆，可进行特定的运动。

骨和关节是骨系统的基本组成部分。本章介绍了这些组成部分的结构和生长。

⟳ 施加于骨的应力及骨的功能决定了骨的形式。

运动中,应用最多的骨是长骨。因此,有关长骨结构的知识适用于运动生物力学。图10.2显示了典型的长骨及其结构。除关节表面,骨的外表面附着薄纤维膜,即骨膜。长骨的骨干是由皮质骨构成的中空管。长骨的中空部分是髓腔,含有产生血细胞的红骨髓。成人中,扁骨产生大多数的红细胞,而长骨的髓腔含有黄骨髓。黄骨髓主要由脂肪细胞组成。如上一章所述,长骨的中空性管状结构使其质轻,但具有较强的抗弯曲载荷的能力。

长骨的末端通常是与其他骨连结的位置。关节软骨附着于长骨末端的关节表面。同样,长骨末端的壁由皮质骨组成,但内部含有骨松质而不是骨髓。

骨表面的不规则形态特征具有专门的术语。如图10.3所示,下文列出并定义了部分术语。

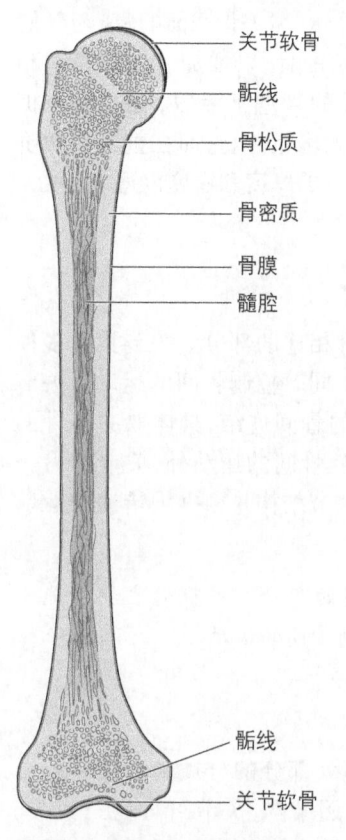

图 10.2 典型的长骨纵切面

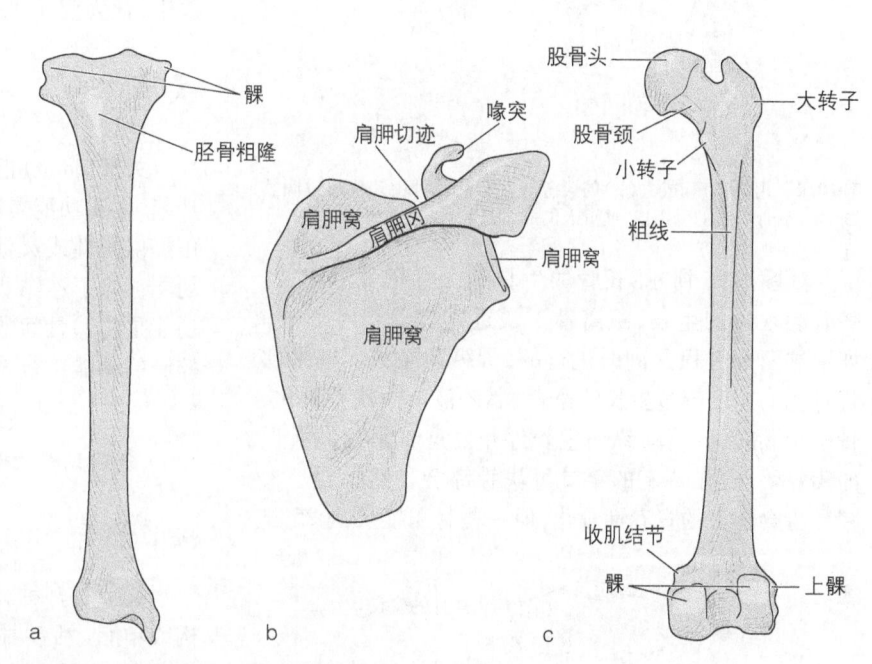

图 10.3 胫骨(a)、肩胛骨(b)和股骨(c)

- 髁——与另一块骨连结的圆形隆起。
- 上髁——长骨末端附近的圆形隆起,在中轴的侧面,可能不是关节的一部分。
- 小关节面——小的、光滑的、通常是平坦的关节表面。
- 孔——通常为供神经或血管穿过的孔。
- 窝——中空凹陷。
- 小窝——较小的中空凹陷。
- 头——长骨的球形关节端。
- 嵴——凸起的线或小脊骨。
- 颈——连接头部和骨干的骨。
- 切迹——骨边缘或骨边缘上的凹痕。
- 突——骨的突出部分。
- 冈——骨的尖锐突起部分。
- 大结节——大而多节的突起。
- 小结节——小而多节的突起。
- 粗隆——结节状的突起。

长骨的生长

长骨通过软骨骨化生长:骨取代软骨。在人类胎儿时期,形成了骨的软骨模型。在胎儿出生前,就发生了软骨的骨化,出生时,长骨的骨干已经骨化,但软骨末端仍由软骨组成。在胎儿出生时,掌骨、跖骨,以及手和足部的指/趾骨只有一端附着软骨。在胎儿出生后不久,除了将骨的末端与其余部分隔开的软骨,长骨的软骨末端会发生骨化,这种软骨称为**骺软骨**(epiphyseal cartilage)(骺板、骺盘、生长板),而骨的两端膨大称为**骺**(epiphysis)。骺软骨另一段的其余部分称为**骨干**(diaphysis)。儿童的一块长骨可能是由两块或三块骨头组成的,因此儿童的骨数目比成人多。图10.4显示了成人和儿童的长骨。

▶ 长骨通过软骨骨化生长:骨取代软骨。

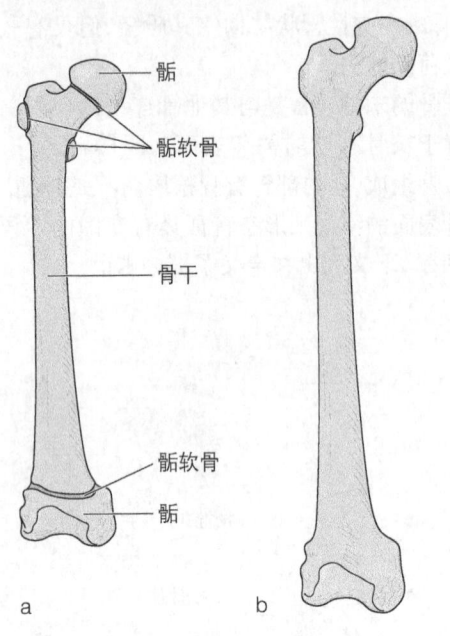

图 10.4 儿童(a)和成人(b)的股骨。儿童的股骨由几块通过骺软骨连结的骨组成,而成人的股骨只有一块

如图 10.5 所示,长骨的生长是由骺软骨形成的。随着骺软骨的生长,距离骨干最近的软骨产生骨化。如果这两个过程是同时进行的,骨纵向生长。如果软骨骨化的速度超过生长的速度,那么整个骺软骨骨化,骨干和骺融为一体,纵向生长停止。这就是我们所说的骺板闭合,在特定的年龄每块骨都会自然闭合。大多数骨会在人的青春期骨化,但一些骨可能要到 25 岁以后才会闭合。

骺板的生长受到应力的影响。一定的应力是骺板生长所必需的,但过多的应力可能会导致骺板过早闭合。一些激素也会影响骺板的生长。生长激素过少会阻碍生长,而生长激素过多可能会延长骺板的闭合。性激素会加快骺板的更替速度,从而导致骺板闭合。这是大多数骺板在青春期闭合的主要原因。

长骨的增粗发生于骨膜(覆盖骨表面的膜)与骨的交界处。此处产生新生长的骨,以增加管壁的厚度和骨的直径。与此同时,骨的管壁被吸收,骨的髓腔扩大。随着骺板的闭合,骨的增粗停止;而在整个生命阶段中,骨会增加或减少管壁的厚度和密度以适应应力。

关节

关节(joint)指两块骨相连的部分。关节具有多种功能,主要功能是连结骨,同时控制骨间的运动。关节可提供刚性或灵活性大的骨间连结,具体取决于骨的功能。除了连结骨并控制骨间的运动外,关节的另一功能是传递骨间的力。关节结构是根据力传递和运动控制的功能进行设计的。

> 关节指两块骨相连的部分。关节的主要功能是连结骨,同时控制骨间的运动。

关节分类

关节有多种分类,但大部分的分类基于关节的结构或功能(活动性)。按照结构,关节可分为三大类。这三类又可细分。按照结构,骨连结分为纤维连结(缝和韧带连结)、软骨关节和滑膜关节。两骨之间以纤维结缔组织相连结形成**纤维连结**(fibrous joint)。这些关节通常(不一定)是刚性的。颅骨的缝是纤维连结。两骨之间以软骨相连结形成**软骨关节**(cartilaginous joint)。这种关节可能是刚性的,也可能会产生微动。骨盆左右两侧的耻骨间的耻骨连结是软骨关节。在未发育成熟的骨中,骨干和骺间的连结是软骨关节。韧带连结并由关节腔分隔的骨连结形成**滑膜关节**(synovial joint)。滑膜关节具有较大的活动性,显著特征是具有密闭腔隙的关节腔。附肢骨的关节多为滑膜关节。

功能上,按照关节的运动能力进行分类,分为不动关节(不可动)、微动关节(微动)和动关节(可自由运动)。一些功能分类系统将不动关节和微动关节合并,称为不动关节。在骨连结的结构分类中,纤维连结和软骨关节分别属于不动关节和微动关节,而滑膜关节属于动关节。滑膜关节是我们最感兴趣的,因为这些

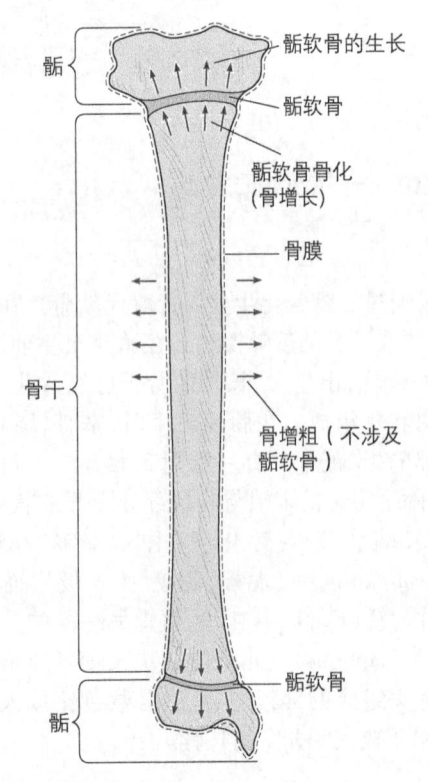

图 10.5 长骨的生长

关节是具有运动能力的关节。如图10.6所示，是按功能和结构分类的关节。

根据关节的运动和结构，滑膜关节（动关节）细分为六种不同类型的关节：平面关节、滑车关节、车轴关节、椭圆关节、鞍状关节、球窝关节。通常关节表面的形状决定了关节的运动，从而决定了关节的类型。很少有关节与图10.7中的理想化模型完全相同，因此根据关节最相似的类型进行分类。

平面关节也称为不规则关节或滑动关节。关节面较平坦而小，产生平滑运动。腕骨间（腕关节）、跗骨间（踝）和肩锁关节（肩带）都属于平面关节。

滑车关节是单轴关节，只能在一个自由度上运动（仅用一个数字，即关节的两块骨之间的角度，就可描述两骨间的相对方向）。滑车关节也称为屈戌关节。滑车关节的关节面近似于一个圆柱体（方向垂直于骨的长轴），并有与该圆柱体匹配的凹槽。滑车关节仅可

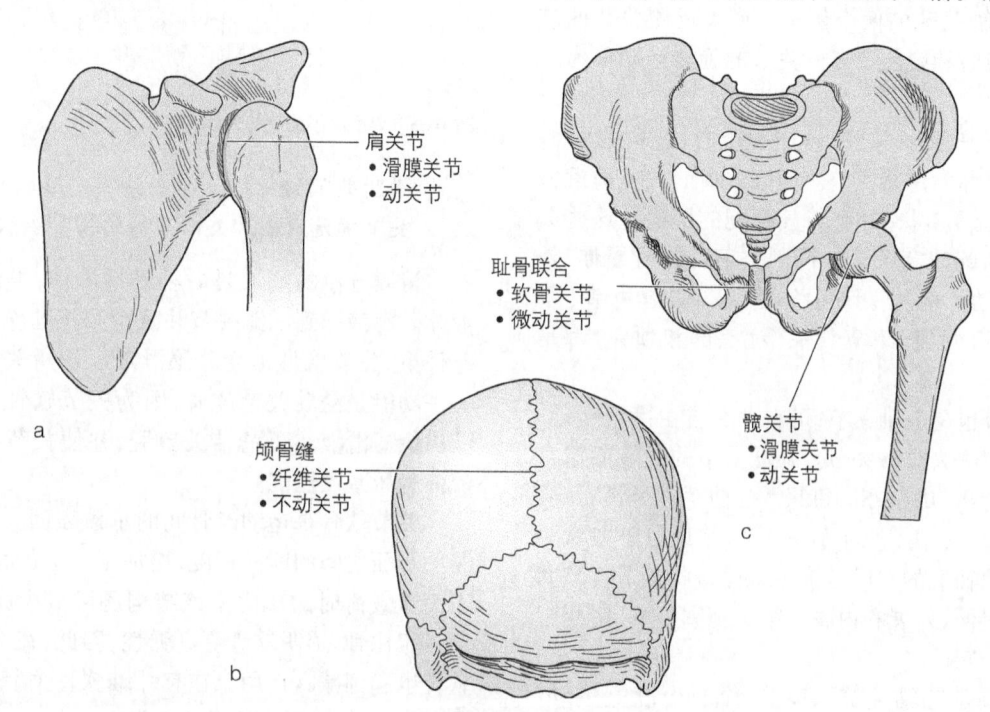

图10.6 按结构和功能分类的关节

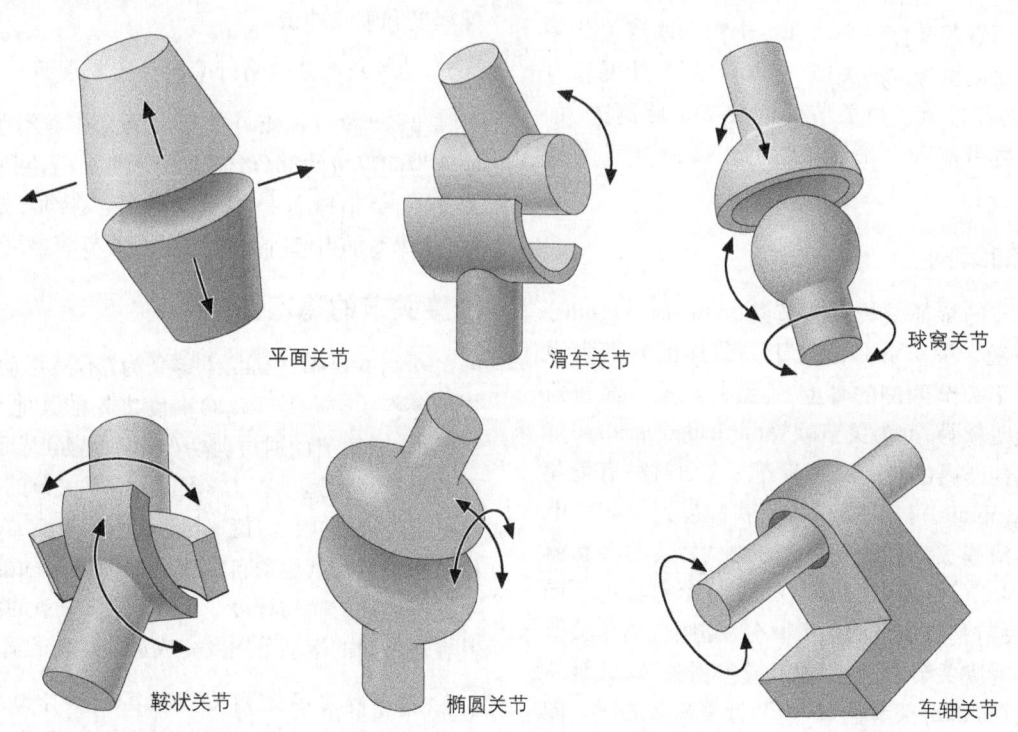

图10.7 六种滑膜关节类型的理想化表现

进行屈伸运动（或踝的跖屈和背屈）。肱尺关节（肘部）、胫股关节（膝）、胫距关节和距腓关节（踝）和指/趾骨间（手指和脚趾）关节都是滑车关节。

车轴关节也是单轴关节，只能在一个自由度上运动。车轴关节也可称为螺纹关节。车轴关节的关节面类似于插入孔或圆柱体（与骨的长轴方向一致）的销，有与该圆柱体匹配的凹槽。车轴关节可绕纵轴旋转。桡尺近侧关节（前臂骨）和寰枢关节（第1颈椎和第2颈椎间）是车轴关节的两个例子。桡尺近侧关节的旋转运动称为旋后和旋前。寰枢关节的旋转运动称为右旋或左旋。

椭圆关节是双轴关节，可在两个自由度上运动。椭圆关节也可称为髁状关节。椭圆关节的关节面近似于椭圆（或鸡蛋）形状，并有与其匹配的凹槽。这些关节也可称为椭圆球窝关节。椭圆关节可进行屈伸、外展和内收运动。桡腕关节（腕关节）、掌指关节（手指）、跖趾关节（足趾）和寰枕关节（头部和颈部）都是椭圆关节。

鞍状关节也是双轴关节，可在两个自由度上运动。鞍状关节也可称为蝶鞍关节。鞍状关节的关节面像一对可相互旋转90°的鞍座。每只手屈曲手指呈杯状，后双手合在一起，其中一只手旋转90°，这近似于鞍状关节。汽车传动轴上的"U"形接头就像鞍状关节。鞍状关节可进行屈伸、外展和内收。第1腕掌关节（拇指根部）是鞍状关节。

球窝关节是三轴关节，可在三个自由度上运动。球窝关节也可称为杵臼关节、球状或杯状关节。这些关节的关节面看起来像一个球和一个窝。球窝关节是滑膜关节中活动度最大的关节，可进行屈伸、外展和内收，以及内旋和外旋。肩关节和髋关节是球窝关节。胸锁关节（肩带和躯干骨间）属于球窝关节或平面关节。

滑膜关节的结构

滑膜关节的特征是具有**关节囊**（articular capsule）形成的关节腔。关节囊是附着于关节周围的韧带组织。其附着于关节两侧的骨上，连结骨。关节面覆盖一层薄的透明软骨，称为**关节软骨**（articular cartilage）。关节囊内其他暴露的骨面和关节囊内表面衬贴有**滑膜**（synovial membrane）。滑膜和关节软骨起到封闭关节腔的作用。滑膜关节可比作密封的轴承，其不会暴露于空气中，因此很少需要润滑。然而，与密封轴承不同的是，滑膜关节是自润滑的。滑膜分泌滑液，填充关节腔。在一些滑膜关节中，如膝关节或胸锁关节，纤维软骨的关节盘（或部分关节盘）位于两骨关节面之间。图10.8显示了滑膜关节的各种结构。

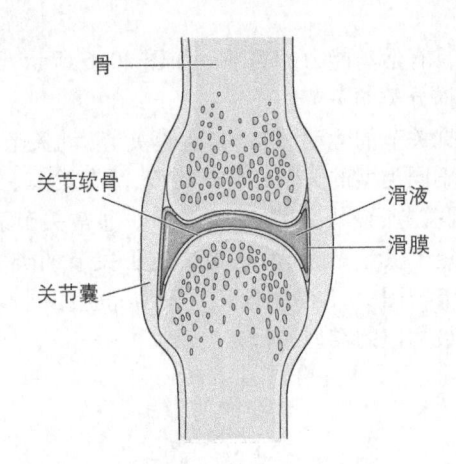

图10.8 典型滑膜关节的特征

> 滑膜关节的特征是具有关节囊形成的关节腔。关节囊是附着于关节周围的韧带组织。

滑膜分泌的滑液是一种黏性液体，类似于蛋清样液体。滑液起到润滑关节并减少摩擦的作用。在受力条件下，关节软骨也会分泌滑液以润滑关节。滑液的另一功能是滋养关节软骨，因为关节软骨无神经或血液供应。滑液还可清洁关节腔，并使关节具有一定的流体静压减震性能。

关节软骨是运动时骨间的承载表面。该结构提高了关节面之间的匹配程度，增加了关节的稳定性，减少了关节载荷时的压力。该结构还可减少摩擦，防止磨损。相比骨，透明软骨更具弹性，因此，在关节处，关节软骨也起到减震作用。在有纤维软骨关节盘或部分关节盘的关节中，关节盘具有类似的功能：改善骨间的匹配程度和吸收冲击。

> 关节软骨是运动时骨间的承载表面。

虽然"腔"（cavity）这个术语意味着滑膜关节中骨的两端间形成的部分，但这部分非常小，实际上在正常情况下，关节软骨是相互接触的。然而，如果关节损伤，液体增加引起肿胀可能会使关节腔显著增大。

滑膜关节的稳定性

在第五章中，"stable"定义为"不易移动"。关节稳定性是指关节在其运动自由度之外的其他平面上的运动阻力，或关节面通过剪切（横向滑动）或牵拉（拉开）而相互远离的运动阻力。因此，滑车关节的稳定性是指其抵抗外展、内收、内旋、外旋或环转的能力。关节活动度是指关节在其运动自由度平面上的运动范围，以及产生这些运动的简易程度。因此，滑车关节的活动度是指其在屈伸时的运动范围及完成这些运动的简易性。

> 关节稳定性是指关节在其运动自由度之外的其他平面上的运动阻力，或关节面通过剪切

（横向滑动）或牵拉（拉开）而相互远离的运动阻力。

滑膜关节中骨两端的凹凸形状决定了关节的运动平面。骨间产生压缩力和剪切力，以防止关节在除自由度以外的平面上发生剪切脱位或旋转，如图 10.9 所示。

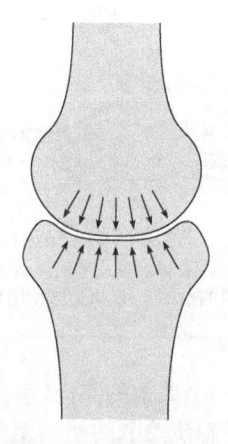

图 10.9 骨间产生压缩力和剪切力，以防止关节脱位

骨间匹配越紧密，关节的凸面和凹面接触越深，关节就越稳定。髋关节的稳定性优于肩关节，因为髋关节窝（髋臼）比肩关节窝深得多。关节软骨和纤维软骨盘增加了骨间的匹配程度，也有助于提高关节的稳定性。与较平的胫骨平台相比，膝关节的半月板使股骨髁凹陷得更深。

关节处的骨抵抗关节受到的压缩力和剪切力，当有力牵拉两骨分离时，韧带则提供拉力以防止关节脱位。当弯曲载荷作用在除关节运动平面之外的平面时，也需要韧带的抗拉强度。此时，关节必须像"梁"一样工作，一侧受到压缩应力，另一侧受到拉伸应力。关节一侧骨的关节表面抵抗弯曲载荷的压缩分量，而相对侧的韧带抵抗弯曲载荷的拉伸分量。关节囊具有一定抗拉强度，但大多数关节都有韧带强化关节的稳固，以抵抗关节脱位的力矩或拉力。韧带为关节囊内增厚的带状结构，也可为与关节囊分离存在的囊外韧带。因此，韧带所处关节的位置决定了关节抵抗使关节产生外展、内收或旋转错位的弯曲载荷的能力。图 10.10 说明了当膝关节内侧受到力的作用时，内侧副韧带如何承载拉伸载荷以防止膝关节发生外展。

> 关节处的骨抵抗关节受到的压缩力和剪切力，当有力牵拉两骨分离时，韧带则提供拉力以防止关节脱位。

肌腱和附着于肌腱的肌肉也抵抗拉力，与韧带类似，有助于提高关节的稳定性。大多数肌肉在收缩过程中产生肌力的分力往往会使关节骨相互靠近，从而

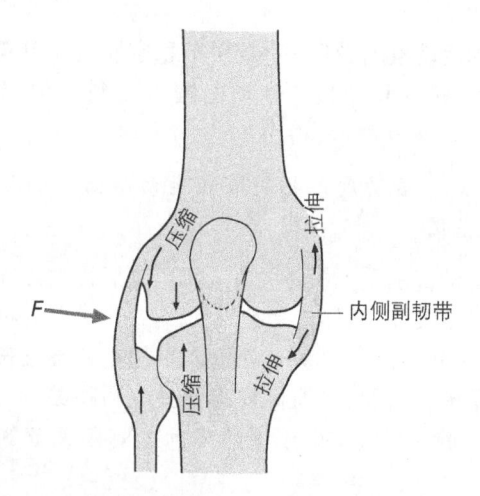

图 10.10 内侧副韧带的拉伸载荷可防止膝关节外侧受到力的作用时，发生内侧脱位

抵抗骨的拉力。肌肉和韧带的作用如图 10.11a 所示。在关节的某些位置，肌力的分力可能使关节错位而不是提供稳定性，如图 10.11b 所示。横跨关节的肌肉、肌腱和腱膜也为其横跨的关节提供一定的横向支撑。

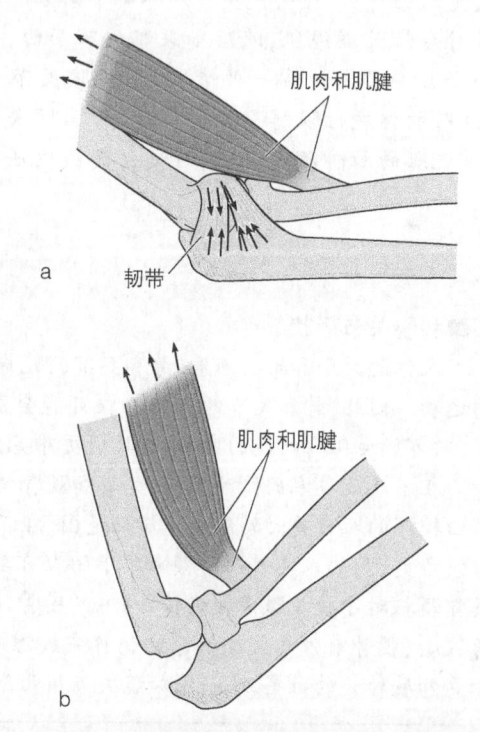

图 10.11 肌肉的拉力可能有助于关节稳定（a）或不稳定（b）

影响滑膜关节稳定性的另一因素是关节腔内的压力。关节腔内的压力小于关节腔外的压力，会产生负压。因此，只要关节腔是密闭且完整的，关节的骨就会吸附在一起。

滑膜关节的活动度

关节活动度是指关节在运动平面内的运动范围。

肢体的运动范围受到一些与关节稳定性相同因素的影响：骨、韧带和肌肉。运动范围也受到其他因素的影响。

> 关节活动度是指关节在运动平面内的运动范围。

运动范围受到横跨关节的肌肉延展性的影响。如果跨过多关节的肌肉（多关节肌）在每个关节处都被拉长，那么其中的一个关节处可能不能充分被拉长。腘绳肌是多关节肌，该肌肉横跨髋关节和膝关节。尝试自主实验 10.1，了解腘绳肌如何影响髋关节的运动范围。

自主实验 10.1

髋关节活动度是否受腘绳肌的限制？

如图 10.12a 所示，仰卧于地板上，保持右膝伸展状态的同时，尽可能地屈曲右髋关节。在膝关节屈曲状态时，髋关节的屈曲范围是多少（图 10.12b）。在第一种情况下，髋关节屈曲范围受到腘绳肌的限制。该肌肉是双关节肌，横跨髋关节和膝关节后方。膝关节伸展时会拉长腘绳肌，随后如果髋关节屈曲，会进一步拉长腘绳肌（如第一种情况）。当膝关节伸展时，腘绳肌的伸展性限制了髋关节屈曲。当膝关节屈曲时，腘绳肌的拉伸程度减小，可更大范围地屈曲髋关节。

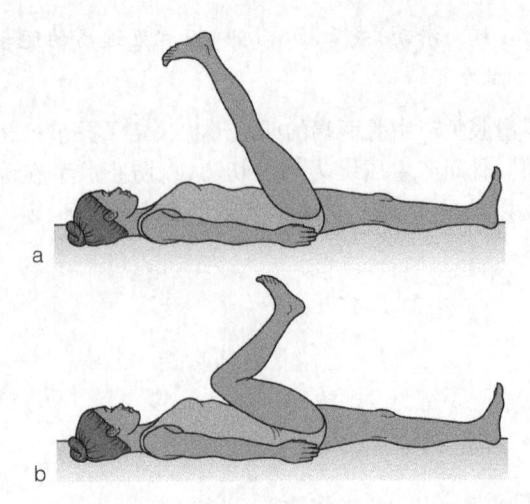

图 10.12 肌肉的延展性会影响关节的活动范围，如图髋关节活动度测试。腘绳肌限制了髋关节屈曲的活动范围（a）。屈膝可减小腘绳肌的拉伸程度，以更大范围地屈曲髋关节（b）

大多数只跨一个关节的肌肉（单关节肌）具有较好的延展性，不会限制该关节的运动范围。除股直肌外，股四头肌均为单关节肌。充分屈曲髋关节，同时伸展膝关节。你会感觉到股直肌的张力，但膝关节屈曲的范围不受股直肌的影响。如果同时屈膝和屈髋，屈膝的范围也是和之前相同的。尽管在第一种情况下，股直肌确实限制了髋关节伸展的范围，但股四头肌并不限制膝关节的屈曲范围。其他因素限制了膝关节屈曲的范围。

【概念应用】

下蹲和髋关节形状

人体的大小和形状不同，骨和关节的几何形状也不同。这些差异会影响关节的运动范围和可能产生的运动。因此，骨和关节的几何形状可能会影响一个人在练习或学习技能过程中的技术。在某些情况下，它可能会阻碍技能的完成，使技能更难完成，或需要改变技术。

在不改变技术的情况下，髋关节和股骨的几何形状对完成深蹲的能力有很大影响。髋臼较浅的人比髋臼较深的人有更大的髋关节活动范围，在下蹲时可更大程度屈曲髋关节。在下蹲时，髋臼更靠前（髋臼前倾角更大）的人比髋臼前倾角较小的人可更大程度屈曲髋关节。下蹲时，与股骨前倾角较小的人相比，股骨颈相对于股骨髁横轴旋转更靠前（股骨前倾角）的人也可更大程度屈曲髋关节。髋臼较深、髋臼前倾角较小、股骨前倾角较小的患者仍可完成深蹲动作。初始站立姿势的脚距更宽，脚尖更向外旋转使髋处于更外展外旋的位置，从而增加髋关节屈曲范围可能更容易完成深蹲的动作。

韧带也限制了关节的运动范围。在关节运动时，与关节轴线径向不对齐的韧带会变得较松，而随着关节的反向运动，韧带会被拉紧，直至韧带停止运动。在球窝关节和车轴关节，韧带的扭转限制了关节旋转的范围。关节囊也限制了运动范围。

骨的形状可能也会限制关节的运动范围。当尺骨的鹰嘴突受到肱骨鹰嘴窝的限制时，伸肘会停止，反之亦然。当腓骨外踝接触跟骨时，外踝会限制踝的外翻。

关节周围的软组织或者衣物包裹也可能限制运动范围。屈肘肌（肱二头肌和肱肌）较发达的人屈肘运动范围可能比肌肉不发达的人运动范围小。在冬天的户外，一个穿着笨重外套的孩子的例子，说明衣物可能会限制运动范围。

活动度，或完成一系列运动的简易性，受到关节内的摩擦和关节周围肌肉的黏滞性和延展性的影响，特别是关节的拮抗肌。关节软骨的磨损或损伤会增加关节摩擦,从而降低灵活性。关节纤维软骨盘的磨损也会降低关节活动度。关节内软骨或骨的损伤可能会产生松散的颗粒,从而降低活动度。滑膜及其产生滑液的能力受损也会降低关节活动度。患有关节炎的人通常有一个或多个这样的问题。

总结

骨系统为人体的一个刚性支架,使人体产生运动。200多块骨为内脏提供了支持和保护。这些骨还可以产生红细胞,也可以贮存矿物质。

关节将骨连结在一起,这些关节可有较大的运动范围,也可能是轻微运动,或者基本不运动。根据关节功能或结构可进行分类。动关节或滑膜关节是我们感兴趣的关节,因为这些关节可自由运动。滑膜关节有平面关节、滑车关节、车轴关节、椭圆关节、鞍状关节、球窝关节等六种类型。所有的滑膜关节都有一个关节腔,内附有一层滑膜,可以分泌滑液。滑膜关节中骨的承重表面覆有一层薄薄的关节软骨,关节软骨由滑液滋养和润滑。韧带包绕滑膜关节,并连结骨形成关节囊。

关节稳定性受骨间的匹配程度、关节软骨和纤维软骨盘、韧带、肌肉和肌腱,以及负压的影响。关节的灵活性或活动范围受肌肉延展性、韧带、骨间的接触,以及大量软组织和衣物的影响。关节的活动能力或活动范围受拮抗肌的延展性和关节腔内摩擦的影响。

关键词

附肢骨	骨干	籽骨
关节囊	骺软骨	滑膜关节
关节软骨	骺	滑膜
中轴骨	纤维连结	
软骨关节	关节	

第十一章　肌肉系统

身体的马达

学习目标
学完本章,你应该能做到以下内容:
- 描述三种类型的肌肉组织:平滑肌、骨骼肌和心肌
- 讨论骨骼肌的功能
- 描述骨骼肌的微观结构
- 描述骨骼肌的宏观结构
- 讨论三种不同类型的肌肉动作:向心、离心和等长收缩
- 描述肌肉可以扮演的角色
- 讨论影响肌肉活动过程中产生力量的因素
- 了解力量输出和肌肉收缩速度之间的关系

你正在观看一场健美表演,运动员们随着音乐摆姿势。运动员所展示的肌肉数量、大小及肌肉线条的清晰程度震撼着你。你一直认为肌肉是身体力量的源泉,但现在你意识到了艺术家们在几个世纪以来就知道:肌肉组成了我们身体的形状和形态,这些肌肉让我们的身体看起来赏心悦目。是什么样的解剖结构使肌肉呈现出如此多样的形状?肌肉是如何产生力量的?哪些因素会影响肌肉力量的产生?本章将试图回答这些问题,以及其他有关肌肉结构和功能的问题。

肌肉是骨骼肌肉系统的活性成分。虽然骨骼和关节构成了身体的框架,但如果没有肌肉主动产生的力量为关节提供刚度,这个框架就会瓦解。肌肉是肌肉骨骼系统的马达,借助杠杆使骨骼以支点为轴移动其位置。

肌肉的显著特征是它主动缩短和产生张力的能力,这使它有能力移动或使关节变硬。然而,这种特征并不仅仅是肌肉骨骼系统的肌肉所特有的。所有的肌肉组织都有收缩的能力。人体中存在三种不同类型的肌肉组织:平滑肌(内脏)、心肌和横纹肌(骨骼肌)。血管(静脉和动脉)和中空器官(如胃、肠、子宫和膀胱)的壁是平滑肌。顾名思义,这种肌肉表面光滑,可延展性强。心肌在外观上呈不规则条纹状。心脏的壁是心肌。心肌和平滑肌受不随意(自主)神经系统支配。骨骼肌有间隔规律的平行条纹,使其呈条纹状。与心肌或平滑肌不同,骨骼肌细胞由于其长度而具有多个细胞核。骨骼肌的收缩在很大程度上是自发的,因此骨骼肌是由躯体(自主)神经系统控制的。

> 肌肉的显著特征是它具有主动收缩和产生张力的能力。

骨骼肌的结构

骨骼肌有多种功能,包括维持运动和姿势、产热、保护和改变压力以帮助循环。肌肉收缩过程中超过75%的能量以热量的形式释放。肌肉是人体的火炉。肌肉可以作为减震器来保护身体。腹部和胸部的外壁上覆盖着保护内层器官的肌肉。骨骼肌的最后一个功能是改变压力。压力改变主要是心肌或平滑肌的功能,但骨骼肌的收缩也可能改变静脉压力,从而帮助静脉血液回流。因为骨骼肌附着在骨骼上,负责控制关节运动,这是运动和锻炼中最受关注的功能。人体中的400多块骨骼肌的形状和大小都不同,但他们所具有的共同功能的原因是他们在结构上是相似的。而它们的共同功能导致了它们在结构上有一些普遍的相似之处。

骨骼肌的微观结构

单个肌细胞是**肌纤维**(muscle fiber)。肌纤维是一种长线状结构,直径 10~100 μm[$1/(10~10^8)$ m],长可达 30 cm。覆盖在肌纤维上的是一层叫作**肌膜**(sarcolemma)的薄细胞膜。肌膜的外部是**肌内膜**(endomysium),即结缔组织鞘,它包裹着每条肌纤维,将其固定在其他肌肉纤维和结缔组织上,并最终固定在肌腱上。

在每条肌纤维中都有数百个更小的(直径 1 μm)线状结构,彼此平行,贯穿整个纤维。这些是肌原纤维,其数量可能从小于 100 到超过 1 000 不等,这取决于肌纤维的大小。在每条肌原纤维上出现横向的明带和暗带,并与相邻肌原纤维上的明带和暗带对齐。这些明带和暗带每 2.5 μm 重复一次,使骨骼肌呈条纹状。在单个肌原纤维中,条纹之间的肌原纤维的重复单位被称为肌小节。

肌小节(sarcomere)是肌肉的基本收缩单位。粗(肌球蛋白)和细(肌动蛋白)蛋白丝或肌丝在肌小节内重叠。细的肌动蛋白丝在一端是游离的,与粗的肌球蛋白丝重叠;在另一端,它们与相邻的肌小节以横向 Z 线或 Z 带(zwischenscheibe,或"between disc")相连,形成连续串联。因此,肌小节是肌原纤维从 Z 线到 Z 线的一部分。仅包括肌动蛋白丝和 Z 带(或肌动蛋白丝与肌球蛋白丝不重叠的区域)的区域被称为 I 带(表示"isotropic"——因其折射的光波长而命名),以光带的形式出现。较暗的带或区域包括整个肌球蛋白丝及与肌动蛋白丝重叠的区域被称为 A 带(表示"anisotropic"——因其折射超过一个波长的光而命名)。A 带内肌动蛋白和肌球蛋白不重叠的区域被称为 H 带或 H 区(hellerscheibe,或"clear disc")。在 H 带的中间是 M 带或 M 线(mittelscheibe,或"middle disc"),它是连接相邻肌球蛋白丝彼此的横带。肌球蛋白丝的末端有突起,使其呈刷状。这些突起是连接肌动蛋白丝的桥梁,在肌肉收缩时产生主动收缩力。图 11.1 从概念上说明了肌纤维、肌原纤维和肌小节的结构。肌原纤维的横切面显示,每个肌球蛋白丝在重叠区被 6 个肌动蛋白丝包围,而每个肌动蛋白丝仅被 3 个肌球蛋白丝包围。

> 肌小节是肌肉的基本收缩单位。

骨骼肌的宏观结构

100 条或更多数量的肌纤维为一组交织在一起,形成**肌束**(fascicle)(或筋膜)。每条肌束都被一种结缔组织包裹着,称为**肌束膜**(perimysium)。每条肌纤维的肌内膜都与肌束膜相连。最后,几条肌束与一个称为**肌外膜**(epimysium)的结缔组织鞘内相结合,形成一块完整的肌肉,如图 11.2 所示。

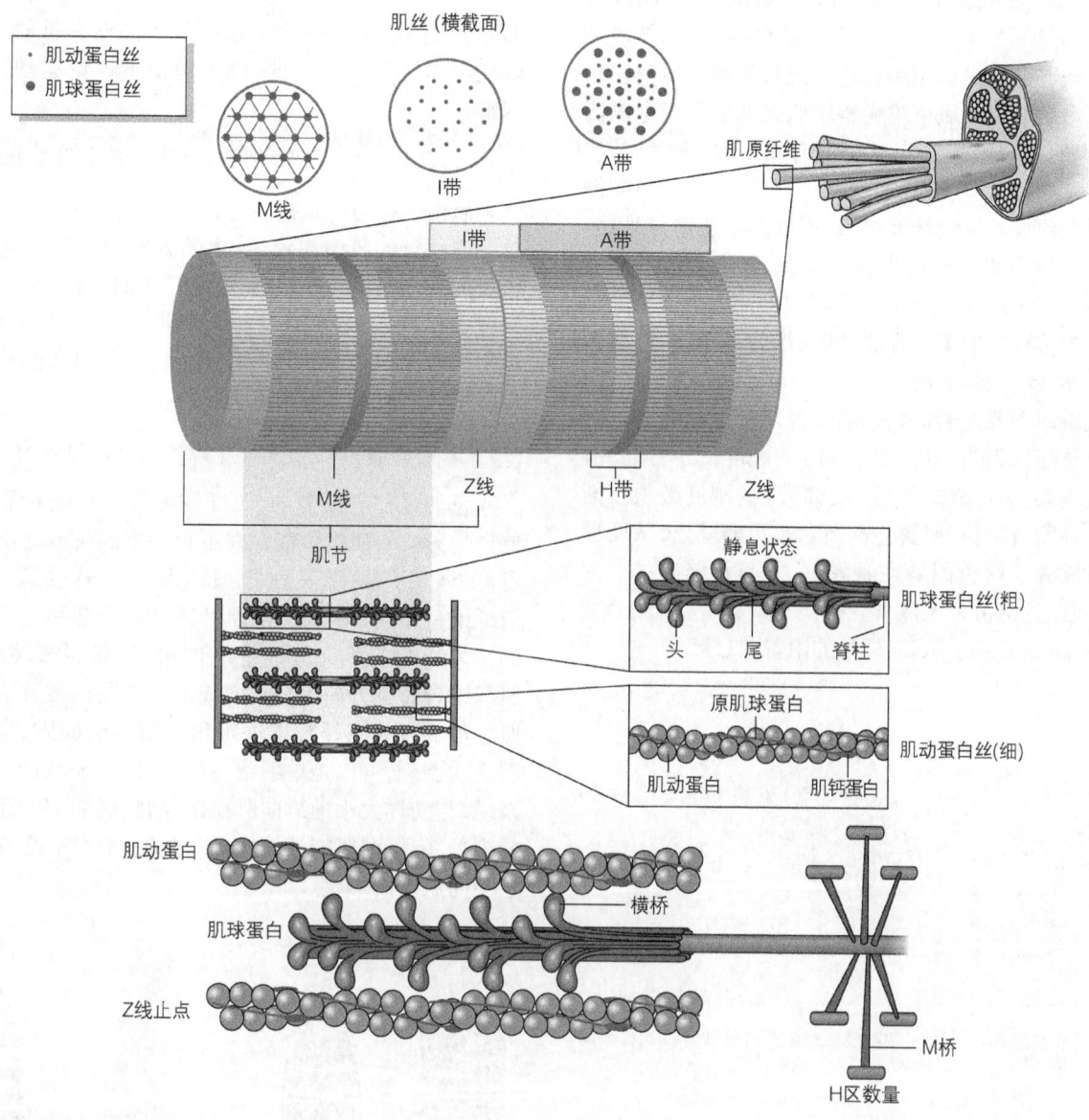

图 11.1 骨骼肌的微观结构

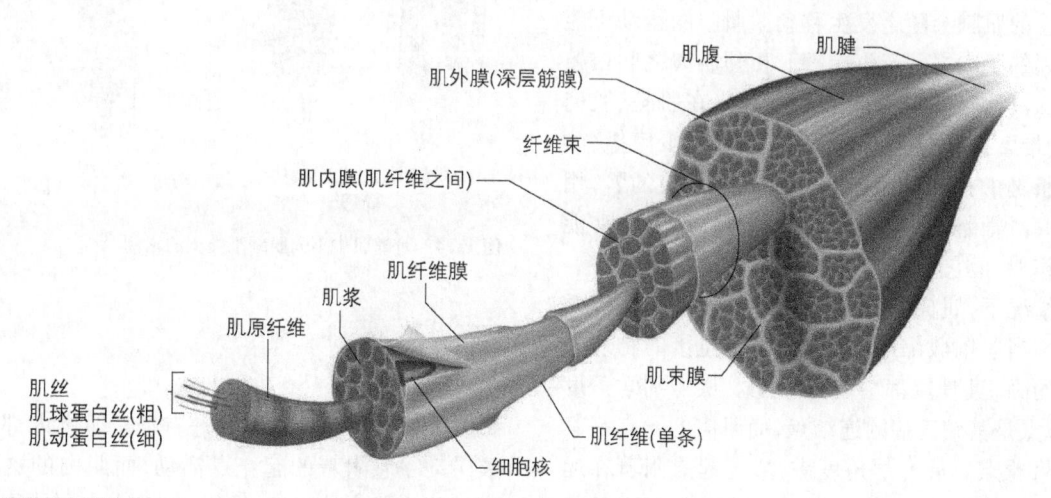

图 11.2 骨骼肌的宏观结构

肌丝贯穿整条肌纤维,肌丝的末端附着于肌内膜。在长肌中,单个肌纤维的长度不足以覆盖整块肌肉,而且可能短于肌纤维所形成的肌束。因此,一条肌纤维的肌内膜与下一条肌纤维的肌内膜相连(末端与末端相连),或与肌束的肌束膜相连。随后肌束的肌束膜串联到下一个肌束的肌束膜或整块肌肉的肌外膜上。因此,肌肉的结缔组织鞘在末端结合在一起。这种结缔组织会延伸到含有收缩成分的肌肉区域之外。它被编织成绳索状或片状的结缔组织,用以连接肌肉与骨骼。这些绳索状组织被称为**肌腱**(tendon),片状组织被称为**腱膜**(aponeurosis)。因此,肌肉收缩的力量从肌纤维的肌内膜传导至肌束膜和肌外膜,然后传至肌腱,肌腱是这些结缔组织的延续。

肌腱附着或与骨骼相连的情况与韧带附着在骨骼的情况类似。因为肌腱(和韧带)的硬度低于骨骼,所以从肌肉端到骨骼端,肌腱(或韧带)的刚度必须逐渐增加。在附着部位,肌腱会逐渐含有更多基质,从而形成纤维软骨。肌腱附着在骨膜上,并与骨骼本身融为一体,因此这部分纤维软骨变得更加矿化,从而成为骨质。图 11.3 显示了肌腱-骨处的附着和过渡。

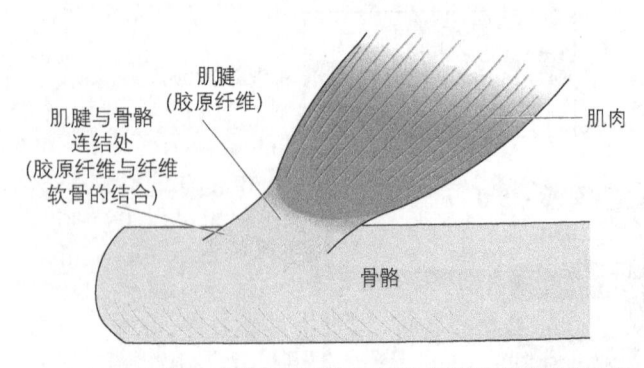

图 11.3 肌腱附着于骨骼,呈现由胶原纤维到纤维软骨再到骨骼的组合

肌肉附着于四肢,因此当肌肉长度发生变化时,肌肉和其附着的肌腱会随之发生移动。肌腹的运动可能在它和相邻的肌肉之间产生摩擦。相邻肌肉之间松散的结缔组织具有减少这种摩擦的作用。在肌腱、肌肉与骨骼、韧带摩擦的位置,可能有滑囊来减少摩擦,防止肌肉或肌腱的损伤。滑囊是一个充满滑液的囊,用于填塞和润滑骨骼上的软组织。肌腱鞘在结构和功能上与滑囊相似,但它们完全包裹着肌腱。

通常情况下,肌肉的两端通过肌腱连结到关节两侧的骨骼。当肌肉收缩时,所有与肌肉连接的物质会受到相同的力,且骨骼都会趋于移动。从解剖学角度讲,肌肉起点是其较近端的连结点,而肌肉的止点是其较远端的附着点。从力学角度讲,肌肉起点附着在运动参与较少的骨骼上,而止点则在运动参与较多的骨骼上。肱三头肌的解剖学止点通常是尺骨的鹰嘴突,是该肌肉的较远端附着点。在力学上,肱三头肌的起止点取决于动作模式,如卧推时,鹰嘴突是肱三头肌的止点,但在俯卧撑时,鹰嘴突是肱三头肌的起点。解剖学术语是最常见的,因为即使不讨论运动,也能理解。

> 肌肉收缩时,会以相同的力牵拉每个附着物。

肌肉的拉力线是指附着物产生合力的方向。对于单一起止点的肌肉来说,合力的方向是从肌肉起点到止点的一条线。某些肌肉,如肱三头肌,有一个以上的起点或止点;其他肌肉,如斜方肌,有更多的起止点。在这些情况下,没有明显的拉力线,这些肌肉的拉力线取决于肌纤维的兴奋程度。

> 肌肉的拉力线是指附着物产生合力的方向。

正如之前所提到的,肌纤维的排列可能对肌肉功能产生影响。肌肉可能存在不止一个的头或解剖学起点(如肱二头肌、肱三头肌、股四头肌)。这些肌肉中的肌纤维呈不同方向排列。肌纤维方向全部平行于肌肉的拉力线的长肌被称为纵向肌、带状肌或梭状肌。肌纤维较短且方向不与拉力线平行的肌肉被称为羽状肌。羽状肌的肌纤维以一定角度附着于肌腱,类似于羽毛的倒刺,可以是单羽状、双羽状或多羽状的。一般来说,与同样大小的纵向肌相比,羽状肌能够产生更大的力量,但纵向肌能够缩短更长的距离。图 11.4 显示了不同肌肉的形状。

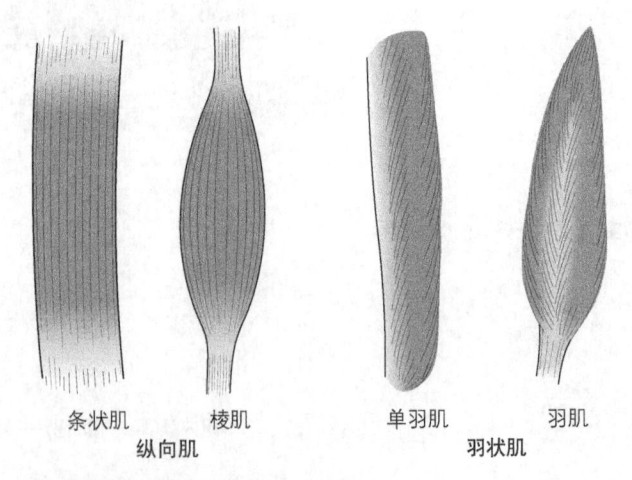

图 11.4 骨骼肌中不同肌纤维类型的示例

肌肉动作

收缩能力是肌肉的显著特征。肌肉内部张力的伸展带动了它附着的起止点活动,而肌肉的这种动作通常被称为肌肉的收缩;然而,收缩这个词的用法是令人

存在疑惑的,因为它暗含的是肌肉在这种活动中缩短了长度。然而,肌肉的收缩根本不会改变其长度,甚至可能会变长。更确切地表示肌肉"收缩"的词是肌肉动作。当肌肉活动时,产生的张力带动着其附着的起止点的活动,肌肉可能会缩短,或保持同样的长度,又或者延长。

肌肉运动类型

当肌肉活动时,它的起止点相互靠近,肌肉产生向心运动(或向心收缩)。肌肉运动是向心运动[或**向心收缩**(concentric contraction)]时,四肢关节处的肌肉活动产生的力矩与肢体旋转方向相同,就会发生这种动作。肌肉的向心收缩发生在以下活动:屈肌活动产生的屈曲;伸肌活动产生的伸展;外展肌活动产生的外展;收肌活动产生的内收;内旋肌活动产生的内旋;外旋肌活动产生的外旋。

因为肌肉产生的力和力矩与肌肉起止点的运动及四肢的旋转方向相同,所以肌肉做了正的机械功。回顾第四章,做的正功引起能量的变化。正功会引起动能或势能增加,或两者都增加。如果肌力是作用在肢体上的唯一力量(除了重力),那么肌肉的向心作用会导致肢体动能或势能的增加。一般来说,如果肢体的速度加快或位置升高,可能会发生肌肉的向心收缩。在俯卧撑的上升阶段,由于身体被抬高,势能增加。肘关节伸展,肘关节伸肌(肱三头肌和肱肌)向心收缩。图11.5展示了肌肉向心收缩的样例。

图 11.5 涉及肌肉向心收缩的运动过程示例

> 当一块肌肉活动时,它的起止点距离靠得更近,那么这块肌肉就是向心收缩。

当一块肌肉活动时,它的起止点离得更远,那么这块肌肉是离心运动[或**离心收缩**(eccentric contraction)]:这发生在由任一肢体关节处的活跃肌肉产生与肢体旋转方向相反的力矩。肌肉的离心收缩发生在以下活动:屈肌活动产生的伸展;伸肌活动产生的屈曲;外展肌活动产生的内收;内收肌活动产生的外展;内旋肌活动产生的外旋;外旋肌活动产生的内旋。

因为肌肉产生的力和力矩与肌肉起止点的运动方向及四肢的旋转方向相反,所以肌肉做了负的机械功。负功导致动能或势能减少,或两者都减少。如果肌力是唯一作用在肢体上的力(除了重力),那么肌肉的离心作用会导致肢体的动能或势能下降。一般来说,如果肢体的速度变慢或位置降低,可能会发生肌肉的离心收缩。在俯卧撑的下降阶段,由于身体下降,势能减少。肘关节屈曲,肘关节伸肌(肱三头肌和肘肌)离心收缩。图11.6展示了肌肉离心收缩的样例。

图 11.6 涉及肌肉离心收缩的运动过程示例

> 当一块肌肉活动时,它的起止点离得更远,那么这块肌肉是离心收缩。

当一块肌肉处于活动状态,而它的起止点之间没有相对运动时,这块肌肉是等长运动(或等长收缩)。肌肉等长运动[或**等长收缩**(isometric contraction)]时,肢体没有旋转,所以没有做任何机械功,也没有发生动能或势能的变化。因为肌肉等长收缩对关节施加一个力矩，其他的相反力矩必须产生使关节保持静力平衡状态。这种相反的力矩可以由关节另一侧的拮抗肌提供，也可以由一些外力（如重力）提供。一般来说，如果关节处没有运动，但其他力量作用于肢体的关节处，则可能发生肌肉等长收缩。如果你在俯卧撑中把自己推到半空中，并保持这个姿势，没有任何运动发生，但是肘部伸肌活跃以防止重力使你的肘部弯曲并把你拉回地面。

> 当一块肌肉处于活跃状态，而它的起止点之间没有相对运动时，这块肌肉是等长收缩。

肌肉的作用

有很多术语被用来指代肌肉的作用，不管是相较于一个关节动作或是另一块肌肉。**主动肌**（agonist）能够产生与关节动作相同方向的力矩。因此，向心收缩的肌肉是产生它们所包围的关节处活动的主动肌。肱二头肌是肘关节屈曲的主动肌；肱三头肌是肘关节伸展的主动肌；股四头肌是膝关节伸展的主动肌，腓肠肌是踝关节跖屈的主动肌等。这些肌肉也可以被称为原动肌或主要参与肌肉。主动肌、原动肌和主要参与肌肉这些术语是没有定义的，除非是指与它们有关的关节动作。"肱二头肌是一个主动肌"的说法是不完整的。

拮抗肌（antagonist）是指能够产生与所涉及的关节动作相反或与所涉及的其他肌肉相反力矩的肌肉。肱二头肌是肘关节伸展的拮抗肌；肱三头肌是肘关节屈曲的拮抗肌；股四头肌是膝关节屈曲的拮抗肌；腓肠肌是踝关节背屈的拮抗肌等。在前面的例子中，术语"拮抗"的使用是相对于关节活动，因此，离心收缩的肌肉是它们穿过的关节处所发生的动作的拮抗肌。拮抗肌也可用于指另一块肌肉：肱二头肌是肱三头肌的拮抗肌；股四头肌是腘绳肌的拮抗肌；腓肠肌是胫骨前肌的拮抗肌。在这些情况下，拮抗肌产生的力矩与所涉及肌肉产生的力矩相对抗。

还有其他术语也用于表示肌肉发挥的其他作用，包括协同肌、中和肌、稳定肌、固定肌和支持肌。这些术语都是相对于另一块肌肉使用的。**稳定肌**（stabilizer）、固定肌和支持肌这些术语指的是当参考肌肉收缩时，为了防止肢体运动而向心收缩的肌肉。当肌肉活跃时，它倾向于移动它所附着的两块骨头，而我们可能只需要一个肢体的动作。其他的外力也可能产生多余的肢体动作。稳定肌（固定肌、支持肌）的等长收缩使肢体无法移动。在俯卧撑的下降阶段，肩带倾向于内收，以应对躯干的重量和作用于肩关节的向上的反作用力。前锯肌作为稳定肌通过等长收缩来防止这种内收。

中和肌（neutralizer）是产生对抗另一块肌肉不良运动力矩的肌肉。许多肌肉产生的力矩在几个平面上都有分量。因此，当这些肌肉运动时，它们会在关节的多个轴上产生力矩。例如，当肱二头肌处于收缩状态时，它会在肘部产生一个屈曲力矩和一个旋后力矩。如果旋后是想要的动作，肱三头肌将通过等长收缩来中和肱二头肌不需要的屈曲力矩。

协同（synergy）这个词是指两个或多个事物的互利活动。在肌肉功能方面，协同肌被描述为协助产生主动肌所需作用的肌肉。因此，中和肌和稳定肌可以说是协同肌。协同肌的力矩可以增加主动肌的力矩。协同肌这个词并不具有很强的排他性，应该避免使用它。

收缩力学

负责肌肉收缩的动作发生在肌节内。为了应对来自支配肌肉的运动神经元的刺激，肌肉变得活跃，粗肌球蛋白丝的横桥附着、拉动、释放并重新附着到细肌动蛋白丝上的特定部位。肌球蛋白丝的横桥拉动相邻的肌动蛋白丝让自己通过，类似于用手拉动（或爬上）绳索的方式。因此，肌球蛋白丝滑过肌动蛋白丝，则肌肉缩短（向心收缩）。离心收缩就像在绳子上放一个水桶，让它下降一小段距离，然后再收紧，再让它下降，如此反复。肌球蛋白丝的横桥附着并拉动，但另一种力量将它们从该附着部位拉出；随着肌动蛋白丝滑走，肌球蛋白丝的横桥迅速重新附着到另一个部位。收缩时产生的力是每个肌球蛋白丝的横桥对肌动蛋白丝施加的拉力总和。连接到肌动蛋白丝上的横桥越多，收缩力就越大。

来自运动神经元（支配肌纤维的神经细胞）的单一刺激会导致肌纤维的颤搐反应。如图11.7a所示，横桥短暂地附着然后松开，肌肉张力上升然后下降。肌肉紧张的持续时间很短。如果每次连续刺激之间的时间足够长，从运动神经元接收的一系列重复刺激会导致肌纤维的一系列重复颤搐反应。随着刺激频率的增加（以及刺激之间的时间减少），当下一次刺激发生时，肌纤维中仍会有张力。随后肌纤维中的张力会更大。如果刺激的频率足够快，就会产生肌纤维的强直性反应，如图11.7b所示。横桥附着、释放、再附着，张力越来越大，直到达到最大值。强直性反应中达到的最大张力比颤搐反应中达到的张力大得多。持续的刺激使肌肉保持高度紧张，直到疲劳发生。

> 来自运动神经元的单一刺激会导致肌纤维的颤搐反应。

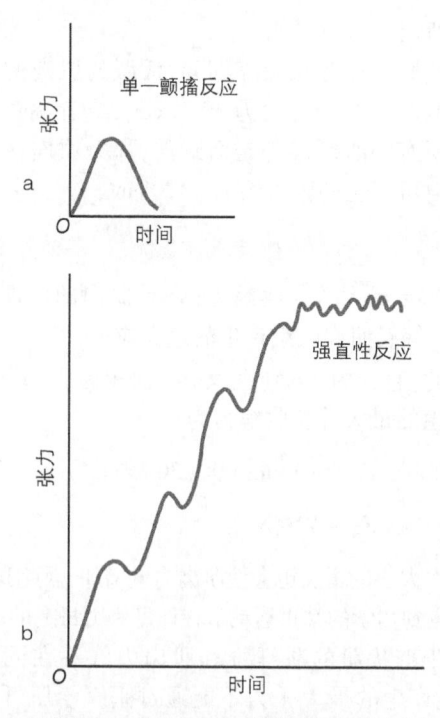

图 11.7 如果刺激频率足够大,单一刺激时肌纤维(a)所产生的张力小于重复刺激时肌纤维(b)产生的张力

肌肉收缩力

肌肉所能产生的最大力量取决于与肌肉状态有关的几个因素。如果肌肉的所有肌纤维都受到刺激而收缩,这些因素包括肌肉的生理横截面积、肌肉长度、肌肉收缩速度及其他因素。

生理横截面积

肌肉活动产生的张力似乎是由整个肌肉中附着在肌动蛋白丝连接的肌球蛋白丝的横桥的数量决定的。但事实并非如此。让我们考虑一个单一的肌纤维。正如前面所描述的,肌纤维是由一束平行排列的肌原纤维组成(图 11.1)。一些端对端串联起来的肌节组织构成了每个肌原纤维,而每个肌节组织内都有产生力量的肌丝。如果我们增加相互串联的端对端排列的肌节,就会增加横桥的数量,从而增加横桥与肌动蛋白丝的可能连接的数量。肌原纤维的长度将增加,并且如果我们对每根肌原纤维都这样做,肌纤维的长度将增加,静止肌肉的长度也将增加。但是,肌肉是否能够产生更多的力量?

肌纤维和肌原纤维的串联排列

肌肉中的肌纤维或肌纤维中肌原纤维的排列方式会影响肌肉或肌纤维的行为。肌纤维和肌原纤维端对端排列和连接被描述为相互串联。并排排列的肌纤维和肌原纤维被描述为相互平行。自主实验11.1说明了纤维串联的行为。

自主实验 11.1

用橡皮筋模拟串联排列的肌原纤维

在这个实验中,需要三个橡皮筋和两个回形针。如图 11.8 所示,将一根橡皮筋套在右手和左手食指上。拉动橡皮筋直到拉伸到其长度的两倍。松开左手的橡皮筋,用回形针将另一根橡皮筋串联在一起。再将第二根橡皮筋套在左手食指上并拉伸。拉到两个橡皮筋的长度增加一倍。松开左手的第二根橡皮筋,将第三根橡皮筋钩在这根橡皮筋上,然后套在左手食指上。再拉一次直到三个橡皮筋的长度增加一倍。在与第一根橡皮筋串联增加一根或两根橡皮筋后,你是否需要用更大的力气拉动以使橡皮筋的长度增加一倍?不!使长度增加一倍所需的力是相同的。肌肉的行为类似——较长的肌肉可以比较短的肌肉拉长和缩短更多的长度。尽管它们可能有更多的肌丝,但它们并不强壮。在力量训练中,力量的增加并不是由于运动员的肌肉变长而产生的,相反肌肉会变宽。

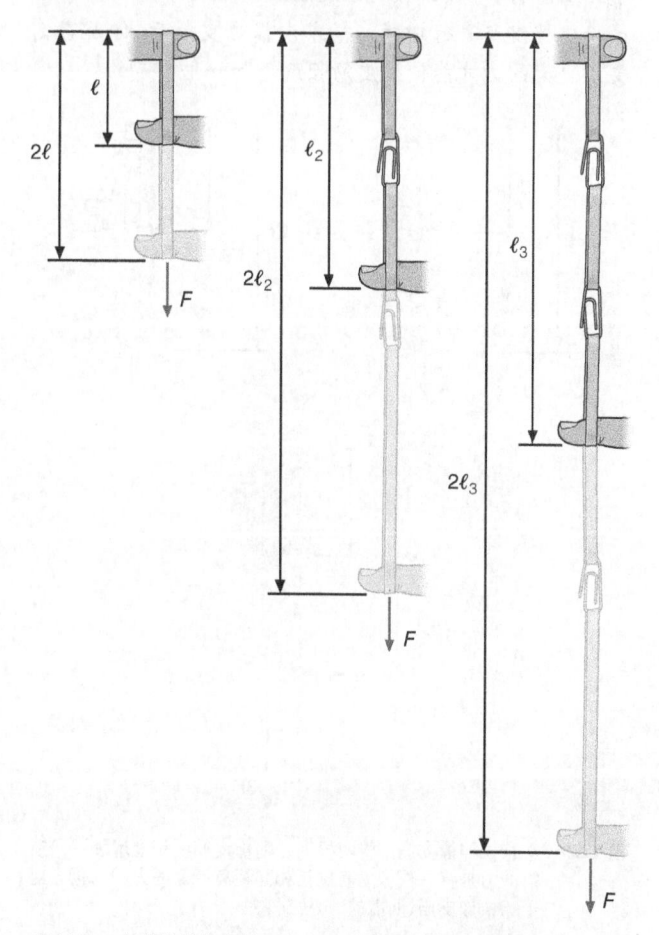

图 11.8 串联拉伸橡皮筋。在这三种情况下,将一根或两根、三根串联的橡皮筋的长度拉伸一倍所需的力是相同的

肌纤维和肌原纤维的平行排列

现在假设,我们不是通过在肌原纤维上串联增加

肌节，而是通过增加肌原纤维的数量来平行增加肌节，或者不增加肌节，而是增加肌原纤维每条肌节内的肌丝数量。在这种情况下，我们增加了横桥与肌动蛋白丝可能连接的数量（如前所述），但不是增加肌原纤维或肌肉的长度，而是增加其直径和生理横截面积。在这种情况下，肌肉是否能够产生更多的力？自主实验11.2说明了纤维平行的行为。

自主实验 11.2
用橡皮筋模拟平行排列的肌原纤维

同样，用橡皮筋作为我们的肌肉模型。与自主实验11.1一样，在右手和左手食指上套上一根橡皮筋，拉到橡皮筋的长度增加一倍。然后在第一根橡皮筋的旁边，将第二根橡皮筋绕在右手和左手的食指上，使两根橡皮筋都绕在手指上（图11.9），再拉一次直到橡皮筋的长度增加一倍。现在把第三根橡皮筋和另外两根橡皮筋一起绕在右手和左手的食指上，这样就有三根橡皮筋绕在手指上。再拉一次，直到橡皮筋的长度增加一倍。在与第一根橡皮筋平行增加一根或两根橡皮筋后，你是否需要用更大的力才能使橡皮筋长度增加一倍？是的！

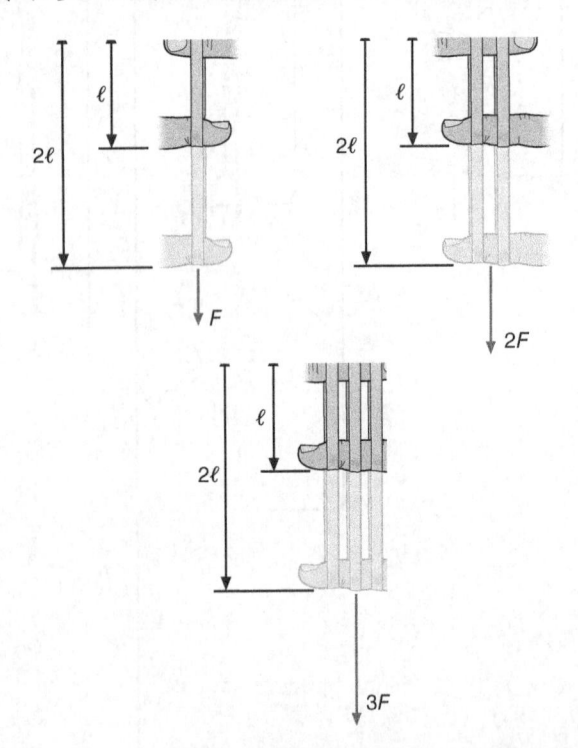

图 11.9 平行拉伸橡皮筋。将两根平行的橡皮筋的长度增加一倍所需的力是将一根橡皮筋拉长相同距离所需的力的两倍。对于三根橡皮筋，所需的力是三倍多

肌肉的行为类似于自主实验11.2中的橡皮筋。增加并排且相互平行的纤维数量可以增加肌肉的力量。垂直于肌纤维和肌肉拉力线的肌肉的生理横截面积可以表明纵向肌肉所能产生的最大拉力。

纵肌与羽状肌对比

人体肌肉在等长收缩期间，活跃的肌肉的生理横截面积能产生的张力约为 30 N/cm²，或者说若在该横截面中所有的肌纤维都是活跃的，那么肌肉在进行等长收缩时可产生的张力约为 30 N/cm²。

$$F_m = A_m \sigma_m \qquad (11.1)$$

其中，F_m = 最大等长收缩力；A_m = 肌肉的生理横截面积；σ_m = 等长肌肉收缩产生的最大应力。

因此，直径为 3 cm（生理横截面积为 7 cm²）的纵肌可以产生的最大等长收缩力为

$$F_m = (7 \text{ cm}^2) \times (30 \text{ N/cm}^2)$$

$$F_m = 210 \text{ N}$$

肌肉大小的增长也会使肌肉力量增加，因此我们通常可以注意到初学的举重运动员在体型和力量上的增长。

由于羽状肌的肌纤维和肌肉力线不在同一方向上，其能产生的最大张力不能通过垂直于肌纤维的生理横截面积和肌肉力线进行估算。垂直于羽状肌肉力线的横截面不包含所有的肌纤维（图11.10）。垂直于肌纤维的横截面可能也不包含所有的肌纤维。

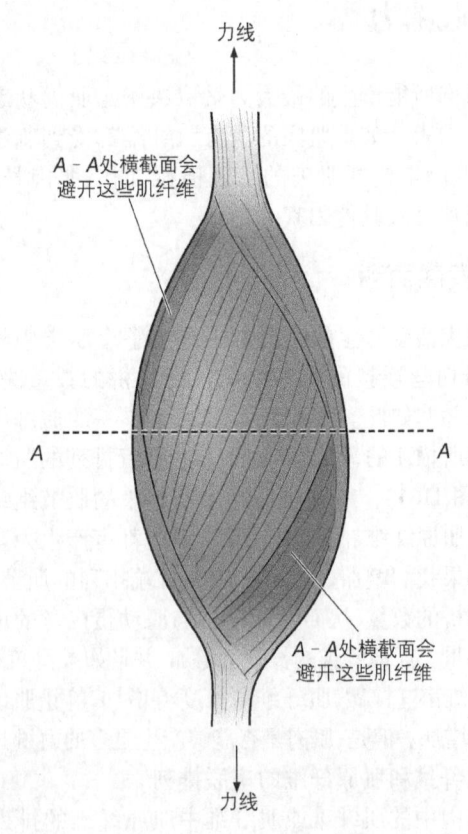

图 11.10 并不是所有肌纤维都能够穿过羽状肌 $A-A$ 处横截面并垂直于力线

解决方法就是选取几个垂直于肌纤维的横截面，以便于使所有平行的肌纤维都包含在内。所选择的这

个区域显示了肌纤维所能产生的总张力,但该张力与肌肉力线不在同一方向上,所以必须确定总拉力中平行于力线的分量。我们计算分量的方法是用总面积乘以羽状角的余弦(这一步可以得出肌肉的生理横截面积),之后再乘以肌肉的最大应力。

$$F_m = (A_m \cos \theta)\sigma_m \quad (11.2)$$

其中,F_m = 最大等长收缩力;$A_m \cos \theta$ = 肌肉的生理横截面积;θ = 羽状角(肌纤维与力线的夹角);σ_m = 肌肉等长收缩产生的最大应力。

举个例子,我们对比一下两个等体积的肌肉组织产生张力的能力,一个属于纵肌,一个属于羽状肌,如图 11.11 所示。

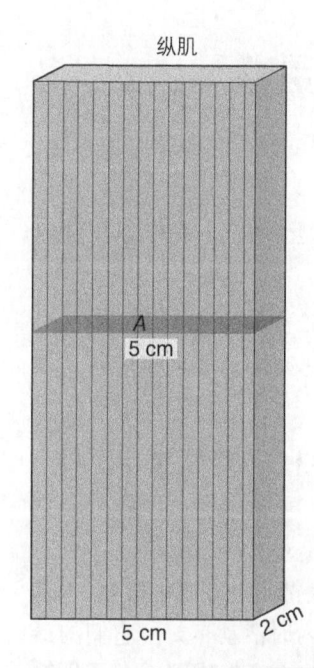

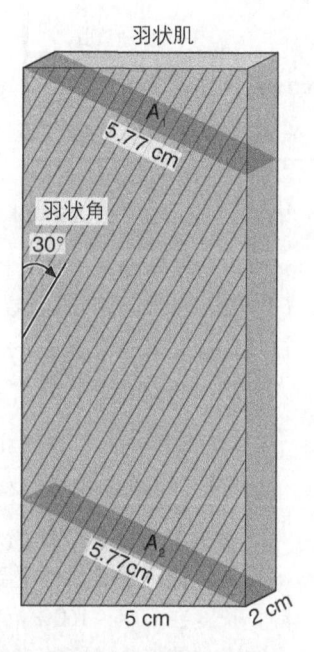

图 11.11 比较相同体积下纵肌和单羽肌的总生理横截面积。纵肌中 A 部分的生理横截面积为 5 cm×2 cm = 10 cm²。单羽肌的生理横截面积为 $\Sigma A = A_1 + A_2 = (5.77\ cm \times 2\ cm) + (5.77\ cm \times 2\ cm) = 11.54\ cm^2 + 11.54\ cm^2 = 23.08\ cm^2$

依据公式 11.1,纵肌中能产生的最大等长收缩力为

$$F_m = A_m \sigma_m$$
$$F_m = (5\ cm \times 2\ cm) \times 30\ N/cm^2$$
$$F_m = 300\ N$$

依据公式 11.2,单羽肌中所能产生的最大等长收缩力为

$$F_m = (A_m \cos \theta)\sigma_m$$
$$F_m = (11.54\ cm^2 + 11.54\ cm^2) \times (\cos 30°) \times (30\ N/cm^2)$$
$$F_m = (23.08\ cm^2) \times (0.866) \times (30\ N/cm^2)$$
$$F_m = 600\ N$$

由此可知,肌肉在进行等长收缩时,相同体积(质量)下单羽肌的肌肉组织所产生的张力为纵肌肌肉组织所产生张力的两倍。然而,羽状肌中较短的肌纤维及力线角的方向却限制了羽状肌的收缩长度。图 11.12 展示并比较了该示例中纵肌和单羽肌的最小收缩长度。

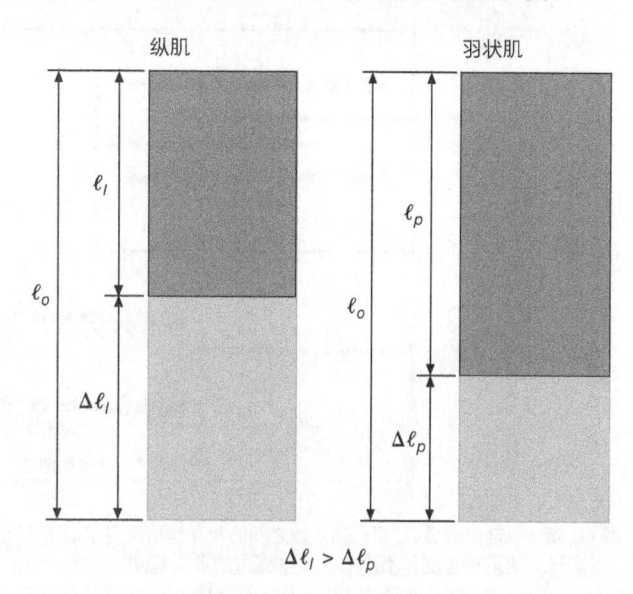

图 11.12 若纵肌和羽状肌在静止时的长度相同,纵肌的最小收缩长度则短于羽状肌的最小收缩长度,纵肌可以通过更大的区域产生张力

肌肉长度

可活动肌肉的生理横截面积能显示出该部分肌肉可产生的最大张力,但这一数值取决于等长收缩时肌肉长度。肌节内的收缩机制决定了肌肉长度和最大收缩力间的关系。

> 活跃肌肉的生理横截面积表示其肌肉能够产生的最大张力。

主动张力

肌球蛋白丝的横桥与肌节内肌动蛋白丝的连接是肌肉收缩期间产生主动张力的基础。细肌丝和粗肌丝重叠的长度范围决定了整个肌肉可以主动产生张力的长度范围,如图 11.13 所示。在最大张力下,细肌丝与粗肌丝的重叠长度最大,即静息长度或 ℓ_o(图 11.13a)。肌节可以比静息长度时缩短得更短,但随后肌丝会对抗并进行重叠;由于肌球蛋白丝的横桥不能再附着于这些肌丝上,导致张力降低。肌节仍可继续缩短,直到细肌丝和粗肌丝碰到 Z 线。此时,肌肉不再产生张力,肌节长度略多于静息长度的一半,或约为静息长度的60%(图 11.13b)。因此,所有肌肉都可以产生张力并缩短至其静息长度的一半(不包括肌腱长度)。如果肌节被拉长至超过其静止长度,那么只有很少的肌球蛋

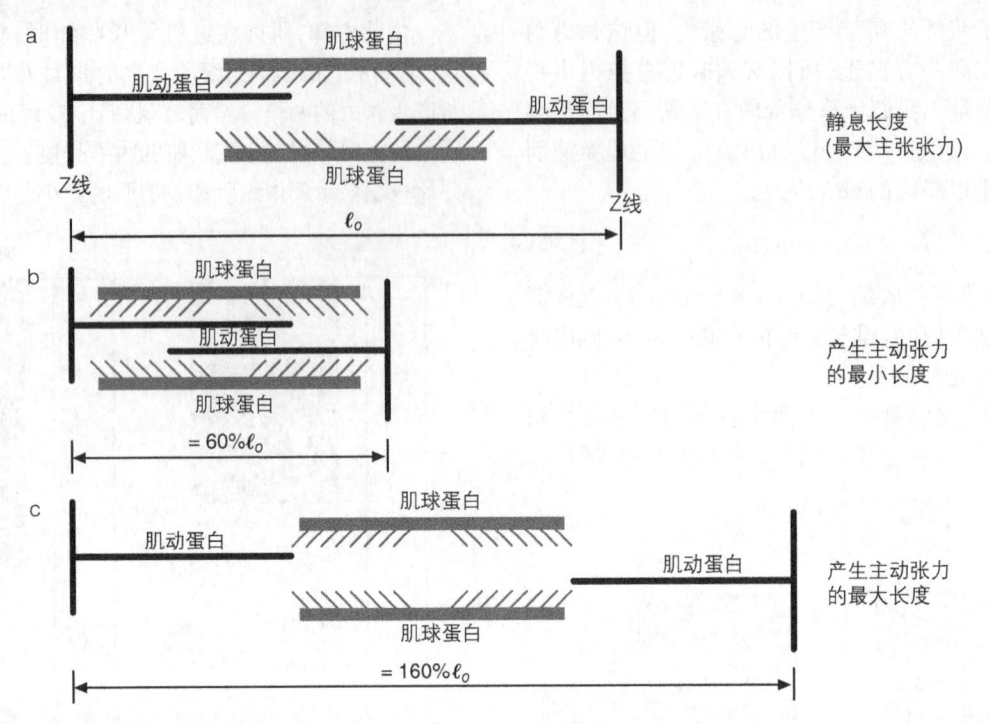

图 11.13 肌动蛋白、肌球蛋白和 Z 线之间的相互作用决定了肌节产生主动张力的大小。a 代表最大主动张力的静息长度，b 代表产生主动张力的最小长度，c 代表产生主动张力的最大长度

白丝的横桥可以附着在肌动蛋白丝上，导致张力降低。主动张力可在更长的长度上发展，直到粗肌丝和细肌丝不再重叠。此时不再产生张力，肌节长度略大于静息长度的 1.5 倍，或 ℓ_o 的 160%（图 11.13c）。因此，所有肌肉可在其静息长度的 60%~160% 主动产生张力。

被动张力

通过拉伸结缔组织结构：肌膜、内膜、外膜、表皮和肌腱，可在肌节和整个肌肉组织中形成被动张力。这些组织的被动拉伸使得肌肉组织能够被拉伸并产生超过其静息长度 160% 的张力。整个肌肉的张力取决于收缩元素（肌纤维）主动收缩产生的张力和肌肉被拉伸到超过其静息长度时的被动张力。肌肉长度和张力之间的关系如图 11.14 所示。当肌肉比静息长度稍长（约 120%）时，整个肌肉就会产生最大张力。如果肌肉被拉伸超过其静息长度的 160%，则当肌肉拉伸到其最大长度时将达到最大张力。

> 当肌肉比静息长度稍长（约 120%）时，整个肌肉就会出现最大张力。

单关节与多关节肌肉对比

大多数单关节肌肉受到关节运动范围的限制，当其静止长度在 60%~160% 范围内时活动良好。它们的最大张力在其静止长度的 120% 左右产生，因为它们不能被拉伸超过其长度的 160%，并进入到图 11.14 所示曲线的右侧。你在某些姿势时比在其他姿势更强壮，部分原因是单关节肌肉能够在特定长度上产生最大的张力。

多关节肌肉的活动并不局限于其静止长度的 60%~160%。由于多关节肌肉的排列方式，它们通常不能被缩短到其静止长度的 60% 以下，但它们可能被拉伸到超过其静息长度的 160%。它们能够在图 11.14 所示曲线的右侧开始运动。通过被动拉伸结缔组织结构，超过多关节肌肉静息长度的 160% 时将会产生最大张力。自主实验 11.3 说明了被拉伸的肌肉是如何产生被动张力的。

自主实验 11.3

当手腕屈曲时，手指和手腕伸肌的被动张力会限制手指屈曲吗？

想象一下你的肌肉在屈曲或伸展你的手指。手指屈肌位于前臂前部，而手指伸肌位于前臂后部。它们的

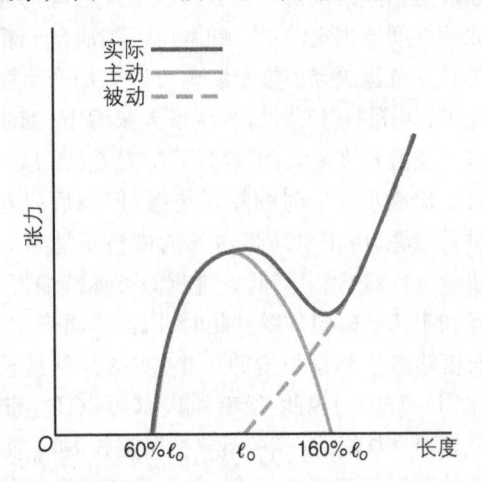

图 11.14 肌肉长度与张力的关系

肌腱横跨腕关节、腕掌关节、掌指关节和指间关节。弯曲你的手指并且尽可能紧地握住一根铅笔，接着尽可能地弯曲你的手腕。这时你可能会注意到，当你的手腕弯曲时，你的手指不能像刚才那样弯曲了。你可能还会注意到，当你弯曲手腕时，你对铅笔的握持力同时也减弱了（试着分别在弯曲和不弯曲手腕时拔出铅笔）。如果你下压你的手腕，使它弯曲得更多，这时铅笔甚至可能从你的手中掉下来。手指屈肌腱在它们通过的每个关节处都缩短了，因此手指屈肌不能产生很大的张力。在穿过的每个关节处都延长手指伸肌肌腱并拉伸伸肌肌腱，它会超过其静息长度的160%。当你的手进一步弯曲手腕时，结缔组织的拉伸产生的被动张力会导致手指的背伸。

腘绳肌提供了另一个说明肌肉长度和张力之间关系的优秀例子。大腿后部的这些肌肉在膝盖周围形成屈肌力矩，在髋周形成伸肌力矩。如果你曾经用带重量和滑轮系统的平凳做腘绳肌弯举练习，你可能会注意到，在图11.15a所示的完全屈曲位置时，你的腘绳肌非常无力：这是因为你的腘绳肌这时处在其最短的状态。它们处在能够产生张力的最小长度：它们位于图11.14所示曲线的左侧末端。当你伸髋屈膝时，可能会使你的腘绳肌缩短到静息长度的60%以下。在平凳上进行的腘绳肌弯举训练只会在其静息长度的60%~100%范围内。为了改进这个练习，你可以调整你的姿势，使你的髋部稍微屈曲而不是伸展。这可以稍微地延长腘绳肌，使它们保持在更大的活动范围。使用有隆起的长凳可以比平坦的长凳（图11.15b）让你在做腘绳肌弯举时更轻松地保持髋屈曲。

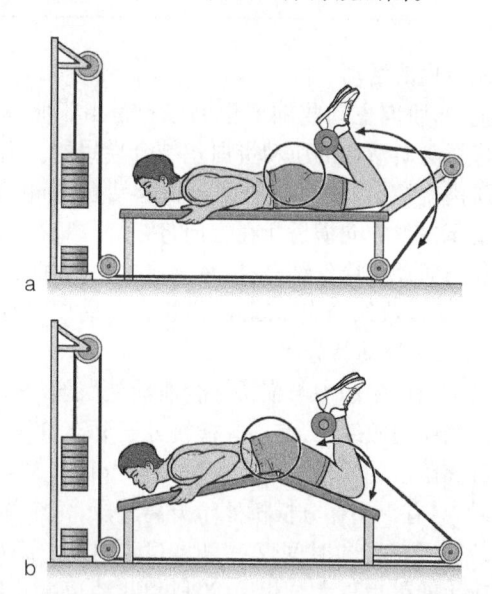

图11.15 锻炼腘绳肌的器械。在a中，肌肉长度缩短，其产生张力的能力有限；在b中，由于髋部屈曲，肌肉长度增加，其产生的张力更大

肌肉收缩速度

肌肉能够产生的最大张力取决于肌肉缩短的速度及它的长度。正如肌节内部的收缩机制决定了肌肉长度与其最大收缩力之间的关系一样，这些机制也决定了肌肉收缩速度与其最大收缩力之间的关系。

> 肌肉能够产生的最大拉伸力取决于肌肉缩短的速度及它的长度。

【概念应用】

卧推和长度-张力关系

竞技举重运动员在举重过程中擅长利用肌肉的长度-张力关系来使自身力量达到最大，尤其是在进行多关节参与的举重时。例如，在卧推过程中就可以使用这种技巧。

卧推时，杠铃上推阶段，手臂以肩关节为轴水平屈曲/内收，杠铃下放阶段，手臂以肩关节为轴水平伸展/外展。肩关节水平内收肌是卧推上推和下放阶段主要激活的肌肉。在肩关节周围产生水平屈曲/内收力矩的肌肉是三角肌前束、胸大肌的胸骨部分和锁骨部分，以及喙肱肌。这些肌肉中，胸大肌是体积和力量最大的。胸大肌的胸骨部分是唯一一块同时越过胸锁关节、肩锁关节和肩关节的肌肉。这块肌肉除了影响手臂在肩关节的运动外，它还会影响肩胛带的运动。肩胛带的运动也同样会影响这块肌肉的长度。肩胛骨内收会拉长胸大肌的胸骨部分，而肩胛骨外展则会缩短这块肌肉。

通常情况下，肩膀水平屈曲/内收会伴有肩胛带外展/伸展，肩水平伸展/外展会伴有肩胛带内收（收缩）。然而，在完成卧推的全程，肩胛带应保持内收（收缩）。这样可以使胸大肌的胸骨部分保持伸展。此时，该肌肉的相对长度是静息状态下长度的100%~140%。如图11.14所示，在该肌肉长度范围内，肌肉

肌节内的活动

记住，肌肉主动收缩产生的张力是由于肌球蛋白丝的横桥与肌节内的肌动蛋白丝结合导致的。当肌肉收缩肌肉变短时，横桥与肌动蛋白丝结合，横桥摆动，将肌动蛋白丝拉向横桥所在方向，然后分离，在此基础上重新与肌动蛋白丝结合，横桥再次摆动，如此往复运动，直至肌肉收缩结束。因此，横桥在此周期中有三个步骤：结合、拉动及分离。

肌节内产生的力与横桥结合肌动蛋白丝的数量成正比。当肌肉收缩时，有一些横桥处于分离阶段，此时处于分离阶段的横桥不会产生张力。当肌肉收缩速度很慢时，只有一小部分横桥处于分离阶段，每个横桥在分离阶段所需要的时间仅占总收缩时间的一小部分，此时产生的张力更大。相反，当肌肉收缩速度变快时，会有更多横桥处于分离阶段，每个横桥在该阶段所需的时间增多，此时产生的张力变小。因此，在一个肌节中，若想产生较大的张力就需要较慢的收缩速度。在所有肌肉中均是如此。举起较轻的物体时可以较快的速度，但当物体变重时，就无法以同样快的速度举起。你可以用一只手很快地举起10 lb的物体，但不能用一只手以同样快的速度举起50 lb的物体。一方面是因为物体的惯性导致的；另一方面是由于你的肌肉收缩速度很快，无法产生很大的力。收缩速度与肌肉张力之间的关系如图11.16所示。

向心、离心和等长收缩

你可能注意到了图11.16中收缩的负速度，收缩的负速度代表的是离心收缩。离心收缩和等长收缩所能产生的张力大于向心收缩。如果你曾做过负重训练，你会发现这是对的。想象一下你在健身房里尝试确定你的最大卧推力量。图11.17的速度-张力图展示了上述情况。你躺在卧推凳上，你的同伴发现你正在试图举起150 lb的杠铃。你把杠铃放到胸前，然后快速举起来。在上升阶段，胸肌处于向心收缩，在下降阶段胸肌属于离心收缩。你的同伴在你的杠铃上增加了2个25 lb的杠铃片，使总重量增加到200 lb。这次你卧推时，上升和下降阶段都只能以较慢的速度进行。现在，肌肉收缩的速度受肌肉所必须产生的力量大小的限制。此时，你无法以举150 lb杠铃的速度举起200 lb的杠铃。

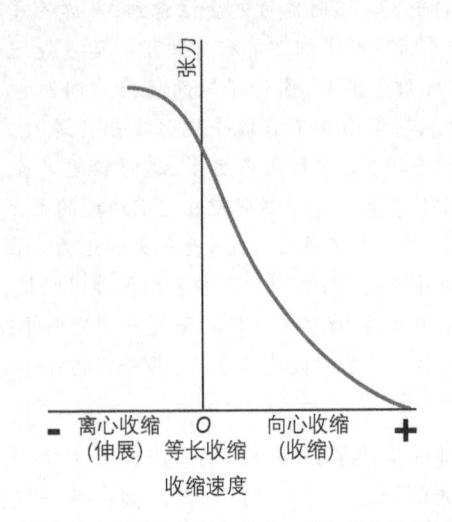

图11.16 收缩速度与张力之间的关系。最大离心收缩所产生的张力大于最大等长收缩，最大等长收缩所产生的张力大于最大向心收缩

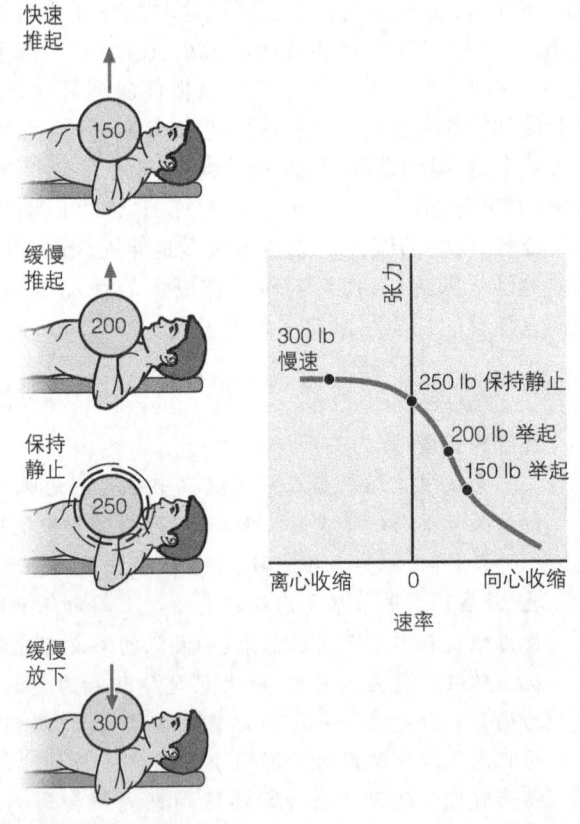

图11.17 四种卧推的速率-张力图

【概念应用】

动态力量指数与力-速度关系

肌肉的最大力量或最大张力受肌肉收缩速度的影响。这种关系如图11.16所示。一般来说，随着肌肉收缩速度的增加，肌肉产生的最大力量减小。最大力量的减小具有个体差异，同时受训练的影响。动态力量指数(DSI)，也称动态力量亏损，这是一种量化静态等长收缩峰值力量与动态向心收缩峰值力量之

间比值的方法。

DSI 是等长深蹲期间产生的峰值力量与深蹲跳期间产生的峰值力量的比值。测量 DSI 的替代方法包括：使用反向跳而不是深蹲跳，或是使用等长大腿中部拉而不是等长深蹲。在任何情况下，都需要测力台来测量力量。DSI 是深蹲跳或反向跳发力阶段测量的峰值力量除以 10 s 等长深蹲或等长大腿中部拉时测量的峰值力量。

DSI 可用于评估运动员常规力量训练。通常，DSI 为 0.65~0.75。如果 DSI 小于 0.6，则需要增加更多的弹跳力量训练。如果 DSI 大于 0.8，那么此时则应该增加最大力量训练。

> 肌肉离心收缩或等长收缩能产生比向心收缩更多的力量。

当你的搭档在杠铃上增加了两个 25 lb 的杠铃片时，现在的总重量是 250 lb。你能够缓慢地将杠铃放到胸前，但是你不能在缺少搭档帮助的情况下将其从胸前举起（加速向上）。你和你的搭档将杠铃举起到一半，然后搭档让你自己将杠铃完全举起。你无法让它向上运动（匀速运动，加速度为零），但是你能够将杠铃保持在那个位置。此刻等长收缩的胸肌能够产生足够大的力量将 250 lb 的杠铃保持静止状态，但胸肌无法通过向心收缩产生同样的力量将 250 lb 杠铃举起。等长收缩中产生的张力大于向心收缩中能够产生的最大张力。

此时你的搭档在杠铃上增加了另外 50 lb，使总重量达到 300 lb。你能够缓慢地将杠铃放到胸前（匀速运动），但即使搭档给你提供了一点轻微的辅助，你也不能将它举起（加速向上）。你的搭档帮助你将它举起到一半，然后放手让你再试一次。这一次你甚至不能将杠铃保持静止状态，于是杠铃开始缓慢地向胸部下降（匀速运动），直到你的搭档帮助你举起来。离心收缩的胸肌能够产生足够大的力量将 300 lb 的杠铃缓慢放下。但胸肌无法以等长收缩和向心收缩产生同样的力来保持 300 lb 杠铃的静止状态或举起 300 lb 杠铃。因此离心收缩所产生的最大张力要大于等长收缩或向心收缩所产生的最大张力。

其他因素

有几个因素可能会影响肌肉产生的最大张力。温度是其中之一。略微提高肌肉温度可以增加其产生张力的能力。可以通过外部摩擦或加热的方式来提高肌肉温度，或者通过在活动前进行热身运动来提高。接下来的内容将回顾其他因素。

预先拉伸

在向心收缩前对肌肉进行预拉伸也可能影响向心收缩的力量。在肌肉拉伸后进行向心收缩，中间的间隔时间越短，收缩力越大。这种效应的机械基础尚不清楚。肌肉中的松弛结缔组织和其他非收缩元与收缩元（肌丝）串联在一起。肌肉收缩元（肌纤维）串联的结缔组织和其他非收缩元中的松弛结缔组织可能会通过拉伸肌肉而减少，因此收缩力会立即传递到附着点。此外，这种行为还有一个神经肌肉基础，将会在下一章中讨论。在任何情况下，你可以在进行自主实验 11.4 时向自己展示预拉伸的效果。

自主实验 11.4

你能用深蹲跳或反向跳的方式跳得更高吗？

尝试使用以下两种技术跳得尽可能高。首先，进行深蹲跳。屈曲膝关节和髋关节，如图 11.18a 所示，保持这个姿势 1 s，然后伸展腿部并跳得尽可能高。现

图 11.18 两种不同的下蹲跳技术。第二种利用跳跃动作中涉及的肌肉预拉伸产生更高的跳跃高度

在再试一次,但这次进行反向跳。从直立的姿势开始(图 11.18b),然后迅速屈曲膝关节和髋关节,当你到达第一次跳跃的起始位置时,立即伸展并跳起来。你可能会使用反向跳跳得更高,膝关节和髋关节伸肌所施加的力更大。在第二种技术中,肌肉在等长收缩前迅速被拉伸,从而使得等长收缩更有力量。

刺激持续时间

正如前面肌肉收缩原理部分所讨论的那样,肌肉受刺激的频率会影响其张力。在肌纤维内,最大张力不会立即产生,而是在受到刺激后的短时间内(取决于肌肉类型,0.001～0.300 s)产生。这种张力发展速率影响了短时间内需要产生强大张力的肌肉所能发展的极限。因此,持续时间很短的肌肉收缩比持续时间超过 0.001～0.300 s 的收缩要弱。

疲劳

肌肉能够发展的最大张力也受疲劳的影响。肌肉的连续刺激会导致它所产生的张力逐渐下降。肌肉收缩时对三磷酸腺苷(ATP)的需求量最终超过了向肌肉供应的 ATP 量,导致肌肉产生的力量不断减小。即使肌肉不能产生最大的收缩,你也可以向自己证明这一点。拿起你能够伸臂举起的最大的重量(可能是几本书),将其保持在离你身体一定距离的地方。你能够保持多久?最终,你的肌肉产生的张力会变弱,你无法继续举起这个重物。

肌纤维类型

疲劳和肌肉内张力发展速率都受肌纤维类型的影响。骨骼肌肌纤维类型的不同在疲劳耐受和张力发展速率方面存在差异。根据这些差异,肌纤维被分为三种类型:Ⅰ型,或慢肌红肌纤维(SO);ⅡA型,或快肌红肌纤维(FOG);ⅡB型,或快肌白肌纤维(FG)。Ⅰ型肌纤维(type Ⅰ muscle fiber)(SO)有高密度的线粒体,因此耐久度高;其张力发展速率较慢,直径较小,因此它们的最大张力较低。**ⅡB型肌纤维**(type ⅡB muscle fiber)(FG)富含肌糖原,氧气少。这些肌纤维具有高的无氧能力和低的有氧能力,因此疲劳迅速,但其张力发展速率快。ⅡB型纤维的直径比Ⅰ型纤维大,因此可以产生更大的张力,但不可持续较长时间。**ⅡA型肌纤维**(type ⅡA muscle fiber)(FOG)具有Ⅰ型和ⅡB型纤维共同的特征。它们具有相对较高的有氧和无氧能力,因此可以快速产生张力并保持较长时间。

普通人的肌肉中含有 50%～55% 的Ⅰ型肌纤维,30%～35% 的ⅡA型肌纤维和 15% 的ⅡB型肌纤维,但存在很大的变异性。在从事耐力活动的优秀运动员中,Ⅰ型肌纤维的比例高于正常水平,而在需要短时间内爆发力的活动(短跑、跳高、投掷、举重等)中,Ⅱ型肌纤维的比例高于正常水平。

力矩的产生

在讨论肌肉产生的最大力量时,最后要考虑的是力量产生的有效性。肌肉通过产生力量拉动骨骼,从而在关节处产生力矩,这些力矩主要用于转动肢体和移动外部载荷,因此,肌力的有效性即指肌肉产生力矩的力的有效性。由于力矩(torque)等于力乘力臂($T = F \times r$),所以肌肉产生力矩的大小与力臂的长度有关。关节周围肌肉的力臂取决于肢体的肌肉附着点和力的作用线。力臂的最大长度由关节轴与最靠近关节的肌肉附着点之间的距离决定,当力的作用线垂直于该肌肉附着点的关节轴时,肌肉产生的力臂最大。当肌力的作用线与骨杠杆成 90° 位置时,则产生的力矩最大。而在除此之外的其他位置上,如果肌力不变,则力臂和力矩都较小。

同样的,力矩是力与力臂的乘积($T = F \times r$),因此关节的角度同样会影响髋关节肌肉的力臂(r)及相对长度,肌肉的相对长度将会影响肌肉所能产生的最大拉力(F),从而影响力矩。关节的角度会影响力矩的相关变量,即力(F)和力臂(r),因此肌肉所跨过的一个或多个关节的角度对肌肉力矩(T)变化具有重要的影响。

肌肉功率

功率(power)是肌肉做功的速率。在第四章中,我们了解到功率也可以表示为力与速度的乘积。因此,肌肉输出功率即指肌肉产生的张力乘以肌肉收缩的速度。图 11.16 显示了肌力和收缩速度之间的关系。从图 11.16 中,我们可以通过将收缩速度的值乘以相应的力值来确定肌肉功率,从而确定肌力与收缩速度之间的关系。图 11.19 进一步说明了这种关系。

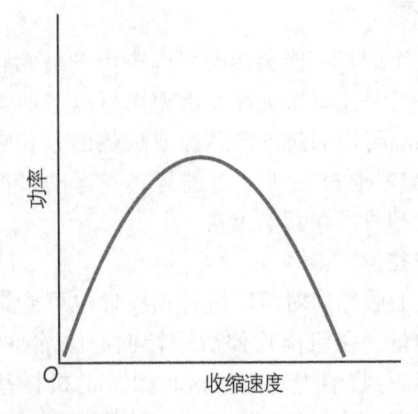

图 11.19 肌肉收缩速度与肌肉产生功率之间的关系

> 肌肉的输出功率等于肌肉产生的张力与肌肉收缩速度的乘积。

骑自行车的人通常运用这种力-速度关系来选择传动比。在低速挡，骑行者在踏板上施加较小的力量，但转动踏板的速度快，而高速挡骑行者在施加更大踏蹬力量的同时，转动踏板的速度则非常缓慢。因此低速挡的骑行者可以通过增加踏频获得与高速挡骑行者相同的输出功率。根据肌肉的速度-功率曲线，骑自行车的人应该选择一个能让他们以中等速度蹬踏的传动比，从而使肌肉收缩速度接近产生最大功率输出的区间范围。

总结

骨骼肌是肌肉骨骼系统的马达和主动动力发生器。它们产生的力量使身体的四肢移动，赋予关节刚度，同时还能产生热量，提供保护，并改变压力。

骨骼肌由许多肌细胞或肌纤维串联和平行排列组成，并由复杂的结缔组织鞘支撑。肌小节是肌纤维的基本结构。在肌小节内，肌球蛋白丝与肌动蛋白丝的互动促使肌肉收缩时主动张力的产生。整个肌肉中的纤维排列可以是纵向的或羽状的。纵肌有更多彼此串联的肌纤维，收缩范围更大。而羽状肌则有更多的肌纤维相互平行，因此会产生更大的收缩力量。

肌肉收缩或肌肉运动可以是向心的、等长的或离心的。向心收缩是指肌肉在产生张力的同时缩短，此时肌肉完成正的机械功。当肌肉在产生张力的同时长度不改变，就会发生等长收缩，等长收缩不会做机械功。离心收缩是指肌肉在产生张力的同时长度被拉长，此时肌肉做负的机械功。

主动肌、拮抗肌、中和肌和稳定肌等术语用于描述肌肉相对于另一块肌肉或一个关节运动以特定方式所发挥的作用。

一些变量决定了肌肉运动产生的力量。如果一块肌肉中的所有肌纤维都受到刺激，肌肉运动所产生的最大力量取决于肌肉的生理横截面积、肌肉收缩时的初长度、收缩速度、温度和刺激频率。肌肉与其所跨过的一个或多个关节之间的相对关系会影响力矩的大小，从而决定肌力的有效性。肌肉功率由收缩的速度和力量决定，最大功率输出只能在特定的收缩速度下产生。

关键词

主动肌	肌束	稳定肌
拮抗肌	等长收缩	协同
腱膜	肌纤维	肌腱
向心收缩	中和肌	Ⅰ型肌纤维
离心收缩	肌束膜	ⅡA型肌纤维
肌内膜	肌膜	ⅡB型肌纤维
肌外膜	肌小节	

第十二章 神经系统

肌肉骨骼系统的控制器

学习目标

学完本章,你应该能做到以下内容:
- 列出神经系统的各个要素
- 描述神经元的不同组成部分
- 列出神经元的三种类型
- 阐释运动单位
- 了解中枢神经系统控制肌肉力量的两种方式(募集和聚合)
- 阐释本体感受器并列出本体感受器的不同类型
- 描述肌梭的功能
- 阐释牵张反射
- 描述腱梭的功能
- 阐释腱反射
- 描述前庭系统的本体感受器
- 描述翻正反射和颈紧张反射
- 阐释外感受器并列出外感受器的不同类型
- 描述由外感受器引发的反射

想象一下,当你闭上眼睛试图去抓住别人随手扔给你的一本书,你能及时地接住它吗?你是如何知道书什么时候落在你的手上?你是如何预测书的重量?你是如何调节你对书所施加的力的大小,从而使你能够阻止它并抓住它?更广泛地说,人体是如何检测作用在它身上的外力的?它是如何检测关节处肢体位置的变化和整个身体方向的变化的?身体是如何控制肌肉的收缩力的?这些问题都涉及肌肉骨骼系统控制的某些方面,而这正是本章的主题。

神经系统控制肌肉骨骼系统。神经系统的功能包括内外部刺激信息的收集、信息的处理,以及肌肉骨骼系统对刺激发生反应的启动和控制。因此,在我们研究人体运动生物力学时,有必要对神经系统和神经系统控制运动的原理有基本的了解。同时,我们鼓励大家从其他书籍获取神经系统及其对肌肉功能控制的相关知识,以便形成更全面的认识。本章的目的是对神经系统及神经系统如何控制肌肉骨骼系统做一个简单明了的概述。

神经系统和神经元

神经系统由中枢神经系统和周围神经系统构成。中枢神经系统包括脑和脊髓,分别被骨质结构保护在头骨和脊柱内。大脑是神经系统的**中央处理器**(central nervous system),脊髓将信号传递给周围神经系统或从周围神经系统传递给大脑。**周围神经系统**(peripheral nervous system)由位于颅骨和脊柱外的所有神经组织构成,包括12对脑神经和31对脊神经,这些神经由可能包括感觉神经和运动神经在内的神经纤维束构成。感觉神经主要探测有关外部环境和身体内部状态的信息,而运动神经负责将刺激信息发送至肌肉。

↷ 神经系统由中枢神经系统和周围神经系统构成。

神经系统在功能上也可分为躯体神经系统和自主神经系统。**躯体神经系统**(somatic nervous system)参与有意识的感觉和行为,也被称为随意神经系统。**自主神经系统**(autonomic nervous system)涉及无意识的感觉和行为,也被称为不随意神经系统,包括交感神经系统和副交感神经系统。自主神经系统控制和调节大多数内脏器官的功能,而躯体神经系统控制和调节运动。

神经系统的基本单位是神经元(或称神经细胞)。一个神经元有一个细胞体,它包含细胞核和其他代谢结构。树突,由来自细胞体许多分支的毛发状突起构成。轴突,又被称为神经纤维,是一个单一的、长线状的突起,通常从细胞体向与树突相反的方向延伸。轴突大多在其远端分支成许多短纤维。图 12.1 是两种神经元的图示。

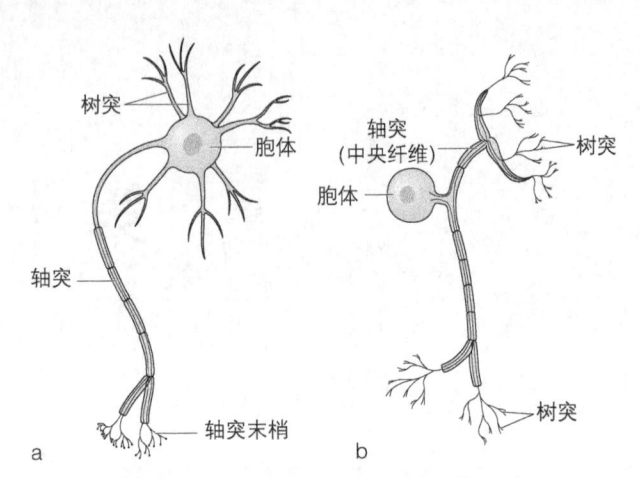

图 12.1 运动神经元(a)和感觉神经元(b)的典型特征

↷ 神经系统的基本单位是神经元(或称神经细胞)。

神经元大致分为三种类型:① 感觉神经元,或称传入神经元;② 运动神经元,或称传出神经元;③ 中间神经元,或称连接神经元。感觉神经元和运动神经元主要位于周围神经系统,而中间神经元则位于中枢神经系统。**感觉神经元**(sensory neuron)负责接受来自外部或内部环境的感觉刺激,并将这些信息送回中枢神经系统,大多与**中间神经元**(interneuron)连接,少部分与运动神经元连接。感觉神经元的细胞体位于靠近脊髓的外围。**运动神经元**(motor neuron)的细胞体位于脊髓内。远离中枢神经系统的运动神经元接受来自中间神经元或感觉神经元的刺激,并向肌肉发送信号。由于感觉神经元和运动神经元的细胞体靠近脊髓,而其轴突或树突的末端可能位于四肢的远端,因此神经纤维(轴突和外围树突的纤维)的长度可能超过 1 m。

↷ 有三种类型的神经元:① 感觉神经元,或称传入神经元;② 运动神经元,或称传出神经元;③ 中间神经元,或称连接神经元。

神经元的细胞膜是一种可兴奋的膜,其电位(跨膜电压)可以随着刺激的结果而改变。正常情况下,神经元可能在其细胞体和大量的树突末梢受到刺激。刺激可以是兴奋性的(易化的)或抑制性的,这取决于刺激是否导致细胞膜电位的增加或降低。刺激经过轴突远离细胞体,如果所有兴奋性和抑制性刺激的净效应是轴突基底部的细胞膜电位高于阈值,则轴突基底部的神经元内产生动作电位。如果所有兴奋性和抑制性刺激的净效应没有使细胞膜电位的升高程度超过阈值,则没有动作电位产生。动作电位或神经冲动是细胞膜在特定部位的去极化。动作电位沿着细胞膜传播,远离胞体,沿着轴突向下传播至其末端。感觉神经元或中间神经元的轴突末端会与其他神经元的树突形成突触,运动神经元的末端则与肌纤维形成突触。神经冲动随后通过化学手段跨突触传递,并将刺激传递给下一个膜。图12.2说明了神经元之间如何相互交流及神经冲动的方向。

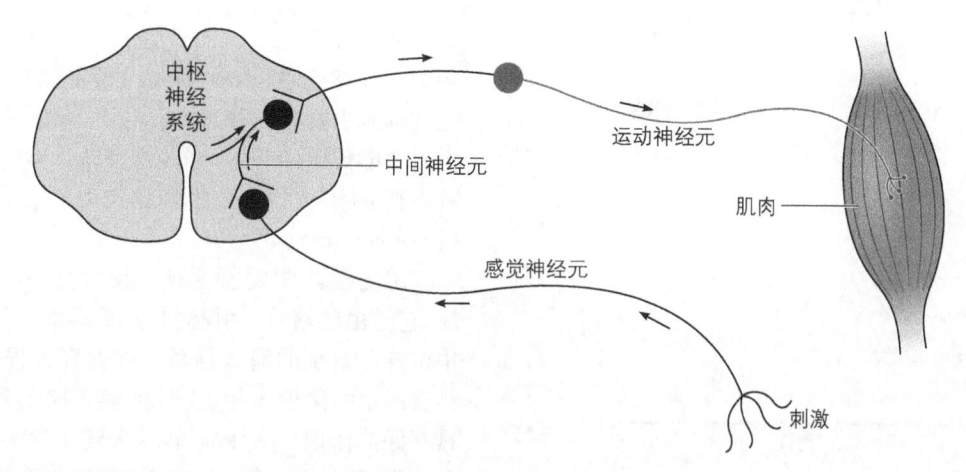

图12.2 外部刺激引起神经冲动影响肌肉动作的路径示意图

运动单位

神经肌肉系统的基本单位是**运动单位**(motor unit),其由一个运动神经元及其所支配的所有肌纤维组成。每个运动神经元支配的肌纤维数量可能小于20条或大于1 000条。这个数字代表轴突末端分支的数目,一个较大的运动神经元通常具有较高的电位阈值。整块肌肉中肌纤维与运动神经元的比值表示一个人对肌肉收缩的控制程度(图12.3)。运动单位的肌纤维数量越少,对肌肉的控制越精确。运动神经元的肌纤维数量越多,对肌肉的控制越粗糙。

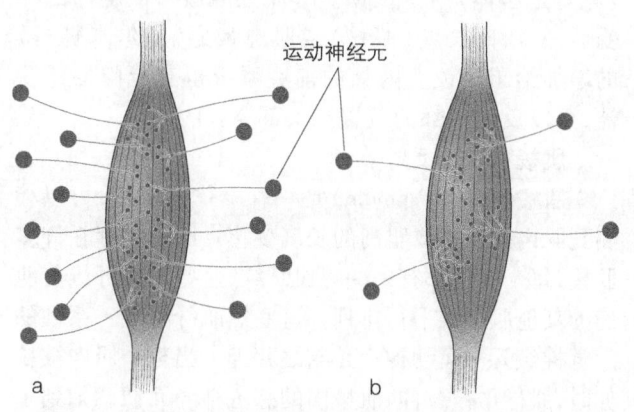

图12.3 理想化的例子:具有较多运动神经元的肌肉控制更精细(a);具有较少运动神经元的肌肉控制更粗糙(b)

神经肌肉系统的基本单位是运动单位,由一个运动神经元及其所支配的所有肌纤维组成。

单个运动单位的肌纤维不是在整个肌肉中聚集在一起,而是分散在肌肉的局部区域。因此,相邻的肌纤维通常是不同运动单位的一部分。

在运动神经元轴突中传播的神经动作电位通过运动单位的每条肌纤维传递到每个轴突运动终板的突触。相对于突触神经动作电位提供的化学刺激,单个肌纤维的膜(肌膜)的电位阈值通常较小,因此神经动作电位几乎总是产生肌肉动作电位。因此,运动神经元中的动作电位会导致一个运动单位的所有肌纤维都一起收缩。

控制整个肌肉收缩产生的力量大小的一种方法是控制活动运动单位的数量。如果只需要一个小的力,那么就只需要募集少量的运动单位,并且只有少量的肌纤维收缩来产生张力。如果需要更大的力,就会募集更多的运动单位,大量的肌纤维收缩产生更大的张力。

控制整个肌肉收缩产生的力的大小的另一种方法是控制刺激的速度。单个动作电位在肌肉中产生兴奋或收缩,如图12.4所示。如果在第一次兴奋产生的张力消退之前肌纤维接收到另一个动作电位,则第二次兴奋产生的张力会叠加在第一次兴奋的张力之上。如果动作电位之间的时间足够短,就会发生强直性收缩,产生的最大张力要比单次兴奋大得多。控制肌力的两种方法(招募法和叠加法)可同时发生。

随着肌肉中所需张力的增加,运动单位的招募似

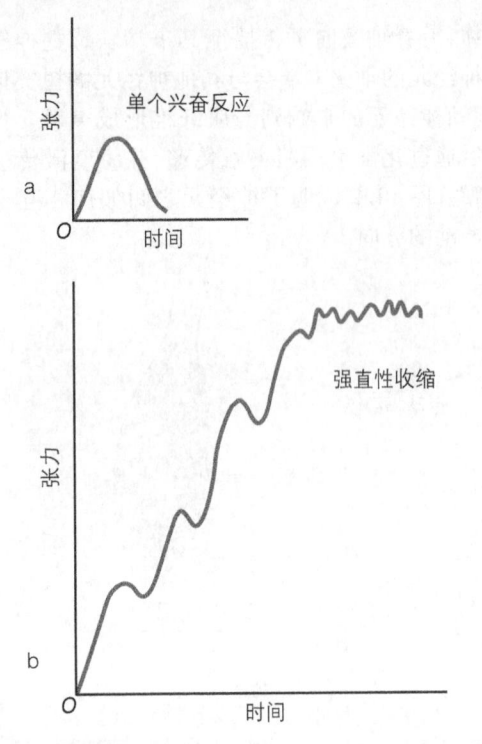

图 12.4 如果刺激频率足够大，单个刺激（a）所产生的肌纤维张力小于重复刺激（b）所产生的肌纤维张力

乎遵循一定的模式。首先招募的运动单位是小运动单位，刺激频率低。这些运动单位具有最少数量的快肌纤维和较大比例的慢肌纤维（Ⅰ型）。当需要更大的张力时，需要更大的运动单位和更多的快肌纤维（Ⅱ型）。当最大自主收缩被唤起时，所有可以通过自主收缩被募集的运动单位都被募集，刺激频率高，张力接近最大值。

在肌肉的最大自主收缩期间，该肌肉的所有运动单位可能并非都被募集。通过电刺激或其他方法，肌肉仍可产生较大的收缩力。这一结果表明，与力量训练计划相关的一些力量增加（特别是最初的力量增加）可能是神经系统训练及其募集更多运动单位的能力提高的结果。如果你曾经做过任何力量训练，你可能会有这样的经历：虽然体重或肌肉量没有增加，但力量增加了。

运动单位是否产生动作电位（从而使其肌纤维收缩）取决于它从与它建立突触的神经元接受的刺激。运动神经元的树突与成千上万的其他神经元通过突触建立连接。这些突触有些是抑制性突触，有些是兴奋性突触。运动单位的自主控制通过连接运动单位自身运动神经元与上位神经元之间的突触实现，这些上位神经元接受来自中枢神经系统高位中枢纤维的支配。其他突触传递的神经冲动可能增强或减弱所期望的自主反应。通过本体感受器的反馈，意志神经冲动的适当强度发生在运动神经元突触上产生，这些神经元通过纤维连接接受来自中枢神经系统的信号调换。这个持续反馈和控制的过程决定了运动单位的运动表现。以下部分描述了感受器的作用，以及通过刺激或抑制运动神经元之间的突触而引起的反射动作。

感受器和反射

感觉神经元或传入神经接受来自特定感受器的刺激。**外感受器**（exteroceptor）接受来自体外的刺激，这些刺激主要有五种感觉：视觉、听觉、味觉、嗅觉、触觉。**内感受器**（interoceptor）接受来自体内的刺激，主要有内脏的感觉，以及骨骼肌肉的感觉，即**本体感觉**（proprioceptor）。

感受器遵循反射原理。反射是一种无意识的反应，它是由感觉输入引起的，几乎不接受任何来自高级中枢神经系统的输入信号。在发育过程中，反射可能具有一定的保护作用，少数反射在成年人中还会继续具有保护作用。一个简单的脊髓反射可能只涉及两个神经元：一个感知刺激的感觉神经元和一个对应的能被激活的运动神经元。对脊髓反射弧的感觉刺激使感觉神经元兴奋运动神经元，引起肌肉收缩。大多数反射要复杂得多，涉及两个以上的神经元，但这些基本的脊髓反射弧可能起到增强或抑制某些运动的作用。

> 反射是感觉输入引起的非自主反应，几乎不接受任何来自高级中枢神经系统的输入信号。

本体感受器和本体反射

本体感受器可以被认为是感应肌肉骨骼系统位置的感觉器官。分布在关节囊内的感受器，对关节位置（花枝末梢或鲁菲尼小体）或关节姿势的快速变化（帕奇尼小体）给予反馈。分布在肌腹和肌腱内的感受器，对肌肉长度（肌梭）或肌肉张力（高尔基腱器）的增加给予反馈。内耳的前庭系统也有专门的感受器，可以反馈头部的位置和头部姿势的变化。

肌梭和牵张反射

肌梭（muscle spindle）是一种本体感受器，可以检测到肌肉的拉伸或肌肉的长度变化。肌肉中存在许多肌梭，每个肌梭都有一些短肌纤维，这些短肌纤维与肌肉的其他肌纤维平行排列。这些短肌纤维有一系列的感觉神经元和运动神经元与之相连。当整个肌肉被拉伸时，肌梭也被拉伸，肌梭内的感觉神经元便感知到了这种拉伸刺激。缓慢的拉伸产生较低的刺激速率，而快速的拉伸产生较高的刺激速率。当肌肉的长度发生变化时运动神经元对肌梭本身进行激活，以重置肌梭内肌纤维的张力。因此肌梭可以忽略肌肉的长度，对肌肉长度的增加做出反应。

> 肌梭是一种本体感受器，可以感知肌肉的拉伸或其长度变化。

肌梭的感觉神经元通过运动神经支配着整个肌梭。如果这些感觉神经元受到的刺激足够大，运动神经元也会受到刺激而强烈收缩被拉伸的肌肉，这种反射叫作牵张反射。长度增加越快，反应会越强烈。

如果你在上课时睡着了，你可能经历过牵张反射的尴尬表现。当你开始打瞌睡时，你的颈部伸肌放松，你的头开始向下坠落，当你的下巴到达胸部之前，颈部伸肌的快速拉伸引起了牵张反射，然后这些肌肉快速强烈收缩使你抬起头来。这个动作往往非常有力，足以把你从梦中惊醒并拉回到课堂上，但这个快速的动作也可能引起讲师的注意。尝试自主实验12.1，以获得另一个拉伸反射的演示。

自主实验12.1

快速拉伸你的髌韧带会导致你的股四头肌收缩吗？

当医生检查你的髌韧带时，他们可能会在你的身体检查中测试牵张反射。由此产生的股四头肌拉伸引发了牵张反射，这部分肌肉收缩而使膝盖伸展。你可以自己试试。坐在桌子的边缘或一个足够高的椅子上，确保你的腿可以自由悬空，不会碰到地板。放松你的肌肉，尤其是股四头肌。现在用你的手或书的侧面轻轻但快速地敲击你的髌韧带（在你腿的前部，就在髌骨下方，胫骨粗隆上方）。尝试几次，如果你失败了，也可以让别人来做。你能引出这种反射吗？

【概念应用】

超等长训练和牵张反射

超等长收缩训练可用于提高肌肉的输出功率。它包括可以激活目标肌肉进入"拉长-缩短周期"的若干练习。在这些练习中，目标肌肉被快速拉伸，肌肉在因拉伸而进行离心收缩后，会紧接着进行向心收缩。超等长训练的例子包括对抗性跳跃、俯冲跳（纵深跳）或深度跳跃、弹跳和健身实心球的接球与投掷。

超等长收缩训练的优点是，快速拉伸目标肌肉的初始运动会引起牵张反射。如果拉伸的速度足够快，拉伸肌肉的反射收缩可能比自愿募集的运动单位更多。面对同一目标肌肉时，超等长训练与典型举重运动相比，在目标肌肉中更多的肌纤维首先是离心收缩然后是向心收缩。收缩速度也更快，因此超等长收缩训练在训练肌力方面也最有效。

最后，超等长收缩训练中存在的肌肉"拉长-缩短周期"模仿了运动中许多运动肌肉"拉长-缩短周期"。因此，超等长收缩训练可以设计成与运动技能的特定动作和运动速度相匹配。超等长收缩训练的缺点是，由于快速移动和突然受到载荷而使受伤的风险增加。

运动员在运动前进行向后挥拍或向上摆臂时，或任何形式的预拉伸时，也会利用牵张反射。这种预拉伸或向后运动越快，肌肉的收缩就越大，以为前进运动提供力矩。棒球投手在投球时的上举，网球运动员在正手击球时的后摆，以及高尔夫球手在高尔夫开球时的后摆，都是运动员使用牵张反射来提高表现的例子。

来自肌梭的感觉神经纤维同时与一个中间神经元通过突触连接在一起，该中间神经元与拮抗肌运动神经元也通过突触建立了连接。这种突触是一种抑制性突触，因此这些运动神经元的激活受到抑制。那么，牵张反射也会抑制拮抗肌的收缩。这种效应被称为交互抑制。

牵张反射对肌肉缓慢拉伸的反应可用于非自主地控制姿势和肢体位置。当站立前倾时，身体后部的姿势控制肌肉被缓慢拉伸。该拉伸启动了牵张反射，引起身体后部肌肉收缩，收缩使得身体前倾得以停止，并将身体后拉，以保持平衡。当保持关节的位置时，也会发生类似的情况。随着关节位置的轻微变化，肌肉长度的缓慢增加会引起拉伸反射反应。随后拉伸肌肉的收缩使关节恢复到原来的位置。肌肉对缓慢拉伸的反应不如对快速拉伸的反应大。

牵张反射的作用是保护肌肉所跨的关节。当四肢在关节位置快速变化时，肌肉会快速延长。除非四肢运动放缓，否则这种变化可能会导致关节脱位。牵张反射会使拉伸肌肉离心收缩并减缓运动。在许多投掷或击球的后续动作中，牵张反射可能被唤起，以减缓投掷或击打肢体的速度。

> 牵张反射使伸展的肌肉离心收缩并减缓运动。

牵张反射也会影响柔韧性练习。肌肉如果放松，就会最有效地拉伸。肌肉的快速拉伸会引起牵张反射并使其收缩。拉伸越慢，对肌梭的感觉纤维的刺激速度越慢，牵张反射反应越小。因此，缓慢的静态拉伸更有效。

【概念应用】

PNF 拉伸

本体感受神经肌肉促进疗法（PNF）是多种拉伸法的总称。PNF 技术会刺激肌梭和高尔基腱器这两种本体感受器，诱发本体感受性反射，从而放松被牵拉的肌肉，促进肌肉拉伸。以下为两种流行的 PNF 拉伸技术：收缩-放松法和收缩-放松-拮抗收缩法。

PNF 拉伸中的收缩-放松法：首先，将目标肌肉缓慢地伸展至拉伸位置后，进行 10~20 s 的静态拉伸，然后做最大限度的等长收缩，保持 5~15 s。接着，令目标肌肉放松 2~5 s 后，再做 10~15 s 的静态拉伸。最后一次拉伸后，目标肌肉将放松 20~30 s。

在收缩-放松法中，目标肌肉应从初始位置缓慢运动至拉伸位置。在此运动过程中，目标肌肉被拉长后会刺激肌梭，从而引起牵张反射，导致目标肌肉收缩。然而，响应的幅度取决于速率。肌肉长度变化的速度越慢，牵张反射的效果就越小，目标肌肉的收缩幅度也就越小。此外，一旦肌肉在拉伸位置持续拉伸 10 s 以上，肌梭可能会重置令其受到刺激的肌肉拉伸长度，从而关闭牵张反射，使得肌肉更加放松。

在收缩-放松法中，目标肌肉在做最大等长收缩时会刺激高尔基腱器，由此发生的腱器官反射会抑制目标肌肉的收缩，但这种抑制作用不足以抵制兴奋性刺激对其的兴奋作用，因此主动肌仍持续收缩。等长收缩结束后，腱器官反射使肌肉更加放松，再次拉伸时，拉伸程度可能更大。

PNF 拉伸技术中的收缩-放松-拮抗收缩法是利用肌肉间的相互抑制来促进目标肌肉放松：这是通过拮抗肌的收缩来实现的。收缩-放松-拮抗收缩法与收缩-放松法相似，不同的是在目标肌肉做静态拉伸的同时，在末端增加了拮抗肌的等长收缩。拮抗肌与目标肌肉同时收缩会相互抑制，从而导致目标肌肉进一步放松和更大地拉伸。

高尔基腱器和肌腱反射

高尔基腱器（Golgi tendon organ）是除肌梭外的另一种与肌肉功能相关的本体感受器。它以意大利医生卡米洛·高尔基（Camillo Golgi）的名字命名，他在 1878 年发现了这种本体感受器，并获得了 1906 年的诺贝尔生理学或医学奖。高尔基腱器通常分布于肌腱内，靠近肌腹，与肌肉串联。无论肌肉是被牵拉还是收缩，肌腱内产生的张力都会刺激该器官的感觉纤维。张力越大，刺激就越强。高尔基腱器的感觉纤维与肌肉的运动神经元通过突触连接，并传递抑制性冲动，而非兴奋性冲动。因此，处于紧张或被牵拉状态的肌肉在继续收缩时会受到来自高尔基腱器的反射性抑制作用。这种反射被称为腱反射。

> 处于紧张或被牵拉状态的肌肉在继续收缩时会受到来自高尔基腱器的反射性抑制作用。

当肌肉内的张力过大时，腱反射通过抑制肌肉收缩来避免肌肉断裂或撕裂。该反射的效应与牵张反射相反，除非肌肉内的张力过大，否则通常情况下牵张反射的效应更大。以下为腱反射的一个例子：跳高运动员或三级跳远运动员在腾空时，腿部因膝伸肌产生的极大力量而弯曲或塌陷。

某些阻力训练增强力量的机制可能是，中枢神经系统向运动神经元提供兴奋性刺激的能力增强，足以抵制高尔基腱器对其的抑制性刺激。

前庭系统及其相关反射

前庭系统由控制平衡的感觉器官组成。每个内耳包含三个本体感受器：半规管、椭圆囊和球囊。这些本体感受器是充满液体的骨隧道，被称为**内淋巴**（endolymph）。隧道的壁上排列着由一种胶状物质所包围的感觉毛细胞。有三个半规管排列在三个相互垂直的平面上，大致对应着矢状面、冠状面和横断面。当头部运动加速时，这些管道中的内淋巴液会相对于头部移动。这种移动使感觉毛细胞弯曲，从而为头部的运动或其速度的变化提供反馈。胞部和囊部是骨隧道中的球状肿块，其中含有耳石，即嵌在带有毛细胞的胶状物质当中的微小碳酸钙结石。耳石根据它们被重力拉动的方向使毛细胞弯曲，从而提供关于头部相对位置的反馈。

> 前庭系统，或者说内耳迷路，由平衡感觉器官组成。

前庭系统和与之相关的颈部关节产生了几个与头颈部位置相关的初级反射。在成年人中，由于存在压倒性的意志控制，这些反射通常很难被观察到。当前庭系统检测到头部为非直立位置时，翻正反射就会出现。四肢和躯干及颈部肌肉组织的这种反射性动作是在尝试纠正头部位置并保持直立姿势。图 12.5 展示了翻正反射的一个例子。

图 12.5 翻正反射示例。当一个人被绊倒并向前跌倒时,这种反射使他的颈部和背部伸展、手臂的肘部伸展、肩部弯曲

因刺激颈部本体感受器而产生的反射被称为**紧张性颈反射**(tonic neck reflexe)。本体感受器与上肢肌肉的运动神经元沟通,颈部屈曲会引发紧张性颈反射,促进肌肉收缩,引起手臂的拉动动作,而颈部伸展有助于促进肌肉收缩,引起手臂的推动动作。向右旋转头部会引发紧张性颈反射,促进右侧肘部伸肌和肩部内收肌,以及左侧肘部屈肌和肩部内收肌的收缩。图 12.6 说明了紧张性颈反射所促进的位置。

外部感受器和外感觉反射

显著影响身体运动的外部感受器包括视觉、听觉、触觉和疼痛感受器。**帕齐尼小体**(Pacinian corpuscle,即环层小体)是触觉的感受器,同时也是关节位置变化的感受器。环层小体只在压力发生变化时对压力敏感,并且压力的巨大变化会导致该感受器的巨大反应。

脚底或手掌皮肤下的环层小体会导致伸肌推力反射。来自环层小体的感觉纤维与肢体伸肌的运动神经元发生突触联系,从而促进这些肌肉的收缩和肢体的伸展。当你在跳起落下后双脚着地时,巨大压力变化的产生会引起伸肌推力反射,腿部的伸肌进行离心收缩从而阻止了你跌倒。这种收缩是由伸肌推力反射促进的。

皮肤疼痛感受器也参与了肌肉骨骼系统的反射性动作,起到保护身体的作用。如图 12.7 所示,当肢体的某个远端位置感觉到疼痛时,就会出现屈肌反射,或称为退避反射。这种反射的反应是患肢的退缩或屈曲。把你的手放在一个尖锐的大头针或热的表面上,屈肌反射将被启动,手会被拉离疼痛的源头。

图 12.7 退避反射示例

总结

神经系统在结构上分为中枢神经系统和周围神经系统。神经是来自单个神经细胞的神经纤维束(轴突或树突)。一个神经元就是一个神经细胞。神经元有三种类型:感觉神经元(或传入神经元)、运动神经元(或传出神经元)及中间神经元。感觉神经元通过外部感受器探测外部环境的状况或变化,通过内部感受器探测内部环境的状况或变化,并将这些信息编码为神

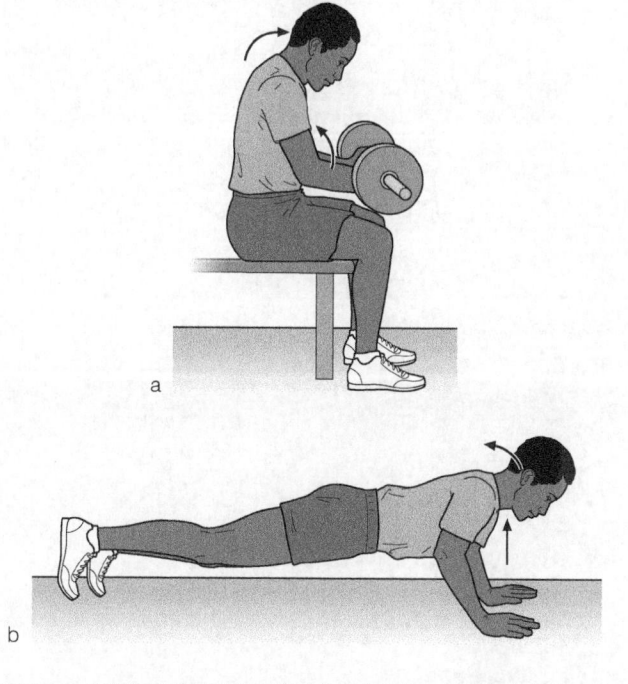

图 12.6 利用紧张性颈反射来促进特定的动作。颈部弯曲有利于肘部屈肌的收缩(a),颈部伸展有利于肘部伸肌的收缩(b)

经冲动传递给中枢神经系统。运动神经元接受来自中枢神经系统和感觉神经元的刺激,并将神经冲动发送给肌纤维。中间神经元在神经元之间传递神经冲动。

运动单位是由一个运动神经元及其所支配的所有肌纤维构成。每个运动单位可能包含少至20或多至1 000条的肌纤维。每个运动单位中所含有的肌纤维数目越少,肌肉活动越有利于进行精确控制。肌肉的收缩力可能由运动单位的募集和单个运动单位的刺激率来控制。

感受器是检测身体环境中的状态或状态变化的特殊感觉器官。反射是由感觉输入所引起的非自主活动。

关键词

自主神经系统	内感受器	本体感觉
中央处理器	运动神经元	感觉神经元
内淋巴	运动单位	躯体神经系统
外感受器	肌梭	紧张性颈反射
高尔基腱器	帕齐尼小体	
中间神经元	周围神经系统	

第三部分

生物力学原理应用

本书的前几章主要介绍了人体作为一个整体在应对外力时如何做出反应,以及人体肌肉骨骼系统的各个组成部分在受到外力作用时如何相应地产生内力,并列举了一些力学原理的应用实例。本书的第三部分主要介绍了人体运动中进行生物力学定性的分析方法。回顾引言,生物力学的首要目标是运动表现的提升,再者是运动损伤的预防与康复。进一步回顾,生物力学通过优化技术动作、提高训练效果或改良运动装备来提升运动表现。基于上述目标,本书的第三部分描述了生物力学定性分析方法。其中,第十三章概述了生物力学定性分析在优化技术动作中的应用,第十四章概述了生物力学定性分析在提高训练效果中的应用,第十五章概述了生物力学定性分析方法在损伤诊断和预防中的应用,第十六章作为总结,概述了生物力学参数的测量技术。

第十三章
生物力学定性分析以改进技术

学习目标

学完本章,你应该能做到以下内容:
- 理解生物力学定性分析和定量分析的区别
- 列出用于技术改进的定性生物力学分析所涉及的步骤
- 理解基于力学理论来建立某项运动技能因果模型的过程
- 描述运动表现观测的重要原则
- 了解如何识别和评估技术上的错误
- 了解如何指导学生或运动员纠正技术上的错误

当你正在观看一名跳高运动员试图创造个人纪录时,由于你具备了一些生物力学的知识,跳高技术的某些细节看起来就不那么奇怪了。例如,他在起跳时的手臂动作增加了他在离地瞬间的垂直速度,而他的背部动作使他的重心更靠近横杆,从而在相同的重心高度条件下能越过更高的横杆。但你能解释跳高者其他动作的技术原理吗?本章概述的生物力学定性分析的结构化方法将对此有所帮助。

分析就是先将事物分解成多个较小的部分,然后对各部分进行研究。定性分析也是如此,但它不去测量或量化观测事物的特征属性。对一个动作或运动技能进行**生物力学定性分析**(qualitative biomechanical analysis),就是将动作分解成基本要素,然后从生物力学的角度对这些要素进行定性分析。进行生物力学定性分析需要运用本书中所学到的知识,但不是随意套用。成功的生物力学定性分析,需要有条理地应用前几章介绍的力学和解剖学的知识。分析目标不同,方法也可能有所不同。这些目标包括改进技术、改善训练、预防损伤和改进装备等。本章给出了以改进技术为目标进行定性生物力学分析的框架。随后的章节则关注于改善训练和预防损伤。

生物力学分析的类型

在运用生物力学定性分析来改进技术之前,我们首先应该了解生物力学定性和定量分析的区别。定性和定量这两个形容词描述了教练、教师或临床医生是如何观察和分析某一运动表现特征的。如果运动表现或其中任何一个特征是被量化或测量的(用数字描述),那么基于这些测量结果的分析就是**生物力学定量分析**(quantitative biomechanical analysis)。如果运动表现的评估仅使用观察者自身的判断,那么这种分析就是生物力学定性分析,也是本章和后续章节所要重点讨论的内容。

生物力学定性分析

教师和教练会经常进行定性的生物力学分析,但很少进行定量的生物力学分析。他们观察运动员和学生的运动表现,主观地描述运动中的力学特征,使用比较性的描述语(更快、更慢、更高、更低、更短、更长、更大、更小等)来表示这些特征。观察和目测是大多数定性分析的基础。

教练或教师如何观察某项运动表现,会影响之后对其进行的生物力学定性分析。因此,如何及从什么角度观察某项运动表现也将在本章后面详细讨论。

生物力学定量分析

全面的生物力学定量分析通常仅针对优秀运动员。不过,教师和教练也会做一些简单的定量分析来评定运动表现。例如,秒表和卷尺可用于测量和量化许多生物力学参数。通过计算步数并计时,教练就可以知道步频。测量一个特定的距离,并记录移动这一距离所需的时间,就可以得出速度。如果有助手帮忙记录下每步足落地的位置,那么步长也可以被测量出来。这种类型的测量允许教练或教师进行有限的生物力学定量分析,但这样的测量并不能使教练或教师观察到整个运动表现。

一个全面的生物力学定量分析需要专业的、昂贵的设备来记录和测量感兴趣的生物力学变量。所以只有生物力学家或训练有素的技术人员才能进行这样的定量分析,而不是教师或教练。生物力学定量分析中所使用的测量工具会在第十六章中进行介绍。

完成一项全面的生物力学定量分析的成本很高,所以这种类型的分析通常只针对优秀的运动员。对精英运动员进行定量分析的另一个原因与观察者发现错误动作的能力有关。随着运动表现水平的提高,动作中的错误程度是下降的。然而,新手的错误动作是明显的,观察者使用生物力学定性分析方法很容易用肉眼观察到。随着运动水平的提高,错误动作变得细微,通过观察就很难检测了。所以对精英运动员进行一个全面的生物力学定量分析是很有必要的。

生物力学定性分析的步骤

进行生物力学定性分析的方法多种多样(Arend and Higgins 1976;Brown 1982;Hay 1984;Hay and Reid 1988;Knudson and Morrison 2002;McPherson 1988;Norman 1977)。这里仅推荐其中的一种方法。这种方法并不新颖,但它包含了现有众多方法中的共同流程,并提供了一种系统分析人体运动的生物力学方法。通过生物力学定性分析来改进技术包括以下四个步骤:

1. 描述。建立一个最有效的技术理论模型,并描述技术的外观,确定你所期望看到的运动表现。
2. 观察。观察你的学生或运动员的运动表现,从而了解他们技术的实际情况。
3. 评估。比较理想的技术表现和观察到的实际表现,识别并评估错误。

4. 指导。通过提供反馈和必要的指导来纠正这些错误。

以下将具体阐述这四个步骤。

描述理想的技术

为什么要进行生物力学分析？作为一名教练、教师、治疗师或其他人体运动专业人士，在评估学生或运动员的表现时，你应该能够区分什么是重要的，什么是不重要的，什么是正确的，什么是不正确的，什么是可能的，什么是不可能的，什么是有效的，什么是无效的，什么是安全的，什么是不安全的，等等。而做出这些区分的过程正是生物力学分析的一部分，作为一名学生或运动员，当你的老师或教练看到你的表现后，会向你提供反馈，纠正你动作中的不足。生物力学或运动分析通常被认为是仅仅观察（或测量）一项技能的表现，识别其中的错误，并向运动者提供反馈以帮助纠正这些错误的过程。事实上，这些步骤只是生物力学分析的一部分，你所没看到的部分才是生物力学分析中最重要的部分。你没能看到是因为这部分分析并不发生在体育馆或运动场上，而是在观察和纠正动作之前。

当教练或教师来到他们的运动员或学生面前时，他们心中就已经对一项技能的理想技术表现有一个映象。这个理想的技术表现将成为与实际观察到的表现相比较的标准。提出并在概念上形成理想的有效技术是生物力学分析的第一步，也是最重要的一步，它需要运用大量的生物力学知识。

技能的基础知识

对任何运动技能或其他人类活动行为进行评估之前，你应该对该技能有所了解。如果你要提出理想的有效技术技能，更是如此。至少，你应该知道这项运动的规则。

规则形成了约束。在不知道规则限制的情况下，去改进技术或设备很有可能被认为是不公平的、欺骗的和非法的。例如，在棒球中，你对投球技术的分析表明，投手可以通过出手前的助跑来提高投球的速度。但是这种技术会违反投手的后脚在棒球出手前不得离开投球垫的规则。

让我们再来看一个更换装备的例子。假设通过对冰球中守门技术的分析表明，守门员的装备需要改进，你设计了一根更长更宽的球杆（图 13.1）。这样很显然会使守门员的守门效率提高，但它会使对方的进攻球员处于非常不利的地位。因此在冰球比赛中，守门员的球杆尺寸是有规则规定的。

但有些规则并不是众所周知或显而易见的。例如，铁人三项是一项包括游泳、骑自行车和跑步的比赛。对这项运动骑自行车部分的分析表明，一个竞赛

图 13.1 在冰球比赛中，一根大的球杆可能比一根小的更有效，但它会给守门员带来不公平的优势，因此规则不允许这样做

者可以骑在另一个运动员的自行车后面，从而有效地减少空气阻力。事实上，这也是自行车比赛中常见的战术，但根据这项运动的规则，这在铁人三项比赛中是不允许的。

在运动中所使用的传统技术和装备的知识也可能对生物力学分析有所帮助，但这些知识并不是绝对必要的。教练员和教师们言传身教的动作技术一般是有效的，这种有效性是通过训练的试错法得以证明的。你可以将这些传统技术作为进一步提出最有效技术的基础，但要这样做，你必须知道传统技术是什么。

你在哪里可以找到有关运动技术的信息？这些信息大多可以在互联网、教练期刊、杂志、教科书和相关视频中找到。你也可以通过与教练和运动员交谈，观看成功运动员的表现，或尝试亲自学习。在收集这些信息的同时，要保持好奇心，同时也要保持怀疑，学会"质疑权威"。为什么技能会以这种方式执行？每个人都应该这样摆动手臂吗？这种随挥动作的目的是什么？为什么在准备阶段中髋关节要这么转？在好奇与疑问中也要认识到，传统技术的某些方面可能会有完全不同的描述（或由精英运动员实际表现出来）。这就是为什么必须基于你对该运动的生物力学机制的认识和理解基础上，来提出和研究最有效的动作技术。

运动技能的目标

既然你已经掌握了一些关于运动技能的基本知识，那么下一步便是明确运动技能的目标，并尽可能用生物力学术语去解释这个目标。运动技能的目的是获得所期望的结果、成绩或表现。运动员在完成这一技能时努力要达到的目标是什么？有些运动或动作技能的目标很容易定义，而有一些则不容易定义。有些运动技能只有一个目标，有些则不止一个。这项工作的复杂性取决于所分析的运动技能本身。

一般来说，运动技能所带来的结果是客观的，那么目标就比较容易确定。例如，所有田径项目的技能结果都客观地取决于对"多快、多远、多高"问题的回答。

同样,任何跑步运动的目标都是在最短的时间内跑完全程。有些技能的目标可能不那么容易确定或进行力学定义。例如,网球发球(图 13.2)、橄榄球拦阻、花样滑冰的三周半阿克塞尔跳、跳水的反身一周半直体空翻,这些动作的目标是什么?

图 13.2 网球发球的目标是什么?

网球发球的目标可以是发球直接得分,也可以是将接球方置于不利的接球位置,为发球方的有效回击取得优势。无论是哪一种情况,发球的速度和落点精度这两个参数,都可以用来定义动作的目标达成度。在美式橄榄球中,拦阻可能是为了防止防守端接近四分卫并将其扑倒。这一目标可以被力学定义为降低对手的跑动稳定性和他在四分卫方向上的速度。滑冰比赛中三周半阿克塞尔跳可能是为了给裁判留下一个深刻的印象。从力学的角度来看,这个动作的目标是跳得越高越好,并在空中完成三周旋转,然后采用单脚落地而不摔倒。对于跳水项目,其目标是获得更高的裁判分数。从力学角度来看,反身一周半直体空翻的目标就是跳得尽可能高并具备足够的角动量,完成动作后以垂直于水面的位置进入水中,溅起最少的水花。

尽管确定这些运动的目标并不是太难,但根据力学参数来定义目标却很难。想想你感兴趣的运动或活动,并试着定义这些运动中使用的特定技能的目标,然后将这些目标转化为力学术语。你越能准确地确定技能的目标,你对该技能的分析就越正确。

最有效技术的特点

生物力学分析的下一步是确定最有效技术的特征。有两种不同的方法可以完成这项任务。第一种是对传统技术的评估,以确定最有效技术的特点。第二种是通过建立确定性的(因果关系)模型来挖掘最有效技术的特征。

确定最有效技术特征的第一种方法是基于这样一个假设,即传统技术已经具备了许多有效技术的特征。这项工作的难点是确定传统技术中有哪些是重要的,优先级如何?

这个问题可以用两种方式来回答。首先,尽可能多地观察优秀运动员的表现,试着找出所有运动员共同的动作和姿势。然后,从动作的开始到结束,评估每个阶段动作对目标实现的贡献。这些动作或姿势是否有利于实现目标?那些有助于实现目标的动作应作为最有效技术的特征,同时要剔除那些不利的动作特征,而那些既不有助于也不减损目标的动作或许仅是个人技术风格,我们不应该将其视为有效技术。

回答"什么是重要的?"的第二种方式是根据你所掌握的教练或教学材料中所描述的技术,评估每个动作或姿势如何在力学层面上对技能目标的实现提供帮助。

对运动表现进行评估时,可以将动作技能的总体目标分解为几个子目标。然后,在评估具体的动作或姿势时,研究该动作或姿势如何有助于实现总体目标的某具体部分或子目标。例如,跳高的目标是越过更高的横杆,力学上的测量定义为越过横杆的高度,这可以细分为几个部分:越过横杆的高度(h_b)由跳高运动员起跳时重心高度(h_{to})、重心从起跳到最大高度的垂直位移(h_f)及跳高运动员重心最大高度与横杆高度之差(Δh)决定。因此,越过横杆的高度可以表示为一个等式:

$$h_b = h_{to} + h_f - \Delta h \qquad (13.1)$$

各种传统跳高技术都可以根据它们是否有助于这些子目标的实现来进行评估。

跳高运动员在跳高的起跳阶段将手臂向前上方摆动,但有些运动员在离开地面之前只将手臂摆动到与肩同高的位置,而另一些运动员则会继续将手臂向上摆动,直到离开地面。这些不同的手臂动作只是个人风格的表现,还是其中一种技术比另一种更好?跳高运动员手臂的位置会影响起跳高度,即公式 13.1 中的 h_{to}。在起跳的瞬间,跳高运动员的重心应尽可能高。在起跳前继续将手臂移动到肩膀高度以上的技术使重心稍微升高,从而有助于在起跳时提高重心高度。在起跳阶段，手臂的运动与腾空高度 h_f 有关，如公式 13.1 所示。力学上，运动员离开地面后的运动就是严格的抛体运动，抛体的垂直位移（在本例中为腾空高度 h_f）由其起跳时的垂直速度决定。在起跳的瞬间，跳高运动员的重心垂直速度由人体各部分的垂直速度决定。在起跳前继续将手臂摆动到肩膀高度以上的技术中，手臂在起跳时有一个垂直的速度。它们增加了跳高者重心的垂直速度，从而有助于达到较高的腾空高度。在另一种技术中，手臂减少了对重心垂直速度的贡献，因为它们在起跳前停止了向上摆动，因此这种技术是不利的。

确定最有效技术特征的第二种方法是针对实现该技术的目标来建立动作的力学原理。通过这一过程，来揭示有效技术的特点。这种方法使用基于力学原理的确定性因果关系。动作技能的力学目标被分解成子目标，就像跳高的例子。这些子目标将通过识别各自的力学机制而进一步减少，最终定义出最有效技术的特征。

让我们再来看看跳高。我们将技能的力学目标定义为使越过横杆的高度最大化，我们将这个高度定义为 h_b。这个力学目标被分解成三个子目标：最大限度地增加起跳时重心高度（h_{to}），最大限度地增加起跳后重心垂直位移（h_f），最大限度地减少起跳后重心最大高度与横杆高度的差值（Δh）。为了定义最有效技术的特征，我们必须深入考察上述的每一个子目标。

起跳时的重心高度（h_{to}）受跳时身体姿势的影响。跳高的规则表明，跳高起跳必须用一只脚完成，所以问题是要确定在单脚支撑时，什么样的身体姿势能使重心高度最大化。站着显然比躺着好，起跳腿完全伸直的直立姿势比向任何方向倾斜的姿势要好。把双臂举得尽可能高，也可以提高重心，将摆动腿抬得尽可能高，也可以提高了重心。因此，这些都是有效技术的特征。如果跳高运动员个子很高，起跳时重心也会更高，所以优秀跳高运动员通常都是高个。第一个跳过 8 ft（2.4 m）高度的运动员是哈维尔·索托马约尔，他身高 6 ft 4.75 in（1.96 m）。女子跳高的世界纪录保持者是斯蒂夫卡·科斯塔蒂诺娃，她身高 5 ft 11 in（1.80 m）。这两位跳高运动员的身高都远远高于各自性别的平均身高。

跳高的第二个子目标是最大限度地提升重心从起跳到最大高度的垂直位移（h_f）。运动员的脚一旦离开地面就成了空中的抛体运动，所以起跳者在起跳后重心所能达到的垂直位移由起跳瞬间的重心垂直速度决定。为了使高度尽可能高，跳高者需要使重心在起跳瞬间的垂直速度尽可能大。速度取决于什么？回想一下第三章内容和公式 3.31，冲量（平均合力乘以作用力持续时间）导致动量（质量乘以速度）的变化：

$$\Sigma \bar{F} \Delta t = m(v_f - v_i)$$

这个方程可以改写为公式 13.2，它描述了跳高的条件：

$$(\bar{R} - W)\Delta t = m(v_{to} - v_{td}) \qquad (13.2)$$

其中，$\Sigma \bar{F} = \bar{R} - W =$ 作用在跳高者身上的平均垂直合力；$\bar{R} =$ 地面对起跳脚施加的平均垂直反力；$W =$ 跳高者的重量；$\Delta t =$ 作用力的持续时间或起跳时脚接触地面的持续时间；$m =$ 跳高者的质量；$v_i = v_{td} =$ 踏跳开始瞬间的重心垂直初速度；$v_f = v_{to} =$ 起跳离地瞬间重心的垂直速度。

为求出 v_{to} 的最大值，我们将公式 13.2 改写为

$$v_{to} = \frac{(\bar{R} - W)\Delta t}{m} + v_{td} \qquad (13.3)$$

为了最大限度地提高垂直起跳速度，跳高者应最大限度地提高作用在起跳脚上的平均垂直反力（$\bar{R}$）、起跳脚接触的时间（Δt）和踏跳时的垂直速度（v_{td}）。跳高运动员的质量（m）或体重（W）也应最小化（即跳高运动员身材应相对苗条）。哈维尔·索托马约尔体重 180 lb（82 kg），斯特夫卡·科斯塔蒂诺娃体重 132 lb（60 kg）。

为了使跳高者起跳脚的平均垂直反力最大化，跳高者的助跑应该要快。助跑速度的增加会增大助跑结束时作用在起跳脚下的地面反作用力。在起跳阶段，跳高者还应该努力加速向上摆臂和摆腿。这些动作会使起跳腿以更大的力向下反推地面。

最后，为了使跳高者在踏跳时重心的垂直速度最大化，最后一步的动作应该迅速。实际上，当起跳脚着地时，跳高者的重心不太可能有一个向上的垂直速度，而是有一个向下的垂直速度（或者负速度，因为我们一直把向上描述为正）。因此，我们的任务是在起跳脚着地的瞬间使重心向下的垂直速度最小化。

有效的跳高技术的第三个子目标是使跳高运动员重心的最大高度和横杆高度之间的差距（Δh）最小化。为了达到这一目标，跳高运动员的重心需要尽可能靠近横杆，当重心达到最大高度时，甚至要低于横杆。但是跳高运动员是不愿接触到横杆的，更不想把横杆碰落。如果跳高者以直立的姿势跳过横杆，那么这个差距（Δh）是很大的。如果跳高者以躺着的姿势越过横杆，Δh 就小得多。如果跳高者以弓弧式或下垂式越过横杆，Δh 就更小了

四肢较长的运动员可能在这方面更有优势，因为他们可以把四肢垂到横杆下面更远的地方，而他们的躯干在横杆上面，这使得 Δh 更小，甚至是负值。

根据前面对跳高目标的力学评估，我们可以得到以下有效技术的特点：

1. 以快速助跑的速度接近横杆。
2. 提前放下起跳脚，使助跑的最后一步快速完成。
3. 在最后一步降低重心，特别是在起跳阶段的开始，通过将手臂和摆动腿放低，向后倾斜，远离横杆。
4. 起跳时尽力蹬地，并通过加速手臂和摆动腿，尽可能长时间地向上摆动，以获得尽可能大的地面反作用力。
5. 在起跳的瞬间，保持躯干直立，将重心尽可能抬高，起跳腿完全伸直，双臂和摆动腿向上伸展。
6. 越过横杆时，四肢保持下垂的姿势，以尽量减少横杆与跳高运动员重心之间的距离。

你的跳高最有效技术的模型应该包括这些特征。现在可以进行下一步的生物力学定性分析了。

观察表现

生物力学定性分析用以改进技术的下一步是观察实际的运动表现。视觉观察是大多数定性生物力学分析的重要基础，但这不是简单的观看。你的观察必须事先计划好，并考虑以下几点：你将观察谁？受试者处在什么条件下？受试者在哪里运动？你将在哪里观察？你要观察什么？

谁？

你观察的对象，特别是其运动技术的水平，可能会影响你观察和分析的方式。随着技术水平的提高，技术上可观察到的错误会减少，运动表现的变异性也会减小。新手表现出的错误往往很容易识别，但每个人的错误不尽相同。对比之下，你对这些学生或运动员的观察应该针对找出他们每次表现中的重大错误。

在观察和分析有经验的、高水平的运动员时必须更加小心。他们的错误很小，所以作为观察者，你必须更多地关注他们技术的细节。此外，他们的运动表现之间可能变化不大，所以你对这些运动员的观察应该针对识别在各个表现中重复出现的错误。

什么条件？

理想情况下，如果可能的话，你观察的运动所处的环境应该被得到控制，尽可能地复制进行测试的环境。对运动员来说，真正的比赛可能是最好的环境，因为这是一个运动员正常表现的环境。然而，这对观察者来说可能不是最好的。在比赛中，你可能无法获得观察的最佳地点，或者你的观察可能受到裁判员或其他运动员的影响。

在教学课或团队练习时进行观察也不太理想。其他学生或运动员的活动可能会让你和受试者分心（特别是当你还负责监督他们的时候），从而影响你的观察能力和受试运动员的运动能力。另外，在课堂或练习环节中模拟出正常的测试环境也很困难。

为观察技术创造理想的条件是困难的，但只要有可能就要尽量去做。在任何情况下，都要尽可能模拟正常的测试环境，尽量减少干扰。对于新手或初学者，教学或实践课也可以作为正常的测试环境。

在哪里观察？

观察技术表现时，好的观察位置很重要，因为它会影响到技术表现的哪些部分对你来说是可见的。首先，确定动作是否有一个主要的运动平面。如果是的话，你的视线应该垂直于这个平面。例如，跑步、跳远、体操跳马、体操单杠动作、篮球罚球投篮和仰泳等都是主要发生在矢状面的运动。要观察这些运动，请将自己置于动作的侧面，以便观察矢状面。你可以从左边或右边得到一个矢状面视图，并选择一个位置可以看到最少被遮挡的主体或感兴趣的身体部分的动作。你还必须考虑你应该离这个动作的距离。从远的角度来评价运动技术的整体质量是最好的。但如果你只对技术的某些方面进行评估，则需要更近的位置。但在任何情况下，你都应该离得足够远，这样你就可以看到视野中感兴趣的运动，而不必快速移动眼睛来跟踪它们。

即使动作主要发生在一个平面上，如果涉及多种技能，也可能需要多个观察角度。但是因为你只有一个人，多个观察角度需要运动员进行多次测试（除非你配备了几个摄像助手）。例如，观察跳远的三个独立部分——助跑、起跳和落地，可能需要三个独立的有利位置，如图 13.3 所示。

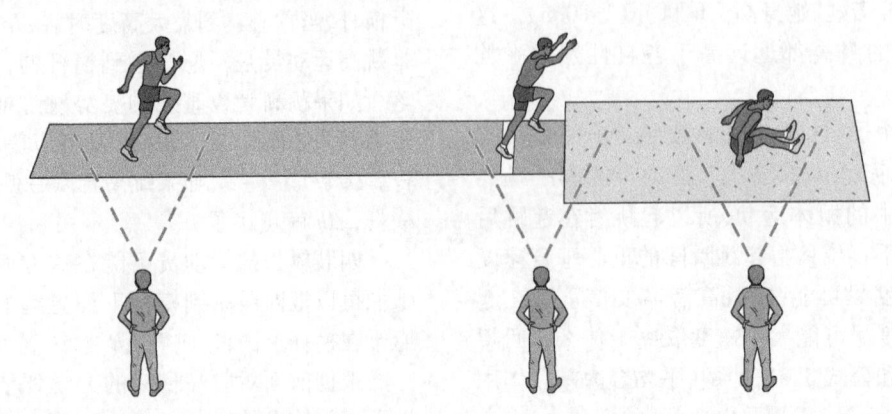

图 13.3 观察跳远助跑、起跳和落地时三个不同的观察位置

大多数动作都有多个运动平面,通常需要多个观察位置。观察这些动作的初始位置是由动作技能中最重要的部分来决定的。确定这部分技能的主要运动平面,你的观察方向应该垂直于这个平面,随后从不同的有利位置对该技能的其他重要动作进行观察。观察跳高的两个观察位置如图13.4所示。在这个例子中,主观察位给出了一个很好的助跑和起跳的观察点,而次观察位给出了一个很好的过杆观察点。

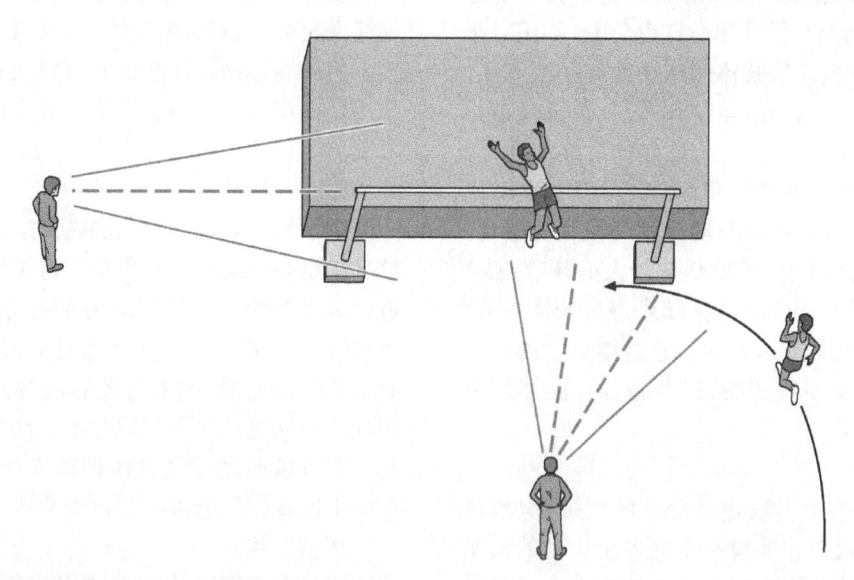

图13.4 观察跳高运动员助跑和起跳、过杆的两种不同的观察位置

关于观察位置的最后一个注意事项:如果可能的话,从每个观察位置对运动表现进行记录。最好有一个助手(另一个老师或教练,或另一个学生或运动员)对测试进行录像。有了测试的视频记录,你可以反复观看相同的动作。此外,当你给学生或运动员提供关于他们运动表现的反馈时,视频记录也是有用的。

观察什么?

现在你已经为测试设置了理想的条件,你处于最佳的观察位置,而且你还有一个助手为测试录像。你是如何观察技术质量的?你在观察什么?一般来说,你会观看几轮测试或几个测试的录像回放。在第一次测试(或录像回放)中,大致了解学生或运动员的表现(如果你所观察的对象是一个新手或初学者,这可能就是识别技术错误所需要的全部)。在随后的测试(或录像回放)中,你之前制订的最有效技术的特征应该用来指导你的观察。以下是这些运动的一些显著特征。

1. 在特定时刻(通常是在一些作用力产生阶段的开始和结束时),身体或身体某些环节所处的位置。对于跳高,在起跳阶段开始时(起跳脚首次触地时),跳高者是否向后倾斜,处于一个较低的位置?在起跳阶段结束时(起跳脚离开地面时),跳高者是否已经直立,而且手臂和摆动腿也已经尽可能抬高?

2. 在特定阶段,特别是作用力产生阶段,身体及其各部分运动的持续时间和活动范围。对于跳高来说,起跳阶段的持续时间和这一阶段手臂和摆动腿的垂直运动范围是否尽可能长和大?

3. 在技能的特定阶段,身体各部分的速度和加速度(沿运动方向)。对于跳高来说,在起跳阶段,尤其是在起跳阶段结束时,手臂和摆动腿的垂直速度是否尽可能快?

4. 身体各部分相对运动的时机。跳高时,在起跳阶段手臂和摆动腿是否同时向上摆动?

这些是你应该观察的细节,并与最有效的技术模型进行对照。

在特定的时刻,身体及各部分的位置指明了施力的方向及该阶段的运动范围。应该观察某瞬间的姿势位置的例子,包括投掷动作中的出手瞬间(美式足球的传球、棒球的投球、铅球和标枪的出手、篮球的罚球等),腾空动作的离地瞬间(跑步、跨栏、跳高、跳远、排球扣球、跳水、花样滑冰、篮球封盖等),还有在击打动作中(橄榄球或足球中的踢球,所有球拍类运动中的发球或击打,拳击中的拳击,排球中的扣球,冰球的劈杆射门等)的瞬间接触。这些都标志着某运动阶段的结束,标志这些运动阶段开始的瞬间也应该进行观察,如在投掷和击打运动中球或器械开始向前运动的瞬间,以及在跳跃中起跳脚着地的瞬间。

在产生作用力的阶段,应该考察身体运动的持续时间和运动范围,包括推进(加速)阶段和跟随(减速)阶段。这些运动的阶段也可以被描述为正功和负功的阶段。在投掷、击打或跳跃运动中,推进阶段的持续时间是多少?在这一阶段中,球、器械或身体的相应位移是多少?投掷或击打运动的后续阶段持续时间是多少？执行投掷或击打的相关肢体在这个阶段的相应动作范围如何？

在运动的特定阶段，重要的身体部分的速度和加速度也应该被考察。通常，肢体远端的速度决定了运动表现的结果（特别是在投掷和击打运动中）。相对于定性评估肢体的速度，评估肢体的加速度有时更有用。在投掷或击打运动中，当向前运动开始后，投掷或击打的肢体或器械是否会在整个运动过程中持续加速，还是会出现暂停或停止加速的时期？

最后，必须考察身体各环节动作的时机和协调性。在许多投掷和击打运动中，运动是从较大的环节（腿）开始的，然后依次进行到较小的投掷或击打肢体环节。这种从最大到最小的环节运动顺序通过增加投掷或击打肢体的位移来增加所做的功，以及施加在肢体环节上的平均力值。

使用其他感官

虽然视觉观察是大多数定性分析的基础，但也可以使用其他感官。品尝或闻嗅并不能揭示运动的机制（如果可以品尝或闻嗅的话），但听觉就可以。许多运动都有特定的节奏，体现了相关动作的时间安排模式。触摸是另一种可以用于定性分析的感觉。那你如何触摸一项运动呢？教练或教师看到一个运动员在做体操动作时，可能会触碰他。为了纠正特定动作，教练或教师必须对运动员施加力量，从而发现特定动作中出现的错误。最后，你可以依靠运动员的运动感觉。问问运动员对自己的表现有什么感觉。她用力拉了吗？她起跳时打滑了吗？着地时是硬的还是软的？

评估质量

一旦你描述了理想的技术并观察了实际的技术，生物力学分析过程的下一步就是评估观察到的技术。这个评估有两个步骤。首先，找出实际动作中的错误或不足。然后对这些错误进行判断，以确定它们对运动表现的影响程度。

识别错误

通过对最有效技术和实际技术的特征进行比较，在观察过程中（或随后）就可以识别出技能中的错误或缺陷。对于你检查的每一个技术元素，问问你自己：这个动作、位置或动作的时机与最有效的技术有什么不同？

一旦确定了差异，你必须确定差异是否会对运动表现产生不利影响。差异可能表示技术的风格变化，也可能是实际的错误。通过研究被评估的动作或位置是如何有助于（或有损于）预期表现目标的，从而仔细检查观察到的表现和最有效的技术之间的差异。有时，观察到的技术与建议的技术之间的差异是由于运动员为适应形态学限制而做出的调整所导致的。

应该确定运动员的形态学限制。换句话说，运动员的人体测量学和力量如何限制、影响或改变了他与建议技术相匹配的能力？有些限制是无法改变的，会对运动表现构成真正的限制，而其他限制则可以通过训练来改变。以跳高为例，身高被认为是一个优势。较高的跳高运动员在起跳时可以拥有更高的重心。跳高运动员在起跳瞬间能够抬升重心的高度受到身高的限制。一旦青春期后生长停止，跳高运动员的身高就无法改变。体重被认为是另一个影响跳高运动员的人体测量学特征。体态苗条的跳高运动员可能比体脂率较高的跳高运动员更具优势。这种形态学限制可以通过训练来改变。起跳腿的力量也会影响跳高表现，力量较强的跳高运动员可能跑得更快，在起跳阶段开始时也能蹲得更低，而力量较弱的跳高运动员则不得不牺牲一些速度或者在起跳时不能蹲得那么低。力量是另一个可以通过适当身体训练来改变的形态学限制。在第十四章我们会进一步讨论身体训练。

评估错误

一旦发现了动作中的错误或不足，就应该对其进行评估，以确定纠正工作的重点。在评估过程中，需要考虑错误的原因和它们的影响。这里有几个需要关注的问题。

1. 这个错误会使运动员面临受伤的危险吗？若会，则应立即纠正。对于高风险的运动，应通过训练有素的监督员和所有适当的安全设备，如安全带、缓冲垫和头盔，确保将风险降到最低，特别是对于初学者。

2. 你的观察对象是谁？他们是学习一项新技能的学生，还是练了多年的运动员？他们是 5 岁还是 25 岁？对于学习一项新技能的学生来说，要把注意力集中在理想技能的基本要素错误上。

3. 纠正错误是否容易？这种错误是由于力量不足引起的，从而需要训练来加强，还是由于起始位置的不正确？是需要几个月、几个星期、几天？还是只需要一次练习就可以纠正？在下一次比赛或最重要的比赛之前，你有多少时间可以纠正错误？

4. 该错误是由技能早期的另一个错误导致的吗？如果是这样，早期的错误应该是纠正工作的重点。

5. 这个错误对技能的影响有多大？纠正它会显著提高运动表现吗？还是这种改变很难被察觉？

6. 错误或缺陷是由于设计不良或不适当的器械造成的吗？是否可以通过改进或重新设计器械来缓解这种情况？

在根据这些关注点评估每个错误之后，你必须确定要纠正哪些错误及纠正的顺序。在任何情况下，危害运动员的错误都应该首先纠正。然后，错误应该按三个类别进行排序：① 根据其对运动表现的影响从大到小；② 错误出现时间从远到近；③ 纠正错误所需时间和精力从易到难。在每一项中排序靠前的错误应该首先被纠正。那些排序靠后的应该暂时忽略或放在最后。特定情况下，不同类别之间所要纠正的错误有着不同的排序。在冠军赛前两天观察到棒球投手投球动作中的错误，除了容易纠正的小错误外，都不应在这场比赛和赛季结束之前纠正。另一方面，在赛季前训练中观察到的相同错误都应该得到纠正，因为这些错误很可能会在赛季中出现，直到整个赛季结束。

指导动作执行者

生物力学定性分析的最后一步是通过纠正在前一步中发现的错误或缺陷来指导动作的执行者。这种指导就是大多数人认为的教学或训练。因为有效教学属于运动学习和运动心理学领域，而不是生物力学，所以这里只对这一步进行简要概述。

要纠正技术上的错误，必须做三件事。首先，你必须清楚地告诉运动员或学生他做错了什么（他的错误是什么）。其次，你必须清楚地告诉运动员或学生你想让他做什么（理想的技术是什么）。最后，你必须为他设计纠正错误的方法。

沟通

有效的指导在很大程度上取决于有效的沟通。你必须准确地向你的运动员或学生描述他的表现（你想要纠正的技术错误），以及理想的技术看起来和感觉起来应该是什么样的。你可以通过口头描述运动员或学生做了什么，以及你希望他做什么。或者你（或其他人）可以向学生或运动员展示他所做的动作，以及你希望他做的。或者，可以在展示运动员或学生的动作照片或录像的同时，给他们展示正确动作的照片或录像。最有效的方法包括三种模式：口头描述、示范、展示照片或录像。

你的描述和指导要尽量简单明了，并且每次只纠正一个错误。让学生或运动员在每次训练或教学中专注于其中的一个动作元素。

你在教学时的态度可能会影响教学的效果。要有积极的态度，对运动员或学生的正确表现要给予积极表扬。要意识到，在纠正过程中，在开始阶段可能会导致某些方面的表现下降，特别是对于高水平的运动员。改进可能不会立即产生效果，这对运动员来说是令人沮丧的，所以你作为教练或教师，必须积极和有耐心。

纠正错误

一旦动作执行者明白了他在运动中所犯的错误，以及没有错误的动作应该是什么样的，你就必须设计方法来帮助学生或运动员纠正错误。在这里，某些指导方针可能会有所帮助。

纠正过程包括为技能开发完整的教学进程及这个进程中所涉及的练习。首先，将技能分解成若干部分，设计练习，复制该技能的各部分动作和力量，然后使用练习来纠正存在于技能各部分中的错误。让运动员先慢慢练习针对错误的练习，然后加快速度，直到速度与实际表现相同。将练习扩展链接到技能的下一部分（或上一部分）的动作。当所有前后链接的动作中都不再出现错误时，运动员应该执行整个动作技能（如果可能，先以较慢的速度）。在整个纠正过程中，应该操纵动作的速度。从强调位置的练习开始，然后进行强调初始和最终位置的练习。从一个位置到另一个位置的慢速移动强调了动作序列。随着学生或运动员变得更加熟练，可以加快练习的移动速度。

重复分析

一旦指导阶段完成，并纠正了错误，就有必要重复整个生物力学定性分析过程。这将包括根据你对学生或运动员的形态学限制的了解，对有效技术进行修改。观察、评价和指导阶段也将重复进行。因此，该流程是一个闭环，从而最终提高运动员的技能水平。

案例分析

在前面，我们描述了通过生物力学定性分析以改进技术的过程，并以跳高为例说明了其中的部分流程。以下我们将介绍其他几项运动技能的最有效技术模型并进行生物力学定性分析，包括投掷运动（快速球投掷）、击打运动（网球正手击球）和移动运动（短跑）。

快速球投掷

投手是棒球队中最重要的运动员。一个好的投手可以单枪匹马地阻止对方的进攻。快速球是投手投球的基本动作之一。那快速球投掷的最佳技术是什么？让我们通过生物力学定性分析的第一步来找出答案。

理想快速球投掷的理论模型

回想一下，生物力学定性分析的第一步是通过建立基于力学和因果关系的理论模型来描述理想的技术。建立快速球投掷模型的第一步是掌握必要的棒球投球基础知识。让我们假设我们已经具备了这些知识，并开始建立模型。

理论模型的基础是技能的目标。快速球投掷的目标是什么？投手想用这个投球达到什么目的？投手试图投出一个好球，要么是让对方击球手无法击中，要么是在没有击球手挥拍的情况下把球投进好球区。

现在让我们确定决定这个目标的因素。在快速球的情况下，击球的难度取决于击球手对球的反应时间和球在好球区的位置。因此，如果时间短，球的路径使它处于好球区,就更有可能发出好球。这是影响用快速球投出好球的最终目标的两个力学因素。

球到达本垒所花的时间受到以下因素的影响:球离开投手的手时的瞬时水平速度,从出手点到本垒的水平距离,以及球在飞行过程中空气阻力对其施加的力(主要是阻力)的水平分量。投球的水平速度越快,水平距离越短,作用力越小,从离开投手的手到达本垒的时间就越短。

在决定快速球到达本垒所需的时间因素中,出手时球的水平速度是最重要的因素。投手技术的大部分特征都是为了使这个因素最大化。在投球开始时,球静止在投手的手上或手套里。在投球运动结束时,投手释放它,球移动得非常快。在投掷阶段,球的动能得到增加,记得第四章中所提到的动能是由物体运动而产生的能量,或者,定量地说,动能等于二分之一物体的质量乘以速度的平方,动能的增加是投手对球做功的结果。由于功是力和位移的乘积,球在出手时的水平速度由投手在投掷阶段对球施加的平均水平力和施加力时球的水平位移所决定。如果在投掷阶段,球的平均水平力和水平位移更大,则速度也会更快。如果投手个高手长,那么球所经过的水平位移也会更大。

> 出手时的水平速度是决定快速球到达本垒所需时间的最重要因素。

影响球到达本垒所需时间的另外两个因素是从出手点到本垒的水平距离和在飞行过程中球所受到的空气阻力的水平分量。出手点到本垒的水平距离受投手踏板到本垒的距离限制。这个距离是 60 ft 6 in (18.4 m)。投手的脚必须保持与投手踏板接触,直到球被释放,但是从出手点到本垒的水平距离可以小于 60 ft 6 in (18.4 m),取决于投手的人体测量学参数和出手时的姿势。这个距离越短,球的飞行时间就越短。

除了球到达击球手所需的时间,球的运行轨迹也会影响投球是否为好球。球在出手后的轨迹由它在出手时的高度、出手时的水平和垂直速度及空气阻力决定。出手时的高度是由投手的姿势和人体测量学参数决定的。空气阻力受空气密度、球相对于空气的速度、球表面的粗糙度和球体的旋转(球在出手时的角速度)的影响。球在出手时的旋转是由投手的手指在投球过程中施加在球上的力矩及其作用时间所决定的。在出手时影响水平速度的因素已在前面讨论过,垂直速度也受到类似因素的影响,即球所受的平均垂直力和投球过程中球的垂直位移。影响快速球投掷结果的力学理论模型如图 13.5 所示。

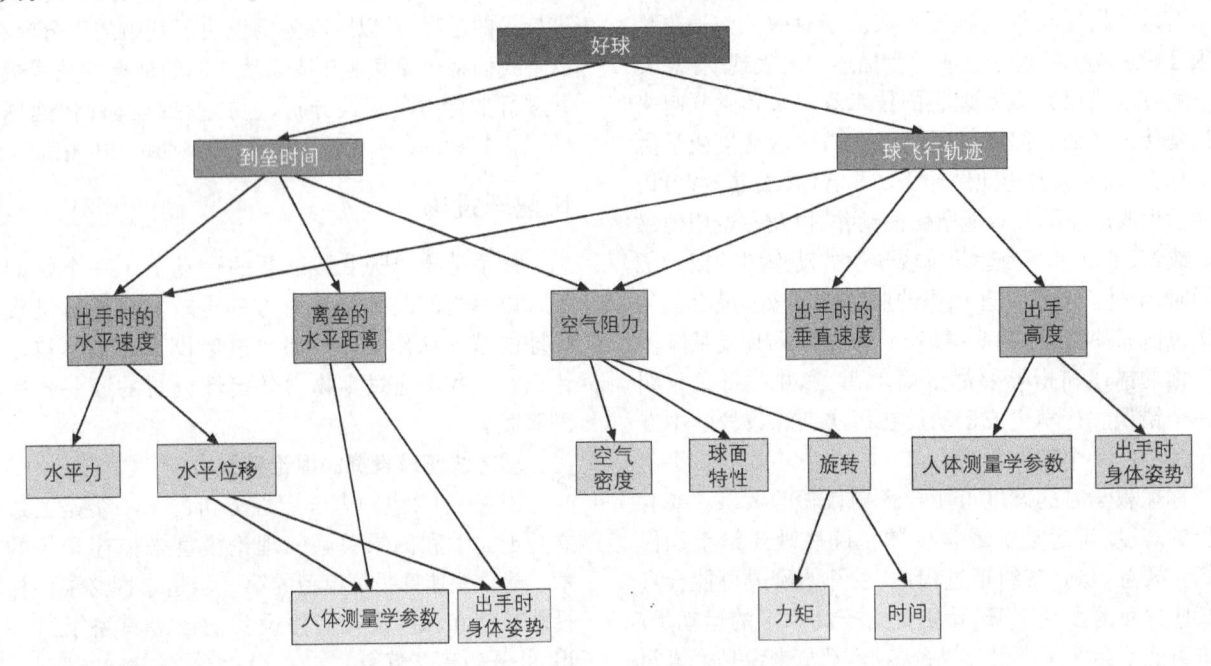

图 13.5 影响棒球快速球飞行的力学因素模型

理论模型的应用

在建立最有效的快速球技术的理想模型时,确定了一些理想的力学因素。现在让我们考察这些因素,确定投手的哪些行动能产生这些理想的特征。从我们对快速球投掷目标的力学评估来看,以下因素被确定是重要的。

1. 在出手瞬间,使球(和投掷手)的水平速度最大化。实现这一点的方法是最大限度地对球施加水平力,同时在投掷过程中最大限度地增大球的水平位移。空气阻力也会对其产生轻微的影响。

2. 最大限度地减少球从出手点到本垒的水平距离。投手通过使球尽可能在身体前方出手来达到这一目的。投手的身高和四肢长度也会影响这个因素。

3. 出手后,使球的飞行轨迹与好球区相交。球在出手时的水平和垂直速度会影响这个因素,空气阻力和出手点高度也会影响这个因素。

球的最大水平速度是决定快速球投掷成功与否的最重要的因素。在投掷过程中,通过使施加在球上的水平力和球的水平位移最大化,从而使速度最大化。投手可以通过转动身体(右手投手的盆骨和躯干向右旋转)来拉大投球的水平位移,使投球臂远离击球手,然后投手尽可能向后伸。这些动作构成投手的蓄势动作,将球置于起始位置,然后开始向前运动(图13.6)。一个个子高、四肢长的投手可以把球放在离本垒更远的起始位置。投掷的出手点应该尽可能地向前远离这个开始位置。为了做到这一点,投手采用的技术是左脚向前迈一步,骨盆和躯干向左旋转,左髋弯曲,投掷臂向前伸展。同样地,一个个子更高、四肢更长的投手的优势是能够在离本垒更近的位置出手。然而,投球位置受到规则的限制,这要求投手在投球前保持一只脚在投手踏板上。因此,一次有效的投球,球在出手时的速度方向是受到制约的,这个制约也对出手位置有一定的限制。

图13.6 快速球投掷的起始蓄势姿势

手指在球上的位置也会影响球在投掷动作期间的水平位移。如果球是用手指握着而不是用手掌握着,接触时间可以稍微得到延长。此外,中指(最长的手指)应该越过球的顶部,与投掷的方向对齐(图13.7)。

图13.7 投快速球时手指的位置

球握得越深,投球速度就会越慢,因为球会因此过早地被释放,在投掷过程中球的水平位移就越小。

在投球动作中,通过动力链传递,从人体近端环节(最接近地面的部分)到远端环节的依次运动,使球受到的平均水平力得到了最大化。力也从近端到远端,从较大的环节传递到较小的环节,整个运动链类似于鞭子。当投手向前迈步时,下肢和躯干的肌肉最初产生了很大的力量。这些力传递到上肢,并最终通过投掷臂的骨骼、韧带、拉长的肌肉和肌腱传递到棒球上。

当左脚着地时,骨盆向前旋转,髋关节屈曲。这拉长了躯干的肌肉,随后由于牵张反射而产生了更有力地收缩,从而引起躯干的旋转。肩关节的肌肉(特别是内旋肌和伸肌)被最大限度地拉长和有力地收缩,使投掷臂在出手前产生快速的内旋和伸展。

最大限度地减小从出手点到本垒的水平距离,也会减少快速球到达本垒的时间。这个距离的大小取决于投手在投球的瞬间所处的姿势和人体测量学参数。如果投手在投球的手向前挥动的同时迈出对侧脚,这个距离可以减少几英尺。一个个子更高、四肢更长的投手能够在保持脚踏在投手踏板上的同时,向前伸展得更远,从而最大限度地减小这个距离。球在出手时的位置影响着从出手点到本垒的水平距离和投球动作中球的水平位移。更靠近本垒的出手姿势对这两个因素都有益。图13.8展示了一个好的快速球投掷的出手姿势。

图13.8 快速球投掷的出手姿势

球从出手到穿过本垒的轨迹是影响投出成功快速球的另一个主要因素。这条轨迹取决于球在出手时的方向和速度(它的水平和垂直速度)、出手的高度、空气阻力和球在出手时的旋转(它的角速度)。空气阻力和水平速度也会影响球到达本垒所需的时间。投手可以将空气阻力的影响降到最低,方法是持球时只有两条球缝位于旋转平面内(图13.7)。这也将球与没有空气阻力的情况下所遵循的抛物线路径的偏差降到最低。由于马格纳斯效应,球的后旋会使它略高于抛物线轨迹。在第八章中已经学过,马格纳斯效应是由空气阻力和球的旋转所造成,球偏离了其正常飞行轨迹。

投手可以通过持球使四条球缝位于旋转平面内来增加这种偏差。以这种握法投出的快速球称为上升快速球。

球在出手时的方向取决于投手在出手时的姿势。如果投手稍早于或晚于正常的出手位置，球的方向将会受到影响。投球动作中的步伐是向前和沿着投手球的前面向下。这个步伐使球和投手在出手前所遵循的路径变平。这种球路的平坦化最大限度地减少了由于过早或过晚释放造成的错误。

以上的分析已经确定了快速球投掷的最有效技术的一些基本特征。然而，并不是所有的技术层面都被讨论到了。由于不直接影响到运动表现的标准，没有讨论投手在投球后的随挥动作，但这并不意味着后续行动不重要。随挥的目的是安全地减慢四肢的速度，并为投手的接球做好准备。技术的其他方面可能有所不同，不一定与投球的力学有关。例如，对投手来说尽可能长时间的藏球是有利的，这样可以减少击球手对球的反应时间。投手戴手套的手的一些动作就是针对这个任务的。垒上跑者的存在也会改变投手的技术。

网球正手击球

网球中的正手击球是体育运动中一个典型的击打动作。它也是一种开放技能——在不同的条件下执行的技能，每次执行时的条件都不同。在正手击球中，一些变化的条件包括你在球场上的位置、你的对手在球场上的位置，以及来球的方向和速度。你的回球可能是进攻性或防守性的，取决于具体情况。在这个例子中，假设你在球场上的位置与来球的速度和方向使你的回球具有进攻性。那么，有效进攻性的正手击球的特点是什么呢？让我们建立一个理论模型来找出最有效的技术。

理想网球正手击球的理论模型

同样，生物力学定性分析的第一步是通过建立一个基于力学和因果关系的技术理论模型来描述理想的技术。建立网球正手击球模型的第一步是掌握必要的网球基础知识。让我们假设我们已经完成了这项工作，并开始建立模型。

理论模型的基础是技能的目标。正手击球的目标是什么？运动员想通过这一击达到什么目的？让我们假设条件是这样的，运动员正在尝试进攻性击球。如果是这种情况，那么运动员就是在尝试打出制胜球。实现这一目标的方法是击球，使球越过对方运动员，而他没有机会挥拍。但要想赢球，球还必须越过球网，在对手的场地上弹起。这类似于棒球中快速球的目标。

现在让我们来找出决定这个目标的因素。回球的难度取决于运动员对球的反应时间及球的运动路径。

因此，如果运动员的反应和身体移动到来球的时间很短，击球后球越过球网并且离对手球员很远，获胜的可能性就更大。这些因素是相互关联的，因为球的路径决定了运动员需要移动多远才能拦截它。在球员做出反应和移动到球的大部分时间里，球从球拍移动到在球场上反弹后越过底线所需的时间都被计算在内，我们就把这叫作球拍到球场的时间。因此，决定正手击球是否获胜的两个因素是球拍到球场的时间和球从球拍到球场的路径。

> 回球的难度取决于运动员对球的反应时间和球的运动路径。

影响球拍到球场时间的因素包括球击打后的水平速度、球所经过的从球拍到对手场地底线的水平距离、球在飞行过程中受到的空气阻力的水平分量、球反弹时球与球场表面的摩擦等。这些因素中最重要的是，球在击打后的水平速度，其取决于拍头在击球时的水平速度、球在击打前的速度和方向、击球时的拍面角度，以及球拍的特性（弦的松紧度、拍头的大小、刚度等）。在这些因素中，拍头的水平速度对于正手击球是最重要的。如果我们在分析中使用功能原理，那么拍头在击球时的水平速度是由对球拍所做的功决定的。所以决定拍头水平速度的因素是在击球过程中球拍所受的平均水平力和在此力作用下拍头的水平位移。更大的位移和更大的力产生更快的拍头速度。

其他影响球拍到球场时间的因素包括球从球拍到对手场地底线的水平距离、球在飞行过程中所受空气阻力的水平分量，以及球反弹时球与球场之间的摩擦。球必须移动的水平距离受到运动员击球时在球场上的位置和击球时球所经过的路径的影响。球和球场之间的摩擦力受到球场表面、球的旋转和球击中球场时速度的影响。

决定正手击球是否获胜的第二个因素是球从球拍到球场的路径。影响球从球拍到球场的路径的因素有球在击打后的水平和垂直速度、球在击打时的高度、空气阻力，以及球弹起时球场和球之间的摩擦力。球的垂直速度由拍头击球时的垂直速度、球在撞击前的速度和方向、击打时的拍面角度，以及球拍的特性（拍杆松紧度、拍头大小、刚度等）决定。拍头击打时的垂直速度由击球过程中对球拍施加平均垂直力和施加垂直力时拍头的垂直位移决定。

空气阻力是继水平和垂直速度及击打后的高度之后，影响球运动轨迹的一个重要的因素。空气阻力受到空气密度、球相对于空气的速度、球表面的粗糙度和球的旋转等因素的影响。球的旋转影响着球在飞行过程中和弹起后是否上升、下降及其飞行弧线。影响球旋转的因素和影响球速度的因素是一样的：球在击打前的速度和方向，拍头在击球时的速度和方向，拍面在击球时的角度和球拍的特性。影响网球正手击球结果的力学因素的理论模型如图13.9所示。

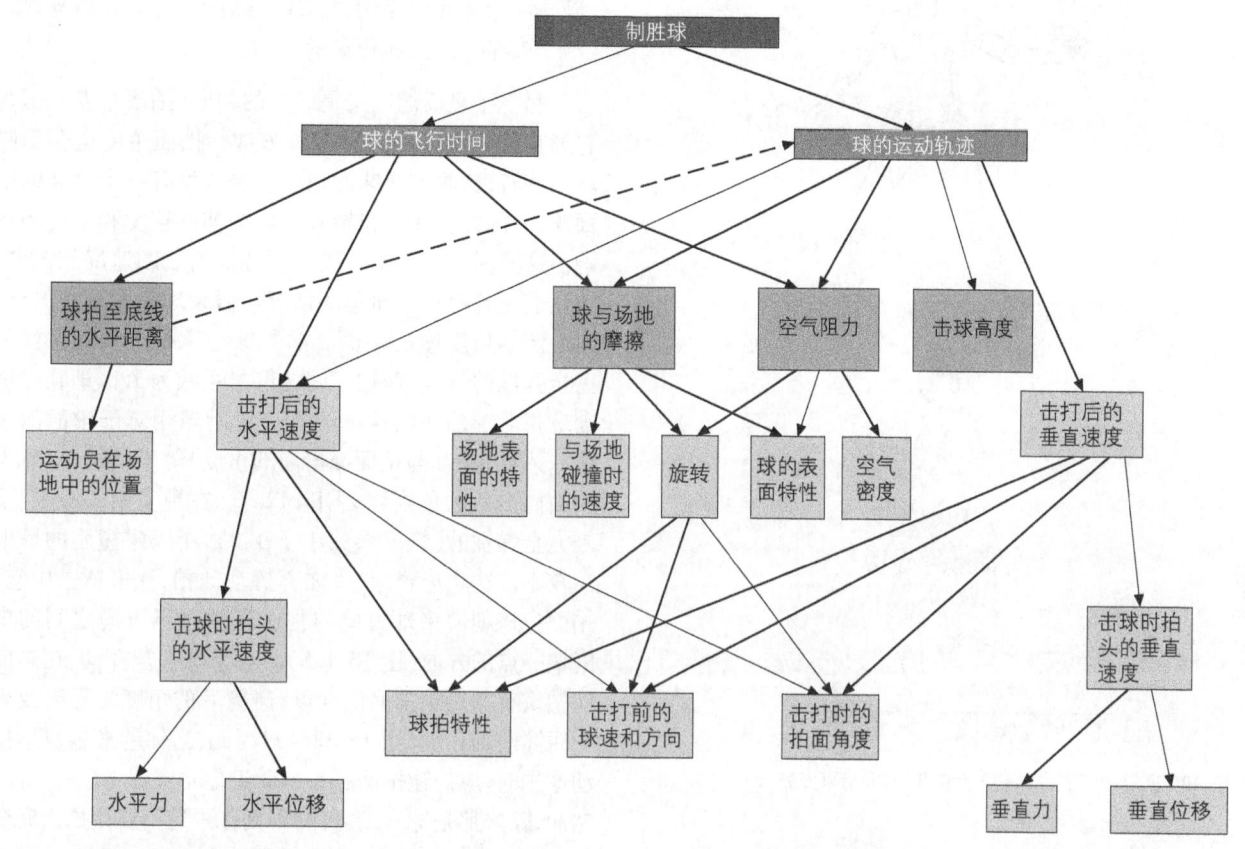

图13.9 影响网球正手击球的力学因素模型

理论模型的应用

图13.9所示的最有效的网球正手击球模型确定了产生预期结果的力学因素。这些因素中的一些（球在击打前的速度、球场表面、球在击打时的高度和空气密度）不是运动员所能控制的。此外，由于正手击球是一种开放的技术（在一个相对不可预测的环境中执行），一些因素是由比赛条件所决定的。当然，运动员决定在哪里击球（球的路径和它从球拍到球场的水平位移）受到自己和对手在球场上的位置关系的影响。使我们模型的应用更加复杂的是确定因素之间的交互作用。来球速度、拍面角度、球拍的速度和方向、球拍的特性都影响着球的水平和垂直速度，以及球的旋转。这些因素反过来影响球拍到球场的时间和球的路径。

正手击球的开放性和影响因素之间的相互作用使得我们很难确定哪些因素是完全由运动员控制的，而这些因素显然是决定击球成功的重要因素。其中一个因素就是拍头在碰撞时的水平速度。为了在击打后使球获得一个快速的水平速度，拍头在击球时的水平速度必须要快。然而，请记住，在击打后球的水平速度必须保证球越过球网并落在场地上。在击球过程中，球员通过对球拍施加较大的水平力，并让拍头的水平位移最大，从而达到更快的水平速度。

在击球过程中，运动员可以通过转动身体（右利手球员需要将骨盆和躯干向右旋转）来拉长拍头的水平位移，并将球拍尽可能地以来球的方向拉远。这些动作构成了运动员的后引拍，当球拍到达最大引拍位置时，然后向前挥拍（图13.10a）。一个个子高、四肢长的运动员可以在更远的后方开始挥拍，也应尽量在更靠前的位置上击球（图13.10b），个子高、四肢长的运动员在这个击球位置上也有优势。球拍在击球过程中的水平位移总量受到运动员准备击球所需时间的限制。如果时间短，击球准备时间有限，拍头的水平位移可能不会很长。

球拍握把的位置和球拍的长度也会影响击球过程中拍头的水平位移。使用较长的球拍，拍头在击球过程中可以移动更长的水平位移。规则限制了球拍的长度，但握把位置可以用来在球拍长度限制范围内最大化拍头的水平位移。握得离拍头更远，靠近握把底部（图13.11a），可以通过增加击球的有效半径来增加拍头的水平位移。握得离拍头更近，靠近握把顶部（图13.11b），这个位移就缩短了。然而，这里有一个权衡，随着握把位置向下移动，挥拍轴线离拍头就越远，增加了球拍的转动惯量，使其更难被控制。

收缩，使躯干旋转。肩关节的肌肉（尤其是水平内收肌）随后被拉长并强力收缩，产生击球前手臂和球拍的运动。

> 球拍上的水平力是从近端到远端，从大环节到小环节产生和传递的。

另一个重要的因素是球拍的朝向（拍面角度），因为它影响着球击打后的速度和方向。拍面角度也会影响球的旋转，从而影响球的运动轨迹。没有一个最佳的拍面角度，因为它受球和拍头在碰撞前的速度和方向的影响。这些因素相互作用决定了球撞击后的速度和方向。让我们先分析一个简单的情况。假设球拍是静止的，球以一定的角度撞击拍面。如果球与球拍之间的碰撞是完全弹性的（球与球拍之间的恢复系数为 1.0，即在碰撞前球相对于拍面的速度等于碰撞后球相对于拍面的速度），入射角（球与拍面撞击前的角度）等于反射角（球与拍面撞击后的角度）（图 13.12a）。在现实中，碰撞并不是完全弹性的（恢复系数小于 1.0），所以碰撞后的反射角较小。这意味着，如果你不挥动球拍，让来球击中它，拍面应该朝向来球方向与你希望球飞行方向之间的中间偏一点的方向（图 13.12b）。如果球拍被挥动，在碰撞前拍头有垂直于拍面的速度，碰撞后的角度将等于或大于碰撞前的角度（图 13.12c）。因此，当你越来越快地挥动球拍时，应该让拍面越来越靠近你希望球飞行的方向。然而，除非那是球来的方向，否则你永远不要让拍面完全朝向你希望球飞行的方向。

图 13.10 网球中正手击球的开始姿态（a）和结束姿势（b）

图 13.11 球拍握拍位置对击球时球拍头位移的影响

在正手击球过程中，通过使动力链最大化对球拍施加的平均水平力，运动顺序从近端到远端（即从地面向上），就像棒球投球一样。力也是从近端到远端，从大环节到小环节依次产生和传递的。例如，右手运动员最初旋转并将重心向后移动，移到右（后）脚上方。下肢和躯干的肌肉随后产生巨大的力量，当运动员将重心向前移动到左脚上方时。根据可用时间和来球位置，运动员也可以向前迈步而不仅仅是将重心向前移动。下肢和躯干产生的力量通过挥拍手臂的骨骼、韧带和拉伸的肌肉和肌腱传递到上肢，最终传递到球拍。当重心向前移动到左脚上方时，骨盆和躯干向前旋转。这种运动拉伸了躯干肌肉，然后由于牵张反射而更强烈地

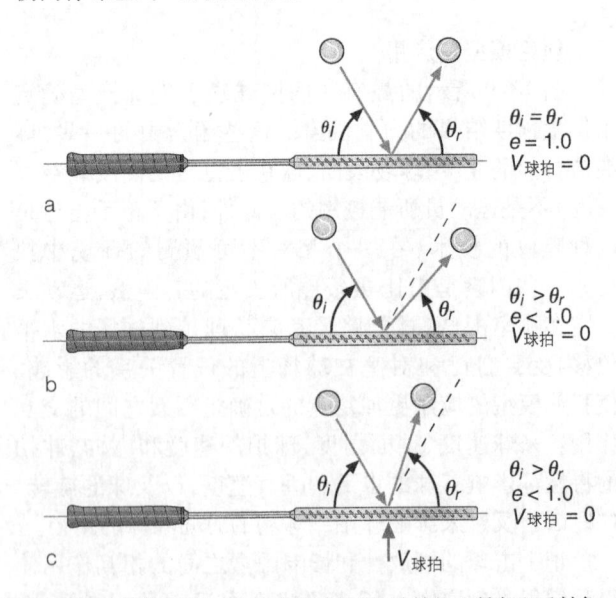

图 13.12 网球在静止（a, b）和移动（c）的球拍的入射角和反射角

$\theta_i = \theta_r$
$e = 1.0$
$V_{球拍} = 0$

$\theta_i > \theta_r$
$e < 1.0$
$V_{球拍} = 0$

$\theta_i > \theta_r$
$e < 1.0$
$V_{球拍} = 0$

由于球两侧的空气压力不同，旋转会影响球的运动轨迹（还记得第八章中的马格纳斯效应吧）。上旋会使球沿着比正常轨道略低的轨道运动，下旋则使它沿着比正常轨道略高的轨道运动。顺时针或逆时针旋转会使它稍微偏向一侧，旋转也会影响球的弹地表现。

当球击中球拍并在球拍弦上滚动或滑动时,球拍弦与球之间的摩擦会给球带来旋转。这种摩擦力会在球的中心产生一个力矩,从而产生旋转。摩擦力也会改变球的线性运动方向。如果来球的速度和拍头的速度方向完全相反,并且拍面又垂直于这些方向,那么就不会造成球的旋转。拍面方向与球相对于拍头的相对速度方向之间的夹角决定了给球带来的旋转量(图13.13a)。夹角越大,给球带来的旋转量越多。从低到高的挥拍轨迹会给球带来上旋(图13.13b),从高到低的挥拍轨迹通常会给球带来下旋(图13.13c)。从左到右的挥拍轨迹会给球带来逆时针旋转(图13.13d),而从右到左的挥拍轨迹会给球带来顺时针旋转(图13.13e)。

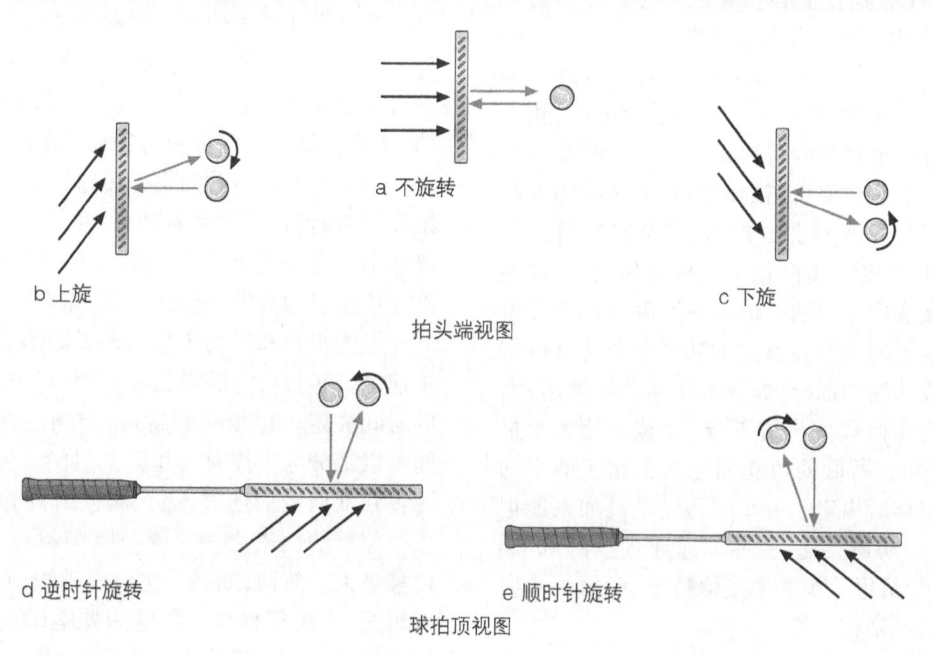

图 13.13 球速度方向、拍头速度方向和拍面方向决定了球的旋转

理想情况下,正手击球应该具有快速的水平速度,因此拍面应该靠近球期望飞行的方向。这种快速的水平速度增加了球越过对方底线的可能性,因此必须给球带上一些上旋,以使球落在球场区域内。在一个好的正手击球中,拍头除了水平位移外,还会有一些垂直位移。

以上是对网球正手击球的影响因素的不完整分析。由于正手击球是一种开放技能,它需要根据运动员面对的众多无法控制的因素组合,以多种方式有效地执行。这也揭示了生物力学定性分析方法的一个缺点,对于开放性技能,开发最有效技术的模型会更为困难。对运动员正手击球技术的生物力学定性分析应包括观察和考虑执行击球时的各种条件。

短跑

跑步是人类的基本运动之一。一个人跑得多快或冲刺的速度可能决定了许多运动项目的成功水平。我们将要分析的最后一项技能是短跑。与前面的运动技能不同,短跑是一种周期性技能——动作以周期的方式反复进行。对于短跑,一个复步代表一个周期。复步开始和结束时身体部位处于相同的相对位置。如果将左脚着地确定为短跑步态周期的开始,那么周期的结束就发生在下一次左脚着地的瞬间。在我们的案例分析中,让我们考虑田径比赛中的 100 m 冲刺。这项技能有几个部分:起跑、加速阶段和维持速度阶段。我们的分析重点放在最后一个阶段,即维持速度阶段,此时短跑运动员试图保持最大的跑动速度。

短跑的理论模型

如前所述,生物力学定性分析的第一步是通过建立基于力学和因果关系的技术理论模型来描述理想的技术。建立短跑模型的第一步是掌握必要的短跑基础知识。让我们假设我们已经完成了这项工作,并开始建立模型。

理论模型的基础是技能的目标。在 100 m 短跑中,短跑的目的是什么?短跑运动员试图实现什么?短跑运动员试图赢得比赛并以最短时间到达终点线,因此运动表现的标准可以被认为是跑 100 m 所需的时间。跑 100 m 所需的时间是短跑运动员在比赛中平均水平速度和 100 m 距离的函数。因此,100 m 短跑速度维持阶段的运动表现的标准就是短跑运动员在此阶段的平均水平速度。

更快的短跑运动员在此阶段的每一步都有更快的平均水平速度。短跑运动员的平均速度由短跑运动员的平均步长和步频决定。步长更长,每秒步数更多,短跑速度更快。如何实现更长的步长和更快的步频呢?

> 短跑运动员的平均速度由短跑运动员的平均步长和步频决定。

步长是短跑运动员在支撑阶段(短跑者与地面接触时)的水平位移和腾空阶段(短跑者与地面不接触时)的水平位移之和。支撑阶段的水平位移可以进一步分为着地距离(短跑者重心在着地时与支撑脚的水平距离)和后蹬距离(短跑者重心在离地时与支撑脚的水平距离)。这些距离取决于短跑者在这些时刻的姿势和短跑者的人体测量学参数。一个个子更高、腿更长的短跑者能够实现更长的着地距离和后蹬距离。

腾空阶段的水平位移由离地时的水平速度和该阶段的持续时间决定。水平速度越快,腾空阶段持续时间越长,在该阶段的所获得的水平位移就越大,而离地时的水平速度又取决于着地时的水平速度及在支撑阶段作用在支撑脚上的摩擦力所做的功。这个功可以细分为在支撑阶段的制动部分(摩擦力使运动员减速)所做的负功和在支撑阶段的推进部分(摩擦力使运动员加速)所做的正功。所做的负功和正功由相应的平均水平力和水平位移所决定。一个短跑运动员如果能把负功最小化,把正功最大化,就能加速前进。在 100 m 短跑中,短跑运动员每一步的速度保持不变,每一步所做的负功和正功都是相等的。

腾空阶段的持续时间(或腾空时间)也会影响该阶段的水平位移。腾空时间取决于运动员离地时的垂直速度、重心高度、着地时的重心高度及空气阻力,而离地时的垂直速度又取决于着地时的垂直速度及在支撑阶段作用在支撑脚上的垂直反作用力所做的功。这个功可以细分为在支撑阶段开始时向上的反作用力使短跑运动员的向下减速所做的负功和在支撑阶段后半部分向上的反作用力使短跑运动员的向上加速所做的正功。所做的负功和正功由相应的平均垂直反作用力和垂直位移决定。短跑运动员必须做等量的正功和负功,才能在每一步保持相同的水平速度。

每一步的腾空时间也受短跑运动员在腾空阶段开始和结束时(即离地和着地时)重心高度的影响。如果离地高度大于着地高度,则腾空时间延长。如果离地高度小于着地高度,则腾空时间缩短。

平均步长和平均步频决定了短跑运动员的平均水平速度。步长决定因素已在前面讨论过。步频由每步的时间决定。每步时间越短,步频越快。每一步的时间可以细分为支撑时间和腾空时间。腾空时间的决定因素在前面也描述过,因为腾空时间是影响腾空阶段水平位移的因素之一。腾空时间越长,在腾空阶段的位移越大。然而,如果腾空阶段越短,每一步的时间也就越短,步频则越快。影响短跑运动的力学因素理论模型如图 13.14 所示。

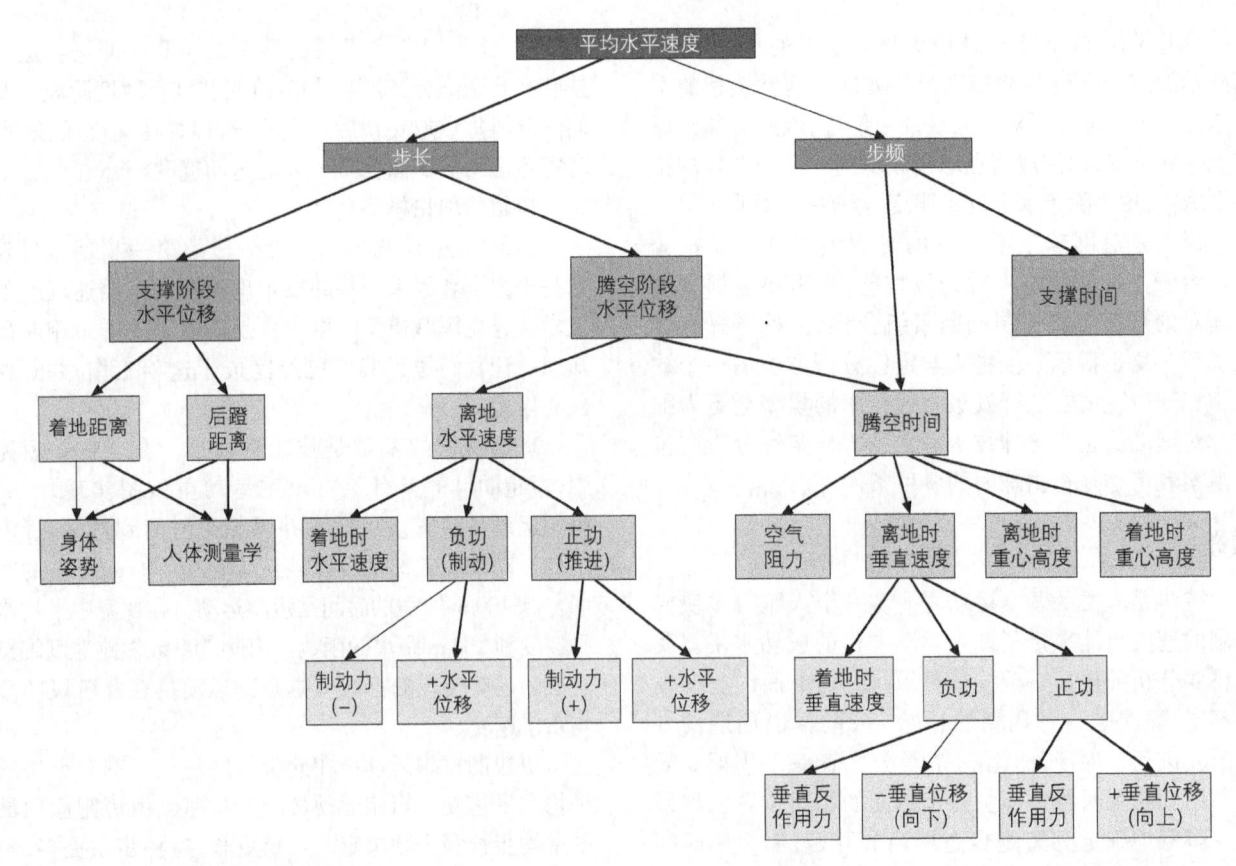

图 13.14 影响短跑成绩的力学因素模型

理论模型的应用

短跑是一项封闭技能,所以它应该比开放技能,如网球正手击球,更容易利用最有效技术模型进行解释和应用。然而,短跑在本质上是周期性运动,模型中的一些输入因素是前一个周期(前一步)的结果,因此我们的模型就变成了一种无尽的循环。例如,腾空阶段的水平位移由腾空时间和离地时的水平速度决定。离地时的水平速度又由前一个支撑阶段所做的功和着地时的水平速度决定。这个水平速度又是来自前一步的结果数据。尽管我们的模型有这个缺点,我们还是来研究一下,看看如何应用好这个模型。

在应用该模型之前,让我们先看看短跑运动员重心的瞬时水平速度在单步中是如何变化的。图 13.15 显示了短跑运动员每一步的水平速度。我们要注意在支撑阶段开始时速度是如何下降的,而在支撑阶段的后半段速度又是如何增加的。短跑运动员在单步中哪个部分的平均水平速度更快?短跑运动员在腾空阶段明显更快,腾空阶段的水平速度总是快于支撑阶段的水平速度。当运动员的脚着地时,地面和运动员脚之间的摩擦力会产生制动力,运动员就会减速。在支撑阶段的后半部分,短跑运动员加速以恢复在制动阶段失去的速度。因此,支撑阶段的平均水平速度低于该阶段开始和结束时的水平速度,而这些速度等于前一或后一腾空阶段的平均速度。因此,短跑运动员应该尽量缩短支撑时间,尽量延长腾空时间。我们在分析模型时要记住这一点。

在短跑模型中,支撑阶段步长的影响因素为着地距离和后蹬距离。虽然较长的着地距离似乎是有益的,但它增加了制动力,并延长了支撑阶段的时间。因此,触地距离应该很短,让脚几乎直接着地。后蹬距离则没有任何不利影响,所以应该最大化。通过完全伸直支撑腿并将骨盆转向蹬伸侧,短跑运动员可以在这个距离上再增加 3 m 或 4 cm(图 13.16)。

图 13.16 短跑运动员的后蹬距离(d_{to})是指从支撑脚的脚尖到人体重心(cg)之间的水平距离

在腾空阶段影响步长的因素为腾空时间和蹬离时的水平速度。这两个因素都受到前一个支撑阶段所做的功(正功和负功)的影响。为使短跑运动员着地时的垂直速度减慢而做的负功应该对应一个较大的平均垂直反作用力和一个较短的垂直位移。髋关节、膝关节和踝关节应充分屈曲,以将地面反作用力和肌肉所需的力量降低到低于损伤阈值的水平。但过多的屈曲和向下的垂直位移会增加支撑阶段的时间。最小化这个负功阶段的时长的另一个好处是,下肢肌肉的较大载荷和较快拉伸会引发更强烈的牵张反射。在推进或正功阶段,肌肉将更有力地收缩。较大的垂直反作用力也会导致脚与地面之间的摩擦力增大,增加了减慢跑者前进速度的负功。但在支撑阶段的后半段,向上摆动的摆动腿和手臂会增加垂直反作用力及人体的垂直位移。这些动作加上支撑腿的全伸展,增加了在支撑阶段的正功,从而加速提升了短跑运动员的垂直速度。

在支撑阶段开始时,通过让短跑运动员的脚几乎直接落在重心下方,可以最小化减慢短跑运动员水平速度所做的负功。通过有力地向前摆腿,可以最大化

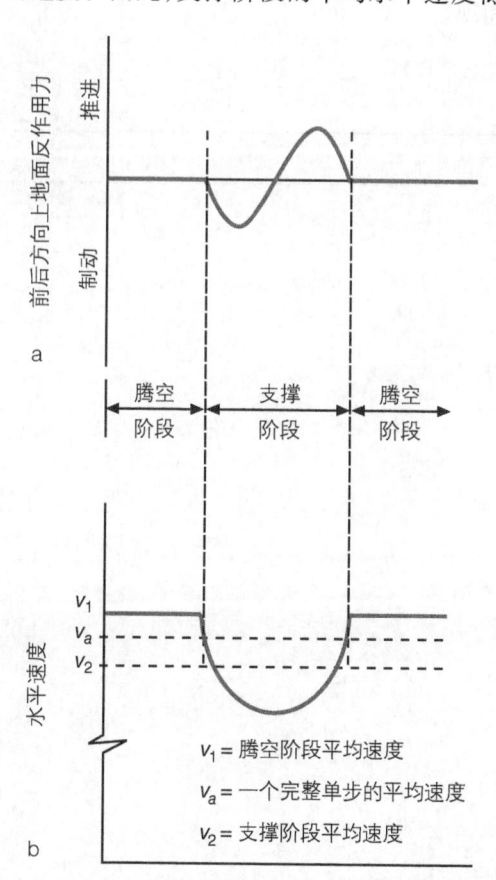

图 13.15 短跑运动员的前后方向上地面反作用力(a)和短跑运动员的水平速度(b)的理论图

v_1 = 腾空阶段平均速度
v_a = 一个完整单步的平均速度
v_2 = 支撑阶段平均速度

加速短跑运动员水平速度所做的正功,但膝关节应该屈曲,以最小化摆动腿对髋关节的转动惯量,使运动更快。手臂应该反向摆动以抵消摆动腿产生的角动量。适当的屈肘摆动是可取的,这样可以减小手臂对肩关节的转动惯量,从而增加其运动速度。同样,支撑腿的全伸展及骨盆的旋转和倾斜是可取的,可以增加短跑运动员在正功阶段的水平位移。

在支撑阶段,特别是推进部分,短跑运动员的躯干应保持相当的刚性,以防止躯干和脊柱弯曲时推进力被耗散和吸收。这个阶段是做正功的阶段,短跑运动员爆发力越强,跑得就越快。如果来自腿部向上和向前的推力没有引起躯干向上和向前的位移,而是导致了躯干和脊柱的偏转或塌陷,则很少或根本没有做正功,动力也没有从下肢传递到躯干。

最大速度的短跑代表着步频和步长之间的微妙平衡。两者都需要尽可能大,但过分强调一个会对另一个产生不利影响。过大的步幅由于增加了落地距离和支撑阶段开始时的制动力,从而降低了步频。这些条件会增加支撑阶段的长度,从而降低步频并减缓跑步速度。另外,增加步频需要更短的腾空时间和支撑时间,如果步幅保持不变,但支撑时间变短,运动员自身必须具备更强的能力来吸收着地后向下运动的能量,然后在推进阶段产生相同的能量。如果支撑时间过短,将吸收或产生较少的能量,随后的离地速度将更慢,导致步长更短。这一分析揭示了短跑运动员最基本的体能要求——必须强壮有力。短跑运动员的肌肉必须能够在高收缩速度下产生大的力量(离心和向心)。

总结

本书前几章介绍的生物力学可以系统地应用于分析人体运动。建立可用于生物力学定性分析以改进技术的系统应该遵循以下步骤。

1. 建立最有效技术的理论模型。
2. 观察实际的运动表现。
3. 通过将其与最有效技术进行比较来评估运动表现。
4. 通过提供有关实际表现与最有效技术之间差异的反馈来指导动作执行者。

生物力学分析可以是定性的或定量的。生物力学定性分析依赖于对运动表现的主观观察,而生物力学定量分析使用实际测量来量化运动表现的某些力学参数。从业者(教练、教师、临床医生)可以使用这种或类似的程序来评估他们的运动员、学生或患者的动作与运动表现。

关键词		
生物力学定性分析	生物力学定量分析	

第十四章
生物力学定性分析用以提升训练

学习目标

学完本章,你应该能做到以下内容:

- 区分技术训练和体能训练
- 理解如何将改进技术的定性分析结果用于改进技术培训
- 评估技术练习或演练,并确定其是否合适
- 描述定性解剖分析所涉及的步骤
- 识别在人体运动的任何阶段发力的肌群,以及它们的收缩是向心的、离心的还是等长的

你正在电视上观看夏季奥运会男子标枪比赛。获胜的标枪远超过 300 ft（91 m）。你想知道投掷者是如何加强他的手臂来产生必要的力量，把标枪扔这么远。但是，很明显，投掷者使用的不仅仅是手臂肌肉。要把标枪投得这么远，还需要哪些肌群得到很好的发展？什么样的练习对训练标枪运动员是有效的？本章想通过提供改善训练效果的定性生物力学基础知识，来帮助你回答这些问题。

在前言中，我们了解到生物力学的主要目标是提高运动表现，其次是损伤预防和康复。在前一章中，我们讨论了如何利用生物力学来改进技术，从而提高成绩。但是，如果运动员不够强壮或力量不足，无法执行最有效的技术怎么办？正如运动员的技术失误可能会限制他们的表现一样，运动员身体能力的不足也可能会限制他们的表现，或者阻碍他们运用最有效的技术。在本章中，我们将学习如何利用生物力学来改善训练，从而提高成绩。具体来说，我们将学习如何对运动表现或训练进行定性解剖分析，以识别发力的肌群。

生物力学与训练

训练的一个基本原则是专一性原则。练习和演练必须针对运动或活动。如果你在训练中使用的练习和演练与你训练的技能非常匹配，你将在表现上有更大的收获。对于一些运动或活动，特定于运动或活动的训练类型是显而易见的。如果你想跑马拉松，你的训练应该主要包括长距离跑。在其他情况下，特定于运动或活动的训练练习可能不那么明显。例如，在撑杆跳高中取得成功所需的特定力量对于旁观者来说并不明显。生物力学可以通过识别特定的技术或身体要求来提高训练水平。在学习更多关于如何确定技能的具体技术或体能要求之前，让我们考虑一下各种类型的训练。

> 如果你在训练中使用的练习和演练与你训练的技能非常匹配，你将在表现上有更大的收获。

技术训练

特定运动或体育活动的练习和训练时间通常用于提高技术[**技术训练**（technical training）]或身体状况（体能训练）。分配给技术训练的时间比例部分取决于活动的技术难度。技术训练可能包括执行实际技能或执行模拟技能的特定方面的演练。

生物力学可以在几个方面促进技术训练的改进。首先，对实际表演进行生物力学定性分析可以发现技术上的缺陷。我们在第十三章中讨论了完成这类分析的过程。如果运动员在意识到缺陷后无法纠正，你就会针对缺陷的技能方面规定具体的训练和练习。

生物力学有助于提高技术训练的另一种改善技术训练的生物力学方式是，通过识别接近模拟技能特定技术方面的练习和演练。考查你所熟悉的一项活动的技术训练中所使用的演练和练习。演练的目的是什么？技能的哪个方面是特定的？关节的位置、速度和运动范围是否与技能相似？肌肉的力量和收缩速度相似吗？外力相似吗？这些都是你在为你的学生、客户或运动员评估训练或练习时应该问自己的问题。练习和实际技能之间的保真度越高，练习对该技能的针对性就越强，提高该技能表现的潜力就越大。如果练习和技能之间没有什么相似之处，那么这种练习就不适合培养这种技能。肌力、收缩速度和外力的大小很难定性地评估，但你可以看到关节的位置和运动范围，并从中评估关节的角速度。对特定运动技能的练习和演练进行生物力学定量分析将更有价值，但在生物力学文献中很少有报道。

体能训练

体能训练是训练的另一部分。技术训练主要是为了纠正或提高技术方面，而**体能训练**（physical training）则是为了改变由于运动员身体状况而造成的运动表现限制。请注意，这两种类型的训练通常会有一些重叠。技术训练可能会对运动员的身体状况产生一定的影响，体能训练可能会对运动员的技术熟练程度产生一定的影响。在任何情况下，体能训练都是为了提高身体健康的组成部分，包括肌肉力量、肌肉爆发力、肌肉耐力、灵活性、心血管健康、身体成分。

同样，生物力学的目的是提高体能训练的特异性。一项活动的生物力学分析可以识别出其力量、功率、耐力或柔韧性限制其表现的特定肌群。然后可以选择特定的运动来加强或拉伸这些特定的肌群。同样，一项运动中的生物力学分析可以确定运动中使用的肌肉是否与运动或活动中使用的肌肉相同。

在本章中，生物力学定性分析的类型用于识别每个阶段中活动肌群的定性生物力学分析被称为定性解剖分析。本章的下面部分描述了一个运动的定性解剖分析所涉及的步骤。

定性解剖分析方法

定性解剖分析(qualitative anatomical analysis)的目的是确定在运动表现的特定阶段的主要肌肉活动，并确定由于大肌肉力量或关节运动范围的极端情况可能产生较大应力的时刻。教师或教练可以对学生或表现出有效技术的优秀运动员进行这样的分析。精英的运动表现分析确定了哪些肌肉参与了最有效的技术表现，而学生的分析确定了在运动表现特定技术时使用的肌肉。在这两种情况下，用于识别涉及肌肉的方法是相同的。

让我们考虑一下。你知道有什么方法可以识别运动或运动中哪些肌肉在发力吗？一种方法是在动作过程中触摸和感受运动员的浅表肌肉。如果肌肉结实而僵硬，它正在积极地发力。如果肌肉是柔软和松弛的，则它没有发力。这种方法只有在动作涉及静态位置或缓慢动作时才有效(如果运动员对被触摸感到舒服)。某些举重练习和体操动作是适合这种分析的例子。显然，这种方法对于分析诸如投掷或跑步之类的动态活动是不切实际的。这种方法也是侵入性的，会影响运动员的表现。

确定哪些肌肉在一个运动中是发力的另一种定性的方法，就是剧烈地进行这项运动，然后等一两天，看看哪些肌肉变得酸痛。只有当这个人没有定期练习这项运动时，这种方法才有效。它也可能只识别那些在运动中经历较大离心收缩的肌肉，因为它是与肌肉酸痛相关的离心收缩。

从数量上讲，研究人员可以用电极连接运动员的肌肉，并使用肌电图来监测肌肉的电活动。肌肉的肌电图记录表明肌肉是否发力。对肌电图信号的进一步分析将提供肌肉活动幅度的总体概念。这种类型的定量分析是昂贵的、耗时的，并且对大多数教师和教练来说是不可用的。此外，电极和相关的线路可能会导致运动员的表现与典型的表现不同。

另一种定量方法是将运动记录在胶片或录像带上，然后将胶片或录像带数字化，以获得运动的完整运动学描述。测力台或传感器也可以用来测量作用在物体上的任何外部接触力。然后从运动员身上进行人体测量，以估计身体部分的质量和转动惯量。然后使用每个部分的受力图来确定导致部分加速的合力和力矩。根据牛顿第二定律求解运动方程来确定这些力和力矩。计算得到的关节力矩与穿过这些关节的肌肉有关，并表明哪些肌肉是发力的。这种类型的力学分析，称为逆向动力学分析，也是很少有教练或教师有设备、时间及必要的专业知识来完成的。

这些方法对教练或教师来说都不实用或不合理。肌肉活动不能直接观察；然而，我们可以根据所使用的逆向动力学分析原理大致了解哪些肌肉是发力的。这种定性解剖分析对教练和教师来说可能是实用的，它为大多数活动提供了合理的结果。以下是完成定性解剖分析的步骤。

1. 将运动划分为若干时间阶段。
2. 识别所涉及的关节和在这些关节上发生的运动。
3. 确定肌肉收缩的类型(向心收缩、离心收缩或等长收缩)，并确定每个关节的主要活动肌群。
4. 识别快速关节角加速(快速加速或减慢关节运动)发生的情况及发生碰撞的地方。
5. 确定关节活动范围的极端情况。

定性解剖分析的结果可用于确定肌群的适当力量或柔韧性练习。定性解剖分析的五个步骤描述和说明如下。

运动阶段

定性解剖分析的第一步是将运动分解为特定的阶段或动作。对于最简单的动作，如缓慢的动作或涉及升降的动作，一个阶段的结束和下一个阶段的开始可以简单地通过运动方向的变化来指定。例如，让我们来看看卧推。卧推包括两个阶段：下降阶段，举重者将杠铃降至胸部；上升阶段，举重者举起杠铃。

相比之下，更快速、更复杂的动作可能需要分解成更精确的几个阶段。棒球投球的各个阶段包括开始、投球和随摆，但只将投球分为这三个阶段可能无法提供关节运动的足够细节，从而无法确定发生的肌肉活动。对于这种高速的动作，最好将其录像。然后应该逐帧检查运动，而不是逐相位检查。人们可以通过查看这些运动员的录像或序列照片来与他们进行比较。精英运动员表现的连续照片经常可以在教科书或相关运动的教练杂志上找到。这些出版物可能会提供定性解剖分析的结果，或者指出在研究的技能执行过程中哪些肌肉群是重要的。

关节运动

一旦运动被分解成特定的阶段或被录成视频，下一步就是确定要检查的身体部位和关节。哪些环节和关节参与技能的表现？哪些环节、哪些关节参与运动？对于涉及全身粗大运动的技能，大多数主要关节都参与其中。例如，跑步涉及身体两侧的踝关节、膝关节、髋关节、肩关节和肘关节。其他技能，特别是力量训练练习，可能只涉及几个环节和关节的运动。让我们回到卧推练习的例子。哪些环节移动、哪些关节参与了这个练习？上臂和前臂是活动环节，肘部和肩关节是主要参与运动的关节。

一旦确定了活动中涉及的环节和关节，下一步就是确定在活动的每个阶段中每个关节发生的运动。关节是否发生屈曲或伸展？外展或内收？内旋或外旋？关节处是否有不止一种运动？在这里，你要确定关节处关节段的运动或位置的变化是在阶段中还是阶段之间。相邻的环节相对于彼此是如何运动的？关节运动不同于关节位置，两者必须加以区分。例如，在卧推的下降阶段，屈曲（关节运动）发生在肘关节处，肘关节处于屈曲位置。在上升阶段，伸展（关节运动）发生在肘关节，但肘关节一直处于屈曲的位置，直到上升阶段结束。在肩关节，水平伸展（或水平外展）发生在下降阶段，水平屈曲（或水平内收）发生在上升阶段。在定性解剖分析中，我们感兴趣的是关节运动，而不是关节位置。

肌肉收缩和发力肌群

定性解剖分析的下一步是确定在穿过每个关节的活动肌群中发生的肌肉收缩类型，并识别这些活动肌群。回顾第十一章，肌肉向心收缩产生正功，导致机械能增加；肌肉离心收缩产生负功，导致机械能减少；肌肉等长收缩产生的功为零，不会导致机械能的变化。如果没有外部接触力作用在身体上，最简单地确定肌肉收缩类型的方法是确定在被检查的运动阶段发生的机械能的变化。什么东西被举起了（增加了势能）还是下降了（减少了势能）？是加速（增加动能）还是减速（减少动能）？是拉伸或形变（增加应变能）还是缓慢地不拉伸和形变（减少应变能）？如果总机械能（势能、动能和应变能的总和）增加，则活动肌群的收缩是向心的。如果总机械能减少，则活动肌群的收缩是离心的。如果总机械能不变，则活动肌群的收缩是等长的或肌肉不活动。

即使在外部接触力作用于身体时，这种一般的方法通常也能够得出正确的结果。然而，在某些情况下，必须检查物体对外力施加的反作用力的方向和物体的位移方向。如果方向相同，力做正功，肌肉呈向心收缩。如果方向相反，力做负功，肌肉呈离心收缩。若不发生位移，则不做功，肌肉呈等长收缩或不活动。

一旦确定了肌肉收缩的类型，识别发力的肌群就很简单了。如果收缩被确定为向心收缩，活动肌肉是那些在观察到的关节运动的相同方向上产生力矩的肌肉。例如，如果观察到的关节运动是屈曲的，收缩是向心的，那么该关节的屈肌是发力的（相反的伸肌也可能是发力的，但所产生的力矩是屈肌力矩，因此屈肌必须产生更大的力矩）。如果肌肉收缩是离心的，那么活动肌肉就是那些产生与观察到的关节运动相对立的力矩的肌肉。例如，如果观察到的关节运动是屈曲的，收缩是离心的，那么该关节的伸肌是发力的（相反的屈肌也可能是发力的，但所产生的力矩是伸肌力矩，因此伸肌必须产生更大的力矩）。

> 一旦确定了肌肉收缩的类型，识别发力的肌群就很简单了。

让我们再看一下卧推的例子。在下降阶段，杠铃的机械能发生了什么变化？它的势能降低了，就像举重运动员手臂和前臂的势能一样，因为它们都降低了。然而，这些节段的动能增加了，因为它们从不运动变为向下运动。这些部分向下的加速度不如重力加速度快，如果势能的减少正好等于动能的增加，也就是说，如果你把杠铃放到你的胸口。势能的减少大于动能的增加，所以总机械能的减少。表明在这一阶段肘部和肩部肌肉的动作是离心的。因为肘关节发生屈曲，收缩是离心的，所以发力的肘关节肌群是肘关节伸肌群。在肩部，发生水平伸展，收缩是离心的，所以活动的肌群一定是肩部水平屈肌。

在卧推的上升阶段，杠铃和手臂部分的势能和动能增加，表明肘部和肩部肌肉呈向心收缩。因为肘关节伸展发生在这个阶段，所以肘关节伸肌又是发力的肌群。同样的，因为肩关节水平屈曲发生在这个阶段，肩部水平屈肌再次成为发力的肌群。在卧推中观察到的肌肉运动模式是大多数主要涉及势能变化的运动和练习（举和降）的典型模式。相同的肌群在整个运动或锻炼中都是发力的。肌群在下降阶段呈离心收缩，然后在上升阶段呈向心收缩。

一般来说，如果某物抬升缓慢，是肌肉向心收缩引起的。如果某物下降缓慢，则是肌肉离心收缩引起的。如果某物静止不动，则是肌肉等长收缩引起的。

对台式压力机受力和位移的分析也得到了同样的结果。在下降阶段，举重者对杠铃施加向上的力，但杠铃的位移是向下的。力和位移方向相反，所以力所做的是负功。在下降阶段，肘关节和肩关节肌肉呈离心收缩。在上升阶段，举重者继续对杠铃施加向上的力，但在这个阶段，杠铃的位移也是向上的。力和位移方向相同，所以力所做的是正功。在上升阶段，肘关节和肩关节肌肉向心收缩。

当关节处的肌肉收缩被确定为等长收缩时，如何确定活动肌群？在这种情况下，我们可以通过想象如果关节周围的所有肌肉放松会发生什么关节运动来确定活动肌群。如果发生运动，活动肌群（等长收缩的肌群）就是产生力矩与这一运动相对抗的肌群。例如，在卧推中,假设你在上升阶段暂停,将杠铃举到半空。肘关节处没有运动,因此肌肉收缩是等长收缩或肌肉不活动。如果肌肉不活动,杠铃就会撞到你的胸部,你的肘关节就会屈曲。活动肌群必须是防止肘关节屈曲的伸肌。

快速加速或冲击

在确定发力肌群后,定性解剖分析的下一个任务是确定任何发生快速关节角加速度和冲击的情况。这项任务确定必须产生最大力量的发力肌群,以及必须产生这些最大力量时肢体的位置。这些肌群的力量将被测试,肌群必须得到训练。当我们分析快速动作时,这一步更重要,但我们仍然可以使用卧推作为我们的例子。

下降阶段开始时,杠铃向下加速,发生肘关节屈曲和肩关节水平伸展。因为升降机施加的力在这个时刻是向上的,它被减小以产生向下的加速度。此时发力的肌群产生的力矩较小。在下降阶段结束时,杠铃向下运动的速度减慢,因此它的加速度向上。肘关节屈曲和肩关节水平伸展也要慢下来。在这个瞬间,举重者施加的力是向上的,所以必须加大力以使杠铃向上加速。在这个瞬间,发力的肌群必须产生更多的力矩来产生加速度。当杠铃再次向上加速时,上升阶段开始时也是如此。在上升阶段结束时,杠铃的速度减慢,其加速度向下。升降机施加的力在这个瞬间是向上的,但它被减小以产生向下的加速度。因此,在卧推中,发力的肌群在下降阶段结束和上升阶段开始时受到的压力最大。

极限关节活动范围

定性解剖分析的最后一步是确定关节活动范围的极端情况。这一步的目的是识别那些可能被拉伸和可能受伤的肌肉和软组织。柔韧性练习可能适合这些肌群。与前一步一样,当我们分析快速动作时,这一步更为重要。在卧推中,肘关节在下推开始和上推结束时处于完全伸展状态。然而,这对肘关节来说并不是一个不寻常的姿势。在下降阶段结束和上升阶段开始时,肘关节完全屈曲,肩关节可能接近其水平伸展的极限。这个位置的肌肉力矩也是最大的,因此可以进行特定的柔韧性锻炼,拉伸肘关节伸肌和肩关节水平屈肌。

绘制分析图表

如果没有在之前步骤中确定的记录,跟踪定性解剖分析的每个步骤中已确定的内容是很困难的。如果你将分析的每个步骤的结果制作成图表或表格,这项工作可能会更容易。其可能包括分析的关节、运动阶段(或视频帧)、关节运动、肌肉收缩、发力肌群、快速加速或冲击、极端关节活动范围。表14.1是这样一个图表的一个例子,代表了我们对卧推的分析。

表 14.1 宽距卧推的定性解剖分析样本

关节	运动阶段	关节运动	肌肉收缩	发力肌群	快速加速或冲击	极端关节活动范围
肘关节	上	屈曲	离心	伸肌	在结束阶段	完全屈曲
	下	伸展	向心	伸肌	在开始阶段	
肩关节	上	水平伸展	离心	水平屈肌	在结束阶段	水平伸展
	下	水平屈曲	向心	水平屈肌	在开始阶段	

案例分析

前面介绍了进行定性解剖分析以改善训练的步骤,以一个简单的练习——卧推为例来说明这些流程。根据所分析的活动,对一项技能的定性解剖分析可能是简单的,也可能是复杂的。主要涉及势能变化的活动(如卧推和大多数举重练习)通常比包括更快动作和涉及动能变化的活动更容易分析。本章提供了一些更难分析的活动的定性解剖分析案例。这些例子包括跳跃活动(垂直跳跃)、打击活动(橄榄球弃踢)、运动活动(短跑)和投掷活动(标枪),分析难度从最简单的(垂直跳跃)逐渐进展到最复杂的(标枪投掷)。

垂直跳跃

站立垂直跳跃只比卧推稍微难分析一点,因为它仍然主要涉及势能的变化。垂直跳跃可以分为三个阶段,如图14.1所示:准备(或向下)阶段、蹬伸(或向上)阶段和腾空阶段。前两个阶段发生在跳跃者接触地面时。因为跳跃者的重心所达到的高度是由跳跃者在地面上的动作决定的,所以我们只分析两个触地阶段。

在垂直跳跃过程中发生的运动主要涉及踝关节、膝关节、髋关节和肩关节的运动。肘关节周围会发生一些运动,但它似乎没有其他关节那么重要,所以我们只检查这四个关节。让我们假设跳跃动作是对称的,因此左右两侧一起移动。

图 14.1 将站立垂直跳跃分解为三个阶段进行分析

在准备阶段,踝关节背屈,膝关节屈曲,髋关节屈曲,肩关节过度伸展。在蹬伸阶段,每个关节都会发生相反的运动:踝关节跖屈,膝关节伸展,髋关节伸展,肩关节屈曲。

在准备阶段,身体会下降,因此其势能会下降。踝关节正上方的环节下降(其运动相对于踝关节向下),因此其相对于踝关节的势能降低。发力的踝关节肌群的收缩形式是离心的。踝关节的运动是背屈的,但肌肉收缩是离心的,所以踝跖屈肌是发力的肌群。膝关节正上方的环节(大腿)也相对于膝关节下降,因此其相对于膝关节的势能降低。发力的膝关节肌群收缩形式是离心的。膝关节伸肌是发力肌群。髋关节正上方的环节(躯干)也相对于髋关节下降,因此其相对于髋关节的势能降低。发力的髋关节肌群收缩形式是离心的,而伸髋肌是发力肌群。肩关节远端的环节(手臂)抬高(手臂相对于肩关节向上移动),因此其相对于肩关节的势能增加。发力的肩关节肌群收缩形式是向心的。过度伸展发生在肩关节,因此伸肩肌是发力肌群。

在蹬伸阶段,所有身体部分的势能和动能都会增加。每个关节处发力肌肉的收缩形式都是向心的。踝关节跖屈,所以跖屈肌是发力的;膝关节伸展,所以伸膝肌群是发力的;髋关节伸展,所以伸髋肌群是活动的。对肩关节的仔细检查显示,手臂最初相对于肩关节向下移动,然后向上移动。势能的轻微下降远小于环节动能的大幅增加,因此,此时人体做的是正功,肩关节屈肌向心收缩。

在准备阶段结束和蹬伸阶段开始时,身体迅速向上加速。在这些情况下,关节也都会经历加速度。踝关节跖屈肌、伸膝肌、伸髋肌及屈肩肌需要力才能很好地完成垂直跳跃。(进一步检查腾空和着地阶段会发现着地时的冲击也会使这些肌肉受到压力,肩部屈肌除外。)针对这些肌群的力量(和爆发力)训练可能是合适的。

观察到的关节运动范围中唯一的极端情况发生在肩关节处。在准备阶段发生的肩关节过度伸展可能受到屈肩肌的限制。屈肩肌的柔韧性训练可能是合适的。

表 14.2 是垂直跳跃腾空前阶段定性解剖学分析的完整图表。

表 14.2 立定垂直跳跃腾空前阶段的定性解剖分析案例

关节	运动阶段	关节运动	肌肉收缩	发力肌群	快速加速或冲击	极端关节活动范围
踝关节	上	背屈	离心	跖屈肌	在结束阶段	
	下	跖屈	向心	跖屈肌	在开始阶段	
膝关节	上	屈曲	离心	伸肌	在结束阶段	
	下	伸展	向心	伸肌	在开始阶段	
髋关节	上	屈曲	离心	伸肌	在结束阶段	
	下	伸展	向心	伸肌	在开始阶段	
肩关节	上	过伸	向心	伸肌	在结束阶段	完全过伸
	下	屈曲	向心	屈肌	在开始阶段	

橄榄球弃踢

美式橄榄球弃踢是一个以肌肉做功主要导致动能变化为特点的案例。因此,它比前面的案例更难分析。因为它涉及快速移动,所以需要逐帧分析。橄榄球运动员的序列图如图 14.2 所示。

关节运动

踢橄榄球最重要的部分是腿,所以我们应该分析双腿的髋关节、膝关节和踝关节。运动主要发生在矢状面上,因此为了简单起见,我们将分析限制在该平面上发生的运动。如图 14.2 所示,我们将从右髋关节开始,当踢球者用左腿向前走时,右髋关节从第 1 帧到第 2 帧过度

第十四章 生物力学定性分析用以提升训练 247

图 14.2 由熟练的运动员执行橄榄球弃踢的序列图

伸展,并在踢球过程中从第 2 帧到第 5 帧屈曲。

左髋关节实际上从第 1 帧略微延伸到第 2 帧,尽管踢球者正向前踩到这条腿上。这种伸展主要是因为躯干在第 1 帧中向前倾斜,而在第 2 帧中是直立的。这种伸展从第 2 帧继续到第 3 帧。从第 3 帧到第 4 帧,左髋关节出现轻微屈曲。在第 4 帧中右腿的位置妨碍了对左大腿的清晰观察,因此左髋关节的动作无法确定。从第 4 帧到第 5 帧,髋关节似乎保持相同的位置,因此不会发生关节运动。

从第 1 帧到第 2 帧,右膝关节在推离时稍微伸展。然后从第 2 帧到第 3 帧屈曲。它似乎保持了从第 3 帧到第 4 帧的位置,因此没有关节运动。从第 4 帧到第 5 帧,右膝关节在踢球时迅速伸展。

从第 1 帧到第 3 帧,左膝关节伸展。然后,它从第 3 帧屈曲到第 4 帧。它似乎在第 5 帧中保持相同的屈曲位置,因此从第 4 帧到第 5 帧不会发生关节运动。

从第 1 帧到第 2 帧,右踝关节在推出时会跖屈。在第 2 帧到第 5 帧中,右踝关节似乎保持着相同的跖屈位置,因此第 2 帧和第 5 帧之间不会发生关节运动。

左踝关节从第 1 帧到第 3 帧跖屈,然后从第 3 帧到第 4 帧背屈,从第 4 帧到第 5 帧跖屈。

肌肉收缩与发力肌群

现在我们已经确定了橄榄球弃踢过程中发生的关节运动,下一步是确定肌肉收缩并确定发力的肌群。再次观察图 14.2。在右髋关节,从第 1 帧到第 2 帧出现过度伸展。这似乎是右髋关节伸展阶段的结束,因此肌肉收缩在该阶段开始时是向心的(随着伸展速度的加快和动能的增加),而在结束时是离心的(因为伸展速度的减慢和动能的减少)。伸髋肌在开始时向心收缩,而屈髋肌在结束时离心收缩以减缓伸展。从第 2 帧到第 5 帧,右髋关节屈曲。这种屈曲是通过屈髋肌从第 2 帧到第 4 帧的向心收缩开始和继续的(随着屈

曲速度的加快和右腿动能的增加)。在第 4 帧到第 5 帧的初始阶段,屈髋肌的向心收缩继续(随着屈曲继续加速),但就在脚与球接触后,这种屈曲减慢,右腿的动能减少。伸髋肌的离心收缩导致髋关节屈曲减慢。

从第 1 帧到第 3 帧,由于伸髋肌的向心收缩,左髋关节伸展。虽然很难确定,但从第 1 帧到第 3 帧,髋关节的伸展似乎加快了,这表明动能的增加。从第 3 帧到第 4 帧,左髋关节轻微屈曲。在这几帧中,左脚与地面接触。向上和稍微向后推动的地面反作用力是导致髋关节屈曲的原因。此外,当脚触地时,身体的动能和势能会降低。因此,肌肉收缩是离心的,伸髋肌是发力的肌群。从第 4 帧到第 5 帧,髋关节不会改变位置,因此发生的任何肌肉收缩都是等长的。如果在这一阶段左髋关节没有肌肉发力,髋关节就会屈曲,因此伸髋肌必须进行等长收缩以保持关节角度。

从第 1 帧到第 2 帧,右膝关节伸展。这个伸展阶段很短,伸展开始时加速,结束时减慢,因此肌肉收缩最初是向心的,最后是离心的(对应于动能增加,然后动能减少)。由于膝关节发生了伸展,活动肌群最初是伸膝肌,最后是屈膝肌。从第 2 帧到第 3 帧,右膝关节屈曲。同样,这个屈曲阶段很短,包括屈曲的初始加速,然后是减慢。因此,肌肉收缩在这个阶段开始时是向心的,在结束时是离心的。屈膝肌在这个阶段开始时收缩,膝伸肌在这个阶段结束时收缩。从第 3 帧到第 4 帧,右膝关节没有发生任何运动,因此发生的任何肌肉收缩都是等长收缩。如果所有的膝关节肌肉在这一点上都放松了,膝关节就会伸展,所以屈肌必须是发力的肌群。从第 4 帧到第 5 帧,右膝关节继续伸展,加速直到触球,然后减速。动能的增加和减少表明肌肉收缩是向心的,然后是离心的。伸膝肌向心收缩,随后屈膝肌离心收缩。

从第 1 帧到第 3 帧,左膝伸展。从第 1 帧到第 2 帧,肌肉收缩是向心的,因为伸展速度加快,腿部的动能增加。活动肌群是伸膝肌。从第 2 帧到第 3 帧,伸展速度减慢,腿部的动能减少,但脚已经接触到地面。来自地面的反作用力减缓了伸展速度。肌肉收缩仍然是向心的,伸膝肌仍然是发力的肌群。从第 3 帧到第 4 帧,左膝关节由于地面反作用力而屈曲。左腿的势能和动能降低,因此肌肉收缩是离心的。伸膝肌仍然是发力的肌群。从第 4 帧到第 5 帧,左膝关节没有发生关节运动,因此发生的任何肌肉收缩都是等长的。如果在这个阶段左膝关节没有肌肉收缩,膝关节就会弯曲,所以伸膝肌必须发生等长收缩。

右踝关节从第 1 帧到第 2 帧跖屈。关节上方环节的势能和动能增加,因此肌肉收缩是向心的,跖屈肌是发力的肌群。在第 2 帧到第 5 帧中,位置没有变化,因

此右踝关节处发生的任何肌肉收缩都是等长的。从第 2 帧到第 4 帧,踝关节跖屈肌可能是收缩的以保持跖屈肌的位置。从第 4 帧到第 5 帧,踝关节背屈必须是发力的,以支撑踝关节和足,以便与球碰撞。

左踝关节从第 1 帧到第 3 帧跖屈。为了开始这一动作,肌肉收缩从第 1 帧到第 2 帧是向心的,跖屈肌是发力的肌群。当足跟触地时,地面反作用力会加速跖屈。为了减缓跖屈,肌肉收缩从第 2 帧到第 3 帧是离心的,所以背屈肌是发力的肌群。从第 3 帧到第 4 帧,左踝关节背屈。这种背屈也是由地面反作用力引起的,地面反作用力现在通过前掌起作用。左腿的势能和动能降低,这意味着肌肉收缩是离心的,跖屈肌是发力的肌群。从第 4 帧到第 5 帧,左踝关节跖屈,身体的动能和势能增加。肌肉收缩是向心的,跖屈肌仍然是发力的肌群。

快速加速或冲击

分析橄榄球弃踢的下一步是识别关节快速角加速度的任何情况和任何影响。仍然看图 14.2,我们将注意力集中在这里的踢腿上。从第 4 帧到第 5 帧,右髋关节在屈曲时迅速加速,然后在后续过程中迅速减速。右膝关节在伸展时迅速加速,然后在后续动作中迅速减速。在此期间,脚与球的碰撞也会发生。必须特别加强右髋关节和膝关节的伸肌和屈肌,以产生这些加速度所需的力矩。此外,右背屈肌必须很强壮,以便在击球时保持脚的位置。另一个冲击发生在第 2 帧和第 3 帧之间的左脚着地时。在右腿摆动时,左膝关节和髋关节的伸肌必须强大以稳定身体。髋关节伸肌和屈肌,以及膝关节伸肌和屈肌都需要进行力量和爆发力训练。此外,力量训练也适用于右踝关节的背屈肌。

极限关节运动范围

明显的极限关节运动范围出现在第 5 帧中的右髋关节和膝关节处。右髋关节几乎完全屈曲,而右膝关节几乎完全伸展。在这个运动中,作为伸髋和屈膝的腘绳肌群得到了最大限度的拉伸。这个肌群需要进行柔韧性训练。

表 14.3 是图 14.2 所示的橄榄球弃踢动作定性解剖分析的对应表格。

表 14.3 橄榄球弃踢动作的定性解剖分析案例

关节	帧数	关节运动	肌肉收缩	发力肌群	快速加速或冲击	极限关节活动范围
右髋关节	1~2	过伸	先向心,再离心	先伸肌,再屈肌		
	2~3	屈曲	向心	屈肌		
	3~4	屈曲	向心	屈肌		
	4~5	屈曲	先向心,再离心	先屈肌,再伸肌	是	完全屈曲
左髋关节	1~2	伸展	向心	伸肌		
	2~3	伸展	向心	伸肌		
	3~4	屈曲	离心	伸肌		
	4~5	没有运动	等张	伸肌		
右膝关节	1~2	伸展	先向心,再离心	先伸肌,再屈肌		
	2~3	屈曲	先向心,再离心	先屈肌,再伸肌		
	3~4	没有运动	等张	伸肌		
	4~5	伸展	先向心,再离心	先伸肌,再屈肌	是	完全伸展
左膝关节	1~2	伸展	向心	伸肌		
	2~3	伸展	向心	伸肌		
	3~4	屈曲	离心	伸肌		
	4~5	没有运动	等长	伸肌		
右踝关节	1~2	跖屈	向心	跖屈肌		
	2~3	没有运动	等长			
	3~4	没有运动	等长	跖屈肌		
	4~5	没有运动	等长	背屈肌	球冲击	
左踝关节	1~2	跖屈	向心	跖屈肌		
	2~3	跖屈	离心	背屈肌	地面冲击力	
	3~4	背屈	离心	跖屈肌		
	4~5	跖屈	向心	跖屈肌		

短跑

短跑是另一项运动,肌肉所做的工作主要引起动能的变化。它比橄榄球弃踢更难分析,因为它涉及更多的环节。同样,因为它涉及快速移动,所以需要逐帧分析。一名大学短跑运动员的序列照片如图 14.3 所示。

图 14.3 短跑运动员一个完整步幅的序列图

关节运动

让我们分析一个完整的短跑步幅,从右脚起跳到右脚下一次起跳。右和左的运动相似,但相位不同,所以我们只分析一侧的关节,在例中为左侧。短跑主要发生在矢状面,因此,我们将进一步简化分析,只考虑矢状面的运动。我们要确定的关节是左髋关节、左膝关节、左踝关节和左肩关节。

左髋关节从第 1 帧到第 5 帧屈曲,然后从第 5 帧到第 7 帧伸展,从第 7 帧到第 8 帧过伸。

左膝关节从第 1 帧到第 3 帧屈曲,然后从第 3 帧到第 6 帧伸展。从第 6 帧到第 7 帧稍微屈曲,并从第 7 帧到第 8 帧再次伸展。

左踝关节从第 1 帧到第 2 帧没有发生明显的关节运动。左踝关节从第 2 帧到第 5 帧进行背屈,然后从第 5 帧到第 6 帧稍微跖屈。从第 6 帧到第 7 帧,左踝关节在与地面接触时背屈,然后在从第 7 帧到第 8 帧的蹬出过程中跖屈。

左肩关节从第 1 帧到第 2 帧伸展,然后从第 2 帧到第 5 帧过伸。从第 5 帧到第 8 帧屈曲。

肌肉收缩与发力肌群

与橄榄球弃踢类似,短跑中的肌肉收缩主要是由于短跑运动员身体各部分动能的变化。从第 1 帧到第 4 帧,随着腿部动能的增加,左髋关节屈曲速度加快,因此肌肉收缩是向心的。屈髋肌是发力的肌群。从第 4 帧到第 5 帧,随着腿部动能的减少,髋关节屈曲减慢,因此肌肉收缩是离心的。伸髋肌是发力的肌群。

从第 5 帧到第 7 帧,随着腿部动能的增加,髋关节伸展速度加快,因此肌肉收缩是向心的。伸髋肌是发力的肌群。从第 7 帧到第 8 帧,动能增加,但在这一阶段结束时,髋关节过度伸展减慢。肌肉收缩最初是向心的,然后是离心的。最初伸髋肌是发力肌群,然后是屈髋肌。

左膝关节从第 1 帧到第 2 帧加速屈曲,从第 2 帧到第 3 帧减慢。因此,肌肉收缩从第 1 帧到第 2 帧是向心的,而从第 2 帧到第 3 帧是离心的。从第 1 帧到第 2 帧,屈膝肌向心收缩,从第 2 帧到第 3 帧,伸膝肌离心收缩。膝关节从第 3 帧到第 5 帧加速伸展,但从第 5 帧到第 6 帧减慢(甚至可能在第 4 帧到第 5 帧的时段结束时)。肌肉收缩从第 3 帧到第 5 帧是向心的,从第 5 帧到第 6 帧是离心的(甚至可能在第 4 帧到第 5 帧的周期结束时是离心的)。从第 4 帧到第 5 帧,伸膝肌向心收缩;则屈膝肌离心收缩以减缓从第 5 帧到第 6 帧的伸展。从第 6 帧到第 7 帧,由于作用在左脚上较大的地面反作用力,当左脚触地时,膝关节弯曲。膝关节处做负功,肌肉收缩是离心的。在这个阶段,伸膝肌是发力的肌群。从第 7 帧到第 8 帧,左膝关节伸展。起初,膝关节伸展速度会加快,但最后会减慢。伸膝肌最初向心收缩,随后在该阶段结束时屈膝肌发生离心收缩。

从第 1 帧到第 2 帧,左踝关节没有发生明显的关节运动,因此发生的任何肌肉收缩都是等长的。这个关节之前的动作是短跑运动员蹬地时的跖屈。蹬地后背屈发生离心收缩,因此背屈肌可能从第 1 帧到第 2 帧仍然是收缩的。从第 2 帧到第 5 帧,踝关节背屈。随着背屈速度的加快,肌肉收缩从第 2 帧到第 4 帧是向心的。背屈肌是发力的肌群。从第 4 帧到第 5 帧,随着背屈减慢,肌肉收缩是离心的。跖屈肌是发力的肌群。从第 5 帧到第 6 帧,跖屈速度加快,因此肌肉收缩是向心的,跖屈肌仍然是发力的肌群。从第 6 帧到第 7 帧,由于作用在左脚上较大的地面反作用力,当左脚触地时发生背屈。踝关节处做负功,肌肉收缩是离心的。跖屈肌仍然是发力的肌群。从第 7 帧到第 8 帧,踝关节跖屈。最初,肌肉收缩是向心的,因为肌肉做正功,动能和势能增加。足底屈肌仍然是发力的肌群。在这个阶段结束时,背屈发生离心收缩,以减缓跖屈。

从第 1 帧到第 5 帧左肩关节发生伸展或过度伸展。这种伸展从第 1 帧加速到第 4 帧,从第 4 帧减慢到第 5 帧。因此,肌肉收缩从第 1 帧到第 4 帧是向心的,而从第 4 帧到第 5 帧是离心的。伸肩肌是从第 1 帧到第 4 帧的活动肌群,那么肩部屈肌在第 4 帧至第 5 帧中离心收缩。从第 5 帧到第 8 帧,左肩关节屈曲。肩关节从第 5 帧到第 7 帧屈曲加速,并在第 7 帧到第 8 帧结束时减慢。因此,肌肉收缩从第 5 帧开始直到第 8 帧之前是向心收缩,在第 8 帧时变成离心收缩。屈肩肌从第 5 帧到第 7 帧向心收缩,然后伸肩肌发生离心收缩。

快速加速或冲击

在疾跑的步幅中会出现一些关节角加速度过快的情况。由于屈髋肌的作用,髋关节从第 1 帧到第 3 帧加速屈曲。由于伸髋肌的离心作用,这种屈曲从第 4 帧到第 5 帧迅速减慢。从第 7 帧到第 8 帧,由于伸髋肌的强大作用,当腿部承受重量时,髋关节过度伸展的速度迅速加快。由于屈髋肌的离心作用,髋关节过伸在第 8 帧之前减慢。

由于屈膝肌的向心作用,膝关节的屈曲从第 1 帧到第 2 帧迅速加速。从第 2 帧到第 3 帧,伸膝肌的离心收缩迅速减缓了这种膝关节屈曲。随后膝关节伸肌的向心收缩导致从第 3 帧到第 4 帧的膝关节快速伸展。在从第 4 帧到第 5 帧和第 5 帧到第 6 帧的周期结束时,由于屈膝肌的离心作用,这种伸展突然变慢。从第 4 帧到第 5 帧,双关节(膝关节和髋关节)腘绳肌群(屈膝肌和伸髋肌)必须产生较大的力,因为它通过离心收缩起作用,以减缓伸膝和屈髋。腘绳肌拉伤通常发生在冲刺步幅的这一瞬间。膝关节伸展时的快速加速也发生在第 7 帧开始时,并在第 8 帧持续,因为伸膝肌的强大向心收缩使腿可以蹬地向前。

当脚与地面发生碰撞时,左踝关节从第 6 帧到第 7 帧经历快速背屈。跖屈肌的强烈离心作用可防止关节受到损伤。从第 7 帧到第 8 帧,踝关节在跖屈时迅速加速,同时由于跖屈肌强大的向心收缩而承受重量。

由于肩关节伸肌的向心作用,左肩关节的快速伸展加速发生在第 2 帧到第 3 帧。由于肩关节屈肌的离心收缩,在第 4 帧到第 5 帧中,这种伸展迅速减慢。然后,在第 5 帧到第 6 帧中,肩关节屈肌向心收缩以加速肩关节的屈曲。

髋屈肌和伸肌、膝屈肌和伸肌(尤其是腘绳肌群)、跖屈肌、肩屈肌和伸展肌需要进行适当的力量和爆发力训练。

极限关节活动范围

在图 14.3 中,短跑运动员几乎没有展示出关节的极限运动范围。在第 1 帧和第 8 帧的蹬地过程中,髋关节达到极度过伸的位置,因此髋屈肌被拉伸。踝关节在第 1 帧和第 8 帧中达到极度跖屈的位置,从而可能拉伸背屈。踝关节在第 7 帧触地时也达到极度背屈的位置,因此跖屈肌可以被拉伸。在第 5 帧中,肩关节达到极度过伸的位置,因此肩关节屈肌被拉伸。这些肌群中每一个都需要进行柔韧性训练。

表 14.4 是图 14.3 所示的短跑步幅定性解剖分析的对应表格。

表 14.4 短跑步幅的定性解剖学分析案例

关节	帧数	关节运动	肌肉收缩	发力肌群	快速加速或冲击	极限关节活动范围
左髋关节	1~2	屈曲	向心	屈肌	是	过伸
	2~3	屈曲	向心	屈肌		
	3~4	屈曲	向心	屈肌		
	4~5	屈曲	离心	伸肌	是	
	5~6	伸展	向心	伸肌		
	6~7	伸展	向心	伸肌		
	7~8	过伸	先向心,再离心	先伸肌,再屈肌	是	过伸
左膝关节	1~2	屈曲	向心	屈肌	是	
	2~3	屈曲	离心	伸肌		
	3~4	伸展	向心	伸肌		
	4~5	伸展	向心	伸肌		
	5~6	伸展	离心	屈肌		
	6~7	屈曲	离心	伸肌		
	7~8	伸展	先向心,再离心	先伸肌,再屈肌	是	

续 表

关节	帧数	关节运动	肌肉收缩	发力肌群	快速加速或冲击	极限关节活动范围
左踝关节	1~2	没有运动	等长	背屈肌		跖屈
	2~3	背屈	向心	背屈肌		
	3~4	背屈	向心	背屈肌		
	4~5	背屈	离心	跖屈肌		
	5~6	跖屈	向心	跖屈肌		
	6~7	背屈	离心	跖屈肌	地面冲击	背屈
	7~8	跖屈	先向心,再离心	先跖屈肌,再背屈肌	是	跖屈
左肩关节	1~2	伸展	向心	伸肌		
	2~3	过伸	向心	伸肌	是	
	3~4	过伸	向心	伸肌		
	4~5	过伸	离心	屈肌	是	过伸
	5~6	屈曲	向心	屈肌	是	
	6~7	屈曲	向心	屈肌		
	7~8	屈曲	先向心,再离心	先屈肌,再伸肌		

标枪

就像橄榄球弃踢和短跑的步幅一样,标枪投掷是一项主要由肌肉完成的运动,其作用主要是改变动能。与前面的例子相比,这更难分析,因为它涉及许多阶段和多平面的活动。标枪同样需要快速的动作,因此需要逐帧分析。图14.4显示了精英标枪投手的顺序绘图。

关节运动

在标枪投掷中似乎重要的关节包括投掷手臂的肘关节、肩关节、躯干(椎间关节),以及右、左髋关节。让我们从右肘关节开始分析。从第1帧到第5帧,肘关节的肢体位置没有改变,因此不会发生关节运动。从第5帧到第6帧,肘关节开始屈曲,并在第8帧继续屈曲。从第8帧到第10帧,在标枪的最后投掷和释放期间,肘关节则开始伸展。

肩关节在投掷动作的早期阶段(从第1帧到第6帧)也保持相对静态的位置。在第6帧到第8帧,发生了一些外旋。在第8帧到第10帧的投掷、释放和跟随过程中,发生了快速的内旋和外展。在肩关节,从第9帧到第10帧,也发生了伸展。

躯干(或椎间关节)在第1帧到第2帧期间不活动。当进行交叉步骤时,从第2帧到第3帧,它稍微向右旋转。从第3帧到第6帧,躯干逐渐解开,向左旋转。从第6帧到第7帧,随着左腿着地,它再次向右旋转。从第6帧到第7帧(甚至更早),躯干也开始伸展和过度伸展。从第7帧到第10帧,在投掷和跟随过程中,躯干迅速向左旋转并屈曲。

右髋关节在第1帧到第4帧屈曲和内收。在第4帧到第5帧,它在右脚着地时更加屈曲,同时发生一些外展。从第5帧到第6帧,髋关节开始伸展,外展继续。从第6帧到第7帧,伴随着快速的内旋,发生过度伸展。从第7帧到第10帧,右髋关节屈曲。内旋在第7帧到第8帧继续进行。

左髋关节在第1帧到第3帧间伸展和内收。然后在第3帧到第6帧屈曲、外展和外旋。从第6帧到第8帧,左髋关节在左脚着地时迅速内旋并屈曲。从第8帧到第10帧,左髋关节进一步内旋并伸展。

肌肉收缩和发力肌群

现在我们已经确定了标枪投掷时发生的关节运动,下一步是确定肌肉收缩的类型并识别发力的肌群。从第1帧到第5帧,肘关节没有任何运动,因此肌肉收缩是等长收缩或根本没有肌肉活动。手臂像绳索或电缆一样拉动标枪,为了保护肘部不超伸,肘关节屈肌以等长方式收缩。从第5帧到第7帧,屈肘速度加快(动能增加),从第7帧到第8帧减慢(动能减少)。屈肘肌在第5帧到第7帧以向心方式收缩,肘伸肌在第7帧到第8帧以离心方式收缩。从第8帧到第10帧,肘关节发生伸展,从第8帧到第9帧加速,从第9帧到第10帧减速。伸肘肌在第8帧到第9帧以向心方式继续收缩,然后屈肘肌在第9帧到第10帧以离心方式收缩。

从第1帧到第6帧,肩膀处于外展状态,但不改变位置,因此肌肉收缩是等长收缩或根本没有肌肉活动。为了保持这个姿势,肩外展肌必须以等长收缩的方式发力。由于躯干和标枪的惯性,从第6帧到第8帧发生了一些外旋运动。肩内旋肌群是发力的肌群。(在

图 14.4 精英标枪投手的顺序绘图

这里，我们的能量分析方案效果不是很好，或者可能很难理解。身体和腿似乎在加速，但手臂和标枪没有加速那么多，因此肩关节肌肉间存在能量损失或储存弹性能量。）从第 8 帧到第 10 帧，肩关节发生外展和快速内旋。从第 9 帧到第 10 帧，肩关节也发生伸展。当手臂和标枪在这些帧中加速时，动能大大增加，因此肌肉收缩是向心收缩。直到第 10 帧，肩胛提肌、内转肌和伸肌是发力的肌群，之后外展肌、外旋肌和屈肌开始做离心收缩。

从第 1 帧到第 2 帧，躯干通常是静态或僵硬的，所以躯干的正常姿势肌肉会以等长方式收缩。从第 2 帧到第 3 帧，随着骨盆向左旋转，躯干向右旋转。这个动作是由右腿的交叉步和左腿的推力及躯干肌肉的作用所引起的。骨盆的动能最初增加，然后随着骨盆旋转停止而减少，因此肌肉的收缩首先是向心收缩，然后是离心收缩。最初的发力肌群是右侧躯干外旋肌，接着是左侧躯干外旋肌。从第 3 帧到第 6 帧，躯干向左旋转（骨盆向右旋转）。这个动作部分是由于第 5 帧右脚的着地，但动能的增加是由于开始运动的等长收缩肌肉所引起的。发力肌群是左侧躯干外旋肌。从第 6 帧

到第 7 帧，随着左腿的着地，迅速发生向右的伸展和过度伸展，同时也发生旋转。这时的情况与肩关节类似。左腿产生的巨大反作用力会导致背部过度伸展，而骨盆向左旋转，但躯干的其余部分稍微滞后。躯干内部的能量损失（或许是弹性能量的存储），因此肌肉的收缩是离心的。发力肌群是躯干的屈肌和左侧躯干外旋肌。从第 7 帧到第 10 帧，躯干迅速向左旋转并屈曲。旋转和屈曲从第 7 帧到第 9 帧加速，然后从第 9 帧到第 10 帧减速。肌肉收缩从第 7 帧到第 9 帧是向心收缩，从第 9 帧到第 10 帧是离心收缩。从第 7 帧到第 9 帧中，腰部屈曲肌和左侧腰部外旋肌是发力的肌群。从第 9 帧到第 10 帧中，腰部伸展肌和右侧外旋肌是发力的肌群。

从第 1 帧到第 4 帧，右髋关节内收和屈曲。这些动作从第 1 帧到第 3 帧加速进行，肌肉收缩是向心的。因此，髋关节内收肌和屈曲肌是发力的肌群。从第 3 帧到第 4 帧，内收和屈曲开始减速，肌肉收缩是离心的，因此髋关节外展肌是发力的肌群。从第 4 帧到第 5 帧，右髋关节持续屈曲，因为速度减慢，所以肌肉收缩是离心的。从第 3 帧到第 5 帧，髋关节伸展肌离心收缩。

从第 4 帧到第 6 帧，右髋关节外展。这个动作在这些帧中加速进行，所以肌肉收缩是向心的，髋关节外展肌是发力的肌群。从第 5 帧到第 7 帧，右髋关节先伸展，然后过度伸展。肌肉收缩从第 5 帧到第 6 帧是向心的，因为伸展加速，从第 6 帧到第 7 帧是离心的，因为过度伸展减慢。从第 5 帧到第 6 帧，髋关节伸肌向心收缩，然后从第 6 帧到第 7 帧，髋关节屈曲肌离心收缩。从第 6 帧到第 8 帧，右髋关节快速内旋。这个动作最初加速，然后减慢，因此内收肌从第 6 帧到第 7 帧向心收缩，然后外展肌从第 7 帧到第 8 帧离心收缩。从第 7 帧到第 10 帧，右髋关节缓慢屈曲。屈曲缓慢加速，因此屈髋肌向心收缩。

左髋关节从第 1 帧到第 3 帧进行内收和伸展动作。这些动作通过左脚推离地面增加了身体的动能，因此髋关节内收肌和伸肌在这个阶段一直以向心收缩的方式收缩，直到这个阶段的末尾这些动作开始减速并且髋关节外展肌和屈肌开始以离心方式收缩。从第 3 帧到第 6 帧，左髋关节屈曲、外展和外旋。这些动作从第 3 帧到第 5 帧加速进行，此时髋关节屈肌、外展肌和外旋肌以向心方式收缩。当髋关节屈曲、外旋和外展从第 5 帧到第 6 帧减速时，髋关节伸肌、内旋肌和外展肌开始以离心方式收缩。从第 6 帧到第 10 帧，左髋关节在骨盆向左旋转时进行内旋。这个动作从第 6 帧到第 9 帧加速，从第 9 帧到第 10 帧减速。因此，肌肉收缩从第 6 帧到第 9 帧期间是向心收缩的，内旋肌是主动肌群。从第 9 帧到第 10 帧，肌肉收缩变成了离心收缩，外旋肌成为主动肌群。从第 6 帧到第 8 帧，左髋关节屈曲。当髋关节屈肌以向心方式收缩时，从第 6 帧到第 7 帧，屈曲加速进行；当髋关节伸肌以离心方式收缩时，从第 7 帧到第 8 帧，屈曲减速进行。从第 8 帧到第 10 帧，左髋关节伸展。由于髋关节伸肌以向心方式收缩，伸展在整个过程中加速进行。

快速加速或冲击

标枪投掷中最快速的关节角加速度出现在第 8 帧到第 10 帧右肩关节内旋、外展和伸展的过程中。肩部外展肌、内旋肌和伸肌必须强大有力才能产生这些快速加速的关节运动，而肩部内展肌、外旋肌和屈肌必须强壮才能减缓这些运动。

第 7 帧左脚与地面接触时的冲击会对躯干和下肢造成巨大的压力。在此阶段，躯干肌肉，特别是躯干的屈肌和左旋肌，会产生大的力矩。适当的力量和动力练习适用于肩关节周围的所有肌肉，以及躯干的屈肌和外旋肌。

极限关节活动范围

在标枪投掷中，观察到关节活动范围的极端情况。最极端的例子是第 8 帧右肩关节最大外旋的位置。在这个位置，肩部内旋肌被最大限度地拉伸。其他关节位置的极端情况包括第 7 帧躯干和右髋关节过度伸展。这些极端情况会拉伸躯干和髋部的屈肌。适当的柔韧性训练适用于所有这些肌群。

表 14.5 是图 14.4 所示的标枪投掷定性解剖分析的对应表格。

表 14.5 标枪投掷的定性解剖分析案例

关节	帧数	关节运动	肌肉收缩	发力肌群	快速加速或冲击	极限关节活动范围
右肘关节	1~2	没有运动	等长	屈肌		
	2~3	没有运动	等长	屈肌		
	3~4	没有运动	等长	屈肌		
	4~5	没有运动	等长	屈肌		
	5~6	屈曲	向心	屈肌		
	6~7	屈曲	向心	屈肌		
	7~8	屈曲	离心	伸肌		
	8~9	伸展	向心	伸肌		
	9~10	伸展	离心	屈肌		
右肩关节	1~2	没有运动	等长	外展肌		
	2~3	没有运动	等长	外展肌		
	3~4	没有运动	等长	外展肌		
	4~5	没有运动	等长	外展肌		
	5~6	没有运动	等长	外展肌	是	
	6~7	外旋	离心	内旋肌	是	
	7~8	外旋	离心	内旋肌	是	外旋

续 表

关节	帧数	关节运动	肌肉收缩	发力肌群	快速加速或冲击	极限关节活动范围
右肩关节	8~9	内旋	向心	内旋肌		
		外展	向心	外展肌	是	
	9~10	内旋	先向心,再离心	先内旋肌,再外旋肌	是	
		外展	先向心,再离心	先外展肌,再内收肌		
		伸展	先向心,再离心	先伸肌,再屈肌		
躯干（椎间盘关节）	1~2	没有运动	等长	姿势肌肉		
	2~3	右旋	先向心,再离心	先右旋肌,再左旋肌		
	3~4	左旋	向心	左旋肌		
	4~5	左旋	向心	左旋肌		
	5~6	左旋	向心	左旋肌		
	6~7	右旋	离心	左旋肌	地面冲击	
		伸展	离心	屈肌	地面冲击	过伸
		过伸	离心	屈肌		
	7~8	左旋	向心	左旋肌		
		屈曲	向心	屈肌		
	8~9	左旋	向心	左旋肌		
		屈曲	向心	屈肌		
	9~10	左旋	离心	左旋肌		
		屈曲	离心	屈肌		
右髋关节	1~2	屈曲	向心	屈肌		
		内收	向心	内收肌		
	2~3	屈曲	向心	屈肌		
		内收	向心	内收肌		
	3~4	屈曲	离心	伸肌		
		内收	离心	外展肌		
	4~5	屈曲	离心	伸肌		
		内收	离心	外展肌		
	5~6	伸展	向心	伸肌		
		外展	向心	外展肌		
	6~7	过伸	离心	屈肌		过伸
		内旋	向心	内旋肌		
	7~8	屈曲	向心	屈肌		
		内旋	离心	外旋肌		
	8~9	屈曲	向心	屈肌		
	9~10	屈曲	向心	屈肌		
左髋关节	1~2	屈曲	向心	伸肌		
		内收	向心	内收肌		
	2~3	屈曲	先向心,再离心	先伸肌,再屈肌		
		内收	先向心,再离心	先内收肌,再外展肌		
	3~4	屈曲	向心	屈肌		
		外展	向心	外展肌		
		外旋	向心	外旋肌		

续 表

关节	帧数	关节运动	肌肉收缩	发力肌群	快速加速或冲击	极限关节活动范围
左髋关节	4~5	屈曲	向心	屈肌		
		外展	向心	外展肌		
		外旋	向心	外旋肌		
	5~6	屈曲	离心	伸肌		
		外展	离心	外展肌		
		外旋	离心	内旋肌		
	6~7	屈曲	向心	屈肌	地面冲击	
		内旋	向心	内旋肌	地面冲击	
	7~8	屈曲	离心	伸肌		
		内旋	离心	内旋肌		
	8~9	伸展	向心	伸肌		
		内旋	向心	内旋肌		
	9~10	伸展	向心	伸肌		
		内旋	离心	外旋肌		

总结

生物力学可以通过改善针对某项运动的训练来提高运动表现。训练的一个基本原则是特异性。生物力学可以通过确定需要完善的技术的具体方面（如前一章所讨论的）、确定模仿技术特定方面或锻炼表现期间使用的特定肌群的练习和演练，以及确定限制表现的特定肌肉的强度、力量或灵活性，来提高训练的特异性。本章大部分内容涉及最后一项。通过表现的定性解剖分析，可以确定在运动过程中发力的特定肌肉。

定性解剖分析涉及以下五个步骤：

1. 将活动分为若干时间阶段。
2. 确定涉及的关节及其运动方式。
3. 确定肌肉收缩类型（向心收缩、离心收缩或等长收缩），以及每个关节的主要活动肌群。
4. 确定出现快速关节角加速度（关节运动的快速加速或减速）和冲击的情况。
5. 确定关节运动范围中的任何极端情况。

步骤1、2、4和5不言自明，很直观。步骤3是分析的核心，也比较困难。通过能量分析和做功分析确定肌肉的收缩类型，因为肌肉向心收缩会产生正功和能量增加，而离心收缩则会产生负功和能量降低。通常，通过确定运动期间每个关节或身体内发生的能量变化，可以确定在该关节涉及的肌肉收缩类型。然后，通过将关节运动和肌肉收缩结合起来，确定活动的肌群。如果肌肉收缩是向心收缩，则活动的肌肉是产生与关节运动方向相同力矩的肌肉。因此，如果关节运动是屈曲，并且肌肉收缩是向心收缩，则活动的肌肉是屈曲肌。如果肌肉收缩是离心收缩，则活动的肌肉是产生与关节运动方向相反的力矩的肌肉。因此，如果关节运动是屈曲而肌肉收缩是离心的，发力的肌肉就是伸肌。在大关节角加速度或冲击发生时发力的肌肉需要强壮，因此这些肌群被确定为力量和动力训练的肌群。同样地，那些在关节极限范围内被拉伸的肌肉需要具备柔韧性，因此它们被确定为需要进行柔韧性训练的肌群。

关键词

体能训练	定性解剖分析	技术训练

第十五章
通过生物力学定性分析理解损伤发展

学习目标

学完本章,你应该能做到以下内容:
- 区分力与压力/应力
- 解释连续应力与组织适应性和损伤的关联
- 描述应力阈值的概念
- 区分与损伤发展有关的内在因素和外在因素
- 明确诱发个体损伤的内在因素
- 明确进行技术动作时与高应力有关的外在因素
- 解释交叉训练和运动内交叉训练的概念
- 推荐可以降低任务中损伤风险的干预措施

当你站在起跑线上,准备开始一场备受关注的10 km比赛。一个朋友过来说他因为最近小腿出现了持续性疼痛,所以没有登记参加比赛。而在之前,他为了在比赛中取得个人最好成绩,特意调整了训练计划。那么会不会是训练计划的改变导致了受伤呢?本章讨论损伤的生物力学基础,并概述明确损伤预防相关因素的结构化方法。

有良好发展潜力的体育职业生涯和周全的健身计划有时会因受伤而中断。竞技跑者的下肢和下背部可能会出现各种各样的疾病,从而中断训练;棒球投手可能会经历慢性的肩关节或者肘部疼痛,从而限制其投掷的能力。许多追求体适能水平的人常常会因为受伤而放弃了心肺功能锻炼。显而易见,损伤预防对竞技运动员及业余运动员都有益处,但明确损伤发生的原因才能有效预防损伤。

应力与损伤

作用在身体上所有力的合力引起了我们所观察到的人体运动。提高运动表现取决于提高对施加于身体的力的利用,也就是说,改变作用力的大小、方向、作用力线及作用力时间可以帮助获得更好的运动表现。

然而施加在身体上的力也是造成损伤的原因。这种损伤是对组织的损伤,会导致运动受限。例如,棒球击中击球手的脸部会导致脸颊部颧骨骨折;踝关节过度内翻会导致踝关节外侧韧带扭伤;肌肉产生的张力过高会扰乱肌肉的解剖功能,从而导致肌肉拉伤。

尽管人们普遍认为"高强度的力"导致了损伤,但一个简单的例子就可以表明,导致损伤的原因不仅仅是力的大小。想象一下:如果给你100美元,你愿意躺在木地板上,让一个10岁的男孩赤脚站在你的肚子上吗?多数人可能会愿意(即使不知道这个男孩子有多重)。此时,施加在你身上的外力就是小男孩压在你身上的体重,你自身受到向下的重量,以及地板提供向上的反作用力,这个力的大小等于你和男孩的重力之和。与地面的作用力通过地板和背部之间的接触面扩散到一个较大的区域。然而男孩的体重,仅通过脚底接触面作用于你的腹部。虽然这种体验会让人不舒服,但为了100美元的报酬,大多数人都能忍受这种轻微的不适感。

但如果换成一个穿高尔夫钉鞋的男孩站在你的腹部呢?除非是最贪婪的人,几乎没有人会愿意尝试。为什么呢?忽略因为鞋子而增加的重量,前后两种条件下外力是一样的,背部和地板之间的接触面积也是相似的。唯一的变化在于后者男孩的重量将集中在一个更小的表面上——球鞋鞋钉的尖端。在这种情形下人肯定会感到十分痛苦,对大多数人来说并不值得为

了100美元去忍受这种不适和伤害。这也很明确地表明造成损伤的不仅仅是力的形式、大小和方向。

应力的概念帮助理解所有损伤,并阐明了所描述的场景提供了认知的出发点。正如我们在第九章中看到的,应力(压力)是指力在其作用人体上的分布。图15.1形象地比较了男孩光脚和穿高尔夫钉鞋站在人体身上时腹部承受的应力差异。男孩的体重(向下的力)保持不变,但接触面积随条件的不同而变化。数学上,应力被定义为力/面积(读作"力除以面积")。力的单位是N,面积的单位是m,应力的单位是N/m^2,也被称为帕斯卡(Pa)。英式单位是每平方英寸上的压力磅数(psi)。

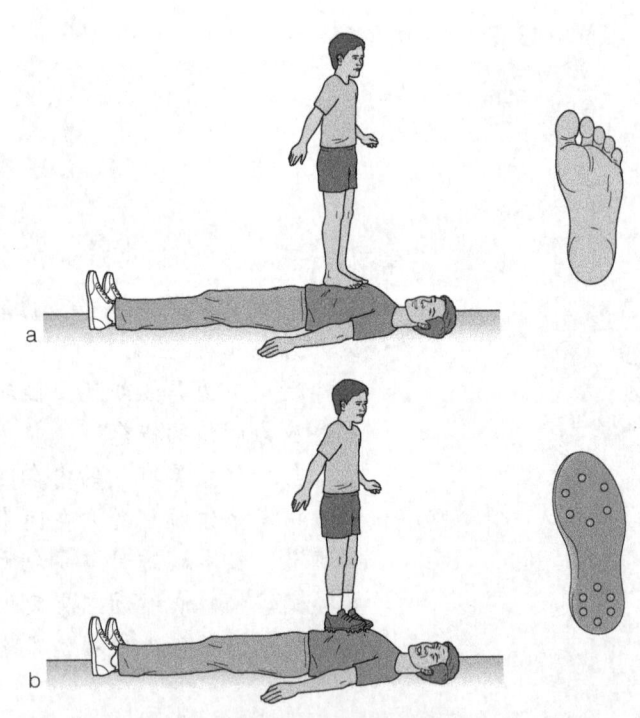

图 15.1 当一个10岁的男孩赤脚或穿着高尔夫钉鞋站在人体腹部上时,腹部承受的应力的差异。男孩体重是356 N(约80 lb),站着的时候,体重平均分布在两脚上。每只脚掌的表面积约为97 cm^2(15 in^2)(a)。每只脚接触面积下的应力计算为 $P=F/A=356\ N/97\ cm^2=3.67\ N/cm^2$。每只高尔夫钉鞋有12个尖刺,每个尖刺的表面积约为0.03 cm^2(0.004 in^2)(b)。鞋面接触面积下的压力计算为 $356\ N/(12\times 0.03\ cm^2)=988.89\ N/cm^2$,高尔夫钉鞋下的压力大约是光脚状态下压力的269倍

应力以不同的方式施加在身体上。当相反的力把物体挤压在一起时,就会产生压缩应力。例如,当你跳跃落地时,向下作用的身体重量和向上作用的地面反

作用力相互作用在腿上则产生压缩应力。每一个椎体都不断地受到压缩应力的影响,因为这节椎体上面的身体作用力向下而它下面的椎体会给它一个向上的反作用力。而另一种形式的压缩载荷来自施加在骨头上的肌肉张力。肌肉的拉力可以分解为两个分量(图15.2)。力的旋转分量垂直作用于骨骼,并试图引起节段的旋转。平行分量沿着骨,作用于肌肉所跨关节。该分量的作用是将该节段拉紧,使其与相邻节段铰链。该力与相邻节段朝向关节方向的力同时作用将节段挤压在起到压缩关节并使其稳定的作用。压缩应力与多种损伤有关。例如,髌骨软化症是由膝关节运动过程中股四头肌的高压缩分量引起的,其特征是髌骨下软骨的退化。在头部碰撞过程中沿脊柱施加的压力可能会使椎骨塌陷,导致严重的脊髓损伤。

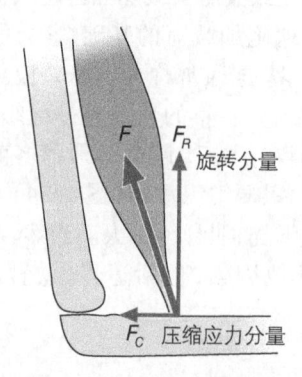

图 15.2 肌肉产生的力可以分解为两个分量。旋转分量影响节段的旋转,压缩应力分量通过改变作用于关节处的压缩应力来影响关节稳定性

当力以拉伸的形式作用在物体上时,就会产生拉伸应力。拉伸应力的例子包括当腿部从外侧受到撞击时膝关节内侧副韧带的载荷,以及当髌韧带存在张力时肌肉附着部位(如胫骨结节)的载荷。撕脱性骨折是指肌腱或韧带的拉伸应力过高,使在附着处的骨断裂,当肌肉活动剧烈或关节被拉到其活动范围的极限时,这种情况发生概率大大增加。撕脱性骨折的好发部位包括踝关节极度内翻时的外踝及投掷运动时的肱骨内上髁。计算拉伸应力时,面积是指组织的横截面积。例如,典型成年人的跟腱呈圆形,直径约为 0.7 cm(0.28 in),或者说半径约为 0.35 cm(0.14 in)。利用圆的面积方程 $A = \pi r^2$,则跟腱的横截面积为 $A = \pi(0.35 \text{ cm})^2 = 0.385 \text{ cm}^2$。如果小腿三头肌肌群产生的力为 2 800 N,则计算出的跟腱拉伸应力为 $\sigma = F/A = 2\,800 \text{ N}/0.385 \text{ cm}^2 = 7\,273 \text{ N/cm}^2$,通常报告为 72 MPa。

当力倾向于使物体的两个部分相互滑动时,就会产生剪切应力。在人体中,剪切应力的例子包括跑步过程中,足支撑相膝关节组织的载荷。膝关节上方身体质量的动量倾向于使股骨在胫骨平台上发生前向滑动。膝关节的透明软骨和半月板受到剪切应力,内侧副韧带和前后交叉韧带受到拉伸应力。通常情况下,当膝关节发生"爆裂"时,前交叉韧带、内侧副韧带和半月板都会受伤。

在大多数情况下,人体会同时承受压缩、拉伸和剪切应力的复合载荷。例如,当你以解剖学姿势站立时,脚踝在地面上作用在跟骨(脚跟)上的力。地面反作用力垂直向上,而身体重量向下,同时对跟骨施加压缩应力。而比目鱼肌主动收缩以保持站立平衡,足底筋膜支撑足部的纵向足弓,因此,跟腱与足底筋膜附着点受到拉伸应力。在跟骨与舟骨(跗骨)的关节处产生剪切应力。而跟骨沿着足的纵轴排列,进而发生扭转。因此,跟骨的载荷是一个复合载荷,反映了多种作用力的联合作用。尝试设想一些其他的活动,并确定施加在不同组织上的应力的性质。

组织对应力的反应

人体的大多数组织在适应所受应力方面都有引人注目的能力。1892 年,德国解剖学家朱利斯·沃尔夫(Julius Wolff)总结了骨组织对应力反应的本质。这被称为"**Wolff 定律**"(Wolff's law),是指组织会适应其所承受的应力水平;也就是说,组织的适应水平反映了典型载荷的水平。当应力增加时,组织通过肥大或体积增大而增强强度。如果去除应力,组织就会因萎缩或体积减小而减弱强度。尽管 Wolff 的观察只针对骨骼,但之后对身体的研究表明,这一规律也适用于其他结缔组织,如韧带和肌腱。

解剖学的研究为 Wolff 定律提供了清晰的例子。骨骼上的突起和标志点,以及骨小梁的排列,是对肌腱和韧带的拉力所产生的压缩应力、拉伸应力、扭转应力和剪切应力的适应,也是对重力和肌肉压缩应力的适应。在结构上,骨骼通过增加矿化和重新排列骨小梁来适应更大的应力。肌肉组织则通过增加肌纤维直径,产生更大的横截面积来对训练或者过载载荷的适应。而肌腱和韧带中胶原和弹性蛋白的排列也同样反映了所承受的拉伸载荷,并受到训练水平的影响。Wolff 定律的一个明显例外是感觉感受器和轴突等神经组织,它们不会从施加的压力中受益。虽然对各种应力的适应源自突触的适应和增殖,但神经组织本身并不通过肥大或萎缩对刺激水平做出反应。在某些疾病或过度使用的情况下,一条或多条神经可能会萎缩,但从技术上讲,这是髓鞘的丢失,而不是神经本身直径的变化。

作用于组织上的应力水平随着活动水平的变化而变化,应力的大小从非常低的水平或没有压力到非常高的水平。例如，躺在床上时股骨上的压缩应力比进行有氧舞蹈时要小。站立时膝关节软骨承受的剪切应力比下坡滑雪时小，而当有物体推拉皮肤时，皮肤上的拉伸应力会增加。控制施加应力的水平是训练各种组织及避免受伤的重要因素。

施加的应力水平可以表示为**应力连续体**（stress continuum）（图15.3）。应力连续体的范围从低水平（病理性载荷不足区）到高水平（病理性载荷过重区）。在积极的生活方式下，应力水平通常保持在生理载荷区，机体组织维持着当前状态。**生理载荷区**（physiologic loading zone）内应力被认为是一种维持水平的应力，组织不会变强也不会变弱。在这个区间内，肌肉维持相同的发力能力，骨矿物质含量保持不变，肌腱和韧带维持其承受拉伸应力的能力。

> 控制施加的应力水平对各种组织的训练和损伤预防十分重要。

在生理训练区，施加的应力水平高于组织已适应的水平。该区域内的应力超过组织的已有强度，并导致组织内的微小损伤（显微组织损伤）。施加的应力越大，这种微损伤的程度就越大。人体对微小损伤的反应表现为启动组织的**重塑**（remodeling）或重建。重建所需的时间与损伤的程度有关，损伤越多，则需要更多的时间来完成重塑。根据Wolff定律，组织微损伤通过重塑后愈合会导致其肥大或加强。超载荷原理是在生理训练区系统地施加载荷的基础，它会引起组织内细胞和结构的变化，这通常称为训练效应。系统的载荷意味着施加的应力有目的性地超过组织的屈服阈值，造成微损伤，但在下一次超载荷训练之前需要提供足够的休息时间，以便组织重构（图15.4）。典型表现为骨矿物质含量增加，肌纤维肥大。当然，训练反应的大小还取决于其他因素，包括遗传、饮食、休息和激素状态。

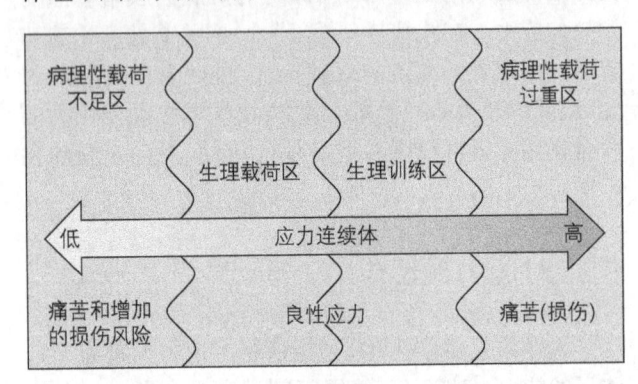

图15.3 应力连续体表明，施加在物体上的应力水平从低到高不等。当施加的应力水平太低或太高时，均会产生不良影响。如果应力水平被系统性提高于生理载荷区或身体已适应的应力水平，就会产生训练效果

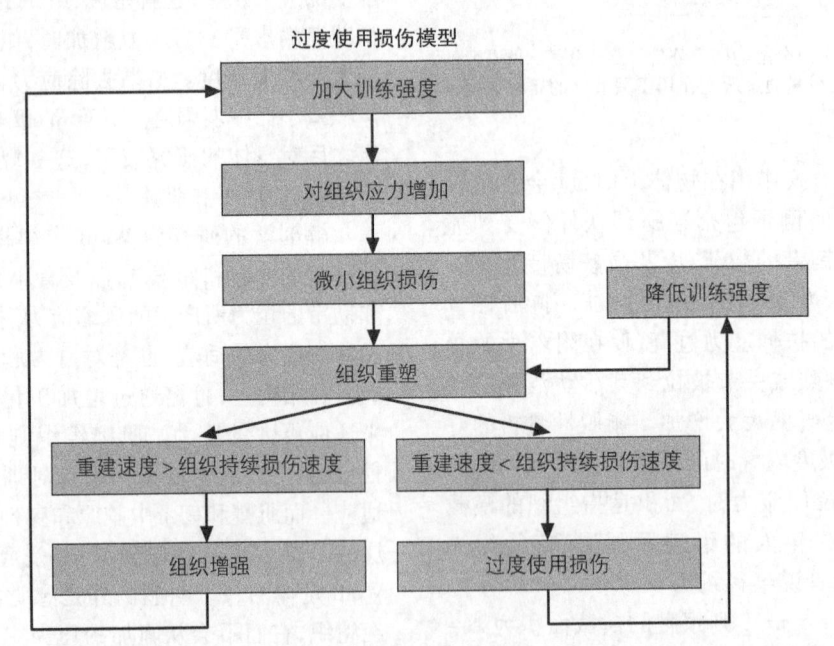

图15.4 重复性应力对身体的影响（Williams模型）。施加的应力导致显微组织损伤，并启动组织重塑。如果重塑的速度大于组织损伤的速度，就会产生训练效应，组织会变得更强。如果重塑的速度慢于组织损伤的速度，就会形成过度使用损伤

Reprinted by permission from K. R. Williams, Biomechanics of Distance Running, in Current Issues in Biomechanics, edited by M. D. Grabiner (Champaign, IL: Human Kinetics, 1993), 21.

在应力连续体的两端是标记为不良反应的区域。这些区域表示应力水平过低，低于生理载荷区，或过高，高于生理训练区。在这些水平上的组织载荷，会导致损害组织结构的不良变化，进一步影响其性能。

病理性载荷不足区是指组织承受应力处于的长期低水平状态，如长时间不活动期间。而低活动水平

或久坐的生活方式可能是由日常习惯选择，也可能是被迫长时间卧床或石膏固定所造成的。长期的低水平应力也是太空飞行的一个不幸的特点，当处于失重状态时，骨骼的压缩载荷和移动身体部位及外部物体所需的肌肉张力会减少。根据 Wolff 定律，如果施加的应力水平没有超过病理性载荷不足区，就会发生去训练效应。应力不足的组织开始萎缩，或逐渐废用。肌肉横截面积减小，骨矿物质含量减少，韧带和肌腱失去弹性。例如，当石膏被移除，固定的肢体与未受伤的肢体相比明显萎缩。随着组织的屈服阈值降低，长期载荷不足的组织变得更弱并且更容易受伤。

与之相反，病理性载荷过重区是指会对组织造成实质性损伤的载荷水平。当单次相对高强度的应力被确定为损伤因素时，这种损伤被称为**创伤性损伤**（traumatic injury）。这些损伤发生在两个或多个物体之间的应力加载频率中，如与另一名运动员、地面或障碍物之间发生碰撞。例如，对膝关节内侧方向的撞击会拉伤内侧副韧带，或者摔倒时手臂在伸展状态撑地时可能会导致桡骨远端骨折。而组织愈合到能够恢复活动的状态，需要较长一段时间的恢复及康复。此外，一些重复性应力施加虽然不足以造成创伤性损伤，但如果超过了过度使用损伤的阈值，也可能造成组织损伤。在下文，我们将更详细地讨论过度使用损伤。

过度使用损伤的机制

从临床记录的证据而言，并非所有的损伤都是由单一的、可识别的应力引起。**过度使用损伤**（overuse injury）则是由应力反复累积造成的，这种载荷的大小往往较低，单次载荷不足以引起损伤。例如，小腿前侧疼痛可能是由长跑时反复地触地引起的。在办公室或工厂工作的工人可能会患上慢性肩、颈疼痛，这可能是他们长时间保持不适当的姿势导致的，包括腕关节屈曲、手臂外展或者颈部屈曲。这种情况下，跑步单独一步或者工作中单独的事件不会导致疼痛。相反，损伤和相关的不适是重复的次数和应力的大小的联合反应。

图 15.5 以图形化形式展示了应力大小、加载频率和损伤之间的理论关系。纵轴是应力的大小；横轴是应力的重复次数，或应力频率。曲线表示损伤阈值，反映了应力大小和应力频率与过度使用损伤的发生和发展的相互作用。施加的应力越大，造成损伤所需的重复次数就越少。

由此可见，最终施加的应力是产生训练效果还是

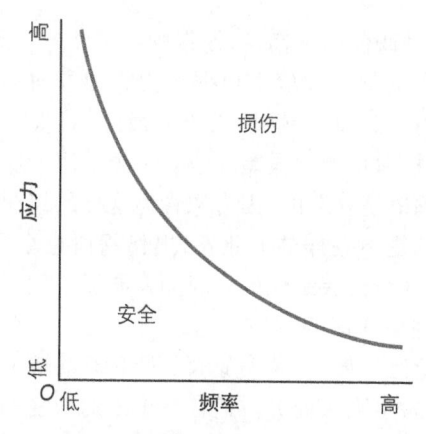

图 15.5 应力大小、加载频率与损伤之间的关系

导致损伤发生，是由组织重塑发生所需的时间所决定的。Williams 的应力加载效应模型（图 15.4）表明，在充分休息的情况下，载荷落在生理训练区内时，训练效果会随着组织损伤而产生。然而，如果再次施加载荷，给组织修复的时间太少，长此以往最终就会形成过度使用损伤。由于恢复时间过短，载荷会施加在仍然受损的组织上，重复性载荷会大大增加组织损伤的程度。最终，重复承受载荷的组织产生的疼痛与不适反应，会进一步减弱功能表现，并被诊断为过度使用损伤。

由于过度使用损伤是由应力加载频率、应力大小和提供给组织重建的时间相互作用引起的，因此消除过度使用损伤相当困难。过度使用损伤的症状通常是人处于危险中的第一个信号。通常情况下，一些过度使用损伤的人试图去忍受疼痛，希望它是暂时的，会自行消失。然而，这种方式违背了治疗损伤的原则，因为没有提供足够的时间来避免应力，使组织损伤愈合。

当一个人痊愈并准备恢复活动时，必须消除过度使用损伤的可能原因，以防止复发，也就是说，必须减少应力加载频率或应力的大小，或者必须通过系统的训练计划以提高对损伤的抵抗能力。如果没有这样的干预手段，损伤可能就会再次复发。

组织阈值的个体差异

基于上述概念性的损伤模型，预防过度使用损伤似乎相对容易：减少应力的大小和加载频率，并为重塑（训练效果）的发生提供足够的休息时间。或者，在外伤性损伤的情况下，简单地避免施加超出组织能承受的应力水平。然而，因为缺乏对活动期间施加的应力大小的了解，难以确定组织的损伤阈值及恢复载荷所需等待的时间，所以损伤的预防变得复杂。人体内不同组织有不同的阈值。例如，骨骼的阈值高于肌

腱，而肌腱阈值高于韧带，韧带则高于软骨。此外，每个组织内的损伤阈值也根据应力施加方向的变化而有所不同。例如，骨骼抗压能力最好，其次是抗拉伸能力，而抗剪切能力最差。建立一个适用于所有个体的应力阈值是复杂的，因为像骨骼这样的组织的阈值每个人都是不一样的。此外，损伤阈值也会因遗传、训练、营养和已有组织的适应的差异而不同。在一个人的生理载荷区内的应力水平可能在另一个人就是病理载荷区。最后，恢复速度，即组织重塑中的一个常用术语，也因人而异。适合一个人的恢复期可能并不适合另一个人。组织阈值和恢复速度的个体差异，也将制定一个能预防所有损伤的训练指南变得更为复杂。

以计划制定一个以减少年轻投手肘部受伤次数指导方针为例。在有组织的儿童棒球和垒球比赛中，规则会限制球员在单场比赛中的投球局数及每周的比赛次数。显然，限制投球局数是为了限制投球应力施加的次数，限制比赛场次是为了确保重复载荷之间有足够的时间用以恢复。虽然在职业棒球比赛中没有这样的正式规则，但教练通常会限制首发投手每次出场的投球数在100~120之间，并且在两次首发之间通常会有4天的休息时间。而让人遗憾的是肘部受伤仍然发生在所有级别的投球中。不过自从联盟实施了限制投手投球局数和场数的规则以来，棒球和垒球比赛中肘部受伤次数有所减少，这意味着在大多数情况下，这些指导方针有助于降低受伤率。而这些观察到的损伤可能是由多种原因导致的，包括个体之间投掷技术不同从而对组织施加的应力不同，或一些球员在规定的局数中投掷的投球次数更多，也可能是由于父母或教练故意违反规则，导致一些人每周投球的频率更高。此外，一些球员可能会在正式比赛或练习之外额外增加练习。然而，不违反规则的球员也会受伤。显然，这些指导方针并不适用于所有球员，且即使遵循指导方针，也不可能确定哪些人会受伤。个体之间组织阈值和应力水平的差异使得制定一个万无一失的损伤预防指南十分困难。

影响损伤的内在因素与外在因素

根据以往对不同损伤类型的观察，损伤的发展与个人和动作任务有关的因素相关。个体的特征被称为内在因素，动作任务的特征和执行任务的环境被称为外在因素。内在因素通常反映个人承受载荷的能力，而外在因素则反映施加在个人身上的载荷的性质。表15.1列出了内在因素和外在因素的例子。

表15.1 与损伤发展相关的内在因素与外在因素

内在因素	影响
骨骼排列	影响施加在组织上的应力模式
肌肉力量	影响载荷的大小及减震吸收
肌肉耐力	影响载荷的大小及减震吸收
目前的疲劳程度	
关节灵活性	影响节段承受载荷的模式
组织温度	
关节排列	影响力的分布面积
骨矿物质密度	影响骨对压力的承受能力
饮食	
激素水平	
损伤史（损伤状态）	影响组织阈值
肌肉放电模式	影响载荷的大小及施加载荷的模式
体重	影响施加载荷的大小
身体成分	
心理因素	影响疼痛阈值
积极性	
疼痛忍耐力	

外在因素	影响
任务	
任务性质	
单次（非连续性）/反复（连续性）	影响载荷的大小与恢复
	影响组织承受载荷
运动模式	影响载荷大小
执行强度	影响恢复时间
执行频率	
环境	
完成场地	
斜坡	影响载荷大小与方向
硬地	影响载荷和摩擦力的大小
材料条件	影响载荷和摩擦力的大小
器材/装备	
鞋类	
外底材料	影响摩擦力的大小
中底材料	影响缓冲量
衬垫	
参与程度	影响载荷的大小
休闲性/竞技性	
对手的竞技水平	
规则	影响载荷的大小和频率及力的分布模式

与损伤相关的**内在因素**（intrinsic factor）包括人体测量学因素；骨骼结构，如骨密度和关节排列的一致性；当前健康水平，如肌肉力量、耐力和柔韧性；既往损伤史。这些因素与个体应对应力的能力有关，也就是说，能力指施加的载荷如何在人体内产生应力及组织对应力水平的适应程度。考虑个体间明显不同的身体形态，人体测量学上的个体差异在保护或导致损伤受

伤倾向方面具有潜在的重要作用。

与损伤相关的**外在因素**（extrinsic factor）包括执行动作任务和环境的特点。与任务相关的因素包括正在执行动作任务的性质；个体如何执行任务；所涉及的运动模式；活动的频率、速度和持续时间。环境因素包括场地的类型、规则、队友和对手的技术水平和数量、防护装备的类型和条件、工具的类型和条件，以及当天的天气条件。这些因素主要影响施加应力的大小和频率。

例如，考虑走路、跑步、游泳、跳跃、投掷链球或投球这些方面的个体差异。尽管每个动作都有相似的一般特征，但执行任务时每个人都表现出独特的个人特征。对于投手来说，任务的可变特征包括球的类型、手指放在球上的位置、步幅、躯干旋转的程度，以及投掷手臂关节在准备、执行和接球过程中的位置与运动范围。对于流水线上的员工来说，外在因素包括工作时采取的关节姿势、装配速度、完成任务所需的时间、完成任务所需的最大力量的百分比及使用分配休息时间的情况。显而易见，不同个体在表现特征上的差异会增加或减少在执行类似任务时受伤的风险。对于流水线工人而言，工作期间手腕处于不适的姿势，如果在规定的休息时间或下班时间同样保持类似的不适姿势，则损伤风险将会增加。因此，改变姿势是预防工作场所重复过度使用伤害的关键。

当执行特定任务时，各种内在因素和外在因素相互作用，潜在地决定了个人在该任务中的发生损伤的风险水平。这种相互作用的性质如图15.6所示。不同内在因素共同影响了可能造成损伤的应力的阈值。不同外在因素共同反映了在特定任务时载荷超过由内在因素决定阈值的可能性。例如，在搬运物体时，脊柱的力量、柔韧性和解剖排列都是与背部受伤风险相关的内在因素。腹部和背部肌肉（"核心"）的力量影响着脊柱的支撑，以及肌肉活动所产生的压缩应力和拉伸应力的大小。椎间盘的纤维环（纤维外层）和髓核（内部凝胶状材料）的状况也与损伤阈值有关。在存在先天性缺陷或者既往的椎间盘载荷引起的纤维环薄弱点的情况下，当背部承受载荷时，椎间盘突出的风险就会增加。由于相邻椎骨之间的角度决定了椎间盘的拉伸、压缩和剪切应力载荷，脊柱排列（无论是脊柱侧凸、脊柱后凸还是脊柱前凸）影响椎间盘上的应力分布模式。在特定抬重物动作时，外部因素包括载荷的重量和尺寸、形状是否方便抓握，以及在抬起物品过程中躯干的角度。载荷重量越大，对脊柱的应力便越大。而重物的尺寸也决定了它是否能保持贴近身体，而进一步影响抬重物时所需的肌肉张力。握把也会影响重物是否容易滑动，从而影响抬起过程中所需的肌肉活动

量。保持背部"挺直"或直立，使脊柱处于对齐的解剖学姿势，相比于向前屈曲到水平的躯干位置，直立姿势对椎间盘产生的压力更小。总之，这些外在因素共同影响施加在背部椎间盘上的应力的大小，并决定是否会超过其应力阈值。

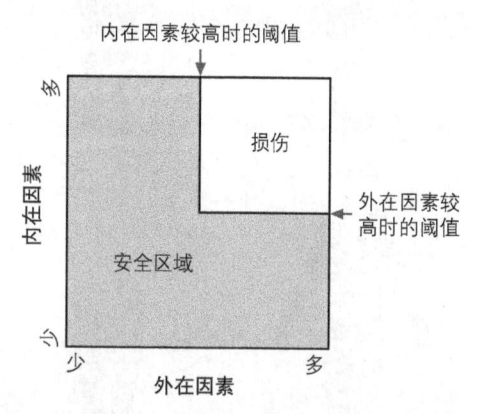

图15.6 内在因素和外在因素相互作用与损伤发展的联系
Adapted from Messier et al. (1991, pg. 10).

在一项动作任务中个人造成损伤的风险可以被认为是个体的内在因素和执行特定任务环境的外在因素之间的相互作用。对于不同的动作任务，多种外在因素和内在因素已经被确定。以在路跑的风险为例，大多数道路中间都有凸起的拱顶，向两侧逐渐变低，以改善排水。道路坡度（外在因素）与跑者的双腿不等长（内在因素）相互作用，从而产生、减少或增加下肢双腿不等长（图15.7）。腿长不均作为内在因素，会增加髋关节、膝关节或腰背部受伤的风险，因为它会改变下背部、髋关节、膝关节和踝关节的肌肉骨骼排列。这种腿长的位移改变了这些关节内的应力分布模式。双腿不等长（大于0.5 cm或0.25 in）在走路或跑步中施加的载荷会造成髋关节、膝关节和腰背部过早发生退行性改变的风险，如果没有双腿不等长，则风险较小。然而，跑步表面的坡度与跑者的腿长相互作用，会造成、减小或增加跑者的右腿和左腿的长度之差。在可行的情况下，如在铺有路面的自行车道上或步道上路跑时，跑者应该轮流切换左右换道，以减少道路坡度对双腿不等长的"环境"影响。如果对跑步落地表面进行选择，减少腿长差异，或以一定的速度跑步，穿合适跑鞋，或者在减少对齐不良关节载荷的路面上跑步，将外部风险因素降至最低，那么受伤的风险可能不会增加。

从概念上讲，将损伤的发生发展视为内在因素和外在因素之间的相互作用，为评估一项活动对特定个人的适宜性提供了基础。它还为确定减少损伤风险所需的步骤提供了基础。如果某项活动对人体组织施加高水平的应力或反复施加应力，或者个体的应力生理性阈值较低，那么该活动就存在风险。预防损伤的干

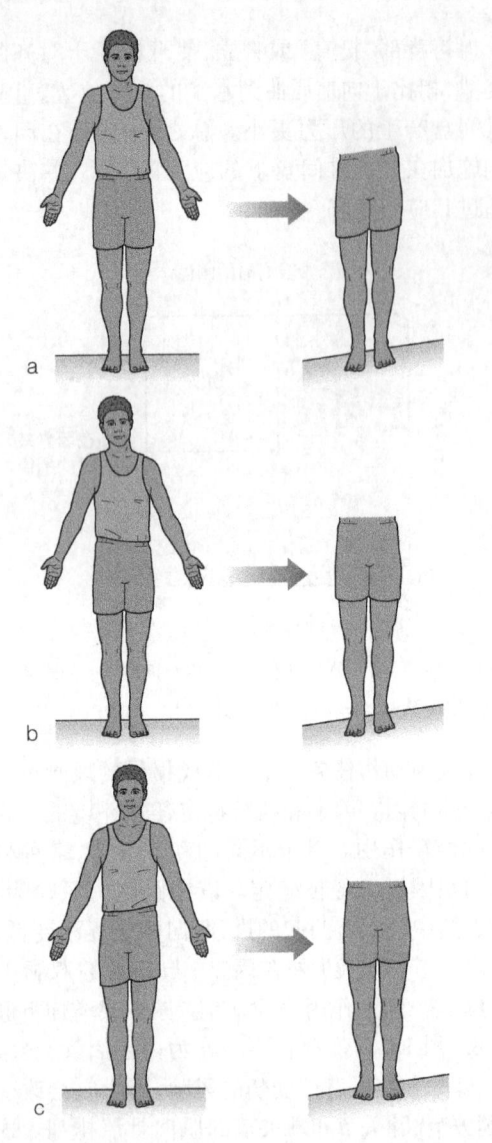

图 15.7 路面坡度是一个外在因素,它与跑者的腿长(内在因素)相互作用,从而造成、减少或增加双腿不等长的特征。对于腿长相等的跑者,道路的坡度造成双腿不等长(a);对于腿长不相等的跑者,坡度减小了腿长差异(b);对于腿长不相等的跑者,坡度增加了腿长差异的大小(c)

预手段必须是基于减少组织承受的应力、减少应力的频率或增加组织承受应力的能力。如果一项特定的干预措施不能影响这三个因素中任意一项,那么它就不能提供预防损伤的作用。下面让我们更详细地了解一下内在因素和外在因素是如何与跑步中损伤的发生发展相关的。

案例分析:跑步中的过度使用损伤

跑步是一种受到数百万健身爱好者喜爱的运动。此外,竞技跑步是许多人的运动选择,也是其他运动不可分割的一部分。

尽管跑步对心血管疾病患者具有相当大的益处,但在跑步项目中过度使用损伤是相对常见的。临床数据表明,膝关节是最常见的跑步损伤部位,其次是小腿和足。

从生物力学的角度来看,跑者过度使用损伤的发展和模式很有趣。临床数据显示,一些跑者经常受伤,而另一些则很少受伤。尽管跑步是周期性运动,但发生单侧损伤的模式很普遍,也就是说损伤往往最先发生在身体的一侧。这些观察结果表明,有些跑者更容易受伤。此外,跑步项目的类型和损伤率,以及鞋子和跑步表面对损伤发展的影响,表明载荷的性质在损伤的发展中很重要。跑步损伤的模式表明,损伤的风险与个体、任务和环境之间,或者说与内在因素和外在因素的相互作用密切相关。

为了了解跑步过度使用损伤是如何发展的,我们有必要检查这些导致损伤的内在因素和外在因素。如前所述,内在因素是与跑者个人特征相关的因素,而外在因素是与跑者的运动和所处环境有关的因素。考虑到任务和环境,我们将从跑步过程中施加应力的一般特征开始,然后讨论与跑步损伤相关的内在因素。

跑步过程中载荷的一般模式

跑步是一种周期性运动,由单腿支撑(支撑期)和无支撑(腾空阶段)交替进行。大多数跑者的步频为每分钟 50~70 步之间。换句话说,每只脚每英里接触地面 300~900 次。从机械力学角度而言,每一个支撑期是落地时跑者的脚向下与地面接触开始的。在支撑期,跑者的向下运动必须停止,然后反向推动跑者向上和向前进入下一个腾空阶段。在每个支撑期,下肢必须首先吸收落地时的能量,在站立中期短暂地支撑身体,最后在推进阶段时候产生能量推动跑者进入腾空阶段,而所有这些动作都发生在足与地面接触的 200~300 ms 内。

大多数跑者采用后脚落地,在触地时足略微背屈和内翻。与地面的最初接触发生在鞋后跟的外侧边缘。也有一些跑者采用的是中足或前足着地模式,在着地时足略微跖屈并内翻。与地面的最初接触仍然发生在鞋的外侧边缘,但是更靠近足的前部。

后足与前足落地模式支撑期足底的应力分布模式如图 15.8 所示。正如预期的那样,后足落地模式表现为后足及前足部分两个主要的载荷区域。在支撑早期,后足进行负重,而随后的蹬伸阶段足发生跖屈,前足进行负重。对于前足落地跑者,前足区域是支撑期受力的主要区域。

大多数跑者使用后足着地的落地模式,因此多数跑鞋也都是为这种着地方式设计的。鞋跟增加缓冲以便在最初触地阶段帮助吸收及分配载荷,而前足区域需要具备一定可弯曲性及缓冲性能,有助于支撑后期

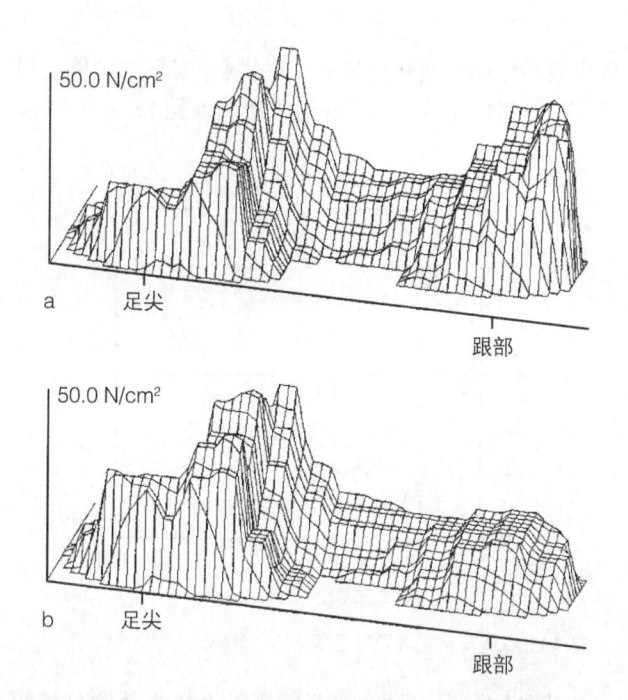

图15.8 跑者足底的受力模式。后足落地模式如 a 所示，前足落地模式如 b 所示。两种落地模式的跑者在足的前部和后部都显示出高水平的压力

Reprinted by permission from T. Kernozek, Patterns of Stress Over the Sole of the Runner's Foot (Department of Health Professions, University of Wisconsin-La Crosse).

吸收载荷，同时不影响足趾弯曲。对于前足落地模式跑者而言，前足区域的缓冲有助于对在初始触地及支撑晚期载荷的吸收。通过材料和鞋子结构的组合帮助提供缓冲作用。

而我们观察到，足部损伤模式与足底载荷模式密切相关。对于跑者而言，第1、2跖骨应力性骨折是常见的损伤。而无论是在前足还是后足落地模式跑者中，这一区域所受的压力都相对较大。结合每英里所需的步数来看，我们很容易理解这种载荷的累加效应是如何导致足部这个区域的应力性骨折的。

➢ 足部损伤模式与足底载荷模式密切相关。

在第一章中介绍了反作用力的概念。地面反作用力本质上是物体与地面接触时施加在物体上的外力。步态中的地面反作用力忽略了足底与地面接触力的实际分布模式。代表地面反作用力的单矢量的施加点被称为压力中心。了解地面反作用力和压力中心可以简化地面接触力对跑步运动影响的分析。

从支撑早期或足与地面的初始接触开始，跑者的足就受到地面反作用力。图15.9展示了跑步中典型的后足着地和前足着地方式的地面反作用力的模式。地面反作用力由三个分量组成：垂直力（作用向上）、前后力（作用向前或向后）及内外侧力（作用于内外两侧）。长期以来，测量跑步支撑期的地面反作用力一直

第十五章 通过生物力学定性分析理解损伤发展 265

都是研究的焦点。在20世纪70年代后期三维测力平台商业化后，这方面的研究日益增加。尽管地面反作用力各个分量的大小受到跑步速度、跑者体重、鞋子和地面表面材料等因素的影响，但每个分量曲线的一般模式和时间关系在个体之间保持相对一致。

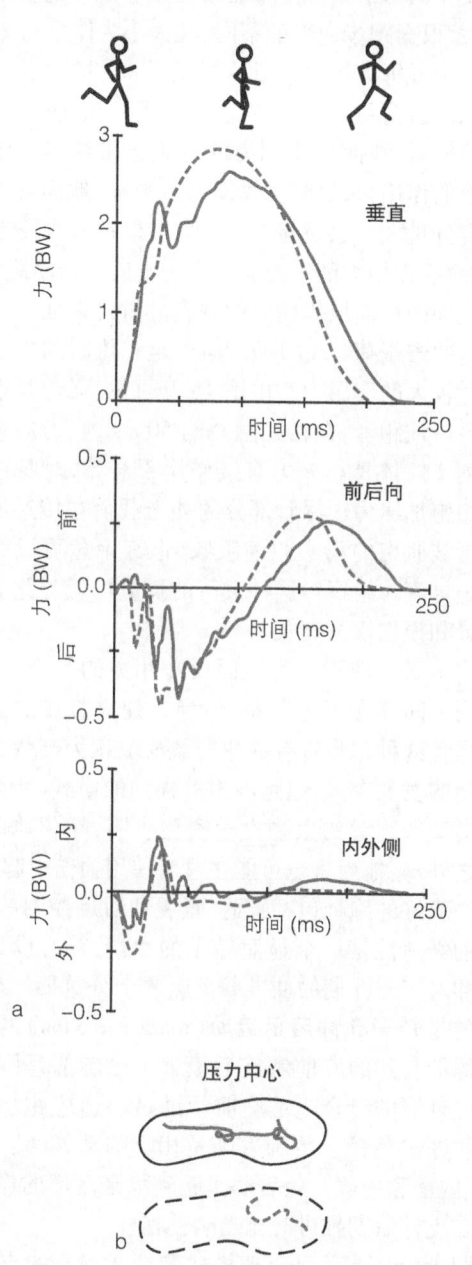

图15.9 后足（实线）和前足（虚线）落地模式跑者在3.6 m/s跑步速度时的地面反作用力分量的典型模式(a)，左脚的压力中心模式(b)

地面反作用力的垂直分量对跑者的向上推动贯穿整个支撑期。当向前移动的跑者足开始接触地面时，地面反作用力的前后向分量一开始方向向后，然后当跑者触地，足发生转动并向后推地面时，地面反作用力的前后向分量此时方向向前。而对于地面反作用力的内外侧分量作用方向，尽管在不同跑者间变化很大，但

其更倾向于向外侧推动跑者。

在支撑中期，大约膝关节到达最大屈曲前，地面反作用力的垂直分量持续直增加，而在此期间，地面反作用力的垂直分量向上推动，以减少跑者向下的运动。地面反作用力的垂直分量的峰值随着跑步速度的增大而增大，根据跑步速度的不同，其大小为体重的2~5倍不等。跑者每英里足触地次数为300~900次，单侧下肢累积的载荷可以用吨来进行衡量。在支撑后期，随着腿的伸展，地面反作用力的垂直分量继续对跑者施加向上的作用力，尽管支撑期的后半程，地面反作用力的垂直分量大小会逐渐减小，但在跑者进入腾空阶段前，地面反作用力的垂直分量会一直向上推动跑者。

施加的地面反作用力的垂直分量可以表示为冲击载荷。**冲击载荷**（impulsive load）是在短时间内达到一个相对较大的作用力。由图15.9可见，无论是前足还是后足落地跑者，在初始触地的50 ms内，力的大小大约达到2倍体重。该力直接作用于身体，对身体的所有组织施加压力。尽管部分的冲击载荷在传递通过身体时会被肌肉的离心收缩吸收，但其余量可以在颅骨处被记录到。组织对这种载荷的反应可能与跑者的训练效果和损伤模式有关。

许多研究推测认为地面反作用力的大小和模式，与损伤之间存在一定联系，但尚未建立直接的因果关系。尽管这种跑步特有的冲击载荷被认为与骨关节炎等损伤的发展有关，但跑步相关损伤的模式、所遇到的损伤类型和跑者的生物力学模型表明，除了地面反作用力之外，其他因素也可能在过度使用损伤中起作用。

一双好的跑鞋包括舒适、减震和后足控制等特征。鞋子的舒适性是一个显而易见的卖点，精心设计的减震缓冲对于支撑期的冲击载荷吸收十分重要。后足控制指的是鞋子允许**后足运动**（rearfoot motion）的能力，即支撑期自然的旋前和旋后模式。足旋前是踝背屈、外翻和外展的组合。足旋前帮助足部适应跑步表面，并吸收冲击载荷。足旋后则是相反的动作，结合了足跖屈、内翻和内收。旋后动作起到稳定足部的作用，并使其在支撑后期推进时充当刚性杠杆。

图15.10是后足落地模式跑者在跑步的支撑（站立）阶段踝关节在冠状面运动模式的位置-时间曲线图。研究人员和临床医生通过测量鞋与小腿之间的角度，以此来测量后足在冠状面的运动。在触地时，足轻微旋后（表现为后足内翻）。在触地后，足开始发生旋前（表现为外翻），大约在支撑中期达到最大外翻角度，随后足趾离地，足旋后。通常情况下，足外翻角度为超过中立位置5°~15°，或足和小腿的直线对齐。有些人表现为过度旋前，足外翻角度超过中立位置18°。对一些人来说，足过度旋前反映了足部的解剖结构；然而，为了提供缓冲作用而使用更软的中底材料，实际上可能会导致一些跑者的足旋前角度超过一般的外翻15°。

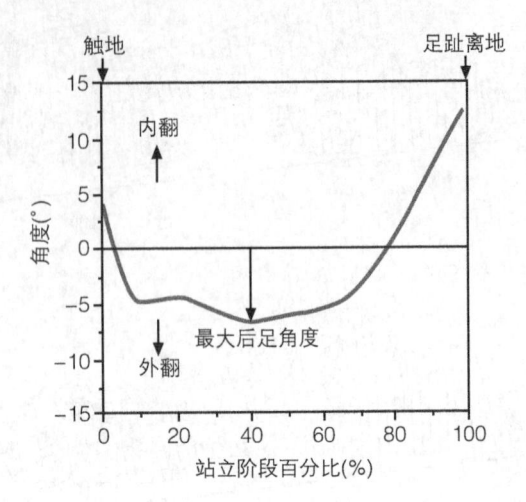

图15.10 在跑步站立阶段后足运动的一般模式

此外，在支撑早期，地面反作用力的内外侧分量倾向于使足发生旋前。附着在足部的肌肉产生离心收缩以抵抗足旋前活动。而这些肌肉的向心收缩，主要负责在支撑后期引起足旋后。图15.11展示了地面反作用力如何作用于后足落地模式跑者的足部，从而在支撑早期引起所观察到的活动。在后足落地时，地面反作用力作用于踝关节后侧、足外侧。地面反作用力的垂直分量向上推，内外侧分量向外侧作用，前后向分量向后作用。这三个分力在踝关节周围都产生相应的力臂。垂直和内外侧两个分力产生的力矩导致足外翻。在后足跑者中，垂直分量和前后向分量的力矩倾向于使得足跖屈。通过增加材料从而提供更多缓冲，导致鞋子更高，这为地面反作用力的分力创造了更长的力臂。在力臂增加的情况下，这些分力产生的更大的力矩增加，使得旋前角度增加。在后足落地跑者中，胫骨前肌和胫骨后肌离心收缩以防止足向下触地及内翻速度过快。这些肌肉活动的增加以抵抗更多的旋前运动，可能会导致一些常见的跑步损伤，如胫骨内侧应力综合征、前骨筋膜室综合征和跟腱炎。

旋前和旋后也会影响施加在膝关节（跑者过度使用损伤最常见的部位）的应力大小。在跑步过程中，支撑早期，膝关节屈曲角度增加，而在支撑末期膝关节伸展。股四头肌肌群通过离心收缩主动吸收能量来控制膝关节屈曲。相反，股四头肌肌群收缩释放能量则引起膝关节伸展活动。胫骨是小腿的承重骨，在踝关节旋前时沿其长轴向内旋转，旋后时向外旋转，这些动作是由距骨在胫骨下旋转时对胫骨施加的力引起的。胫骨的近端在膝关节处与股骨相连。由于股骨远端的结构特点，膝关节的屈伸运动会导致胫骨沿垂直轴发生旋转。膝关节屈曲引起胫骨的内旋，膝关节伸展引起

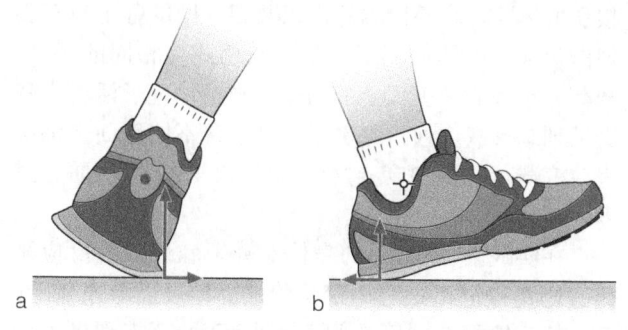

图 15.11 后足落地模式跑步中,载荷的几何特征对小腿肌肉活动的影响。足-腿系统的后面观(a):地面反作用力的垂直分量施加在踝关节轴线外侧,而内外侧分量施加在踝关节轴线下方,这些力产生力矩使足旋前。胫骨前肌和其他足部"旋肌"的离心收缩帮助控制足部运动。足-腿系统的-侧面观(b):地面反作用力的垂直分量施加于踝关节后方,前后向分量施加在踝关节下方向后,这些力产生力矩使得足跖屈。胫骨前肌和其他足"背屈肌"的离心收缩帮助控制足跖屈的速度

胫骨的外旋。理想情况下,踝关节旋前和膝关节屈曲、踝关节旋后与膝关节伸展的关节动作应该同时进行,以避免胫骨处于扭转状态,使膝关节受到压力。如果踝关节过度旋前,踝关节和膝关节运动的同步性可能会被打乱。然而,在踝关节达到最大旋前角度之前,膝关节的伸展可能就已经开始了。在这种情况下,关节协调运动的同步性被破坏,会导致肌肉活动模式发生同步性改变,并在膝关节处产生了异常应力。髌腱的牵拉线可能因为股骨和胫骨的错位而发生改变,进而改变髌骨在股骨滑车沟内的轨迹。由此导致髌骨两侧和后部的异常应力模式,引起髌骨或股骨的损伤,通常称为髌股疼痛综合征。

外在因素

外在因素是指与潜在伤害有关的环境或动作任务的特征。对于跑者而言,这些因素包括跑步区域的物理条件,如表面纹理及跑步中涉及的动作。本部分重点介绍影响跑者的动作任务和环境的特定因素。

与跑步任务相关的因素

跑步任务中的变量特征包括了跑步速度、每次跑步的距离、每周跑步的总里程、步幅、垂直运动,以及每个步态周期中的关节位置和活动范围。这些因素影响载荷的大小、对身体施加载荷的次数,以及身体如何调整以承受载荷。

首先,跑步速度直接影响地面反作用力分力的大小。速度越快,载荷量越大。例如,从慢跑到快跑,最大垂直地面反作用力从大约 2 倍体重增加到 6 倍体重。速度越快,力越大,关节处的力矩就越大,这就需要增加肌肉活动来控制由力矩引起的关节运动,并产生保持较快速度所需的推进地面反作用力。因此,跑者必须在多次训练中慢慢增加速度,为神经肌肉骨骼适应提供适应时间。训练速度增加过快是训练中常见的错误。许多与跑步相关的过度使用损伤都可归因于这种"太快,太急"。设定一个更合理的目标,在较长的训练周期中逐渐增加训练速度,即每次训练的速度增加较小幅度,这有助于避免过度使用损伤。

一种类似的被概括为"太多,太急"的错误,是指过快增加跑步距离或是每周训练次数。当增加跑步距离或是训练次数时,与之相关的加载循环的次数增加会对组织造成更多的微损伤。距离增加后,需要更多的休息时间以进行重塑,如果没有得到足够的休息,下一次训练便会对尚未完成重塑的组织继续施加载荷。通常情况下,建议两次训练之间间隔 48 h。如果在前一次训练中增加了跑步里程,那么训练间隔时间延长为 72 h 具有实际意义。或者在下一次训练中降低跑步速度来减轻身体载荷,也可能对身体是有益的。

每周跑步的总里程数,即每次跑步的英里数与每周跑步的次数相乘,反映了身体的总累积载荷。因此,"太快、太急"和"太多、太急"都会增加每周跑步总里程数,进而增加损伤风险。为了减少每周总里程数对损伤风险的影响,我们需要一种系统的方法来增加速度和距离。随着跑步速度的提高,可以通过减少每次训练的时间以限制在新速度下跑步的里程。同样,如果增加跑步训练的距离,则不应同步增加速度。

> 控制每次跑步的速度和距离,以及每周训练的次数,是预防损伤最有效的技术之一。

了解这三个因素相对于载荷的大小和重复次数之间的相互作用,为制订训练计划提供了合理的基础。这些指导方针适用于想要获得更好的训练效果及准备参赛的跑者。

与前面讨论的外在因素相比,诸如步幅、垂直运动、关节位置和每个周期的活动范围等外在因素与个人跑步技术关系更为密切。这些因素反映了个人的体型和跑步技术之间的相互作用。相比于之前提到的控制跑步速度、距离及每周总里程有关的指导方针,改变这些因素是否有效降低损伤风险尚具有争议。此前对有经验的跑者的研究表明,跑者在给定速度后会自然地选择最高效的步幅将能量消耗降到最低。跑者的垂直运动和观察到的关节运动学反映了高效的步态模式;然而,由于研究对象是经验丰富的跑者,因此特定步幅训练是否会影响能量消耗尚不清楚。通常情况下,学习跑步的人很少接受指导。训练项目中提供的大多数指导都与比赛策略有关,如在人群中定位或在比赛中向前移动。大多数教练都不愿意建议经验丰富的跑者改变跑步方式。但是为新手跑者提供跑步方式指导的影

响还没有得到充分的研究,值得进一步去探讨。

与跑步环境相关的因素

与跑步中受伤风险相关的环境因素包括跑步地面的材料(沥青、混凝土、木地板、天然草皮、沙地、人造草皮)、地面状况(潮湿、干燥、结冰、松散砾石、沙子)、跑鞋的材料[中底材料、用于减震或后足控制的嵌入物(矫形器)]、鞋的设计特性(用于减震或控制后足的特殊功能)和温度(热、温、冷)。虽然跑者对温度的控制相对较少,但除了考虑温度会如何影响跑步速度和距离,甚至决定是否跑步外,他们也会据此选择自己穿的鞋子和跑步的路面。

跑步的地面直接影响了地面反作用力的大小和后足控制的范围。相对于草地或沙地等地面,在沥青或混凝土等较硬的地面跑步意味着承受的力更大。沥青和混凝土具有较高的恢复系数(见第三章),这意味着地面材料对力的吸收较少,更多的力被传递到跑者上,但坚固的地面通常能提供良好的摩擦力或抓地力。相反,木地板、草地和沙地的恢复系数较低,会导致较低的地面反作用力,但地面材料易于移动会导致摩擦力降低。许多社区已经建造了跑道,上面覆盖更柔软的材料,这为训练提供了更安全的环境。然而,一部分跑者,尤其是那些训练有素的跑者,不会选择在这些地面进行常规训练,因为他们认为这种更软的表面及摩擦力的减小会降低锻炼的质量。此外,更柔软的表面材料使得足旋前活动增加,导致运动范围更大及肌肉活动的改变,引起下肢的肌肉疼痛增加。选择一种能在地面反作用力大小与后足控制之间提供平衡的跑步地面往往基于个人喜好。

跑鞋也是个人喜好问题。如今市面上销售的鞋子包含多种功能,使它们更有吸引力、更舒适、更安全。然而,这些功能之间的区别并不明确。例如,当你穿着一双高度减震的鞋子走在商店里时,你会感到非常舒适,有一种"在空中行走"的感觉。然而,在跑步过程中,当地面反作用力施加在鞋上时,提供缓冲的材料及鞋的结构可能无法提供所需的后足控制。此外,在较硬的地面上穿着一双提供缓冲和充分后足控制的鞋可能让人感觉太软,而在较软的表面上会让人感觉缺乏后足控制。

作为预防损伤的指导方针,在不同跑步地面上穿着不同的跑鞋是有意义的。这是一种"活动内交叉训练"。交叉训练指的是一种在各种活动之间进行日常轮换结合的训练计划。例如,部分为了心血管健康进行锻炼的人群可能会在跑步、骑自行车、游泳和有氧操中轮流进行项目训练。该理论认为,每项活动对身体的不同组织施加了不同的载荷模式。这种交替活动改变载荷模式,可以避免持续载荷模式的累积效应,降低损伤的风险。在不同的地面以及穿不同的鞋子也有类似的效果。虽然循环运动的一般模式是相同的,但在载荷大小和载荷模式上的细微差异也体现了活动中的交叉训练形式。通过穿着不同鞋子在不同地面上训练来改变载荷,可以避免对组织施加累积的载荷,防止过度使用损伤。

在实践中,根据你的身体对鞋子和地面的反应来改变速度和距离是有一定价值的。你可能会发现,在某一特定地面上训练期间或者训练后,会出现更多的疼痛。如果出现这种情况,需要改变你跑步的速度及距离。一个很好的经验是,如果是因为穿着某一双鞋或在特定地面上跑步造成过度使用损伤,那便改变环境。将这双增加疼痛的鞋子扔掉(或者如果允许,就退货)。在购买鞋子时,参照之前跑步时不会产生疼痛的款式去购买。根据自己的体验去选择一个特定的型号或款式,要意识到你对鞋子的反应可能不同于你的跑步伙伴或广告宣传。此外,鞋子会随着使用而磨损,并且随着鞋子状况的恶化,它所能提供的减震或后足控制也会降低。考虑跑步地面也是相同原理。如果你在某种特定地面上跑步时感到疼痛加剧,那就更换地面。有些人喜欢较软的地面,也有人喜欢更硬的地面。认识到鞋和地面相互作用会产生损伤风险,并且这种风险每个人都是特定的,这就导致了跑鞋和地面的个性化选择和偏好。

内在因素

内在因素是与个体在特定环境中执行任务的相关特征。研究人员试图辨别哪些人不适合跑步,他们认为个体特征会影响人体承受应力水平及对应力的反应,相应的特征人群可能容易受伤。在本部分中,我们将对其中的一些特征进行讨论。

体重

首先我们可以从体重上进行展开。在力学中,物体的质量代表惯性,或改变物体当前运动状态的阻力。如前所述,在支撑期,跑者在触地处时向下的运动被地面反作用力的垂直分量减慢并停止,而向前的运动则被地面反作用力的前后向分量减慢。垂直分量和前后向分量同时作用,推动跑者向上和向前进入接下来的腾空阶段。在第三章中,牛顿第二定律($\varepsilon F = ma$)可以帮助解释对于给定的加速度,需要更大的力来改变更大质量的运动。如果两个跑者以相同的跑步速度一起训练,根据牛顿第二定律,体重更大的跑者将受到更大的力;也就是说,为了提供相同的加速度,与体重较轻的跑者相比,体重较重的跑者必须承受更大的力。

这就是为什么地面反作用力数据通常表示为体重的倍数。一般来说,当以给定的运动学模式执行任务时，更重的个体将受到更大的力。Wolff 定律表明，体重更大的跑者的身体应该更能适应更大的力量。通常情况下，体重更大，意味着骨密度更大和肌肉力量更强，正如 Wolff 定律所预期的那样。以体重的倍数表示地面反作用力，是试图将施加载荷的大小与个体的身体质量成比例表示，以说明对较高绝对力量适应的假设。这个理念是，即使施加力的绝对大小不同，施加 2.5 倍体重的载荷将对个体产生类似的影响。然而，正如前面指出的，各种组织的应力阈值是不确定的，绝对载荷、相对载荷与组织反应之间的关系是否存在区别尚不清楚。

下肢解剖学

下肢结构和功能与跑者过度使用损伤发展有关。在本部分中，我们将讨论两个常见的解剖学因素是如何与过度使用损伤联系在一起的。

足部结构：是指跑者足内侧纵弓的类型。内侧纵弓沿足内侧延伸，包括跟骨、距骨、舟骨、三个楔形骨和三个内侧跖骨。足弓由肌肉和足底筋膜支撑，足底筋膜是从跟骨到第 1 跖骨的结缔组织带。在跑步中，足弓在足触地的初始阶段延长，以帮助分散由足部骨骼所吸收的载荷，然而在支撑中期，足弓缩短以帮助支撑身体，此后再次延长，帮助蹬地。

足部结构的差异与不同类型的常见过度使用损伤相关。相比于较高、刚度较大的足弓，更低、更柔软的足弓能吸收更多的能量。因此，与那些具有柔性低足弓的个体相比，具有刚性高足弓的个体将产生更大的载荷，传递到胫骨并沿下肢传递。应力吸收的差异也导致不同的过度使用损伤模式。由于足部运动减少导致该部位能量吸收减少，高足弓的人更容易发生胫骨和股骨应力性骨折。相反，由于足部骨骼帮助吸收更多的载荷，足部骨骼承受了更多的应力，因此，低足弓的人更容易发生跖骨应力性骨折。

足部结构是选择跑鞋的一个重要考虑因素。低足弓的跑者应选择后足控制较好的鞋子，有助于防止足活动度增加导致的过度旋前（>15°）。而高足弓的跑者应该选择有减震功能的鞋子，帮助吸收跑步时对其施加的应力。总而言之，鞋子的选择应该基于舒适度和能否成功预防过度使用损伤这两点。

膝关节的排列：膝关节是主要由股骨和胫骨组成的关节。由于施加的地面反作用力和髋关节肌肉的张力，该关节在跑步过程中承受着高应力。膝关节功能受其结构和解剖因素的影响，如股骨髁和胫骨平台的形状，以及内侧和外侧半月板的存在。个体膝关节的排列特征通过影响关节组织承受的应力的大小和模式，以及关节对减震的贡献，进而影响跑步时损伤的相对风险。

通过 **Q 角**（Q angle）可以测量股骨和胫骨之间的对齐情况。为了测量 Q 角，在腿的前方绘制代表胫骨和股骨的长轴线。如图 15.12 所示，从胫骨粗隆到髌骨上缘中点画一条线代表胫骨，从骨盆髂前上棘到髌骨上缘中点画一条线代表股骨。Q 角是两条连线之间较小的夹角，大于 20° 被认为过大。

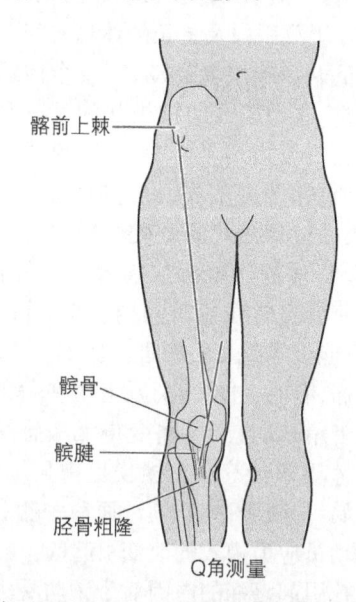

图 15.12 Q 角可以测量股骨和胫骨之间的对齐情况，是影响施加在髌股关节组织上的应力的模式和大小的因素

股骨和胫骨的对齐很重要，影响着髌骨的运动轨迹，也就是膝关节屈伸时髌骨在股骨髁间滑动的轨迹。由于髌骨是股四头肌的远端附着点，较高的 Q 角（股骨和胫骨对齐不佳）意味着髌骨不能在股骨髁间顺畅地移动：这导致髌骨后侧与外侧边界受到过高的应力，导致该区域疼痛（通常称为髌股疼痛综合征）。

尽管 Q 角与髌骨轨迹之间存在明显的联系，但髌股疼痛综合征的发生也需要考虑到膝关节外侧软组织肌肉紧张及股内侧肌无力等因素。即使 Q 角在正常范围内，外侧软组织的紧张也会向外侧牵拉髌骨。如果股内侧肌相对弱于股外侧肌，髌骨周围的不平衡的拉力会使其沿外侧髁滑动。如果跑者髌股疼痛，那么应评估 Q 角、外侧紧张性及肌肉力量，以确定导致髌骨移位的可能原因。

心理因素

与过度使用损伤相关的心理因素包括个人对疼痛的耐受力水平及继续训练计划的积极性。这两个因素都与损伤的发生和发展有关。与跑步相关损伤的临床研究经常报告那些不顾医生建议，不休息、不接受治疗，而继续跑步的人。针对马拉松运动员（包括竞技及休闲跑者）的调查，经常显示在训练期间发生跑步相关损伤的数量甚至多于比赛当天。这种由于患者试图坚持训练引起的损伤，包括各种肌肉骨骼疾病，如扭伤、关节疼痛，甚至骨折。在一些教练、体育评论员和运动员的认识中，不顾伤痛仍然参赛的精神十分令人敬佩，但这种态度掩盖了这样一个事实,即疼痛是身体发出需要时间去治愈的信号。当受损组织承受应力的能力已经受损时,继续参与运动,即是对已受损的组织再次施加应力。由此,损伤可能会加重,通常比及时治疗需要更多的医疗干预手段及更长的休息时间。

受伤后重返训练或者运动,需要个体运动模式产生相应的适应,这种模式通常被认为是有利于受伤部分的恢复。在机械力学术语中,运动模式的调整可以帮助减少施加在损伤部位的压力并消除导致疼痛的因素。然而,通过运动模式的改变去减少一个部位的应力,则意味着身体的其他部位需要承受更高的应力。应力模式的改变经常在短时间内发生,此时如果跑者继续跑步,可能会导致二次伤害。例如,有一些跑者自诉双下肢疼痛,有时在同一部位,有时在每条腿的不同部位。该跑者承认,直到疼痛变得无法忍受或转为持续性疼痛时才寻求治疗。在损伤史中显示,疼痛常常是从单侧开始,局限于一侧下肢,而另一侧肢体疼痛可能是由于运动员应力模式的改变引起的。

及时治疗引起疼痛的原因对于预防更大程度的损伤至关重要,一些保守治疗如休息可以为损伤恢复提供时间。此外,查明导致损伤的原因是必要且必需的,通常情况下,这只是"太多,太急"因素所导致的。当伤势痊愈恢复跑步时,运动员必须坚持遵守系统性增加距离或速度的方法,并考虑使用更合适的鞋子或在不同的地面上跑步。严重膝关节排列不良的患者可能需要矫形器来帮助肌肉骨骼系统恢复正确排列,或者可能需要结合特定的力量和灵活性练习去纠正。有些人可能不得不选择其他更合适的运动,能够将载荷减少到不会对易受损组织造成过度压力。这些人可以向常见与心血管训练相关且对生物力学有所了解的从业者寻求建议,以帮助其选择合适的训练方式。

总结

应力是指力在其作用的物体上的分布。在长期低水平应力下,身体发生萎缩,而在系统性施加的高水平应力下发生适应性肥大。然而,如果施加的应力水平太高或太频繁,就会发生创伤或过度使用损伤。预防损伤可以通过降低外加应力的大小或频率,或者改变组织的应力阈值以更好地承受应力。跑步中载荷变化的例子表明,尽管应力-损伤关系在概念上很简单,但在技能表现过程中预防损伤很困难。

第三部分的前三章介绍了进行生物力学定性分析的指示,特别强调了技术改良、训练增强和损伤预防三方面。虽然这三个类型的分析是分开介绍的,且在方法上存在一定差异,但在对一项运动进行全面的生物力学定性分析时,它们三者是不可分割的。针对技术改良,建议进行相关检查以确保技术不会导致应力超过应力连续体的病理性载荷过重区进而导致损伤发生;而训练增强的建议依赖于通过技术的生物力学定性分析而确定的最有效技术的模型。需要对哪些身体参数加以训练才能产生最有效的运动模式。在进行技能操作时,人体运动专业人士还必须能够识别有哪些解剖结构具有损伤风险,哪些组织必须进行强化才能达到预防损伤的目的。

这种判断来自生物力学定性分析,以此了解损伤的发展,对训练计划的设计进行指导,以对有风险的组织进行强化训练。

进行生物力学定性分析需要对力学原理有良好的认识和理解,本书前两部分介绍的内容应该有助于学习与理解这些知识。生物力学定性分析是一项具有挑战性的任务,在本书的最后一部分提到,生物力学定性分析的指导方针和程序,是为了简化分析过程。在生活中的大部分领域,学习做好一件事需要反复实践,而生物力学定性分析也需要大量的实践和经验来完善。作为一名人体运动专业人士,在未来每日都有机会使用生物力学定性分析来应用生物力学。利用一切机会去运用你的生物力学知识。作为一名教师、教练或其他人体运动专业人士,你会获得更多对你满意的学生、运动员或客户,而你的效率也会大大提高。

关键词

外在因素	生理载荷区	应力连续体
冲击载荷	Q 角	创伤性损伤
内在因素	后足运动	Wolff 定律
过度使用损伤	重塑	

第十六章
生物力学技术

学习目标

学完本章,你应该能做到以下内容:
- 掌握生物力学定量分析的定义
- 讨论生物力学变量的测量如何影响变量本身
- 讨论生物力学中用于测量运动学参数的仪器
- 讨论生物力学中用于测量动力学参数的仪器

高尔夫球手排好队准备切球。但这位高尔夫球手看起来有所不同:他没有穿普通的高尔夫球服。高尔夫球手身体的各个部位和球杆上都粘贴了反光小球。他的背上绑着小盒子,由盒子引出多条电线延伸至他的鞋。更多的电线连接到他腿上的装置上。高尔夫球手站在某种板上,明亮的灯光照亮了他。他不在高尔夫球场击球,而是在一个有各种各样的设备记录着他的动作、肌肉反应和足底反作用力的实验室里。球杆和球的运动同样也被记录下来。这是什么样的实验室?在本书中我们讨论了生物力学变量是用什么样的设备来测量的。在前三章中,我们学习了生物力学定性分析。本章是关于生物力学定量分析中所使用的技术。

人体运动的生物力学定量分析涉及对人体运动的实际测量和潜在原因的探讨。当量化或测量(用数字描述)人体运动的方方面面时,基于这些测量的结果分析就是生物力学定量分析。本章概述了测量人体运动生物力学特征的技术。

生物力学定量分析

在过去,教师、教练和治疗师主要进行生物力学定性分析,而很少进行定量分析。这是因为生物力学定量分析的专用设备十分昂贵,并需要耗费大量精力。随着智能手机的出现,许多针对运动和人体活动的视频分析应用程序得以涌现。一些企业家意识到智能手机中使用的小型化技术可以应用于人体运动领域。现在可以广泛使用各种设备,这些设备可提供与特定运动技能或人体动作相关的生物力学变量信息。这些设备的可及性和易用性使得教师、教练和治疗师不再局限于生物力学定性分析。尽管如此,完成一个完整全面的生物力学定量分析仍是很耗时的,因此生物力学定性分析仍是大多数教师、教练和治疗师的主要分析手段。

什么时候需要进行全面的生物力学定量分析?在体育运动中,由于涉及费用和时间的问题,生物力学定量分析通常仅应用于精英或专业级别的运动员。在运动员整个赛季或职业生涯中进行分析以监测技术变化,监测由训练改进引起的生物力学关键参数的变化,监测受伤后的康复进展,以及为特定运动的生物力学研究提供数据等。人类工效学家和人因学专家可以对工人进行生物力学定量分析来明确工作环境中发生过度使用损伤的原因并制订解决方案。医院及其他附属医疗机构的临床生物力学家可以对患者进行生物力学定量分析,以评估各种医疗干预措施对步态的影响,诊断肌肉骨骼疾病或损伤,监测康复进展等。

因为没有专门的设备,所测的生物力学变量的改变难以区分,在以下这些情况下,都需要进行生物力学定量分析。如运动发生迅速,不易被人眼察觉,或是位置和位移改变过于微小而不能被注意到。在其他情况下,某些生物力学变量也很难被非运动员(或患者或受试者)察觉。作为一个研究者,你如何监测跑者地面反作用力的大小和方向?你看不到力——只能看到它所引起的结果。因此我们需要特殊仪器来测量这些生物力学变量。

测量问题

人体运动的生物力学定量分析需要测量生物力学变量。这些变量包括时间性(时间)、运动学(位置、位移、速度和加速度)及动力学(力、能量、功和功率),需要使用特定的仪器来测量这些变量。仪器本身及其设置可能会影响运动员、患者或者受试者的表现。测量过程也会对被测参数产生影响。因此,被测量参数的有效性受到测量过程的影响。在选择测量技术时应优先考虑对结果影响最小的技术。

⟳ 测量过程会影响被测参数。

除了减少测量过程对被测者的影响外,生物力学测量技术的准确性和精确性都与测量误差有关。可接受的误差范围取决于不同的测量情境。在科学研究中,对于测量结果的准确性和精确性要求最高;在临床应用中,一些误差是可接受的;而在体育竞赛或训练等领域,甚至更多的误差是可接受的。

实验室数据收集

在理想情况下,测试环境应该受到严格的控制。由于实验室环境是可控的,大部分用于生物力学定量分析的数据都是从生物力学实验室中收集而来。缺点是生物力学实验室并非是运动员、患者或受试者日常活动场所。陌生的环境可能会影响受试者的运动表现。因此,在设置实验环境时应尽可能还原受试者日常活动的真实情况。

在实验室收集数据的优势在于可以控制环境,从而有助于最小化测量误差。摄像头、灯光和温度等因素均一致,因此受试者每次的评估都能在相同条件下进行。大多数仪器都永久地固定于合适的位置,因此仪器校准和准备所需的时间最短。此外,传感器、标记点或其他数据收集设备可粘贴在被测试者身上。

⟳ 在实验室收集数据的优势是环境可控。

劣势是实验室环境与运动员、患者或受试者日常活动的现实环境不同。在实验室中投掷的棒球与在比赛中投掷同种类型的球并不同。灯光和摄像机,以及观察和测量患者动作的技术人员可能会使受试者产生自我意识并改变其动作。受试者身上粘贴的标记点、传感器或其他设备会对被测动作产生影响。在实验室数据采集前,让受试者熟悉设备和实验室环境非常重要。

现场数据收集

一场实际的运动竞赛可能是测量运动员表现生物力学的最佳环境,因为它是运动员通常情况下活动的环境(图16.1a)。然而,对于生物力学专家而言,比赛环境可能不是最佳选择。大多数生物力学仪器并不便携。为了记录地面反作用力需要在比赛环境中安装力板;为了记录肌肉活动则需将电极连接到运动员身体上,并将这些电极发出的信号发送至接收器进行记录,或者将记录信号的装置连接到运动员身上。在体育赛事中通常会采集的数据类型是运动学数据。测量运动学数据的技术包括电子计时装置和视频记录及其分析系统、雷达或激光测速装置,以及附着在运动员身上或由运动员穿戴的惯性测量单元。除了惯性测量单元,大多数测量设备或系统都是相对无感的。因此,它们对于运动员表现的影响很小。比起侵入性的生物力学测量设备,在比赛中运动员和体育比赛负责人更有可能允许生物力学家使用非侵入性的测量设备。

在实际的竞技比赛中收集生物力学数据的主要缺点是环境控制不足。生物力学家无法控制受试者或影响运动表现的因素,同时数据采集设备的位置也会受限。摄像机、雷达或激光测速装置都需要直接观测到运动。雷达或激光测速装置需要追踪受试者运动路径。裁判、观众、其他运动员等(图16.1b)可能会在数据记录期间阻挡视线。光线的变化可能限制相机或摄像机的使用。恶劣天气也可能影响设备的使用(如太冷、太热、太湿等)。所有这些设备都需要电力,因此必须准备多节电池或在运动场地找到可用电源。运输昂贵且易损坏的电子设备往返于比赛场地,存在损坏或被盗窃的风险。体育运动所需空间越大,记录活动所需摄像机越多,空间校准也越困难。在体育竞赛中,数据收集的预计划和筹备时间也很长。此外,在不同的比赛中,很难在完全相同的位置重复使用给定的摄像机。尽管存在这些缺点,运动生物力学家仍会在奥运会、世界锦标赛和国内锦标赛上定期收集各种运动生物力学数据。

至少有一个职业体育组织在比赛期间进行生物力学数据的测量,这有利于消除许多与环境控制有关的问题。自2006年以来,每个美国职业棒球大联盟

图16.1 在美国田径锦标赛上,生物力学专家使用高速摄像机记录100 m短跑运动员的动作。在实地收集数据的一个好处是受试者可以在自然的环境中工作,在这种情况下,受试者可以是参加重要比赛的运动员(a)。在实地收集数据的一个缺点是缺乏对环境的控制,如图一个三级跳远运动员在准备开始助跑时挡住了摄像机的视线(b)

(MLB)体育场永久安装了基于图像或雷达的运动学测量系统。从2006~2016年,各个体育场的Pitchf/X系统都投入使用。利用安装在体育场的几个固定摄像机捕获运动学数据,Pitchf/X系统可以追踪比赛期间每一个投出的棒球从投手的手到本垒的运动。Pitchf/X系统几乎同步计算球场各项运动学测量指标,包括速度、旋转、破发和击球区域球的位置。直到2017年,MLB官方投球速度测量数据均由Pitchf/X系统提供。自2017年以来,MLB球场官方的速度测量数据由Statcast系统提供。2015年,所有MLB球场均已安装Statcast系统。该系统类似于Pitchf/X,在整个体育场内利用多个固定摄像机,并结合多普勒雷达跟踪设备Trackman来测量投球、击球和投掷的轨迹。除了对球进行跟踪外,Statcast系统还能够实时监测场上所有运动员。因此,MLB体育场已成为生物力学实验室。

模拟信号与采样率

大多数生物力学变量随时间不断变化,因此在运动过程中需要进行全程测量。许多用于测量这些变量

的仪器使用**模拟信号**（analog signal）（通常为电压）来表示。数据收集后通常利用计算机或微处理器来存储和处理数据。然而，在被计算机或微处理器存储和分析之前，模拟信号必须转换成数字信号。数字信号是数值形式的（对于计算机而言，数据以二进制形式表示，即 0 和 1）。为了将模拟信号转换成数字信号，以离散的时间间隔测量模拟信号（信号采样），并通过模拟数字转换器将测量值转换成二进制形式。模拟数字转换器对信号进行采样的频率称为**采样率**（sampling rate）或采样频率。

仪器的采样频率表示记录一次测量的频率。一些生物力学仪器（如测力板）的采样频率可高达每秒数千次，而典型的高清或 4K 摄影机通常为每秒 30 帧（fps）或 60 fps。现在许多智能手机和数码相机能以 120 fps 或 240 fps 的高清格式录制高速视频；有些甚能以 1 000 fps 的速度录制，但分辨率较低。大多数生物力学测量工具的采样率均可调整以适应被测运动。对于缓慢、精细的运动，低于 100 fps 的采样率足够使用；但对于快速变化的运动，则需要更快的采样率。

测量生物力学变量的工具

测量生物力学变量的工具复杂度和成本各异，从简单的秒表到高灵敏度的测力板和同步多点运动捕捉系统。随着技术不断进步，测量技术也在不断发展。对可用于测量生物力学变量的技术进行回顾，在此仅作简要概述。工具可分为测量运动学和动力学两类。

运动学测量工具

运动学变量基于位置和时间的每个变量的变化。生物力学中测量运动学变量的常见工具包括定时装置、结合定时和距离测量装置的速度测量装置、加速度计、惯性测量单元、摄像机和其他成像系统、电磁跟踪系统和全球定位系统（GPS）。全身运动捕捉（mocap）系统可以使用这些技术中的一种或多种来记录和量化人体二维或三维运动。

定时装置

时间是力学中的一个基本维度，因此时间的测量很重要。手表是最简单的计时设备。如果是测量持续时间较长的事件，简单的秒表可能是合适的计时装置。如果是需要更高准确且所计时事件较短的情况下，自动计时装置更加适用。

大多数自动计时装置使用嵌入在计算机或其他数字设备中的电子时钟。电子或机械开关可以启动和停止时钟，并且可以通过各种方式触发。例如，当一个人踏上或离开垫子时，可以用压敏垫来启动或停止时钟。如果光被用作触发器，则称为光电门计时器。光电门可能对特定波长或频率的光敏感。无论何种情况下，当一束光源照射到传感器上，该光束被某人或某工具打断，传感器上的光强度变化将触发计时器启动或停止。

很明显，这些自动计时装置不仅可测量时间，也能用于测量其他运动学变量。若触发传感器的位置距离是已知的，平均速度则可由距离和时间计算而得。加入更多传感器则有助于提供更详尽的运动数据集。例如，沿赛道或轨道排列的多个光电门，可提供关于跑者步速、步长、支撑时间、摆动时间及步频等信息。

速度测量系统

定时系统是最简单的运动学测量工具。它们可以用来测量人或物体的平均速度，但瞬时速度呢？警察用雷达枪在高速公路上抓超速者，而现在这种雷达枪已经被改装成可以捕捉运动中物体的瞬时速度。雷达枪以特定频率发射微波无线电信号，并测量反射回去信号的频率。一个静止的物体会以雷达枪发射的相同频率反射无线电信号。如果物体在移动，反射信号的频率就会发生变化，这就是多普勒效应。物体的速度由这个频移的变化决定。

雷达枪仅限于测量直接朝向或远离雷达枪的速度（或速度分量）。尽管在投球速度的测量中应用最广泛，但雷达枪也被应用于高尔夫球、网球、曲棍球、足球、长曲棍球和其他运动。除非运动员佩戴雷达反射标记，否则其在测量运动员身体速度方面的应用是有限的。棒球大联盟使用的 Trackman 是一种复杂的测量设备，该设备最初是为高尔夫球员开发的。Trackman 装置采用一个或两个雷达及摄像机来测定高尔夫球员挥杆时各项运动学特征，包括杆头速度、球速、杆面接触角度、球的发射角度和球的旋转率等。该装置还可以用于棒球比赛中测量球棒和球的运动学特征，以及田径或投掷项目中铅球、铁饼或标枪的运动学特征。

除了雷达枪，激光雷达（光探测和测距）设备也被警察用于捕捉高速公路上的超速者。激光雷达被应用于自动驾驶汽车中，以检测车辆周围物体的位置和距离。激光雷达还可用于测量球和其他运动器材及运动员的速度。在操作上它类似于雷达枪，但它使用激光和激光的反射来测量速度。激光以特定的频率发射，而光反射到激光雷达设备上所需的时间被用来计算设备和物体之间的相对速度。雷达的探测波会随着距离的增加而分散，与雷达枪不同的是，激光雷达的激光是紧密聚焦的。如果不止一个物体向设备移动或远离设备，激光雷达可以测量特定物体的速度，而雷达枪则会收到多个反射信号。激光雷达对于测量跑者速度更加精确。

加速度计

物体在瞬间的加速度可以通过雷达枪、激光雷达或其他测量位置和时间的设备所得到的数据来计算。这些加速度测量可能存在误差。从位置和时间数据推导出速度,再从速度和时间数据推导出加速度时,导致误差变大。位置数据中的小误差(噪声)在速度计算时会被放大,在加速度计算时又被进一步放大。必须对数据进行数字滤波以消除噪声干扰。除了这一局限性,许多测速设备采样率较慢。是否有一种直接测量加速度的方法来解决这些问题?

加速度计(accelerometer)是一种直接测量加速度的装置,其体积小、重量轻。图 16.2a 展示了两个不同尺寸的加速度计,其中右侧为传统较大型加速度计,在它和铅笔中间是迄今较小的加速度计之一,仅有 1.29 mm×1.09 mm×0.74 mm。这个微小的加速度计属于微机电系统(MEMS)的一种。附着在物体上的加速度计可用于测量该物体在附着点处的加速度。加速计测量特定方向的加速度。一个单轴或单维的加速度计测量一个方向的加速度——沿着单元的一个特定轴。三轴或三维加速度计测量三个加速度——沿着三个不同的彼此成直角的轴线。加速度计的方位决定了所测得到的加速度方向。如果加速度计附着在一个改变方向的肢体上,那么当肢体方向改变时,测量的加速度方向也会改变。当加速度计与其他设备和适当软件配合使用时,则可以确定加速度的绝对方向及合加速度。

加速度计具有相对较高的频率反应,因此能以高采样率进行采样:这使得它们特别适用于分析冲撞。实际上,在汽车中,加速度计被用作触发安全气囊的传感器。在生物力学领域,加速度计被用来评估运动安全设备的抗冲击能力。加速度计安装在头盔内可以评估自行车头盔、橄榄球头盔、长曲棍球头盔及其他的保护性头盔的性能。将加速度计安装在人体头部模型中并从指定高度落下到刚性表面上。冲击过程中的峰值加速度和加速度的分布情况提供了一个衡量头盔性能的标准。儿童游乐场设备下面使用的材料的缓冲性能可以用类似的方式进行评估。在橄榄球比赛中可使用内置在橄榄球头盔的加速度计来监测橄榄球运动员与其他球员或地面碰撞时头部所受到的加速度大小和方向。

加速度计也是身体活动监测装置的基础,尤其是在计步装置中。简单计步器使用粗糙的单轴机械加速度计来计算步数。更复杂的计步器和活动监测器,包括手表和手机里的加速度计,采用三轴加速度计来量化佩戴者的步数或身体活动。这些加速度计是惯性测量单元的主要组成部分之一,在许多运动测量设备中都可以找到。

惯性测量单元

惯性测量单元(intertial measurement unit, IMU)是用于测量物体运动的一个集成电子设备。一个 IMU 包括测量线性加速度的微型三轴加速度计和测量角速度的陀螺仪。部分 IMU 还使用磁力计来确定方向。这三个元件都属于 MEMS。在一个 IMU 中,这三个 MEMS 可能是独立安装在 IMU 的印刷电路板上,或是集成到一个单元中。可通过处理这三个元件收集的数据来进行运动学测量。IMU 足够小,可以附着在物体上。图 16.3 显示了一个相对较大的 IMU,其为电子爱好者自

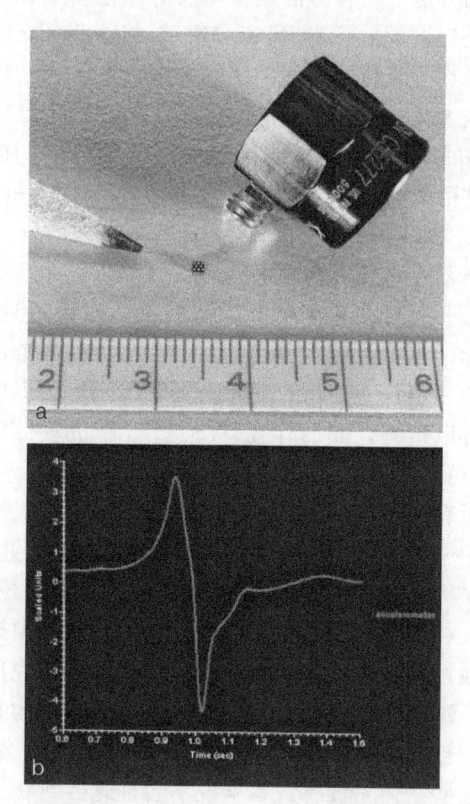

图 16.2 常规单轴加速度计(右上)和微型三轴加速度计(中)(a);单轴加速度计用于单一方向上启动和停止运动输出的示例(b)

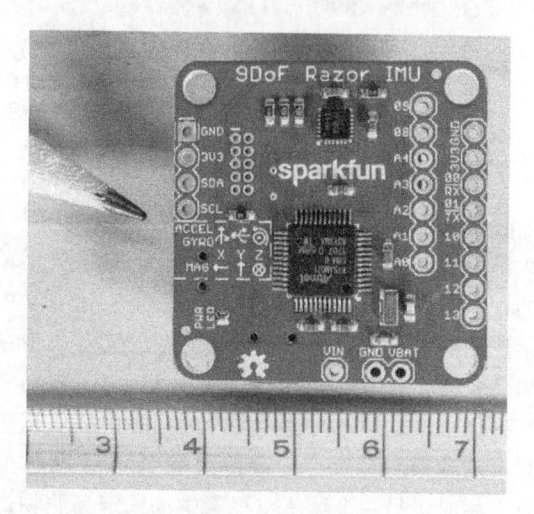

图 16.3 电子爱好者所设计的 IMU。三轴加速度计和陀螺仪都包含在黑色小方块组件中(在 sparkfun 的"k"上面)

已动手制作设计的。IMU 尺寸可小至 12 mm×10 mm× 4 mm。如果已知物体的初始速度和起始位置,可以用它们测量各种运动学变量,包括速度和位移。

实际上你可能拥有带 IMU 的设备。IMU 被用在大多数智能手机、智能手表、健身手表、活动监测器、无人机,以及游戏机如任天堂 Wii。基于 IMU 的设备已经被开发和销售,用于测量各种运动中的运动表现参数。市场上有许多设备,这些设备安装在高尔夫球杆、网球拍、棒球或垒球球棒上,用于测量挥杆的各种特性。其他基于 IMU 的运动或训练设备是可穿戴的:绑在手腕或腿上,黏附在手套上,缝在袖子或衬衫上,或夹在腰带或鞋上。在足球和棒球运动中,装在臂套或绑在手腕上的 IMU 可测量投手或四分卫手臂的投掷运动。输出结果可用于分析投掷动作并监测工作载荷。在拳击比赛中,佩戴在手套或腕带中的 IMU 可以测量出拳速度和准确性。在举重运动中,装在单杠末端或绑在手腕上的 IMU 可以测量举重速度和力量。在跑步中,IMU 可夹在鞋上(图 16.4),戴在胸带上,或夹在腰带上用于测量跑步速度、步长、触地时间、摆动时间和跑步距离。所有运动均可通过可穿戴式 IMU 来监测训练载荷和疲劳。这些设备是专门针对运动员和教练的,其所提供的关于运动的信息,如若正确解读,对运动员或教练而言是有价值的。

图 16.4 一个夹在跑者鞋带上的 IMU 可以测量跑者的各种力学变量,包括步长、步速、摆动时间、触地时间、速度、跑步距离,甚至功率。它能无线连接跑者的智能手机或智能手表

光学成像系统

在生物力学定性分析中,通过视觉观察我们可以对大部分运动表现的质量进行判断。记录这些运动表现的视觉影像技术,即光学成像系统,是生物力学中应用最广泛的工具。生物力学中最流行的光学成像系统是摄像机。

摄像机依据帧率在特定的时间间隔内提供连续的二维运动图像。在单一记录的图像中,一个物体的位置可以相对于另一个物体或视野中的固定参照物进行测量。如果在视野内和运动平面内也可以记录到已知尺寸的物体,那么物体的位置数据可以被转换为实际发生的几何尺寸。在后续的图像中,可以确定位置或位移的变化。连续视频帧的曝光时间可以根据摄像机帧率来确定。例如,由每秒 60 帧的摄像机记录的两个相邻的视频帧之间的时间是 1/60 s 或 0.016 7 s。所以由位移和时间测量值可以确定速度。当速度被计算出来后,可以由速度和时间测量值确定加速度。

一台摄像机足以记录一个物体的二维或平面运动,因为产生的图像也是二维的。如果物体的运动由两台或更多的摄像机记录,就可以获得三维坐标数据。有专门的软件可利用从每个摄像机获取的二维数据计算出三维坐标数据。

如何从摄像机的图像中提取坐标数据?这个过程被称为数字化:可手动或自动完成。但无论哪种情况,计算机系统都能为数字化提供便利。首先,必须确定研究对象上的一个或多个兴趣点。如果可能的话,在运动记录前,在研究对象的兴趣点上放置标记物。在手动数字化过程中,计算机显示器上出现一帧图像,通过将光标置于屏幕上的一个点可以数字化(存储坐标数据)每个兴趣点。每个兴趣点及每一帧运动的视频都需要手动处理。这个过程极其烦琐且耗时,也易出现人为误差。

数字化的第二种方法是自动方法。有几种自动数字化的方法。一种方法是将高反射标记物贴在物体或人体上(运动员、患者、研究对象)。将这些标记物定义为兴趣点。光线由标记物反射到摄像机镜头中以照亮物体或人体。由此产生的视频图像中,凡是有标记物的地方,图像上就会出现亮斑(图 16.5)。专门的计算机软件可以识别运动视频中这些亮点及其每一帧的坐标。在一些自动系统中,数据是实时处理的——你可以在屏幕上看到正在发生的运动。

另一种自动数字化方法使用主动标记,与被动反射式标记不同。在这些系统中,标记物通常是以一定顺序和一定频率亮起的发光二极管(LED)。专门的摄像机可以检测它们的存在,并通过计算机软件确定其坐标位置。

所有光学成像系统的一个缺点是它们依赖于视线。一个物体上的标记物可能会被其他物体遮挡,或者如果标记物在人身上,则可能被其他身体部位遮挡。肢体互相移动会遮挡摄像机捕捉到的标记。电磁跟踪系统通过使用磁性标记和专门的传感装置来克服这一问题。这些电磁系统不受隐藏点的影响,因为在视觉上可能被隐藏标记的物体通常在电磁学上不会隐藏,因此这些物体对传感设备来说不会有遮挡问题。

使用自动数字化系统的数据收集主要局限于实验室环境。摄像机通常是固定的,它只能在有限的体积

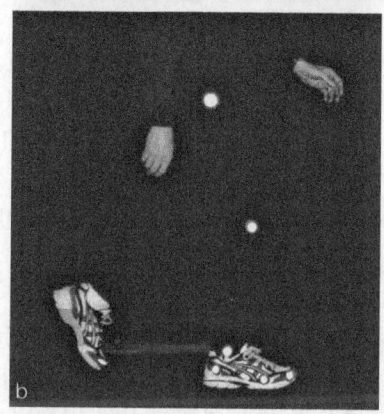

图 16.5 反光标记使计算机和摄像机能够自动识别标记的位置。正常照明条件下被摄物体上的标记(a);在照明和摄像机曝光设置为只突出标记的情况下的同一被摄物体(b)

或空间内记录运动。另一个缺点是通常必须通过附着在受试者身上的标记物来测量感兴趣点的运动。

大多数光学成像运动测量系统是非常昂贵的。然而,一些智能手机上的应用程序有基本的运动测量和分析工具。此外,还有一些便宜的或免费的运动分析计算机程序可以提供人体二维运动分析的基本工具——甚至有些程序包括自动数字化选项。

运动捕捉系统

运动捕捉(mocap)系统用于以数字的形式捕捉人体全身的三维运动。一个典型的动作捕捉系统的组成部分通常包括六个或更多的摄像机、一套标记系统,以及用于管理数据的专门的软件和硬件,用以实现运动的量化。人体被建模为一个在关节处连接的多刚体模型。由两个或多个标记物组成的标记集附加到身体的每一个节段,以在三维空间中确定每个节段的特定位置和方向。一些系统使用带有内置标记的捕捉套装;部分系统则要求将标记物附着在被摄者身上。典型的全身标记集包括 50 多个标记点。图像识别软件的进步促进了无标记光学捕捉系统的发展。这些系统使用先进的图像识别软件直接定位视频图像中的解剖节段和关节中心。IMU 逐渐更小、更精确,这些进步也推动了基于 IMU 的运动捕捉系统的出现。

三维运动捕捉系统非常昂贵,但这些系统可用于体育和运动领域。它们更可被用于临床步态分析实验室和研究场所。运动捕捉系统在娱乐行业应用最广泛。Xbox Kinect 游戏系统是一个粗略但非常便宜的动作捕捉系统。它使用多个光学传感器来检测、捕捉和诠释一个或多个玩家的动作。玩家可以通过他们的动作和手势来控制游戏,且不需要外部游戏控制器。

较为复杂和昂贵的动作捕捉系统被用于捕捉运动员和演员的动作。这些捕捉的专业运动员的运动动作已经被用于在许多流行的与体育有关的游戏和应用程序中,可以为动画片提供真实的动作。自 20 世纪 90 年代末这种技术已经被用于捕捉演员的动作和姿势,并用在电影、电视节目和广告,以及音乐节目中模拟数字人物的动作。2009 年《阿凡达》电影中纳美人的角色是用动作捕捉技术创造的。在过去的 10 年中,许多其他电影都使用了动作捕捉技术来创造角色和逼真的动画。2005 年第 77 届奥斯卡颁奖典礼上,奥斯卡技术成就奖颁给了 Julian Morris、Michael Byrch、Paul Smyth 和 Paul Tate,以表彰他们对 Vicon 动作捕捉系统的开发;John O. B. Greaves、Ned Phipps、Ton J. van den Bogert 和 William Hays,以表彰他们对 Motion Analysis 动作捕捉系统的开发;以及 Nels Madsen、Vaughn Cato、Matthew Madden 和 Bill Lorton,以表彰他们对 Giant Studios 动作捕捉系统的开发。Vicon 与 Motion Analysis 动作捕捉系统最初是在 20 世纪 80 年代被开创性地应用于生物力学领域的。

动力学测量工具

动力学变量是以力为基础,是运动变化的原因。生物力学中测量动力学变量的常用工具包括测力台、应变测试仪、压力传感器和肌电图。

测力台

测力台是生物力学中最流行的用于测量动力学变量的设备。**测力台**(force platforms)或测力板可测量反作用力的大小及反作用力的作用点和方向。它们的测量面是长方形的,通常与门口地垫的大小相近(大约 40 cm×60 cm)。测力台通常用于步态分析中测量地面反作用力(图 16.6)。其所测得的力包括正常的接触力(地面反作用力的垂直分量),前后方向的摩擦力和水平方向的摩擦力。

在临床步态实验室中测力台被用于评估神经肌肉疾病的疗效或评估肌肉骨骼疾病的康复进展,即治疗后地面反作用力如何变化,或在康复期间如何变化。测力台也可作为评估假肢适应性和功能的一种方法。

在体育活动中测力台被用于测量铅球运动员和铁

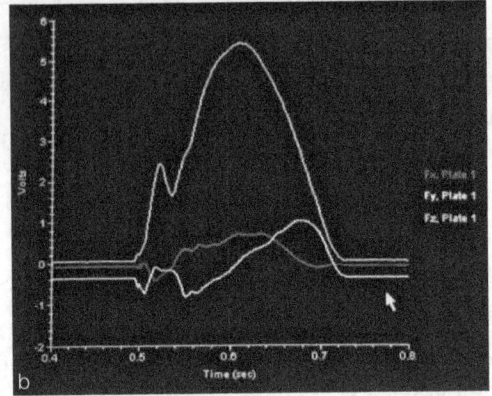

图16.6 测力台通常用于测量地面反作用力。这些图显示了受试者在测力台上行走（a）和步行过程中产生的地面反作用力（b）

饼运动员在投掷过程中的地面反作用力；跳远运动员、三级跳运动员和撑杆跳高运动员在起跳时的地面反作用力；举重运动员在举重过程中的地面反作用力；高台跳水运动员在跳水过程中的地面反作用力等。其所揭示的力-时间曲线可为教练和研究者提供关于可能影响成绩的技术差异的信息。

一些大型运动鞋制造商在其生物力学实验室中使用测力台。分析人员通过检查受试者穿鞋时产生的地面反作用力来评估各种鞋子设计的材料和特征。

力传感器

力传感器是用于测量力的装置。上文描述的测力台依靠其中多个力传感器来确定输出。另一种类型的力传感器是**应变测试仪**（strain gauge）。应变测试仪用于测量应变，即长度的变化量除以原始长度。如果应变测试仪被连接到一个已知形状和弹性模量的材料上，就可以计算出材料的应力，并最终确定引起这一应力和应变的外部载荷。因此应变测试仪对测量力很有用。

力传感器已被用于各种运动中，用以测量施加在道具或设备上的力。应变式力传感器已被用于测量体操中吊环和水平杆上的力、掷链球中铁链上的力、划船中桨上的力，以及雪橇启动手柄上的力。

临床使用应变测试仪测量力，对于提高人们对骨骼和关节甚至肌腱和韧带的载荷方面的了解非常重要。应变测试仪已被连接到植入的人工髋关节上以测量在体髋关节的力。在动物身上，力传感器（带有应变测试仪的扣件）被用来测量体内肌腱的力。

压力传感器

压力传感器通常是一种带有力传感器阵列的薄垫。测力台测量反作用力，这实际上是与之接触表面上的若干力作用的结果。通过量化施加在压力垫的每个特定区域上压力（力除以面积），压力传感器可以更好地表示这些力的分布特征。

与测力台一样，压力垫在步态分析中应用最为广泛。当患者赤脚走过压力垫时，可以确定患者脚下的高压区域。其可以在疾病治疗或手术干预和康复后监测压力模式的变化。

当患者穿鞋时，压力垫可能无法测量脚上的压力，因此开发了压力测量鞋垫。压力测量鞋垫可放置于脚底和鞋之间。足科医师和其他医疗专业人士可以根据压力测量鞋垫测得的压力结果来设计更有效的矫形器和鞋。在体育运动中，压力测量鞋垫已被用于滑雪运动中以测量高山滑雪时滑雪者的脚对靴子施加的压力。图16.7所示的压力测量鞋垫是专为跑者设计的，可提供关于触地模式及在跑步过程中足底压力的变化信息。

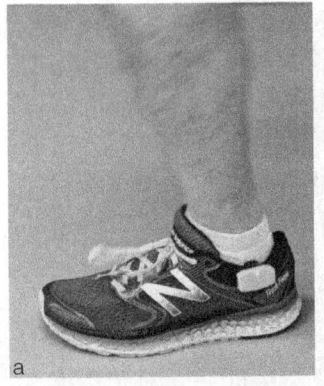

图16.7 压力测量鞋垫是有用的工具，可用于测量步态中脚底表面的压力

压力测量鞋垫的另一个临床应用是测量关节的骨与骨之间的压力。非常薄的压力垫（或压敏片）已被用于测量尸体关节内的压力分布。

肌电图

肌电图（electromyography，EMG）可以间接测量运动过程中产生的肌肉力量。EMG通过放置在皮肤表面的表面电极或通过植入肌肉内的留置电极测量肌肉收缩时的电信号。无线技术的进步使EMG数据的收集侵入性更小，因为EMG数据的记录不再受限于连接电极和记录设备的电线。至少,EMG 数据可显示肌肉是否在收缩。通过熟练地处理 EMG 信号,可以确定肌肉收缩的相对强度。虽然肌肉力量大小和 EMG 信号之间存在着明显的关系,但量化这种关系并从 EMG 数据中确定肌肉力量仍是不可能的。EMG 在临床和体育应用中仍然是一个有用的工具。

计算机仿真和建模

生物力学家使用的最后一种工具是计算机仿真和建模。这并非真正的测量工具而是一种分析工具。在体育运动中,基于特定的输入,计算机仿真可用于预测运动结果。在临床中,可在干预前对手术修复或假体装置的效果进行评估。

计算机仿真模型通常以数学为基础,使用从牛顿运动定律衍生出来的公式。输入模拟的数据通常包括身体及其四肢的惯性特性(质量、长度、惯性矩),模拟开始时的初始条件(身体和四肢的位置和速度),以及控制功能的时间历程。控制功能可以是四肢的相对位置、肌肉力量,或由此产生的关节力矩。其模拟结果是由这些输入引起的身体运动。

各种运动技能的模拟已经被开发出来。计算机仿真的局限性在于每个模拟都是针对每个个体和每一组输入参数。计算机仿真的结果可能只适用于输入模拟参数的个体。尽管有这样的局限性,计算机模拟是研究"如果"这一类问题时的一种可行的方式。如果潜水员手臂内收更多呢?如果体操运动员保持更长时间的收腹姿势呢?如果撑杆跳高运动员使用稍硬的杆子呢?

总结

全面的生物力学定量分析通常限于研究精英运动员的运动表现或临床情况。生物力学测量方式和环境可能会影响被测参数。许多工具被用来测量生物力学变量。在生物力学中,测量运动学变量的工具包括定时装置、速度测量系统、光学成像系统、加速度计和惯性测量单元。运动捕捉系统用于捕捉全身的三维运动。在生物力学中,测量动力学变量的工具包括测力台、应变测试仪、压力传感器和肌电图。计算机仿真是生物力学分析中另一个有用的工具。

关键词

加速度计	模拟信号	采样率
测力台	惯性测量单元(IMU)	
应变测试仪	肌电图(EMG)	

附录 计量单位和转换单位

表 1 国际单位制的基本量纲和单位

量	符 号	国际单位	单位缩写
时间	t	秒	s
长度	l	米	m
质量	m	千克	kg

表 2 力学中使用的推导量和量纲

量	符 号	国际单位	单位缩写	国际基本单位
面积	A	平方米	m^2	m^2
体积	V	立方米	m^3	m^3
密度	ρ	千克每立方米	kg/m^3	kg/m^3
速度	v	米每秒	m/s	m/s
加速度	a	米/秒/秒	$m/s/s$	$m/s/s$
		米每平方秒	m/s^2	m/s^2
角度	θ	弧度	rad	无量纲
角速度	ω	弧度每秒	rad/s	$1/s$
角加速度	α	弧度/秒/秒	$rad/s/s$	$1/s/s$
		弧度每平方秒	rad/s^2	$1/s^2$
动量	L	千克米每秒	$kg \cdot m/s$	$kg \cdot m/s$
力	F	牛顿	N	$kg \cdot m/s^2$
重量	W	牛顿	N	$kg \cdot m/s^2$
冲量	$F\Delta t$	牛顿·秒	$N \cdot s$	$kg \cdot m/s$
压强	P	帕斯卡	Pa	$kg/m/s^2$
力矩	T	牛顿米	$N \cdot m$	$kg \cdot m^2/s^2$
转动惯量	l	千克·平方米	$kg \cdot m^2$	$kg \cdot m^2$
角动量	H	千克·平方米每秒	$kg \cdot m^2/s$	$kg \cdot m^2/s$
功	U	焦耳	J	$kg \cdot m^2/s^2$
能量	E	焦耳	J	$kg \cdot m^2/s^2$
功率	P	瓦特	W	$kg \cdot m^2/s^3$

表 3 国际单位制系统中使用的前缀

十的倍数	前缀名	符 号	数值名称	数 值
10^{24}	yotta	Y	尧	1 000 000 000 000 000 000 000 000
10^{21}	zetta	Z	泽	1 000 000 000 000 000 000 000

续 表

十的倍数	前缀名	符 号	数值名称	数 值
10^{18}	exa	E	艾	1 000 000 000 000 000 000
10^{15}	peta	P	拍	1 000 000 000 000 000
10^{12}	tera	T	万亿、太	1 000 000 000 000
10^{9}	giga	G	十亿、吉	1 000 000 000
10^{6}	mega	M	百万、兆	1 000 000
10^{3}	kilo	k	千	1 000
10^{2}	hecto	h	百	100
10^{1}	deka	da	十	10
10^{0}			一	1
10^{-1}	deci	d	分	0.1
10^{-2}	centi	c	厘	0.01
10^{-3}	milli	m	毫	0.001
10^{-6}	micro	μ	微	0.000 001
10^{-9}	nano	n	纳	0.000 000 001
10^{-12}	pico	p	皮	0.000 000 000 001
10^{-15}	femto	f	飞	0.000 000 000 000 001
10^{-18}	atto	a	阿	0.000 000 000 000 000 001
10^{-21}	zepto	z	仄	0.000 000 000 000 000 000 001
10^{-24}	yocto	y	幺	0.000 000 000 000 000 000 000 001

表 4 至 12 用于将各种物理量从一种计量单位转换为另一种计量单位。下面部分是对阅读这些表格提供的指导。在每个图表的最左边的一列是你希望转换的单位，图表的最上面一行表示你希望转换为的单位。首先，向下阅读左栏，找到你希望转换的单位。现在，阅读该单位的行，直到到达你希望转换为的单位的列。将此数字乘以你的测量值，以获得该列顶行中列出的单位。例如，在时间转换表中，要将 86 分钟转换为小时，请查看左列并找到分钟行。向右读，直到你到达小时栏的单元格。这个单元格中的数字是 0.016 667。将 86 分钟乘以 0.016 667 小时/分钟，得到 1.43 小时。黑体字所列换算系数为精确换算。

从数学上讲，每个单元格表示以下内容：

$$\text{最左列的 1 个单位} = \text{顶行单元格的 } x \text{ 个单位}$$

对于时间的示例，1 分钟 = 0.016 667 小时

整个分钟行的阅读：

$$1 \text{ 分钟} = 60 \text{ 秒} = 1 \text{ 分钟} = 0.016 667 \text{ 小时} = 0.000 694 44 \text{ 日}$$

表 4 时间换算

时长	秒	分钟	小时	天
1 秒 =	**1**	0.016 667	0.000 277 78	0.000 011 574
1 分钟 =	**60**	1	0.016 667	0.000 694 44
1 小时 =	**3 600**	60	1	0.041 667
1 日 =	**86 400**	1 440	24	1

表5 长度换算

长度	英寸	英尺	码	英里	厘米	米	千米
1英寸=	1	0.083 333 33	0.027 778	0.000 015 782	2.54	0.025 4	0.000 025 4
1英尺=	12	1	0.333 33	0.000 189 39	30.48	0.304 8	0.000 304 8
1码=	36	3	1	0.000 568 18	91.44	0.914 4	0.000 914 4
1英里=	63 360	5 280	1 760	1	160 934.4	1 609.344	1.609 344
1厘米=	0.393 70	0.032 808	0.010 936	0.000 006 213 7	1	0.01	0.000 010
1米=	39.370 1	3.280 840	1.093 613	0.000 621 37	100	1	0.001
1千米=	39 370.1	3 280.840	1 093.613	0.621 371	100 000	1 000	1

表6 质量换算

质量	盎司(质量)	磅(质量)	斯勒格	毫克	克	千克
1盎司(质量)=	1	0.062 5	0.001 942 6	28 349.523 125	28.349 523 125	0.028 349 523 125
1磅(质量)=	16	1	0.031 081	453 592.37	453.592 37	0.453 592 37
1斯勒格=	514.784 79	32.174 05	1	14 593 903	14 593.903	14.593 903
1毫克=	0.000 035 274	0.000 002 204 6	0.000 000 068 521	1	0.001	0.000 001
1克=	0.035 274	0.002 204 6	0.000 685 21	1 000	1	0.001
1千克=	35.273 96	2.204 623	0.068 521	1 000 000	1 000	1

表7 角度换算

角度	度	弧度	转数
1度=	1	0.017 453	0.002 777 8
1弧度=	57.295 78	1	0.159 16
1转=	360	6.283 19	1

表8 速度换算

速度	英尺每秒	英里每小时	米每秒	千米每小时
1英尺每秒=	1	0.681 82	0.304 8	1.097 28
1英里每小时=	1.446 67	1	0.447 04	1.609 34
1米每秒=	3.280 84	2.236 94	1	3.6
1千米每小时=	0.911 34	0.621 37	0.277 78	1

表9 力换算

力	磅	牛顿
1磅=	1	4.448 22
1牛顿=	0.224 81	1

表 10 功或能量转换

功或能量	英尺-磅	焦耳
1 英尺-磅 =	1	1.355 81
1 焦耳 =	0.737 56	1

表 11 压力或应力换算

压力或应力	磅每平方英尺	帕斯卡
1 磅每平方英尺 =	1	6 894.757
1 帕斯卡 =	0.000 145 038	1

表 12 力矩换算

力 矩	英寸-磅	英尺-磅	牛顿米
1 英寸-磅 =	1	0.083 333	0.112 98
1 英尺-磅 =	12	1	1.355 81
1 牛顿米 =	8.850 74	0.737 56	1

术语表

外展（abduction）：基于人体的解剖学姿势，关节围绕矢状轴在冠状面上的运动；与内收相反。例如，在肩带运动过程中肩胛骨远离身体中线的运动。

绝对角位置（absolute angular position）：一条直线相对于另一条直线或相对于地面固定平面的方向；用度或弧度表示。

加速度（acceleration）：矢量；速度的变化率，用国际单位制中的米每平方秒（m/s²）表示。

由于重力而产生的加速度（acceleration due to gravity）：参见"重力加速度（gravitational acceleration）"。

加速度仪（accelerometer）：一种直接测量加速度的仪器。

内收（adduction）：基于人体的标准解剖学姿势，关节围绕矢状轴在冠状面上的运动；与外展相反。例如，在肩带运动过程中肩胛骨向身体中线的运动。

主动肌（agonist）：指在完成某一动作中起到主要改变关节力矩作用的肌肉，其力矩与所指的动作或所指的肌肉相同，又名原动肌；与拮抗肌的含义相反。

模拟信号（analog signal）：表示连续测量时随时间变化的信号，与数字信号不同，数字信号主要表示测量随离散时间间隔变化的信号。

解剖学姿势（anatomical position）：身体直立时所采取的姿势，两眼平视正前方，双足并拢，足尖向前，双臂及双手下垂于躯干的两侧，手指伸展，掌心向前。

角加速度（angular acceleration）：矢量；角速度的变化率；即角位移除以单位时间的平方，可表示为转动弧度每平方秒（rad/s²）、转动角度每平方秒[(°)/s²]或转动圈数每平方秒（r/s²）。

角位移（angular displacement）：一条旋转的直线所经历的绝对角位置的变化，并需标明变化的方向；一条线段在其初始位置和其最终位置之间的角度，并需标明旋转的方向；以角位置的单位来度量，或以弧度、度或转数来表示。

角冲量（angular impulse）：矢量；力矩作用于物体上随时间累积所产生的转动效应；平均力矩乘施加力矩的持续时间；以单位力矩乘单位时间或用国际单位制中的牛·米·秒（N·m·s）表示。

角惯性（angular inertia）：物体抵抗其角运动变化的特性；也称为转动惯量。

角动量（angular momentum）：矢量；物体转动惯量与它的角速度之间的乘积；用单位质量乘单位速度测量，或用国际单位制中的千克·平方米每秒（kg·m²/s）来表示。

角运动（angular motion）：当物体或物体上的所有点围绕同一固定轴做圆周运动时发生的位置变化；又称旋转运动或旋转。

角位置（angular position）：一条直线相对于其他直线或平面的方位，用度或弧度表示。

角速度（angular velocity）：矢量；带有旋转方向的角位移速率；用角位移的单位除以时间的单位来表示，或表示为弧度每秒（rad/s）、度每秒[(°)/s]。

各向异性（anisotropic）：表现出与方向有关的材料特性；各向异性材料在一个方向上拉动时，可能较另一个方向上有更大的屈服强度和更硬的弹性模量。

拮抗肌（antagonist）：一块作用是产生与所指的动作或所指的肌肉相反的力矩的肌肉；含义与主动肌相反。

前后轴（anteroposterior axis）：任意一条从前方到后方、垂直于冠状面的假想线；缩写为 AP 轴；也称为矢状轴、矢状横轴。

矢状轴（AP axis）：见"前后轴（anteroposterior axis）"。

腱膜（aponeurosis）：连接扁肌和骨骼附着线的扁平肌腱。

带骨（appendicular skeleton）：骨骼中作为附肢骨的组成部分，包括肩带骨（肩胛骨和锁骨），以及髋骨（髂骨、坐骨和耻骨）。

关节囊（articular capsule）：滑膜关节周围的纤维结缔组织膜囊，附着于关节周围的骨骼上。

关节软骨（articular cartilage）：覆盖在滑膜关节表面的透明软骨。

自主神经系统（autonomic nervous system）：神经系统的一部分，与无意识的感觉和行为有关；也称为植物神经系统。

平均加速度（average acceleration）：矢量；速度变化除以发生变化所需的时间；用单位长度与单位时间的平方之比表示，或用国际单位制中的米每平方秒（m/s²）表示。

平均角速度（average angular velocity）：矢量；角位移除以指定旋转方向的角位移所需的时间；以角位移

单位除以时间单位或以弧度每秒,度每秒或转数每秒表示。

平均速率(average speed):标量;距离除以行驶该距离所需的时间;以国际单位中单位时间的长度单位或米每秒表示。

平均速度(average velocity):矢量;位移除以发生位移所需的时间;表示为单位长度比上单位时间或用国际单位制中的米每秒表示。

中轴骨(axial skeleton):由脊柱、肋骨和头骨组成的骨骼部分。

支撑面(base of support):物体与地面接触点下方及其之间的区域。

弯曲载荷(bending load):物体一个表面附近的拉力、相反表面附近的压力及整个物体的剪切力使物体变成梁;由于弯曲载荷,物体会因弯曲而发生形变。

伯努利定理(Bernoulli's principle):运动流体中的横向压力随着流体速度的增加而减小。

生物力学(biomechanics):力及其对生命系统的影响的研究。

浮力(buoyant force):作用于流体中的物体的向上力,等于物体排开的流体的重量。

骨松质(cancellous bone):多孔、密度低的骨组织,位于靠近长骨末端的皮质骨;也称为海绵状骨或骨小梁。

基本平面(cardinal plane):通过物体的中点或重心的平面。

笛卡儿坐标系(Cartesian coordinate system):用于在二(或三维)维中定位点位置的系统;两个(或三个)坐标表示从固定点或原点沿特定方向相互垂直的位移。

软骨连结(cartilaginous joint):纤维软骨或骨骺软骨将骨连接在一起的关节,通常允许轻微的运动。例如,耻骨联合和未成熟长骨的骨骺生长板。

重心(center of gravity):重力的合力作用于物体的虚点;假定整个身体重量集中的点;身体各部分的重量所产生的力矩平衡的点;身体的平衡点。

压力中心(center of pressure):将动态流体力应用于物体的理论点。

中枢神经系统(central nervous system):包括位于椎管内的脊髓和位于颅腔内的脑。

中心力(centric force):其作用线通过物体重心的力。

向心加速度(centripetal acceleration):指旋转物体上一点沿垂直于物体圆周路径方向(沿通过旋转轴的直线或径向线)的线性加速度。此加速度以长度单位除以时间单位的平方度量,或用国际单位制中的米每平方秒表示。它是一个矢量。

向心力(centripetal force):一种作用于沿圆周路径运动的物体的外部力,其方向指向该物体的旋转轴心。

环转运动(circumduction):指的是屈曲和外展动作的结合,随后进行内收,或者是伸展和过度伸展的结合,再接着进行外展和内收。进行环转运动的肢体移动轨迹会形成一个锥形表面,而肢体的末端会画出一个圆形。简单来说,就是肢体以一种复合运动方式,使得其端点在空间中画出一个圆。

恢复系数(coefficient of restitution):两个物体碰撞后最终相对速度与初始相对速度的比值;缩写为 e。

共线力(colinear forces):两个或更多的力沿着相同的作用线,但这些力在这条共同作用线上的方向不一定相同。

复合载荷(combined load):物体上产生的轴向压缩力、轴向拉力、弯曲力、扭转力、剪切力或这些载荷的任意组合。

密质骨(compact bone):请参见"皮质骨(cortical bone)"。

压缩(compression):物体受到压缩应力的作用而出现的状态。压缩应力是轴向应力,往往会将分子推到一起并压扁物体。

压缩力(compressive force):推力,其方向和作用点会使物体沿着力的作用线方向缩短或被挤压。

向心收缩(concentric contraction):当肌肉产生张力并且其两端附着点靠近时发生的肌肉活动;当肌肉做出正功时发生的活动;这也被称为向心运动或向心活动。简单来说,就是肌肉在收缩时所进行的活动,使得肌肉的两端靠拢。

汇交力(concurrent force):两个或多个作用线在单一点汇交的力。

接触力(contact force):两个物体接触时产生的力。

皮质骨(cortical bone):在骨骼外层发现的坚硬、密实的骨组织;也被称为密质骨。

蠕变(creep):材料在持续不变的应力作用下,其形变(应变)不断增加的现象。

曲线平移(curvilinear translation):当物体在运动中保持其方向不变,使得物体上所有点以相同的距离、相同的方向和相同的时间移动,但不是沿直线移动时发生的线性运动;也被称为曲线运动。

密度(density):物体的质量除以其体积;其单位表示为质量单位除以长度单位的立方或用国际单位制中的千克每立方米表示。

下沉(depression):在冠状面中,肩胛骨的向下运动;与上提相反。

骨干(diaphysis):长骨的中央部分或轴,在骨骺软骨骨化之前,由骨骺软骨与末端或骨骺分离。

位移(displacement):从起始位置到终止位置的矢量

的长度和方向的某点的位置变化;其单位为长度的单位或用国际单位制中的米表示。

路程(distance traveled):物体从起始位置移动到终止位置所经过的路径的长度;其单位为长度的单位或用国际单位制中的米为表示。

背屈(dorsiflexion):从解剖学姿势开始,围绕冠状轴发生的踝关节动作,使足部在矢状面内向前上移动,朝向腿部;与跖屈相反。

下旋(downward rotation):肩胛骨在冠状面内的旋转,使其内侧边缘向上移动,肩关节向下移动;与上旋相反。

阻力(drag force):在动态流体合力中的一个分量,作用在物体上,与物体通过流体的相对运动方向相反。

动态流体力(dynamic fluid force):作用在物体上的升力和阻力的合力;是施加在物体表面的压力的结果。

动摩擦力(dynamic friction):在两个相互运动或相对滑动的接触表面之间发生的摩擦力;又称滑动摩擦力或运动摩擦力。

动力学(dynamics):刚体力学的一个分支,关注物体的加速运动。

离心收缩(eccentric contraction):当肌肉产生张力并使其两端附着点相互远离时发生的肌肉活动;当肌肉做负功时产生的肌肉活动;也称为离心运动或离心活动。

偏心力(eccentric force):作用线不通过物体重心的力。

弹性(elastic):当引起形变的应力移除时,物体能从形变形状恢复到原始尺寸的特性。

弹性软骨(elastic cartilage):比纤维软骨含有更多弹性纤维的软骨;存在于耳郭、会厌和部分喉部;也称为黄色纤维软骨。

弹性极限(elastic limit):应力-应变曲线上的点,超过该点将发生塑性形变;也称为比例极限。

弹性模量(elastic modulus):应力与应变的比值;材料应力-应变曲线弹性区域的斜率;也称为杨氏模量。

肌电图(electromyography,EMG):通过放置在皮肤上或植入肌肉内的电极来测量肌肉收缩时的电活动的方法。

上提(elevation):肩胛骨在冠状面内的向上运动;与下沉相反。

内淋巴(endolymph):填充内耳的黏稠液体。

肌内膜(endomysium):包围肌纤维的结缔组织鞘或包膜。

能量(energy):标量;做功的能力;以力的单位乘以长度的单位表示,或用国际单位制中的焦耳表示。

肌外膜(epimysium):包围整个肌肉的结缔组织鞘或包膜。

骺软骨(epiphyseal cartilage):分隔长骨干和骨骺的软骨;在长骨骨化之前负责长骨的长度增长,通常发生在青春期期间或青春期后不久;也被称为骨骺板、骨骺盘或生长板。

骨骺(epiphysis):在骨骺软骨骨化之前,是在长骨中通过骨骺软骨而与长骨干或长骨轴分离的部分。

外翻(eversion):从解剖学的位置开始,围绕踝关节的矢状轴发生的关节动作,当脚掌的外侧被抬起时发生;与内翻相反。

伸展(extension):围绕关节的冠状轴发生的关节动作,导致肢体在矢状面向解剖学位置后方运动;与屈曲相反。

外力(external force):作用在物体上的力,是由于物体与其周围环境相互作用而产生的。

外旋(external rotation):肩关节或髋关节围绕这些关节的纵轴发生的关节动作,导致肢体在水平面上的运动,使膝关节彼此转离或手掌远离身体;与内旋相反;也称为外侧旋转。

外部感受器(exteroceptor):对来自身体外部源的刺激产生反应的感觉受体。

外在因素(extrinsic factor):与损伤及任务和环境特征相关的因素;它们包括正在执行的任务的性质、执行的强度和频率、运动表面、设备及参与水平。

破坏应变(failure strain):使材料断裂或失效时的应变。

破坏强度(failure strength):使材料断裂或失效时的应力。

肌束(fascicle):由许多肌纤维组成;也被称为纤维束。

纤维软骨(fibrous cartilage):由大量胶原纤维组成的软骨;椎间盘和关节盘(如半月板)都属于纤维软骨;也被称为纤维软骨或白色纤维软骨。

纤维连结(fibrous joint):借纤维结缔组织相连,无间隙,连接较牢固,一般无活动性;缝和韧带连结均属于纤维连结。

屈曲(flexion):从解剖学位置开始,关节绕冠状轴发生运动,肢体在矢状面上运动并远离解剖学位置;与伸展是反义词。

力(force):矢量;一个推力或拉力,用质量单位乘以长度单位除以时间单位的平方或用国际单位制中的牛顿(N)表示。

力偶(force couple):矢量;由一对相反方向的力围绕某个轴产生的力矩;以力的单位乘以长度的单位表示,或用国际单位制中的牛顿·米(N·m)表示。

测力台(force platform):用于测量动力学变量的仪器,通常用于测量地面反作用力及其作用点和合力的方向。

形状阻力(form drag)：作用在流体中物体上的阻力，由流体分子与物体的冲击力引起；也称为轮廓阻力或压力阻力。

受力图(free-body diagram)：分析力和力矩的工具；分析对象的绘图，显示作用在对象上的所有外力及其作用点和方向。

摩擦力(friction)：接触力的一个组成部分，作用于接触表面并平行于它；摩擦力的大小是摩擦系数和法向接触力(接触力垂直于接触表面的分量)的乘积。

冠状面(frontal plane)：沿从左到右方向将人体纵切为前后两部分的断面；也称为额状面或侧面。

一般运动(general motion)：由线运动和角运动的组合导致位置变化的运动。

高尔基腱器(Golgi tendon organ)：对肌肉张力增加做出反应的本体感受器。

重力加速度(gravitational acceleration)：由重力引起的速度变化；方向向下，大约为 9.81 米每秒(m/s^2)或 32 英尺每秒(ft/s^2)；也称为重力引起的加速度；通常缩写为 g。

重力势能(gravitational potential energy)：标量；由于物体的垂直位置而产生的能量；重量乘以高度或质量乘以重力加速度乘以高度；以力的单位乘以长度的单位表示，或在国际单位制中以焦耳(J)表示。

水平外展(horizontal abduction)：从髋关节或肩关节屈曲的位置开始，肩或髋关节活动导致手臂或大腿在水平面内沿垂直轴运动，使手臂或腿远离身体中线；与水平内收相对；又称水平伸展。

水平内收(horizontal adduction)：从髋关节或肩关节外展的位置开始，肩或髋关节活动导致手臂或大腿在水平面内沿垂直轴运动，使手臂或大腿回到身体中线方向移动；与水平外展相对；又称水平屈曲。

透明软骨(hyaline cartilage)：光滑、白色的软骨，构成滑膜关节中骨关节面的关节软骨。

过伸(hyperextension)：围绕横状轴发生的关节动作，是在解剖学姿势之外延续的伸展。

冲量(impulse)：矢量；平均力乘以力施加的持续时间；引起并等于线性动量的变化；单位是力乘以时间或用国际单位制中的牛顿秒(N·s)来表示。

冲击载荷(impulsive load)：在短时间内达到相对较高量级的作用力。

惯性(inertia)：物体抵抗其运动变化的性质。

惯性测量单元(inertial measurement unit, IMU)：一种集成电子设备，使用微型三轴加速度计测量物体的运动，以测量线性加速度，并使用陀螺仪测量角速度；有些还使用磁力计确定方向。

瞬时加速度(instantaneous acceleration)：矢量；在瞬时而非在一段时间内测量的速度变化率；以长度除以时间的平方表示，或用国际单位制中的米每平方秒(m/s^2)表示。

瞬时角速度(instantaneous angular velocity)：矢量；在瞬时而非在一段时间内测量的角位移变化率，方向用右手螺旋定则决定；以角位移除以时间表示，或以弧度每秒(rad/s)、度每秒(°/s)或每秒转数表示。

瞬时速率(instantaneous speed)：标量；在瞬时而非在一段时间内测量的距离变化率；以长度除以时间表示，或用国际单位制中的米每秒(m/s)表示；汽车的速度仪表测量瞬时速率。

瞬时速度(instantaneous velocity)：矢量；在瞬时而非在一段时间内测量的位移变化率；以长度除以单位表示，或用国际单位制中的米每秒(m/s)表示；矢量。

内力(internal force)：作用于物体或力学系统内部的力；是物体分子之间的相互作用力，维持物体结构的力。

内旋(internal rotation)：从解剖学姿势开始，肩关节或髋关节围绕其纵轴发生的关节动作，导致肢体在水平面上向内转动，例如膝盖彼此向内靠近或手掌转向身体；与外旋相反；也称为向内旋。

中间神经元(interneuron)：在神经元之间传递冲动的神经细胞；也称为连接神经元。

内感受器(interoceptor)：对源自体内的刺激做出反应的感觉受体。

内在因素(intrinsic factor)：与损伤和个人应对施加的应力的能力有关的因素；这些因素包括人体测量学、骨骼排列、健康状况和既往损伤史。

内翻(inversion)：从解剖学姿势开始，当足底内侧被抬起时，围绕通过踝关节的矢状轴发生的关节动作；与外翻相反。

等长收缩(isometric contraction)：当肌肉产生张力并且其两端附着点彼此不相对移动时发生的肌肉活动；当肌肉产生张力并且零做功时的肌肉活动；也称为等长运动或等长活动。

各向同性(isotropic)：在所有方向上都表现出相同的材料特性。

关节(joint)：骨与骨之间的连接称骨连结。骨连结又分为直接连结和间接连结，关节是间接连结的一种形式。

焦耳(joule)：国际单位制中功和能量的计量单位；等于 1 牛顿·米(1 J = 1 N·m)。

运动学(kinematics)：力学的一个分支，与运动的描述有关。

人体运动学(kinesiology)：对人体运动的研究。

动能(kinetic energy)：标量；物体运动所产生的能量；

质量的一半乘以物体速度的平方；在国际单位制中以焦耳表示。

狭义动力学（kinetics）：力学的一个分支，与引起或趋向于引起运动的力有关。

层流（laminar flow）：流体分子的运动，使得相邻层的流体相互平行流动，并且紧贴流体中物体的形状。

侧屈（lateral flexion）：躯干或颈部在冠状面围绕AP轴向左或向右移动。

升力（lift force）：作用在物体上的流体动力合力的分量，其方向与物体在流体中的相对运动垂直。

极限摩擦力（limiting friction）：对于给定的法向接触力，两个表面之间可产生的峰值静摩擦力；在两个表面开始滑动前的最大摩擦力。

线性动量（linear momentum）：矢量；物体的质量乘以物体的线速度；以质量单位乘以长度单位除以时间单位或用国际单位制中的千克米每秒表示。

线性运动（linear motion）：当物体上所有的点同时向相同方向移动相同距离时发生的位置变化；也称为平移。

纵轴（longitudinal axis）：任何一条从上到下垂直于横向平面的虚构线；又称垂直轴或扭转轴。

马格纳斯效应（Magnus effect）：由于空气阻力和物体旋转的影响，物体偏离其正常飞行路径。

质量（mass）：物体内惯性的度量；物体中物质的量。

力学（mechanics）：研究力及其对物体的影响的学科。

弹性模量（modulus of elasticity）：参见"弹性模量（elastic modulus）"。

力臂（moment arm）：力的作用线与测量力矩或力矩的轴线之间的垂直距离；通过测量沿力的作用线画出的直线与另一条平行于该直线但穿过测量力矩轴线的直线之间的最短距离确定。

力矩（moment of force）：矢量；力绕轴产生的力矩；力乘力臂；以力乘以长度单位表示，或用国际单位制中的牛顿·米表示。

转动惯量（moment of inertia）：标量；转动惯量的度量；物体各部分的质量与各部分距离物体重心的距离的平方的乘积之和；质量乘以回转半径的平方；以质量单位乘以长度单位的平方来度量，或用国际单位制中的千克·平方米表示。

运动神经元（motor neuron）：将冲动从中枢神经系统向外传递的神经细胞；也称为传出神经元。

运动单位（motor unit）：一个运动神经元及其所支配的所有肌纤维；是肌肉收缩的基本单位。

肌纤维（muscle fiber）：单个肌细胞。

肌梭（muscle spindle）：对肌肉长度增加做出反应的本体感受器。

净力（net force）：作用在物体上的所有外力的矢量和；作用在物体上的所有外力的合力；合外力。

中和肌（neutralizer）：一种肌肉的作用，其力矩可以抵消或消除在给定关节由另一肌肉产生的力矩的不良影响，从而只允许进行所需的运动。

过度使用损伤（overuse injury）：由于反复施加小于单次施加造成损伤所需的应力而导致的损伤；也称为重复性运动损伤、累积性损伤或可预测损伤。

帕奇尼小体（Pacinian corpuscle）：感受压力的感觉受体。

肌束膜（perimysium）：包裹肌纤维束（肌束）的结缔组织鞘或包膜。

周围神经系统（peripheral nervous system）：位于颅骨和脊椎以外的所有神经组织。

体能训练（physical training）：旨在改变进行体育训练的个体或运动员（performer）因生理状况引起的运动表现受限的训练；涉及改善体适能（physical fitness）的组成部分，包括肌肉力量、柔韧性和心血管适能（cardiovascular fitness）。

生理载荷区（physiologic loading zone）：在施加的压力水平内，组织保持其当前状态；肌肉保持相同的发力能力，骨骼矿物质含量保持不变，肌腱和韧带保持其承受拉伸应力的能力。

跖屈（plantar flexion）：踝关节围绕冠状轴发生的运动，使足部在矢状面内向下移动并远离腿部。

塑性（plastic）：能够在导致形变的应力移除后保持形变的形状。

泊松比（Poisson's ratio）：物体在轴向加载时，物体的横向应变与轴向应变之比。

位置（position）：空间中某点相对于某个固定点的定位。

势能（potential energy）：标量；由于物体的垂直位置或形变而储存在其内部的能量；以力的单位乘以长度的单位表示，或者用国际单位制中的焦耳表示。

功率（power）：标量；做功的速率；做功除以时间；以功除以时间单位来衡量，或者用国际单位制中的瓦特表示。

压强（pressure）：外力除以该力作用的面积；以力的单位除以长度的单位的平方来衡量，或者用国际单位制中的牛顿每平方米表示。

主轴（principal axis）：物体惯性矩最大的轴；物体惯性矩最小的轴；与之前定义的两条主轴垂直的轴。

抛射物（projectile）：除重力外没有外力作用的物体。

旋前（pronation）：从解剖学姿势开始，桡尺关节围绕前臂纵轴发生的动作，使手掌转向身体；与外旋相反。

比例极限（proportional limit）：参见"弹性极限"。

本体感受器（proprioceptor）：监测肌肉骨骼系统状态

的内部感受器,包括关节位置、关节位置变化、肌肉长度、肌肉长度变化和肌肉张力。

Q 角(Q angle):胫骨长轴和股骨长轴相交投射到冠状面所形成的两个角中较小的角;衡量股骨和胫骨之间对齐情况。

定性解剖学分析(qualitative anatomical analysis):用于确定动作每个阶段的主要肌肉活动和活动肌群的分析方法。

生物力学定性分析(qualitative biomechanical analysis):不对表现的力学特征进行量化,而是对其进行观察和主观评价的生物力学分析方法。

生物力学定量分析(quantitative biomechanical analysis):对表现的力学特征进行测量和量化的生物力学分析方法。

桡偏(radial deviation):腕关节围绕矢状轴在冠状面上的运动,导致手在冠状面内向拇指方向运动;与尺偏相反;也称为外展或桡屈。

弧度(radian):当径向线绕一端旋转时,该径向线末端所经过的弧长与该径向线长度的比值;弧长除以半径;1 rad 约等于 57.3°。

回转半径(radius of gyration):标量;为使整个物体对该轴产生相同的转动惯量,需要将物体的质量集中到一个点,从转动轴到该点的距离;以长度单位度量,或国际单位制中用米表示。

反作用力(reaction force):当一个物体接触另一个物体时产生的一种外部接触力。

后足运动(rearfoot motion):跑步支撑阶段旋前(pronation)与旋后(supination)的自然顺序模式(the natural sequential pattern);在临床和科研目的中,测量冠状面鞋与小腿之间的角度。

直线平移(rectilinear translation):直线运动是指物体在运动过程中保持其方向,使物体上的所有点在相同的时间内沿相同的方向沿直线移动相同的距离;又称为直线运动。

相对角位置(relative angular position):一条直线相对于另一条可能不固定的直线或平面的方位;以度数或弧度表示。

重塑(remodeling):组织的重建,或由外加应力引起的微损伤的愈合;组织愈合导致组织的肥大或强化。

合位移(resultant displacement):点的位置变化,表示为向量从开始位置到结束位置的长度和方向。

合力(resultant force):两个或两个以上力的矢量和;由两个或两个以上的力矢量相加而产生的力。

刚体力学(rigid-body mechanics):力学的一个分支,研究力对假定为完全刚性物体的影响。

转动惯量(rotary inertia):参见"角惯性(angular inertia)"。

矢状面(sagittal plane):一个从前到后、从上到下的假想平面,将身体分为左右两部分;又称前后平面。

采样率(sampling rate):测量模拟信号转换为数字信号的频率或间隔。

肌膜(sarcolemma):覆盖肌细胞的薄膜。

肌节(sarcomere):肌原纤维的基本单位,位于肌原纤维中两条相邻的 Z 线之间。

感觉神经元(sensory neuron):将感觉冲动传递到中枢神经系统的神经细胞;也称为传入神经元。

籽骨(sesamoid bone):完全包绕在肌腱或韧带等结缔组织中的骨,如髌骨(膝盖骨)。

剪切(shear):平行于分析平面或垂直于物体长轴的力或应力;剪切应力倾向于使分子相互滑动并使物体倾斜。

躯体神经系统(somatic nervous system):神经系统的一部分,参与有意识的感觉和动作;也称为自主神经系统。

比重(specific gravity):物体的密度除以水的密度。

速率(speed):参见"瞬时速率(instantaneous speed)"。

海绵状骨(spongy bone):参见"骨松质(cancellous bone)"。

运动生物力学(sport and exercise biomechanics):研究运动和训练中的力及其对人体的影响。

稳定性(stability):物体被推倒的抵抗力;物体被推倒后恢复原位的可能性。

稳定肌(stabilizer):产生可防止关节运动的力矩的肌肉。

静力平衡(static equilibrium):当物体不移动,且作用在物体上的合力和合力矩为零时,物体所处的状态或条件。

静摩擦力(static friction):两个接触但不相对运动的表面之间产生的摩擦力。

静力学(statics):刚体力学的一个分支,研究静止或匀速运动物体的力学。

应变能(strain energy):标量;物体形变产生的能量;对于拉伸或压缩而言,应变能等于材料刚度常数的一半乘以物体长度变化的平方;用力的单位乘长度单位或在国际单位制中用焦耳表示。

应变测试仪(strain gauge):一种用于测量应变(长度变化除以原始长度)的力传感器。

应力(stress):内力除以内力作用表面的横截面积;以力的单位除以长度单位的平方来度量;用牛顿每平方米或国际单位制中的"帕斯卡"来表示。

应力连续体(stress continuum):用于表示施加应力水平的图形,包括病理上的高和低水平(痛苦)及生理上的水平(舒畅)区域。

旋后（supination）：桡尺关节围绕前臂纵轴发生的动作，导致肢体在横切面上移动，并使前臂和手在旋前后恢复到解剖学姿势或移动到解剖学姿势以外的位置；与旋前相反。

表面阻力（surface drag）：作用在流体中物体上的阻力，由流体与物体表面之间的摩擦力引起；也称为表皮摩擦力或黏性阻力。

协同作用（synergy）：通过跨过同一关节的两块或两块以上肌肉的联合作用以达到预期的结果。

滑膜关节（synovial joint）：可自由活动的关节，其特点是关节腔内充满滑液，滑液包含在内衬在关节囊内的滑膜中。

滑膜（synovial membrane）：关节囊的内膜，可产生滑液。

切向加速度（tangential acceleration）：旋转物体上某点沿物体圆周轨迹切线方向的线性加速度；以长度单位除以时间单位的平方或用国际单位制中的米每平方秒表示；是一个矢量。

技术训练（technical training）：专门提高技术的训练；可能涉及实际技能的执行或模仿技能特定方面的练习。

肌腱（tendon）：连接肌肉和骨骼的束或膜状胶原结缔组织。

拉力（tensile forces）：拉力的方向和作用点会使物体沿着与力的作用线重合的方向伸长或拉伸。

拉伸应力（tensile stress）：在分析平面上产生的轴向应力或法向应力，是由于在该平面上产生的力或载荷倾向于拉开将物体黏合在一起的分子。

张力（tension）：物体受到拉力并产生拉伸应力的状态；拉伸应力是轴向应力，往往会将分子拉开并拉伸物体。

紧张性颈反射（tonic neck reflex）：与颈部位置有关并影响上肢肌肉的反射。

力矩（torque）：矢量；力绕轴产生的转动效应；力乘以力臂；用力单位乘以长度单位表示，或用国际单位制中的 N·m 表示。

扭转载荷（torsion load）：由于力矩而导致物体扭转的载荷；作用在物体两端和纵轴周围的方向相反的力矩会在分析平面上产生剪切应力，这种剪切应力随着与纵轴距离的增加而增大；由于扭转载荷的作用，物体会发生扭转形变。

韧性（toughness）：材料在失效前吸收能量的能力。

骨小梁（trabecular bone）：参见"骨松质（cancellous bone）"。

横轴（transverse axis）：从左到右垂直于矢状面的任何一条假想线；又称冠状轴。

横断面（transverse plane）：将身体分为上半部分和下半部分的从一侧到另一侧、从前方到后方的假想平面；又称水平面。

创伤性损伤（traumatic injury）：由一次相对较大的应力造成的伤害；意外伤害。

湍流（turbulent flow）：流体分子的运动，使相邻的流体层不平行流动，并与流体中的物体表面分离。

I型肌纤维（type I muscle fiber）：直径较小的肌纤维，其特点是有氧代谢、最大张力发展缓慢、最大张力较小、张力发展持续时间较长（耐力）。最先被募集，也称为慢收缩氧化（SO）纤维。

ⅡA型肌纤维（type ⅡA muscle fiber）：直径较大的肌纤维，特点是有氧和无氧代谢、最大张力发展较快、最大张力较大，张力发展持续时间长（耐力）；第二个被募集；也称为快收缩氧化糖酵解（FOG）纤维。

ⅡB型肌纤维（type ⅡB muscle fiber）：直径最大的肌纤维，其特点是无氧代谢、最大张力发展最快、最大张力最大、张力发展持续时间最短（低耐力）；最后被募集；也称为快收缩糖酵解（FG）纤维。

尺偏（ulnar deviation）：从解剖学姿势开始，腕关节围绕矢状轴在冠状面上的运动，导致手在冠状面朝小指方向运动；与桡偏相反；也称为内收或尺屈。

极限强度（ultimate strength）：材料所能承受的最大应力。

匀加速度（uniform acceleration）：速度的恒定变化率；恒定不变的加速度。

上旋（upward rotation）：肩胛骨在冠状面的旋转，使其内侧缘向下移动，肩关节向上移动；与下旋相反。

矢量（vector）：任何量的数学表示，由其大小或幅度（一个数字）和方向（方位）来定义。矢量可用箭头表示，箭头的长度按比例缩放，以表示矢量的幅度，箭头指向表示矢量沿该方向的方向和意义。

速度（velocity）：见"瞬时速度（instantaneous velocity）"。

黏度（viscosity）：流体对剪切力的阻力的度量；流体分子层之间内部摩擦力的度量。

瓦特：国际单位制中功率计量单位；等于1焦耳每秒（J/s）。

重量（weight）：作用在物体上的重力的度量；质量乘以重力加速度；用国际单位制中的牛顿表示。

Wolff定律（Wolff's law）：组织能适应施加在其上的应力水平；组织的适应水平反映了典型载荷的水平。

功（work）：标量；作用在物体上的力与物体在力作用点沿力作用线性位移的乘积；用力单位乘以长度单位表示，或用国际单位制中的焦耳表示。

屈服强度（yield strength）：发生塑性形变的应力上限。

杨氏模量（Young's modulus）：参见"弹性模量（elastic modulus）"。

参考文献

Abbott, A. V., and Wilson, D. G. (Eds.). (1996). *Human-powered vehicles*. Champaign, IL: Human Kinetics.

Adrian, M. J. (1980). The true meaning of biomechanics. In J. M. Cooper and B. Haven (Eds.), *Proceedings of the Biomechanics Symposium* (pp. 14 – 21). Indianapolis: Indiana State Board of Health.

Alexander, R. M. (1992). *The human machine*. New York: Columbia University Press.

American Association of State and Highway Transportation Officials (AASHTO). (2018). *A Policy on Geometric Design of Highways and Streets* (7th ed.). Washington, DC: AASHTO.

Arend, S., and Higgins, J. R. (1976). A strategy for the classification, subjective analysis and observation of human movement. *Journal of Human Movement Studies*, 2: 36 – 52.

Aristotle. (1912). *De motu animalium* (A. S. L. Farquharson, Trans.). In J. A. Smith and W. D. Ross (Eds.), *The works of Aristotle* (Vol. V, pp. 698 – 704). Oxford: Clarendon Press.

Atwater, A. E. (1980). Kinesiology/biomechanics: Perspectives and trends. *Research Quarterly for Exercise and Sport*, 51: 193 – 218.

Bennell, K. L., Malcolm, S. A., Wark, J. D., and Brukner, P. D. (1996). Models for the pathogenesis of stress fractures in athletes. *British Journal of Sports Medicine*, 30(3): 200 – 204.

Bissas, A., Walker, J., Tucker, C., and Paradiso, G. (2017). Biomechanical Report for the IAAF World Championships London 2017: 100 m Men's. Retrieved from https://www.iaaf.org/about-iaaf/documents/research.

Blackwell, J. R., and Cole, K. J. (1994). Wrist kinematics differ in expert and novice tennis players performing the backhand stroke: Implications for tennis elbow. *Journal of Biomechanics*, 27(5): 509 – 516.

Brancazio, P. J. (1984). *Sports science: Physical laws and optimum performance*. New York: Simon & Schuster.

Braun, G. L. (1941). Kinesiology: From Aristotle to the twentieth century. *Research Quarterly*, 12: 163 – 173.

Brickner, J. (2018). World records for lanes. Retrieved from https://trackandfieldnews.com/world-records-lanes/.

Brody, D. M. (1987). Running injuries: Prevention and management. *Clinical Symposia*, 39(3). New Jersey: Ciba-Geigy Corporation.

Brown, E. W. (1982). Visual evaluation techniques for skill analysis. *Journal of Physical Education, Recreation and Dance*, 53(1): 21 – 26, 29.

Brown, R. M., and Counsilman, J. E. (1971). The role of lift in propelling swimmers. In J. M. Cooper (Ed.), *Selected topics on biomechanics: Proceedings of the C.I.C. Symposium on Biomechanics* (pp. 179 – 188). Chicago: Athletic Institute.

Bunn, J. (1955). *Scientific principles of coaching*. Englewood Cliffs, NJ: Prentice-Hall.

Cavanagh, P. R. (1990). The mechanics of distance running: A historical perspective. In P. R. Cavanagh (Ed.), *Biomechanics of distance running* (pp. 1 – 34). Champaign, IL: Human Kinetics.

Chidi-Ogbolu, N., and Baar, K. (2019). Effect of estrogen on musculoskeletal performance and injury risk. *Frontiers in Physiology*, 15. https://doi.org/10.3389/fphys.2018.01834. Retrieved from https://www.frontiersin.org/articles/10.3389/fphys.2018.01834/full.

Chow, J. W., and Knudson, D. V. (2011). Use of deterministic models in sports and exercise biomechanics research. *Sports Biomechanics*, 10: 219 – 233.

Cureton, T. K. Jr. (1930). Mechanics and kinesiology of the crawl flutter kick. *Research Quarterly*, 1(4): 93 – 96.

Cureton, T. K. Jr. (1935a). Mechanics of the track racing start. *Scholastic Coach*, 4(Jan): 14 – 15.

Cureton, T. K. Jr. (1935b). Mechanics of track running. *Scholastic Coach*, 4(Sept): 7 – 10.

Cureton, T. K. Jr. (1935c). Mechanics of the broad jump. *Scholastic Coach*, 4(May): 8 – 9.

Cureton, T. K. Jr. (1935d). Mechanics of the high jump. *Scholastic Coach*, 4(Apr): 9 – 12.

Cureton, T. K. Jr. (1935e). Mechanics of the shot put. *Scholastic Coach*, 4(March): 7 – 10.

Cureton, T. K. Jr. (1939). Elementary principles and techniques of cinematographic analysis. *Research Quarterly*, 10(2): 3 – 24.

Damask, A. C., and Damask, J. N. (1990). *Injury causation analyses: Case studies and data sources*. Charlottesville, VA: Michie Co.

Department of Justice. (2010). Chapter 4 – 2010 Standards for Titles II and III Facilities: 2004 ADAAG, Section 405-Ramps, Item 2-Slope. In *2010 ADA Standards for Accessible Design*. Retrieved from https://www.ada.gov/regs2010/2010ADAStandards/2010ADAStandards.pdf.

Dinsdale, A., Thomas, A., and Bissas, A. (2017a). Biomechanical Report for the IAAF World Championships London 2017: Hammer Throw Men's. Retrieved from https://www.iaaf.org/about-iaaf/documents/research.

Dinsdale, A., Thomas, A., and Bissas, A. (2017b). Biomechanical Report for the IAAF World Championships London 2017: Shot Put Men's. Retrieved from https://www.iaaf.org/aboutiaaf/documents/research.

Dinsdale, A., Thomas, A., and Bissas, A. (2017c). Biomechanical Report for the IAAF World Championships London 2017: Shot Put Women's. Retrieved from https://www.iaaf.org/about-iaaf/documents/research.

Fenn, W. O. (1930a). Frictional and kinetic factors in the work of sprint running. *American Journal of Physiology*, 92: 583 – 611.

Fenn, W. O. (1930b). Work against gravity and work due to velocity changes in running. *American Journal of Physiology*, 93: 433 – 462.

Fenn, W. O. (1931). A cinematographic study of sprinters. *Scientific*

Monthly, 32: 346-354.

Frey, C. (1997). Footwear and stress fractures. *Clinics in Sports Medicine*, 16(2): 249-257.

Grimston, S. K., Engsberg, J. R., Kloiber, R., and Hanley, D. A. (1991). Bone mass, external loads, and stress fractures in female runners. *International Journal of Sport Biomechanics*, 7: 293-302.

Grimston, S. K., Willows, N. D., and Hanley, D. A. (1993). Mechanical loading regime and its relationship to bone mineral density in children. *Medicine and Science in Sports and Exercise*, 25(11): 1203-1210.

Haapasalo, H., Sievanen, H., Kannus, P., Heinonen, A., Oja, P., and Vuori, I. (1996). Dimensions and estimated mechanical characteristics of the humerus after long-term tennis loading. *Journal of Bone and Mineral Research*, 11(6): 864-872.

Hall, S. J. (2019). *Basic biomechanics* (8th ed.). New York: McGraw-Hill.

Hamill, J., Knutzen, K. M., and Derrick, T. R. (2014). *Biomechanical basis of human movement* (4th ed.). Baltimore: Lippincott Williams & Wilkins.

Hatze, H. (1974). The meaning of the term 'biomechanics.' *Journal of Biomechanics*, 7: 189-190.

Hay, J. G. (Winter 1982, No. 9). Biomechanics of sport — exploring or explaining (Part I). *International Society of Biomechanics Newsletter*, pp. 9-12.

Hay, J. G. (Spring 1983, No. 10). Biomechanics of sport — exploring or explaining (Part II). *International Society of Biomechanics Newsletter*, pp. 5-9.

Hay, J. G. (1984). The development of deterministic models for qualitative analysis. In R. Shapiro and J. R. Marett (Eds.), *Proceedings: Second National Symposium on Teaching Kinesiology and Biomechanics in Sports* (pp. 71-83). Colorado Springs, CO: NASPE.

Hay, J. G., and Reid, J. G. (1988). *Anatomy, mechanics, and human motion* (2nd ed.). Englewood Cliffs, NJ: Prentice-Hall. Hill, A. V. (1928). The air resistance to a runner. *Proceedings of the Royal Society*, B, 102: 43-50.

Hunter, G. R., and Harris, R. T. (2008). Structure and function of the muscular, neuromuscular, cardiovascular, and respiratory systems. In T. Baechle and R. Earle (Eds.), *Essentials of strength training and conditioning* (3rd ed.), by National Strength and Conditioning Association. Champaign, IL: Human Kinetics.

International Association of Athletics Federations. (2009). Scientific Research Project: Biomechanical analysis: 12th IAAF World Championships in Athletics Berlin, 15.-23. 08. 2009: 100m men final: Usain Bolt (JAM): 9,58s - WR. Retrieved from http://berlin. iaaf. org/mm/Document/Development/Res earch/05/31/54/20090817073528_httppostedfile_Analysis100mMenFinal_Bolt_13666. pdf.

International Triathlon Union (ITU). (2019). *ITU Competition Rules*. Retrieved from https://www. triathlon. org/uploads/docs/itusport_competition-rules_2019. pdf.

James, S. L., Bates, B. T., and Osternig, L. R. (1978). Injuries to runners. *American Journal of Sports Medicine*, 6(2): 40-50.

Jenkins, D. B. (2009). *Hollinshead's functional anatomy of the limbs and back* (9th ed.). Philadelphia: Saunders.

Kerr, Z. Y., Yeargin, S. W., Valovich McLead, T. C., Mensch, J., Hayden, R., and Dompier, T. P. (2015). Comprehensive coach education reduces head impact exposure in American youth football.

The Orthopaedic Journal of Sports Medicine, 3(10): 2325967115610545.

Knudson, D., and Morrison, C. (2002). *Qualitative analysis of human movement* (2nd ed.). Champaign, IL: Human Kinetics.

Kreighbaum, E. F., and Smith, M. A. (Eds.). (1995). *Sports and fitness equipment design*. Champaign, IL: Human Kinetics.

Lane, F. C. (1912). One hundred and twenty-two feet a second. *Baseball Magazine*, 10(2): 22-25, 104, 106, 110.

LeVeau, B. F. (1992). *Williams & Lissner's biomechanics of human motion* (3rd ed.). Philadelphia: Saunders.

Maffulli, N., and King, J. B. (1992). Effects of physical activity on some components of the skeletal system. *Sports Medicine*, 13(6): 393-407.

Marey, E. J. (1895). *Movement* (E. Pritchard, Trans.). New York: D. Appleton Co. (Original work published 1894).

Marey, E. J. (1902). Rapports sur les Travaux de la Commission D'Hygiéne et de Physiologie. I - Rapport De M. Marey [Reports on the work of the Commission of Hygiene and Physiology. I - Report from Mr. Marey]. In M. D. Mérillon, *Concours Internationaux D'Exercices Physiques et de Sports, Rapports, Tome II* [International Competitions of Physical Exercises and Sports, Reports, Volume II] (pp. 384-404). Paris: Imprimerie Nationale.

McCaw, S. T. (1992). Leg length inequality: Implications for running injury prevention. *Sports Medicine*, 14(2): 422-429.

McClay, I., and Manal, K. (1997). Coupling parameters in runners with normal and excessive pronation. *Journal of Applied Biomechanics*, 13: 109-124.

McNitt-Gray, J. (1991). Kinematics and impulse characteristics of drop landings from three heights. *International Journal of Sport Biomechanics*, 7: 201-224.

McNitt-Gray, J., Yokoi, T., and Millward, C. (1993). Landing strategy adjustments made by female gymnasts in response to drop height and mat composition. *Journal of Applied Biomechanics*, 9: 173-190.

McNitt-Gray, J., Yokoi, T., and Millward, C. (1994). Landing strategies used by gymnasts on different landing surfaces. *Journal of Applied Biomechanics*, 10: 237-252.

McPherson, M. N. (1988). The development, implementation, and evaluation of a program designed to promote competency in skill analysis. *Dissertation Abstracts International*, 48: 3071A.

Messier, S. P., Davis, S. E., Curl, W. W., Lowery, R. B., and Pack, R. J. (1991). Etiologic factors associated with patellofemoral pain in runners. *Medicine and Science in Sports and Exercise*, 23: 1008-1015.

Mihoces, G. (2003, March 2). The hardest: getting bat to meet ball. *USA Today*. Retrieved from: https://usatoday30. usatoday. com/sports/2003-03-02-ten-hardest-hitting-baseball_x. htm.

Morris, M., Jobe, F. W., and Perry J. (1989). Electromyographic analysis of elbow function in tennis players. *American Journal of Sports Medicine*, 17: 241-247.

Nelson, R. C. (1970). Biomechanics of sport: An overview. In J. M. Cooper (Ed.), *Selected topics on biomechanics: Proceedings of the C. I. C. Symposium on Biomechanics* (pp. 31-37). Chicago: Athletic Institute.

Nelson, R. C. (1980). Biomechanics: Past and present. In J. M. Cooper and B. Haven (Eds.), *Proceedings of the Biomechanics Symposium* (pp. 4-13). Indianapolis: Indiana State Board of Health.

Newton, I. (1726). *Philosophiæ naturalis principia mathematica*

[Mathematical principles of natural philosophy] (3rd ed.). London: G. & J. Innys. Retrieved from: http://rarebookroom.org/Control/nwtprt/index.html.

Newton, I. (1999). *Mathematical principles of natural philosophy* (3rd ed.). (I. B. Cohen, A. Whitman, & J. Budenz, Trans.). Berkeley: University of California Press. (Original work published 1726).

Nigg, B. M. (Ed.). (1986). *Biomechanics of running shoes*. Champaign, IL: Human Kinetics.

Nordin, M., and Frankel, V. H. (2012). *Basic biomechanics of the musculoskeletal system* (4th ed.). Baltimore: Lippincott Williams & Wilkins.

Norman, R. W. (1977). An approach to teaching the mechanics of human motion at the undergraduate level. In C. J. Dillman and R. G. Sears (Eds.), *Proceedings: Kinesiology, a national conference on teaching* (pp. 113-123). Champaign, IL: University of Illinois.

Riek, S., Chapman, A. E., and Milner, T. (1999). A simulation of muscle force and internal kinematics of extensor carpi radialis brevis during backhand tennis stroke: Implications for injury. *Clinical Biomechanics*, 14: 477-483.

Rodgers, M. M. (1993). Biomechanics of the foot during locomotion. In M. D. Grabiner (Ed.), *Current issues in biomechanics* (pp. 33-52). Champaign, IL: Human Kinetics.

Scott, S. H., and Winter, D. M. (1990). Internal forces at chronic running injury sites. *Medicine and Science in Sports and Exercise*, 22(3): 357-369.

Steindler, A. (1935). *Mechanics of normal and pathological locomotion in man*. Springfield, IL: Charles C Thomas.

Tokish, J. M., Shanley, E., Kissenberth, M. J., Brooks, J., Nance, D., Gilliland, R. G., and Thorpe, J. (2017). Heads up football training decreases concussion rates in high school football players. *The Orthopaedic Journal of Sports Medicine*, 5(3) (suppl 3). doi: 10.1177/2325967117S00131.

Verducci, T. (2004, April 5). Out on the data frontier: Where will the numbers game go in the future? Beyond hitting and pitching. *Sports Illustrated*, 100(14): 64-65.

Viano, D. C., King, A. I., Melvin, J. W., and Weber, K. (1989). Injury biomechanics research: An essential element in the prevention of trauma. *Journal of Biomechanics*, 22(5): 403-417.

Waliko, T. J., Viano, D. C., and Bir, C. A. (2005). Biomechanics of the head for Olympic boxer punches to the face. *British Journal of Sports Medicine*, 39: 710-719.

Westfall, R. (1993). *The life of Isaac Newton*. Cambridge: Cambridge University Press.

Wilson, D. G. (2004). *Bicycling science* (3rd ed.). Cambridge, MA: MIT Press.

Williams, K. R. (1985). Biomechanics of running. In R. L. Terjung (Ed.), *Exercise and Sport Science Reviews*, 13: 389-441.

Williams, K. R. (1993). Biomechanics of distance running. In M. D. Grabiner (Ed.), *Current issues in biomechanics* (pp. 3-31). Champaign, IL: Human Kinetics.

Wolff, J. (1892). *Das Gesetz der Transformation der Knochen* [The law of bone transformation]. Berlin: August Hirschwald.

Woodburne, R. T., and Burkel, W. E. (1994). *Essentials of human anatomy* (9th ed.). New York: Oxford University Press.

Yamada, H. (1970). *Strength of biological materials*. Baltimore: Williams & Wilkins.

Zatsiorsky, V. M. (1978). The present and future of the biomechanics of sports. In F. Landry and W. A. R. Orban (Eds.), *Biomechanics of sports and kinanthropometry* (pp. 11-17). Miami: Symposia Specialists, Inc.

Zebas, C., and Chapman, M. (1990). *Prevention of sports injuries: A biomechanical approach*. Dubuque, IA: Eddie Bowers.

Zernicke, R. F., Garhammer, J., and Jobe, F. W. (1977). Human patellar-tendon rupture. *Journal of Bone and Joint Surgery (American)*, 59-A(2): 179-183.